AF287461

Lisa Majewski

Input-Output-Analyse zur Ermittlung der regionalökonomischen Effekte des Tourismus in Schutzgebieten

WÜRZBURGER GEOGRAPHISCHE ARBEITEN

Herausgegeben vom Institut für Geographie und Geologie der Universität Würzburg in Verbindung mit der Geographischen Gesellschaft Würzburg

Herausgeber
R. Baumhauer, B. Hahn, H. Job, H. Paeth, J. Rauh, B. Terhorst

Schriftleitung
R. Klein

Band 126

Die Schriftenreihe Würzburger Geographische Arbeiten wird vom Institut für Geographie und Geologie zusammen mit der Geographischen Gesellschaft herausgegeben. Die Beiträge umfassen mit wirtschafts-, sozial- und naturwissenschaftlichen Forschungsperspektiven die gesamte thematische Bandbreite der Geographie. Der erste Band der Reihe erschien 1953.

Lisa Majewski

Input-Output-Analyse zur Ermittlung der regionalökonomischen Effekte des Tourismus in Schutzgebieten

Eine Adaption der Methodik an internationale Standards
am Fallbeispiel Biosphärengebiet Schwarzwald

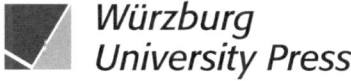

Würzburg
University Press

Dissertation, Julius-Maximilians-Universität Würzburg
Philosophische Fakultät, 2022
Gutachter: Prof. Dr. Hubert Job, Prof. Dr. Ralf Klein, Prof. Dr. Javier Revilla Diez
Eingereicht unter dem Titel: Methodik regionalökonomischer Wirkungsanalysen des Tourismus in Schutz-
gebieten: Applikation der Input-Output-Analyse zur Adaption an internationale Standards am Fallbeispiel
Biosphärengebiet Schwarzwald

Impressum

Julius-Maximilians-Universität Würzburg
Würzburg University Press
Universitätsbibliothek Würzburg
Am Hubland
D-97074 Würzburg
www.wup.uni-wuerzburg.de

© 2023 Würzburg University Press
Print on Demand

ISSN 0510-9833 (print)
ISSN 2194-3656 (online)
ISBN 978-3-95826-216-4 (print)
ISBN 978-3-95826-217-1 (online)
DOI 10.25972/WUP-978-3-95826-217-1
URN urn:nbn:de:bvb:20-opus-316545

Danksagung

Nach zehn Jahren an der Universität Würzburg vollendet diese Dissertation ein Herzensprojekt. Die Zeit steckte voller neuer Erfahrungen, Erkenntnisse und Begegnungen. Manchmal lief es unkontrolliert, aber nie war der Weg aussichtslos. In dieser Zeit hat sich meine Begeisterung für die Geographie und dieses Thema verfestigt. Ich hoffe, ich kann mit dieser Arbeit einen Forschungsbeitrag leisten.

Mein Doktorvater Prof. Dr. Hubert Job hat das große Ganze im Blick. Ich möchte Dir, lieber Hubert, für Dein Vertrauen in meine Fähigkeiten, für Deinen visionären Weitblick und für Deine Unterstützung bei der Ausarbeitung dieser Schrift von Herzen danken.

Ein herzliches Dankeschön möchte ich an Dich aussprechen, lieber Prof. Dr. Ralf Klein, für das Zweitgutachten sowie Deine Hilfe bei der Veröffentlichung meiner Arbeit in dieser Schriftenreihe. Prof. Dr. Javier Revilla Diez danke ich für das Drittgutachten der Arbeit. Lieber Prof. Dr. Marius Mayer, ich danke Dir für das übernommene Mentorat und die gute Zusammenarbeit.

Der Deutschen Bundesstiftung Umwelt gilt mein Dank für die Realisierung des Forschungsprojektes und die Finanzierung der in dieser Arbeit verwendeten Daten.

Mein Dank geht auch an die Philosophische Fakultät der Julius-Maximilians-Universität Würzburg für die finanzielle Unterstützung meines Forschungsaufenthalts in Fort Collins, Colorado, USA.

Lieber Winfried Weber, meinen Dank möchte ich an Dich aussprechen, für Deinen Einsatz bei der Erstellung sämtlicher Karten und Grafiken dieser Arbeit. Auch Ihnen, liebe Frau Lang-Novikov, gebührt mein Dank für das finale Layout der vorliegenden Arbeit. Liebe Frau Menz und liebe Frau Tepaß, ich danke Ihnen für Ihre Hilfe bei allen möglichen Fragen zu Organisation und Verwaltung. Unseren studentischen Hilfskräften möchte ich für ihren tatkräftigen Einsatz bei der Projektabwicklung mit Erhebungsfahrten in die deutschen Schutzgebiete und Dateneingabe der Fragebögen danken. Liebe Nina Hofmann und liebe Verena Majewski, danke Euch auch für das Korrekturlesen.

Meiner Familie, meinen Freunden und Kollegen habe ich es zu verdanken, dass diese Dissertation in ihrer finalen Version entstehen konnte. Lieber Dr. Manuel Woltering, Deine Ratschläge waren sehr wertvoll und Dein Zureden stets bestärkend. Liebe Dr. Katrin Ziegler, lieber Dr. Niklas Hein, die Jahre an der Uni konnten nur durch Euch so einzigartig und produktiv werden. Lieber Dr. Manuel Engelbauer, durch Dich habe ich zu diesem Lehrstuhl mit seinem Themenfeld gefunden. Liebe Sarah Bittlingmaier, Dein Teamgeist hat unsere Arbeit immer vorwärtsgebracht, unsere Gespräche meine Ideen immer abgesichert. Liebe Anna Frieser, Dein ehrliches und konstruktives Feedback hat mir bei allen Bedenken immer geholfen. Lieber Constantin Meyer, unser Austausch über den Bildschirm war immer bereichernd. Ich danke euch allen!

Back to the roots of my dissertation, I think of Fort Collins, Colorado, USA, where the concept of this work was born. I am honored to share a collective store of knowledge with you, my dear friend Catherine Cullinane Thomas. We were able to synthesize US and German research through our exchange. Dear Lynne Koontz, PhD, thank you for the inspiring conversations and the cooperation. Thanks to the Fort Collins Science Center, USGS, as well as the National Park Service for office, internet, and bicycle. I would like to thank the economists from IMPLAN for their expertise and support in compiling the data.

Meine Eltern Alfred und Marianne, meine Geschwister Daniel und Lena, mein Mann Philipp, mein größter Dank geht an Euch für Eure Förderung, Euer Vertrauen in mich und Eure unermüdliche Unterstützung.

An alle Familienmitglieder, Freunde und Kollegen, die mich unterstützt haben: Dankeschön!

Würzburg, im Juli 2023,
Lisa Majewski

*„But in every walk with Nature
one receives far more than he seeks.“*
(JOHN MUIR, *Steep Trails*, 1918)

Inhaltsverzeichnis

IV

Abbildungsverzeichnis

Kartenverzeichnis

Tabellenverzeichnis

Abbkürzungsverzeichnis

BEA	Bureau of Economic Analysis des US Department of Commerce
BfN	Bundesamt für Naturschutz
BIP	Bruttoinlandsprodukt
BNatSchG	Bundesnaturschutzgesetz
CB	Commodity-Balance
CBD	Convention on Biological Diversity
CGE	Computable General Eqilibrium
CHARM	Cross-Hauling Adjusted Regionalization Method
CILQ	Cross-Industry-Location-Quotient
COICOP	Classification of Individual Consumption According to Purpose
COP	Conference of the Parties
CPA	Statistical Classification of Products by Activity
CPC	Central Product Classification
CVM	Contingent-Valuation-Method
DBU	Deutsche Bundesstiftung Umwelt
dwif	Deutsches Wirtschaftswissenschaftliches Institut für Fremdenverkehr
ESVG 2010	Europäisches System Volkswirtschaftlicher Gesamtrechnungen, Ausgabe 2010
Eurostat	Statistisches Amt der Europäischen Union
FIGARO	Full International and Global Accounts for Research in Input-Output Analysis
FLQ	Flegg et al.-Location-Quotient
IMPLAN	Impact Analysis for Planning
ISIC	International Standard Industrial Classification of All Economic Activities
IUCN	International Union for Conservation of Nature
LQ	Location-Quotient
MAB	Man and Biosphere
MGM/MGM2	Money Generation Model und 2., aktualisierte Version
NACE	Nomenclature statistique des activités économiques dans la Communauté européenne
NAICS	North American Industry Classification System
NNL	Nationale Naturlandschaften
NPS	National Park Service
NUTS	Nomenclature des unités territoriales statistiques
OECD	Organisation for Economic Co-operation and Development
PLQ	Purchase-Only-Location-Quotient
REMI	Regional Economic Models, Inc.
RIMS/RIMS II	Regional Input-Output Modeling System und 2., aktualisierte Version
RoC	Rest of the Country

RoW	Rest of the World
RPC	Regional Purchase Coefficient
SAM	Social Accounting Matrix
SDG	Sustainable Development Goals
SLQ	Simple-Location-Quotient
SNA	System of National Accounts
SUT	supply and use table (Aufkommens- und Verwendungstabelle)
SVP	sozialversicherungspflichtig
TCM	Travel Cost Method
TEV	Total Economic Value
TMAP	Trilateral Monitoring and Assessment Programme
TSA	Tourism Satellite Account
UNESCO	United Nations Educational, Scientific and Cultural Organization
UNWTO	United Nations World Tourism Organization
VDN	Verband Deutscher Naturparke e.V.
VGR	Volkswirtschaftliche Gesamtrechnung
VSE	Visitor Spending Effects
WCPA	World Commission on Protected Areas
WIOD	World Input-Output Database
WTA	Willingness to Accept
WTP	Willingness to Pay
WZ 2008	Klassifikation der Wirtschaftszweige, Ausgabe 2008
A*	Klassifikation nach Wirtschaftszweigen
P*	Klassifikation nach Gütergruppen

Zusammenfassung

Schutzgebiete gelten laut der Convention on Biological Diversity als Flächeninstrument zum Schutz der Biodiversität. Menschen profitieren davon unter anderem durch die Nutzung als touristische Attraktion. Schätzungen zufolge werden weltweit etwa acht Mrd. Besuche zur Wahrnehmung des Naturerlebnisangebots der Schutzgebiete erreicht, woraus direkte Besucherausgaben in Höhe von 600 Mrd. US-$ resultieren. Schutzgebiete sind damit auch bedeutende Wirtschaftsmotoren der regionalen Ökonomien. Deutschlands Nationalparks zählen jährlich etwa 53 Mio. Besuchstage, deren tägliche Ausgaben vor Ort einen Bruttoumsatz in Höhe von 2,78 Mrd. € generieren. Die touristische Wertschöpfung beträgt 1,45 Mrd. €. Die weiteren 65 Mio. Besuchstage in deutschen Biosphärenreservaten erwirtschaften einen Bruttoumsatz in Höhe von 2,94 Mrd. €. Das Einkommen von 172.000 Personen ist vom Tourismus in deutschen Nationalparken und Biosphärenreservaten abhängig.

Im Rahmen einer ersten Studie zu den regionalökonomischen Effekten des Nationalparks Berchtesgaden im Jahr 2002 wurde die touristische Wertschöpfungsanalyse als Standardmethode der deutschen Schutzgebietsforschung etabliert. Im Laufe der Jahre wurde sie dahingehend modifiziert, ein vergleichbares, weil standardisiertes Vorgehen anwenden zu können. Die internationale Forschung manifestiert mit der Herausgabe eines Leitfadens einen anderen Standard zur regionalökonomischen Wirkungsanalyse des Tourismus in Schutzgebieten: die Input-Output-Analyse. Schutzgebietsverwaltungen in den USA, Kanada, Brasilien, Namibia, Südafrika und Finnland führen für ihr Besuchermonitoring Input-Output-Analysen durch. Diese sind im Vergleich zur Wertschöpfungsanalyse als der validiere Ansatz einzustufen, weil damit ein Rechenwerk gegeben ist, womit indirekte Vorleistungs- und induzierte Konsumwirkungen zuverlässig quantifiziert werden können. Die Wertschöpfungsanalyse arbeitet hingegen mit pauschalen Wertschöpfungsquoten für alle touristischen Wirtschaftszweige und auf jeder Maßstabsebene. Aufgrund der fehlenden Datenverfügbarkeit konnte die Input-Output-Analyse in Deutschland bisher nicht angewandt werden. Eine potenzielle Datenquelle eröffnete sich durch das US-amerikanische Modellierungsunternehmen IMPLAN, welches Input-Output-Tabellen für die regionale Ebene der EU anbot. IMPLAN-Daten werden auch vom US-amerikanischen National Park Service verwendet.

Die vorliegende Arbeit versteht sich als methodische Weiterentwicklung regionalökonomischer Wirkungsanalysen in Deutschlands Schutzgebieten zur Adaption an internationale Standards. Dazu erfolgt die Applikation der Input-Output-Analyse für das Fallbeispiel des Biosphärengebiets Schwarzwald, dessen Regionalökonomie einen überschaubaren Analyserahmen bietet. Der Nationalpark Schwarzwald wurde als Vergleichsregion zur Validierung der Ergebnisse untersucht. Für eine erweiterte Einordnung der touristischen Multiplikatorwirkung in der Schwarzwaldregion wurde eine multiregionale Input-Output-Analyse durchgeführt, die sich auf die Gebietsabgrenzung der beiden Naturparke Schwarzwald Mitte/Nord und Südschwarzwald bezieht.

Zur Quantifizierung der direkten Wirkungsebene wurden touristische Kenngrößen der amtlichen Statistik entnommen. Die Berechnung von direkten Wertschöpfungsquoten erfolgte gemäß ihrer Definition als die in der Region verbleibende Wertschöpfung am touristischen Produktionswert. Mittels der Input-Output-Analyse wurden die indirekten und induzierten Effekte des Tourismus im Biosphärengebiet Schwarzwald ermittelt. Aus den regionalen Input-Output-Tabellen wurden inverse Koeffizienten abgeleitet, welche die regionalökonomischen Multiplikatoren anzeigen. Zwei Multiplikatortypen wurden für die touristischen Kenngrößen Output, Wertschöpfung und Beschäftigung berechnet: *Typ I*-Multiplikatoren bemessen die indirekten Vorleistungseffekte touristischer Ausgaben. *Typ II*-Multiplikatoren inkludieren auch die induzierten Konsumeffekte.

In einem mehrstufigen Prozess der Analyse von weiteren Fallbeispielen können regionalökonomische Multiplikatoren für verschiedene Gebietseinheiten validiert und so ganzheitlich abgestimmt für das deutsche Schutzgebietssystem adaptiert werden. Dadurch könnte die Input-Output-Analyse als neue Standardmethode für ein dauerhaftes regionalökonomisches Monitoring in deutschen Schutzgebieten etabliert werden.

Summary

According to the Convention on Biological Diversity, protected areas are a spatial instrument for the protection of biodiversity. People benefit from protected areas, among other things, by using it as a tourist attraction. An estimated eight billion visits per year profit from the nature experience offered by protected areas, resulting in a direct spending of US-$ 600 billion worldwide. Protected areas are thus important economic drivers of regional economies. In Germany, annually 53 million visitor days are registered in the countries national parks. Their daily expenditures generate an estimated gross sales of € 2.78 billion. The tourism value added amounts to € 1.45 billion. Another 65 million visitor days to German biosphere reserves generate a gross sales of € 2.94 billion. The income of 172,000 people depends on tourism in German national parks and biosphere reserves.

In a first study on the regional economic effects of the Berchtesgaden National Park in 2002, the tourism value added analysis was established as a standard method in German protected area research. Over the years, it was modified to be able to apply a comparable, standardized procedure. International research manifests another standard for regional economic impact analysis of tourism in protected areas using economic input-output analysis. Protected area administrations in the USA, Canada, Brazil, Namibia, South Africa, and Finland conduct input-output analyses for their visitor monitoring. Compared to the value added analysis, the input-output approach can be considered the more valid approach because it provides a calculation framework with which indirect, intermediate, and induced consumption effects can be reliably quantified. The value added analysis, on the other hand, works with value added ratios that are generalized across all tourism economic sectors and for every geographic scale. Due to the lack of available data, the input-output approach has not been applied in Germany so far. A potential data source was opened by the US modelling company IMPLAN, which offered input-output tables for the regional level of the EU. IMPLAN data is also used by the US National Park Service.

The present study is intended to further develop Germany's protected areas regional economic impact analysis methodologies for adaptation to international standards. For this purpose, the input-output analysis is applied to the case study of the Black Forest Biosphere Reserve, whose regional economy offers a manageable analytical framework. The Black Forest National Park was examined as a comparative region to validate the results. For an extended classification of the tourism multiplier effect in the Black Forest region, a multi-regional input-output analysis was carried out, which refers to the area delineations of the two Nature Parks Black Forest Central/North and Southern Black Forest.

To quantify the direct effects, tourism measures were taken from official statistics. Direct value added ratios were calculated according to their definition as spending remaining in the region as value added. The indirect and induced effects of tourism in the Black Forest Biosphere Reserve region were determined by the input-output analysis. Inverse coefficients were derived from the regional input-output tables, which indicate the regional economic multipliers. Two types of multipliers (*Type I*

and *Type II*) were derived for the tourism parameters output, value added and employment: *Type I* multipliers measure the indirect effects of tourism expenditure;
Type II multipliers also include the induced effects.

In a multi-stage process of applying the input-output method to further case studies, it is possible to validate the multipliers for different spatial levels and thus establish it as a new standard method for the permanent regional economic monitoring
in German protected areas.

1 Einführung

1.1 Relevanz des regionalökonomischen Monitorings in Schutzgebieten

> *„Living in harmony with nature"*
> (CBD 2010, Decision X/2, II, 11)

Die Biodiversität als lebendige Variabilität von Ökosystemen, einschließlich der terrestrischen und marinen Artenvielfalt soll erhalten werden. Das erfordert eine nachhaltige und ausgewogene Nutzung ihrer Funktionen: So lautet der Auftrag zum Biodiversitätsschutz der im Rahmen des „Erdgipfels" in Rio de Janeiro 1992 unterzeichneten Convention on Biological Diversity (CBD) (vgl. UN 1992, Article 1 und 2). Im „Strategic Plan 2011-2020", der 2010 in Nagoya, Aichi Präfektur Japan, von der Conference of the Parties (COP) verabschiedet wurde (wo auch die weltbekannten Aichi-Biodiversitätsziele von 2020 festgehalten sind), wurde die Vision *„Living in harmony with nature"* formuliert, mit folgendem ambitionierten Ziel:

> *„By 2050, biodiversity is valued, conserved, restored and wisely used, maintaining ecosystem services, sustaining a healthy planet and delivering benefits essential for all people"* (CBD 2010, Decision X/2, II, 11).

Ein erster Entwurf des „Post-2020 Global Biodiversity Frameworks" transformiert die 2050-Vision in eine 2030-Mission:

> *„To take urgent action across society to conserve and sustainably use biodiversity and ensure the fair and equitabe [sic!] sharing of benefits from the use of genetics resources, to put biodiversity on a path to recovery by 2030 for the benefit of planet and people"* (CBD 2021, E, 10).

Der erste Teil der Formulierung reflektiert den Auftrag von 1992 vor dem Hintergrund der dringlichen Ausgangssituation des weltweiten Biodiversitätsverlustes. Als ein raumbezogenes Instrument zur Umsetzung der CBD ist die Etablierung eines weltweiten Schutzgebietssystems vorgesehen (vgl. UN 1992, Article 8). Die damit einhergehende Schutzgebietsoffensive *30x30* sieht im Rahmen der Handlungsziele bis 2030 vor:

> *„Ensure that at least 30 per cent globally of land areas and of sea areas, especially areas of particular importance for biodiversity and its contributions to people, are conserved through effectively and equitably managed, ecologically representative and well-connected systems of protected areas and other effective area-based conservation measures, and integrated into the wider landscapes and seascapes"* (CBD 2021, G, 12).

Das Ziel wurde damit noch einmal deutlich verschärft, von einer zuvor angestrebten Abdeckung von 17 % terrestrischer und 10 % Küsten- und Meeresschutzgebiete an der gesamten Erdoberfläche bis 2020 (CBD 2010, Aichi Target 11). Der parallel veröffentlichte „Protected Planet Report 2020" versteht sich als Abschlussbericht einer Evaluation der Zielerreichung des Aichi-Ziels 11 von 2010. Insgesamt wurde in der „World Database on Protected Areas" bis Oktober 2021 eine globale Abdeckung von 16,64 % terrestrischer und 7,74 % mariner Schutzgebiete registriert. Die knappe Zielverfehlung wird mit Verzögerungen in der Meldung neu ausgewiesener Schutzgebietsflächen begründet (vgl. UNEP-WCMC/IUCN 2021). Nicht hinterfragt ist außerdem die qualitative Beschaffenheit der Schutzgebiete, während die Quantität der abgedeckten Flächen wohl nicht das alleinige Bewertungskriterium sein kann. Die Vertragsparteien verpflichten sich deshalb zur lokalen Ausgestaltung der CBD, indem sie nationale Strategien zum Biodiversitätserhalt erarbeiten und im vorgegebenen Zeitrahmen umsetzen (vgl. UN 1992, Article 8). Die 2007 erschienene „Nationale Strategie zur biologischen Vielfalt" der deutschen Bundesregierung sah bis 2020 einen strikten Schutzgebietsanteil von 2 % der Fläche Deutschlands vor (vgl. BMUB 2007: 40). Derzeit leisten 16 Nationalparke mit einer terrestrischen Abdeckung von 0,6 %, 18 Biosphärenreservate mit 3,9 % und 104 Naturparke mit etwa 29 % am deutschen Bundesgebiet einen Beitrag dazu (der Fokus der vorliegenden Arbeit liegt auf diesen großräumig geschützten Natur- und Kulturlandschaften überregionaler Tragweite, die als Großschutzgebiete bezeichnet werden). Die tatsächlich vom Menschen unbeeinflusste Fläche eines strengeren Schutzstatus der Schutzgebietskategorien I bis IV der International Union for Conservation of Nature (IUCN)[1] fällt deutlich kleiner aus, weil nur sechs der 16 Nationalparke den von der IUCN geforderten 75 %-Anteil naturnaher und vom Menschen unbeeinflusster Fläche erfüllen und Biosphärenreservate sowie Naturparke in ihren überwiegenden Gebietsteilen vom Menschen beeinflusste Kulturlandschaften umfassen (vgl. BFN 2021a; 2021b; 2021c).

Eine intendierte Wiederherstellung der Biodiversität steht als Zielformulierung im zweiten Halbsatz der 2030-Mission geschrieben, wobei der *„benefit"* sowohl für den Planeten als auch für die Menschen direkt adressiert wird. Denn die Biodiversität ist die Grundlage für sämtliche Leistungen der Natur für das menschliche Wohlergehen. Ökosystemleistungen konzeptualisieren aus einer anthropozentrischen Perspektive den Nutzen der Biodiversität in bereitstellende (Ressourcen, Nahrung), regulierende (Luft, Klima, Wasser), kulturelle (Spiritualität, Religion, Ästhetik, Erholung) und unterstützende (Nährstoffkreislauf, Bodenbildung) Leistungen (vgl. DE GROOT et al. 2002: 395; MILLENIUM ECOSYSTEM ASSESSMENT 2003: 56ff.). Im Einklang mit der Natur bedeutet in der vorliegenden Arbeit ein Fokus auf die nicht-konsumtive Nutzung der Natur (im Sinne einer nicht aufbrauchenden Nutzung der Ressource Natur), genauer die touristische Nutzung. Schutzgebiete erhalten demnach die Biodiversität als Grundlage für den Tourismus. Aus einer sozialkonstruktivistischen Perspektive der touristischen Nachfrager wird die Schutzgebietslandschaft

---

1   Ia = Striktes Naturreservat; Ib = Wildnisgebiet; II = Nationalpark; III = Naturmonument; IV = Biotop-/ Artenschutzgebiet; V = Landschaftsschutzgebiet; VI = Ressourcenschutzgebiet mit nachhaltiger Nutzung (vgl. DUDLEY 2008: 12ff.).

als ästhetisch wahrgenommen (vgl. weiterführend zur sozialkonstruktivistischen Landschaftstheorie z. B. KÜHNE 2013) und somit zum Anziehungspunkt der Reiseentscheidung. Diese symbiotische Beziehung aus Schutz und Nutzung wurde bereits mit der Nationalparkidee und der Ausweisung des Yellowstone National Parks im Jahr 1872 als *„public park or pleasuring-ground for the benefit and enjoyment of the people"* (zit. n. MACKINTOSH 1999) bekundet.

„Protected areas with tourism attractions may provide unique value propositions" (SPENCELEY et al. 2021a: 18): Es werden jährlich etwa acht Mrd. Besuche in Schutzgebieten geschätzt, woraus direkte Besucherausgaben in Höhe von 600 Mrd. US-$ resultieren (vgl. BALMFORD et al. 2015: 3). Dass die ökonomische Sichtweise auf den Tourismus in Schutzgebieten immer bedeutender wird, beweist die Herausgabe eines internationalen Standardwerkes zur Durchführung regionalökonomischer Wirkungsanalysen von SPENCELEY et al. (2021a; zu nennen ist auch der jüngste technische Bericht zur Vorlage bei der 15. COP des CBD, der Fallbeispiele ökonomischer Bewertungen in Schutzgebieten aus der ganzen Welt zusammenstellt; vgl. STOLTON et al. 2021). Folgende Argumente betonen die Relevanz des Verständnisses über die ökonomischen Aspekte von Schutzgebieten (vgl. JOB et al. 2021a: 2; LEUNG et al. 2018: 3ff.; SPENCELEY et al. 2017: 10ff.; 2021a: 18ff.; STOLTON et al. 2021: 13):

- **Sozioökonomische Gründe**: Die Ausweisung von Schutzgebieten wird häufig mit einer Debatte um konkurrierende Flächennutzungsansprüche konfrontiert (dies zeigen aktuelle Vorhaben, wie z. B. im Steigerwald; vgl. SACHER/MAYER 2019: 339ff.). Die Interessen und Bedürfnisse der einheimischen Bevölkerung sind zu berücksichtigen, weil nur so eine Akzeptanz von Schutzgebieten erreicht werden kann, was für eine erfolgreiche Umsetzung von Schutz- und Entwicklungszielen unabdingbar ist (vgl. JOB et al. 2019a: 3f.). Die wirtschaftlichen Vorteile für die ansässige Bevölkerung gilt es daher zu eruieren. Nicht nur in Deutschland, sondern auch in weiten Teilen von Entwicklungsländern muss mit dem Landnutzungsdruck umgegangen werden, wenn es beispielsweise um den Anbau von Nahrungsmitteln geht. Das wird durch die globale Klimakrise noch verstärkt. Ökonomische Analysen von weltweiten Fallbeispielen offenbaren, wie die Covid-19-Pandemie erbarmungslos Wechselbeziehungen zwischen Besucheraufkommen, Naturschutzmaßnahmen und lokaler Wirtschaftsentwicklung beeinflusst, denn die wichtigen Einnahmen für Schutzgebietsanrainer blieben aus, was dramatische Konsequenzen für den Lebensunterhalt der Menschen sowie das Budget und das Management vieler Schutzgebiete hatte (vgl. z. B. SPENCELEY et al. 2021b: 103ff.).

- **Regionalpolitische Gründe**: Mit dem Blick zurück auf Deutschland wird klar, dass die Ausweisung von Schutzgebieten eine politisch geführte Debatte ist, wenn man sich die dichte Siedlungsstruktur dieser anthropogen geprägten Kulturlandschaft vergegenwärtigt: Im Bestreben des kleinen Flächenlandes Deutschland ist der ökonomische Mehrwert von Schutzgebieten ein Argument gegen traditionelle Landnutzungsalternativen und damit für den Naturschutz (beispielsweise gegenüber der Forstwirtschaft; vgl. MAYER 2013: 27ff.). Denn gleichzeitig hat die Politik – wie oben ausgeführt – internationale Verpflichtungen, wie die lokale Umsetzung der CBD, zu erfüllen.

- **Politisch-administrative Gründe**: Die Haushaltsbudgetierung politischer Ämter priorisiert öffentliche Gelder nach verschiedenen Investitionsmöglichkeiten wie beispielsweise für Bildung, den Infrastrukturausbau oder Umweltprojekte. Eine Bewertung des Nutzens von Schutzgebieten rechtfertigt die Allokation öffentlicher Gelder für Verwaltungskosten sowie mögliche Schadens- und Opportunitätskosten. Ein hohes Besuchervolumen braucht zudem eine gut ausgebaute Infrastruktur sowie verfügbares Personal, um Besucherlenkung zum Schutz sensibler Biotope zu ermöglichen. Zusätzliche Einnahmen füllen nichtsdestoweniger die Finanztöpfe für das Management von Schutzgebieten, wovon wiederum die Tourismusentwicklung und somit die lokale Bevölkerung profitieren. Ökonomische Vorteile sind daher eine stichhaltige Berechtigung der Existenz von Schutzgebieten.

- **Informierende Gründe**: Indem der ökonomische Wert von Schutzgebieten herausgestellt wird, kann die Bedeutung von Ökosystemleistungen für das menschliche Wohlbefinden als intrinsische Wertkomponente des Nutzens der Natur und somit für den Erhalt der Biodiversität nachhaltig beworben werden. Die Akzeptanz wird gesteigert und der eigentliche Schutzgedanken auch bei der Reiseentscheidung der Besucher bedacht.

Ein regionalökonomisches Monitoring des Tourismus in Schutzgebieten ist nicht nur aus den genannten Antrieben heraus, sondern auch vor dem Hintergrund internationaler Verpflichtungen zur Berichterstattung der Erfolge der operativen Schutz- und Entwicklungsmaßnahmen durchzuführen. Vordergründig sind die Vertragsstaaten der CBD dazu angehalten, die Ökosystemleistungen ihrer natürlichen Gegebenheiten zu evaluieren (vgl. UN 1992, Article 7). Das bedeutet für den Tourismus im Speziellen: *„To monitor and review recreation, visits and other tourism activities in protected areas, as well as impacts and relevant management processes in ecologically sensitive areas, and to share results through the clearing-house mechanism and other relevant mechanisms"* (CBD 2012, Decision XII/11, 1c). Unterstrichen wird der Monitoring-Anspruch auch im vierten Programmelement des Schutzgebietsprogramms der 7. COP im Jahr 2004 in Kuala Lumpur, Malaysia[2]. Das „Post-2020 Global Biodiversity Framework" versteht sich als substanzieller Beitrag zur Implementierung der Agenda 2030 mit den „Sustainable Development Goals" (SDG) (CBD 2021, C, 4), die bezüglich des Tourismusmonitorings vorgeben: *„Develop and implement tools to monitor sustainable development impacts for sustainable tourism that creates jobs and promotes local culture and products"* (UN 2015a, Target 12b). Neben verschiedenen weite-

---

2   Programmelemente des Schutzgebietsprogramms der 7. COP 2004: (1) *„Direct actions for planning, selecting, establishing, strengthening, and managing, protected area systems and sites"*, (2): *„Governance, participation, equity and benefit sharing"*, (3) *„Enabling activities"*, (4) *„Standards, assessment, monitoring"* (CBD 2004, Decision VII/28, Annex II).

ren internationalen Festlegungen zu Berichtspflichten spezieller Schutzgebietstypen und -kooperationen (wie beispielsweise das Trilateral Wadden Sea Assessment Program (TMAP)) ist für die Großschutzgebietskategorie der Biosphärenreservate das „Man and Biosphere"-(MAB-)Programm der United Nations (UN) Educational, Scientific and Cultural Organization (UNESCO) mit seiner 1996 publizierten Sevilla-Strategie (vgl. UNESCO 1996) und den „Kriterien für die Anerkennung und Überprüfung von UNESCO Biosphärenreservaten" (vgl. DEUTSCHES MAB-NATIONALKOMITEE 2007) grundlegend. Demgemäß ist der Schutzstatus der Gebiete alle zehn Jahre im Hinblick auf ihre Repräsentativität, Bedeutung für die Biodiversität, Flächenzonierung und nachhaltige Entwicklungsmaßnahmen zu überprüfen (vgl. UNESCO 1996: 18).

Das BUNDESNATURSCHUTZGESETZ (BNatSchG), § 6, Abs. 2, transformiert die internationalen Vorgaben in nationales Recht mit der *„gezielten und fortlaufenden Ermittlung, Beschreibung und Bewertung des Zustands von Natur und Landschaft und ihrer Veränderungen einschließlich der Ursachen und Folgen dieser Veränderungen"*. Derzeit arbeiten die Nationalen Naturlandschaften (NNL) e.V. an der Implementierung eines integrativen Monitorings der Großschutzgebiete, um kontinuierliche und vergleichbare Daten zu verschiedenen Bereichen, darunter Sozioökonomie und Regionalentwicklung, zusammenzutragen. Damit sollen nationale Berichtspflichten erfüllt sowie das qualitative Management der Großschutzgebiete sichergestellt werden (vgl. BUER et al. 2013; GEHRLEIN et al. 2014; KOWATSCH et al. 2011).

Die ökonomische Bewertung von Schutzgebieten versucht die „nützlichen Leistungen" der Schutzgebiete zu bemessen, wobei der gesamte Nutzen (*economic benefit*) von Schutzgebieten auch theoretische Wertkomponenten einer intrinsischen Wertschätzung gegenüber ihrer Existenz umfasst. Die vorliegende Arbeit beschäftigt sich ausschließlich mit tangiblen, d. h. greifbaren und monetär direkt messbaren regionalökonomischen Effekten des Tourismus in Schutzgebieten, die in touristischen Wertschöpfungs- und Beschäftigungseffekten angegeben werden. Die zugrundeliegende Methodik wird im deutschsprachigen Raum als „(regional-)ökonomische Wirkungsanalyse" bezeichnet. Die englischsprachige Fachliteratur verwendet den Begriff *„economic impact analysis"*. Die Arbeit versteht sich als wissenschaftliche Ausarbeitung der internationalen Guidelines von SPENCELEY et al. (2021a): *„Visitors Count! Guidance for protected areas on the economic analysis of visitation"*. Sie ist damit als ein deutscher Beitrag zur Adaption der regionalökonomischen Wirkungsanalyse an internationale Standards zu sehen.

1.2 Internationaler und nationaler Forschungsstand der Methodik regionalökonomischer Wirkungsanalysen in Schutzgebieten

Der folgende Abriss des internationalen und nationalen Forschungsstandes der Methodik regionalökonomischer Wirkungsanalysen in Schutzgebieten dient als erweiterte Wissensbasis zur Herleitung der Problemstellung dieser Arbeit. Nach Spenceley et al. (2021a: 62) werden diese in folgenden Ländern durchgeführt: USA, Kanada, Brasilien, Namibia, Südafrika, Australien, Finnland, Schweiz und Deutschland.

Als Problemstellung für eine der ersten touristischen Wirkungsanalysen fragte sich Swanson (1969: 14): *„Can we afford a burden of visits so immense as to threaten the very existence of our parks?"* Er lieferte sogleich die Antwort und unterstrich damit die Relevanz des Forschungsansatzes: *„To this question there is an answer (…) on a constrained argument that our parks and monuments are such powerful generators of a sizeable amount of national income that there is no convincing reason why we should not be properly prepared to maintain, operate, and perpetuate these valuable assets."* Aus der heutigen Sicht demonstrieren die Worte von Swanson (1969: 14) die Motivation der USA, touristische Wirkungsanalysen ihrer National Parks durchzuführen. Im Jahr 1967, dem Analysejahr dieser frühen Studie, wurden 140,0 Mio. Besuche in die US-amerikanischen National Parks[3] registriert. Die Quelle der Besucherzahl wird nicht angegeben, jedoch ist davon auszugehen, dass Swanson (1969: 14) die offiziellen Besucherstatistiken des US National Park Service (NPS) verwendet. Das Besuchermonitoring des NPS reicht bis in das Jahr 1904 zurück (vgl. Koontz et al. 2017: 1867). Die Zahlen werden vom NPS Visitor Use Statistics Office sowohl für einzelne National Parks als auch in der nationalen Gesamtschau monatlich veröffentlicht. Einsehbar sind auch registrierte Übernachtungszahlen der ausgewiesenen Campingplätze und Lodges sowie Verkehrszählungen an den Zufahrtsstraßen zu den Gebieten[4] (vgl. NPS 2021a; vgl. zur Methodik der Besucherzählung in den USA Ziesler/Pettebone 2018).

Für die Analyse der regionalökonomischen Effekte des Tourismus im Jahr 1967 korrigierte Swanson (1969: 28ff.) die Besucherzahl um 25 % nach unten, um Tagesbesucher herauszurechnen, weil keine validen Zahlen zu ihren täglichen Ausgaben vorlagen. Die Anzahl von 105,0 Mio. Übernachtungsgästen multiplizierte er anschließend mit durchschnittlichen Tagesausgaben pro Besucher, was die „greifbare" regionalökonomische Auswirkung des Tourismus ausdrückt. Ein daraus resultierender Bruttoumsatz von 6,35 Mrd. US-$ wurde wiederum multipliziert mit einem Faktor von 0,3, der das in den Regionen generierte direkte Einkommen von 1,91 Mrd. US-$ abschätzt. Ein regionalökonomischer Multiplikator von 2,5 bemisst die Summe der direkten und indirekten Einkommenswirkung von 4,76 Mrd. US-$,

---

3   Es wird zwar nicht explizit angegeben, aber es wird angenommen, dass sich die Besucherzahl auf das gesamte National Park System der USA mit seinen verschiedenen Einheiten (z. B. National Parks, National Monuments, National Historic Sites etc.) bezieht.

4   Verkehrszählungen dienen zur Ermittlung der Besucherzahl (vgl. dazu Kapitel 3.3.1).

die auf den National Park-Tourismus im Jahr 1967 zurückzuführen ist. Als Grundlage für die regionalökonomischen Verhältniswerte verwendet SWANSON (1969: 28ff.) ein Input-Output-Modell, welches die Vorleistungsverflechtungen der US-amerikanischen Ökonomie abbildet.

In den Folgejahren ist die Studie von EAGLES et al. (2000) anzuführen, die für das Jahr 1996 ein Besucheraufkommen von 2,63 Mrd. in den Schutzgebieten der USA und Kanada aufsummieren[5]. Die Autoren übertragen in anderen Studien ermittelte Durchschnittswerte täglicher Besucherausgaben auf ihre Untersuchungsregionen. Sie schätzen, dass der ökonomische Beitrag des Tourismus in US-amerikanischen und kanadischen Schutzgebieten bei Tagesausgaben von 90,35 US-$ bis 140,77 US-$ zwischen 236 Mrd. US-$ und 370 Mrd. US-$ liegt. Ihre methodische Unschärfe erklären sie damit, dass die Input-Output-Modellierung regionalökonomischer Multiplikatoren ein kosten- und zeitintensives Unterfangen sei. Sie könnten sich deshalb zu dem Zeitpunkt eine standardmäßige Anwendung der Input-Output-Analyse nicht vorstellen, vor allem nicht auf regionaler Ebene. Gleichzeitig fordern sie eine Standardisierung des regionalökonomischen Monitorings in nordamerikanischen Schutzgebieten (vgl. EAGLES et al. 2000: 67ff.).

In der US-amerikanischen Entwicklung hin zu einer Standardisierung der Methodik ist das „Money Generation Model" (MGM) des NPS (vgl. NPS 1990) bahnbrechend, denn mit diesem Modell startete der NPS die dauerhafte Bestimmung des ökonomischen Beitrags von Besucherausgaben in seinen Schutzgebieten. Allerdings waren die methodischen Möglichkeiten dieser damals einfachen Excel-Tabelle noch limitiert, sodass nur einzelne Schätzungen für lokale Ökonomien von National Parks angestellt werden konnten (vgl. KOONTZ et al. 2017: 1866). Die ersten systemweiten Hochrechnungen konnten mithilfe der Softwarelösung MGM2 durchgeführt werden. In dem Zusammenhang sind die Arbeiten von STYNES herausragend, denn seit der Entwicklung von MGM2 (vgl. STYNES et al. 2000) wurde die regionalökonomische Wirkungsforschung in Schutzgebieten der USA maßgeblich von ihm vorangetrieben. Drei Input-Parameter wurden in MGM2 eingespeist: (1) die Zahl der Besucher nach Besuchseinheiten (klassifiziert nach Besuchersegmenten und Reisegruppen), (2) die durchschnittlichen Besucherausgaben sowie (3) regionalökonomische Multiplikatoren. Das Modell war insofern flexibel, als für letzteren Parameter verschiedene Datenquellen zur Verfügung standen. Eine davon ist das heute etablierte Input-Output-Modell „Impact Analysis for Planning" (IMPLAN) des gleichnamigen US-amerikanischen Unternehmens (vgl. STYNES et al. 2000: 1.6ff.). IMPLAN wurde ursprünglich vom US Forest Service entwickelt, mit dem noch heute verfolgten Gedanken, regionalökonomische Effekte schutzgebietsbezogener Aktivitäten zu berechnen. Die ersten Analysen mit IMPLAN wurden im Jahr 1978 durchgeführt (vgl. IMPLAN 2021a). Mithilfe dieser Datenbank konnten Multiplikatoren für vier Raumkategorien im Umland der National Parks genutzt werden: Ländliche Re-

---

5   In den USA sind die Schutzgebietsflächen im Besitz der Federal Land Management Agencies. Die vier größten sind: Forest Service, Bureau of Land Management, US Fish and Wildlife Service und NPS. Kanadas Schutzgebiete befinden sich häufig im Besitz der Krone („Crown Land"). Die angegebene Besucherzahl bezieht sich auf die Flächen aller zuständigen Behörden (vgl. EAGLES et al. 2000: 65).

gionen, kleinere Ballungsräume mit bis zu 500.000 Einwohnern, größere Ballungs-räume mit 500.000 bis 1 Mio. Einwohnern und auf Ebene der Bundesstaaten und anderen administrativen Regionseinheiten (z. B. Postleitzahlgebiete) (vgl. STYNES et al. 2000: 1.8).

STYNES/SUN (2003) wandten MGM2 für 74 Park-Einheiten an, woraufhin eine ers-te systemweite Hochrechnung ökonomischer Wirkungen der Besucherausgaben für das Jahr 2001 möglich war. Die Multiplikatoren basierten auf einem von IMPLAN bereitgestellten Input-Output-Modell. Als Ergebnis präsentierten STYNES/SUN (2003: 7) einen Bruttoumsatz des Besucheraufkommens von 10,6 Mrd. US-$, was einem gesamten Einkommen von 4,5 Mrd. US-$ entspricht. Seit 2006 werden systemweite Berechnungen zu ökonomischen Wirkungen in jährlichen Berichten veröffentlicht. Im Jahr 2012 wurde das MGM2 durch das bis heute angewandte „Visitor Spending Effects"-(VSE-)Modell ersetzt, wobei der konzeptionelle Rahmen mit den drei In-put-Parametern mit der Verwendung von IMPLAN gleichgeblieben, jedoch die Da-tenverwendung flexibler, genauer und transparenter geworden ist (vgl. CULLINANE THOMAS et al. 2014a: 1f.; KOONTZ/CULLINANE THOMAS 2020: 46ff.; KOONTZ et al. 2017: 1866; Berichte seit 2006 vgl. CUI et al. 2013; CULLINANE THOMAS/KOONTZ 2016; 2017; 2020; 2021; CULLINANE THOMAS et al. 2014a; 2014b; 2015; 2018; 2019a; STYNES 2006a; 2007; 2008a; 2009a; 2011a; 2011b; Einzelstudien in ausgewählten National Parks vgl. STYNES 2006b; 2008b; 2009b). In einem jüngst abgeschlossenen Pilot-Projekt arbeitete das Social Science Program des NPS an der Implementierung eines „Socioeconomic Monitoring Programs" für eine langfristige und systematische Erhebung von Be-suchsdaten (z. B. Besucherstrukturen und Ausgabeverhalten) durch Besucherbefra-gungen. Die mittels Besucherbefragungen erhobenen Daten werden sodann in das VSE-Modell eingespeist (vgl. CULLINANE THOMAS et al. 2019b: 1ff.; RESOURCE SYSTEMS GROUP 2019: 1ff.; ergänzend MAJEWSKI/KOONTZ 2022; PETTEBONE/MELDRUM 2018).

Der US-amerikanische Forschungsstand wurde deshalb in diesem Forschungs-stand ausführlicher vorgestellt, weil der NPS als Vorreiter in der Standardisierung der Methodik regionalökonomischer Wirkungsanalysen auftritt. Nichtsdestotrotz arbeiten auch andere Länder an einzelnen Studien oder einem vereinheitlichten Monitoringsystem. Neben der genannten Studie von EAGLES et al. (2000) ist für Kanada zu ergänzen, dass zwei systemweite Studien zum ökonomischen Beitrag von Parks Canada vorliegen. Für die erste Studie des Bezugsjahres 2000 wurde ein eigenes „Economic Impact Model for Parks and Protected Areas" entwickelt, des-sen regionalökonomische Multiplikatoren auf amtlichen Statistiken einerseits sowie auf einem interregionalen Input-Output-Modell andererseits basierten. Die touris-tischen Ausgaben wurden auf 2,98 Mrd. CAN-$ beziffert, woraus eine touristische Wertschöpfung in Höhe von 1,23 Mrd. CAN-$ resultierte (vgl. THE OUTSPAN GROUP INC. 2005: 5ff.). Für eine zweite Studie des Bezugsjahres 2008/09 wurde das ökonomi-sche Modell als webbasierte Anwendung aktualisiert, wobei der Dateninput gleich-geblieben war. Die Besucherausgaben beliefen sich auf 2,7 Mrd. CAN-$, was einer touristischen Wertschöpfung von 1,93 Mrd. CAN-$ entspricht (vgl. THE OUTSPAN GROUP INC. 2011: 14ff.)[6]. Besucherzahlen wurden in beiden Berichten nicht an-

---

6   Eine Erklärung für die Unterschiede zum Jahr 2000 wird nicht angegeben.

gegeben, wobei diese teilweise auf der Homepage von Parks Canada veröffentlicht sind (vgl. Parks Canada 2021).

In Südamerika leistet Brasilien einen Beitrag zur internationalen Informationslage. Eine erste Studie von Medeiros et al. (2011: 20ff.) berichtet von 3,84 Mio. Besuchern im Jahr 2009[7]. Die ökonomische Berechnung basiert nach Angabe der Autoren auf dem Konzept des MGM2-Modells, was bedeutet, dass mit den drei Input-Parametern (1) der Besucherzahl, (2) den durchschnittlichen Tagesausgaben und (3) regionalökonomischen Multiplikatoren operiert wurde. Für die Schätzung der Multiplikatorwirkung wurde ein konservatives und ein optimistisches Szenario für vier Raumkategorien gerechnet (ländliche Region, kleine und große Stadt sowie Zentralräume; eine Klassifikation nach Raumkategorien wurde auch von Stynes et al. 2000 vorgenommen). Die konservative Schätzung nahm Multiplikatoren in Höhe von 1,3 bis 1,6 an und ergab eine touristische Wertschöpfung der Besucherausgaben von 459,3 Mio. R-$. Das optimistische Szenario ging von Multiplikatoren zwischen 1,5 und 1,8 aus, woraus eine Wertschöpfung in Höhe von 519,2 Mio. R-$ resultierte (vgl. Medeiros et al. 2011: 21). Sieben Jahre später wurde von Souza et al. (2019) eine zweite systemweite Hochrechnung durchgeführt, ebenso basierend auf dem Drei-Parameter-Ansatz des MGM2-Modells von Stynes et al. (2000). Anders als in der ersten Erhebung wurden Multiplikatoren von einer Input-Output-Tabelle für die brasilianische Ökonomie abgeleitet. Dieses Mal wurde eine Besucherzahl von 8,07 Mio. im Jahr 2015 angegeben, wobei von 62 National Park-Einheiten ausgegangen wird. Die touristische Wertschöpfung beträgt laut dieser zweiten Erhebung insgesamt 473,69 Mio. US-$[8]. Methodisch entwickelte sich daraus das „Tourism Economic Model for Protected Areas" (TEMPA), eine Kalkulationstabelle zur Berechnung regionalökonomischer Effekte des Tourismus in Schutzgebieten nach dem Vorbild des MGM2-Modells, welches speziell für Entwicklungsländer modifiziert wurde (vgl. Souza et al. 2020).

Auf dem afrikanischen Kontinent sind Namibia und Südafrika als Länder zu nennen, wo touristische Wirkungsanalysen von Schutzgebieten durchgeführt werden. Für Namibia liegen zwei Studien vor. Die erste Studie im Jahr 2003 problematisiert die Komplexität der Besucherzahlerfassung in namibischen Schutzgebieten, da gerade ausländische Touristen mehr als einen National Park während einer Rundreise besuchen. Es wird von durchschnittlich 2,3 besuchten National Parks pro Besucher ausgegangen, sodass die gesamte Besucherzahl auf etwa 214.000 geschätzt wird. Zur Quantifizierung regionalökonomischer Effekte der Besucherausgaben wurde eine *Social Accounting Matrix* (SAM; Deutsch: Sozialrechnungsmatrix) – eine erweiterte Input-Output-Matrix (vgl. Kapitel 3.5.3.2) – der namibischen Ökonomie für die Tourismusanalysen modifiziert, indem die sektorale Gliederung der Wirtschaftszweige disaggregiert wurde. Der ökonomische Beitrag der touristischen Multiplikatorwirkung zum Bruttoinlandsprodukt (BIP) wurde damit auf bis zu 2,02 Mrd. N-$ geschätzt, was 6,3 % des BIP im Jahr 2003 ausmacht (vgl. Turpie et al. 2004: 29ff.). Die

---

7   Dabei ist anzumerken, dass sich die Besucherzahl auf nur 18 der seinerzeit 67 Einheiten des brasilianischen Registrierungssystems von Schutzgebieten (Cadastro Nacional de Unidades de Conservação) bezieht, die touristisch genutzt wurden (vgl. Medeiros et al. 2011: 20).

8   Wurde von den Autoren umgerechnet.

aktualisierte Erhebung geht von durchschnittlich drei National Park-Besuchen aus und kommt so auf eine Besucherzahl von etwa 180.000 Personen pro Jahr. Um die Vergleichbarkeit der beiden Studien zu gewährleisten, wurde die modifizierte SAM verwendet. Der ökonomische Beitrag zum BIP wird im Jahr 2008 auf 2,05 Mrd. N-$ bzw. 3,8 % geschätzt. Der touristische Multiplikator wird mit 1,84 angegeben (vgl. TURPIE et al. 2010: 18ff.).

Für die ökonomische Wirkungsanalyse von South African National Parks (SAN-Parks) liegt eine Reihe an Publikationen für einzelne National Parks vor (vgl. z.B. OBERHOLZER et al. 2010 für den Tsitsikamma National Park; SAAYMAN/SAAYMAN 2006a für den Addo Elephant National Park; SAAYMAN/SAAYMAN 2006b für den Kruger National Park; SAAYMAN et al. 2009 für den Karoo National Park; SAAYMAN et al. 2013 für den Tafelberg National Park). SAAYMAN/SAAYMAN (2010) geben einen Überblick über die vier Nationalparke Karoo, Wilderness, Addo Elephant und Tsitsikamma und umreißen die jeweils verwendete Methodik zu Besucherbefragungen und ökonomischen Berechnungen. Als generelles Problem konstatieren die Autoren die Lage der meisten National Parks Südafrikas in sehr ländlichen Regionen, wofür großräumige Wirtschaftsmodelle häufig ungeeignet sind und Daten auf kleinräumiger Maßstabsebene fehlen. Sie behelfen sich mit der Konstruktion stark aggregierter Input-Output-Matrizen sowie der Herleitung von Multiplikatoren über ein iteratives Verfahren[9]. Die Einkommenseffekte belaufen sich für das Basisjahr 2000 auf 6,1 Mio. Rand im Karoo National Park und 24,6 Mio. Rand im Addo Elephant National Park (vgl. SAAYMAN/SAAYMAN 2010: 1045ff.). Die Zahlen sind zu denen im iterativen Verfahren hergeleiteten Einkommenseffekten nicht miteinander vergleichbar, da es sich um zwei unterschiedliche Methoden handelt (vgl. Kapitel 3.2).

Die australische Forschung zur Ökonomie von Schutzgebieten zeigt ein diffuses Bild, wobei in DRIML (2010: 12ff.) eine Übersicht der jüngsten Studien zu finden ist. Zunächst geht daraus hervor, dass sich die Bundesstaaten für die Analysen verantwortlich zeigen. Beispielsweise führte der New South Wales National Parks and Wildlife Service verschiedene Analysen zur Erfassung von Besucherausgaben und regionalökonomischem Beitrag durch. Dafür wurde die Input-Output-Analyse als Standardverfahren angewandt. Andere Studien hingegen operierten mit komplett anderen Vorgehensweisen, um den ökonomischen Beitrag aus verschiedenen Sichtweisen heraus zu interpretieren. CARLSEN/WOOD (2004) beispielsweise fokussieren die touristischen Ausgaben und ermittelten einen Faktor, welcher die den National Parks in Western Australia zuzuschreibenden Ausgaben angibt (sie bezeichnen ihn als *„attribution factor"*; vgl. Kapitel 2.3.3). Die von DRIML (2010: 23) dargelegte Queensland-Studie verwendet die Erhebungsergebnisse zu Besucher- und Ausgabenstrukturen von BALLANTYNE et al. (2008) und berechnet den ökonomischen Beitrag der National Parks von Queensland mithilfe eines *Tourism Satellite Accounts* (TSA; Deutsch: Tourismus-Satellitenkonto). Ein passendes Handbuch wirbt für TSA als Standardmethode zur Bemessung des tourismusökonomischen Beitrags (vgl. DRIML/MCLENNAN 2010: 30ff.), was in einem Folgeprojekt von DRIML et al. (2020) fortgeführt wird. Der Beitrag touristischer Ausgaben zum BIP von Queensland liegt

---

9   Hierbei handelt es sich um einen schrittweisen Rechenprozess zur Annäherung an einen Multiplikatorwert.

nach ihren Erkenntnissen im Jahr 2018 bei 2,74 Mio. US-$. Die angestrebte Standardmethode ist also die TSA-Rechnung, vor dem Hintergrund der bislang nicht möglichen Vergleichbarkeit der Zahlen aufgrund der unterschiedlichen territorialen Umsetzung.

In Europa ist die finnische Entwicklung des Besuchermonitorings nennenswert, die Anfang der 1990er Jahre mit den ersten Besucherbefragungen startete. Ende der 1990er Jahre erfolge von Metsähallitus Parks & Wildlife Finland in Kooperation mit dem Finnish Forest Research Institute eine erste Standardisierung von Besucherzählung und -befragung (vgl. HUHTALA et al. 2010: 5f.). Besucherbefragungen werden in Finnland heute regelmäßig durchgeführt und Besucherzahlen seit 2010 kontinuierlich erhoben und in einer eigenen Datenbank gespeichert. Besucherzahlen sind jährlich online einsehbar. Im Jahr 2020 wurden etwa vier Mio. Besuche in finnischen Nationalparken registriert (vgl. METSÄHALLITUS 2021a). Von Anfang an war die Vergleichbarkeit der Erhebungsergebnisse die Prämisse der nordisch-baltischen Länder, weshalb ein Leitfaden den Standard vorgibt (vgl. KAJALA et al. 2007). Die Methodik zur ökonomischen Analyse des Tourismus in finnischen Schutzgebieten ist von HUHTALA et al. (2010: 8ff.) beschrieben, die den Startpunkt der Entwicklung der finnischen Anwendung auf Mitte der 2000er terminieren (mit der Herausgabe zweier Studien von BERGHÄLL 2005 im Archipelago National Park und HUHTALA 2007 im Pallas-Ounastunturi National Park). Von HUHTALA et al. (2009) wurde eine erste Input-Output-Analyse touristischer Wirkungen durchgeführt, woraufhin man sich entschied, ein Analysemodell nach dem Vorbild des US-amerikanischen MGM2 mit seinem Drei-Parameter-Ansatz zu konstruieren. Die notwendigen Input-Output-Tabellen werden bis heute der amtlichen Statistik entnommen und für Regionscluster regionalisiert, d. h. mithilfe regionaler Daten auf die regionale Ebene heruntergerechnet (vgl. HUHTALA et al. 2010: 9). Mittlerweile wurde die zweite Aktualisierung der Input-Output-Daten für das Analysemodell durchgeführt (vgl. VATANEN/KAJALA 2019; erste Durchführung VATANEN/KAJALA 2015). Die Ergebnisse sind online einsehbar, wonach die Nationalparke in Finnland 2019 ein Einkommen in Höhe von 219,3 Mio. € generierten (für das Jahr 2020 wurden aufgrund der Covid-19-Pandemie keine ökonomischen Effekte berechnet; vgl. METSÄHALLITUS 2021b).

Die regionalökonomische Bedeutung des Tourismus in Schweizer Pärken wurde bereits in mehreren Studien untersucht. Die Methode wurde von KÜPFER (2000: 108ff.) am Beispiel des Schweizerischen Nationalparks eingeführt und seither von KNAUS (2012: 8ff.) für die UNESCO Biosphäre Entlebuch, von BACKHAUS et al. (2013: 11ff.) für das UNESCO Biosphärenreservat Val Müstair Parc Naziunal und von KNAUS (2018: 7f.) für den Parc Jura vausois, Park Ela, den Naturpark Gantrisch und den Landschaftspark Binntal übernommen (vgl. auch KNAUS/BACKHAUS 2014). Die Wirkungsanalyse basierte unverändert bei allen genannten Studien auf denselben Multiplikatoren der touristischen Vorleistungs- und Einkommenswirkungen für schweizerische Regionen, die einst von RÜTTER et al. (1996: 46) ermittelt wurden. Als Besonderheit im Vergleich zu den Erhebungen anderer Länder differenziert die Schweizer Forschung nach sogenannter touristisch-induzierter und parkinduzierter Wertschöpfung. Erstere summiert die gesamte, durch touristische Ausgaben generierte Wertschöpfung, während die zweite Einheit eine touristische Kerngruppe umfasst, die wegen des Nationalparks in die Region gereist sind. Sie stellt damit eine Teilmenge der Grundgesamtheit dar. Knaus (2018: 30ff.) errechnete so eine touristisch-induzierte Wertschöpfung (in Klammern angegeben jeweils der Wert für die parkinduzierte Wertschöpfung) in Höhe von 11,2 Mio. CHF (1,7 Mio. CHF) im Parc Jura vausois, 105,8 Mio. CHF (8,8 Mio. CHF) im Park Ela, 47,7 Mio. (7,3 Mio. CHF) im Naturpark Gantrisch und 22,3 Mio. CHF (3,7 Mio. CHF) im Landschaftspark Binntal.

Die schweizerische und die deutsche Wirkungsforschung sind sich hinsichtlich zweier Aspekte ähnlich: Erstens wurde auch in Deutschland die mit der Existenz des Schutzgebietes in Verbindung stehende Wertschöpfung des Tourismus von Anfang an herausgestellt. Zweitens basiert das Konzept zur Berechnung regionalökonomischer Effekte ebenfalls auf einem Multiplikatoransatz nach der von Rütter et al. (1996: 46) beschriebenen Berechnungsmethode. In der deutschen Schutzgebietsforschung hat sich so das Verfahren der touristischen Wertschöpfungsanalyse etabliert (vgl. Job et al. 2020a; 2020b). Dazu wurde eine erste Pilot-Studie zwischen 2000 und 2002 im Nationalpark Berchtesgaden durchgeführt (vgl. Job et al. 2003). Job et al. (2005a) legten daraufhin mit ihren Untersuchungen im Nationalpark Müritz sowie in den beiden Naturparken Altmühltal und Hoher Fläming den Grundstein für eine standardisierte Methodik zur Erhebung der touristischen Wertschöpfungswirkung. Seitdem wurde die Methode in fast allen deutschen Nationalparken und Biosphärenreservaten sowie in einer Reihe von Naturparken angewandt (vgl. Job et al. 2009; 2013a; 2016; 2018; 2020c; Woltering 2012). Die Ergebnisse der Forschungsprojekte, die zumeist vom Bundesamt für Naturschutz (BfN), der Deutschen Bundesstiftung Umwelt (DBU) sowie einzelnen Ländern und Schutzgebietsverwaltungen in Auftrag gegeben wurden, sind somit miteinander vergleichbar (entsprechende Leitfaden dokumentieren das Verfahren; vgl. Job et al. 2006a; 2020a; 2020b).

1.3   Problemstellung und Zielsetzung der Arbeit

Wird der internationale und nationale Forschungsstand rekapituliert, ist festzuhalten, dass die Wirkungsanalyse der tangiblen Nutzenkomponente touristischer Ausgaben in den USA, Kanada, Brasilien, Namibia, Südafrika und Finnland sowie zum Teil in Australien auf einer Analyseform basiert, die im klassischen oder erweiterten Sinne dem Input-Output-Verfahren zuzuordnen ist. Außerdem wurde ersichtlich, dass sich das US-amerikanische VSE-Modell im Laufe der Jahre insoweit bewährt hat, dass sich Institutionen anderer Länder, wie in Brasilien oder Finnland, am Analyseverfahren der USA orientieren. Dieses führt drei Nachfrageparameter zusammen: (1) die Anzahl der Besucher in einem Schutzgebiet, (2) die dort getätigten Ausgaben sowie (3) Multiplikatoren der Regionalökonomie, die in den genannten Ländern mithilfe des Input-Output-Verfahrens berechnet werden. Der australische TSA-Ansatz ist ein tendenziell makroökonomisch orientierter, der den ökonomischen Beitrag des Tourismus in Volkswirtschaftliche Gesamtrechnungen (VGR) einzuordnen versucht, weswegen er in dieser Arbeit nur am Rande, im Rahmen des Exkurses B, thematisiert wird.

Unterdessen entwickelte sich im deutschsprachigen Raum Europas (insbesondere in der Schweiz und in Deutschland) eine einfache Multiplikatorrechnung nach der Keynesianischen Multiplikatortheorie. Im Speziellen wurde diesbezüglich in Deutschland die touristische Wertschöpfungsanalyse standardmäßig angewandt. Dabei werden die Multiplikatoren im Grunde als Verhältniszahlen für die Wirkungsebenen touristischer Ausgaben ausgedrückt, die als touristische Wertschöpfungsquote bezeichnet werden. Hierbei handelt es sich um die in der Region verbleibende Wertschöpfung der touristischen Ausgaben, d. h. – mathematisch formuliert – um den Anteil der Bruttowertschöpfung am gesamten Produktionswert des Tourismus. Die touristische Wertschöpfungsanalyse wurde deshalb als die vorteilhaftere Methode im Vergleich zur Input-Output-Analyse gehandelt, weil sie relativ leicht anwendbar und verständlich sei und ihre Ergebnisse somit gut nach außen zu kommunizieren seien. Die Durchführung von Input-Output-Analysen wurde hingegen nur als bedingt geeignet bewertet, was vor allem durch ein Defizit an regionalen Wirtschaftsdaten begründet wurde (vgl. Job et al. 2005a: 31ff.; Metzler 2007: 49ff.; Woltering 2012: 124f.). Die Datenrestriktion zog sich als grundlegende Problematik durch den kompletten Analysevorgang der bis heute durchgeführten Wertschöpfungsanalysen in Deutschland, denn aufgrund der Komplexität und des Kosten- und Zeitaufwandes der Wirtschaftsmodellierung bezog man sich auf die Arbeiten des Deutschen Wirtschaftswissenschaftlichen Instituts für Fremdenverkehr (dwif), welches die benötigten Daten aus Betriebsvergleichen in Hotellerie und Gastronomie generierte (vgl. Harrer/Scherr 2002: 144; Maschke 2005: 133). Das Problem dabei: Bei den bislang verwendeten Größen handelt es sich stets um deutschlandweite Durchschnittswerte (vgl. Metzler 2007: 53). Vor allem auf der indirekten Wirkungsebene der touristischen Vorleistungsbetriebe wird dieser Missstand deutlich, denn hierfür wurde pauschal von einer Wertschöpfungsquote von 30 % des Produktionswertes der Vorleistungen ausgegangen – ein Durchschnittswert für alle Wirtschaftszweige (für das Gastgewerbe ebenso wie beispielsweise für den Einzelhandel) und auf jedweder Maßstabsebene (für Deutschland ebenso wie für alle einzelnen Landkreise Deutschlands).

„The aim should be to use a comparable, standardized, method for each analysis to establish long-term or permanent visitor monitoring" (Job et al. 2021a: 15): Innerhalb der deutschen Schutzgebietsforschung sind die Analyseergebnisse durch die jahrelangen Bestrebungen von Job et al. (2005a; 2009; 2013a; 2016; 2018; 2020c) miteinander vergleichbar. Allerdings sind die deutschen Wirkungsanalysen denjenigen der internationalen Schutzgebietsgemeinschaft in zweierlei Hinsicht unterlegen: Erstens ist die Input-Output-Analyse als der validere Ansatz einzustufen, weil mit dem Input-Output-Modell ein Rechenwerk gegeben ist, womit indirekte Vorleistungs- sowie induzierte Konsumverflechtungen zuverlässig quantifiziert werden können (mithilfe der Wertschöpfungsanalyse können letztere nicht bemessen werden) Zweitens definieren Spenceley et al. (2021a) den internationalen Standard für die regionalökonomische

Wirkungsanalyse in Schutzgebieten – und der ist zweifellos als das Input-Output-Verfahren festgelegt.

Um an dieses Forschungsdefizit anzuknüpfen, versteht sich die vorliegende Arbeit als wissenschaftliche Ausarbeitung der Guidelines von SPENCELEY et al. (2021a) und damit als methodische Weiterentwicklung regionalökonomischer Wirkungsanalysen des Tourismus in Deutschlands Schutzgebieten zur Adaption an internationale Standards. Dazu erfolgt die Applikation der Input-Output-Methode für ein konkretes Fallbeispiel in Deutschland: dem Biosphärengebiet Schwarzwald. Um fundierte Aussagen zu den Analyseergebnissen machen zu können, werden die einzelnen Schritte dieses Verfahrens dezidiert und differenziert wiedergegeben. Das bedeutet, dass der komplette Analysevorgang behandelt wird, der sowohl die Ermittlung der touristischen Nachfragestrukturen als auch die regionalökonomischen Berechnungen beinhaltet. Der Fokus liegt nichtsdestotrotz auf dem zweiten Teil, der sich zum Ziel setzt, regionalökonomische Multiplikatoren im Input-Output-Verfahren abzuleiten und auf das Fallbeispiel anzuwenden. Denn die Arbeit profitiert von einer entscheidenden Perspektive: Das US-amerikanische Unternehmen IMPLAN modellierte regionale Wirtschaftsdaten für die EU bis auf die Ebene der NUTS-3-Regionen ("Nomenclature des unités territoriales statistiques" der amtlichen Statistik der EU)[10]. Damit wird auf das Bestreben nach einer internationalen Standardisierung nicht nur hinsichtlich des Analyseverfahrens, sondern auch hinsichtlich der gewählten Datengrundlagen für das Modell reagiert, da das VSE-Modell des US NPS ebenfalls mit IMPLAN-Daten gespeist wird. Methodische Gemeinsamkeiten und Unterschiede sowie Restriktionen werden durch die parallele Durchführung der Wertschöpfungsanalyse zur Berechnung der regionalökonomischen Effekte des Tourismus im Biosphärengebiet Schwarzwald identifiziert. Überdies leistet diese Arbeit eine umfassende Einbettung in den überregionalen Bezugsraum regionalökonomischer Wirkungen, weil ein multiregionales Input-Output-Modell verwendet wird. Dieses ermöglicht die Analyse von touristischen Vorleistungs- und Konsumeffekten im Umland des Biosphärengebietes Schwarzwald, welches als die Kulisse der beiden Naturparke Schwarzwald Mitte/Nord und Südschwarzwald definiert ist. In dem Zusammenhang wird der Nationalpark Schwarzwald als Vergleichsregion untersucht, um zum einen die empirische Belastbarkeit des Input-Output-Modells zu validieren und zum anderen die tourismusökonomische Verflechtung eines Biosphärengebietes mit einem weiteren Großschutzgebietstypus vergleichend gegenüberstellen zu können.

Diese Arbeit hat demnach einen pragmatischen Charakter mit einer methodischen Fokussierung inne. Die Forschungsfragen orientieren sich an den Wirkungsebenen touristischer Ausgaben, d. h. an der direkten Wirkungsebene der touristischen Leistungsträger und der sekundären Wirkungsebene der Vorleistungs- und Konsumverflechtungen, was eine methodisch begründete Aufgliederung ist. Für die direkte Wirkungsebene, die mithilfe von touristischen Wertschöpfungsquoten zu quantifizieren ist, wird sich folgender Fragestellung gewidmet:

---

10   Für Deutschland: 1 = Bundesländer, 2 = Regionen (z. B. Regierungsbezirke in Bayern), 3 = Landkreise.

- Wie lassen sich regionalökonomische Wertschöpfungsquoten möglichst kosten-, zeit- und dateneffizient quantifizieren?

Die Berechnung der sekundären Wirkungsebene mithilfe des Input-Output-Verfahrens ist die deutlich komplexere Anforderung, weswegen die Fragestellungen dahingehend umfangreicher ausfallen:

- Wie wird die (multiregionale) Input-Output-Analyse genutzt, um regionalökonomische Effekte des Tourismus in Schutzgebieten zu berechnen?

- Welche Vor- und welche Nachteile bietet die Input-Output-Analyse? Welche methodischen Restriktionen bestehen?

- Welche methodischen Gemeinsamkeiten und Unterschiede bestehen zwischen Wertschöpfungs- und Input-Output-Analyse? Wie wirken sich die Unterschiede auf die Analyseergebnisse aus?

- Ist die pauschal angesetzte 30 %-Wertschöpfungsquote zur Berechnung der Vorleistungseffekte mithilfe der Wertschöpfungsanalyse valide?

- Wie ist die Input-Output-Analyse für die deutsche Schutzgebietsforschung zu etablieren? Welche Anforderungen für ein regionalökonomisches Monitoring müssen erfüllt sein?

Über den methodischen Fokus hinaus können die Analyseergebnisse weitere inhaltliche Erkenntnisse zu folgenden Fragestellungen liefern:

- Welche Multiplikatorwirkung geht vom Tourismus in der Region des Biosphärengebiets Schwarzwald sowie interregional zu seinem Umland aus? Wie hoch sind die daraus resultierenden regionalökonomischen Effekte?

- Welche raumstrukturellen Faktoren bedingen die Höhe der Multiplikatoren?

- Wie hoch sind die induzierten Effekte touristischer Ausgaben, die durch die Input-Output-Analyse erstmals für ein deutsches Schutzgebiet bemessen werden können?

Dabei verfolgt die Arbeit folgende konkrete Ansprüche:

- Es wird eine komplette Wirkungsanalyse durchgeführt, was zusätzlich die Erhebung von Rohdaten, die Ermittlung einer Besucherzahl sowie der touristischen Ausgaben umfasst. Der Fokus liegt allerdings klar auf der Ökonomie.

- Die Begrifflichkeiten und touristischen Kenngrößen der Wirkungsanalyse werden dezidiert erklärt sowie in kontextuellem Zusammenhang gebracht, um definitorische Missverständnisse für den Analysevorgang auszuschalten.

- Das Input-Output-Verfahren wird als solches vorgestellt. Darüber hinaus wird durch die Erklärung der zugrundeliegenden Matrizenrechnung, Modellierung und Regionalisierung ein umfassendes Verständnis über dieses Verfahren geschaffen.

- Die Ergebnisse werden validiert und auf ihre Sensitivität hin überprüft.

- Die Arbeit leistet so einen Beitrag in Richtung einer internationalen Standardisierung regionalökonomischer Wirkungsanalysen des Tourismus in Schutzgebieten.

Hinzuweisen ist ferner auf die Nomenklatur der verwendeten Begriffe „Tourismus" und „Schutzgebiete". Es wurde sich für den übergeordneten Begriff des „Tourismus" und gegen den konkreten Begriff des „Naturtourismus" entschieden, denn erstens existiert die touristische Wirkungsforschung als allgemeines Forschungsfeld, unabhängig vom speziellen Raumbezug der Schutzgebiete, und zweitens wird ein Biosphärenreservat als Fallbeispiel verwendet, welches neben natur- auch kulturtouristische Angebotskomponenten beinhaltet. Beim Begriff der „Schutzgebiete" wurde sich ebenfalls für die allgemeine Umschreibung entschieden. In der vorliegenden Arbeit sind die drei Großschutzgebietstypen der Nationalparke, Biosphärenreservate und Naturparke gemeint, die zusammen mit den Wildnisgebieten als NNL firmieren. Daneben sind Natur- und Landschaftsschutzgebiete und auch die europäischen „Natura 2000"-Gebiete dem Schutzgebietsbegriff zugehörig. Diese werden mit der Begriffseingrenzung der vorliegenden Arbeit nicht vordergründig angesprochen, die Methodik ist aber auch auf diese Kategorien übertragbar.

1.4 Fallbeispiel Biosphärengebiet Schwarzwald: Auswahl und Kurzportrait

Zur Auswahl einer Untersuchungsregion für die regionalökonomische Wirkungsanalyse des Tourismus ist generell zu beachten (vgl. STYNES et al. 2000: 1.3f.):

- Die Untersuchungsregion sollte eine touristische Destination darstellen, d. h. eine touristische Infrastruktur beinhalten.

- In der Untersuchungsregion sollten touristische Betriebe ansässig sein, d. h. Leistungsersteller, die touristische Umsätze generieren.

- Die Untersuchungsregion sollte eine Regionalökonomie repräsentieren, inklusive der Wohnorte der Angestellten.

Zur Auswahl eines Schutzgebietes als Untersuchungsregion ist hinzuzufügen (vgl. HANNEMANN/JOB 2003: 8):

- Eine gewisse, für das Schutzgebiet spezifische Angebotsvielfalt muss gegeben sein,

- während die Alleinstellung des Schutzgebietes in der touristischen Ausrichtung erhalten bleibt.

Das Biosphärengebiet Schwarzwald wurde von den 18 Biosphärenreservaten in Deutschland aufgrund folgender Überlegungen ausgewählt:

- Die touristische Nachfrage im Biosphärengebiet Schwarzwald wurde 2018/19 im Rahmen eines von der DBU in Auftrag gegebenen Forschungsprojektes mit dem Titel „Potenzialanalyse des Naturtourismus im Biosphärengebiet Schwarzwald" untersucht. Die Studie führt die Erhebungen zu regionalökonomischen Effekten des Tourismus in deutschen Biosphärenreservaten fort (vgl. JOB et al. 2013a). Die Ergebnisse lieferten seinerzeit einen besonderen Erkenntnisgewinn: Mittels einer zeitnahen Untersuchung unmittelbar nach der Ausweisung eines Biosphärenreservates konnte zum ersten Mal in Deutschland der Ist-Zustand des Tourismus in einem solchen Schutzgebiet abgebildet werden, der sich bis dato ohne den Einfluss der Existenz eines Schutzgebietes entwickeln konnte. Eine solche Option einer frühzeitigen Untersuchung bot sich auch beim Nationalpark Schwarzwald im Erhebungsjahr 2014/15, der als Vergleichsregion für die Analysen dieser Arbeit ausgewählt wurde. Dadurch wird zum einen ein Vergleich zu einem weiteren Schutzgebietsprädikat ermöglicht und zum anderen der wirtschaftsräumliche Gesamtkontext des Schwarzwaldes in Baden-Württemberg erfasst.

- Für die regionalökonomische Analyse ist das Biosphärengebiet Schwarzwald mit seiner Erstreckung über vier Landkreisgrenzen hinweg einerseits großräumig genug, dass eine geschlossene Regionalökonomie mit all ihren Vernetzungen touristischer Leistungs- und Vorleistungsersteller umfasst wird. Andererseits ist die Region kleinräumig genug, um touristische Multiplikatorwirkungen für ein deutsches Schutzgebiet erstmals sinnvoll und nachvollziehbar zu rekonstruieren, wobei mit Rheinschiene im Westen und peripherer Mittelgebirgsregion im Südosten eine heterogene Landschafts- und Wirtschaftsstruktur abgebildet werden kann.

- Die Einbettung des relativ kleinräumigen Biosphärengebiets Schwarzwald in den Großraum des gleichnamigen Mittelgebirges ermöglicht die Analyse touristischer Multiplikatorverflechtungen über die Grenze des

Untersuchungsgebietes hinaus, was einer umfassenden Erklärung von Multiplikatoren dienlich ist. Dafür wurde die Gebietskulisse der beiden Naturparke Schwarzwald Mitte/Nord und Südschwarzwald als Umlandregion ausgewählt und im multiregionalen Input-Output-Modell analysiert.

- Die Auswahl einer international bekannten Tourismusdestination mit dem Label „Black Forest" integriert die vorliegende Arbeit noch eingehender in den internationalen Forschungskontext.

- Das nachhaltige Wirtschaften ist ein Auftrag der Biosphärenreservate. Die Analyse der Multiplikatorwirkung in einem deutschen Biosphärenreservat zeigt ferner regionale Wertschöpfungsverflechtungen auf, die für die nachhaltige Wirtschaftsentwicklung dieser Regionen fundamental sind.

Die Verordnung des Ministeriums für Ländlichen Raum und Verbraucherschutz über das Biosphärengebiet Schwarzwald vom 04. Januar 2016 (Jahr der landesrechtlichen Ausweisung; UNESCO-Anerkennung: Oktober 2017) bestimmt eine Größe von 63.236 ha, die sich über die vier Stadt- und Landkreise Freiburg im Breisgau, Breisgau-Hochschwarzwald, Lörrach und Waldshut erstreckt (vgl. BSG-VO SCHWARZWALD § 2). Die Zielsetzung des aus dem Naturschutzgroßprojekt Feldberg-Belchen-Oberes Wiesental entstandenen Biosphärengebiets ist es, *„die nachhaltige wirtschaftliche Nutzung mit der Erhaltung und Weiterentwicklung der Natur- und Kulturlandschaft zu verknüpfen und positiv zu gestalten"* (BSG-VO SCHWARZWALD § 4, Abs. 1). Das Biosphärengebiet Schwarzwald zeigt eine durch vielfältige Nutzung geprägte Kulturlandschaft. Die grünlandreichen Waldlandschaften (Waldanteil ca. 70 %) erstrecken sich über Höhendifferenzen von über 1.000 m (Feldbergmassiv: bis ca. 1.500 m ü. NN bzw. 310 m ü. NN bei Albbruck). Der Beginn der Einflussnahme des Menschen in der Region ist auf das 10. Jahrhundert datiert, weil die topographische Beschaffenheit mit einer einst glazialen Überprägung die Zugänglichkeit erschwerte. Wegen des wachsenden Holzbedarfs aufgrund der Glasherstellung und der zunehmenden Ansiedlung von Glashütten im 17. und 18. Jahrhundert sowie die damit einhergehende Waldflächenrodung lag der Waldanteil gegen Ende des 18. Jahrhunderts bei noch 30 %. Ein historisches Landschaftsrelikt, welches – bis heute erhalten – ein Charakteristikum des Biosphärengebiets Schwarzwald ist, sind die Allmendweiden: gemeinschaftlich genutzte Weideflächen, die sich einst im Eigentum der Klöster befanden (vgl. BIOSPHÄRENGEBIET SCHWARZWALD 2016: 52ff.; 2021: 49ff.). Sie stellen heute durch extensive Weideviehbewirtschaftung ein wichtiges Element zur Offenhaltung der Landschaft im Schwarzwald dar. Als landschaftliches Charakteristikum und Alleinstellungsmerkmal für den Tourismus versuchen Projekte und staatliche Finanzierungshilfen die Weidebewirtschaftung im Südschwarzwald aufrechtzuerhalten (vgl. LIESEN 2016: 61ff.; LIESEN/COCH 2015: 71ff.).

Nach der Verordnung des Biosphärengebiets sind die *„Kulturlandschaften (…) auch als attraktive Erholungsräume und zur Stärkung des Tourismus zu erhalten und nachhaltig weiter zu entwickeln"* (BSG-VO SCHWARZWALD § 4, Abs. 2). Touristische Hauptanziehungspunkte sind die Schwarzwaldberge mit dem Feldberg (1.493 m ü. NN), dem

Belchen (1.414 m ü. NN) und dem Schauinsland (1.284 m ü. NN) mit ihren ski- und wandertouristischen Infrastrukturen. Hinzu kommen die naturnahen Gewässer, wie der Schluchsee, der Nonnenmattweiher, die Todtnauer oder Menzenschwander Wasserfälle, und Moore, wie z. B. das Hochmoor Ibacher-Moos. Die abgeleitete Angebotspalette umfasst Wintersporteinrichtungen, Skilifte, Langlaufloipen und Rodelbahnen zur wintertouristischen Nutzung und ein ausgebautes Wanderwegenetz mit dem Fernwanderweg Schluchtensteig oder dem Premiumwanderweg Albsteig für den Sommertourismus. Kulturelemente werden in Museen, wie dem Holzschnefler- und Bauernmuseum Resenhof, oder in Form von Baudenkmälern, wie z. B. dem Kloster in St. Blasien, touristisch in Wert gesetzt (vgl. BIOSPHÄRENGEBIET SCHWARZWALD 2016: 133ff.; 2021: 82ff.).

1.5 Aufbau der Arbeit

Die vorliegende Arbeit ist in sieben Kapitel untergliedert, wobei das erste, zweite und siebte Kapitel die Klammern um den Hauptteil setzen, der sich mit der eigentlichen Durchführung der regionalökonomischen Wirkungsanalyse durch die Anwendung der Input-Output-Analyse beschäftigt. Im ersten Kapitel erfolgt eine Hinführung zum Thema durch einen Blick in die internationale Forschungswelt. Dabei wird die Relevanz des Themas herausgestellt. Die Vorstellung des internationalen und nationalen Forschungsstandes dient sodann als erweiterte Wissensbasis zur Einordnung von Problemstellung und Zielsetzung.

Das zweite Kapitel findet einen Zugang zum Verständnis über regionalökonomische Wirkungen über drei Dimensionen: konzeptionell, räumlich und quantitativ. Nach der Klärung der grundlegenden Begriffe der Tourismusökonomie sowie der Vorstellung der drei Großschutzgebietstypen in Deutschland als Bezugsraum der Betrachtungen, werden regionalökonomische Wirkungsanalysen des Tourismus in Schutzgebieten in einem „Big Picture" konzeptionell eingeordnet (in Anlehnung an SPENCELEY et al. 2021a: 23). Daraufhin werden die räumlichen Dimensionen der touristischen Multiplikatorwirkung beschrieben. Schließlich wird durch die Vorstellung von empirischen Befunden die quantitative Dimension touristischer Aktivität in Schutzgebieten deutlich.

Die Gliederung der Kapitel drei, vier und fünf des Hauptteils orientiert sich an den forschungsleitenden Verfahrensschritten der regionalökonomischen Wirkungsanalyse, sodass je Kapitel drei grobe Hauptabschnitte gruppiert wurden: (1) die Quantifizierung der touristischen Nachfrage, (2) die Analyse von direkten und (3) von sekundären regionalökonomischen Effekten. Aufgrund des Charakters als methodische Arbeit fällt das dritte Kapitel sehr prominent aus. Das ist notwendig, um die Analyseparameter sowie die beiden rechnerischen Ansätze für direkte und sekundäre Effekte umfassend zu erklären. Der Fokus liegt dabei auf der Input-Output-Analyse. Hierfür werden die rechnerischen Grundlagen zur Ableitung von regionalökonomischen Multiplikatoren vorgestellt. Darüber hinaus wird das

Analyseverfahren in Bezug auf ihre Modellerweiterungen kritisch eingeordnet. Die Problematisierung der Datenverfügbarkeit mündet in der Vorstellung der multiregionalen Input-Output-Rechnung, welche gleichzeitig dazu dient, die Modellierung von IMPLAN-Datensätzen ansatzweise nachvollziehbar zu machen.

Die eigentliche Methodik der Arbeit steht im vierten Kapitel geschrieben, die sich an die Grundstruktur des dritten Kapitels anlehnt und eine regionalökonomische Wirkungsanalyse des Tourismus anhand des Fallbeispiels des Biosphärengebiets Schwarzwald mithilfe der Input-Output-Analyse beschreibt. Das bedeutet, dass hier die einzelnen Rechenschritte zur Herleitung der notwendigen Analyseparameter dargelegt werden: (1) die Quantifizierung der touristischen Nachfrage, (2) die Analyse direkter Anteilswerte der touristischen Wertschöpfung und (3) von regionalökonomischen Multiplikatoren. Das methodische Vorgehen führt die Berechnungen zusammen, indem zwei Analysestränge gefahren werden: Die Ermittlung der regionalökonomischen Effekte des Tourismus wird einmal nach der touristischen Wertschöpfungsanalyse und außerdem nach der Input-Output-Analyse durchgeführt.

Kapitel 5 präsentiert die empirischen Ergebnisse – ebenso untergliedert nach den Analyseschritten: (1) die touristische Nachfrage im Biosphärengebiet Schwarzwald, (2) regionale Wertschöpfungsquoten und (3) aggregierte Input-Output-Tabellen der Analyseregion sowie daraus abgeleitete Input-Output-Modelle und Multiplikatoren in der intra- und interregionalen Gebietskonstellation. Das letzte Teilkapitel stellt daraufhin die Ergebnisse von Wertschöpfungs- und Input-Output-Analyse vor.

In der anschließenden Diskussion werden die Ergebnisse in einer Synthese zusammengeführt. Die Testung von Validität und Sensitivität des Input-Output-Modells dient als erweiterte Bewertungsgrundlage zur Reflexion des Vorgehens. Anschließend werden die Ergebnisse in das „Big Picture" des regionalökonomischen Monitorings national und international eingeordnet, indem Implikationen für die Forschungspraxis zur Adaption der Methodik an internationale Standards herausgegeben werden. Nach der Aussprache von Forschungsdesiderata wird die Arbeit im siebten Kapitel mit einer Schlussbetrachtung abgerundet.

2 Konzeptionelle, räumliche und quantitative Dimensionen regionalökonomischer Wirkungen des Tourismus in Schutzgebieten

2.1 Grundbegriffe der Tourismusökonomie

Die im Folgenden wiedergegebenen Definitionen der für das allgemeine Verständnis der Arbeit notwendigen Begriffe werden lediglich kurz dargelegt und nicht weiter theoriegeleitet diskutiert. Wird über den Tourismus in Schutzgebieten gesprochen, ist die **Freizeit** zunächst als der zeitliche Rahmen abzugrenzen, was die zur Verfügung stehende „freie Zeit" meint, d. h. die Zeit außerhalb der Arbeits- und Obligationszeit für Schlafen oder Essen. Aus (wirtschafts-)geographischer Perspektive interessiert vor allem die außerhäusliche Freizeit, also die Freizeit im Wohnumfeld, im Naherholungsraum oder im Fremdenverkehrs-/Urlaubsraum (vgl. Job et al. 2005b: 582). Gegenwärtig nehmen innerhäusliche, mediale Freizeitaktivitäten auf Kosten aktiver, regenerativer und sozialer Zeitvertreibe immer mehr zu (vgl. Reinhardt 2020).

Der **Tourismus bzw. Fremdenverkehr** (im deutschen Sprachgebrauch häufig synonym verwendet[11]) ist quasi als Teilbereich der Freizeit zu sehen, wenn es sich um freizeitgebundenen Tourismus handelt (vgl. Hopfinger 2007: 1; Job et al. 2005b: 582). Das hauptsächliche Unterscheidungskriterium des Tourismus besteht genauer im Ortswechsel aus dem Zusammenspiel von Reise und Aufenthalt außerhalb des Wohn- und Arbeitsortes (vgl. Kaspar 1991: 18)[12]. Eine grundlegende Definition des Tourismus liefert die UN World Tourism Organization (UNWTO): *„Tourism comprises the activities of persons traveling to and staying in places outside their usual environment for not more than one consecutive year for leisure, business and other purposes"* (UN/UNWTO 1994: 5).

Das Handlungsfeld des Tourismus ist demnach die Reise, aber diese Reise ist nur dann „touristisch", wenn die *„konstitutiven Elemente des Tourismus"*, wie es Freyer (2015: 3) wiedergibt, gegeben sind: Erstens muss – wie bereits genannt – ein Ortswechsel erfolgen, also die Distanzüberwindung vom Wohnumfeld ausgehend an einen fremden Ort mithilfe verschiedener Transportmittel. Zweitens muss es sich

---

11 Beim Begriff des Fremdenverkehrs handelt es sich um ein deutschsprachiges Spezifikum, da sich in anderen Sprachen keine wirkliche Übersetzung findet. Seinen Ursprung findet der Begriff im 19. Jahrhundert für alle möglichen Reisephänomene. Wird eine begriffliche Differenzierung vorgenommen, wird „Fremdenverkehr" tendenziell für nationalen Tourismus verwendet, wohingegen „Tourismus" ein internationaler Begriff ist und – in Abgrenzung zum Fremdenverkehr – eher Auslandsreisen beschreiben könnte. Die Benutzung von „Fremd(e/r)" könnte stigmatisierend sein. Zudem ist eine negative Konnotation des Begriffs „Tourist" festzustellen („Da will ich nicht hin, da sind doch nur Touristen", „Abseits der Touristenpfade"). Generell ist im deutschen Sprachgebrauch ein Wandel hin zu international gebräuchlichen Begriffen („Fremder" zu „Gast" zu „Tourist" oder „Gäste-/Fremdenzimmer" zu „Hotel") zu verzeichnen (vgl. Freyer 2015: 8f.; 99).

12 Kaspar (1991: 18) bezeichnet den *„Fremdenverkehr oder Tourismus als Gesamtheit der Beziehungen und Erscheinungen, die sich aus der Reise und dem Aufenthalt von Personen ergeben, für die der Aufenthaltsort weder hauptsächlicher und dauerhafter Wohn- noch Arbeitsort ist"*.

um einen vorübergehenden Ortswechsel handeln, somit der Aufenthalt zeitlich begrenzt sein (einige Stunden bis zu maximal einem Jahr). Eine Reise mit mehr als vier Übernachtungen wird dabei als Urlaubreise betitelt, Kurzaufenthalte oder -urlaube bedeuten Aufenthalte von ein bis vier Übernachtungen und bei keiner Übernachtung wird vom Tagesausflugs- und Naherholungsverkehr bzw. Tagestourismus[13] gesprochen. Drittens erfolgt eine touristische Reise aus einem bestimmten touristischen Zweck und hebt sich damit von Reisen von vorübergehend Zugezogenen, Nomaden oder Flüchtlingen ab. Der touristische Zweck deklariert die offensichtliche, aus reinen Vergnügungszwecken bedingte Reise, also die Urlaubsreise- oder Ausflugsreise als außerhäusliche Freizeitgestaltung. Der Tourismusbegriff umfasst darüber hinaus Geschäftsreisen als eine produktionsbedingte Reiseform. Zu nennen sind außerdem Kur- und Bäderreisen, die der Erholung dienen, aber per definitionem außerhalb der Freizeit stattfinden, sowie Besuche bei Bekannten und Verwandten (vgl. Freyer 2015: 99ff.; Job et al. 2005b: 582).

Aus der charakteristischen Aktivitätsform heraus ergibt sich die Definition der **Touristen**, der touristischen „Nachfrager". Voranzustellen ist der Verweis auf die bereits angeführte Publikation der UN/UNWTO (1994), bei der es sich um die „Recommendations on Tourism Statistics" aus dem Jahr 1993 handelt, die zusammen mit der „Standard International Classification of Tourism Activities" (SICTA) veröffentlicht wurde[14]. Das Ziel dieser institutionellen Beiträge war die Vereinheitlichung der internationalen Tourismusstatistiken, in denen die Nachfrageperspektive im Zentrum des statistischen Systems steht (vgl. Freyer 2015: 6; Kagermeier 2020: 21):

> „A visitor is a traveller taking a trip to a destination outside his/her usual environment, for less than a year, for any main purpose (business, leisure or other personal purpose) other than to be employed by a resident entity in the country or place visited. (…) Tourism refers to the activity of visitors. (…) Tourism is therefore a subset of travel and visitors are a subset of travelers. (…) A visitor (…) is classified as a tourist (or overnight visitor) if his/her trip includes an overnight stay, or as a same-day visitor (or excursionist) otherwise" (UN/UNWTO 2010: 10; vgl. auch das Glossar von UNWTO 2020: 24f.).

---

13 „Als Tagesausflug wird jedes Verlassen des Wohnumfeldes bezeichnet, mit dem keine Übernachtung verbunden ist und das nicht als Fahrt von oder zur Schule, zum Arbeitsplatz, zur Berufsausübung vorgenommen wird, nicht als Einkaufsfahrt zur Deckung des täglichen Bedarfs dient (z. B. Lebensmittel) und nicht einer gewissen Routine oder Regelmäßigkeit unterliegt (z. B. regelmäßige Vereinsaktivitäten im Nachbarort, tägliche Krankenhausbesuche, Arztbesuche, Behördengänge, Gottesdienstbesuche). (…) Als Tagesgeschäftsreise zählen alle Ortsveränderungen zur Wahrnehmung geschäftlicher Aufgaben, die über die Gemeindegrenze, in der sich der ständige Arbeitsplatz des Betroffenen befindet, hinausführen. Hierunter fallen jedoch nicht Fahrten zum ständigen oder wechselnden Arbeitsplatz (z. B. Montage) und nicht Fahrten innerhalb der Arbeitsplatzgemeinde (z. B. so genannte Dienstgänge)" (Harrer/Scherr 2013: 10f.).

14 Die UNWTO erstellt internationale Tourismusstatistiken und befasst sich mit aktuellen Sachverhalten im Tourismus wie z. B. Nachhaltigkeit, Digitalisierung, ethische, kulturelle, soziale Verantwortung, Coronakrise etc. Mit SICTA und den „Recommendations on Tourism Statistics" lag erstmals ein zentraler internationaler Katalog von Definitionen, Klassifikationen und Indikatoren der Tourismusstatistik vor. Im Jahr 2008 wurde die novellierte Version der „Recommendations" verabschiedet (vgl. UN/UNWTO 2010; vgl. zu den Hintergründen und zur historischen Entwicklung UN/UNWTO 2010: 1ff.).

Dabei können sich Besucher inländisch (*domestic*), einreisend (*inbound*) oder ausreisend (*outbound*) bewegen (vgl. UN/UNWTO 2010: 10), wobei in dieser Arbeit ausreisende Touristen aufgrund der Zielgebietsbetrachtung nicht interessieren (mehr dazu im Verlauf des Kapitels). Nach SPENCELEY et al. (2021a: 13) definieren sich Touristen (*tourists*) als Personen, die mindestens eine Übernachtung in einer Schutzgebietsregion tätigen, wohingegen ein Besucher (*visitor*) grundsätzlich das Gebiet zu Erholungszwecken aufsucht und nicht dort lebt (damit sind also auch Tagesbesucher eingeschlossen). Eine ähnliche Abgrenzung ist in FREYER (2015: 6) zu finden, jedoch verwendet diese Arbeit die Begriffe **Touristen, Besucher und Gäste** synonym und unterscheidet dabei nach **Tages- und Übernachtungsgästen** (ab einer Übernachtung).

Als Schnittstelle zur Angebotsseite des Tourismus sind die **touristischen Ausgaben** zu definieren: *„Tourism expenditure refers to the amount paid for the acquisition of consumption goods and services, as well as valuables, for own use or to give away, for and during tourism trips"* (UNWTO 2020: 24). In der Definition der touristischen Ausgaber (*expenditure/spending*) von SPENCELEY et al. (2021a: 11) wird die Zielgebietsebene herausgestellt:

> *„The amount of money that protected area visitors spend during their stay in a defined protected area region. This often includes the protected area as well as communities surrounding the protected area. It does not include visitor spending before arrival, or after their return such as on their airfare, petrol, rental cars, train tickets or tour operator fees."*

Die **Tourismuswirtschaft oder Tourismusbranche** umfasst die *„Gesamtheit der für die Erstellung von Tourismusleistungen notwendigen oder davon betroffenen Bereiche"* (FREYER 2015: 148), genauer die ökonomische Aktivität des Tourismus und – in der makroökonomischen Perspektive – die Auswirkungen des Tourismus auf Wirtschaft und Wirtschaftspolitik (z. B. Tourismus als Möglichkeit der Einkommensgenerierung in ländlich-peripheren Regionen) (vgl. KAGERMEIER 2020: 15). Die Hauptherausforderung in der (statistischen) Bestimmung der Angebotsseite liegt im nachfrageseitig bestimmten **Querschnittscharakter**[15] des Tourismus, der dadurch gekennzeichnet ist, dass *„die Gäste ein breites Bündel verschiedener Güter und Dienstleistungen nachfragen"* (TSCHURTSCHENTHALER 1993: 217). In der Konsequenz ist die statistische Erfassung der ökonomischen Tragweite des Tourismus komplex. In der VGR existiert kein separater Wirtschaftszweig Tourismus, weil jene über die Angebotsseite definiert werden (vgl. MUNDT 2006: 417[16]; ein Ansatz zur Einordnung der Tourismuswirtschaft in die VGR sind TSA; vgl. Exkurs B).

---

15 Der Begriff wird vor allem im wirtschaftspolitischen Sprachgebrauch verwendet (vgl. u. a. BMWI 2017: 12).

16 *„Wirtschaftszweige werden traditionell von der Angebotsseite des Marktes her definiert, nicht von der Nachfrageseite. Tourismus ist deshalb vor diesem Hintergrund selbst kein Wirtschaftszweig, sondern ein Verhalten, das zu einer Nachfrage von Dienstleistungen und Gütern in verschiedenen Wirtschaftszweigen führt"* (MUNDT 2006: 417).

Da touristische Güter und Dienstleistungen auch von Einheimischen nachgefragt werden (beispielsweise Lebensmittel oder Gastronomiebesuche der einheimischen Bevölkerung), können **touristische Betriebe** (bzw. **touristische Wirtschaftszweige** auf der Makroebene), d. h. Betriebe, bei denen Touristen konsumieren, nach der Art der Leistungserstellung, der Nachfrage und der Intensität des Absatzes drei Bereichen der Tourismuswirtschaft zugeordnet werden (vgl. FREYER 2015: 149ff.): Leistungen, die in direktem Zusammenhang mit der touristischen Reise stehen, also solche, die fast ausschließlich für Touristen bereitgestellt werden, sind der typischen Tourismuswirtschaft zuzuordnen. Darunter fällt z. B. das Unterkunftswesen, wo der Absatz an touristische Nachfrager entsprechend hoch ist[17]. Die ergänzende Tourismuswirtschaft umfasst Betriebe, die sich auf Tourismusleistungen spezialisiert haben, wie beispielsweise Souvenirhändler. Schließlich hat die touristische Randwirtschaft per se keine Ausrichtung ihrer Güter und Dienstleistungen auf touristische Nachfrager, aber durchaus kann ein Großteil ihres Absatzes vom Tourismus abhängig sein, wie beispielsweise beim Bäcker in einem Tourismusort, der durch den Ausfall touristischer Einnahmen deutliche Einbußen hätte. Auch die Gastronomie wäre als solche als tourismusabhängiger Bereich zu bezeichnen.

Die bereits angesprochene **Tourismusleistung** ist ein sinngleicher Begriff des **touristischen Produktes**: *„Das touristische ‚Gesamtprodukt‘ besteht aus allem, was für Touristen hergestellt wird oder was Touristen kaufen"* (FREYER 2015: 158). Dass das touristische Produkt einen Dienstleistungscharakter innehat, zeigt sich nach FREYER (2015: 158f.) darin, dass eine touristische Leistung vorwiegend immateriell (Erwerb von „Urlaubsglück"), abstrakt (Zeit, Raum und Person als bestimmende Faktoren) und vergänglich ist (keine Lagerung möglich; das gebuchte Hotelbett „verfällt" bei Nichtantritt der Reise). Außerdem läuft die Leistungserstellung nach dem Uno-actu-Prinzip ab, d. h. Produktion und Leistungsinanspruchnahme fallen zeitlich und örtlich zusammen, was bedeutet, dass Nachfrager zum Produkt kommen und zum Zeitpunkt der Leistungserstellung anwesend sind.

Diese etwas abstrakten Eigenschaften werden durch die Benennung der einzelnen Bausteine eines touristischen Produktes greifbar (vgl. LETZNER 2014: 26f.): Als erstes ist der **Transport als Mittel der Raumüberwindung** anzuführen. Die Zielgebietsebene ist der Ort, an dem der Konsum des touristischen Produktes stattfindet, wodurch touristische Ausgaben in die Ökonomie des Zielgebietes eingespeist werden. Die daraus resultierenden Folgewirkungen werden in dieser Arbeit hinlänglich thematisiert. Da diese Ausgaben in der Zahlungsbilanz als Zahlungseingang verbucht werden, ist Tourismus als eine Art „unsichtbarer Export" und nicht als „Import" von Personen in ein Gebiet zu sehen. Vereinfacht beschreiben GOELDNER/RITCHIE (2006: 383) diese Austauschbeziehungen folgendermaßen:

---

17 Das Transportwesen ist diskutabel, denn je nach Definition des Tourismus (Tourismus als Reise, d.h. alle Reisenden) kann 100 % des Absatzes dem Tourismus zugeordnet werden oder entsprechend weniger (vgl. FREYER 2015: 153).

„(…) when tourists come into this country, they are purchasing travel experiences. When they leave, they take these experiences back with them. Thus, we have exported travel experiences, which are, after all, what tourism is all about."

Ein zweites und das wohl wichtigste Element ist der **touristische Attraktor**, der Anziehungspunkt in der Zielregion, der entweder tradiert oder produzierbar sein kann. Tradierte touristische Attraktoren sind nicht (re-)produzierbar. Hierunter fallen materielle Naturgüter wie Schutzgebiete, aber auch kleinräumige Naturmonumente wie eine Klamm, ein Berg und im weiteren Sinne auch die regionale Artenvielfalt oder das Klima, materielle Kulturgüter wie Museen, Bauten oder Denkmäler sowie immaterielle Kulturgüter wie gelebte Tradition und Brauchtum. Produzierbare touristische Attraktoren können hingegen beliebig oft aufgebaut werden, wie Freizeitanlagen oder auch bestimmte Dienstleistungen (z. B. Ayurveda-Kur) (vgl. LETZNER 2014: 26ff.). Eine Konzeption touristischer Attraktionen liefert LEIPER (1990: 371), wonach ein **touristisches Attraktionssystem** (*„tourist attraction system"*) aus drei Elementen besteht:

„A tourist attraction is a system comprising three elements: a tourist or human element, a nucleus or central element, and a marker or informative element. A tourist attraction comes into existence when the three elements are connected."

Der *nucleus* repräsentiert also den touristischen Attraktor, den Grund für die Reiseentscheidung der Touristen, während *marker* die Information für den potenziellen Nukleus bereitstellen (vgl. LEIPER 1990: 372ff.). Inwieweit Schutzgebiete als *nuclei* und damit als Stimulus einer touristischen Aktivität auftreten können, wird in Kapitel 2.3.3 angesprochen.

Als drittes Element eines touristischen Produktes führt LETZNER (2014: 26f.) die **touristische Infrastruktur** an. Um diese in den Kontext der Angebotserstellung der Tourismuswirtschaft zu sehen, muss noch einmal auf die regionalen Attraktoren verwiesen werden, denn diese stellen aus Sicht der Angebotskonzipierung die natürlichen Ausstattungsfaktoren der Zielregion dar (Natur-, Kulturraum sowie Soziokultur). Die touristische Infrastruktur ist ein Teilbereich des abgeleiteten Angebots. Dieses umfasst zum einen die bereits vorhandene tourismusunabhängige Infra- und Suprastruktur. Zu dieser gehören die generelle Infrastruktur (Ver-/Entsorgungsanlagen, Verkehrsnetz), die institutionelle Infrastruktur (Rechtssystem) und eine personelle Suprastruktur (Arbeitskraft). Zum anderen werden unter dem abgeleiteten Angebot tourismusspezifische Angebote verstanden, die in der Tourismusdestinationsentwicklung ausgebaut werden: Eine materielle Infrastruktur (Beherbergungs- und Gastronomiebetriebe), eine institutionelle Infra- bzw. Suprastruktur (Reisebüros, Tourismusverbände) und eine personelle touristische Suprastruktur (Fremdenführer, Reiseleiter, Servicepersonal) (vgl. JOB et al. 2005b: 601f.).

Schließlich ist als *„der wesentliche Schauplatz des touristischen Geschehens"* (LETZNER 2014: 5) der bereits genannte Begriff der **touristischen Destination** zu definieren. Schauplatz deshalb, weil *„die ‚klassische' Destination wie eine ‚kleine' Volkswirtschaft zu interpretieren ist, in der über den Markt verbundene, aber ansonsten unabhängige*

Wirtschaftssubjekte existieren, deren Zusammenspiel häufig zufällig, gar chaotisch, denn hierarchisch-geordnet verläuft" (LETZNER 2014: 6). Im Vergleich zur Abgrenzung des Terminus der Region[18] wird die touristische Komponente herausgestellt, wodurch sich die Destination definiert als:

> *"Geographischer Raum (Ort, Region, Weiler), den der jeweilige Gast (oder ein Gästesegment) als Reiseziel auswählt. Sie enthält sämtliche für einen Aufenthalt notwendigen Einrichtungen für Beherbergung, Verpflegung, Unterhaltung/Beschäftigung. Sie ist damit die Wettbewerbseinheit im Incoming Tourismus, die als strategische Geschäftseinheit geführt werden muss"* (BIEGER 2005: 56).

Über die Verwendung als Oberbegriff für ein touristisches Ziel hinausgehend grenzt sich der Destinationsbegriff über die Nachfrageperspektive ab. Im Fokus steht die Raumwahrnehmung des Einzelnen und damit weniger administrative Einheiten oder auch deskriptive Abgrenzungsmerkmale wie bei einer Region. Eine Destination steht aber auch für das Bündel an touristischen Leistungsanbietern, das gemeinsam vermarket werden kann (vgl. STEINECKE/HERNTREI 2017: 18f.). In den letzten Jahren ist dahingehend eine Professionalisierung der Tourismusorganisation durch die Bildung sogenannter Destinationsmanagement-Organisationen (DMO) zu verzeichnen (vgl. REIN/BALÁŠ 2017: 291). Die Beschreibung des Destinationsmodells mit all seinen Facetten zu Management, Marketing, Nachhaltigkeit oder Wettbewerbsfähigkeit übersteigt den Rahmen dieser Arbeit, sodass auf die Grundlagenliteratur verwiesen wird (vgl. z. B. BIEGER/BERITELLI 2017; EISENSTEIN 2014; STEINECKE/HERNTREI 2017).

Zum ökonomischen System einer Destination ist festzuhalten, dass diese marktwirtschaftlich geprägt ist, d. h. es existiert keine Hierarchie unter den beteiligten Akteuren. Der Markt wird wiederum vom optimalen Angebot zwischen Angebot und Nachfrage koordiniert, indem ein optimales Marktgleichgewicht angestrebt wird. Die Wirtschaftssubjekte interagieren durch den Handel des touristischen Produkts auf touristischen Märkten. Das touristische Angebot einer Destination entsteht also durch das betriebswirtschaftliche, gewinnorientierte Verhalten der touristischen Leistungsanbieter. Der Staat bzw. die Tourismusverwaltung und -politik haben eine koordinierende Funktion inne, keinesfalls eine zentralistische. Der Staat wirkt insofern marktregulierend, als er Schutzgebiete ausweist, die das natürliche Angebot, den Attraktor der Destination, sichern (vgl. LETZNER 2014: 10ff.).

---

18 Eine Region beschreibt *„einen aufgrund bestimmter Merkmale abgrenzbaren, zusammenhängenden Teilraum mittlerer Größenordnung in einem Gesamtraum"* (ARL 2018: 1976). Dabei werden deskriptive und normative Abgrenzungskriterien unterschieden. Der deskriptive Ansatz fragt im Rahmen von Bestandsanalysen nach tatsächlich existierenden Raumeinheiten, die homogene Strukturen (z. B. Naturraum) oder funktionale Verflechtungen, zumeist nach ökonomischen Gesichtspunkten (z. B. Pendlerverflechtungen), repräsentieren. Normative Regionen werden als das Ergebnis politischer Entscheidungen, d.h. nach einer bestimmten Zielsetzung von Legislative und Exekutive eingeteilt. Beispiele hierfür sind Planungs-, Förder- oder Siegelregionen für Regionalinitiativen (vgl. WIECHMANN 2000: 174ff.).

2.2 Definition und touristische Eigenschaften der Groß-schutzgebiete

Je nach Gebietskategorie verfolgen Großschutzgebiete unterschiedliche Zielsetzungen und Aufgabenwahrnehmungen, wobei damit auch die touristische Managementausrichtung variiert (vgl. Leung et al. 2018: 3f.). Die internationalen Schutzziele manifestieren sich in Deutschland in drei Großschutzgebietskategorien[19]: Nationalparke, Biosphärenreservate und Naturparke. Tabelle 1 gibt einen Überblick über ihre Eigenschaften, Ziele und Aufgaben.

2.2.1 Nationalpark

Die Gründung des Yellowstone National Parks im Jahr 1872, des ersten Nationalparks weltweit, erfolgte aus einem identitätsstiftenden Beweggrund der damaligen Einwanderer in die heutigen USA heraus. Im „Nation Building"-Prozess verkörperten die ästhetischen, unberührten Naturlandschaften die gesuchte nationale Verbundenheit. Dies galt es zu schützen und für den Menschen zugänglich zu machen – ein Doppelmandat dieser Schutzgebietskategorie war geschaffen. Darauffolgende Strategien im Gebietsschutz fokussierten vermehrt den Arten- und Biotopschutz, wobei der Mensch zunächst in der Konzeptualisierung ausgeklammert wurde (vgl. Becken/Job 2014: 509; Job et al. 2013b: 205ff.).

Die Ausweisung des ersten deutschen Nationalparks im Bayerischen Wald war von politischen Debatten um das Für und Wider des hohen Naturschutzanspruches eines derart großflächigen Schutzgebietes geprägt. Als der Nationalpark Bayerischer Wald im Jahr 1970 gegründet wurde, war das Hauptargument die Förderung der Tourismusentwicklung in der Region (vgl. zur Entwicklungsgeschichte des Nationalparks Bayerischer Wald Mayer 2013: 211ff.; die historische Nationalparkentwicklung in Deutschland und international sowie heutige Strukturen und strukturelle Defizite sind nachzulesen in Job 2010; Schumacher/Job 2013; Woltering 2012: 9ff.). Auch die Ausweisung weiterer Nationalparke lief im vergleichsweise kleinen Flächenland Deutschland nicht immer unproblematisch ab (aktuelle Vorhaben, wie z. B. im Steigerwald, offenbaren die Kontroversen; vgl. z. B. Sacher/Mayer 2019: 339ff.), sondern war getrieben von raumplanerischen, naturschutzfachlichen und gesellschaftlichen Argumenten der Befürworter und Gegner dieser Schutzgebietskategorie. Der Debatte liegt ein tradierter Flächenkonkurrenzkampf zugrunde. Wie zur ersten deutschen Nationalparkausweisung im Bayerischen Wald wurde und wird auch heute zumeist über die Regionalentwicklung argumentiert, wobei kritisch reflektiert werden muss, dass dabei der naturschützerische Ursprungsgedanke nach der Gesetzesgrundlage des BNatSchG vernachlässigt wird (vgl. Job 2010: 76f.;

---

19 „Großschutzgebiete sind rechtlich festgesetzte und von einer Trägerorganisation gemanagte Flächen für Naturschutz und Landschaftspflege. Es sind großräumige Gebiete von mindestens 1000 ha, im Allgemeinen jedoch über 10.000 ha Größe" (Job 2000: 36).

Job et al. 2013b: 204f.; Schumacher/Job 2013: 309ff.). Der Tourismus trägt faktisch zur regionalen Wertschöpfung bei, wie die empirischen Befunde der Arbeit noch zeigen werden. Sein regionalökonomischer Nutzen als Beitrag zur Entwicklung einer Region ist ein Hauptargument gegen konsumtive Landnutzungen wie Holz-, Jagd- und Fischereiwirtschaft (vgl. Job/Mayer 2012: 129). Gerade für periphere, strukturschwache Regionen, wo die meisten deutschen Nationalparke zu finden sind (vgl. Karte 1), eröffnen sich durch eine von der Marke „Nationalpark" getriebene Tourismusentwicklung neue Einkommens- und Beschäftigungsmöglichkeiten (vgl. weiterführend zu Nationalparken und anderen Schutzgebieten als Instrument der Regionalentwicklung z. B. Hammer 2003; 2007; Job et al. 2008; Kraus 2015: 77ff.; Merlin 2017: 62ff.; Mose/Weixlbaumer 2003; Revermann/Petermann 2003; Weber et al. 2018; Woltering 2012: 39ff.).

Nichtsdestotrotz zählt Deutschland heute 16 Nationalparke, deren terrestrische Flächen mit 208.238 ha rund 0,6 % des Bundesgebietes ausmachen (mit Meeresflächen: 1.050.442 ha). Die Flächenbandbreite der terrestrischen Gebiete liegt zwischen 3.070 ha (Jasmund) und 32.200 ha (Müritz). Die großen Wattenmeer-Nationalparke übersteigen diese Landesflächen durch die geschützten Meeresflächen um ein Vielfaches mit im Maximum bis zu 441.500 ha (Schleswig-Holsteinisches Wattenmeer, wovon 99,5 % Wasserfläche geschützt ist) (vgl. BfN 2021a). Die prioritäre Zielsetzung nach BNatSchG § 24, Abs. 2, ist der Naturschutz, d. h. *„Natur Natur sein lassen"* (Bibelriether 2007: 10), der sich im industrialisierten und kulturlandschaftlich überprägten Deutschland vorwiegend im Prozessschutz ausdrückt, weshalb deutsche Nationalparke auch als „Entwicklungsnationalparke" bezeichnet werden (vgl. Job 2010: 77f.). Demnach haben die ohne Ausnahme der IUCN-Kategorie II[20] zugehörigen deutschen Nationalparke *„zum Ziel, in einem überwiegenden Teil ihres Gebiets den möglichst ungestörten Ablauf der Naturvorgänge in ihrer natürlichen Dynamik zu gewährleisten"* (BNatSchG § 24, Abs. 2). Ist das gegeben, *„sollen Nationalparke auch der wissenschaftlichen Umweltbeobachtung, der naturkundlichen Bildung und dem Naturerlebnis der Bevölkerung dienen"* (BNatSchG § 24, Abs. 2).

Um den beiden obersten Zielen des Naturschutzes und des Tourismus bzw. der Erholung gerecht werden zu können, ist das Besuchermanagement eine dem Konzept der *„tourism carrying capacity"* von O'Reilly (1986) zugrundeliegende, zentrale Aufgabe von Nationalparken (vgl. Schamel 2016: 18). Dem zugeordnet, setzt sich beispielsweise die *Crowding*-Forschung mit der sozialen Tragfähigkeit einer wahrgenommenen Besucherdichte auseinander (vgl. Arnberger/Mann 2008: 560; Schamel/Job 2013: 27). Zur Berücksichtigung der ökologischen Tragfähigkeit sensibler Biotope dienen Besucherlenkungs- und -leitsysteme (vgl. Job 1995: 155ff.). Entsprechend angepasst ist ihr Zonierungskonzept, wobei nach Vorgaben der IUCN mindestens 75 % der Nationalparkfläche eine Naturdynamikzone sein soll (vgl. Schlumprecht et al. 2015: 36), was von Deutschlands Nationalparken in 10 von 16 Fällen derzeit

---

20 „Category II protected areas are large natural or near natural areas set aside to protect large-scale ecological processes, along with the complement of species and ecosystems characteristic of the area, which also provide a foundation for environmentally and culturally compatible spiritual, scientific, educational, recreational and visitor opportunities" (Dudley 2008: 16).

noch nicht erfüllt wird. Im Nationalpark Unteres Odertal macht die Naturdynamikzone gerade einmal 31 % aus, während sie im Hainich bei 94 % liegt (vgl. BfN 2021a).

HANNEMANN/JOB (2003: 8) sprechen dieser Gebietskategorie eine *„Unique Selling Proposition"* in der touristischen Vermarktung zu, mit klaren Wettbewerbsvorteilen gegenüber anderen Regionen, weil

- ihr strenger Schutzstatus eine intakte Natur gewährleistet, womit das natürliche touristische Angebot für potenzielle Besucher gesichert ist.

- sie aufgrund ihres Prädikats ein positives, touristisches Image schaffen, welches international bekannt ist und dementsprechend bei der Reiseentscheidung eine Rolle spielt (vgl. Kapitel 2.3.3) sowie umgekehrt von touristischen Leistungsträgern in der Nationalparkregion für Marketingmaßnahmen verwendet wird.

- sie eine gewisse Monopolstellung innehaben und somit ein knappes wirtschaftliches Gut darstellen und Nationalparke dadurch nicht nur zur Wertschöpfung der Region beitragen, sondern von immateriellem Wert sind (vgl. Kapitel 2.3.1).

- sie standortgebunden und dadurch nicht transferier- oder imitierbar sind.

- sie auch außerhalb der Hochsaisons naturtouristische Angebote für verschiedene Besuchersegmente bieten.

- sie Natur durch ihr Doppelmandat des Prozessschutzes und der gleichzeitigen touristischen Ausrichtung erlebbar machen (vgl. METZLER et al. 2016: 10). Entsprechend angepasst ist das touristische Angebot, welches sich in diesen Gebieten findet (insb. im Bereich der Bildung für nachhaltige Entwicklung/ Umweltbildung) (vgl. BUTZMANN/JOB 2017: 1741; LEUNG et al. 2018: 4; METZLER et al. 2016: 10).

Es sind diese Eigenschaften, die Nationalparke zu touristischen Attraktionen und die umliegenden Regionen zu Destinationen werden lassen. JOB et al. (2009: 49ff.) bzw. WOLTERING (2012: 83ff.) typisieren infolge dieser Feststellung die deutschen Nationalparkregionen anhand der Parameter der Regions- und Nationalparkstärke[21] und zugrundeliegenden offiziellen Statistiken zu Tourismusaufkommen sowie

---

21 Der Indikator „Regionsstärke" umfasst die Kennziffern Anzahl der Übernachtungen pro Jahr, Bettenkapazität und Bruttoumsatz im Gastgewerbe, der Indikator „Nationalparkstärke" die Kooperationsintensität zwischen Nationalparkverwaltung und Tourismusorganisationen, die Bedeutung des Nationalparks im regionalen Tourismusmarketing sowie die Wahrnehmung der Besucher von Nationalparkangeboten (vgl. JOB et al. 2009: 49ff.; WOLTERING 2012: 83ff.).

der Einbettung des Schutzgebietes in die regionale Entwicklung[22]. Nach Aktualisierung von Job et al. (2021a: 2) sind vier deutsche Nationalparkdestinationstypen zu unterscheiden, von touristisch stark entwickelten Nationalparkdestinationen an der Küste und an Land über mittlere bis kleine Destinationen bis hin zu noch nicht etablierten Nationalparkdestinationen. Demnach sind die drei Nationalparke am Wattenmeer sowie die Vorpommersche Boddenlandschaft als tradierte Küstendestination einzustufen. Als touristisch stark entwickelte, terrestrische Destinationen zählen die Nationalparke Berchtesgaden, Harz und Sächsische Schweiz. Alle anderen sind weniger stark bis destinationstechnisch nicht entwickelt, wobei gerade letztere (Kellerwald-Edersee, Hainich, Hunsrück-Hochwald und Unteres Odertal) in ihren einzelnen Nationalparkverordnungen einen starken Fokus auf eine Tourismusentwicklung definiert haben (vgl. Job et al. 2021a: 2).

2.2.2 Biosphärenreservat

Job et al. (2013b: 208) sprechen von einer *„Zäsur im Gebietsschutz"*, die in den 1970er Jahren, d. h. wenige Jahre nach der Ausweisung des ersten deutschen Nationalparks, in der internationalen und nationalen Schutzgebietsentwicklung Einzug hielt. Der Grund dafür war die Erkenntnis, dass der Mensch integraler Bestandteil des Ökosystems ist und über das nötige Wissen zur Bewahrung der Lebensräume verfügt. Somit kann der menschliche Beitrag von der ganzheitlichen Entwicklung nicht ausgeschlossen werden, wodurch der bisher übliche „top-down"-Ansatz der Schutzgebietsausweisung nicht mehr gerechtfertigt werden konnte. Ausschlaggebend für diese Umorientierung war das im Jahr 1970 beschlossene MAB-Programm der UNESCO mit seinem Ziel, ein weltumspannendes Netz an Biosphärenreservaten auszuweisen, um so Mensch und Natur zu verknüpfen. Des Weiteren gelten die „World Conservation Strategy" von IUCN, dem UN Environment Programme (UNEP) und dem World Wide Fund for Nature (WWF) sowie die Konferenz für Umwelt und Entwicklung der UN in Rio de Janeiro im Jahr 1992 mit dem Ergebnis der CBD als Meilensteine der Gebietsschutzentwicklung. Seit diesem Zeitpunkt war klar, dass Biosphärenreservate keine *„Reservate außerhalb des normalen Wirtschaftsraums sein können"* (Job et al. 2013b: 208)[23].

---

22 Die ursprüngliche Typologie der Nationalparkdestinationen ist Folgende: Typ I *„Destination Nationalpark touristisch stark entwickelt"*: Bayerischer Wald, Schleswig-Holsteinisches Wattenmeer, Vorpommersche Boddenlandschaft; Typ II *„Destination Nationalpark touristisch durchschnittlich entwickelt"*: Eifel, Jasmund, Müritz, Sächsische Schweiz; Typ III *„Destination Nationalpark touristisch unterentwickelt"*: Hainich, Unteres Odertal, Kellerwald-Edersee; Typ IV *„Traditionelle Destination ohne besondere Nationalparkorientierung"*: Berchtesgaden, Harz, Niedersächsisches Wattenmeer (vgl. Job et al. 2009: 58; Woltering 2012: 92).

23 *„Positive economic impacts and possibilities to participate in tourism-related jobs and income help to show that regions with Large Scale Protected Areas do not necessarily end up as black holes of economic development. Therefore tourism represents an opportunity to conserve endangered ecosystems while it may also have positive effects on regional development"* (Job et al. 2006b: 141). Dass Schutzgebiete keine „Schwarzen Löcher" darstellen sollen, bezieht sich auf die notwendige Integration der Großschutzgebiete in die Raumplanung mit der Vereinbarkeit von Regionalökonomie und Naturschutz (vgl. Job 2010: 76).

Im Jahr 1976 wurden im Rahmen des MAB-Programms die ersten Biosphärenreservate ausgewiesen. Aktuell zählen 727 Biosphärenreservate in 131 Staaten zum Weltnetz der UNESCO (Stand: Oktober 2021; vgl. DEUTSCHE UNESCO-KOMMISSION E.V. 2021). Von den 18 Gebieten in Deutschland sind 16 von der UNESCO anerkannt (nicht die beiden in Sachsen-Anhalt). Mit den beiden jüngsten deutschen Biosphärenreservaten im Drömling (Ausweisung per Landesrecht: 2019) und im Schwarzwald (Ausweisung per Landesrecht: 2016, UNESCO-Anerkennung: 2017) wuchs die Gesamtfläche der deutschen Biosphärenreservate auf 2.028.346 ha, was abzüglich der Meeresflächen (666.046 ha) 3,9 % der terrestrischen Bundesfläche entspricht (vgl. BfN 2021b). Diese Schutzgebiete oder Teile von ihrer Fläche befinden sich häufiger in dichter besiedelten Regionen Deutschlands als Nationalparke (z. B. südlicher Teil der Schorfheide-Chorin, westlicher Teil des Schaalsees, nördlicher Teil der Schwäbischen Alb, westlicher Teil des Schwarzwaldes; vgl. Karte 1).

Das MAB-Programm setzt zur Ausweisung dieser Schutzgebietskategorie eine Repräsentativität dieser Räume voraus: Biosphärenreservate schützen nicht nur Landes- und Meeresflächen, sondern sie verkörpern natürliche und einzigartige Biome weltweit und solche, die wieder in ihren ursprünglichen Zustand versetzt werden sollen. Daneben formten traditionelle Landnutzungen über die Jahre vom Menschen beeinflusste Kulturlandschaften. Um Flächennutzungskonflikte auszuräumen und das Miteinander von Menschen und Natur zu gewährleisten, ist eine adäquate Flächengröße vonnöten, die zudem Forschung und Umweltbildung zu Mensch-Umwelt-Prozessen ermöglicht. Die Flächen können mit denen anderer Gebietskategorien verknüpft oder überlappend sein (vgl. UNESCO 1974: 15f.), wie das in Deutschland häufig der Fall ist (vgl. Karte 1). Diese und weitere Kriterien zu Struktur und Funktion des Gebietstypus sind vom Deutschen MAB-Nationalkomitee zusammengetragen (vgl. DEUTSCHES MAB-NATIONALKOMITEE 2007). Ihre rechtliche Verankerung[24] finden Biosphärenreservate im BNatSchG § 25, Abs. 1, wonach die genannten Merkmale insofern wiedergegeben sind, als es sich um Gebiete handelt,

> *„die 1. großräumig und für bestimmte Landschaftstypen charakteristisch sind, (…) 3. vornehmlich der Erhaltung, Entwicklung oder Wiederherstellung einer durch hergebrachte vielfältige Nutzung geprägten Landschaft und der darin historisch gewachsenen Arten- und Biotopvielfalt, einschließlich Wild- und früherer Kulturformen wirtschaftlich genutzter oder nutzbarer Tier- und Pflanzenarten, dienen und 4. beispielhaft der Entwicklung und Erprobung von die Naturgüter besonders schonenden Wirtschaftsweisen dienen".*

Das BNatSchG § 25, Abs. 2, nennt zudem den Forschung- und Bildungsauftrag. Das bezüglich der Fläche wesentliche Unterscheidungskriterium zum Nationalpark ist der Landschaftsschutz (vgl. BNatSchG § 25, Abs. 1), wodurch das gesamte Land-

---

24 Eine eigene IUCN-Kategorie für Biosphärenreservate existiert nicht, sondern sie werden entsprechend ihrer Ausrichtung (Naturschutz- und Entwicklungsziele) unterschiedlichen IUCN-Kategorien zugeordnet. Die Kernzone würde den Kategorien I-IV und die Entwicklungszone V oder VI zugeordnet sein (vgl. DUDLEY 2008: 39).

schaftsbild ein vom Menschen geprägtes Areal darstellt und somit nicht nur Natur-schutz-, sondern darüber hinaus auch Siedlungs-, Verkehrs- und landwirtschaftliche Flächen der Gebietskulissen der Biosphärenreservate zugehörig sind.

Ihre Verankerung als Modellregionen nachhaltiger Entwicklung geschah auf dem 2. Weltkongress der Biosphärenreservate in Sevilla im Jahr 1995, woraufhin Biosphärenreservate nicht mehr nur als reine Schutzgebiete zur Bewahrung des Status quo der Natur gelten. Vielmehr wurde ihre zweigleisige Zielsetzung definiert: (1) der Erhalt charakteristischer, natur- und kulturlandschaftlicher Lebensräume sowie (2) die sozioökonomische Regionalentwicklung, in der die ansässige Bevölkerung im Entwicklungsverständnis stets eingebunden ist (vgl. Job et al. 2019b: 58ff.). Die verabschiedete Sevilla-Strategie stellt daran angelehnt drei Funktionen der Biosphärenreservate heraus (vgl. UNESCO 1996: 4): (1) Die Schutzfunktion („*conservation function*") trägt zum Schutz der Landschaften, Ökosysteme, Arten und genetischen Vielfalt und Variationen bei; (2) die Entwicklungsfunktion („*development function*") fördert eine sozio-kulturell und ökologisch nachhaltige Wirtschaftsentwicklung; (3) die Logistikfunktion („*logistic support function*") unterstützt Projekte, Bildungs-, Forschungs- und Monitoringmaßnahmen über regionale, nationale und globale Fragestellungen nachhaltiger Entwicklung. Zur Implementierung trägt das Zonierungskonzept dieser Schutzgebietskategorie bei, in dem drei Zonen vorgesehen sind: (1) Die Kernzone („*core area*") umfasst streng geschützte Naturschutzflächen, die umgeben ist von (2) einer Pufferzone („*buffer zone*") für die Ausübung ressourcen- und umweltschonender Nutzungen. Unter anderem ist der Ökotourismus dieser Zone zugeordnet. (3) Die Entwicklungszone („*transition area*")[25] stellt den Lebensraum der Bevölkerung dar, in der nachhaltiges Wirtschaften und Miteinander der regionalen Akteure stattfinden. Den Beitrag zur Erreichung der nachhaltigen Entwicklungsziele sollen unter anderem regionale Produkte zur Wertschöpfungssteigerung, Forschungs- und Monitoringprojekte, die Beteiligung der örtlichen Bevölkerung sowie im Weltnetz und schließlich Strategiepläne sowie die periodische Evaluierung alle zehn Jahren leisten (vgl. UNESCO 1996: 7ff.).

Die Antwort der Biosphärenreservate auf die „Millennium Development Goals" von 2000 war der „Madrid Action Plan for Biosphere Reserves 2008-2013" (vgl. Job et al. 2019b: 60), in dem die Stärkung der Entwicklungsfunktion im Zuge der Herausforderungen des 21. Jahrhunderts, also Klimawandel, Biodiversitäts- und Kulturverlust oder Urbanisierung, herausgestellt (vgl. UNESCO 2008: 4) und damit die Sevilla-Strategie bekräftigt wurde (vgl. Job et al. 2017: 1075; 2019b: 60). Der Tourismus als Instrument einer nachhaltigen Wirtschaftsentwicklung wird als Beitrag zum Schutz der Natur gesehen: „*Contributions to economic development in terms of strengthening the role of the private sector, revenue generation for the maintenance of natural areas e.g. through tourism*" (UNESCO 2008: 25). Zu dieser Zeit kam es zu einem regelrechten Ausweisungsboom dieser Schutzgebiete: „*The characteristics of this (…) phase were a boom in BR [Biosphere Reserve] nominations*" (Job et al. 2017: 1705).

---

25 Die Kernzone muss mindestens 3 %, Kern- und Pflegezone zusammen mindestens 20 % und die Entwicklungszone mindestens 50 % der Gesamtfläche betragen (vgl. Deutsches MAB-Nationalkomitee 2007: 6).

Seit der Verabschiedung der „MAB Strategy 2015-2025" (vgl. UNESCO 2015) auf der 27. Versammlung des International Coordinating Councils (ICC) der UNESCO dienen Biosphärenreservate als Umsetzungsinstrumente der SDG (vgl. Job et al. 2019b: 60). Einem verantwortungsvollen Tourismus wird das Potenzial zugesprochen, zur Nachhaltigkeit beizutragen: *„Biosphere reserves act as model (…) to explore, establish and demonstrate innovative approaches that foster the resilience of communities, through livelihood diversification, green businesses, and social enterprise, including responsible tourism and quality economies"* (UNESCO 2016: 8). In dieser aktuellen Qualitätssicherungsphase orientieren sich Biosphärenreservate am „Lima Action Plan" von 2016, der die MAB-Strategie konkretisiert und die Ziele unter den Gesichtspunkten der verstärkten Bevölkerungsbeteiligung sowie transdisziplinärer Forschung, Kooperation und Netzwerken fortführt (vgl. UNESCO 2016: 1ff.). Heute steht die qualitative Ausgestaltung der Biosphärenreservate im Fokus, weshalb die Zahl der Ausweisungen seit 2017 durch gleichzeitige Aberkennungen des UNESCO-Status stagniert (vgl. Job et al. 2019b: 61; weiterführend Stoll-Kleemann/O'Riordan 2017).

Laut Job et al. (2019b: 70) unterstützt eine nachhaltige Tourismusentwicklung in Biosphärenreservaten die Zielerreichung von SDG-Ziel 12 (*„Ensure sustainable consumption and production patterns"*; UN 2015a). Demzufolge erfüllen auch Biosphärenreservate Eigenschaften einer touristischen Destination. Merlin (2017: 64) überträgt die von Hannemann/Job (2003: 8) definierten Charakteristika von Nationalparken auf Biosphärenreservate, wonach auch diese Naturerleben ermöglichen und die Voraussetzung einer touristischen Destinationsentwicklung mitbringen, weil

- sie aktuellen Nachfragetrends nach Natur, Landschaft und Erholung entgegenkommen. Sie bedienen durch ihre kulturlandschaftliche Ausstattung und ihre urbanen Regionsanteile vielfältige touristische Elemente, wie beispielsweise Kultur-, Bäder- oder Städtetourismus (vgl. das Fallbeispiel Rhön mit seinen Kur- und Erholungsorten sowie den drei Bayerischen Staatsbädern Bad Brückenau, Bad Bocklet und Bad Kissingen innerhalb der Gebietskulisse des Biosphärenreservats; Majewski/Job 2019: 197f.).

- ihnen das UNESCO-Label ein positives Image verschafft, welches touristisch in Wert gesetzt werden kann und zur Markenfunktion beiträgt, auch im internationalen Raum (vgl. beispielsweise „Black Forest" als internationale Marke; vgl. Kapitel 1.4).

- sie über die abgeleitete touristische Infrastruktur hinausgehend die Qualitätssicherung und Zertifizierung von regionalen Produkten und Partnerbetrieben gewährleisten, insbesondere auch über die Etablierung von Dachmarken, wodurch sie regionale Wirtschaftskreisläufe durch den Einbezug regionaler Vorleistungsbetriebe stärken (vgl. beispielsweise die Dachmarke Rhön Kraus 2015; Kraus et al. 2014 oder das Fallbeispiel des Biosphärenreservats Entlebuch Knaus et al. 2017).

- ihr interdisziplinärer Ansatz verschiedene regionale Akteure aus den Bereichen Naturschutz, Landwirtschaft oder traditionellem Handwerk vernetzt, was die Tourismuswirtschaft insgesamt stärkt.

Job et al. (2013a: 36ff.) ordnen deutsche Biosphärenreservate vergleichbar dem Schema der Nationalparke anhand ihrer Destinations- und Biosphärenreservatsstärke ebenfalls vier Destinationstypen zu. Nach der Aktualisierung von Job et al. (2021a: 3ff.)[26] sind die drei Biosphärenreservate am Wattenmeer und Südost-Rügen als tradierte Destination an der Küste einzustufen. Als touristisch stark entwickelte, terrestrische Destination zählen das Biosphärengebiet Schwarzwald und die Biosphärenregion Berchtesgaden. Alle anderen sind weniger stark bis nicht touristisch entwickelt. Im Vergleich zu den Nationalparken spielt die Tourismusentwicklung in den Verordnungen der einzelnen Biosphärenreservate eine deutlich größere Rolle. Der Tourismus dort wird als wesentliche Triebfeder regionaler Entwicklung erachtet (vgl. Job et al. 2021a: 3ff.).

Die Integration des Menschen manifestierte sich in den 1980er Jahren, als insbesondere in Entwicklungsländern begonnen wurde, sozioökonomische Effekte für die lokale Bevölkerung über die Schutzgebietsgrenzen hinausgehend anzustoßen. Derartige Vorhaben werden als „Integrated Conservation-Development Projects" bezeichnet und dienten der Kompensation von Landnutzungsverzichten, wodurch die nicht-konsumtive Landnutzungsform des Tourismus immer bedeutender wurde. Eine neue „Co-Management-Governance" zielt seit Beginn des 21. Jahrhunderts auf die Zusammenarbeit mit indigenen und lokalen Gemeinschaften ab, indem diese Schutzgebiete freiwillig verwalten. Solche „(Indigenous) Community Conservation Areas" sind vor allem in Australien vorzufinden (vgl. Becken/Job 2014: 509f.; Job et al. 2013b: 209). Seit der 14. COP im Rahmen der CBD im Jahr 2018 wird versucht, mit sogenannten „Other Effective area-based Conservation Measures" (OECM)[27] ein alternatives, dauerhaftes, nachhaltiges und integratives Flächenmanagement anzustreben (vgl. IUCN 2019: 3ff.).

2.2.3 Naturpark

Naturparke sind in Deutschland von großer regionaler Bedeutung, was sich in der Entwicklung des Aufgabenspektrums der ältesten deutschen Großschutzgebietskategorie aus der historischen Gebietsschutzentwicklung heraus zeigt (die Geschichte

---

26 Die ursprüngliche Typologie der Biosphärenreservatsdestinationen ist Folgende: Typ I *„Sehr große, tradierte Tourismusdestination"*: Berchtesgadener Land, Niedersächsisches Wattenmeer, Südost-Rügen; Typ II *„Große Tourismusregion"*: Pfälzerwald, Rhön; Typ III *„Mittelgroße Tourismusregion"*: Flusslandschaft Elbe, Schwäbische Alb, Spreewald; Typ IV *„Kleine Tourismusregion"*: Halligen, Bliesgau, Karstlandschaft Südharz, Oberlausitzer Heide- und Teichlandschaft, Schaalsee, Schorfheide-Chorin, Thüringer Wald (vgl. Job et al. 2013a: 38).

27 *„(…) a geographically defined area other than a Protected Area, which is governed and managed in ways that achieve positive and sustained long-term outcomes for the in situ conservation of biodiversity, with associated ecosystem functions and services and where applicable, cultural, spiritual, socio-economic, and other locally relevant values"* (CBD 2018, Decision 14/8).

der Naturparke ist z. B. nachzulesen in Isbary 1959; Job 1993: 126f.; 2000: 34f.; Liesen et al. 2008: 26ff.; Succow 2000: 63ff.). Fünf Entwicklungsphasen lassen sich unterscheiden (vgl. Weber 2013: 40ff.; Weber/Weber 2015: 149ff.): Die Idee der Naturparke resultierte aus einem Naturschutzgedanken der ersten Naturschutzvereine Ende des 19. Jahrhunderts im Zuge der fortschreitenden Industrialisierung mit ihren nachgelagerten Effekten (z. B. zunehmender Verkehr, Landschaftskultivierung). In dieser Frühphase wurde der erste deutsche Naturschutzpark (damalige Bezeichnung) im Jahr 1911 in der Lüneburger Heide als Produkt des Vereins Naturschutzpark (VNP; Gründung 1909) gegründet und 1921 als Naturschutzgebiet rechtlich verankert. Dabei blieb es zunächst, bis in Phase zwei ab den 1950er Jahren in Westdeutschland die Naturparkidee unter dem Hamburger Kaufmann und Mäzen Alfred Toepfer etabliert wurde. In einer Zeit der zunehmenden Motorisierung und einer Verschlechterung der städtischen Lebensverhältnisse wurde der Ruf nach Freizeitaktivitäten und der Erholungsvorsorge lauter, was Toepfer (1956) zur Gründung des Naturschutzparkprogramms mit der Forderung nach der Entstehung von 20 bis 25 *„Oasen der Stille"* veranlasste (vgl. Job 1993: 126f.; 2000: 34f.). Die Aufgabenwahrnehmung konzentrierte sich primär auf den Naturschutz sowie Erholungsmöglichkeiten der lokalen Bevölkerung, wodurch ihre *„Doppelrolle einerseits als Erholungsgebiete und andererseits als ökologische Ausgleichsräume mit Naturschutzfunktion"* (Job 2000: 34) ebenso wie der Begriff „Naturparke" verankert wurden. Die Tourismusentwicklung der in der Regel zentrumsnahen Regionen zielte auf die Errichtung von Wanderwegen und Rastbänken ab. Das Image des *„Wanderwegemarkierers und Parkbankaufstellers"* (Weber/Weber 2015: 150) war geboren – ein Umstand, der bis heute als Resultat der Fokussierung dieses räumlichen Steuerungsinstruments auf die Erholungsvorsorge für die örtliche Bevölkerung besteht (vgl. Job 1993: 127; Weber 2013: 42ff.; Weber/ Weber 2015: 150). Ihre hauptsächliche Vereinsorganisation wird auch in ihrer 1963 gegründeten Dachorganisation, dem Verband Deutscher Naturparke e.V. (VDN), aufgegriffen (vgl. Liesen et al. 2008: 26).

Die 1970er Jahre läuteten die dritte Phase der Naturparkentwicklung ein, als der internationale Gebietsschutz die bereits erläuterte Mensch-Umwelt-Zäsur erfuhr. Weber (2013: 46) konstatiert erstmals eine Konkurrenz und Abwertung der Naturparke gegenüber den anderen beiden Großschutzgebietskategorien in Deutschland, was sich in der bis heute existenten unzureichenden Personal- und Finanzausstattung der Naturparke äußert (vgl. auch Liesen/Weber 2018: 130). Dennoch wurden Naturparke im Jahr 1976 erstmals im BNatSchG verankert, was sie zu Tourismusförderern auch in ländlichen Gebieten werden ließ. Eine stärker naturschützerische Fokussierung konnte in der ostdeutschen Naturparkentwicklung verzeichnet werden. Diese hatte ihren Ursprung in dem kurz vor der Wiedervereinigung auferlegten Nationalparkprogramm der DDR. Dadurch erfuhren deutsche Naturparke einen vierten Entwicklungsschub, indem im Rahmen des Nationalparkprogramms nicht nur die dreiteilige Großschutzgebietskategorisierung übernommen, sondern vor allem das umfangreichere Aufgabenspektrum der ostdeutschen Naturparke (zusätzlich nachhaltige Entwicklung, Umweltbildung, Regionalvermarktung) für sodann alle deutschen Naturparke angepasst wurde (vgl. Job 1993: 127; Succow 2000: 63; Weber/ Weber 2015: 150). Im Einigungsvertrag zwischen der Bundesrepublik und der ehemaligen DDR wurden aus Ostdeutschland insgesamt 14 Gebiete, darunter die drei Naturparke Schaalsee, Drömling (beides heute Biosphärenreservate) und Märkische Schweiz übernommen (vgl. Liesen et al. 2008: 27).

Schließlich etablierten die Novellierungen des BNatSchG in den Jahren 2002 und 2010 die nachhaltige Regionalentwicklung als Kernaufgabe der Naturparke (vgl. Liesen et al. 2008: 27; weiterführend zur Aufgabe der nachhaltigen Regionalentwicklung in Naturparken z. B. Liesen/Weber 2018; Weber 2013; Weber/Weber 2015; Weber et al. 2018). Nach BNatSchG § 27, Abs. 1, definieren sich diese als

> *„Gebiete, die (…) 3. sich wegen ihrer landschaftlichen Voraussetzungen für die Erholung besonders eignen und in denen ein nachhaltiger Tourismus angestrebt wird, 4. nach den Erfordernissen der Raumordnung für Erholung vorgesehen sind, 5. der Erhaltung, Entwicklung oder Wiederherstellung einer durch vielfältige Nutzung geprägten Landschaft und ihrer Arten- und Biotopvielfalt dienen und in denen zu diesem Zweck eine dauerhaft umweltgerechte Landnutzung angestrebt wird und 6. besonders dazu geeignet sind, eine nachhaltige Regionalentwicklung zu fördern".*

Das BNatSchG § 27, Abs. 2, nennt zudem den Auftrag der Bildung für nachhaltige Entwicklung. Die der IUCN-Kategorie V[28] zugehörigen Gebiete nehmen demzufolge vier Aufgabenbereiche wahr: (1) nachhaltige Tourismusentwicklung und Erholung, (2) Naturschutz und Landschaftspflege, (3) nachhaltige Regionalentwicklung und (4) Umweltbildung und Kommunikation, welche im Management und der Organisation miteinander verknüpft werden (vgl. Liesen 2015: 116; Weber/Weber 2015: 151). Naturparke verfolgen demnach einen interdisziplinären Auftrag, wobei ihre Doppelrolle des Naturschutzes einerseits und der nachhaltigen Regional- und Tourismusentwicklung andererseits nach wie vor besteht (vgl. Jedicke/Liesen 2017: 34). Ihre Leitlinien sind im „Wartburger Programm Naturparke 2030" (vgl. VDN 2018) sowie in der vierten Phase der „Qualitätsoffensive Naturparke 2021-2025" (vgl. VDN 2020) verankert. Im Unterschied zu Biosphärenreservaten sind Naturparke von größerer regionaler Bedeutung, während bei ersteren die internationale Repräsentativität der Kulturlandschaften eine größere Rolle spielt (vgl. Succow 2000: 63)[29].

---

28   Category V = *„A protected area where the interaction of people and nature over time has produced an area of distinct character with significant ecological, biological, cultural and scenic value: and where safeguarding the integrity of this interaction is vital to protecting and sustaining the area and its associated nature conservation and other values"* (Dudley 2008: 20).

29   Succow (2000: 63) bewertet zur geeigneten Großschutzgebietskategorie im Nationalparkprogramm der DDR: *„Indessen war uns, den ‚Architekten' des Nationalparkprogramms klar, dass schon jetzt – und zukünftig ganz sicher verstärkt – historisch gewachsene Kulturlandschaft ein Schutzgut darstellt. Für die Sicherung derartiger Räume erschien das Instrument Biosphärenreservat, vor nunmehr über 25 Jahren vorausschauend von der UNESCO erdacht, durchaus geeignet. Mit seinem Zonierungskonzept und dem Orientieren auf dauerhaft umweltgerechte Formen der Landnutzung hat es sich inzwischen als nahezu ideale Möglichkeit zur Entwicklung von Modellregionen für einen zukunftsfähigen Umgang mit Nutzungslandschaften bewährt. Dem Erhalt und der Pflege wertvoller weiterer Kulturlandschaften von mehr regionaler Bedeutung sollte durch die Kategorie Naturschutzpark entsprochen werden."*

Heute arbeiten insgesamt 104 deutsche Naturparke an der Umsetzung der Ziele und Aufgaben. Ihre 10,1 Mio. ha decken etwa 29 %[30] der Landesfläche Deutschlands ab (vgl. BfN 2021c), wobei eine große Flächenvariation zu verzeichnen ist. Der Naturpark Siebengebirge beispielsweise umfasst lediglich rund 11.200 ha, während die größten Naturparke Südschwarzwald 394.000 ha, Sauerland-Rothaargebirge 382,700 ha und Schwarzwald Mitte/Nord 375.000 ha groß sind (vgl. VDN 2021). Karte 1 zeigt eine sehr geringe Dichte von Naturparken in den Alpen und im Alpenvorland. Außerdem beinhaltet diese Gebietskategorie keine Meeresanteile.

Obwohl Naturparke nach wie vor mit dem Image des *„Wanderwegemarkierers und Parkbankaufstellers"* (WEBER/WEBER 2015: 150) kämpfen, werden sie im „Wartburger Programm" als lokales Umsetzungsinstrument internationaler Nachhaltigkeitsziele (z. B. SDG) gehandelt (vgl. VDN 2018). Und obwohl WEBER/WEBER (2015: 149) Naturparke *„im Schatten der beiden anderen Großschutzgebietstypen"* sehen, finden sich in der Literatur entscheidende Aspekte, die das Potenzial einer nachhaltigen touristischen Destinationsentwicklung herausstellen. Dies kann insofern festgestellt werden, als

- Naturparke innerhalb ihres breiten Ausgabenspektrums einen nachhaltigen Tourismus anstreben, der als Katalysator für Landschaftspflege und Biodiversitätserhaltung einen sinnvollen Beitrag zur nachhaltigen Regionalentwicklung leisten kann. Als erfolgreiches Projekt ist beispielsweise die Querfinanzierung von Landschaftspflegemaßnahmen zur Offenhaltung in der Gemeinde Münstertal im Naturpark Südschwarzwald aus Kurtaxe-Geldern zu nennen. Das für Touristen ansprechende Landschaftsbild dieser traditionellen Kulturlandschaft und damit der Attraktor der Region werden somit erhalten (vgl. LIESEN 2016: 61ff.; LIESEN/COCH 2015: 71ff.; weiterführend MAJEWSKI 2017: 60ff.; MAJEWSKI/JOB 2019). Naturparke schaffen dadurch die Integration von Naturschutz und nachhaltiger Entwicklung in ländlichen Räumen und setzen dies in Maßnahmen zum Erhalt der Biodiversität um, was wiederum die Grundvoraussetzung für eine nachhaltige Regional- und Tourismusentwicklung ist (vgl. LIESEN 2015: 123).

- sie zusätzliche Rahmenbedingungen schaffen können für den Ausbau und den Erhalt einer touristischen Infrastruktur. Naherholungsgebiete werden durch die Ausweisung von Naturerlebnispfaden und Wanderwegen sowie weitere Angebote, wie geführte Wanderungen, touristisch in Wert gesetzt (vgl. LIESEN 2015: 119).

- ihr interdisziplinärer Ansatz regionale Akteure vernetzt, um so Synergien zwischen verschiedenen Bereichen der Regionalwirtschaft zu schaffen (vgl. MEHNEN et al. 2018: 116), wie beispielsweise zwischen der Landwirtschaft und dem Tourismus. Die Landwirtschaft trägt wie beim Münstertaler Beispiel zum Erhalt des touristischen Attraktors bei oder ermöglicht Angebote

---

30 Eine Aktualisierung der Fläche steht seit der neuesten Ausweisung des Naturparks Knüll im Juni 2021 noch aus (vgl. BfN 2021c).

wie „Urlaub auf dem Bauernhof". Regionale Produkte können touristisch vermarktet werden, was regionale Wirtschaftskreisläufe stärkt (vgl. beispielsweise „Naturparke-Wirte" in den beiden Naturparken des Schwarzwaldes) (vgl. Liesen 2015: 117; Liesen/Coch 2015: 70f.).

- sie qualitativ hochwertige Tourismusangebote schaffen, die durch die „Qualitätsoffensive Naturparke" abgesichert werden, wie beispielsweise barrierefreie Naturerlebnisangebote (vgl. VDN 2019), auch als wohnortnahe, außerhäusliche Freizeitangebote (vgl. dazu die Ergebnisse der empirischen Analysen in den Naturparken Südharz und Kyffhäuser von Majewski et al. 2019: 424f., wonach die „Nähe zum Wohnort" von ca. 7 % der Naturparke-Besucher als Hauptgrund für den Besuch der Region genannt wurde).

- sie unterschiedliche Landnutzungsinteressen in Einklang bringen (vgl. Weber 2013: 148) und auch insofern zur Besucherlenkung beitragen, als sie in der Verknüpfung zu Nationalparken Besucherströme an touristischen Hotspots auf alternative Angebote umleiten, was Biotope entlastet und *Crowding*-Effekte minimiert (vgl. Majewski et al. 2019: 425).

Eine Typisierung der Destination Naturparke nach dem Vorbild der beiden anderen Großschutzgebietskategorien (vgl. Job et al. 2013a: 36ff.; Woltering 2012: 83ff.) steht für die ungleich höhere Anzahl der bestehenden Naturparke in Deutschland noch aus. Job/Metzler (2006: 355) und Job et al. (2021a: 7) typisieren Naturparke aus raumordnerischer Sicht nach ihrer Lage innerhalb der Raumstrukturtypen Deutschlands, d. h. von sehr zentral bis sehr peripher gelegen (vgl. Karte 1). Naturparke, die im Einzugsgebiet von Zentralräumen liegen, weisen ein tendenziell höheres Tagestourismusaufkommen auf, worin sich der ursprüngliche Erholungsauftrag dieser Schutzgebietskategorie widerspiegelt. Umgekehrt ist in peripher gelegenen Naturparkregionen von tendenziell höheren Übernachtungsgastzahlen auszugehen (vgl. Job/Metzler 2006: 355; Job et al. 2021a: 7). Aufgrund dieser pauschalen Einordnung, die nur grobe Annahmen zum Besucherverhalten zulässt, diskutieren Frieser et al. (2023) verschiedene Clusteransätze zur Gruppierung der Naturparke auf Basis von tourismus- und wirtschaftsstrukturellen Kennzahlen. In Kombination mit der Verortung der Naturparke innerhalb der naturräumlichen Großlandschaften Deutschlands können so raumbezogene Aussagen zu verschiedenen Naturpark-Typen getroffen werden. Beispielsweise lässt sich erkennen, dass sich zwei der dem stärksten Tourismusintensitätscluster zugehörigen Naturparke im deutschen Alpenraum befinden, nämlich die Nagelfluhkette und die Ammergauer Alpen, bei denen es sich um etablierte Tourismusdestinationen in Deutschland handelt.

Tabelle 1: Eigenschaften der Großschutzgebietstypen

Eigenschaften	Nationalpark	Biosphärenreservat	Naturpark
Ursprung	1872: Gründung des Yellowstone National Parks, USA; 1970: Gründung des Nationalparks Bayerischer Wald	1968: Biosphärenkonferenz in Paris; 1970: Gründung des MAB-Programms; 1979: Mittlere Elbe und Vessertal	1909: Gründung des Vereins Naturschutzpark; 1911: Gründung des Naturschutzparkes Lüneburger Heide (rechtliche Verankerung: 1921)
IUCN-Kategorie	II (Nationalpark)	Keine eigene Kategorie; je nach Aufgabenschwerpunkte Zuordnung in Kategorien I-IV (Kernzone) oder V-VI (Entwicklungszone)	V (Landschaftsschutzgebiet)
BNatSchG	§ 24	§ 25	§ 27
Nationale Dachorganisation	NNL	NNL; Deutsches MAB-Nationalkomitee	NNL; VDN
Internationale/ nationale/regionale Bedeutung	hauptsächlich national	international	hauptsächlich regional
Aufgaben	1. Schutz der Biodiversität; 2. Bewahrung der Naturdynamiken; 3. Forschung/Umweltbeobachtung/ Umweltbildung; 4. Naturerlebnis	1. Erhalt der Kulturlandschaft; 2. Erhalt der biologischen Vielfalt der historisch gewachsenen Kulturlandschaften; 3. Nachhaltige Gesellschafts- und Wirtschaftsentwicklung; 4. Forschung/Umweltbeobachtung/ Bildung für nachhaltige Entwicklung	1. Erhalt der Kulturlandschaft mit ihrer Arten- und Biotopvielfalt; 2. Umweltgerechte Landnutzung; 3. Erholung und nachhaltiger Tourismus; 4. Nachhaltige Regionalentwicklung; 5. Bildung für nachhaltige Entwicklung
Anzahl in Deutschland	16	18 (16 von der UNESCO anerkannt)	104
Flächenspektrum	3.070 ha (Jasmund) bis 441.500 ha (Schleswig-Holsteinisches Wattenmeer mit 99,5 % Wasserfläche)	11.700 ha (Hamburgisches Wattenmeer) bis 443.100 ha (Schleswig-Holsteinisches Wattenmeer und Halligen)	11.200 ha (Siebengebirge) bis 393.400 ha (Südschwarzwald)
Gesamtfläche	1.050.442 ha	2.028.346 ha	10.152.000 ha
Terrestrischer Flächenanteil an der Bundesfläche	0,6 %	3,9 %	28,4 %
Zonierung	Möglich: 1. Kernzone (mindestens 50 %); 2. (naturnahe) Entwicklungszone; 3. (selten eine sehr kleine) Erholungszone	Erforderlich: 1. Kernzone (mindestens 3 %); 2. Pufferzone (zusammen mit der Kernzone mindestens 20 %); 3. Entwicklungszone (mindestens 50 %)	Möglich: 1. Natur- oder Ruhezone; 2. Extensive Naturschutzzone
Landnutzung	Ausgeschlossen in der Kernzone; ansonsten nur unter strengen Richtlinien möglich	Ausgeschlossen in der Kernzone; nachhaltige, umweltverträgliche und kooperative Landnutzung in der Puffer- und Entwicklungszone	Natur- und umweltverträgliche Landnutzung einschließlich Erholung und nachhaltigem Tourismus

Quelle: eigene Zusammenstellung verändert nach Job et al. 2021a: 3 auf Basis von BfN 2021a; 2021b; 2021c; VDN 2021; Woltering 2012: 29f.

Karte 1: Großschutzgebiete und Raumstrukturen in Deutschland

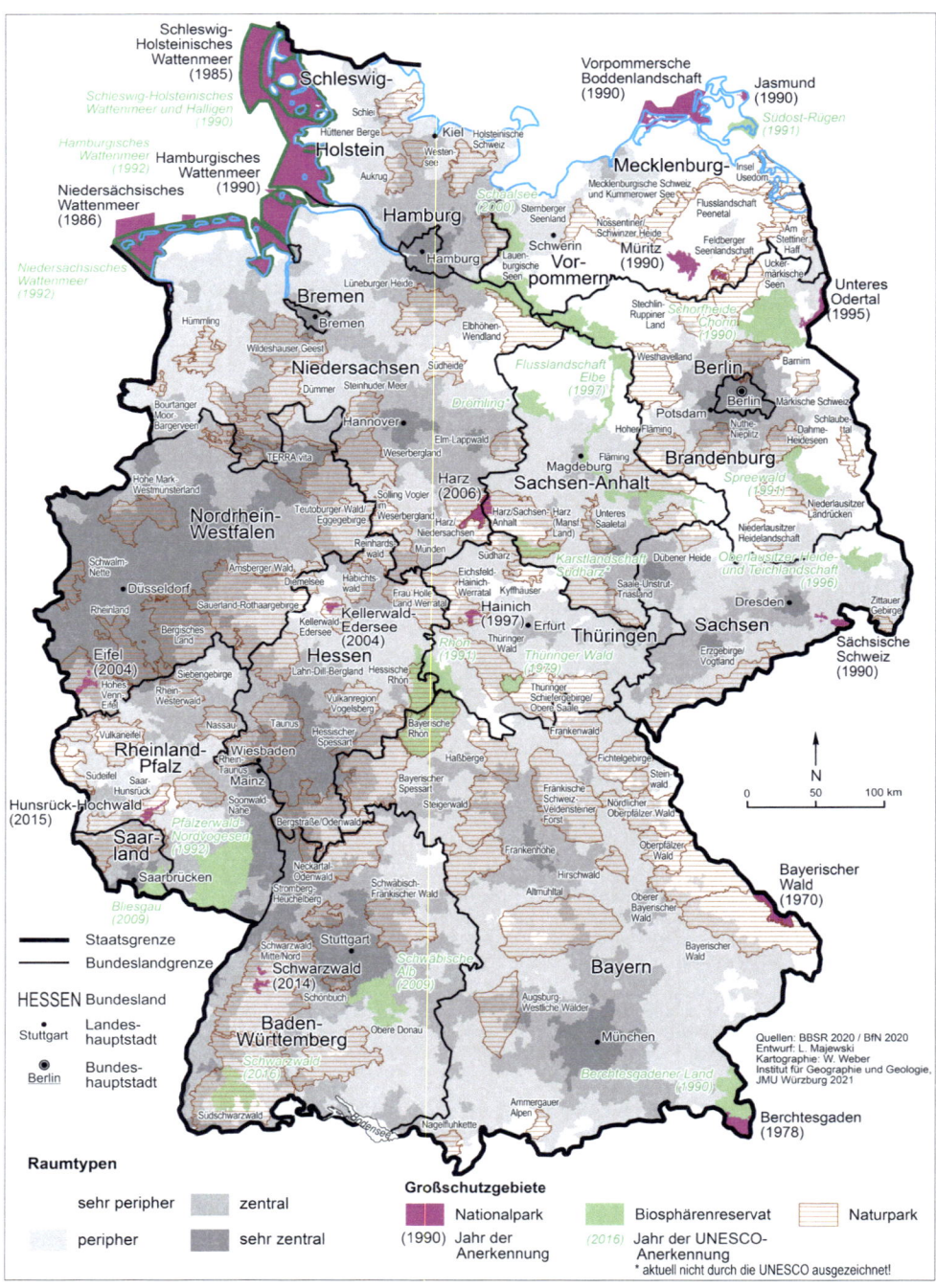

2.3 „Big Picture" und konzeptioneller Rahmen

2.3.1 Einordnung in den *Total Economic Value* von Schutzgebieten

Einer ökonomischen Bewertung von Schutzgebieten wird die wirtschaftswissenschaftliche Erklärung von Gütern vorangestellt, denn nach dem theoretischen Verständnis ist auch die Natur als ein Konsumgut einzuordnen (vgl. HAMPICKE 1991: 56), „*um welches verschiedene Nutzungsansprüche konkurrieren*" (JOB et al. 2003: 15). Die ökonomische Theorie unterscheidet private von öffentlichen Gütern. Letztere kennzeichnen sich durch die Nichtrivalität und Nichtausschließbarkeit ihres Konsums: Prinzipiell kann jeder ohne konkurrierende Nutzungsansprüche das Gut „Natur" (touristisch) konsumieren und vom Konsum nicht ausgeschlossen werden (vgl. FLÜCKIGER 2000: 14).

Für Schutzgebiete in Deutschland sind diese Kriterien im Betretungsgebot der freien Landschaft nach BNatSchG § 59, Abs. 1, gewährleistet. Allerdings sind die Kapazitäten der Naturgüter endlich, was sich in ihrer potenziellen Übernutzung erkenntlich zeigt. Beispielsweise äußert sich das in Auswirkungen wie *Overtourism* oder *Crowding*-Effekten und mitunter sinkenden Erlebniswerten der Besucher (vgl. weiterführend SCHAMEL/JOB 2013). Außerdem können Besucher durch Zonierungskonzepte vom Betreten mancher Schutzgebietsflächen abgehalten werden, weshalb eine Einordnung als reines öffentliches Gut auch aufgrund dieser (gegebenenfalls auch zeitlichen) Einschränkung nicht gegeben ist. SCHUMACHER/JOB (2013: 309) klassifizieren Schutzgebiete deshalb als „*solche imperfekten öffentlichen Güter mit bestehender Kapazitätsgrenze*". Sofern darüber hinaus „*ein Ausschluss vom Konsum des öffentlichen Gut zu geringen oder vertretbaren Kosten möglich [ist], so handelt es sich um ein Clubgut*" (FLÜCKIGER 2000: 15). Internationale Schutzgebiete Nordamerikas, Afrikas und Australiens sind in aller Regel als Clubgüter zu klassifizieren, weil Eintrittsgebühren für den Zutritt zu Nationalparken und anderen Schutzgebieten verlangt werden.

BARBIER et al. (1997: 10) definieren den Vorgang der ökonomischen Bewertung als „*the attempt to assign quantitative values on the goods and services (…) whether or no market prices are available*". Vereinfacht ausgedrückt wird Gütern und Dienstleistungen ein monetärer Wert zugeschrieben, was sich jedoch insofern komplex gestaltet, als für einige Wertkomponenten von Schutzgebieten kein Marktpreis existiert (vgl. DIXON/SHERMAN 1990: 27ff.). Erfahrungsgemäß beinhaltet der gesamte Nutzen der natürlichen Grundlagen weit mehr als ein reiner Geldgewinn, denn „*the benefits are to be found more in the quality of life than in any increment to a nation's economic output*" (PEARCE/TURNER 1990: 122). Einzuordnen ist dieses Bewertungsverfahren in die Wohlfahrtsökonomie (vgl. MAYER 2013: 88; 2014: 562): „*The term economic benefit is (…) a measure of social welfare*" (WATSON et al. 2007: 141).

Veröffentliche Rahmenwerke und Leitfäden zur ökonomischen Bewertung von Schutzgebieten (vgl. unter der Vielzahl der Literatur v. a. BARBIER 2019: 15ff.; BARBIER et al. 1997: 10ff.; DIXON/SHERMAN 1990; 1991: 68ff.; FRECHTLING 1994: 367ff.; FREEMAN et al. 2014: 20ff.; HAAB/MCCONNELL 2003; HAMPICKE 1991: 49ff.; HANLEY/BARBIER 2009; PEARCE/MORAN 1995: 15ff.; PEARCE/TURNER 1990 120ff.; WCPA 1998) oder empirische Analysen einer gesamtökonomischen Bewertung (vgl. z. B. HAEFELE et al. 2016; Sutton et al. 2019) belegen die zunehmende internationale Bedeutung dieses Forschungsfeldes im Kontext von Schutzgebieten. In Deutschland ist das Werk von Mayer (2013) zu nennen, das erstmalig Kosten und Nutzen des National-parks Bayerischer Wald analytisch gegenüberstellte (vgl. auch Mayer 2014; 2016; einen Überblick über Forschungsansätze der ökonomischen Bewertung in Europas Schutzgebieten geben Mayer/Job 2014). Bei den natürlichen Ressourcen der Erde handelt es sich um ein knapper werdendes Gut, welches sich dadurch im Span-nungsfeld zwischen Schutz und Nutzung bewegt (vgl. Sacher/Mayer 2019: 337f.). In der ökonomischen Bewertung von Schutzgebieten und dessen Naturgütern geht es darum, den Nutzen der Schutzgebiete (*economic benefit*) und die Kosten (*economic costs*), die sie verursachen, messbar zu machen. Dieses Teilkapitel der vorliegenden Arbeit kann dem Umfang der ökonomischen Bewertung von Schutzgebieten nicht gerecht werden. Die folgenden Ausführungen dienen lediglich einer konzeptio-nellen Einordnung der regionalökonomischen Wirkungsanalyse des Tourismus in Schutzgebieten.

Um den gesellschaftlichen Nutzen überhaupt bemessen zu können, ist vorne-weg zu erklären, was unter dem Nutzen von Schutzgebieten zu verstehen ist, denn ihr Nutzen resultiert aus ihren Funktionen, die sie der Gesellschaft zur Verfügung stellen (vgl. Küpfer 2000: 35). De Groot (1992: 13ff.) klassifiziert die Funktionen der Natur, wobei Regulations- (z. B. Klimaregulierung), Habitat- (Lebensräume für Flo-ra und Fauna), Produktions- (Ressourcenbereitstellung, z. B. Nahrungsmittel, Roh-stoffe, Wasser) und Informationsfunktionen (Möglichkeiten der Erholung und der Spiritualität) unterschieden werden (vgl. auch de Groot et al. 2002: 395). Die He-rausforderung liegt in der Schematisierung der verschiedenen Nutzenkomponen-ten, die sich aus diesen Funktionen der Schutzgebiete ableiten lassen (vgl. Dixon/ Sherman 1990: 15f.)[31]. Dieser Umstand führte zur Entwicklung des Konzeptes des *Total Economic Value* (TEV), das nach Mayer (2013: 105) *„als umfassender Analyse-rahmen zur Ermittlung des ökonomischen Wertes von Natur und Landschaft verstanden werden kann"*[32]. Der TEV subsumiert also die Produktionswerte der Natur und eine darüberhinausgehende Zusicherung des Erhalts dieser Ökosystemleistungen. Da-mit differenziert sich der TEV in Gebrauchs- und Nichtgebrauchswerte (vgl. Job/ Metzler 2005: 465; Pascual et al. 2010: 194ff.). Als Formel wird der TEV folgender-maßen ausgedrückt (vgl. Pearce/Moran 1995: 20):

$$TEV = UV + NUV = (DUV + IUV + OV) + (XV + BV) \qquad \text{(Formel 1)}$$

---

31 Dixon/Sherman (1990: 15f.) nennen folgende Nutzenkomponenten von Schutzgebieten: (1) Erholung und Tourismus, (2) Schutz des Wassereinzugsgebiets (z. B. Erosionsschutz), (3) ökologische Prozes-se (z. B. Bodenbildung, Wasser- und Nährstoffkreislauf), (4) Biodiversität (Artenschutz, Schutz der genetischen Ressourcen), (5) Bildung und Forschung, (6) konsumtiver Nutzen (Forst, Jagd), (7) nicht-konsumtiver Nutzen (z. B. Ästhetik, Spiritualität, Kultur, Existenzwert), (8) Zukunftswerte (Options-werte, Quasioptionswerte).

32 Die WCPA (1998: 11) bewertet das Konzept des TEV von Schutzgebieten als *„a well-established and useful framework for identifying the various values associated with protected areas"*.

UV: Gebrauchswert (*use value*)
NUV: Nichtgebrauchswert (*non-use value*)
DUV: Direkter Gebrauchswert (*direct use value*)
IUV: Indirekter Gebrauchswert (*indirect use value*)
OV: Optionswert (*option value*)
XV: Existenzwert (*existence value*)
BV: Vermächtniswert (*bequest value*)

Gebrauchswerte (*use values*)

Gebrauchswerte von Schutzgebieten werden in direkte und indirekte Nutzenkomponenten unterteilt. **Direkte Gebrauchswerte** umfassen jegliche Formen ökonomischer Aktivität, die sich monetär, d. h. weitgehend über Marktpreise, bemessen lassen (vgl. Pascual et al. 2010: 196; Watson et al. 2007: 144): *„The direct use values of a protected area are values derived from the direct use of the protected area for activities such as recreation, tourism, natural resource harvesting, hunting, gene pool services, education and research"* (WCPA 1998: 12). Die Werte können also erstens durch konsumtive Nutzungsformen generiert werden, wie beispielsweise durch die Wildtierjagd oder das Sammeln von Pilzen und Kräutern. Dabei handelt es sich um nicht-kommerzielle und damit nicht am Markt gehandelte Güter. Zweitens sind produktive Nutzungen anzuführen, wie land- und forstwirtschaftliche Tätigkeiten zur Produktion von Lebensmitteln (beide Formen sind in Kernzonen von Schutzgebieten ausgeschlossen), deren Güter kommerziell gehandelt werden. Eine dritte Nutzungsmöglichkeit umfasst solche nicht-konsumtiver Art (vgl. Barbier et al. 2009: 251; WCPA 1998: 12), die sich auf die oben beschriebene Eigenschaft von Schutzgebieten als öffentliche Güter mit Kapazitätsgrenzen beziehen, wonach der Konsum des Gutes „Schutzgebiet" den Konsum durch einen anderen Menschen nicht ausschließt (vgl. Mayer 2013: 109f.). Nach dieser Einordnung ist der Tourismus als wesentliche Nutzungsform zu nennen, dessen direkte Gebrauchswerte im Forschungsinteresse der vorliegenden Arbeit sind. Diese Wertkomponente drückt sich in den Ausgaben aus, die Touristen während eines Aufenthaltes in einer Schutzgebietsregion tätigen. Diese tangiblen Effekte des Tourismus (vgl. ausführlich Kapitel 2.3.2) stellen demzufolge *„eine Teilmenge des ökonomischen Wertes der touristischen Nutzung eines Schutzgebietes"* (Mayer 2013: 128) dar (zu dieser Einordnung kommt auch Küpfer 2000: 36). Sie kennzeichnen die offenbarte Zahlungsbereitschaft für die Nutzung des öffentlichen Guts in Form von Erholung und Tourismus (vgl. Mayer 2016: 13). Für ihre Bewertung stehen sogenannte direkte marktbasierte Bewertungsansätze zur Verfügung, wobei Input-Output- und Wertschöpfungsanalyse als marktpreisbasierte Ansätze zwei mögliche Varianten sind (vgl. Pascual et al. 2010: 199f.).

Damit kann allerdings nicht die vollständige Zahlungsbereitschaft (*Willingness to Pay* – WTP) bemessen werden, die sich als die maximale Summe definiert, die ein Individuum bereit wäre, für die mengenmäßige Zunahme eines bestimmten Gutes zu zahlen. Die minimale Toleranzgrenze für den Erhalt des Gutes drückt sich im *Willingness to Accept* (WTA) aus (vgl. Freeman et al. 2014: 8f.; Hanley/Barbier 2003: 16).

Aus der WTP lässt sich der Erlebniswert der Natur ableiten, der nach Küpfer (2000: 36) eine weitere Wertkomponente darstellt. Ihre ökonomische Bewertung erfolgt mithilfe sogenannter *Revealed-Preference*-Bewertungsmethoden, wozu die Reisekostenmethode (*Travel Cost Method* – TCM) und der hedonistische Preisansatz (*Hedonistic Pricing*) zählen. Diese indirekten Methoden leiten die WTP über den Preis genutzter Privatgüter für den Genuss des Kollektivgutes „Natur" ab (vgl. Freeman et al. 2014: 24ff.; Hampicke 1991: 114f.; Pascual et al. 2010: 201). Eine empirische Analyse des Erholungswertes mithilfe der TCM führen z. B. Mayer/Woltering (2018) für die deutschen Nationalparke durch.

Nach der World Commission on Protected Areas (WCPA) (1998: 12) kennzeichnen sich **indirekte Gebrauchswerte** folgendermaßen:

> *„The indirect use values of a protected area are values derived from the indirect uses of the protected area. Indirect uses are largely comprised of the protected area's ecological functions such as watershed protection, breeding habitat for migratory species, climatic stabilisation and carbon sequestration. Protected areas also provide natural services, such as habitat for insects which pollinate local crops or for raptors which control rodent populations."*

Es handelt sich also um solche öffentlichen Leistungen der Natur, für die keine Marktpreise existieren, weil sie nicht am Markt gehandelt werden (vgl. Pascual et al. 2010: 198). In der Definition der WCPA (1998: 12) wird die Verknüpfung zum Konzept der Ökosystemleistungen (*ecosystem services*)[33] hergestellt, indem die für Menschen „nützliche" Funktionen der Natur für eine empirische Bewertung konzeptualisiert werden (vgl. de Groot et al. 2002: 395). Zur Bestimmung von Ökosystemleistungen als indirekte Gebrauchswerte können *Benefit-Transfer*-Methoden angewandt werden, die im Grunde die Werte von im Rahmen anderer Studien erhobenen Ökosystemleistungen zur Grobkalkulation auf das zu untersuchende Ökosystem (z. B. das Schutzgebiet) übertragen (vgl. Mayer 2013: 159; Pascual et al. 2010: 231ff.).

Der auf Weisbrod (1964: 472) zurückgehende **Optionswert** drückt die Versicherungsleistung der Schutzgebiete aus, die Pascual et al. (2010: 194) als *„‚insurance' value"* künftiger Leistungen umschreiben: *„The option values of a protected area are values derived from the option of using the protected area sometime in the future"* (WCPA 1998: 12). Es handelt sich demnach um den maximalen optionalen Preis, den Konsumenten für den künftigen Erhalt des Schutzgebietes bereit wären zu zahlen. Der potenzielle Nutzenwert aufgrund künftiger Erkenntnisse wird nach Arrow/Fisher (1974: 315) als Quasi-Optionswert bezeichnet (vgl. Dixon/Sherman 1990: 31ff.;

---

33 Ökosystemleistungen werden in vier Kategorien eingeteilt: (1) Bereitstellende Leistungen (*„provisioning services"*): Bereitstellung von Ressourcen wie Nahrungsmittel, Brennholz, Wasser; (2) Regulierende Leistungen (*„regulating services"*): Regulierung von ökosystemaren Prozessen, wie Luftqualität, Klima- und Wasserregulierung; (3) Kulturelle Leistungen (*„cultural services"*): nicht-materieller Nutzen durch Spiritualität, Reflexion, Erholung, Ästhetik; (4) Unterstützende Leistungen (*„supporting services"*): notwendig zur Bereitstellung aller anderen Leistungen, z. B. Bodenbildung, Nähr-, Wasserstoffkreislauf (vgl. Millenium Ecosystem Assessment 2003: 56ff.).

PEARCE/TURNER 1990: 132ff.). Da es sich um mögliche künftige Gebrauchswerte handelt, ist die Zuordnung des Optionswertes in das Schema der TEV-Komponenten strittig (vgl. HANLEY/BARBIER 2009: 40f.). MAYER (2013: 114) ordnet deshalb Optionswerte als separate Komponente zwischen Gebrauchswerten und Nichtgebrauchswerten ein und quantifiziert die Optionswerte für den Nationalpark Bayerischer Wald als Nichtgebrauchswert und der zugehörigen *Contingent-Valuation-Method* (CVM) (vgl. MAYER 2013: 151f.).

Nichtgebrauchswerte (*non-use values*)

Das Konzept der Nichtgebrauchswerte wurde von KRUTILLA (1967) theoretisch hergeleitet. Sie können als *„values which humans hold for a protected area which are in no way linked to the use of the protected area"* (WCPA 1998: 12) definiert werden. Es handelt sich um individuelle, intrinsische Werte, welche die Zufriedenheit und Gewissheit gegenüber der Existenz des Schutzgebietes und seinen Funktionen widerspiegeln. Vereinfacht ausgedrückt ist damit die Wertschätzung gemeint, die Menschen gegenüber dem Schutzgebiet aufbringen, ohne dass dieses eine direkte oder indirekte konsumtive Nutzung durch sie erfährt. In den Nichtgebrauchswerten kennzeichnen sich Schutzgebiete als öffentliche Güter, weil keine Rivalität und keine Ausschließbarkeit bestehen (vgl. FLÜCKIGER 2000: 29; PASCUAL et al. 2010: 198). Nichtgebrauchswerte von Schutzgebieten werden im TEV-Konzept in Existenz- und Vermächtniswerte unterteilt.

„When the existence of a grand scenic wonder or a unique and fragile ecosystem is involved, its preservation and continued availability are a significant part of the real income of many individuals" (KRUTILLA 1967: 779). Abgeleitet aus dem Verständnis von KRUTILLA (1967) ergeben sich **Existenzwerte** aus der reinen Kenntnis über die Existenz des Schutzgebietes. In einer modernen Auslegung können sie folgendermaßen definiert werden: *„Existence values reflect the benefit of knowing that the protected area exists even though one is unlikely to visit it or use it in any other way"* (WCPA 1998: 12). Für bedrohte Tierarten wären Menschen beispielsweise prinzipiell bereit, einen Geldbeitrag zu leisten, auch wenn sie nie in Kontakt mit ihnen kämen, wie z. B. im Rahmen von Spendenaktionen zum Schutz der Eisbären (vgl. FLÜCKIGER 2000: 29). In eine ähnliche Richtung gehen **Vermächtniswerte**, die aus der WTP resultieren, dass – unabhängig von einer tatsächlichen Nutzung – künftigen Generationen das Schutzgebiet erhalten bleibt: *„Bequest values relate to the benefit of knowing that others benefit or will benefit from the protected area"* (WCPA 1998: 12).

Die ökonomische Bewertung von Nichtgebrauchswerten der Schutzgebiete gestaltet sich aufgrund ihrer Eigenschaften als öffentliche Güter (mit Kapazitätsgrenzen) und die individuelle Wertschätzung ihnen gegenüber schwierig. Für die Schätzung von Nichtgebrauchswerten stehen sogenannte *Stated-Preference*-Methoden zur Verfügung, die sich im Vergleich zu *Revealed-Preference*-Ansätzen (z. B. TCM) darin unterscheiden, dass den Befragten hypothetische Fragen gestellt werden. Es wird also gewissermaßen ein Markt simuliert, auf dem die hypothetischen Güter gehandelt werden, während *Revealed-Preference*-Ansätze tatsächliches Handeln der

Wirtschaftssubjekte abgreifen. Zu ihnen zählen CVM und *Choice Experiments*, die über die direkte Befragung von Probanden die WTP bzw. WTA für öffentliche Güter abfragen (vgl. Freeman et al. 2014: 384ff.; Hampicke 1991: 117ff.; Mayer 2013: 151ff.; Pascual et al. 2010: 201ff.). Eine angewandte Analyse von Lissner/Mayer (2020: 367) zeigt beispielsweise mithilfe der CVM, dass Whale-Watching-Touristen in Island gewillt sind, rund 20 % mehr für eine Tour mit Ökolabel zu zahlen.

Um einen Ausblick auf ein weiteres Analyseverfahren zu geben, das im Kontext der ökonomischen Bewertung von Schutzgebieten durchgeführt werden kann, ist die Kosten-Nutzen-Analyse (*Cost-Benefit-Analysis*) zu nennen. Dabei handelt es sich in gewisser Weise um eine Effizienzanalyse, die Kosten[34] und Nutzen von Schutzgebieten gegenüberstellt (vgl. weiterführend Dixon/Sherman 1990; Hanley/Barbier 2009; zur Empirie Mayer 2013: 252ff.). Für die vorliegende Arbeit ist die Einordnung regionalökonomischer Wirkungen des Tourismus in Schutzgebieten relevant, wonach festgehalten werden kann, dass diese eine Teilmenge des TEV von Schutzgebieten darstellen. Genauer drücken sie sich in den direkten Gebrauchswerten als offenbarte Zahlungsbereitschaft aus.

2.3.2 Regionalökonomische Effekte des Tourismus

Der wirtschaftende Mensch löst durch sein Handeln verschiedenartige Wirkungen auf Ökonomien aus. Als Untersuchungsgegenstand der vorliegenden Arbeit sind alle „greifbaren", also monetär quantifizierbaren regionalwirtschaftlichen Effekte touristischer Ausgaben von Interesse, die als tangible Effekte bezeichnet werden. Diese sind von den intangiblen Effekten zu unterscheiden (vgl. Schönbäck et al. 1997: 4f. zu verschiedenen Arten wirtschaftlicher Auswirkungen von Wirtschaftsaktivitäten)[35]. Letzteren sind Infrastruktureffekte zuzuordnen, die sich durch die Errichtung der touristischen Infrastruktur ergeben (z. B. Wanderwege, Besuchereinrichtungen etc.) (vgl. Bieger 2001: 89; Küpfer 2000: 35; Metzler 2007: 33). Dazu zählt auch die Verkehrsinfrastruktur als generelle Infrastruktur des abgeleiteten touristischen Angebots (vgl. Kapitel 2.1), die auch der lokalen Bevölkerung in Schutzgebie-

---

34 Drei Kostenkategorien von Schutzgebieten können unterschieden werden: (1) Direkte Kosten umfassen die Haushaltskosten der Schutzgebiete für Verwaltung, Bau und Erhalt von Einrichtungen und der (touristischen) Infrastruktur; (2) Indirekte Kosten fallen bei Schäden an, die indirekt durch das Schutzgebiet entstehen (z. B. Wildtierschäden durch im Schutzgebiet lebende Wildtiere); (3) Opportunitätskosten umschreiben den Nutzen, welche der Gesellschaft durch die Ausweisung eines Schutzgebietes verloren geht (vgl. Dixon/Sherman 1990: 18ff.). Beispielsweise handelt es sich hier um verlorengegangene Einnahmen durch die dann nicht durchführbare Holzproduktion (vgl. hierzu auch die Gegenüberstellung von Job/Mayer 2012). In der Debatte um entgangene Nutzungsmöglichkeiten kann die hier genannte Forstwirtschaft auch als Nutzen in Form einer produktiven Landnutzung (z. B. in der Pufferzone des Schutzgebietes) kontiert werden (vgl. Mayer 2016: 14). *„Letztere spielen in den Debatten um Wertschöpfung aus dem Schutzgebietstourismus oft (implizit) eine bedeutende Rolle, da sie meist weitgehend auf regionaler Ebene anfallen und möglicherweise durch die zusätzlichen touristischen Einnahmen kompensiert werden können"* (Sacher/Mayer 2019: 334).

35 Schönbäck et al. (1997: 5) definieren intangible Effekte als solche, *„die marktmäßig nicht bewertet werden oder marktmäßig nicht bewertbar sind oder die als überhaupt nicht monetär bewertbar angesehen werden"*. Intangible regionalökonomische Effekte sind ebenfalls dem direkten Gebrauchswert der TEV-Komponenten zuzuordnen (vgl. Mayer 2013: 111).

ten zugutekommt (vgl. KAGERMEIER/GRONAU 2016: 9). Daneben kann der Tourismus Struktureffekte auf die Unternehmens- oder Bevölkerungsstruktur mit sich bringen, die sich beispielsweise in der Neuansiedlung von touristischen Betrieben äußern. Imageeffekte steigern die Bekanntheit der Region, während Kooperationseffekte die Zusammenarbeit der Tourismusakteure stärken, was wiederum in Kompetenzeffekten ausgebaut wird (vgl. BIEGER 2001: 84ff.).

Die Erklärung der tangiblen Effekte wird in der Illustration von wirtschaftlichen Verflechtungen anschaulich: Eine Geldinjektion „bahnt" sich den Weg durch verschiedene Wirkungsebenen der Ökonomie und bedingt so wirtschaftliches Wachstum (vgl. ARMSTRONG/TAYLOR 2000: 7; DWYER et al. 2010: 217). Nach beispielsweise METZLER (2007: 33) oder auch TSCHURTSCHENTHALER (1993: 217f.) als deutsche bzw. STYNES (1997: 11; 1999a: 5) oder DWYER et al. (2010: 217f.) als internationale Vertreter unterscheiden sich tangible Effekte des Tourismus in drei Wirkungsebenen: direkte, indirekte und induzierte Effekte.

Während eines Aufenthaltes übernachten Touristen in einer Unterkunft, verpflegen sich in der Gastronomie oder mit Lebensmitteln aus dem ansässigen Supermarkt, nutzen Transportmittel und Freizeitangebote und kaufen Produkte des Einzelhandels, wie z. B. Souvenirs. All die dahinterstehenden Betriebe generieren durch die Besucherausgaben vor Ort eine Umsatz- und eine daraus abgeleitete Wertschöpfungssteigerung (vgl. auch Kapitel 2.1 zur Unterscheidung der Tourismusleistungen der Querschnittsbranche). Diese unmittelbaren, durch die touristische Nachfrage hervorgerufenen Auswirkungen werden als **direkte regionalökonomische Effekte** bezeichnet (vgl. ARMSTRONG/TAYLOR 2000: 7; METZLER 2007: 33; SPENCELEY et al. 2021a: 24): *„Direct effects are production changes associated with the immediate effects of changes in tourism expenditures"* (STYNES 1999a: 5). Zu ihnen zählen ebenso staatliche Subventionen und weitere Finanzleistungen von außerhalb als Einnahmen für die Region (vgl. BIEGER 2001: 89). Im Kontext der Schutzgebiete rechnen JOB et al. (2009: 22) außerdem investive Maßnahmen zur Bereitstellung und dem Unterhalt touristischer Infrastruktur seitens der Schutzgebietsverwaltungen (z. B. Personalkosten) zu den direkten regionalökonomischen Effekten.

Von den direkten Effekten ausgehend werden weitere, sich sukzessiv ausbreitende Wirkungsrunden des Geldes ausgelöst (vgl. ausführlich Kapitel 2.4.1.2). Die sogenannten **touristischen Sekundäreffekte** erfolgen auf zweierlei Weise: indirekt und induziert (vgl. DWYER et al. 2010: 218). Nach dem Grundprinzip der Verflechtung zwischen Wirtschaftseinheiten, sind zur Herstellung von Gütern und Dienstleistungen, die den Touristen zum Kauf angeboten werden, Produktionsinputs erforderlich, die von vorgelagerten Betrieben hergestellt und an die touristischen Leistungsanbieter verkauft werden. Diese Vorleistungsbetriebe profitieren ebenso von einer Umsatzsteigerung aus dem Tourismus. Die daraus hervorgehenden Wertschöpfungs- und Beschäftigungseffekte werden als **indirekte Effekte** bezeichnet. Am Beispiel des Beherbergungswesens lassen sich unter anderem Wäscherei- und Reinigungsservices nennen, deren Leistungen für die Bereitstellung des touristischen Angebots „Unterkunft" als Produktionsinput in der Erfassung der ökonomischen Effekte Rechnung tragen. Gleiches gilt beispielsweise für den ortsansässigen Bäcker, der die Gastronomie mit Produkten beliefert, oder das Handwerksunternehmen, das – wenn auch nur sporadisch – Umsätze und damit Wertschöpfung durch den Tourismus erwirtschaftet, wovon die Beschäftigten leben können (z. B. durch die Sanierung eines Hotels) (vgl. Armstrong/Taylor 2000: 7; Metzler 2007: 34; Spenceley et al. 2021a: 24). Dabei sind sämtliche Produktionsveränderungen der regionalen Zulieferkette einzubeziehen: *„Indirect effects are the production changes resulting from various rounds of re-spending of the tourism industry's receipts in backward-linked industries"* (Stynes 1999a: 5). Insgesamt entsteht so eine *„lange Kette von innerregionalen Verflechtungen, die für die Tourismusregion wertschöpfungsrelevant sind"* (Tschurtschenthaler 1993: 218).

Bedingt durch die Konsumneigung des Menschen werden schließlich **induzierte Effekte** ausgelöst (vgl. Armstrong/Taylor 2000: 7; Metzler 2007: 33; Spenceley et al. 2021a: 25): *„Induced effects are the changes in economic activity resulting from household spending of income earned directly or indirectly as a result of tourism spending"* (Stynes 1999a: 6). Es wird davon ausgegangen, dass ein Teil der von den in den direkten Tourismus- oder indirekten Vorleistungsbetrieben erhaltenen Löhne und Gehälter, welche Teil der Wertschöpfung sind (auf die Komponenten der Wertschöpfung wird in Kapitel 3.3.2 im Detail eingegangen), in der Region zu Konsumzwecken ausgegeben wird (nach dem Prinzip der Keynesianischen Kreislauftheorie; vgl. Kapitel 2.4.1.1). Die Haushaltsausgaben generieren einen erneuten Umsatz und daraus Wertschöpfung und Beschäftigung (vgl. Metzler 2007: 34; Stynes 1997: 12; 1999a: 5). Resultat ist ein Wertschöpfungszuwachs, dessen Betrag ein Vielfaches höher als die ursprüngliche Geldinjektion ist (vgl. Tschurtschenthaler 1993: 232f.). Im hier angesprochenen Beispiel aus der Tourismuspraxis konsumieren Hotel- (direkte Wirkungsebene) oder Wäschereiangestellte (indirekte Wirkungsebene) mit ihren eingenommenen Löhnen und Gehältern Güter des täglichen Bedarfs, investieren in ein Auto, gehen Freizeitaktivitäten nach oder nutzen Kulturangebote und erzeugen so eine zusätzliche regionale Wertschöpfung. An dieser Stelle sei bereits auf mögliche Sickerverluste hinzuweisen, auf die in Kapitel 2.4.1.2 gesondert eingegangen wird.

Die gesamtökonomischen Effekte des Tourismus in einer Region sind damit das Ergebnis vorgelagerter direkter Effekte und nachgelagerter indirekter und induzierter Effekte. Letztere beiden Ebenen werden in ihrer Summe als sekundäre wirtschaftliche Effekte oder Sekundäreffekte bezeichnet (vgl. Stynes 1997: 12):

Regionalökonomische Effekte des Tourismus

= Direkte Effekte + (Indirekte Effekte + Induzierte Effekte)   (Formel 2)

= Direkte Effekte + Sekundäre Effekte

In der Literatur wird selten der Begriff „primary effects" („Primäreffekte") verwendet, weswegen die vorliegende Arbeit von direkten Effekten spricht (vgl. z. B. Archer/Fletcher 1990: 4). Im Hinblick auf die Erklärung der touristischen Multiplikatorwirkung ist herauszustellen, dass ohne direkte Effekte keine indirekten Effekte und schließlich keine induzierten Effekte ausgelöst werden können (vgl. Crompton

2010: 39). Gleichwohl können von Touristen getätigte Ausgaben in der Summe nahezu alle Wirtschaftsbereiche einer Ökonomie positiv beeinflussen (vgl. STYNES 1997: 12). Zweifellos kann die ökonomische Wirkung des Tourismus auch negativer Natur sein. AP/CROMPTON (1998: 120) kritisieren, dass sich Studien zu den ökonomischen Effekten des Tourismus in der Hauptsache mit dem ökonomischen Nutzen touristischer Ausgaben beschäftigten. Ökonomische Wirkungsforschungen klammerten die Kosten des Tourismus aus und intangible Risiken, wie beispielsweise Belastungsgrenzen der natürlichen Ressourcen, würden in der Betrachtung vernachlässigt (vgl. HJERPE/KIM 2007: 138). Hinzu kommt der potenzielle Einfluss negativer tangibler Effekte, die sich beispielsweise in der Veränderung des Preisniveaus ausdrücken (vgl. BIEGER 2001: 90). BULL (1991: 135) spricht diesbezüglich von einer *„imported inflation"* als Ergebnis von Besucherausgaben von in einkommensstarken Quellgebieten wohnhaften Besuchern in einkommensschwachen Zielgebieten und daraus resultierenden Preissteigerungen durch ein unausgeglichenes Verhältnis zwischen touristischem Angebot und Nachfrage.

2.3.3 *Economic contribution* vs. *economic impact*

Verschiedene Autoren beklagen die unzureichende Abgrenzung der konzeptionellen, in Publikationen zu regionalökonomischen Wirkungsanalysen verwendeten Termini, vor allem in englischer Sprache (vgl. u. a. CROMPTON 2006: 70f.; FRECHTLING 1994: 367; WATSON et al. 2007: 140). Beispielsweise kritisiert CROMPTON (2006: 71) die missverständliche Verwendung ökonomischer Begriffe: *„(…) from economic impact to economic activity."* Weitere, ihm in verschiedenen Studien untergekommene Begrifflichkeiten seien *„total annual spending, gross economic impact, economic surge, gross economic output, gross economic value, total contribution to the economy, economic significance"* (CROMPTON 2006: 71). Um die Terminologien differenziert herauszuarbeiten, wofür auch in der Literatur vielfach plädiert wird (vgl. z. B. CROMPTON 2006: 70ff.; DWYER et al. 2010: 222; MAYER/VOGT 2016: 171; SPENCELEY et al. 2021a: 26ff.; WATSON et al. 2007: 140), wurden regionalökonomische Wirkungsanalysen bereits den TEV-Komponenten konzeptionell zugeordnet. Leitende Größe ist dabei der ökonomische Nutzen (*economic benefit*), der neben den direkten auch indirekte Gebrauchswerte und Nichtgebrauchswerte der touristischen Nutzung einbezieht (vgl. Kapitel 2.3.1).

Bei den tangiblen Wirkungen des direkten Gebrauchsnutzens sind zwei Dimensionen voneinander zu unterscheiden: *economic contribution* und *economic impact* (vgl. DWYER et al. 2010: 213ff.; WATSON et al. 2007: 142; 2008: 579). MAYER et al. (2010: 74) ordnen regionalökonomische Analysen in deutschen Nationalparken als *economic impact analysis* ein. Im deutschsprachigen Raum verwenden außerdem JOB et al. (2003), KÜPFER (2000) oder WOLTERING (2012) den Begriff der „ökonomischen Wirkungsanalyse". Die Frage nach der Notwendigkeit der Unterscheidung der Dimensionen lässt sich dahingehend beantworten, dass diese auf unterschiedliche inhaltliche Ausrichtungen abzielen (vgl. WATSON et al. 2007: 140f.). Demzufolge liegen der Bemessung von *economic contribution* oder *economic impact* unterschiedliche

Methoden zugrunde (vgl. Kapitel 3.2). Gleichwohl ist die Einordnung als *economic contribution* oder *economic impact* nicht immer durch die passende Methode gewährleistet, sodass die Unterscheidung durch einen interpretativen Zugang erfolgen muss.

In der Abgrenzung zum ökonomischen Nutzen (*economic benefit*) sind *economic contrition* und *economic impact* unter den Auswirkungen einer ökonomischen Aktivität einer variablen Erscheinungsform subsummiert (wie z. B. in Form von touristischen Ausgaben): *„Economic activity measures actual expenditures and how those cycle through the region's economy"* (WATSON et al. 2007: 141). Es werden also quantifizierbare Größen bemessen, d. h. im Grunde genommen bemisst eine Analyse der ökonomischen Aktivität die Höhe der touristischen Multiplikatorwirkung auf verschiedenen Wirkungsebenen (vgl. WATSON et al. 2007: 142). Eine *economic contribution*-Analyse ist dabei bezugnehmend auf die ökonomische Tragweite der Wirtschaftsaktivität zu interpretieren: *„The economic contribution of tourism refers to tourism's economic significance – to the contribution that tourism-related spending makes to key economic variables such as Gross Domestic (Regional) Product, household income, value added, foreign exchange earnings, employment and so on"* (DWYER et al. 2010: 213f.). Diese Analyseform ist demzufolge als Status-Quo-Bericht deskriptiver Natur zu sehen. In ihrer Durchführung werden die ökonomischen Zusammenhänge in einer Region untersucht und so der ökonomische Beitrag der betrachteten Aktivität in der Regionalökonomie herausgestellt, wobei die Bruttoänderungen der touristischen Aktivität makroökonomisch betrachtet werden. Beispielsweise wird also der Beitrag der touristischen Wertschöpfung zum BIP bemessen (vgl. WATSON et al. 2007: 141ff.; 2008: 579). Diese Einordnung spiegelt sich auch darin wider, dass in der englischsprachigen Literatur zum Teil der Begriff *economic significance* synonym zu *economic contribution* verwendet wird, was – umgangssprachlich formuliert – die touristische Bedeutung für eine Wirtschaft umschreibt (vgl. u. a. CROMPTON 2010: 27; STYNES et al. 2000: 3.2).

In der direkten Gegenüberstellung werden die Unterschiede zwischen *economic contribution* und *economic impact* klar ersichtlich: *„While the economic contribution of tourism measures the size and overall significance of the industry within an economy, economic impact refers to the changes in the economic contribution resulting from specific events or activities that comprise ‚shocks' to the tourism system"* (DWYER et al. 2010: 216). Die Umschreibung als wirtschaftlicher „Schock" verdeutlicht den Umstand einer externen Geldwirkung als tourismusökonomischer Influx von außen. Die *economic impact*-Analyse bemisst demnach die *„net changes in new economic activity"* (WATSON et al. 2007: 142) externer touristischer Ausgaben und die damit in Zusammenhang stehenden wirtschaftlichen Wirkungen in einer Region. Sie geht der Frage nach, wie hoch der Anteil der in der Region verbleibenden Wertschöpfung touristischer Ausgaben ist. Um den *economic impact* vom *economic benefit* (vgl. Kapitel 2.3.1) und der *economic contribution*-Analyse des Tourismus in Schutzgebieten abzuheben, liefert auch MOISEY (2002: 241) eine passende Definition:

„Economic impact focuses more on the local flow of goods and services within the economy. The economic impact generated by parks is primarily due to visitation and spending within the park and surrounding area by tourists and can also occur when a park agency buys supplies within the local area. Economic impact measures changes in sales, employment and income in the region proximate to a park or protected area."

Die von MOISEY (2002: 241) angesprochenen Kennzahlen (*„sales, employment and income"*) regionalökonomischer Wirkungen werden in Kapitel 3.3.2 definiert. Nach WATSON et al. (2007: 143) zielt eine *economic impact*-Analyse auf zwei Konsequenzen touristischer Aktivität ab:

1. neue Einnahmen, die in das regionalökonomische System eingespeist werden, die ohne touristische Nutzung ausbleiben würden, d. h. entweder neue Einnahmen oder keine Einnahmen;

2. touristische Einnahmen, die aufgrund einer touristischen Attraktion (z. B. aufgrund der Existenz eines Schutzgebietes) in der Region gehalten werden, die im Falle der Nichtexistenz der Attraktion verloren gingen, d. h. entweder verbleibende Einnahmen oder verlorengegangene Einnahmen.

Der zweite Aspekt der Existenz eines Schutzgebietes wird im nachfolgenden Kapitel 2.3.4 noch genauer betrachtet. Einfacher verständlich ist womöglich die Abgrenzung der *economic impact*-Analyse über den bereits angesprochenen Umstand einer externen Geldinjektion. „New money" kann nur durch den temporären Aufenthalt von definierten Touristen in eine Region eingespeist werden. In der regionalökonomischen Wirkungsanalyse ist also die Handhabung der einheimischen Bevölkerung von zentraler Bedeutung (vgl. STYNES 1997: 24; STYNES et al. 2000: 1.4).

In der wissenschaftlichen Debatte existieren zwei gegensätzliche Meinungen zum In- oder Exkludieren von Einheimischen. In Anlehnung an die Abgrenzung des *economic impacts* über die Injektion „neuen Geldes" ist das Hauptargument für die Exklusion von Einheimischen, dass es sich bei ihren Ausgaben nicht um Mehreinnahmen handelt, selbst wenn sich diese zu Erholungszwecken in der Region aufhalten. So sind CROMPTON et al. (2001: 81) der Ansicht, Einheimische zu erfassen wäre *„only a recycling of money that already exists there"*. Sofern die primäre Motivation eines Konsumenten nicht ausdrücklich diejenige wäre, Privateinkommen für touristische Zwecke zu verausgaben, könne ihrer Meinung nach angenommen werden, dass ebendieses Einkommen auch für privaten Konsum investiert werden könnte. Die touristische Zweckgebundenheit könnte nicht spezifiziert werden, sodass nicht klar würde, ob es sich tatsächlich um eine touristische Ausgabe handelt. Wie CROMPTON et al. (2001: 81) feststellen, würde so vorhandenes Einkommen im regionalökonomischen System lediglich umverteilt (*„recycling"*), denn es würde kein regionalökonomischer „Mehrwert" berechnet (vgl. CROMPTON 2010: 22; HJERPE/KIM 2007: 137f.; LOOMIS/CAUGHLAN 2006: 35f.; STYNES 1999b: 2): *„There is no economic growth, only a transfer of resources between sectors of the local economy"* (CROMPTON 2010: 23).

Jedoch beziehen *economic contribution*-Analysen Einheimische im Sinne einer Status-Quo-Analyse der regionalwirtschaftlichen Zusammenhänge mit ein. Touristen und Einheimische werden somit gleichermaßen als Besucher einer Region definiert (vgl. CROMPTON 2010: 27ff.; STYNES 1999a: 4; 1999b: 2; STYNES et al. 2000: 3.2). Zur Entscheidung, Einheimische der Nationalparkregionen der Gruppe der Tagesgäste hinzuzunehmen kommt WOLTERING (2012: 127), was er so begründet:

> *„Da das Ziel der vorliegenden Untersuchung nicht nur die Bestimmung des touristischen Influx von außen, sondern der gesamten ursächlich mit einem Nationalpark in Verbindung stehenden touristischen Wertschöpfung ist, dürfen der Anteil der einheimischen Bevölkerung am Gesamtbesucheraufkommen und die damit in Zusammenhang stehenden ökonomischen Wirkungen nicht vernachlässigt werden."*

Aufgrund der Raumstrukturen in den anderen beiden Großschutzgebietskategorien der Biosphärenreservate und Naturparke sind die Besucher- und Ausgabenerhebungen komplexer. Gemäß ihrer Schutzgebietskategorisierung bieten diese großflächigen Gebiete nicht nur Schutzraum ihrer natürlichen Ausstattung, sondern gleichzeitig Lebens- und Arbeitsraum von Menschen. Deshalb ist davon auszugehen, dass auch solche Personen in nachfrageseitigen Erhebungen erfasst werden können, deren Absicht es nicht ist, Urlaubs- bzw. Naherholungsaktivitäten auszuüben. Aus diesem Grund wurden Einheimische in der tourismusökonomischen Analyse von Biosphärenreservaten ausgeschlossen (vgl. JOB et al. 2013a: 48f.).

2.3.4 *Economic impact* im Kontext von Schutzgebieten

Um direkt an die Ausführungen des vorangegangenen Kapitels anzuknüpfen, wird in der Debatte um den Umgang mit Einheimischen für eine Hinzunahme insofern argumentiert, als auch Einheimische ihre Freizeit aufgrund der Existenz des Schutzgebietes (oder einer anderen touristischen Attraktion) in der Region verbringen. Dafür sprechen sich JOHNSON/MOORE (1993: 287) im Rahmen ihrer Analyse der regionalökonomischen Effekte von Erholungssuchenden am Upper Klamath River in Oregon, USA, aus:

> *„Ignoring all local users' expenditures because they represent recirculation of money already in the region will lead to an underestimate of total impacts. Because many local users would recreate outside the region if the Upper Klamath were not available, their expenditures would be lost to the region."*

In dem Fallbeispiel verhindert also dieses Naherholungsgebiet einen Wertschöpfungsabfluss von potenziellen Einnahmen, was dafürsprechen würde, Einheimische zu berücksichtigen (nach der Idee einer *economic contribution*-Analyse).

Zur theoretischen Herleitung erinnere man sich an das in Kapitel 2.1 genannte *„tourist attraction system"* von LEIPER (1990), der dieses als ein Zusammenspiel zwischen Touristen, touristischen *nuclei* und *marker* definiert. Aufgrund ihrer touristischen Charakteristika (vgl. Kapitel 2.2) können Schutzgebiete als *nucleus* und damit als zentrales Element im touristischen Attraktionssystem den Grund für die Reiseentscheidung darstellen (vgl. BUTZMANN 2017: 85; WOLTERING 2012: 79). LEIPER (1990: 374) gibt zu bedenken, dass die Reiseentscheidung für eine Destination für gewöhnlich von mehreren *nuclei* abhängt, weswegen er eine Klassifikation nach primären, sekundären und tertiären *nuclei* vorschlägt, während erstere den entscheidenden Einfluss auf die Reisemotivation ausüben. Dies unterstreicht MAYER (2013: 310), der anmerkt, dass die alleinige Annahme des Schutzstatus als Grund für den Aufenthalt in der Region womöglich falsch wäre, weil die Natur- und Kulturräume der Schutzgebiete eine *"Vielfalt an entscheidungsrelevanten Faktoren"* (MAYER 2013: 310) bieten.

Im Kontext von Schutzgebieten wurde das theoretische Konzept von LEIPER (1990) von WALL REINIUS/FREDMAN (2007: 842ff.) empirisch angewandt. Sie gingen der Frage nach, inwieweit verschiedene Schutzgebietslabels als touristische *marker* fungieren können. Hierbei handelt es sich um Informationen über potenzielle touristische *nuclei*, d. h., die dem Besuch vorgelagerte Handlung. Mindestens ein *marker* muss zur Bildung einer touristischen Attraktion gegeben sein (vgl. LEIPER 1990: 377f.). Für WALL REINIUS/FREDMANN (2007: 843) steht die Namenskonnotation des *markers*[36] im Fokus ihrer Betrachtungen, denn ihr Anliegen ist es, den Einfluss des Schutzstatus auf das Besucherverhalten herauszufinden. Empirische Belege liefern sie mit der Untersuchung von drei schwedischen Gebirgsschutzgebieten, die zeigen, dass 44,2 % der Besucher im Fulufjället Nationalpark in ihrer Reiseentscheidung dorthin durch den Schutzstatus beeinflusst wurden. Insgesamt 5,0 % der Befragten besuchten das Laponia Weltnaturerbe aufgrund des Status und 1,5 % das Torneträsk Biosphärenreservat (vgl. WALL REINIUS/FREDMAN 2007: 847). Sie schlussfolgern:

> *"Through a designation such as national park, the sight gets a name (label), the name is a marker, and this name makes a distinction between similar phenomena (…). The name of the natural site (the marker) affects the tourists' perceptions of the area and gives certain connotations, and this can act as a generating marker for the person to set off to the specific place"* (WALL REINIUS/FREDMAN 2007: 850).

CARLSEN/WOOD (2004: 8) differenzieren zur Ermittlung der Besucherausgaben in ihren beiden Untersuchungsregionen Southern Forest Region und Gascoyne Coast Region in Westaustralien nach durch die Existenz der Schutzgebiete (Nationalparke, Meeresparke, Forests) induzierte Ausgaben. Dafür berechneten sie anhand der Ergebnisse von Besucherbefragungen einen *"attribution factor"*: *"Using a range of motivational, behavioural and importance variables from the surveys, the proportion of visitors that identified ,natural environments' (national parks, natural environments, natural attractions, etc.) was used to estimate the attribution factor."* Die *"total attributable visitor*

---

36 *"Certain names of nuclei have connotations that affect tourists' perceptions of the experiences in prospect. Positive connotation can contribute to the motivation and satisfaction"* (LEIPER 1990: 379).

expenditure" verstehen sie als Produkt der Besucherausgaben und dem *„attribution factor"* (CARLSEN/WOOD 2004: 8)[37].

Diese rechnerische Grundüberlegung ist übertragbar auf andere Forschungsprojekte, welche die Rolle des Schutzgebietes für die Reiseentscheidung und daraus resultierende regionalökonomische Effekte ermittelten. Eine Übersicht zu empirischen Studien dazu liefern PRÖBSTL-HAIDER/HAIDER (2014: 145ff.). Sie dokumentieren beispielsweise Studien, die anhand vorhandener statistischer Daten den Einfluss des Schutzstatus auf Besucheraufkommen und -struktur untersuchten. Eine von ihnen ist beispielsweise von WEILER/SEIDL (2004: 245ff.) durchgeführt worden, die für acht National Monuments in den USA eine Zunahme der Besucherzahl mit der Aufwertung des Schutzstatus zu einem National Park zeigt. Dazu nutzten sie vorhandene Besucherdaten des US NPS der Zeitspanne von 1979 bis 2000, in der die Ausweisungen ihrer Untersuchungsgebiete stattgefunden haben. Darüber hinaus ermittelten sie Veränderungen der regionalökonomischen Effekte aufgrund der Ausweisung des Great Sand Dunes National Parks (ehemals San Luis Valley National Monument; Ausweisung des National Parks im Jahr 2000) mithilfe einer Input-Output-Analyse touristischer Ausgaben aus Besucherbefragungen. Die direkten Umsatzsteigerungen lagen bei 1,6 Mio. US-$. Weitere 680.000 sekundäre regionalökonomische Umsatzwirkungen können die Autoren festmachen, was in 67 neuen, vor- und nachgelagerten Arbeitsplätzen (direkt und sekundär) allein durch die Nationalparkausweisung mündete (vgl. WEILER/SEIDL 2004: 259f.).

Zu ähnlichen Feststellungen kommen FREDMAN et al. (2007: 87ff.), die Effekte der Ausweisung des Nationalparks Fulufjället in Schweden im Jahr 2002 auf Besucherzahlen und -charakteristika jeweils ein Jahr vor und nach der Ausweisung untersuchten. Anhand von automatischen Zähldaten errechneten sie einen Besucheranstieg von 40,5 % in der Nationalparkregion. Befragungen ergaben, dass sich das Aktivitätsverhalten schutzgebietsbedingt von konsumtiven Landnutzungen (z. B. Beeren oder Pilze sammeln, Angeln) hin zu nicht-konsumtiven, touristischen und nationalparkspezifischen Aktivitäten (z. B. Vogelbeobachtungen) änderte. Die Einstellung gegenüber dem Schutzstatus veränderte sich zum Positiven[38]. Hinsichtlich der regionalökonomischen Effekte des Nationalparks konstatieren die Autoren keine Veränderung des Ausgabeverhaltens. Der erhöhte Umsatz sei auf die steigenden Besucherzahlen zurückzuführen (vgl. FREDMAN et al. 2007: 92f.). Dass eine Differenzierung der Besucherausgaben nach Reisezweck jedoch sinnvoll sein kann, belegt die Untersuchung von LOOMIS/CAUGHLAN (2006: 33ff.). Insbesondere, wenn zwei tou-

---

37 Zur Schätzung des *„attribution factors"* werteten CARLSEN/WOOD (2004: 17) folgende Ergebnisse der 446 Fragebögen in der Southern Forest Region aus: Für 80 % der Besucher ist die natürliche Umgebung der Hauptgrund für die Reise in die Region. 90 % der Besucher führten naturbezogene Erholungsaktivitäten aus. Für 95 % der Besucher sind die dortigen Wälder ein wichtiges Entscheidungskriterium, die Region zu besuchen. Daraus schließen sie für die Southern Forest Region einen *„attribution factor"* von 88 %. Für die Gascoyne Coast Region spielen die Schutzgebiete eine noch größere Rolle (*„attribution factor"*: 92 %).

38 80,6 % der befragten Besucher gab ein Jahr nach der Ausweisung an, dass der Nationalpark den Wert der Fulufjället-Region für die Besucher insgesamt steigert (im Vergleich ein Jahr vor der Ausweisung des Nationalparkes: 63,8 % der Besucher). 97,7 % der Befragten gab an, der Nationalpark würde ihrer Ansicht nach zur Erhaltung der Biodiversität in der Region beitragen (im Jahr vor der Ausweisung: 83,4 %) (vgl. FREDMAN et al. 2007: 92).

ristische Attraktoren in einer Region zu finden sind (wie auch von Leiper 1990: 374 mit seiner hierarchischen Klassifizierung von *nuclei* anmerkt), sollten die nach dem jeweiligen Attraktor induzierten Ausgabenwerte differenziert werden[39].

Im deutschsprachigen Raum operationalisierte Küpfer (2000: 91; vgl. auch Arnberger et al. 2012 für den Gesäuse Nationalpark in Österreich; weiterführend Arnberger et al. 2019; Müller/Job 2009 zum Zusammenhang zwischen der Einstellung von Besuchern gegenüber Schutzgebieten und der Reisemotivation für den Besuch) im Rahmen ihrer nachfrageseitigen Erhebung eine Kerngruppe von sogenannten Nationalparktouristen im Schweizerischen Nationalpark. Diese definieren sich als Übernachtungsbesucher, für die der Nationalpark mindestens unter anderem ein Grund für den Besuch der Region war und die den Nationalpark während ihres Aufenthaltes in der Region mindestens einmal besucht haben. Sie kam zu dem Ergebnis, dass 42 % der Übernachtungen während der Sommersaison des Jahre 1998 auf diese Subgruppe zurückfiel, woraus eine direkte, durch den Nationalpark induzierte Wertschöpfung in Höhe von 10 Mio. CHF resultierte. Knaus (2012: 11) kritisiert die Definition der Nationalparktouristen von Küpfer (2000: 91), da alle Übernachtungsgäste einbezogen werden, die nur „unter anderem" wegen des Nationalparks in die Region gekommen sind. Das beeinflusse seiner Meinung nach auch die Frage nach der Reiseentscheidung für den Besuch der Region, wenn beispielsweise angenommen würde, dass der Nationalpark nicht existierte. Folglich würde die auf Nationalparktouristen zurückzuführende Wertschöpfung überschätzt. Aus diesem Grund arbeitet die Schweizer Forschung heute mit einem modifizierten Verfahren, welches die Rolle des Schutzgebiets bei der Reiseentscheidung noch deutlicher herausstellt (vgl. Backhaus et al. 2013: 11ff.; Knaus 2012: 11; 2018: 6)[40].

Die hier genannten Beispiele verdeutlichen die Problemstellung, das Besucheraufkommen und daraus resultierende Besucherausgaben der Existenz eines Schutzgebietes zuschreiben zu wollen. Kritik an derartigen Zielgebietsanalysen kommt von Pröbstl-Haider/Haider (2014: 146ff.) dahingehend, dass Touristen befragt werden, die sich bereits entschieden haben, in die jeweilige Schutzgebietsregion zu reisen. Die Folge könnte eine Überschätzung der tatsächlichen Rolle des Prädikats bei der Reiseentscheidung sein. Naheliegender wäre aus ihrer Sicht eine Quellgebietsana-

---

39 Nach Meinung von Loomis/Caughlan (2006: 38) wäre es falsch, die Besucherausgaben in dem Gebiet einzig der nahe des Grand Teton National Park gelegenen Stadt Jackson, Wyoming, zuzuordnen, wenn die Besucher auf dem Weg zum Yellowstone National Park sind.

40 Mit jeder Schweizer Studie wurde eine methodische Neuerung vorgenommen, um die Subgruppe der Nationalparktouristen zu segmentieren. Während die Differenzierung von Küpfer (2000: 91) unscharf war, da der Besuch der Region nur „unter anderem" durch die Existenz des Schweizerischen Nationalparks beeinflusst wurde, analysierte Knaus (2012: 11f.) die Informationskanäle der Besucher, um die Kenntnis zum Schutzstatus deutlicher herauszufiltern. Backhaus et al. (2013: 35) verrechneten die Antwortmöglichkeiten zur Informationsbeschaffung und Knaus (2018: 6) arbeitete mit einer weiteren offenen Frage auf dem Fragebogen über die weiteren Reisegründe für den Besuch. Die Vergleichbarkeit der Erhebungsergebnisse ist deshalb in Frage zu stellen. Job et al. (2003: 127f.) reflektieren dazu, dass das Untersuchungsgebiet von Küpfer (2000) der einzige Nationalpark der Schweiz und ein Hauptanziehungspunkt der Region ist. Ihr Untersuchungsgebiet hingegen, der Nationalpark Berchtesgaden, weise eine höhere Konzentration touristischer Attraktionen auf, was zur Folge habe, dass der Nationalpark für die Reiseentscheidung weniger relevant ist. Außerdem spiele das Gründungsjahr eine Rolle, denn mit der Gründung des Nationalparks Berchtesgaden im Jahr 1978 waren die touristischen Attraktionen der Region längst etabliert.

lyse potenzieller Besucher, was sie in ihren Analysen entsprechend umsetzen und die Rolle der Schutzgebiete der Alpen für die Destinationswahlentscheidung der deutschen Bevölkerung untersuchen.

Hauptsächlich handelt es sich bei den hier dargelegten Beispielen um Einzelfallstudien, deren Ergebnisse aufgrund unterschiedlicher Operationalisierungsmethoden expliziter Schutzgebietsbesucher nicht miteinander vergleichbar sind. Im Übrigen wurde auch für einzelne US-amerikanische National Parks das Schutzgebiet als Grund für den Besuch der Region eruiert (vgl. STYNES 2006b; 2008b; 2009b), jedoch in den systemweiten Hochrechnungen der Ausgaben der Nationalparkbesuche nicht weiterverfolgt. Demgegenüber stand in den deutschen Studien die Herausstellung der sogenannten Schutzgebietsaffinität von Anfang an im Fokus. Dabei wird die mit der Existenz des Schutzgebietes in Verbindung stehende Wertschöpfungswirkung mithilfe der Unterscheidung der Besucher nach Schutzgebietsbesuchern im engeren Sinne und sonstigen Schutzgebietsbesuchern operationalisiert (vgl. JOB et al. 2003: 127f.; 2005a: 61f.; WOLTERING 2012: 144f.). Nach der Dimension des *economic impacts* stellen Schutzgebietsbesucher im engeren Sinne einen zusätzlichen ökonomischen Effekt dar, weil sie ohne das Schutzgebiet nicht dorthin reisen würden (vgl. MAYER 2016: 14), was in einem Zitat von MAYER (2013: 130) deutlich wird:

> *„Gäbe es keinen Nationalpark, entfiele die Wertschöpfung, die durch die Ausgaben derjenigen Besucher als Kapitalinput für die Region entsteht, die durch die Existenz des Großschutzgebietes zu einem Besuch der Region motiviert worden sind, d. h., die ohne Nationalpark nicht in die Region gekommen wären und deshalb entweder als Nationalparktouristen im engeren Sinne oder als Besucher mit hoher Nationalparkaffinität bezeichnet werden."*

Nach der Erklärung des *economic impacts* von WATSON et al. (2007: 143) ist insofern nicht nur die Exklusion der einheimischen Bevölkerung zu berücksichtigen, sondern auch die Existenz einer touristischen Attraktion, die ein wirtschaftlicher Stimulus für *„new money"* in Form von touristischen Ausgaben für eine Region sein kann. Auf Schutzgebiete übertragen bedeutet das, dass ebendiese ein Grund für eine Destinationsentscheidung sein können: *„Die Existenz eines Großschutzgebietes (…) kann ein Auslöser bzw. eine Motivation für den Besuch einer Region sein"* (JOB et al. 2013a: 53). Zu dieser Auffassung kommt auch STYNES (1999c: 7) für die USA, der davon ausgeht, dass der besuchte National Park der primäre Grund für die Reise und damit der Grund für die Besucherausgaben ist. Damit erklärt sich eventuell, dass das heutige US-amerikanische Monitoring nicht nach einer touristischen Kerngruppe differenziert. Gleichwohl reflektiert auch STYNES (1999c: 7), dass bei einer Schließung des National Parks womöglich dennoch Besucher der Region anzutreffen wären, die aufgrund anderer Attraktionen in die Region gereist sind. Das entkräftet die Vorgehensweise der USA, *economic contribution*-Analysen im Sinne einer pauschalen Grundgesamtheit durchzuführen. Das Argument, weshalb eine Segmentierung von

Besuchern nach einer schutzgebietsaffinen Kerngruppe sinnvoll ist, wird in einem Zitat von WATSON et al. (2007: 143) schließlich klar herausgestellt:

> *„Figures that should be included in an economic impact should be limited to cases that constitute new dollars being brought into the region or dollars kept in the regional economy that would otherwise leak out. In short, economic impact is the best estimation at what economic activity would likely be lost from the local economy if the event, industry, or policy were removed."*

2.4 Räumliche Dimensionen der regionalökonomischen Multiplikatorwirkung des Tourismus

2.4.1 Die touristische Multiplikatorwirkung

2.4.1.1 Der Keynesianische Einkommensmultiplikator

Die touristische Multiplikatorwirkung hat ihre Wurzeln in der postkeynesianischen Theorie. Auf eine Beschreibung der regionalen Wachstums- und Entwicklungstheorien wird in dieser methodischen Arbeit verzichtet. Für eine ausführliche Übersicht sei auf Lehrbücher zu Wirtschaftsgeographie, Regionalentwicklung und -ökonomie verwiesen (vgl. z. B. ARMSTRONG/TAYLOR 2000: 64ff.; BUTTLER et al. 1977: 58ff.; ECKEY 2008: 110ff.; HAHNE/VON STACKELBERG 1994: 35ff.; LIEFNER/SCHÄTZL 2017: 81ff.; RICHARDSON 1973: 14ff.). Dieses Unterkapitel liefert die wichtigsten Kernaussagen der Keynesianischen Überlegungen sowie die mathematische Herleitung des zugrundeliegenden Einkommensmultiplikators.

Prinzipiell versuchen die verschiedenen Ansätze wirtschaftliches Wachstum und die damit verbundenen regionalen Disparitäten zu erklären. Die neoklassische Theorie findet ihren Zugang über die Angebotsseite, indem sie den Marktmechanismus als regulierenden Faktor für regionale Einkommensunterschiede annimmt. Davon hebt sich die postkeynesianische Auffassung ab, denn sie ist gegenteilig nachfrageorientiert und versteht Investitionen als Treiber wirtschaftlicher Entwicklung (vgl. LIEFNER/SCHÄTZL 2017: 86). Begründer und Namensgeber dieses Theoriestrangs ist John M. KEYNES mit seiner im Jahr 1936 erschienenen Publikation „The General Theory of Employment, Interest and Money" (Deutsch: „Allgemeine Theorie der Beschäftigung, des Zinses und des Geldes") (vgl. KEYNES 2009 [1936]). Zeitlich ist KEYNES in die 1930er Jahre der „Great Depression", der Großen Weltwirtschaftskrise, einzuordnen (Stichworte: „Schwarzer Freitag", Börsencrash, Bankenkrise, Massenarbeitslosigkeit in Europa und den USA). Er versuchte Antworten auf die großen

Probleme der Wirtschaft zu finden. Bestrebt, die wirtschaftliche Denkweise zu revo-
lutionieren (vgl. WILDMANN 2014: 77ff.), schreibt KEYNES (2009 [1936]: 97) in seinem
Werk:

> „Wir haben (…) festgestellt, daß die Beschäftigung nur im Gleichschritt mit den
> Investitionen zunehmen kann, es sei denn, es ändert sich die Konsumneigung.
> Wir können diesen Gedankengang nun eine Stufe weiterführen. Unter gegebe-
> nen Umständen kann nämlich ein bestimmtes Verhältnis, der Multiplikator,
> zwischen Einkommen und Investition festgelegt werden sowie, mit gewissen Ver-
> einfachungen, zwischen der gesamten Beschäftigung und der unmittelbar mit
> Investitionen befaßten Beschäftigung (...).“

Er bezieht sich dabei auf Richard F. KAHN, der erstmals das Konzept eines ökonomischen Multiplikators und der Umschreibung in direkte und sekundäre ökonomische
Effekte einer ökonomischen Aktivität formulierte[41] (vgl. KAHN 1931). Zu verweisen
ist auch auf den Artikel „The Multiplier" in der britischen Wochenzeitung „The New
Statesman and Nation" als frühe Veröffentlichung der Multiplikatortheorie (vgl.
KEYNES 1933; vgl. für einen Überblick zur Historie der Multiplikatortheorie ARCHER
1977: 3ff.; ARCHER/FLETCHER 1990: 2ff.). Im Mittelpunkt steht die Überlegung, dass
unter der Annahme staatlicher Regulierungen hinsichtlich Investitionen und einer
Konsumneigung der Bevölkerung Einkommen und Beschäftigung eine Funktion
der getätigten Investitionen sind (vgl. KEYNES 2009 [1936]: 37). Unter Berücksichtigung dieser Kenngrößen kann die Keynesianische Theorie auf regionale Ökonomien übertragen werden, um so einen Ansatz zu entwickeln, regionalökonomische
Effekte einer Geldinjektion in den regionalen Wirtschaftskreislauf zu berechnen
(vgl. KÜPFER 2000: 45).

Ausgangsgröße ist das regionale Einkommen y^r [42], welches gleich der Summe aus
regionalem Konsum c^r, regionalen Investitionen p^r, regionalen Regierungsausgaben
g^r, regionalen Exporten e^r und abzüglich der regionalen Importe m^r ist. Gegeben ist
damit folgende Gleichung (vgl. ARMSTRONG/TAYLOR 2000: 8f.; MCCANN 2013: 167f.;
METZLER 2007: 41f.):

$$y^r = c^r + p^r + g^r + e^r - m^r \hspace{4cm} \text{(Formel 3)}$$

---

41 „The argument will apply to the effects of any net increase in the rate of home investment. The increased
    employment that is required in connection actually with the increased investment will be described as the
    ‚primary' employment. It includes the ‚direct' employment, and also, of course, the ‚indirect' employment that
    is set up in the production and transport of the raw materials required for making the new investment. To meet
    the increased expenditure of wages and profits that is associated with the primary employment, the production
    of consumption-goods is increased. Here again wages and profits are increased, and the effect will be passed
    on, though with diminished intensity. And so on ad infinitum. The total employment that is set up in this way
    in the production of consumption-goods will be termed the ‚secondary' employment. The ratio of secondary to
    primary employment is a measure of these ‚beneficial repercussions' that are so often referred to" (KAHN 1931:
    173).
42 Die Hochstellung von r ist kein Exponent, sondern drückt aus, dass sich die Größe auf die regionale
    Ebene bezieht.

Zur mathematischen Herleitung des Multiplikators könnten von Formel 3 ausgehend die einzelnen Komponenten dahingehend abgewandelt werden, dass ihr Verhältnis zum regionalen Einkommen y^r herausgestellt wird. Dazu wird eine lineare Konsumfunktion angenommen, in der eine teilweise Unabhängigkeit regionalen Konsums vom regionalen Einkommen besteht. Das bedeutet, dass c^r gesplittet wird in einen Anteil exogen induzierten Konsums $\bar{c}$ (also Konsum von regionalen Produkten, der von außerhalb nachgefragt wird und damit unabhängig vom regionalen Einkommen ist) und einer regionalen Konsumneigung c^*. Gleiches wird für den regionalen Import m^r durchgeführt[43], sodass $\bar{m}$ exogen induzierten Import und m^* die abhängige, marginale Importneigung zeigen. Das bedeutet also:

$$c^r = \bar{c} + c^* y^r, \text{ bzw. } m^r = \bar{m} + m^* y^r \qquad \text{(Formel 4)}$$

Außerdem werden regionale Steuerabflüsse berücksichtigt, wobei σ den durchschnittlichen Steuersatz ausdrückt. Das verfügbare Einkommen ist damit:

$$y^r(1 - \sigma) \qquad \text{(Formel 5)}$$

Werden alle Formeln zusammengefügt, erhält man:

$$y^r = \bar{c} + c^* y^r (1 - \sigma) + p^r + g^r + e^r - \bar{m} - m^* y^r (1 - \sigma) \qquad \text{(Formel 6)}$$

Dies kann umgeschrieben werden zu:

$$y^r = \frac{\bar{c} + p^r + g^r + e^r - \bar{m}}{1 - (c^* - m^*)(1 - \sigma)} \qquad \text{(Formel 7)}$$

Die endogenen Komponenten werden durch einen regionalen Multiplikator λ^r ausgedrückt, der mit der Summe der exogenen Komponenten der Nachfrage multipliziert wird. Daraus errechnet sich das regionale Einkommen folgendermaßen:

$$y^r = \lambda^r (\bar{c} + p^r + g^r + e^r - \bar{m}) \, , \qquad \text{(Formel 8)}$$

wobei:

$$\lambda^r = \frac{1}{1 - (c^* - m^*)(1 - \sigma)} \qquad \text{(Formel 9)}$$

Aus Formel 9 kann abgelesen werden, dass die Höhe des Multiplikators λ^r maßgeblich vom Ausdruck $c^* - m^*$ abhängt, also der Differenz zwischen der marginalen Konsumneigung c^* und der marginalen Importneigung m^*. Dies kann dahingehend interpretiert werden, dass $c^* - m^*$ eine marginale Konsumneigung (oder auch Grenz-

---

43 Investitionen, Regierungsausgaben und Exporte werden immer als exogen induziert angenommen: $p = \bar{p}$, $g = \bar{g}$, $e = \bar{e}$ (vgl. ARMSTRONG/TAYLOR 2000: 8).

konsumneigung) bedeutet, regionale Produkte zu konsumieren. Bei einer Zunahme von $c^* - m^*$ würde der regionale Multiplikatorwert λ^r größer und umgekehrt (vgl. ARMSTRONG/TAYLOR 2000: 9; McCANN 2013: 169)[44]. Diese marginale Konsumneigung regionaler Produkte und damit die Höhe des Multiplikators und der ökonomischen Wirkungen insgesamt ist abhängig von verschiedenen räumlichen Einflussfaktoren, derer sich in separaten Kapiteln 2.4.2 und 2.4.3 ausführlich gewidmet wird. Bis hierhin kann festgehalten werden, dass der Keynesianische Einkommensmultiplikator den Quotientenwert einer externen Geldinjektion (z. B. in Form von touristischen Ausgaben) und gewissen Sickerverlusten aus dem regionalökonomischen System darstellt (vgl. ARCHER 1982: 238).

Zur Veranschaulichung der Keynesianischen Theorie sei eine Erläuterung von TSCHURTSCHENTHALER (1993: 232f.) angeführt: Angenommen wird eine geschlossene Volkswirtschaft ohne staatliche (Auslands-)Tätigkeiten. Eine Geldinjektion (z.B. durch touristische Nachfrage) in Höhe von 100 € bewirkt eine Einkommenssteigerung um 100 €, weil innerhalb des geschlossenen Wirtschaftskreislaufs alle Vorleistungen zur Herstellung des Gutes aus der Volkswirtschaft stammen und somit auch keine Importverluste abfließen. Die gesamte Nachfrage nach touristischen Gütern und Dienstleistungen wird direkt oder indirekt zu Einkommen. Ausschlaggebend ist nun, dass auf der induzierten Wirkungsebene ein Teil des generierten Einkommens von den privaten Haushalten durch privaten Konsum reinvestiert wird, während ein zweiter Teil gespart wird. Diese durch die Konsumneigung der Privathaushalte ausgelöste Nachfragesteigerung bewirkt ein neues direktes und indirektes Einkommen, welches dem induzierten Einkommenszuwachs entspricht (aufgrund der Annahme der geschlossenen Volkswirtschaft). Der Prozess verläuft über mehrere Perioden, aber nicht unendlich, weil stets ein Teil des Einkommens von den privaten Haushalten gespart wird. Insgesamt erhöht sich das Einkommen um ein Vielfaches der ursprünglichen Nachfrage. Das Konzept nach KEYNES geht also von den direkten und indirekten Einkommen als Startpunkt aus und kennzeichnet die Vervielfachungswirkung der induzierten Wirkungsebene als die Multiplikatorwirkung. Vorweggegriffen sei bereits auf die Input-Output-Analyse nach LEONTIEF verwiesen, deren Multiplikatorkonzeption diesbezüglich etwas abweichend ist (vgl. Kapitel 3.5.2).

2.4.1.2 Regionalökonomische Multiplikatoren, ihre Wirkungsrunden und Sickerverluste

Die Ausgangssituation der touristischen Multiplikatorwirkung stellt der touristische Konsum in Form von touristischen Ausgaben dar, die als externe Geldinjektion ins ökonomische System eingespeist werden. Wie in Kapitel 2.1 erwähnt, können diese Ausgaben als eine Art „unsichtbarer Export" gesehen werden, weil es sich um frem-

---

44 Vereinfacht meint die marginale Konsumneigung oder Grenzkonsumneigung den Anteil des Einkommens, der ausgegeben, also konsumiert wird. Der übrige Teil wird gespart. Je mehr konsumiert wird, desto höher ist der Einkommensmultiplikator. Als Wert ausgedrückt, ist die Grenzkonsumneigung stets < 1.

des Geld, d. h. um neue Einnahmen für die Region handelt (vgl. ARCHER 1982: 236; ARCHER/FLETCHER 1990: 1; GOELDNER/RITCHIE 2006: 383f.). Die drei Wirkungsebenen regionalökonomischer Effekte im Tourismus (vgl. Kapitel 2.3.2) sind daraufhin als Äquivalent der Transaktions- oder Wirkungsrunden der touristischen Multiplikatorwirkung zu verstehen, die im Englischen als *turnover* bezeichnet werden. Die erste Wirkungsrunde bezieht sich auf die Einkommensgenerierung der touristischen Leistungsanbieter: *„The first round is defined as the process by which the change in injections into the area under consideration results in an initial change in the defined form of income"* (SINCLAIR/SUTCLIFFE 1984: 322). Davon ausgehend werden weitere Wirkungsrunden ausgelöst, indem die Leistungsanbieter Vorleistungen von regionalen Anbietern beziehen. Das bedeutet, dass zum Zeitpunkt der Leistungserbringung eine neue Wirkungsrunde einsetzt. Die Wirkungsrunden kennzeichnen damit die Zeitpunkte eines Prozesses, in welchem Teilbeträge der ursprünglichen Geldinjektion erneut verausgabt werden: *„Therefore, turnover is the number of times some portion of the money changes hands within the community"* (MILLER 2010: 3). Nicht zu verwechseln ist der *turnover*-Prozess mit dem Umsatzmultiplikator, der die verbleibenden Umsatzbeträge je Wirkungsrunde ins Verhältnis zu den Ursprungsausgaben setzt (vgl. FRECHTLING 1994: 384; dazu wird in diesem Kapitel sowie in Kapitel 3.3.2 noch eingehender eingegangen).

Eine Regionalökonomie ist ein Teilraum eines volksökonomischen Systems. Dies bedingt, dass im Multiplikatorprozess Anteile der originären Einnahmen aus dem regionalökonomischen System „verloren" gehen. Bereits auf der direkten Wirkungsebene der touristischen Leistungsanbieter muss von einem Verlust generierter Einnahmen ausgegangen werden, die deshalb nicht mehr in den regionalökonomischen Wirkungskreislauf eingespeist werden. Dieser Umstand tritt im gesamten Wirkungsprozess an verschiedenen Stellen ein (vgl. ARCHER 1973: 72; 1977: 1; 1982: 239; ARCHER/FLETCHER 1990: 9f.; CROMPTON 2010: 38). Eine wesentliche Komponente zur Beurteilung regionalökonomischer Wirkungen im Tourismus ist deshalb die Betrachtung von *leakages*, zu Deutsch „Sickerverluste" (vgl. MAYER/VOGT 2016: 172f.). Nach dem Keynesianischen Multiplikatorkonzept sind diese definiert als die Differenz zwischen dem ursprünglichen Ausgabenwert und der marginalen Konsumneigung gegenüber regionalen Produkten ($c^* - m^*$). Im übertragenen Sinne umfassen Sickerverluste die Differenz zwischen touristischem Umsatz und regionaler Wertschöpfung. Auf der direkten und indirekten Wirkungsebene touristischer Ausgaben gehören dazu insbesondere Groß- und Einzelhandelseinkäufe zum Weiterverkauf an Touristen sowie Dienstleistungen, die von außerhalb der Region ansässigen Unternehmen zur Bereitstellung des touristischen Produkts in Anspruch genommen werden (wie z. B. größere Tourenanbieter, Hotelketten oder Ausstatter von Equipment). Außerdem fallen darunter Profite, Anleihen oder Steuern, die außerhalb der Region bezahlt werden (vgl. HJERPE/KIM 2007: 144f.). Insgesamt stellen jegliche Formen von importierten Vorleistungen zur touristischen Leistungserstellung Sickerverluste in der regionalen Einkommenssteigerung dar (**Importquote**): *„Vorleistungen, die von den regionalen Unternehmen von außerhalb der Region bezogen werden müssen, stellen sog. Importverluste dar, die die gesamte (direkte und indirekte) Wertschöpfung aus dem Tourismus in der Region schmälern"* (TSCHURTSCHENTHALER 1993: 218). Insbesondere in ländlichen Regionen sind Sickerverluste unvermeidbar, was die Ausführungen des Kapitels 2.4.3 noch zeigen werden.

Seitens der Beschäftigten und damit der Privathaushalte auf der induzierten Wirkungsebene wird zudem ein bestimmter Anteil des Geldes gespart (**Sparquote**). Hinzu kommt, dass ein Teil des Einkommens auch außerhalb der Region reinvestiert wird, wenn beispielsweise Wohn- und Arbeitsort ungleich der definierten Untersuchungsregion sind oder aber diese Privatpersonen gleichfalls touristischen Aktivitäten nachgehen und so ein Teil ihres Einkommens nach der Eigenschaft des Tourismus in andere Regionen „exportieren" (vgl. ARCHER/FLETCHER 1990: 8ff.; ARCHER/OWEN 1972: 9). In der Konsequenz bedeutet das: *„Any money which is not respent by companies, individuals and the public sector (…) leaves the economic system and in consequence fails to create additional economic activity"* (ARCHER/FLETCHER 1990: 9).

Aus diesem Prozess aus Wirkungsrunden und Sickerverlusten lässt sich der regionalökonomische Multiplikatorbegriff ableiten, denn der nicht „entweichte" Anteil der Ursprungsausgaben verbleibt auf unterschiedlichen Ebenen in der Region in Form von touristischer Wertschöpfung (bzw. je nach Kenngröße der regionalökonomischen Wirkungsforschung als Output, Einkommen oder Beschäftigung; vgl. Kapitel 3.3.2) (vgl. ARCHER 1977: 1; 1982: 236; ARCHER/FLETCHER 1990: 8; STYNES et al. 2000: 1.4). Abbildung 1 illustriert den Ablauf: Als Ausgangsgröße wird eine touristische Ausgabe in Höhe von 100 € angenommen, die in der ersten Wirkungsrunde (*1. turnover*) in regionale Vorleistungen, Sickerverluste (Vorleistungen, die von außerhalb der Region bezogen werden) und eine verbleibende touristische Wertschöpfung aufgeteilt wird, welche in diesem Beispiel 40 €, also 40 % der ursprünglichen 100 € ausmacht. Der eigentliche Multiplikatorprozess setzt in der darauffolgenden zweiten Wirkungsrunde (*2. turnover*) ein, indem die regionalen Vorleistungsanbieter ebenso eine touristische Wertschöpfung erwirtschaften, die als indirekter regionalökonomischer Effekt 16 € ausmacht. In der zweiten Wirkungsrunde wird also eine erste indirekte Wertschöpfung verbucht. Auf der dritten Wirkungsebene (*3. turnover*) schließt sich eine zweite indirekte touristische Wertschöpfung (6 €) an, bis die ursprüngliche Ausgabe über weitere Runden (*4. turnover*) komplett verwertet ist (*5. turnover*). Insgesamt beträgt die Höhe der indirekten touristischen Wertschöpfung in diesem Beispiel 26 € und die der Gesamteffekte 66 €. Der Multiplikator ist 1,65 (vgl. zur Berechnung Kapitel 3.5.2).

Abbildung 1: Wirkungsrunden touristischer Ausgaben im Multiplikatorprozess

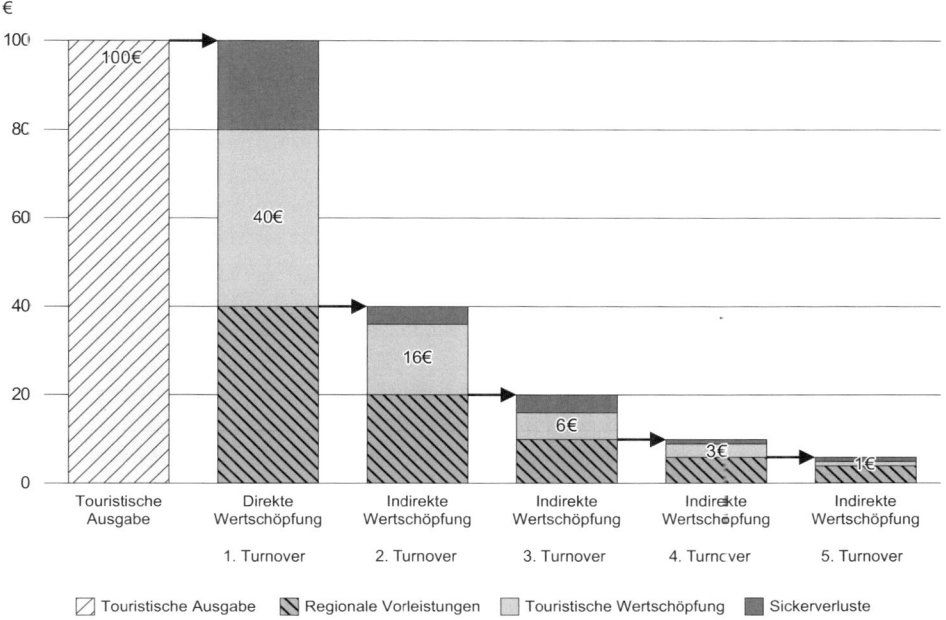

Quelle: eigene Darstellung verändert nach MILLER 2010: 1; TSCHURTSCHENTHALER 1993: 220

Das Beispiel verdeutlicht, dass durch eine touristische Ausgabe nicht nur bei den direkten Leistungsanbietern, sondern auch bei den Vorleistungsanbietern eine Wertschöpfungssteigerung generiert wird. Die zusätzlichen Wirkungsrunden repräsentieren also die Ebene der indirekten touristischen Effekte. Bedingt durch Sickerverluste ist dabei die Summe der direkten und indirekten Wertschöpfung stets kleiner als die ursprüngliche Ausgabe (vgl. TSCHURTSCHENTHALER 1993: 220), weil der Multiplikatorprozess endlich ist: *„This multiplier process continues until the initial injection (…) has worked its way through the local economy"* (ARMSTRONG/TAYLOR 2000: 8).

Simultan reinvestieren die Privathaushalte einen Teil ihrer Einnahmen in den Kauf von Gütern und Dienstleistungen innerhalb der Region, was zusätzlich induzierte Multiplikatoreffekte hervorruft, die in Abbildung 1 nicht dargestellt sind. Dies umfasst die regionale Konsumneigung c^* des Keynesianischen Einkommensmultiplikators, den ARCHER (1977: 1) wie folgt definiert: *„In traditional Keynesian theory, a multiplier measures the relationship between an autonomous injection of expenditure into an economy and the resultant change in income which occurs."* Ähnlich definieren ARCHER/ FLETCHER (1990: 1) den touristischen Multiplikator:

> *„A tourism multiplier is a measurement of the relationship between these injections of money and the amount of economic activity which this expenditure creates within the area concerned. Such multipliers can be used to measure, sepa-*

63

rately, the resultant changes on business revenue, income levels, government revenue, foreign exchange and employment levels."

Sie gehen dabei auf unterschiedliche Kenngrößen der Wirkungsanalyse ein, wonach verschiedene Multiplikatortypen zu unterscheiden sind[45]. Die englischsprachige Literatur nennt den Umsatz- (*transactions/sales*), Output-, Einkommens- (*income*) und Beschäftigungsmultiplikator (*employment multiplier*) als geläufige Typen in der Tourismusanalyse (vgl. z. B. ARCHER 1977: 2; 1982: 237f.; ARCHER/FLETCHER 1990: 12f.; FRECHTLING 1994: 383 und Kapitel 3.3.2). Hinzuzufügen wäre ein Wertschöpfungsmultiplikator für die in Deutschland geläufige touristische Kenngröße.

Die Multiplikatorwirkung hebt also auf die Steigerung ökonomischer Aktivität ab. Es handelt sich um einen Faktor, um den sich die ursprüngliche Geldinjektion in einer Region vervielfacht, der die *„ripple effects"*, also die multiplikative Wirkung touristischer Ausgaben bemisst (vgl. ARCHER 1982: 236f.; 1984: 517). Ebenso lässt sich festhalten, dass regionalökonomische Multiplikatoren je nach Konzept unterschiedlich abgegrenzt werden können. In Anlehnung an die Input-Output-Analysemethodik verwendet die vorliegende Arbeit den Begriff des touristischen oder regionalökonomischen Multiplikators als Faktor zur Berechnung der sekundären regionalökonomischen Effekte im Tourismus (nach der anwendungsbezogenen Definition von SPENCELEY et al. 2021a: 56; STYNES 1997: 17; 1999a: 7). Das umfasst die indirekten und induzierten Folgewirkungen. Eine mathematische Erklärung liefert die Ableitung von Multiplikatoren aus einem Input-Output-Rechenwerk (vgl. Kapitel 3.5.2).

Im Zusammenhang mit der touristischen Multiplikatorwirkung ist auch der zeitliche Aspekt anzuführen. Werden Multiplikatoren aus amtlichen Input-Output-Tabellen abgeleitet, spiegeln diese die wirtschaftlichen Verflechtungen der Volkswirtschaft eines Jahres wider. Dementsprechend repräsentieren die Multiplikatorwerte üblicherweise ein Wirtschaftsjahr (vgl. MUNDT 2006: 438). Zur Frage, wie lange es bis zum Abschluss des gesamten Multiplikatorprozesses dauert (ein oder mehrere Jahre oder weniger als ein Jahr), zeigen SINCLAIR/SUTCLIFFE (1984: 334) durch ihre Berechnungen, dass die erste Wirkungsrunde der Generierung direkten Einkommens in aller Regel innerhalb eines Jahres abgeschlossen ist (für den Tourismus im Speziellen ist der Abschluss der ersten Wirkungsrunde vor dem Hintergrund des Uno-actu-Prinzips der zeitlich und örtlich zusammenfallenden Leistungserstellung und -inanspruchnahme nur wenig verzögert nach dem touristischen Konsum anzunehmen; vgl. Kapitel 2.1). Bis zum Abschluss der gesamten sekundären Wirkungsrunden können bis zu fünf weitere Jahre vergehen (vgl. SINCLAIR/SUTCLIFFE 1984: 334). Nach CROMPTON (2010: 39) nehmen Sickerverluste eine Schlüsselfunktion zur Einschätzung der Dauer des Wirkungsprozesses ein: *„A key feature in people's understanding of the multiplier that is often overlooked is the potential for substantial leakage at*

---

45 Ferner erwähnen ARCHER/FLETCHER (1990: 1) die Möglichkeit des Auftretens negativer ökonomischer Effekte, die ebenfalls in passenden Multiplikatoren ausgedrückt werden können: *„(…) a tourism multiplier is a measurement of the additional activity created by an additional unit of tourist expenditure or, in the case of a reduction in expenditure, the incremental fall in economic activity created by an incremental fall in tourist expenditure."*

each cycle of the multiplier as proportions of the new money go to pay salaries or taxes or to buy goods and services from people or entities located outside the city." Je mehr gespart oder extern investiert wird, desto schneller ist die ursprüngliche Geldinjektion verausgabt.

MUNDT (2006: 438) bekräftigt diese Einschätzung dahingehend, dass in der Interpretation der Sickerverluste als der Region nicht mehr zur Verfügung stehende Einnahmen ein Zeitraum von einem Jahr tatsächlich treffend wäre. Allerdings bestünde die Möglichkeit, dass Einkommen über mehrere Jahre gespart wird, um sodann eine größere Investition zu tätigen, die schließlich eine induzierte Wirkung darstellt. Auch gibt MUNDT (2006: 438) zu bedenken, dass durch die Kreditfinanzierung Ersparnisse de facto aus dem Wirtschaftskreislauf nie ausgeschlossen sind. Jedenfalls zeigt sich im zeitlichen Aspekt eindrücklich ein Grundproblem der empirischen Wirtschaftsforschung, nämlich, dass statistische Modelle hinsichtlich ihrer analytischen Kapazitäten begrenzt sind.

Formel 9 offenbart die kritische Variable des Keynesianischen Multiplikatoransatzes, nämlich die Grenzkonsumneigung für regionale Produkte ($c^* - m^*$), denn sie beeinflusst unmittelbar den regionalen Multiplikator. Eine höhere regionale Konsumneigung resultiert in einen höheren regionalen Multiplikator. Nun stellt sich die Frage, welche Faktoren die Variationen in $c^* - m^*$ bedingen, also die Höhe der regionalökonomischen Multiplikatoren beeinflussen. Wie ARMSTRONG/TAYLOR (2000: 10) feststellen, sind die regionalen Gegebenheiten des touristischen Wirkungsflusses ausschlaggebend: *„It is clear (…) that the magnitude of the regional multiplier will vary according to the characteristics of each individual region or locality for which it is being estimated."*

WALL (1997: 447) konkretisiert folgende räumliche Einflussfaktoren auf die Größe der regionalökonomischen Multiplikatoren, auf die in den nachfolgenden Kapiteln 2.4.2 und 2.4.3 näher eingegangen wird (vgl. auch ARCHER/FLETCHER 1990: 29f.; HALL/PAGE 2007: 155):

1. die Abgrenzungsgröße der definierten Untersuchungsregion,

2. die wirtschaftsstrukturelle Ausstattung der Region

3. und in dem Zusammenhang die Zusammensetzung der originär getätigten touristischen Ausgaben.

Die ersten beiden Punkte beziehen sich auf den Wirtschaftsraum und damit auf die Angebotsseite. Dagegen spricht der dritte Punkt den Einfluss der Nachfrage und damit lediglich die Inanspruchnahme des durch den zweiten Punkt beeinflussten Angebots an. Der dritte Punkt hängt unmittelbar von der wirtschaftsstrukturellen Ausstattung der Region ab, weshalb nun zwei weitere Unterkapitel folgen.

2.4.2 Einfluss der Abgrenzungsgröße der definierten Untersuchungsregion

Zur Größe der Untersuchungsregion, die in diesem Kapitel die effektive Ausdehnung des Analysebereichs meint, fasst Wall (1997: 447) zusammen: „(…) the larger the size of the study area, the smaller will be the leakage and the larger will be the multiplier." Diese wesentliche Determinante beeinflusst die Höhe der ökonomischen Multiplikatoren und damit die Einkommens- und Beschäftigungseffekte folgendermaßen: Ist eine Region kleiner, desto weniger Chancen werden ihr zugeschrieben, die zur Herstellung der touristischen Güter und Dienstleistungen notwendigen Vorleistungen aus der eigenen Region zu beziehen. Dementsprechend groß sind etwaige Versorgungslücken einzustufen und klein die regionalökonomischen Multiplikatoren, weil Importe notwendig sind. Die Höhe der Multiplikatorwirkung ist demzufolge eine Funktion wirtschaftlicher Autarkie, weil die regionale Importneigung m^* mit abnehmender Regionsgröße zunimmt und $c^* - m^*$ folglich abnimmt (vgl. Armstrong/Taylor 2000: 9). In größeren Regionen hingegen können Geldinjektionen in größerem Umfang über mehr regionale Wirtschaftseinheiten und ihre produktions- und gütermäßigen Verflechtungen zirkulieren. Sickerverluste fallen kleiner aus und die regionalökonomischen Multiplikatoren größer (vgl. Hjerpe/Kim 2007: 144; Wall 1997: 447f.; Watson et al. 2007: 145).

Diese regionalen Vorleistungsverflechtungen werden in Abbildung 2 illustriert. Die Untersuchungsregion ist als administrative Flächeneingrenzung um das Schutzgebiet definiert (auf die Abgrenzung der Schutzgebietsregion wird im weiteren Verlauf dieses Kapitels eingegangen). Die touristischen Leistungsbetriebe stellen angebotsseitig den Ort dar, an dem touristische Ausgaben nachfrageseitig getätigt werden. Zur Leistungserstellung der touristischen Güter und Dienstleistungen sind die touristischen Betriebe wiederum mit regionalen Vorleistungsbetrieben verknüpft, sodass regionale Vorleistungsverflechtungen entstehen. Diese indirekten Effekte werden innerhalb der definierten Regionalökonomie erwirtschaftet. Darüber hinaus sind Vorleistungsverflechtungen im ganzen Land von den originären direkten Effekten ausgehend möglich. Je größer das Gebiet und je mehr Vorleistungsbetriebe eingeschlossen sind, desto größer ist die Multiplikatorwirkung.

Abbildung 2: Räumlicher Zusammenhang von regionalen Vorleistungsverflechtungen und Multiplikatoreffekten

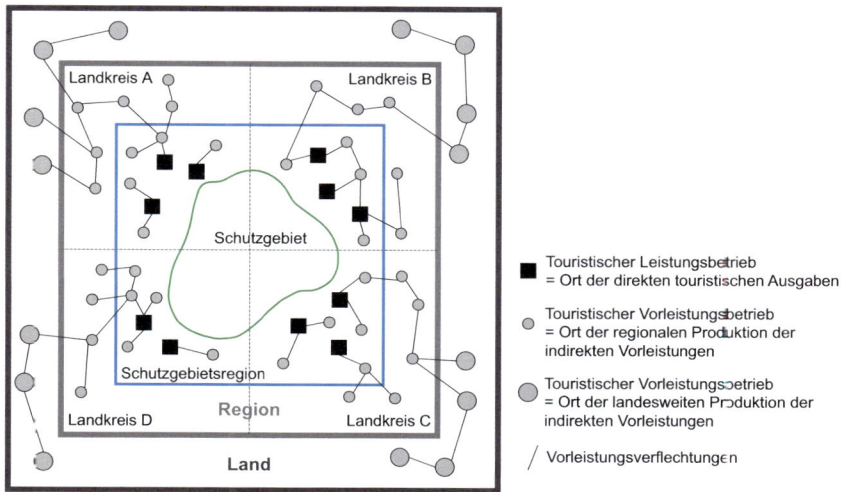

Quelle: eigene Darstellung verändert nach MUNDT (2006: 439)

Darüber hinaus beeinflusst die Definition der Untersuchungsregion die definierte Besuchersegmentierung und damit die regionalökonomische Multiplikatorwirkung: *„When the geographical area of impact is changed, it changes the definition of which participants are visitors and which are locals"* (CROMPTON 2006: 73). Abbildung 3 veranschaulicht diese Raumkonstellation schematisch: In Fall 1 liegt eine kleine definierte Untersuchungsregion als Schutzgebietsregion vor. Die Wohnorte der Einheimischen sind innerhalb der Regionsgrenzen verortet, wohingegen die Wohnorte der Tages- und Übernachtungsgäste außerhalb liegen, von woher sie in das Gebiet für einen Tagesausflug oder eine Urlaubsreise fahren. In Fall 2 wird die Untersuchungsregion aus Fall 1 vergrößert. In der Konsequenz verändern sich die Besuchertypen insoweit, dass Tages- und Übernachtungsgäste nun als Einheimische definiert werden.

Je kleiner die festgelegte Untersuchungsregion, desto mehr Menschen gelten anteilig an der Grundgesamtheit prinzipiell als externe Besucher, die diese aufsuchen und neue Geldeinheiten in Form von durchschnittlichen Besucherausgaben in das Untersuchungsgebiet einspeisen (nach dem Konzept der *economic impact*-Analyse; vgl. Kapitel 2.3.3). Je größer umgekehrt eine Untersuchungsregion festgelegt wird, desto höher fällt zwar die regionalökonomische Multiplikatorwirkung aus, die Zahl der Besucher minimiert sich allerdings, wodurch Besucherausgaben innerhalb der definierten Regionseinheit kleiner ausfallen (vgl. Abbildung 3): *„Leakage is likely to be smaller, and hence the multiplier larger, as size of the geographical area increases. However, as geographical area size increases, the proportion of visitors who come from outside an area is likely to decrease"* (CROMPTON 2010: 43). Relativierend ist für großflächige Schutzgebiete, wie Biosphärenreservate und Naturparke, hinzuzufügen, dass die Definition von Einheimischen kleinteiliger erfolgen muss (vgl. Kapitel 3.3.1). Abbildung 3 zeigt daher nur einen prinzipiellen Größeneinfluss.

Abbildung 3: Zusammenhang zwischen der Definition von Untersuchungsregion und Touristen

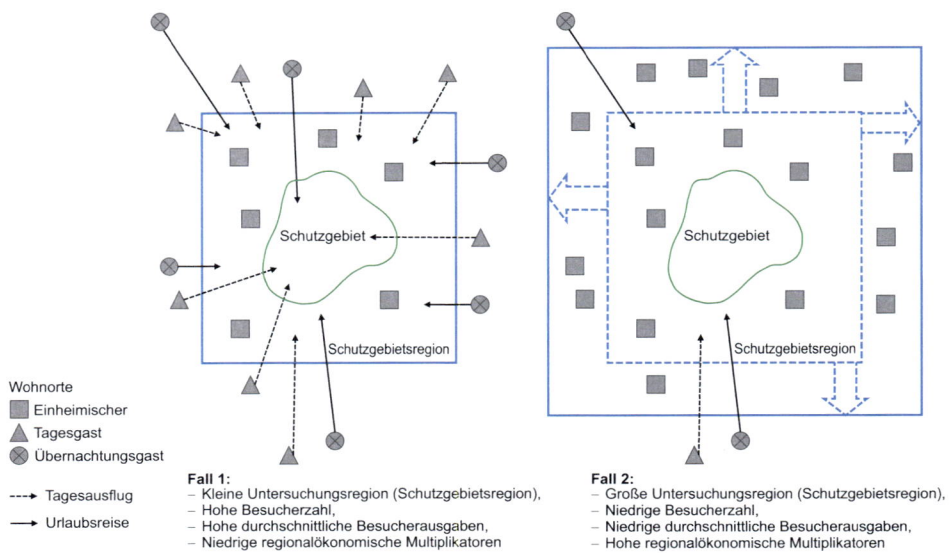

Quelle: eigene Darstellung verändert nach Crompton 2006: 73; 2010: 43; Wall 1997: 448

Die Abgrenzung der Destination eines Schutzgebietes kann je nach räumlicher Gegebenheit und Flächenausdehnung oder auch der Fragestellung der *economic impact*-Analyse verschiedentlich vorgenommen werden. Stynes (1999b: 1) nennt beispielsweise die Option, einen Radius um die Grenzen des Schutzgebiets zu ziehen, der die Untersuchungsregion darstellen soll. Der US NPS greift diese Empfehlung auf und definiert alle Counties innerhalb eines 60-Meilen Radius um jede National Park-Grenze als *„local gateway regions"* (Koontz et al. 2017: 1869). Natürlich ist für die USA anzumerken, dass die Flächenausdehnung von Schutzgebieten und Landesteilen im Vergleich zu Deutschland ungleich größer ist. Für Deutschland diskutiert Wolte-ring (2012: 80ff.) die Abgrenzungsproblematik einer Destination Nationalpark, weil Nationalparke – anders als die deutschen Naturparke und Biosphärenreservate – aufgrund ihrer kleinräumigen Flächenausdehnung keine eigenständige touristische Destination darstellen. Aufgrund ihrer naturschützerischen Zielsetzung ist touristische Infrastruktur innerhalb ihrer offiziellen Grenzen nicht oder kaum vorhanden. Zur Erinnerung: Für eine funktionierende Destination muss sämtliche touristische Infrastruktur gegeben sein, die einen touristischen Aufenthalt erst möglich macht (z. B. Beherbergung, Gastronomie, Freizeit- und Unterhaltungseinrichtungen) (vgl. Bieger/Beritelli 2017: 53ff.; Kapitel 2.1). Ohne touristische Leistungsanbieter kann auch keine Wertschöpfung aus dem Tourismus generiert werden. Demzufolge ist nach Hannemann/Job (2003: 8) die umliegende Nationalparkregion in der Abgrenzung des Reiseziels hinzuzunehmen. Einerseits wird eine möglichst kleinräumige Abgrenzung als sinnvoll erachtet, um das touristische Alleinstellungsmerkmal des Nationalparks im Mittelpunkt der Betrachtungen aufrechterhalten zu können. Andererseits muss die Destination großräumig genug sein, damit eine touristische Angebotsvielfalt gegeben ist und sich ein Destinationsmanagement lohnt. Im Grunde verstehen auch STYNES et al. (2000: 1.3f.) das Vorhandensein einer angemessenen Destinationsausstattung als das Hauptkriterium des Abgrenzungsvorgangs:

> „The impact region should include places where visitors may stay overnight while visiting the park and the other principal attractions they may visit while in the area. The region should capture most of the spending that visitors make while staying in the area. For economic analysis, the region should also represent a viable economic region, including places where local workers live, where tourism employees buy their groceries, and where key supporting businesses are located."

Aufbauend auf dieser deskriptiv-räumlichen Herangehensweise ist für wirtschaftsräumliche Analysen eine statistische Abgrenzung der Untersuchungsregion vorzunehmen. Sämtliche Daten der amtlichen Statistik orientieren sich an administrativen Gebietseinheiten (vgl. STATISTISCHE ÄMTER DES BUNDES UND DER LÄNDER 2021a). In aller Regel sind jedoch Schutzgebiets- und administrative Grenzen nicht kongruent, weshalb HANNEMANN/JOB (2003: 10) die Definition der Destination Nationalpark über die Anrainergemeinden des Schutzgebietes als praktikable Lösung sehen: „Destination Nationalpark = Touristisches Reisegebiet, das die Gesamtfläche aller direkt an den Nationalpark grenzenden Gemeinden und diejenige des Nationalparks umfasst" (HANNEMANN/JOB 2003: 10). Für Biosphärenreservate ist die Abgrenzung der Destination daran angelehnt und entsprechend den Raumstrukturen dieser Schutzgebietskategorie mit Siedlungs- und Verkehrsflächen angepasst: „Die Biosphärenreservatsregion ist ein touristisches Reisegebiet, das die Gesamtfläche aller Gemeinden umfasst, die vollständig oder anteilig in der Kern-, Pflege-, Entwicklungszone des Biosphärenreservates liegen" (JOB et al. 2013a: 25). Die Definition ist auch übertragbar auf die zum Teil ungleich größeren Naturparke Deutschlands, sodass in allen vorliegenden Studien zu deutschen Nationalparken und Biosphärenreservaten dieselbe Definition verwendet wurde (vgl. JOB et al. 2005a; 2013a; 2016).

WATSON et al. (2007: 145) unterstreichen die Notwendigkeit einer nachvollziehbar hergeleiteten Definition der Untersuchungsregion:

> „The importance of study size choice is often overlooked in regional impact and contribution analysis. An analyst can manipulate results of these studies in numerous ways simply by changing the area of analysis."

Demgegenüber kann eine Veränderung oder Anpassung der Untersuchungsregion auch konstruktiv und anwendungsorientiert genutzt werden und dabei spannende Erkenntnisse liefern. Beispielsweise veranschaulicht die interaktive Webseite des US NPS zu den „Economic Contributions of National Park Visitor Spending" die regionalökonomischen Wirkungen für alle Park-Ökonomien, einzelne Staaten sowie für die gesamte USA. Je größer die Untersuchungsregion (also beispielsweise der Staat

Colorado im Vergleich zu den USA), desto höher liegt der Anteil der durch Multiplikatorwirkung hervorgerufenen Sekundäreffekte an den Gesamteffekten touristischer Ausgaben in den Gebieten (vgl. NPS 2021b).

2.4.3   Regionale Wirtschafts- und Tourismusstrukturen

Der zweite Einflussfaktor auf die Höhe eines Multiplikators bezieht sich auf den wirtschaftsstrukturellen Entwicklungsstand einer Region: *„(…) the more that the inputs of enterprises can be acquired locally, the smaller will be the leakage and the larger will be the multiplier"* (Wall 1997: 447). Die Wechselwirkung zwischen touristischer Multiplikatorwirkung und dem Entwicklungsstand von Regionen wird in verschiedenen Texten zur regionalökonomischen Wirkungsanalyse aufgegriffen und empirisch überprüft (vgl. beispielsweise Zhang et al. 2007: 841ff. sowie weitere, in diesem Kapitel genannte Quellen). Dieser Strukturfaktor bezieht sich dabei auf die interregionalen Handelsbeziehungen der touristischen Leistungsanbieter mit den entsprechenden Vorleistungsbetrieben (vgl. Crompton 2010: 43). Ausschlaggebend ist der Influx von außen in Form einer touristischen Ausgabe – der dritte von Wall (1997: 447) genannte Faktor, der eine integrierte Komponente im tourismusräumlichen Konstrukt darstellt und somit nicht separat zu sehen ist, weswegen dieser Abschnitt die beiden zu Beginn dieses Teilkapitels genannten Faktoren kombiniert erläutert.

Da Schutzgebiete aufgrund ihres Schutzstatus je nach Kategorie eine intakte Naturlandschaft bzw. eine traditionelle Kulturlandschaft erhalten (vgl. Kapitel 2.2), ist ein ursprüngliches Angebot für Freizeit- und Tourismusaktivitäten in der Region vorhanden. Die Peripherie wirkt als Pull-Faktor, als Attraktor der touristischen Nachfrage; das Bestreben nach Naturerleben und Erholung wird befriedigt (vgl. Job 2003: 372). Die natur- und kulturräumlichen Gegebenheiten bilden zwar die Basis für eine Tourismusentwicklung, allerdings bedarf es des (Aus-)Baus einer touristischen Infra- und Suprastruktur als abgeleitetes Angebot, um vom Tourismus als Wirtschaftsfaktor profitieren zu können. Nach dem Destinationslebenszyklus von Butler (1980: 6ff.) ist die touristische Erschließung einer Region (Einbindungsphase) als Vorstufe einer ökonomisch bedeutenden Wirtschaftsentwicklung zu sehen (Entwicklungsphase), denn nur so kann überhaupt eine touristische Wertschöpfung generiert werden. Auch Scheidegger (2009: 43) konstatiert, dass eine regionale Ökonomie nur dann von der generellen Zahlungsbereitschaft für die Nutzung des „Gutes Schutzgebiet" profitiert, wenn diese in eine offenbarte Zahlungsbereitschaft umgewandelt wird, d. h. aus dieser ein direkter Gebrauchsnutzen in Form von monetären Beträgen gezogen wird[46]: *„Das Matterhorn allein erzeugt noch keine monetäre Wertschöpfung. Es braucht Investitionen von Unternehmen, um den Nutzen in Wertschöpfung für die Bevölkerung zu verarbeiten."* Mit einem passenden Angebotsportfolio ist

---

46   Diese Voraussetzung gilt selbstverständlich für beinahe jedes Gut: So können Regionen z. B. mit bestimmten Rohstoffvorkommen nur dann davon profitieren, wenn diese Rohstoffe auch nachgefragt werden. Ähnlich ist das bei Schutzgebieten, die das touristische Motiv nach Natur befriedigen können.

die Grundlage zur Entfaltung einer touristischen Multiplikatorwirkung geschaffen (vgl. MERLIN 2017: 274; VORLAUFER 1995: 355ff.), deren Höhe prinzipiell von folgenden Faktoren abhängt (vgl. ZHANG et al. 2007: 841):

1. der Anzahl der Besucher,

2. den durchschnittlichen, touristischen Ausgaben pro Kopf und Tag,

3. dem raumzeitlichen Verhalten der Besucher und ihren unterschiedlichen Aktivitätsformen

4. sowie dem Beschäftigungsgehalt[47] der jeweiligen touristischen Aktivität.

Bevor erläutert wird, wie die Ausgaben im Raum wirken, ist es vorneweg sinnvoll, einige prinzipielle, regionskennzeichnende Merkmale nachzuvollziehen. Im Vergleich zu einer Volkswirtschaft zeichnen drei Aspekte eine regionale Wirtschaft aus: Erstens definiert sich eine Region in der Regel nicht anhand fixer politischer Grenzen, sondern die Abgrenzung einer Region basiert auf anderen Kriterien (z.B. naturräumliche oder funktionale Gliederung, wie Pendlerverflechtungen). Zweitens ist eine regionale Wirtschaft durch weniger protektionistische Maßnahmen offener für Außenhandelsbeziehungen als eine nationale Wirtschaft. Damit einher geht drittens, dass eine für sich stehende Regionalökonomie aufgrund ausgeprägterer interregionaler Verflechtungen stärker spezialisiert ist als eine nationale Ökonomie. KÜPFER (2000: 43) drückt den Vergleich vereinfacht aus: *„Je kleiner eine Region, desto ausgeprägter ist ihre Spezialisierung und desto intensiver sind ihre wirtschaftlichen Verflechtungen mit anderen Regionen."* Als Einflussfaktor für die Höhe des Multiplikators bedeutet eine hohe Spezialisierung gleichzeitig eine hohe Importquote. Dies liegt insbesondere in den Versorgungslücken bei der Bereitstellung von Input-Gütern begründet, denn die Wirtschaftsleistung einer spezialisierten Region fußt zumeist auf einem wirtschaftlichen Standbein. KÜPFER (2000: 43) hebt außerdem auf die Regionsgröße ab (was auch mit dem in Kapitel 2.4.2 behandelten Einflussfaktor der faktischen Analysegebietsdefinition zusammenhängt), denn zumeist sind kleinere Regionen stärker von Vorleistungsimporten aus dem Umland abhängig. Dahingegen können größere Ökonomien zur Bereitstellung ihrer touristischen Produkte aufgrund ihrer diversifizierten Wirtschaftsstruktur auf vorhandene Produktionsstätten zurückgreifen (vgl. ARCHER 1982: 237; CROMPTON 2010: 43; GOELDNER/RITCHIE 2006: 383; HJERPE/KIM 2007: 114f.; WATSON et al. 2007: 145). Für die Höhe des regionalökonomischen Multiplikators bedeutet das, dass die marginale Konsumneigung für regionale Produkte $(c^* - m^*)$ vom Branchenmix vor Ort abhängig ist. Grundsätzlich sollte die Regionsgröße nicht pauschalisierend als alleiniger Einflussfaktor der Multiplikatorhöhe interpretiert werden (wobei in der Wirkungsanalyse mit der Ver-

---

47 In dem Zusammenhang ist der vor- und nachgelagerte Beschäftigungseffekt touristischer Aktivität gemeint. Beispielsweise schafft der Übernachtungstourismus mehr Arbeitsplätze als der Tagestourismus, da zusätzlich Hotelpersonal oder Wäschereiangestellte beschäftigt werden.

größerung der Analyseeinheit prinzipiell mehr Vorleistungsbetriebe eingeschlossen werden), denn in der Realität zeigt sich durchaus, dass auch größere, diversifizierte Regionen durch Handel stark vernetzt sind (vgl. Armstrong/Taylor 2000: 9), was auf generell vergleichsweise intensive subnationale Verflechtungen zurückzuführen ist (vgl. Küpfer 2000: 43).

Sofern regionale Akteure bestrebt sind, möglichst hohe Wertschöpfungszuwächse zu generieren, kann dies über eine Stärkung regionaler Wirtschaftskreisläufe erreicht werden[48]. Dazu sollten beim Produktionsvorgang alle benötigten Produktionsinputs (Vorleistungsgüter/-dienstleistungen, Arbeitskraft) aus der Region selbst bezogen und dort verbraucht und entsorgt werden (vgl. Becker et al. 1996: 151). Der wirtschaftliche Impuls der regionalen Entwicklung erfolgt „bottom-up", indem die intraregionale Intensivierung der Wirtschaftsprozesse im Vordergrund steht. Entgegen einer interregionalen Außenorientierung der regionalen Wirtschaft (nach dem Export-Basis-Ansatz, der in Kapitel 3.2 kurz angesprochen wird) ist das Ziel, die endogenen Entwicklungspotenziale zu aktivieren, zu nutzen und zu stärken, was im Sinne einer ökonomisch nachhaltigen Entwicklung die Schließung regionaler Wirtschaftskreisläufe meint (vgl. weiterführend zu den Grundgedanken einer nachhaltigen Regionalentwicklung „von unten" z. B. Mose 1993).

Der Beitrag des Tourismus als Instrument einer nachhaltigen Regionalentwicklung ist im Kontext der Biosphärenreservate z. B. von Kraus 2015: 185ff. untersucht worden, der die Vorleistungsverflechtungen der Betriebe der Dachmarke Rhön mittels Unternehmensbefragungen analysiert hat. Mayer (2013: 351ff.), der – bislang einmalig im deutschen Schutzgebietssystem – regionalökonomische Multiplikatoren mithilfe von Unternehmensbefragungen bestimmte, ermittelte beispielsweise eine starke wirtschaftliche Verankerung des Tourismus in den Landkreisen des Nationalparks Bayerischer Wald (Regen und Freyung-Grafenau)[49]. Aus touristischer Perspektive ist das Ziel – vereinfacht ausgedrückt – einen möglichst hohen Anteil touristischer Ausgaben durch den Einsatz regional erzeugter Waren in der Region halten zu können (vgl. Job et al. 2009: 27). Dafür ist *„a clear geographical strategy and understanding of how the local economy works and the role of local entrepreneurs and businesses"* (Connell/Page 2005: 81) notwendig.

---

48 *„Eine nachhaltige Wirtschaftsweise muß die Grundbedürfnisse der Bevölkerung einer Region befriedigen. Auch eine nachhaltige touristische Infrastruktur muß langfristig die Überlebensmöglichkeiten der Menschen einer Region sichern. Gleichgewichtig müssen die kulturellen und die Erholungsbedürfnisse der Bevölkerung berücksichtigt werden. Das bedeutet, daß ein möglichst hoher Anteil der Wertschöpfung durch touristische Vorleistungen und das touristische Produkt (Unterkunft, Transport, Verpflegung und sonstige touristische Dienstleistungen) der Region selbst zugute kommen sollte. Von daher muß der Tourismus möglichst weitgehend in eine diversifizierte regionale Wirtschaftsstruktur integriert sein. Die ökonomischen Aktivitäten sollten sich auf keinen Fall ausschließlich auf touristische Angebote spezialisieren; einer touristischen Monostruktur sollte entgegengewirkt werden. Eine einseitige Ausrichtung auf den Tourismus schafft Abhängigkeiten von der dauerhaften Nachfrage der Touristen, auf deren Konjunktur eine Region nur bedingt Einfluß nehmen kann. Jedes regionale touristische Angebot sollte verflochten sein mit den übrigen Bereichen der regionalen Wirtschaftsstruktur und die Vermarktungschancen derselben somit fördern"* (Becker et al. 1996: 150f.).

49 Die Unternehmensbefragungen (Erhebungsjahr 2007) ergaben, dass beispielsweise nur gut 28 % der Vorleistungen touristischer Beherbergungsbetriebe von außerhalb der beiden Landkreise bezogen werden, während knapp 40 % lokal bereitgestellt werden können. Mayer (2013: 358) schlussfolgert einen geringen Wertschöpfungsabfluss und deshalb eine hohe Multiplikatorwirkung, was bedeutet, dass viele Wirtschaftszweige indirekt vom Tourismus in der Region profitieren.

Der Wirtschaftsfaktor Tourismus mit seinen weitreichenden Wirtschaftsverflechtungen und daraus resultierenden Multiplikatoreffekten wird daneben häufig im Entwicklungsländerkontext thematisiert. Insbesondere wenn andere Einkommensquellen durch ausbleibende Industrialisierungsprozesse oder niedrige Rohstoffpreise fehlen, wird der Tourismus als Mittel gesehen, Entwicklungsländer in den Weltmarkt zu integrieren, um so durch steigende Deviseneinnahmen wirtschaftliche Entwicklung voranzutreiben und Armut zu mildern (vgl. Job/Weizenegger 2007: 634ff.; Job et al. 2005b: 608f.; Steiner 2009: 148f.). Als raumstruktureller Gesichtspunkt wird dem Tourismus das Potenzial zugeschrieben, zum Abbau regionaler Disparitäten zwischen peripheren und städtischen Regionen beizutragen, weil dieser als zentraler Treiber vorgelagerte Ressourcen mobilisieren kann, was wiederum zur Diversifizierung der Regionalökonomie beiträgt (vgl. Vorlaufer 2003: 9; vgl. weiterführend in Kapitel 3.5.3.3 zu Rückkopplungseffekten). Ferner schreibt Vorlaufer (2003: 5) dem Tourismus in Entwicklungsländern eine Treiberfunktion zum Abbau sozialer Disparitäten zu, wenngleich empirische Untersuchungen stellenweise Gegenteiliges belegen (vgl. beispielsweise Seiler/Backhaus 2014 zu einem Fallbeispiel des Puerto Princesa Subterranean River Nationalparks und UNESCO Weltnaturerbes auf der Insel Palawan, Philippinen, wo zwar ein stetiger Anstieg der Tourismuszahlen zu verzeichnen war, was aber gleichzeitig zu steigenden Preisen und damit höheren Lebensstandards führte, wodurch sich soziale Ungleichheiten verschärften).

Außerdem haben Regionen in Entwicklungsländern viel stärker als Regionen in Industriestaaten mit Sickerverlusten zu kämpfen[50], wobei diese in zweierlei Hinsicht auftreten können: Erstens haben ausländische Reisevermittler einen Einfluss auf die Einkommensgenerierung in der Zielregion, wenn Anteile der Einnahmen nicht am Reiseziel ankommen und damit nicht der lokalen Bevölkerung zugutekommen (z. B. durch Pauschalangebote; direkte Wirkungsebene). Zweitens werden Importe getätigt, wenn wirtschaftlich strukturschwache Länder die Vorleistungsinputs für die Herstellung des touristischen Produkts aufgrund ihrer fehlenden wirtschaftlichen Diversifizierung nicht bereitstellen können (indirekte Wirkungsebene) (vgl. Meyer 2007: 561; Muchapondwa/Stage 2013: 86ff.; Rylance/Spenceley 2017: 297; Spenceley/Meyer 2012: 299ff.). Empirische Untersuchungen belegen sowohl die Forschungsrelevanz der Thematik als auch die strukturellen Komplexitäten in Entwicklungsländern: Beispielsweise zeigen Kalvelage et al. (2022: 776) für die Sambesi Region, Namibia, dass ein Einkommensanteil von 20 % am touristischen Umsatz in der Region verbleibt. Die Autoren schlussfolgern, dass das touristische Potenzial der Region unzureichend ausgeschöpft wird, insbesondere im Vergleich zu den Analyseergebnissen von Rylance/Spenceley (2017: 304f.), die eine Verbleiberate des

---

50 Im Kontext von Entwicklungsländern können touristisch bedingte Sickerverluste folgendermaßen definiert werden: *„Leakage is a term used to describe the percentage of the price of the holiday paid by the tourists that leaves a destination in terms of imports or expatriated profits, or that never reaches the destination in the first instance due to the involvement of northern-based intermediaries"* (Meyer 2007: 561). Zu den Ausprägungen kann außerdem festgestellt werden: *„Leakages tend to be highest when the local destination economy is weak and lacks the quantity and quality of inputs required by the tourism industry and thus appear to be particularly high in small developing countries and island economies, for many of which tourism is the principal export earner"* (Meyer 2007: 561).

touristischen Einkommens von 37 % für die Stadt Kasane, Botswana, errechnen. Der vergleichsweise höhere Anteil sei hingegen auf lokale Vorleistungsverflechtungen der touristischen Leistungsanbieter zurückzuführen.

Im Gegensatz dazu stellen He et al. (2008: 1023) in ihren Analysen zur Ökotourismusentwicklung im Wolong Nature Reserve, China, fest, dass touristische Betriebe einen Großteil ihrer Vorleistungen von außerhalb der Region beziehen müssen, was zur Folge hat, dass der regionalökonomische Nutzen für die örtliche Bevölkerung sehr gering ist und somit eine Ungleichverteilung des touristischen Mehrwertes zwischen externer und interner Tourismusentwicklung besteht. Eine Reduktion der Sickerverluste könne nach den Autoren auch in wirtschaftsstrukturell schwächeren Teilräumen durch die Stärkung der regionalen Wirtschaftskreisläufe mit Produzenten, Tourismusveranstaltern und der Beteiligung der lokalen Bevölkerung erreicht werden. Als positiven Nebeneffekt nennen He et al. (2008: 1023) die Minimierung von Transportkosten. Ein weiterer Ansatz wäre etwa eine Umverteilung eines Teils der touristischen Einnahmen auf lokale Gemeinden oder die Querfinanzierung von Schutzgebieten (*„revenue sharing"*) (vgl. weiterführend Carius/Job 2019; Kimario et al. 2020: 129ff.; Spenceley et al. 2019).

Bis hierhin kann festgehalten werden, dass Investitionen in den Ausbau einer abgeleiteten Tourismusinfrastruktur dem Keynesianischen Gedankengut nachkommen, indem Einkommenssteigerungen für eine Region erreicht werden können, die allerdings auch in großem Maße von der Beschaffenheit der touristischen Ausgaben bzw. der Qualität der Angebote abhängen (der dritte Einflussfaktor nach Wall 1997: 447). Das Ausgabeverhalten variiert je nach Besuchersegment. So ist beispielsweise davon auszugehen, dass Hotelbesucher mit Vollpension weniger Geld für Lebensmittel ausgeben als Camper (vgl. Archer/Owen 1972: 11), was die Notwendigkeit zur Erfassung von Besucherausgaben nach unterschiedlichen Ausgabenkategorien unterstreicht. Nicht nur das Ausgabeverhalten, sondern auch die Multiplikatoren unterscheiden sich je nach Branche, *„because different subsectors of the tourism industry will have different linkages to the local economy"* (Frechtling 1994: 383). Von einem Durchschnittsmultiplikator kann also nicht ausgegangen werden. Die Höhe der Besucherausgaben beeinflusst die Höhe des Multiplikators jedoch nicht (vgl. van Leeuwen et al. 2009: 19f.), da dieser ein modellhaftes Abbild der Wirtschafts- und nicht der Ausgabenstruktur darstellt.

„Goods and services with a high wage and net profit content add more to the regional economy than those with a higher leakage element" (Archer/Owen 1972: 9). Gemeint sind solche touristischen Angebotsstrukturen, die zum einen hohe Eigenleistungsanteile im Produktionsprozess aufweisen und zum anderen nach dem oben ausgeführten Prinzip der regionalen Wirtschaftskreisläufe in der Region verankert sind, wie beispielsweise Ferienwohnungen oder Gasthöfe. Für große, extern betriebene Hotelketten sind demnach höhere regionale Sickerverluste anzunehmen, weil bereits auf der direkten Wirkungsebene nicht die gesamten Ausgaben als lokale Endnachfrage umgesetzt werden. Magnan/Seidl (2004: 4) zeigen z. B. in ihrer Untersuchung zum ökonomischen Nutzen der Tourismusentwicklung, dass nahezu alle Buchungen und damit die Zahlungen für die Übernachtung in All-Inclusive-Resorts in Colorado außerhalb Colorados getätigt werden. Wie im Kontext der Entwicklungsländer

bereits aufgegriffen, gilt gleiche Problematik auch für pauschal gebuchte Angebote, wo ein Teil des Geldes direkt an Airlines, Touristikunternehmen oder Reisevermittler geht (vgl. ARCHER 1982: 239). HJERPE/KIM (2007: 145) fanden beispielsweise heraus, dass kommerzielle Ausstatter außerhalb des Grand Canyon National Parks, USA, für einen Großteil der dortigen Sickerverluste verantwortlich sind. Raftingtour-Kunden buchen ihre Trips bei diesen Veranstaltern und werden direkt von Kalifornien, Las Vegas oder Salt Lake City aus per Helikopter ins Gebiet geflogen. Die Wertschöpfung in Form von Arbeitnehmerentgelt wird damit außerhalb der Nationalparkregion generiert. Wie auch MAGNAN/SEIDL (2004: 4) feststellen, ist insgesamt die Tatsache schwerwiegend, dass die Kosten jeweils von den Regionen getragen werden müssen, sodass *„the regional economic benefits are critically reduced"* (HJERPE/ KIM 2007: 145).

In diesem Zusammenhang ist ferner die Digitalisierung in der Tourismusbranche anzuführen. Für Online-Buchungsportale ist ebenso ein gewisser Sickerverlust anzunehmen, wenn Anteile des bezahlten Betrages in die Verwaltung fließen. Ein Aspekt dabei ist auch die Virtualisierung (*„virtual use"*) von touristischen Räumen. Da die Umweltbeobachtung beispielsweise über kostenfreie Webcams die Eigenschaften eines öffentlichen Gutes dokumentieren (gekennzeichnet durch die Nichtrivalität und Nichtausschließbarkeit einer frei zur Verfügung stehenden Nutzung), existiert dafür kein Markpreis. Eine monetäre Bewertung des *economic benefits* des „virtuellen Besuchers" muss nach den entsprechenden Bewertungsansätzen der Quantifizierung des ökonomischen Nutzens erfolgen (vgl. Kapitel 2.3.1). Eine Region, wie z. B. die des Katmai National Parks, USA, wo über Webcams Braunbären beobachtet werden können, generiert damit keine touristische Wertschöpfung vor Ort (vgl. LOOMIS et al. 2018: 452ff.).

Im Ausgabeverhalten der regionalen Bevölkerung schließt sich der regionalökonomische Wirkungskreislauf. Dementsprechend ist der private Haushaltssektor als ein letzter Größenfaktor regionalökonomischer Multiplikatoren zu nennen. Ein Aspekt ist dabei das Pendeln zwischen Regionen:

> *„If the labour employed in tourist-related activities and linked industries resides in the same region, leakages will be small. If there is substantial inward commuting, leakages will be larger"* (ZHANG et al. 2007: 841).

Die Multiplikatorwirkung wird einerseits durch hohe Einpendlerraten beeinflusst, weil vielfach davon auszugehen ist, dass die Beschäftigten ihr Einkommen am Wohnort zu Konsumzwecken ausgeben. Ausschlaggebend sind also Konstellationen verschiedener Arbeits- und Absatzmärkte im Raum, wobei fehlende regionale Beschäftigungsmöglichkeiten gleichzeitig kleine Multiplikatoren bedeuten. Andererseits tragen die regionalen Konsummöglichkeiten, vor allem in ländlichen Räumen, maßgeblich zur Wertschöpfungssteigerung bei. Durch unattraktive oder fehlende Angebote werden Kaufhäuser und Shopping-Center in nahegelegenen Zentren mit entsprechend reizvolleren Einkaufsmöglichkeiten aufgesucht (vgl. ARMSTRONG/ TAYLOR 2009: 9f.; ZHANG et al. 2007: 824). Aus diesen Wechselwirkungen aus regionaler Konsumneigung $c*$, regionaler Importneigung $m*$ und regionalen Vorleistungs-verflechtungen, die $c* - m*$ begünstigen, lässt sich schlussfolgern, dass eine regions-spezifische Betrachtung der Multiplikatoren fundamental ist:

> „There is no single numerical value which can be used for all regions or all localities. Each case is unique and should be treated as such" (ARMSTRONG/TAYLOR 2000: 10).

2.5 Empirische Befunde zum Tourismusaufkommen in deutschen Schutzgebieten

Tabelle 2 fasst die seit 2000 ermittelten und bislang veröffentlichten Besucherzahlen und regionalökonomischen Effekte des Tourismus in Deutschlands Großschutzgebieten zusammen, für deren Berechnung stets die standardisierte Methodik der Wertschöpfungsanalyse zum Einsatz kam. Eine umfangreiche Darstellung aller touristischen Kennziffern zu soziodemographischen und aufenthaltsbezogenen Merkmalen der Besucher, Reisemotivation und Aktivitäten und detailliert zu den wesentlichen, nachfrageseitig erhobenen Analyseparametern einer regionalökonomischen Wirkungsanalyse, der Besucherzahl sowie den durchschnittlichen Besucherausgaben findet sich in der einschlägigen Literatur (vgl. JOB et al. 2003; 2005a; 2009; 2013a; 2016; 2021a).

In der ersten in Deutschland durchgeführten Pilotstudie zu den regionalökonomischen Effekten des Nationalparktourismus berechneten JOB et al. (2003: 122ff.) für den Nationalpark Berchtesgaden im Jahr 2002 auf Analysegrundlage der verkauften Parkscheine an den an Nationalparkzugängen befindlichen Parkplätzen 1,13 Mio. Besuchstage[51]. Zur Etablierung eines standardisierten Verfahrens zur Besuchererfassung und Wertschöpfungsanalyse untersuchten JOB et al. (2005a: 59f.) im Jahr 2004 den Nationalpark Müritz und ermittelten insgesamt 390.000 Besuchstage. Auf Basis weiterer Primärerhebungen im Erhebungsjahr 2007 in den Nationalparken Bayerischer Wald, Eifel, Hainich, Kellerwald-Edersee und Niedersächsisches Wattenmeer wurde eine Gesamtzahl von 50,9 Mio. Besuchstagen in den bis dato existenten 14 deutschen Nationalparken bestimmt. Die damalige Hochrechnung basierte auf der in Kapitel 2.2.1 angesprochenen Typisierung der Nationalparkdestinationen. Die Strukturdaten der Primärerhebungen zu Tages- und Übernachtungsgastaufkommen lieferten die Basisinformation für einen typusspezifischen Tagesgastanteil (das Tagesgastaufkommen wird in der amtlichen Statistik nicht erfasst; vgl. dazu auch Kapitel 3.2) sowie die Segmentierung nach Nationalparkaffinität (vgl. JOB et al. 2009: 145ff.). Als später für 14 deutsche Nationalparke Primärdaten vorlagen, wodurch bis auf die Nationalparke Hunsrück-Hochwald und Hamburgisches Wattenmeer

---

51 Anzahl der in der Schutzgebietsregion verbrachten Tage von Tages- und Übernachtungsgästen; für eine Definition vgl. Kapitel 3.3.1.

alle erfasst waren, wurde die Gesamtzahl auf 53,09 Mio. Besuchstage fortgeschrieben (vgl. JOB et al. 2016: 10). Die Küsten-Nationalparke Schleswig-Holsteinisches und Niedersächsisches Wattenmeer sowie die Vorpommersche Boddenlandschaft erreichen dabei ca. 44,05 Mio. Besuchstage, wodurch sie deutschlandweite Spitzenreiter sind. Das erklärt die Einordnung als wichtige Tourismusdestination (vgl. Kapitel 2.2.1). Die terrestrischen Nationalparke Deutschlands zählen 9,04 Mio. Besucher. Hier werden die meisten Besuchstage in den von JOB et al. (2021a: 2) als wichtige Destinationen kategorisierten Nationalparken Berchtesgaden (1,58 Mio.), Harz (1,75 Mio.) und Sächsische Schweiz (1,71 Mio.) erzielt. Die als Tourismusdestination unbedeutenden Nationalparke Hainich, Kellerwald-Edersee und Unteres Odertal erreichen Zahlen unter 300.000 (vgl. Tabelle 2). Der Tagesgastanteil beträgt dabei im Mittel 16,3 %, wobei die Variation zwischen den einzelnen Gebieten stark von ihrer Lage in den Strukturräumen Deutschlands sowie der Destinationsstärke abhängig ist (vgl. JOB et al. 2016: 10). Passend dazu liegt der Tagesgastanteil in den touristisch weniger bedeutenden Gebieten höher als in tradierten Tourismusregionen wie Berchtesgaden oder dem Bayerischen Wald. Im geringen Tagesgastanteil der Nationalparke Jasmund oder Niedersächsisches Wattenmeer spiegelt sich zudem die Zugänglichkeit der Gebiete wider (vgl. Tabelle 2).

Die touristische Kerngruppe der Schutzgebietsbesucher im engeren Sinne (vgl. Kapitel 2.3.4 und 3.3.1 zur Operationalisierung) variieren zwischen 9,3 % im Nationalpark Schwarzwald und 47,7 % im Nationalpark Müritz. Die hohe Nationalparkaffinität im Nationalpark Bayerischer Wald (vgl. Tabelle 2) ist beispielsweise auf sein Alter und seine traditions- und geschichtsträchtige Entwicklung zurückzuführen, wobei MAYER (2013: 327) auch kritisch anmerkt, dass der Wert im Vergleich zu den Nationalparken Müritz und Hainich für einen ungleich länger existenten und tradierten Nationalpark bemerkenswert niedrig sei. Die NATIONALPARK-VERWALTUNG HAINICH (2019: 37) interpretiert die hohen Werte der Nationalparkaffinität in weniger tradierten Tourismusdestinationen (auch im Unteren Odertal) als Folge der Aufwertung der Region mithilfe des Schutzstatus und einem damit einhergehenden Besuchsanreiz. Interessant ist auch die Gegenüberstellung von bereits vorliegenden Zeitvergleichen, wonach sich die Nationalparkaffinität dynamisch entwickeln kann (vgl. Unteres Odertal von 32,1 % auf 39,0 % innerhalb von sechs Jahren; vgl. Tabelle 2). Der geringe Anteil im Nationalpark Schwarzwald hingegen erklärt sich durch die erst junge Existenz des Nationalparks zum Zeitpunkt der empirischen Erhebungen (vgl. Exkurs D). Insgesamt wurden 9,51 Mio. Nationalparkbesucher im engeren Sinne identifiziert (vgl. JOB et al. 2016: 25).

Die damals errechneten regionalökonomischen Kennzahlen der Veröffentlichungen von JOB et al. (2013a: 75ff.; 2016: 23ff.) sind ebenfalls in Tabelle 2 zusammengetragen. Ein direkter Vergleich von Umsätzen, Wertschöpfung und Einkommensäquivalent zwischen Nationalparken und Biosphärenreservaten ist allerdings aufgrund unterschiedlicher Jahre der Inflationsbereinigung nicht möglich. Die 53,09 Mio. Besuchstage in deutschen Nationalparks generieren einen Bruttoumsatz in Höhe von 2,78 Mrd. €. Nach Abzug der Mehrwertsteuer bleibt ein Nettoumsatz in Höhe von 2,49 Mrd. €. Es ist naheliegend, dass aufgrund der hohen Besuchszahlen der Großteil des Umsatzes in den Nationalparkregionen an der Küste erzielt wird (2,15 Mrd. € Nettoumsatz). Bei einem Mittelwert der Nationalparkaffinität von 28,3 % ist ein Nettoumsatz von 435,56 Mio. € auf die Nationalparkbesucher im engeren Sinne zurückzuführen. Die Wertschöpfungsanalysen der regionalökonomischen Effekte des Nationalparktourismus in Deutschland errechneten eine direkte Wertschöpfung in Höhe von 997,33 Mio. € und eine indirekte Wertschöpfung in Höhe von 447,72 Mio. €, was zu einer aus dem Nationalparktourismus resultierenden Wertschöpfung der direkten und indirekten Wirkungsebene von 1,45 Mrd. € führt. In Deutschland beziehen dadurch 85.472 Menschen direkt oder indirekt ein Einkommen aus dem Nationalparktourismus. Die 9,51 Mio. Nationalparkbesucher im engeren Sinne sind für eine direkte und indirekte Wertschöpfung von 252,08 Mio. € und 14.952 Einkommensäquivalente verantwortlich (vgl. JOB et al. 2016: 23ff.).

In einem ersten Forschungsprojekt in deutschen Biosphärenreservaten wurde das Tourismusaufkommen und die daraus resultierenden regionalökonomischen Effekte von 2010 bis 2012 in den Gebieten Pfälzerwald, Rhön, Schaalsee, Spreewald, Südost-Rügen und Thüringer Wald untersucht. Auf Grundlage der Typisierung der deutschen Biosphärenreservatsdestinationen (vgl. Kapitel 2.2.2) wurde die Besucherzahl und Gästestruktur für die Biosphärenreservate ohne Primärerhebungen nach gleichem Vorgehen wie in deutschen Nationalparken hochgerechnet. Insgesamt wurde damit ein Besucheraufkommen von 65,3 Mio. Besuchstagen in den damals 15 ausgewiesenen deutschen Biosphärenreservaten berechnet (vgl. JOB et al. 2013a: 95). Die mittlerweile vorliegenden Besucherzahlen deutscher Biosphärenreservate auf Basis eigenständiger empirischer Erhebungen sind Tabelle 2 zu entnehmen.

Das höchste Besucheraufkommen verzeichnet die Schwäbische Alb, gefolgt von der Rhön[52] und dem Pfälzerwald (vgl. Tabelle 2), die von JOB et al. (2021a: 3) als weniger bedeutende Tourismusdestinationen eingestuft werden. Denn die hohen Besucherzahlen in diesen Biosphärenreservaten erklären sich im überdurchschnittlich hohen Tagesbesucheraufkommen. Jeder einzelne Tagestourist ergibt einen Besuchstag in der Besucherzählung (die Definition findet sich in Kapitel 3.3.1). Die hohen Tagesgastanteile spiegeln auch die öfter vorzufindende Lage der deutschen Biosphärenreservate in der Nähe von dichter besiedelten Strukturräumen wider (vgl. Karte 1). Der hohe Tagesgastanteil von 80,5 % im Biosphärenreservat Schwäbische Alb erklärt sich z. B. durch seine Lage in der Nähe zum Großraum Stuttgart, während der Tagesgastanteil von 83,5 % im Biosphärenreservat Bliesgau durch die Lage nahe Saarbrücken oder die 82,4 % im Schaalsee durch die Lage nahe Hamburg bestimmt wird. Im Unterschied dazu führt die Insellage Südost-Rügens zu einem geringen Tagesgastanteil von 6,7 % (vgl. Tabelle 2).

Generell fallen die Werte der Biosphärenreservatsaffinität deutlich niedriger aus als diejenigen für die Nationalparke, was durch die historisch bedingt bedeutendere Markenfunktion des Nationalparklabels im Vergleich zur jüngeren UNESCO-Marke erklärbar ist. Der höchste Anteil an Biosphärenreservatsbesuchern im engeren

---

52 Die Gebietsflächen der Biosphärenreservate Pfälzerwald, Rhön, Spreewald, Südost-Rügen und Thüringer Wald wurden seit den Erhebungen erweitert. Die Angaben zur Besucherzahl beziehen sich auf die Gebietskulisse vor der Erweiterung des Biosphärenreservats Rhön 2014 und des Biosphärenreservats Thüringer Wald 2016.

Sinne von 21,5 % im Schaalsee könnte auf die junge Entwicklung der touristisch zuvor unbedeutenden Region zu einer Tourismusdestination und die entsprechende Vermarktung als Biosphärenreservat zurückzuführen sein. Der geringe Anteil von 3,5 % der Besucher des Pfälzerwaldes, für die das Biosphärenreservat eine große oder sehr große Rolle für den Besuch spielt, könnte sich durch den damaligen Naturpark Pfälzerwald[53] gegenüber der geringeren Bekanntheit des Biosphärenreservats erklären (vgl. MERLIN 2017: 149).

Nach der Hochrechnung auf Basis der Primärerhebungen in den ersten sechs deutschen Biosphärenreservaten generieren die 65,3 Mio. Besuchstage einen Bruttoumsatz in Höhe von 2,94 Mrd. € – etwas höher als der vom Nationalparktourismus induzierte Bruttoumsatz, welcher jedoch wiederum von gut 12 Mio. weniger Besuchstagen erwirtschaftet wurde. Auch das Einkommensäquivalent ist mit 86.200 Personen ähnlich hoch wie in den Nationalparken. Die hochgerechneten 4,21 Mio. Biosphärenreservatsbesucher im engeren Sinne sind für einen Bruttoumsatz von 181,5 Mio. € und 5.261 Einkommensäquivalente verantwortlich (vgl. JOB et al. 2013a: 95ff.).

Schließlich liegen auch für einzelne Naturparke in Deutschland Primärdaten vor, wobei die ersten beiden Untersuchungsgebiete bereits im Jahr 2004 zusammen mit den Erhebungen im Müritz-Nationalpark untersucht wurden (vgl. JOB et al. 2005a: 72ff.). Für den Naturpark Altmühltal wurden zum damaligen Zeitpunkt insgesamt 910.000 Besuchstage erhoben und für den Naturpark Hohe Fläming etwa ein Drittel davon. Die beiden Naturparke der südlichen Harz-Region zählen zwischen 584.000 Besuchstage im Südharz und 787.000 Besuchstage im Kyffhäuser (vgl. Tabelle 2). Die Nähe zu Berlin prägt den hohen Anteil an Tagesbesuchern im Hohen Fläming. Eine Unterscheidung nach einer naturparkaffinen Kerngruppe wurde in den ersten Untersuchungen des Jahres 2004 zunächst als nicht erforderlich bewertet (vgl. JOB et al. 2005a: 72ff.), jedoch in den späteren Erhebungen des Jahres 2017 zugunsten der Standardisierung des Vorgehens durchgeführt. Die geringen Prozentwerte im Kyffhäuser und Südharz (vgl. Tabelle 2) ordnen JOB et al. (2018 33) vergleichbar den Biosphärenreservaten als Resultat des geringeren Bekanntheitsgrades des Markennamens im Vergleich zu Nationalparken ein.

Der Naturpark Altmühltal schafft mit einem Bruttoumsatz von 20,7 Mio. € für 483 Personen und der Naturpark Höher Fläming mit 6,2 Mio. € für 211 Personen ein Einkommen, das auf den jeweiligen Tourismus zurückzuführen ist. Im Kyffhäuser ergeben sich bei einem Bruttoumsatz von 26,6 Mio. € 789 Personen, deren Einkommen vom Tourismus in der Region abhängig ist. Das Einkommensäquivalent im Südharz entspricht bei 20,4 Mio. € Bruttoumsatz 585 Personen (vgl. Tabelle 2).

---

53   Im Jahr 2020 löste die neue Landesverordnung über das Biosphärenreservat Pfälzerwald den Naturpark ab, woraufhin formal kein Naturpark mehr existiert.

Tabelle 2: Erhebungen in deutschen Schutzgebieten und wesentliche Ergebnisse regionalökonomischer Effekte des Tourismus

Schutzgebiet	Jahr der Erhebungen	Publikation/ Endbericht	Besuchstage im Erhebungsjahr	Anteil Tagesgäste [%]	Schutzgebietsaffinität [%]	Bruttoumsatz [Tsd. €]	Nettoumsatz [Tsd. €]	Direkte Wertschöpfung [Tsd. €]	Indirekte Wertschöpfung [Tsd. €]	Einkommensäquivalent [Personen]
Nationalparke										
Bayerischer Wald*	2007	Job et al. 2009; 2016; Mayer 2013; Woltering 2012	760.000	33,0	45,8	27.791	24.022	9.002	4.506	904
Berchtesgaden	2002	Job et al. 2003	1.130.000	23,0	10,1					
	2014	Job et al. 2016	1.581.000	24,2	27,7	93.832	84.313	31.683	15.789	2.103
Eifel*	2007	Job et al. 2009; 2016; Woltering 2012	450.000	75,8	27,3	8.691	7.478	2.930	1.364	251
Hainich	2007	Job et al. 2009; 2016; Woltering 2012	290.000	75,9	40,7	5.001	4.305	1.730	772	168
	2017/18	Nationalpark-Verwaltung Hainich 2019	295.000	57,9	40,0	8.505	7.301	4.239	919	266
Hamburgisches Wattenmeer	2020/21	ausstehend								
Harz	2012/13	Job et al. 2016	1.746.000	49,8	24,4	74.331	66.530	28.030	11.550	2.312
Jasmund	2013/14	Job et al. 2016	679.000	8,2	27,5	47.509	43.310	16.922	7.916	1.583
Kellerwald-Edersee	2007	Job et al. 2009; 2016; Woltering 2012	200.000	58,5	25,8	3.897	3.373	1.314	618	111
Müritz	2004	Job et al. 2005a	390.000	38,0	43,7	13.384	11.933	4.684	2.175	628
	2010	Job et al. 2016; Steingrube/Jeschke 2011	375.000	9,2	47,7	20.236	18.243	7.054	3.357	768
Niedersächsisches Wattenmeer	2007	Job et al. 2009; 2016; Woltering 2012	20.650.000	14,8	10,9	1.040.210	913.078	358.762	166.295	34.525
	2019/20	Job et al. 2021b	21.745.000	9,3	13,0	1.615.162	1.475.496	577.212	296.485	34.126
Sächsische Schweiz	2009	Job et al. 2016	1.712.000	45,9	28,8	58.718	50.956	19.951	9.301	1.878
Schleswig-Holsteinisches Wattenmeer	2012/13	Job et al. 2016	18.635.000	18,5	17,1	1.065.648	968.226	402.299	169.778	30.401
	2021/22	ausstehend								

Schwarzwald	2014/15	Job et al. 2016	1.041.000	62,7	9,3	44.742	40.324	15.290	7.510	825
Unteres Odertal	2007/08	Job et al. 2016; Rein et al. 2008	197.000	92,4	32,1	1.946	1.668	622	314	61
	2013/14	Rein/Balaš 2015	143.000	83,9	39,0	2.124	1.893	613	384	63
Vorpommersche Boddenlandschaft	2013/14	Job et al. 2016	4.766.000	15,2	31,5	290.050	263.912	101.741	48.651	9.582
Biosphärenreservate										
Berchtesgadener Land	2021/22	ausstehend								
Bliesgau	2016/17	Job et al. 2021a	3.887.000	83,5						
Drömling	2020/21	ausstehend								
Flusslandschaft Elbe	2018	Job et al. 2021a	2.597.000	58,8						
Hamburgisches Wattenmeer	2020/21	ausstehend								
Karstlandschaft Südharz	2017	Job et al. 2021a	277.500	57,4						
Niedersächsisches Wattenmeer	2019/20	Job et al. 2021a	21.745.000	9,3						
Oberlausitzer Heide- und Teichlandschaft	2016/17	Job et al. 2021a	166.000	77,1						
Pfälzerwald	2011/12	Job et al. 2013a; Merlin 2017	5.715.000	60,6	3,5	228.981	203.306	78.864	37.333	5.271
Rhön	2010/11	Job et al. 2013a; Merlin 2017	6.370.000	60,1	13,7	185.557	164.579	64.578	30.000	4.786
Schaalsee	2011/12	Job et al. 2013a; Merlin 2017	490.000	82,4	21,5	11.610	10.195	3.842	1.906	336
Schleswig-Holsteinisches Wattenmeer und Halligen	2021/22	ausstehend								
Schorfheide-Chorin	2017/18	Job et al. 2021a	3.202.000	69,8						
Schwäbische Alb	2016/17	Job et al. 2021a	7.124.000	80,5						

	2018/19	Job et al. 2020c	vgl. Kapitel 4.4, 5.1 und 5.2							
Schwarzwald	2018/19	Job et al. 2020c	vgl. Kapitel 4.4, 5.1 und 5.2							
Spreewald	2011/12	Job et al. 2013a; Merlin 2017	1.943.000	48,7	8,7	89.967	80.390	33.317	14.122	2.971
Südost-Rügen	2011/12	Job et al. 2013a; Merlin 2017	5.288.000	6,7	4,9	379.275	344.763	143.565	60.359	14.281
Thüringer Wald	2010/11	Job et al. 2013a; Merlin 2017	487.000	64,1	11,1	12.727	11.331	4.333	2.099	392
Naturparke										
Altmühltal	2004	Job et al. 2005a	910.000	63,0		20.704	18.167	6.860	3.392	483
Hoher Fläming	2004	Job et al. 2005a	300.000	83,0		6.166	5.389	1.972	1.025	211
Kyffhäuser	2017	Job et al. 2018	787.000	56,9	6,3	26.649	23.657	9.030	4.388	789
Südharz	2017	Job et al. 2018	584.000	63,7	3,6	20.441	18.136	6.645	3.447	585

Quelle: eigene Zusammenstellung nach Job et al. 2021a auf Basis von Job et al. 2003; 2005a; 2013a; 2016; 2018; 2021b; Merlin 2017; Nationalpark-Verwaltung Hainich 2019; Rein/Balaš 2015; Rein et al. 2008; Steingrube/Jeschke 2011; Woltering 2012

*Update mit veränderter Methode verfügbar (vgl. Nationalparkverwaltung Bayerischer Wald/Nationalparkverwaltung Šumava 2020; Wölfle et al. 2016). Die Zahlen sind jedoch nicht miteinander vergleichbar.
**Die Veröffentlichung der regionalökonomischen Kennzahlen ist für die deutschen Biosphärenreservate nach 2013 ausstehend. Erste Besucherzahlen wurden von Job et al. (2021a) veröffentlicht.

3 Methodische Grundlagen zur Berechnung der regionalökonomischen Wirkungen des Tourismus in Schutzgebieten

3.1 Allgemeine Übersicht

Regionalökonomische Effekte des Tourismus werden anhand folgender Formel berechnet:

> *Regionalökonomische Effekte des Tourismus*
>
> *= Anzahl der Besucher* (Formel 10)
>
> *× Durchschnittliche Ausgaben pro Besucher*
>
> *× Regionalökonomische Multiplikatoren*

Zur Durchführung einer *economic impact*-Analyse des Tourismus bedarf es nach diesem Drei-Parameter-Ansatz folgender Variablen (vgl. ARCHER 1973: 4; JOB et al. 2016: 3; LOOMIS/CAUGHLAN 2006: 33f.; SPENCELEY et al. 2021a: 26f.; STYNES 1999c: 1):

1. die Anzahl der Besucher

2. nach regionalökonomisch relevanten Besucherstrukturen,

3. das Ausgabeverhalten der Besucher

4. und ein regionalökonomisches (Multiplikator-)Modell der regionalen Wirtschaftsstruktur.

Die notwendigen Informationen können über verschiedene Datenquellen bezogen werden. Grundsätzlich können monetäre Transaktionen im Tourismus entweder über eine nachfrageseitige Ermittlung der touristischen Ausgaben oder über eine angebotsseitige Ermittlung von Unternehmenseinnahmen bestimmt werden (vgl. ARCHER 1973: 19ff.; MUNDT 2006: 421ff.). Im vorliegenden Kontext des deutschen Schutzgebietstourismus wird die nachfrageseitige Methode als die geeignetere Alternative angesehen (vgl. WOLTERING 2012: 123; vgl. weiterführend zu nachfrageseitigen Methoden der Besucherbefragung CROMPTON 2010: 31ff.; LOHMANN 1993: 177ff.; SPENCELEY et al. 2021a: 28ff.; SUN et al. 2010). Ansonsten gibt STYNES (1999c: 1f.) einen Überblick über verschiedene Ansätze zur Bestimmung von Besucherzahlen, touristischen Ausgaben und regionalökonomischen Multiplikatoren. Als Minimalaufwand der Datenbeschaffung dienen seiner Ansicht nach Expertenmeinungen zur Schätzung von touristischer Aktivität und touristischen Multiplikatoreffekten.

Idealerweise können Besucherzählungen und -befragungen vor Ort zur exakten Quantifizierung der touristischen Aktivitäten durchgeführt werden. Als bestmöglichen Ansatz zur Bestimmung regionalökonomischer Multiplikatoren nennt STYNES (1999c: 1) wiederum die Input-Output-Analyse.

Die Ermittlung von Besucherzahlen in Schutzgebieten über die Vielzahl der Verfahrensmöglichkeiten (vgl. JOB et al. 2021a) bildet keinen thematischen Schwerpunkt der vorliegenden Arbeit. Gleichwohl können die Nachfrageparameter der Besucherzahl und des Ausgabeverhaltens aus der *economic impact*-Analyse nicht ausgeklammert werden, weshalb Kapitel 3.3.1 regionalökonomisch relevante Besuchersegmente operationalisiert.

Diese Arbeit fokussiert die Ökonomie des Tourismus in Schutzgebieten, wofür folgende zentrale Aspekte zu berücksichtigen sind (vgl. STYNES et al. 2000: 1.2):

1. räumliche Strukturen der definierten Untersuchungsregion,

2. die gängigen Kenngrößen regionalökonomischer Wirkungen,

3. die Kalkulation von Handelsmargen im Einzelhandel

4. sowie die Unterscheidung zwischen direkten und sekundären regionalökonomischen Wirkungen.

Der erste Punkt wurde in Kapitel 2.4.2 bereits ausführlich behandelt. Die Aspekte zwei und drei sind Gegenstand der folgenden Kapitel 3.3.2 und 3.4.1. Zum letzten Punkt der Unterscheidung zwischen direkten und sekundären Effekten sind vorneweg einige Anmerkungen vor dem Hintergrund der Vorgehensweise der *economic impact*-Analyse anzuführen:

Formel 10 berechnet durch Multiplikation der drei Analyseparameter die regionalökonomischen Effekte als Ergebnis des mathematischen Produkts. Für diese Rechnung sind der Multiplikator und der Multiplikand zu bestimmen (einfache Mathematik: *Multiplikand × Multiplikator = Produkt*). Regionalökonomische Multiplikatoren wurden in Kapitel 2.4.1 bereits definiert und sind im Sinne der Vervielfältigungswirkung der Ursprungsausgaben zu verwenden. Das umfasst die indirekten und induzierten Folgewirkungen touristischer Ausgaben. Zur Herleitung des Multiplikanden heben SINCLAIR/SUTCLIFFE (1978: 177f.; 1984: 321f.) hervor, dass direkte und sekundäre regionalökonomische Effekte (*„first and second round effects"*) aufeinanderfolgend zu berechnen sind. Als Grund dafür verweisen ARMSTRONG/TAYLOR (2000: 13) auf *„first-round leakages"*, die gleich in der ersten Wirkungsrunde auftreten. Mit jeder Folgewirkung schmälern sich verbleibende regionalökonomische Effekte. Im Vergleich sind die Sickerverluste der originären Ausgabe stärker ausgeprägt als die weiteren, vom direkten Effekt ausgehenden Sickerverluste.

Die Erklärung des Multiplikanden findet sich demnach auf der ersten Wirkungsebene (*1. turnover*), d. h. zu dem Zeitpunkt, an dem die anfängliche touristische Ausgabe in regionale Vorleistungen, Sickerverluste und touristische Wertschöpfung aufgeteilt wird (vgl. Abbildung 1 in Kapitel 2.4.1.2). Gesucht ist der Anteil der Ausgabeninjektion, der auf der ersten Wirkungsebene in der Region verbleibt und daraufhin als Ausgangsgröße in den Multiplikatorprozess eingespeist wird: „(…) *the injection into the region, in which case the correct position for the first round propensity to lose income from the region via imports is in the numerator of the multiplier formula*" (SINCLAIR/SUTCLIFFE 1978: 180). Der Multiplikand umschreibt demzufolge den Anteil der anfänglich in der Region verbleibenden touristischen Ausgaben (vgl. ARCHER 1982: 239; VAUGHAN et al. 2000: 96): „(…) *the proportion of expenditure remaining in the region*" (ARCHER/OWEN 1972: 9). Das bedeutet, der Multiplikand kennzeichnet die direkten regionalökonomischen Effekte touristischer Ausgaben, was mit der Berechnung selbiger einhergeht: „*Direct effects are estimated by applying simple ratios (…) to the (…) sales*" (STYNES et al. 2000: 1.2). Zwei gängige Quantifizierungsansätze der „ratios" werden in Kapitel 3.4.1 erklärt. Aus dieser Herleitung lässt sich auch das Grundgerüst des Multiplikators ablesen, wonach die direkten Effekte im Nenner der Verhältniszahl stehen (vgl. Kapitel 3.5.2). Somit sind die direkten Effekte stets als Ausgangspunkt für alle sekundären Folgewirkungen zu interpretieren.

Unter der Vorgabe, dass direkte und sekundäre Effekte separat zu betrachten sind, wobei erstere mithilfe von *economic ratios* zu berechnen sind, ist die zu Beginn des Kapitels eingeführte Formel folgendermaßen zu modifizieren:

Regionalökonomische Effekte des Tourismus

$= Multiplikand \times Multiplikator$ (Formel 11)

$= (Anzahl\ der\ Besucher \times Ausgaben\ pro\ Besucher \times economic\ ratio)$

$\times Regionalökonomische\ Multiplikatoren$

Aus Formel 11 lassen sich die aufeinander aufbauenden Schritte der regionalökonomischen Wirkungsanalyse ableiten, die in den folgenden Teilkapiteln genauer behandelt werden (vgl. STYNES 2005: 9):

1. Die touristische Aktivität ist zu quantifizieren, d. h. es ist eine Besucherzahl zu bestimmen und diese durch Multiplikation mit den durchschnittlichen Tagesausgaben in eine Ausgabenänderung in die Untersuchungsregion zu übersetzen. Dieser Komplex wird in Kapitel 3.3 zusammen mit den gängigen Kenngrößen der touristischen Analyse behandelt, wobei die notwendigen Analyseparameter definiert werden.

2. Die Ausgabenänderung wird in eine direkte Wirtschaftsänderung transformiert, was den Multiplikanden im Multiplikatorprozess darstellt. Damit werden die direkten Effekte ausgedrückt, die durch regionalökonomische *ratios*, d. h. durch einen Quotenansatz zu ermitteln sind. Dieser Teilbereich ist in Kapitel 3.4 nachzulesen.

3. Die direkte Wirtschaftsänderung setzt einen sukzessiven Multiplikatorprozess in Gang, dessen sekundäre Effekte mithilfe von regionalökonomischen Multiplikatoren zu bestimmen sind. Das komplexe Gefüge der anvisierten Methode dieser Arbeit, der Input-Output-Analyse, ist Inhalt des Kapitels 3.5 und der kritischen Einordnung in Kapitel 3.6. Zunächst folgt jedoch ein genereller Methodenüberblick zur touristischen Wirkungsanalyse.

3.2   Überblick der Methoden

Die Methoden zur Quantifizierung des ökonomischen Stellenwertes des Tourismus arbeiten in aller Regel mit ökonomischen Sekundärdaten der amtlichen Statistik (oder auch Unternehmensbefragungen, die hier nicht thematisiert werden). Denn der Einsatz von regionsspezifischen Primärdaten stellt eine zumeist äußerst zeit- und kostenaufwendige Alternative dar, sind diese doch ausschließlich in Form von repräsentativen Unternehmensbefragungen oder qualitativen Experteninterviews zu gewinnen. Volkswirtschaftliche Leistungen werden dagegen durch die amtliche Statistik in der VGR erfasst, deren zentrale Kenngröße das BIP ist (vgl. STATISTISCHES BUNDESAMT 2016: 27). Die VGR in Deutschland ist im „Europäischen System Volkswirtschaftlicher Gesamtrechnungen" (ESVG 2010; Englisch: „European system of accounts" – ESA) verankert (vgl. EU 2014; VERORDNUNG DES EUROPÄISCHEN PARLAMENTS UND DES RATES). Internationaler Orientierungsrahmen bildet das „System of National Accounts" (SNA), Ausgabe 2008, der UN (vgl. EUROPEAN COMMISSION et al. 2009: 37). Die Input-Output-Rechnung ist ebenfalls integraler Bestandteil dieser Systematiken (vgl. STATISTISCHES BUNDESAMT 2010: 12).

Grundsätzlich fällt die Entscheidung über einen geeigneten Ansatz zur Quantifizierung der regionalökonomischen Tourismusaktivität mit der Frage, ob die Zielformulierung einer *economic contribution*- oder einer *economic impact*-Analyse nachkommt (vgl. Kapitel 2.3.3). Die jeweils zur Verfügung stehenden marktbasierten Bewertungsansätze[54] touristischer Ausgaben sind in Abbildung 4 zusammengetragen, woraus ebenso die theoretische Grundlage, die Einordnung der Komplexität des Ansatzes sowie das übergeordnete Konzept der Komponenten ersichtlich werden. Unter der *economic contribution*-Analyse versteht sich die Ermittlung des touristischen Beitrages zu Kenngrößen der VGR wie Bruttowertschöpfung, BIP oder Primäreinkommen. In dem Zusammenhang bietet es sich an, die Zahlen der amtlichen Tourismusstatistik zu Gästeankünften und -übernachtungen zu analysieren. Als Vorteile dieses Verfahrens sind die zeitnahe und kostengünstige Datenverfügbarkeit sowie die leichte Verständlichkeit anzuführen (vgl. FLETCHER 1989: 515). Zum Teil wird dieser Ansatz auch der *economic impact*-Berechnung zugeordnet (vgl. z. B. STYNES 2005: 3). Jedoch ist nach der definitorischen Abgrenzung der beiden Dimensio-

---

54   vgl. die konzeptionelle Einordnung der Methoden (direkte, marktbasierte Bewertungsansätze, *Revealed-Preference*- und *Stated-Preference*-Methoden) des TEV von Schutzgebieten in Kapitel 2.3.1.

nen die Kategorisierung als *economic contribution*-Ansatz aufgrund der Betrachtung des Tourismus im Kontext der Gesamtökonomie treffender (vgl. Abbildung 4), weil keine Aussagen zu regionalen Wertschöpfungs- und Beschäftigungseffekten sowie differenziert nach Schutzgebietsaffinität gemacht werden können. Dies ist Gegenstand der Analyse des *economic impact*.

Daneben weist WOLTERING (2012: 117) im Rahmen einer regionsspezifischen Untersuchung und damit zusammenhängender Primärerhebungen zu den touristischen Aktivitäten auf eine detaillierte Erfassung der Unterkunftseinheiten hin. Denn im Wirtschaftsabschnitt des Gastgewerbes, unter dem touristische Aktivitäten in der amtlichen Statistik primär subsummiert sind, werden ausschließlich Ankünfte (von Übernachtungsgästen) und Übernachtungen in Betrieben mit mehr als zehn Schlafgelegenheiten registriert. Im Umkehrschluss erscheinen Ankünfte und Übernachtungen in kleineren, privat vermieteten Beherbergungsstätten in der Statistik nicht. JOB et al. (2021a: 15) führen dies als eine der Hauptproblematiken der Analyse des Tourismus in Schutzgebieten an, denn insbesondere in den ländlichen Regionen Deutschlands ist ein hohes Aufkommen klein(st)betrieblicher Gastgeberstrukturen zu verzeichnen. Beispielsweise übernachtete im Biosphärenreservat Südost-Rügen im Erhebungsjahr 2011/12 knapp jeder zweite Übernachtungsgast in Ferienwohnungen (47,3 % der 4.933.000 Übernachtungsgäste[55]; Übernachtungsgastanteil bei 93,3 %) (vgl. JOB et al. 2013a: 74ff.; MERLIN 2017: 159ff.). Auch private Übernachtungen bei Bekannten und Verwandten, die vor allem in jüngeren Tourismusdestinationen, wie z. B. im Nationalpark Hainich eine Rolle spielen (30,4 % der 70.000 Übernachtungsgäste; Übernachtungsgastanteil bei 24 %; Erhebungsjahr 2007), werden in amtlichen Statistiken nicht dokumentiert (vgl. JOB et al. 2016: 8ff.; WOLTERING 2012: 174ff.). Damit einher geht außerdem eine fehlende amtlicherseits erfasste Information zum Tagesgastaufkommen einer Region, welches in vielen deutschen Biosphärenreservaten und Nationalparken das regionalökonomisch entscheidende Besuchersegment mit überdurchschnittlichen Werten, insbesondere in der Nebensaison durch naturnahe Freizeitaktivitäten, darstellt. JOB et al. (2021a: 15f.) unterstreichen deshalb ausdrücklich die Notwendigkeit der Besucherzählung vor Ort.

Auf der Suche nach einer geeigneten Methode zur Bemessung des touristischen Stellenwertes sind außerdem folgende Defizite bei der Nutzung amtlicher Tourismusstatistiken festzustellen: Erstens fehlt eine Quantifizierung des monetären Wertes der Wirtschaftskraft Tourismus. Zweitens ist die definitorische Abgrenzung einer „Tourismusbranche" schwierig, weil sich in der Querschnittsbranche Tourismus verschiedene Akteure aus mehreren Wirtschaftsbereichen zur Her- und Bereitstellung touristischer Güter und Dienstleistungen bündeln (vgl. BMWI 2017: 12; LAIMER et al. 2014: 1). Mit diesem Umstand beschäftigt sich die TSA-Rechnung, um die ökonomische Bedeutung des Tourismus abschätzen zu können und so den Tourismus als Wirtschaftszweig innerhalb der VGR zu platzieren. Als *economic contribution*-Ansatz kann damit der direkte ökonomische Beitrag des Tourismus zur Volkswirtschaft bemessen werden (vgl. Abbildung 4; DWYER et al. 2007: 539; 2009: 312). Zum für diese Arbeit notwendigen Grundverständnis über die Identifikation

---

55 entspricht Besuchstagen (vgl. zur Definition Kapitel 3.3.1)

von touristischen Wirtschaftszweigen innerhalb des Systems der VGR wird die TSA in Exkurs B umrissen.

Wichtig ist der Untersuchungsgegenstand einer externen Geldinjektion („,shocks' to the tourism system"; DWYER et al. 2009: 312), der den *economic impact*-Analyseansatz abgrenzt. Um das Ziel dieser Analysen nochmals zu verdeutlichen, wird auf die Erläuterung von DWYER et al. (2010: 282) verwiesen:

> *„An economic impact analysis estimates the changes that take place in an economy due to some existing or proposed project, action, event or policy. As typically employed in tourism research and policy analysis, economic impact analyses trace the flows of spending associated with tourism activity in an economy through business, households and government to identify the resulting changes in economic variables such as sales, output, government tax revenues, household income, value added and employment."*

Die zugehörigen Methoden können auf dreierlei Grundlagen basieren: auf der *economic base*-, dem Einkommensmultiplikator nach KEYNES (2009 [1936]) oder der Input-Output-Matrix-Inverse nach LEONTIEF (1936) (vgl. Abbildung 4). Ihnen ist gemeinsam, dass sie konstante Preise und keine Lieferbeschränkungen innerhalb des ökonomischen Systems annehmen. Dies ist insofern für die *economic impact*-Analyse relevant, als die Annahmen im Kern die Vorleistungsverflechtungen zwischen Wirtschaftseinheiten in einer Ökonomie widerspiegeln, was die Voraussetzung für die Bestimmung von Sekundärwirkungen bildet. Obwohl die Input-Output-Rechnung unter den drei Ansätzen der fortschrittlichste ist, entspringt die Ableitung von Multiplikatoren aus Input-Output-Tabellen den beiden anderen Theorien (vgl. McCANN 2013: 155f.). Da der iterative[56] Keynesianische Ansatz den grundlegenden theoretischen Zugang einer ökonomischen Wirkungsanalyse im Tourismus vorgibt, wurde dieser bereits in Kapitel 2.4.1.1 dargelegt.

Im Vergleich sind *economic base*-Multiplikatoren (im Deutschen auch als Exportbasis-Multiplikatoren bezeichnet) am wenigsten komplex. Der Ansatz teilt die Ökonomie fiktiv in zwei Sektoren: Die Produktivität des sogenannten Exportbasis-Sektors (*basic sector*) ist abhängig vom Außenhandel, während der zweite Sektor (*non-basic sector*) durch regionsinterne Strukturen beeinflusst ist. Der Absatzmarkt des Exportbasis-Sektors außerhalb der Region des Produktionsstandortes definiert sich durch diese Abhängigkeitsverhältnisse. Der entsprechende Multiplikator zeigt sodann das Verhältnis beispielsweise der Beschäftigung im Exportbasis-Sektor zur Gesamtbeschäftigung innerhalb der Region, was bedeutet, dass durch eine Zunahme der Beschäftigung im Exportbasis-Sektor (z. B. aufgrund erhöhter Nachfrage) die Beschäftigung insgesamt steigt (vgl. McCANN 2013: 158). Die Höhe des Multiplikators definiert sich damit im Grunde aus der Konsumneigung des Exportbasis-Sektors, Vorleistungen aus dem heimischen Sektor zu beziehen (vgl. METZLER 2007:

---

56 Die Iteration meint den Multiplikatorprozess der aufeinanderfolgenden Wirkungsrunden. Die verbleibenden indirekten Wertschöpfungswerte definieren in der Summe den Multiplikator (vgl. VAUGHAN et al. 2000: 97).

39). Da touristische Ausgaben prinzipiell als „Export" gesehen werden können (vgl. GOELDNER/RITCHIE 2006: 383f.), ist dieser Ansatz für die Tourismusanalyse akzeptabel. Allerdings bedingt die starke Aggregation der beiden Sektoren die nicht eindeutige Trennung von einheimischem Konsum. Außerdem wird die intraregionale Konsumneigung als Wachstumsimpuls vernachlässigt (vgl. JOB et al. 2003: 106; vgl. weiterführend ANDREWS 1953; DUESENBERRY 1950; NORTH 1955 als Begründer der Exportbasistheorie bzw. auch KRIKELAS 1992; zur Anwendung in der Tourismusanalyse z. B. ARCHER 1977: 14ff.; MCCANN 2013: 156ff.). Hinzuweisen ist darauf, dass eine Methode zur Identifikation der beiden Sektoren die Verwendung von Lokalisationsquotienten (Englisch: *Location-Quotients*; LQ) ist (vgl. MCCANN 2013: 160ff.), die im Zusammenhang mit der Regionalisierung von Input-Output-Tabellen vorgestellt werden (vgl. Kapitel 3.5.5.2).

In der Evolution der Verfahren nennt die wissenschaftliche Literatur sogenannte *ad hoc*-Modelle als direkte Weiterentwicklung des Keynesianischen Multiplikatoransatzes (vgl. FLETCHER/ARCHER 1991: 39), die an dieser Stelle nicht weiter thematisiert werden. Als Hintergrund genügt die Information, dass die ökonomischen Wirkungen in Relation zu den Sickerverlusten gesetzt werden, die konträr zur Konsumneigung der lokalen Haushalte existieren (vgl. FRECHTLING 1994: 386). Die erste Anwendung in der Tourismusanalyse ist bei ARCHER/OWEN (1972) nachzulesen.

Schließlich ist die für diese Arbeit wichtige Methode der Wertschöpfungsanalyse dem Grundsatz von KEYNES (2009 [1936]) durch die Grundannahme des Einkommenszuwachses bei zusätzlicher Nachfrage zugehörig (vgl. MAYER et al. 2010: 74). Die Methode arbeitet sowohl auf der direkten als auch auf der sekundären Wirkungsebene touristischer Ausgaben mit branchenspezifischen Wertschöpfungsquoten, *„die in ihrer Aussage dem (…) Prinzip eines touristischen Einkommensmultiplikators"* (WOLTERING 2012: 125) entsprechen. Die eigentliche Multiplikatorebene der Sekundäreffekte wird ebenso durch eine ökonomische Quote ausgedrückt. Wichtig ist anzumerken, dass die von JOB et al. (2005a) etablierte Wertschöpfungsanalyse keine induzierten touristischen Effekte berechnet. Die sogenannte zweite Umsatzstufe umfasst demzufolge alle indirekten Vorleistungsbeziehungen, nicht aber die induzierten Konsumverflechtungen durch private Haushalte (vgl. JOB et al. 2005a: 38; WOLTERING 2012: 128). Die touristische Wertschöpfungsanalyse wird in Kapitel 3.4.2 vorgestellt.

Den inhaltlich-analytischen Mehrwert, induzierte Effekte berechnen zu können, kann durch die Input-Output-Analyse bedient werden, der dritte und letzte Methodenkomplex für *economic impact*-Analysen im Tourismus (vgl. Abbildung 4). Kapitel 3.5.1 liefert das Grundlagenwissen der klassischen, statischen Input-Output-Rechnung, welches zum vertieften Verständnis über Input-Output-Modelle auf (multi-) regionaler Ebene notwendig ist (vgl. Kapitel 3.5.5). Die um Einkommenskonten erweiterten Sozialrechnungsmatrizen (SAM) werden zur erweiterten Einordnung der klassischen Input-Output-Rechnung in Kapitel 3.5.3.2 vorgestellt. Für einen Überblick über die hier nicht behandelten ökonometrischen Input-Output-Modelle sei auf einschlägige Literatur verwiesen (vgl. ALMON 1991; DEWHURST/WEST 1990; REY 2000; WEST 1995). Sie sind hypothetischer Natur und verknüpfen die klassische Input-Output-Rechnung mit ökonometrischen Gleichungen, um Preis- oder Lohnentwicklungen über langfristige Zeitintervalle vorherzusagen (vgl. Loveridge 2004: 309; Moisey 2002: 246).

Einen Einblick in dynamische Modellierungsverfahren gewährt Kapitel 3.5.3.3 mit der Vorstellung der *Computable General Equilibrium*-(CGE-)Modelle, welche die klassische Input-Output-Rechnung zu optimieren versuchen, um so Angebot und Nachfrage im allgemeinen Gleichgewicht zu modellieren (vgl. West 1995: 213f.). In der internationalen Fachliteratur werden diese Modelle als innovative Weiterentwicklung der statischen Input-Output-Modelle gehandelt, um der theoretischen Restriktionen der Input-Output-Annahmen entgegenzukommen (vgl. Dwyer et al. 2004: 308f.; 2005: 352; 2010: 317; 2016: 3). Zur Einordnung der Input-Output-Analyse des Tourismus werden diese Input-Output-Modellansätze (klassische Input-Output-Modelle, SAM und CGE) in Kapitel 3.6.2 diskutiert.

Die Ergebnisse der *economic impact*-Analyse werden im TEV von Schutzgebieten zusammengeführt. Der Nutzenwert kann daraufhin in einer Kosten-Nutzen-Analyse (*Cost-Benefit-Analysis*) den Kostenkomponenten der Schutzgebiete gegenübergestellt werden (vgl. z. B. Dixon/Sherman 1990: 20ff.). Als Teilmenge des ökonomischen Wertes eines Schutzgebietes ist der TEV bzw. die Kosten-Nutzen-Analyse unter der *economic impact*-Analyse platziert (vgl. Abbildung 4): *„Da es in einer Kosten-Nutzen-Analyse darum geht ‚echte‘ volkswirtschaftliche Effekte zu identifizieren, dürfen nur die Teilmengen der touristisch induzierten Kapitalströme in die Untersuchungsregion gewertet werden, die auch tatsächlich in der Region verbleiben und nicht wieder abfließen"* (Mayer 2013: 128).

Abbildung 4: Methoden zur regionalökonomischen Wirkungsanalyse des Tourismus

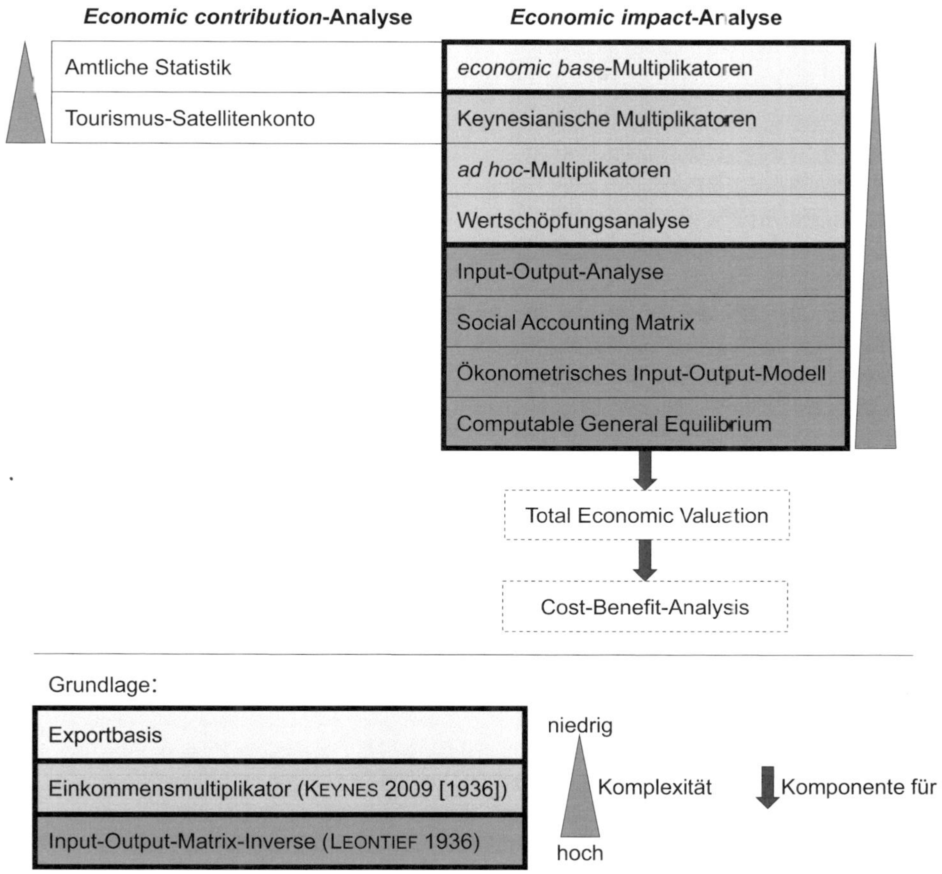

Economic contribution-Analyse **_Economic impact_-Analyse**

Amtliche Statistik	economic base-Multiplikatoren
Tourismus-Satellitenkonto	Keynesianische Multiplikatoren
	ad hoc-Multiplikatoren
	Wertschöpfungsanalyse
	Input-Output-Analyse
	Social Accounting Matrix
	Ökonometrisches Input-Output-Modell
	Computable General Equilibrium

Total Economic Valuation

Cost-Benefit-Analysis

Grundlage:

| Exportbasis |
| Einkommensmultiplikator (KEYNES 2009 [1936]) |
| Input-Output-Matrix-Inverse (LEONTIEF 1936) |

niedrig

Komplexität   Komponente für

hoch

Quelle: eigene Darstellung auf Basis von ARCHER 1973: 43ff.; 1977: 14ff.; ARCHER/FLETCHER 1990: 14ff.; ARMSTRONG/TAYLOR 2000: 6; DWYER et al. 2004: 307ff.; FLETCHER 1989: 515f.; FLETCHER/ARCHER 1991: 30ff.; FRECHTLING 1994: 384ff.; LOVERIDGE 2004: 306ff.; MCCANN 2013: 155; MOISEY 2002: 244ff.; STYNES 2005: 3; WEST 1995: 210ff.

3.3 Analyseparameter

3.3.1 Erfassung der touristischen Nachfrage: Operationalisierung regionalökonomisch relevanter Besuchersegmente

Für die Bestimmung der regionalökonomischen Effekte des Tourismus ist als erster Analyseparameter eine Besucherzahl in die Formeln 10 bzw. 11 (vgl. Kapitel 3.1) einzusetzen. Je genauer die determinierte Besucherzahl, desto genauer und somit realitätsnaher fällt das Endergebnis aus (vgl. CROMPTON 2010: 21). Besucherzahlen stellen eine zentrale Größe im Besuchermonitoring dar. Neben dem regionalökonomischen Aspekt touristischer Ausgaben ist die Besucherzahl für das Besuchermanagement aus störungsökologischen Gründen für eine daran angepasste Besucherlenkung von Relevanz. Außerdem kann die quantitative Dimension des Tourismusaufkommen abgeschätzt werden, vor allem in Bezug auf *Overtourism* und die damit einhergehenden Konflikte zwischen lokaler Bevölkerung und Touristen oder die Wahrnehmung der Besucher zur Auslastung der touristischen Infrastruktur (*Crowding*-Effekte) (vgl. JOB et al. 2021a: 1). Die Ausführung der Hintergründe zum Besuchermonitoring ist kein weiterer Bestandteil der vorliegenden Arbeit. Für die *economic impact*-Analyse genügt es, die grundlegenden Definitionen von Besuchern in Schutzgebieten und deren Segmentierung wiederzugegeben.

Die englischsprachige Literatur unterscheidet verschiedene Begriffe, die eine Person und ihren Aufenthalt in einem Schutzgebiet definieren. Zunächst beschreibt ein „Besucher" (*visitor*) nach der in Kapitel 2.1 wiedergegebenen Definition von SPENCELEY et al. (2021a: 13) eine Person, die ein Schutzgebiet zu Erholungszwecken aufsucht. Unabhängig davon, wie oft die Grenzen des Schutzgebietes passiert werden, handelt es sich immer um den einen „Besucher". Davon zu unterscheiden sind die eigentlichen Besuche (*visits*) eines Besuchers: Sobald ein Besucher das Schutzgebiet während seines Aufenthaltes in der Region mehrmals aufsucht, werden entsprechend viele *visits* gezählt. Zudem wird ein *entrant* als eine Person unterschieden, die das Schutzgebiet betritt, ohne dass der Zweck abgesteckt wurde. *Visitors* sind damit als Teilgruppe von *entrants* zu sehen, welche darüber hinaus Einheimische oder die Angestellten der Schutzgebietsverwaltung (z. B. Naturwacht) meinen. Ferner können Besucherfrequenzen (Besucher pro Stunde), Besucherströme (Besucher pro Stunde und Bewegungsrichtung), die Besucherdichte (Besucher je Fläche), Besucheraktivitäten oder die Besucherverteilung im Raum als Monitoring-Einheiten analysiert werden (vgl. EAGLES et al. 2000: 64; HORNBACK/EAGLES 1999: 8; KAJALA et al. 2007: 34f.; MUHAR et al. 2002: 1; SPENCELEY et al. 2021a: 30).

Die in Deutschland durchgeführten Studien zählen sogenannte Besuchstage (*visitor days*), die sich darin differenzieren, dass nicht Personen gezählt werden, sondern die Tage, die eine Person in einer Schutzgebietsregion verbringt (vgl. JOB et al. 2021a: 7). Eine Erfassung der Besuchstage ist im vorliegenden Zusammenhang regionalökonomischer Analysen sachdienlich, um der zweiten zentralen Größe der durchschnittlichen Tagesausgaben möglichst unkompliziert kompatibel zu sein. Schließlich kann ein Besucher seine Ausgaben nur einmal am Tag im Zuge seines Aufenthalts tätigen. Andernfalls müsste mittels aufwendiger Umrechnungen die

Zahl der Besuche zur entsprechenden Ausgabeneinheit konvertiert werden, wie das beispielsweise der US NPS handhabt (vgl. Cullinane Thomas et al. 2019b: 10)[57].

Zur Frage nach der geeigneten Methode zur Besucherzählung liefern Cessford/ Muhar (2003: 242ff.), Hornback/Eagles (1999: 29ff.), Job et al. (2021a: 7), Watson et al. (2000: 20ff.) und Spenceley et al. (2021a: 31ff.) eine Übersicht an Optionen. Drei Zählansätze können angewandt werden: (1) Die direkte Beobachtung vor Ort in Form von persönlichen Zählungen, Luftbildauswertungen oder Kameraaufzeichnungen (zu letztgenannter Möglichkeit liefern Staab et al. 2021 einen innovativen Ansatz) bieten den Vorteil, Strukturerfassungen der Schutzgebietsbesucher kombiniert einzusetzen. (2) Die Auswertung bereits vorhandener Sekundärdaten kann als indirektes Verfahren durchgeführt werden. Beispielsweise können Eintrittstickets in die Gebiete ausgewertet werden, wenngleich in Deutschland gemäß des freien Betretungsgebots der Landschaft (vgl. BNatSchG § 59, Abs. 1) generell keine Gebühren zu Schutzgebieten erhoben werden. Allerdings kann insofern eine Kapazitätsgrenze bestehen, als zu bestimmten Attraktionen ein Eintritt verlangt wird (vgl. Kapitel 2.3.1). Zur Schätzung der Besucher können auch beispielsweise die Parkplatzbelegungen ausgewertet werden, wie in der ersten Erhebung in deutschen Nationalparken in Berchtesgaden geschehen (vgl. Job et al. 2003: 122). (3) Schließlich bieten automatische Zählmethoden neue, technische Möglichkeiten. Zählsysteme wie Bodenplatten oder Lichtschranken zählen allerdings keine Besucher als Personen in Schutzgebieten, sondern vielmehr Bewegungen, sodass für eine regionalökonomische Analyse ein kombinierter Einsatz mit direkten Beobachtungen ein geeignetes Vorgehen sein kann. Neueste Ansätze nutzen GPS-basierte „Social Media"-Daten, um Bewegungsmuster zu eruieren (vgl. z. B. Sinclair et al. 2018; 2020; Walden-Schreiner et al. 2018; Wood et al. 2020; zu den umgekehrten Auswirkungen von „Social Media" auf das Gästeaufkommen im Nationalpark Berchtesgaden schreiben Moczek et al. 2020).

Welche Besuchersegmente die Schutzgebiete aufsuchen, interessiert auch aus der Management- und Tourismusmarketingperspektive. Aus regionalökonomischer Sicht ist die Unterscheidung in homogene Besuchergruppen deshalb wesentlich, weil sich einzelne Besuchertypen durch ein unterschiedliches Ausgabeverhalten auszeichnen. Folglich sind die dahingehend differenzierten Besuchergruppen für bestimmte regionalökonomische Wertschöpfungs- und Beschäftigungseffekte verantwortlich. Die durchschnittlichen Besucherausgaben gehen also als zweite wesentliche Größe in die Formel 10 bzw. 11 der Gesamteffekte des Tourismus in Schutzgebieten ein (vgl. Kapitel 3.1). Eine Darlegung der theoretisch-konzeptionellen Hintergründe zur Erfassung der touristischen Ausgabenwerte wird in der vorliegenden Arbeit ausgeklammert und ist in der einschlägigen Literatur nachzulesen

---

57 Der US NPS erfasst seine Ausgabenprofile je Gruppe und Tag, die zusammen in die Schutzgebietsregion gereist ist (*party days*). Das NPS Visitor Use Statistics Office meldet hingegen seine jährlichen Besuchszahlen in *visits* auf Grundlage von Verkehrszählungen an den Zufahrtsstraßen zum Nationalpark. Der US NPS entwickelte daraufhin ein Verfahren, um die *visits* in Gruppeneinheiten zu konvertieren, indem jene durch eine Eintrittsquote in den National Park und die durchschnittliche Gruppengröße dividiert werden. Basierend auf Daten zur Aufenthaltsdauer werden diese *party trips* schließlich in *party days* umgewandelt (vgl. Cullinane Thomas et al. 2019b: 10f.).

(vgl. z. B. FREDMAN 2008; MAYER/VOGT 2016; STYNES 1999b; STYNES/WHITE 2006; SUN/ STYNES 2006; SUN et al. 2010; WHITE 2017; WHITE/STYNES 2008). Im Zusammenhang mit der Multiplikatoranalyse ist jedoch darauf hinzuweisen, dass die Erhebung der Besucherausgaben nach eindeutig voneinander abgegrenzten Ausgabenkategorien unabdingbar ist. Das hat zum einen den Hintergrund, dass es den Probanden auf diese Art und Weise deutlich leichter fällt, möglichst genaue Angaben zu spezifischen Ausgaben während des Aufenthaltes zu machen, anstatt eine Gesamtsumme abzuschätzen. Zum anderen kann genauer analysiert werden, welche Tourismuszweige für welche Umsatzwerte sorgen, weil für jede Ausgabenkategorie unterschiedliche Beträge zu erwarten sind. Schließlich ist die Untergliederung nach touristischen Wirtschaftszweigen entscheidend für die Verknüpfung des Ausgabenparameters zum regionalökonomischen Modell (z. B. ein Input-Output-Modell), weil jeder branchenspezifische (nach Wirtschaftszweigen) Ausgabenwert einem branchenspezifischen Multiplikatorwert zugehörig ist (vgl. FRECHTLING/HORVÁTH 1999: 325).

Der Wohnort der befragten Personen separiert Einheimische von auswärtigen Besuchern der Schutzgebietsregion (*local residents* vs. *visitors*). Besucher sind zudem nach Tages- und Übernachtungsgästen zu unterscheiden (*overnight* vs. *day visitor*). Für Übernachtungsgäste ist überdies eine Segmentierung nach der gewählten Unterkunftskategorie sinnvoll (vgl. STYNES 1999b: 3), um dies als Gewichtungsfaktor zur Bemessung des regionalökonomischen Stellenwerts der touristischen Nachfragesegmente zu verwenden (vgl. JOB et al. 2005a: 34f.; WOLTERING 2012: 128). Diese Basisinformationen sind zur regionalökonomischen Wirkungsanalyse des Tourismus unerlässlich. Darüber hinaus können weitere Naturtourismussegmente in Schutzgebieten typologisiert werden, die auf unterschiedliche Weise stärker oder weniger stark ausgeprägt zu einer nachhaltigen Wirtschafts- und Tourismusentwicklung beitragen (vgl. weiterführend ARNEGGER et al. 2010; BUTZMANN 2017: 159ff.; BUTZMANN/JOB 2017; HERGET et al. 2016). BUTZMANN (2017: 242) offenbart beispielsweise signifikante Unterschiede in den Unterkunftsausgaben verschiedener Produkt-Cluster im Nationalpark Berchtesgaden[58]. Demnach geben „Sportler und Abenteurer" das wenigste Geld für eine Übernachtung aus, weil diese größtenteils auf Berghütten übernachten. Für ein Beispiel einer Besuchersegmentierung nach sozioökonomischen Charakteristika und deren Aktivitäten sei auf SCHAMEL (2016: 109ff.) und SCHAMEL/JOB (2017) verwiesen.

Abbildung 5 zeigt schematisch die räumliche Verteilung von potenziellen Besuchertypen in einem Schutzgebiet. Es lassen sich sieben Besuchertypen unterscheiden, die alle ein unterschiedliches Ausgabeverhalten an den Tag legen. Typ A zeigt Einheimische, deren räumliche Bewegung sich zwischen dem Nationalparkbesuch

---

[58] BUTZMANN (2017: 159ff.) wendet die „Product-based Typology for Nature-based Tourism" von ARNEGGER et al. (2010) empirisch an, um Nachfrage und Angebot des Tourismus im Nationalpark Berchtesgaden zu analysieren. Dabei identifiziert er anhand einer Clusteranalyse der Befragungsergebnisse sechs Nachfrageprodukt-Cluster: (1) Naturerlebnis Wanderurlaub, (2) Vergnügungs- und Naturerlebnisurlaub, (3) Naturbildungsurlaub (Ökotourismus), (4) Naturerlebnis Sporturlaub (Freizeitsportler), (5) Passiver Erholungsurlaub und (6) Wander-/Bergsteigerurlaub. Das Cluster „Ökotourismus" weist den höchsten Anteil an Nationalparkbesucher im engeren Sinne auf (70 % der Besucher; Gesamtdurchschnitt der Nationalparks: 28,3 %; vgl. JOB et al. 2016: 17) (vgl. BUTZMANN/JOB 2017: 1745).

und der Rückkehr zum Wohnort abspielt. Gemäß dem Konzept der *economic impact*-Analyse sind Einheimische aus dem Untersuchungsgebiet zu exkludieren (vgl. Kapitel 2.3.3), was sich aufgrund der heterogenen Raumstrukturen in den großflächigen Biosphärenreservaten oder Naturparken mit darin liegenden Siedlungs- und Verkehrsflächen komplexer darstellt als in kleinräumigen Nationalparken, welche über weniger Wege zugänglich sind. Job et al. (2013a: 48f.) entwickelten daraufhin ein Verfahren zur Abgrenzung von Einheimischen aus dem Umfeld von Standorten der Besucherbefragung. Sie verweisen auf die Komplexität bei der Abgrenzung von Tagesausflüglern, denn gerade in großflächigen Schutzgebieten ist anzunehmen, dass auch Einheimische innerhalb der definierten Untersuchungsregion Freizeitreisen unternehmen. Dementsprechend definieren sie alle befragten Personen als Einheimische, deren Postleitzahlgebiet des Wohnortes sich mit einem 2,5 km-Radius um den Erhebungsstandort schneidet, wobei beide Flächen (Postleitzahlgebiet und Radius) um mindestens 25 % überlappen. Einheimische im direkten Umfeld des Erhebungsstandortes werden somit mittels GIS-Analyse herausgefiltert.

Die Typen B und C repräsentieren die in Kapitel 2.1 definierten Touristen, die einen bestimmten touristischen Zweck in Form einer Urlaubs-, Ausflugs-, Geschäftsreise oder eines Kuraufenthaltes verfolgen. Übernachtungsgäste reisen von ihrer Heimatregion in die Untersuchungsregion des Schutzgebietes und übernachten mindestens eine Nacht dort, während Tagesgäste einen Tagesausflug dorthin unternehmen, d. h. nicht übernachten (vgl. Job et al. 2021a: 10f.). In den Anfängen der Tourismusforschung in deutschen Schutzgebieten wurde die raumzeitliche Komponente noch stärker fokussiert, indem Kurzaufenthalte separat ausgewiesen wurden (Aufenthalte von ein bis vier Übernachtungen). Damit konnten Unterschiede im aktionsräumlichen Verhalten der einzelnen Besuchergruppen, wie das Ausgabeverhalten, die Wahl der Unterkunft oder zurückgelegte Distanzen noch deutlicher herausgestellt werden (vgl. Job et al. 2003: 125).

Die Typen D bis F zeigen touristische Sondertypen, die aufgrund ihrer Aufenthaltsmerkmale weniger eindeutig zu erfassen sind. Typ D zeigt saisonale Touristen, die beispielsweise als Zweitwohnungsbesitzer einen temporären Aufenthalt in der Region verbringen. Bei Zweitwohnungsbesitzern handelt es sich um Touristen, sofern sie sich nicht länger als ein Jahr in der Region aufhalten (vgl. Kapitel 2.1 zu den definitorischen Elementen des Tourismus). Ihre Ausgaben werden somit als externe Geldinjektion in einer *economic impact*-Analyse verbucht (vgl. HALL/PAGE 2007: 238; MÜLLER 2004: 388; MÜLLER et al. 2004: 15; vgl. weiterführend zur empirischen Analyse von Zweitwohnungsbesitzern auch MÜLLER 2002). Zur Diskussion steht, wie die Unterkunftskategorie zu behandeln ist, weil es sich um Privatimmobilien handelt und nicht um Mietobjekte der Tourismuswirtschaft. Eine Möglichkeit besteht darin, ein separates Tourismussegment auszuweisen (vgl. STYNES 1999b: 2).

Zur Erklärung der Typen E und F muss sich die räumlichen Eigenarten des Tourismus vor Augen geführt werden, denn zu unterscheiden sind das Quellgebiet, das Zielgebiet (entspricht der Destination) sowie der Transit- bzw. Transportraum, in welchen sich Touristenströme bewegen (vgl. FREYER 2015: 46f.; LEIPER 1979: 396f.). Je nach Aufenthaltsgebiet sind verschiedene Ausgabenarten mit dem dortigen touristischen Konsum verbunden. Das Quellgebiet repräsentiert z. B. die Heimatregion der Touristen, in der sie beispielsweise Reisebüros aufsuchen und sich mit Reiseequipment ausstatten. Diese Konsumausgaben sind keiner spezifischen Reise zuzuordnen (vgl. MAYER/VOGT 2016: 174), sondern verstehen sich als Konsumausgaben von Einheimischen in der Heimatregion, welche in der *economic impact*-Analyse zu exkludieren sind.

Die Typen E und F befinden sich räumlich im Transitraum. Das Reisegebiet der Touristen definiert sich als Korridor zwischen dem Quellgebiet und der Destination der Touristen, wobei auch die Reise selbst die eigentliche Attraktion sein kann (z. B. Kreuzfahrt oder Rundreise) (vgl. FREYER 2015: 46). Hinsichtlich der ökonomischen Wirkungsanalyse sind nach MAYER/VOGT (2016: 175) zwei Problematiken zu bedenken: Erstens werden die hauptsächlichen Ausgaben für den Transport durch den Transitraum im Quellgebiet getätigt (z. B. Flugbuchung), sodass der Transitraum keine touristischen Einnahmen verbucht. Zweitens ist die Zuordnung der getätigten Ausgaben zu einer spezifischen Destination komplex. Wenn beispielsweise mehrere Destinationen angesteuert werden, könnte ein Teil der getätigten Ausgaben nicht eindeutig zugeordnet werden. HASPEL/JOHNSON (1982: 364) umschreiben diese Verzerrung als *„multiple destination bias"*[59]. Typ E repräsentiert Besucher, die auf einer Durch- oder Rundreise (d. h. mehrere Zielgebiete werden besucht) einen Zwischenstopp in der Schutzgebietsregion machen. Typ F wiederum übernachtet in einer anderen definierten Region, die nicht die Untersuchungsregion darstellt, und reist als Tagesausflügler in die Schutzgebietsregion. Beide Typen können sich z. B. dort mit Lebensmitteln versorgen oder in der Gastronomie einkehren und damit Ausgaben tätigen. JOB et al. (2021a: 11) bezeichnen Touristen der Typen E und F als *„secondary excursionists"*, weil zwar eine Übernachtung außerhalb des Heimatortes stattfindet, allerdings nicht in der Untersuchungsregion, sodass aus Sicht des Schutzgebietes diese Typen als Tagestouristen einzustufen wären.

---

[59] Mit dem Uno-actu-Prinzip der Distanzüberwindung des Tourismus setzt sich die Reisekostenmethode auseinander. Die anfallenden Reisekosten im Transitraum bilden zusammen mit Eintrittsgebühren, den Ausgaben vor Ort und den ausfallenden Arbeitszeiten die Konsumkosten der Touristen, die den Wert des Umweltgutes „Schutzgebiet" repräsentieren (vgl. HANLEY/BARBIER 2009: 80). MAYER (2013: 364) begegnet dem *„multiple destination bias"* insofern, als er ausschließlich den Nationalparkbesuchern im engeren Sinne des Nationalparks Bayerischer Wald die volle Konsumentenrente (= Differenz aus Zahlungsbereitschaft und tatsächlich bezahlten Preis) zuschreibt. Ein solches Vorgehen wählen auch MAYER/WOLTERING (2018: 374) für ihre Analyse der Erholungsleistung 15 deutscher Nationalparke mittels der Reisekostenmethode. Anders als die Reisekostenmethode untersucht die regionalökonomische Wirkungsanalyse des Tourismus nicht den Erlebniswert eines Schutzgebietes, sondern monetär messbare regionalökonomische Wertschöpfungs- und Beschäftigungseffekte.

Abbildung 5: Besuchersegmentierung nach aktionsräumlichem Verhalten

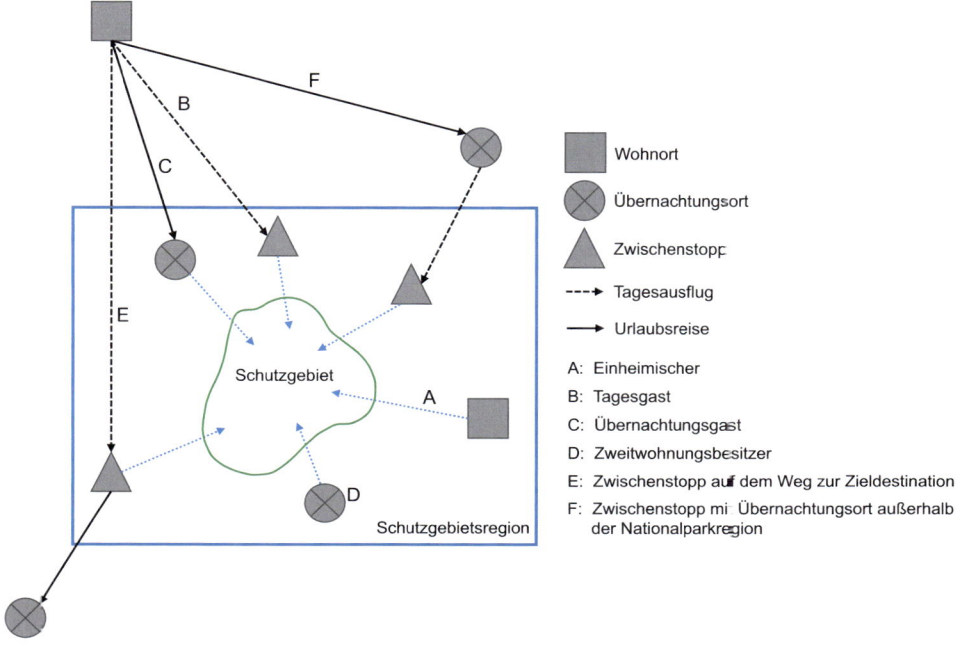

Quelle: eigene Darstellung verändert nach Job et al. (2021a: 12)

Die Vorstellung der touristischen Sondertypen macht deutlich, dass in der regional-ökonomischen Wirkungsanalyse ausschließlich die im Zielgebiet getätigten Ausgaben zu berücksichtigen sind (vgl. Crompton 2010: 38; Stynes et al. 2000: 1.4):

> „The survey should measure spending that takes place within this region. Separating out spending within a local region is particularly important if visitors are on extended trips stopping in many places. Only the portion of trip spending that occurs within the given region generates local economic impacts" (Stynes 1999b: 1).

Das Zitat schafft durch die eindeutige Zuordnung der Ausgaben zu einer bestimmten Destination oder Attraktion die Überleitung zu der für die *economic impact*-Analyse wesentliche Gruppe der Besucher, für welche die Existenz des Schutzgebietes für die Reiseentscheidung eine bedeutende Rolle spielt. Die touristische Kerngruppe in Schutzgebieten wurde in Kapitel 2.3.4 im Kontext der *economic impact*-Dimension eingegrenzt. Die seit Job et al. (2005a: 61f.) standardisierte Segmentierung nach Schutzgebietsaffinität unterscheidet nach Schutzgebietsbesuchern im engeren Sinne und sonstigen Schutzgebietsbesuchern. Die Operationalisierung dieser Besuchersegmente erfolgt anhand von drei aufeinanderfolgenden Fragen: Die ersten beiden Fragen beziehen sich zuerst auf die Bekanntheit des in der Region vorliegenden

Schutzgebietsstatus, indem zum einen abgefragt wird, ob sich die befragten Besucher dem jeweiligen Schutzstatus bewusst sind. Zum anderen wird dieses Wissen einer weiteren Plausibilitätsprüfung unterzogen. Sofern die Frage nach dem Wissen positiv beantwortet wurde und das Schutzgebiet daraufhin eine große oder sehr große Rolle für die Reiseentscheidung spielt, handelt es sich um einen Schutzgebietsbesucher im engeren Sinne. Die übrigen Besucher werden als sonstige Schutzgebietsbesucher bezeichnet. Je nach Schutzgebietskategorie können auf diese Weise Nationalpark- (vgl. Job et al. 2016: 15ff.), Biosphärenreservats- (vgl. Job et al. 2013a: 53f.) oder Naturparkbesucher im engeren Sinne (vgl. Job et al. 2018: 28ff.) ermittelt werden.

3.3.2 Kenngrößen der regionalökonomischen Wirkungsanalyse des Tourismus

Je nach räumlicher Maßstabsebene und Fragestellung quantifizieren unterschiedliche Kenngrößen der *economic impact*-Analyse die monetär messbaren ökonomischen Effekte einer touristischen Aktivität. Auf nationalstaatlicher Ebene sind Deviseneinnahmen als geeignete Kennziffer anzuführen, die vor allem in der ökonomischen Analyse des Entwicklungsländertourismus betrachtet werden. Wie in Kapitel 2.4.1.2 angesprochen, sind Devisenabflüsse ein Maß für Sickerverluste von Einnahmen aus dem Tourismus zurück ins Ausland durch Importe. Die Betrachtung von internationalen Zahlungsströmen interessiert auf regionaler Ebene nicht, jedoch sind Sickerverluste im Kontext der Multiplikatorwirkung ebenso bedeutend. Auf der kleinräumigen Maßstabsebene regionaler Ökonomien spielen vielmehr vom Tourismus ausgehende Wertschöpfungs- und Beschäftigungswirkungen eine Rolle (vgl. Job et al. 2005a: 27; 2005b: 608; Metzler 2007: 33).

Crompton et al. (2016: 1056) kritisieren die fehlerhafte Verwendung von für Wirkungsanalysen zur Auswahl stehenden Kenngrößen. Selbst im wissenschaftlichen Sprachgebrauch werden die zugrundeliegenden Begriffe als Resultat unklarer Definitionen oftmals unsauber verwendet. Verschiedene, vor allem angloamerikanische Veröffentlichungen und Guidelines zur Durchführung von *economic impact*-Analysen haben es sich deshalb mitunter zur Aufgabe gemacht, das Potpourri an analytischen Kenngrößen für die regionale Maßstabsebene zu präzisieren[60]. Folgende *„measures of economic impact"* stehen zur Auswahl (vgl. vor allem Archer 1977: 2f.; 1982: 237f.; Crompton 2006: 73ff.; 2010: 41f.; Crompton et al. 2016: 1056ff.; Stynes 1997: 25; Stynes et al. 2000: 1.2f.):

- der touristische Umsatz (*sales* oder *transactions*) bzw. der touristische Produktionswert (*output*),

- die touristische Wertschöpfung (*value added*),

---

60 *„If analysts do not clearly define how they have operationalized each measure, it is likely that spurious conclusions will be drawn from some of their analyses"* (Crompton et al. 2016: 1056).

- das touristische Einkommen (*income*)

- sowie die aus dem Tourismus resultierende Beschäftigung (*employment* oder *jobs*).

- Ferner können Steuereffekte (*tax*) berechnet werden, was aufgrund der Komplexität der Steuergesetze im Rahmen einer touristischen Wirkungsanalyse eher unüblich ist.

In der Unterscheidung zwischen touristischem **Umsatz** (*sales*) und **Produktionswert** (*output*) ist der Umsatz als die Ausgabenänderung in der Untersuchungsregion zu verstehen. Zum Zeitpunkt einer externen Geldinjektion in das regionalökonomische System einer Destination wird der Umsatz im Allgemeinen als die Transformation der touristischen Ausgaben in eine betriebliche Umsatzsteigerung der touristischen Leistungsanbieter verstanden (vgl. ARCHER 1982: 237): *„The gross sales (or transactions) measure reports the effect of visitor spending on total economic activity within a host community"* (CROMPTON et al. 2016: 1057). Nach den in Kapitel 3.1 vorgestellten Formeln 10 bzw. 11 zur Berechnung der gesamtökonomischen Effekte touristischer Ausgaben ergibt sich der touristische Umsatz aus der Multiplikation der Zahl der Besucher mit den durchschnittlichen Tagesausgaben pro Person. Der Umsatz umfasst demzufolge sowohl alle intermediären Verkäufe der Vorleistungen als auch den Endverkauf an die touristischen Nachfrager (vgl. CROMPTON et al. 2016: 1057):

Touristischer Umsatz

(Formel 12)

= Anzahl der Besucher × Durchschnittliche Ausgaben pro Besucher

Im Gegensatz zum Umsatz ist beim **Produktionswert** (im Folgenden auch als Output bezeichnet) entscheidend, dass auf der ersten Wirkungsebene touristischer Ausgaben mit *„first-round leakages"* (ARMSTRONG/TAYLOR 2000: 13) zu rechnen ist, was zur Folge hat, dass nicht der gesamte Umsatz in den regionalökonomischen Wirkungskreislauf eingeht. Eine differenzierte Herleitung liefert ARCHER (1982: 237):

> *„Very similar to this (…) is the output (…), which relates a unit of tourist spending to the resultant increase in the level of output in the economy. The difference between the two types is that, whilst the sales (…) considers only the level of sales which result from the direct and secondary effects of tourist spending, the output (…) takes into account both the level of sales and any real changes which take place in the level of inventories (stocks) held in the economy."*

Die ausschlaggebende Differenzierung begründet sich damit in den von ARCHER (1982: 237) genannten Bestandsveränderungen, woraus sich der allgemeine mathematische Zusammenhang zwischen Umsatz und Output ableitet (vgl. DWYER et al. 2010: 293; STYNES et al. 2000: 1.2):

Touristischer Output (Formel 13)

= Touristischer Umsatz + Bestandsveränderungen

Dieser Erklärungsansatz findet sich auch in den VGR wieder. Demgemäß kennzeichnet der Produktionsvorgang einen unter den Vorgaben der Kontrolle und des Managements der ausführenden Wirtschaftseinheit ablaufenden Prozess. Ausschlaggebend ist der dafür notwendige Einsatz von sogenannten Primärinputs, wie Arbeit und Kapital, sowie anderen Waren und Dienstleistungen, den sogenannten Vorleistungen. Der Produktionswert summiert den Wert aller produzierten Güter und Dienstleistungen der Wirtschaftseinheiten in einem bestimmten Zeitraum (vgl. EU 2014: 62ff.). Ausgehend von der Umsatzgröße berechnet sich der Produktionswert durch die Bestandsveränderungen (vgl. STATISTISCHES BUNDESAMT 2019: 548):

Produktionswert =

Umsatz

+ selbsterstellte Anlagen

+ sonstige betriebliche Erträge (ohne Subventionen)

+/− Vorratsveränderungen bei fertigen und unfertigen Erzeugnissen aus eigener Produktion (Formel 14)

+/− Vorratsveränderungen von zum Wiederverkauf in unverändertem Zustand gekauften Waren und Dienstleistungen

− Käufe von Waren und Dienstleistungen zum Wiederverkauf in unverändertem Zustand

Die Rechnung beschreibt damit eine Gewinn- und Verlustbilanzierung der Produktion, in der Haben (Produktionswerte) und Soll (Vorleistungen) gegenübergestellt werden (vgl. HARDES/SCHMITZ 2000: 269). Der Produktionswert bzw. Output kann dementsprechend als „bereinigter" touristischer Umsatz interpretiert werden. Dieser definitorischen Nuance wurde in den Anfängen der *economic impact*-Analysen im Tourismus keine Beachtung geschenkt. Von gleichbedeutend oder unsauber verwendeten begrifflichen Übergängen von einer zur anderen Kenngröße ist in *economic impact*-Studien durchaus zu lesen (vgl. CROMPTON et al. 2016: 1058). Beispielsweise verwenden PROPST et al. (1998: 9ff.) den Terminus *„direct sales"* gleichbedeutend mit *„output"*[61]. Erst seit den 1990er Jahren wurde eine genaue Unterscheidung der beiden Größen mit den Arbeiten von STYNES (1997: 17; 1999a: 7f.) und der Berücksichti-

---

61   Die mathematische Definition der Kenngrößen im Rahmen der VGR zeigt, dass die Abgrenzung als „direct sales" durchaus sinnvoll ist, da der „verbleibende" Umsatz gemeint ist.

gung regionalökonomischer Verbleiberaten touristischen Geldes, die in Kapitel 3.4.1 erläutert werden, forciert (vgl. Crompton et al. 2016: 1058).

Ausgehend vom touristischen Umsatz bzw. Output drücken sich regionalökonomische Effekte des Tourismus in der Kenngröße der touristischen **Bruttowertschöpfung** (*value added*) aus. Als Ergebnis der Produktivität der Tourismuswirtschaft kennzeichnet die Wertschöpfung den Mehrwert für alle vor- und nachgelagerten Tourismusbetriebe bzw. umgekehrt den Beitrag der Tourismusbetriebe zum touristischen Gesamtprodukt innerhalb einer Region. Die Wertschöpfung meint den generierten Wertzuwachs durch wirtschaftliche Produktion. In der Herleitung vom touristischen Output ist zu bedenken, dass ein Wirtschaftskreislauf nur durch Produktionsinputs in Form von Gütern und Dienstleistungen anderer Produzenten, den Vorleistungen, funktioniert (vgl. Freyer 2015: 162; Mundt 2006: 442). Um auf dieser Grundlage den reinen „Mehrwert" auszuweisen, ist der betriebliche Konsum vom Gesamtwert abzuziehen: *„Value-added is the value of output less the value of intermediate consumption"* (Crompton et al. 2016: 1059). Diese Konsumkomponente verstehen sich als die Vorleistungen, die von den Arbeitsleistungen zu trennen sind. Rechnerisch kann diese Herleitung ausgedrückt werden als:

Touristische Wertschöpfung

= Touristischer Output – Vorleistungen

(Formel 15)

Die Nomenklatur der VGR würde für selbe Begriffe folgendermaßen lauten (vgl. Tschurtschenthaler 1993: 217):

Bruttowertschöpfung

= Produktionswert – Vorleistungen

(Formel 16)

Im Ergebnis liegt die Bruttowertschöpfung vor, die von der Nettowertschöpfung zu unterscheiden ist. Dabei ist anzumerken, dass in der vorliegenden Arbeit stets die Bruttowertschöpfung gemeint ist, wenn von der Wertschöpfung die Rede ist. In den VGR ist die Bruttowertschöpfung die zentrale Kenngröße zur Bemessung der Wirtschaftsleistung der Wirtschaftsbereiche und der Entstehungsrechnung des BIP[62] (vgl. Statistisches Bundesamt 2016: 69).

---

62 Das BIP kann über drei Rechenansätze ermittelt werden: Die (1) Verteilungsrechnung ist als unabhängiger Rechenansatz zu sehen, der in Deutschland wegen unzureichender Datenverfügbarkeit nicht möglich ist durchzuführen. In dem Fall würden die verschiedenen Einkommensarten betrachtet, die aber über Betriebs- und Vermögenszahlen nur unvollständig ermittelt werden können. In der (2) Verwendungsrechnung wird der Wert der Verwendung von produzierten Gütern und Dienstleistungen ausgedrückt. Dieser Ausgabenansatz inkludiert private und staatliche Konsumausgaben sowie Investitionen und die Handelsbilanz als Gegenüberstellung von Ex- und Importen. (3) Die Entstehungsrechnung bemisst die Bruttowertschöpfung als Differenz zwischen Produktionswert und Vorleistungen (vgl. Statistisches Bundesamt 2016: 32ff.).

Die touristische Wertschöpfung kann somit folgendermaßen definiert werden:

„Value added is a commonly used measure of the contribution of an industry or region to gross national or gross state product. Value added is personal income plus rents and profits, plus indirect business taxes. As the name implies, it is the ‚value added' by the region to the final good or service being produced. It can also be defined as the final price of the good or service minus the costs of all of the non-labor inputs to production" (STYNES et al. 2000: 1.3).

In der Definition werden die Komponenten der Bruttowertschöpfung bereits genannt, die sich nach der VGR folgendermaßen kennzeichnen (vgl. EU 2014: 320f.; STATISTISCHES BUNDESAMT 2010: 15):

Bruttowertschöpfung =

Arbeitnehmerentgelt im Inland

+ Nettobetriebsüberschuss   (Formel 17)

+ sonstige Produktionsabgaben abzüglich Subventionen

+ Abschreibungen

Im Schutzgebietskontext fungiert die Wertschöpfung als Kennziffer zur Bewertung der Wirtschaftlichkeit der Schutzgebietsausweisung, v. a. in der Debatte über alternative konsumtive Landnutzungsformen wie der Forstwirtschaft. Sie dient dabei als Größe für die Quantifizierung direkter Gebrauchsnutzenwerte des TEV von Schutzgebieten (vgl. MAYER 2013: 28). Über den „Mehrwert" touristischer Ausgaben für eine Region lässt sich regionalpolitisch gut argumentieren und auch die Operationalisierung der Kenngröße über die VGR ist plausibel. Außerdem können verschiedene Wirtschaftsbereiche direkt miteinander verglichen werden, weil branchenspezifische Besonderheiten die Wertschöpfungsgröße nicht beeinflussen. Ein Euro touristische Wertschöpfung entspricht einem Euro in der Industrie oder Landwirtschaft (vgl. CROMPTON et al. 2016: 1059; STYNES et al. 2000: 1.3). Die hier verwendete Definition zeigt die betriebliche Sicht, indem jeder einzelne Tourismusbetrieb der typischen, ergänzenden oder randlichen Tourismuswirtschaft zur Gesamtwertschöpfung in der Region beiträgt. Darüber hinaus können in der makroökonomischen Betrachtung touristischer Systeme auch Wertschöpfungsketten analysiert werden (vgl. FREYER 2015: 162). Analysegegenstand wären dabei die komplexen regionalen Produktionsverknüpfungen bzw. -kreisläufe, um somit die Regionalität von Produktion und Konsum zu bewerten (vgl. BÄTZING/ERDMANN 2001: 119). Ausführliche konzeptionelle Grundlagen und eine empirische Analyse regionalökonomischer Verflechtungen ist in KRAUS (2015: 16ff.) am Beispiel der Dachmarke Rhön im Biosphärenreservat Rhön nachzulesen.

Der reine Gewinn inkl. Löhnen und Gehältern und ohne Abschreibungen und Steuern umschreibt die bereits erwähnte **Nettowertschöpfung**. Sie entspricht volkswirtschaftlich dem Bruttonationaleinkommen (vgl. Tschurtschenthaler 1993: 217) und kann als weitere Kenngröße mithilfe einer *economic impact*-Analyse berechnet werden. Das touristische Einkommen (*income*) repräsentiert dabei den „Mehrwert" für die Privathaushalte: *„Personal income includes wage and salary income, proprietor's income and employee benefits"* (Stynes et al. 2000: 1.2). In der Abgrenzung zum touristischen Output meint das also die Einkommensänderung je generiertem Umsatz bzw. Output (vgl. Archer 1982: 237; Crompton 2010: 45; Crompton et al. 2016: 1060). Rechnerisch ausgedrückt summiert die Nettowertschöpfung Löhne und Gehälter mit Gewinnen (vgl. Tschurtschenthaler 1993: 217):

$$Nettowertschöpfung = Touristisches\ Einkommen$$

$$= Bruttowertschöpfung - Abschreibungen - Steuern \qquad (Formel\ 18)$$

$$= Löhne\ und\ Gehälter + Gewinne$$

Die touristische Einkommensänderung zu berechnen wäre dahingehend sinnvoll, dass ein direkter Vergleich von Ausgaben und Einnahmen der Privathaushalte möglich wäre. Auch branchenübergreifende Vergleiche wären durchführbar (vgl. Crompton 2006: 74; Stynes et al. 2000: 1.3).

Als letzte Kenngröße interessieren die **Beschäftigungseffekte** (*jobs*) touristischer Ausgaben: *„Jobs are the number of jobs in the region supported by the visitor spending. Job estimates are not full time equivalents, but include part time and seasonal positions"* (Stynes et al. 2000: 1.2). Anders als die touristische Wertschöpfung und das Einkommen werden die Beschäftigungseffekte nicht in Geldeinheiten, sondern in einer Personenzahl pro touristischem Output angegeben, also die Personen, die vom Tourismus in einer Region leben können (vgl. Crompton et al. 2016: 1056). Eine in Deutschland gängige Größe ist die Berechnung von Einkommensäquivalenten. Mangels standardisierter Werte zum touristischen Arbeitsentgelt handelt es sich dabei um eine fiktive Zahl, welche die Wertschöpfungseffekte je regionalem Primäreinkommen pro Kopf beschreibt (vgl. Job et al. 2005a: 39; Woltering 2012: 132; vgl. Kapitel 3.4.2). In der Berechnung von Beschäftigungseffekten sind nach Crompton (2010: 46) drei Aspekte zu berücksichtigen: Erstens umfasst die Kenngröße sowohl Vollzeit- als auch Teilzeitjobs, eine Differenzierung findet nicht statt[63]. Das bedeutet auch, dass die Qualität der Jobs nicht beurteilt werden kann, was gerade im Tourismus als Instrument einer nachhaltigen Regionalentwicklung bedeutend wäre, weil die Tourismuswirtschaft häufig Saisonkräfte und Niedriglohnmitarbeiter beschäftigt (vgl. Beyer 2017: 227). Zweitens wird angenommen, dass die Stellen auch be-

---

63 Dies geht mit der Definition der Erwerbstätigen der VGR einher: *„Zu den Erwerbstätigen rechnen alle Personen, die eine auf Erwerb gerichtete Tätigkeit ausüben, unabhängig von der Dauer der tatsächlich geleisteten oder vertragsmäßig zu leistenden Arbeitszeit. Für die Zuordnung als Erwerbstätige ist es unerheblich, ob aus dieser Tätigkeit der überwiegende Lebensunterhalt bestritten wird. Im Falle mehrerer Tätigkeiten wird der Erwerbstätige nur einmal gezählt (Personenkonzept). (…) Nach dem Erwerbstätigenkonzept werden sowohl die Beschäftigten in Teilzeit als auch die marginal Beschäftigten voll mitgezählt. (…) Nach der Stellung im Beruf wird zwischen Arbeitnehmern und Selbstständigen (…) unterschieden'* (Statistische Ämter des Bundes und der Länder 2021b).

setzt oder zu besetzen sind, sodass eine Steigerung der Produktion (und damit des Produktionswertes) prinzipiell zu mehr Beschäftigung führt (vgl. auch Kapitel 3.6.1 zu den Restriktionen der Input-Output-Analyse). Drittens wird angenommen, dass die Stellen auch von Einheimischen besetzt sind.

3.4 Analyse von direkten touristischen Effekten: Quoten-ansatz

3.4.1 Kenngrößen direkter regionalökonomischer Verbleiberaten

Nachdem die notwendigen Analyseparameter vorgestellt wurden, wird in diesem Kapitel zur Bestimmung des Multiplikanden übergegangen, der die direkten regionalökonomischen Effekte im Multiplikatorprozess ausdrückt (vgl. Formel 11 in Kapitel 3.1). Die Definition der touristischen Kenngrößen hat gezeigt, dass sich Umsatz und Produktionswert bzw. Output auf der ersten Wirkungsebene durch Bestandsveränderungen differenzieren. Von diesen sind Gütergruppen betroffen, deren Verkaufspreise an den Konsumenten sich als Resultat verschiedener Handelsspannen (*retail margin*) im Handelsprozess von der Herstellung eines Produktes über den Transport bis zum Verkauf an den Endverbraucher zusammensetzen. Mit jedem Schritt der Lieferkette erfährt der ursprüngliche Herstellungspreis des Produktes einen Preisaufschlag, bis das Produkt schließlich zu einem Anschaffungspreis an Touristen verkauft wird (vgl. Archer 1982: 236; Hjerpe/Kim 2007: 140; Stynes 1999a: 7). Nach Zhang et al. (2007: 841) unterscheiden sich zwei touristische Güterkategorien: *„immobile commodities"* und *„mobile commodities"*. Bei Ersteren handelt es sich um räumlich verortbare touristische Dienstleistungen, die möglichen Sickerverlusten in aller Regel nicht unterliegen (aufgrund des Uno-Actu-Prinzips; vgl. Kapitel 2.1). Die zweite Güterkategorie umfasst die Bereiche des Einzelhandels, die bei verschiedenen Lieferschritten „sickerbehaftet" sind. Das erklärt die Einzelhandelsmarge als eine entscheidende Variable zur Herleitung direkter regionalökonomischer Effekte. Stynes (1997: 17; 1999a: 7f.) führte in der *economic impact*-Literatur die Verwendung regionalökonomischer Verbleiberaten ein.

Zur Erläuterung dieser wird beispielhaft angenommen, dass ein Tourist ein Souvenir für 100 € bei einem Einzelhändler erwirbt. Die Einzelhandelsmarge beträgt 40 %, was 40 € entspricht. Angenommen, die Lieferkette würde außerhalb der Untersuchungsregion ablaufen, was bedeutete, dass Hersteller, Großhandel und Transportunternehmen außerhalb der Region ansässig wären, würde sich die regionale Endnachfrage im Einzelhandel auf 40 € und nicht 100 € belaufen. Die übrigen 60 € würden die Kosten für Herstellung, Großhandel und Transport decken (angelehnt an Spenceley et al. 2021a: 55). Diese beispielhaften 60 € wären nach der Definition in Kapitel 2.4.1.2 als die Sickerverluste auf direkter Wirkungsebene (*„first-round leakages"*; Armstrong/Taylor 2000: 13) des Tourismus zu bezeichnen, sofern die Lieferkette außerhalb der Region abläuft, was in diesem Beispiel angenommen wird.

Die Realität ist jedoch insofern komplexer, als beispielsweise Lagerung oder Transport von Unternehmen durchgeführt werden können, die innerhalb der Untersuchungsregion ansässig sind. Demnach könnten also weitere Anteile dieser 60 € als Wertschöpfungssteigerungen in Lagerei oder Transportunternehmen im fiktiven regionalökonomischen System verbucht werden. Für diesen Fall weitet die englischsprachige Literatur die Begriffsauslegung der Einzelhandelsmarge aus, indem sie von einer „Verbleiberate" im Sinne eines verbleibenden Anteils der originären externen Geldinjektion spricht, was mit dem Begriff *capture rate* ausgedrückt wird (vgl. z. B. CROMPTON 2006: 75; 2010: 41; CROMPTON et al. 2016: 1054; PROPST et al. 1998: 3; STYNES 1997: 17; 1998: 17; 1999a: 7; STYNES et al. 2000: 1.12).

Die *capture rate* kennzeichnet die Differenz aus *„tourist expenditure minus leakage"* (HJERPE/KIM 2007: 145), also den Anteil touristischer Ausgaben, welcher der Region als lokale Endnachfrage zur Verfügung steht (vgl. STYNES 1999a: 7). Im angeführten Beispiel wäre von einer Handelsspanne von 40 % auszugehen, wobei angenommen wird, dass das Absatzgebiet der Lieferkette (Großhandel und Transport) außerhalb der Untersuchungsregion liegt. Demzufolge wäre der Begriff der Handelsspanne der *capture rate* gleichzusetzen. Angenommen, ein Teil der Lieferkette läge innerhalb der Untersuchungsregion, würde die Definition der *capture rate* greifen und der Anteil von 40 % bzw. 40 € wäre entsprechend des zusätzlichen „regionalen" Produktionswertes zu erhöhen. Ein weiteres Beispiel gibt einen Einblick in eine eher volkswirtschaftliche Betrachtungsebene, indem STYNES (1998: 17) Größenordnungen einer *capture rate* für den US-amerikanischen Staat Michigan einschätzt:

> *„Multiplying the capture rate (77%) by total spending ($331 million) yields the direct sales effect of $254 million in sales. Roughly $77 million ($331-$254) of the visitor spending immediately leaks out of the Michigan economy to cover the costs of items purchased by visitors that are not made in Michigan, e.g., gasoline, groceries, sporting goods and souvenirs). Only the retail and wholesale margins for most of these purchases accrue to the state economy."*

Diese im Zitat geschätzte *capture rate* gibt einen Durchschnittswert für alle Ausgabenkategorien an. Nach der Einschätzung von STYNES (1997: 17; 1999a: 7) kann etwa ein Wert von 60 % bis 70 % für die Summe aller touristischer Ausgabenkategorien angenommen werden (d. h. eine Sickerrate in Höhe von 30 % bis 40 %). Nichtsdestotrotz sind nach SPENCELEY et al. (2021a: 55) dieselben Einflussfaktoren auf die Höhe der touristischen Multiplikatorwirkung auch bei der *capture rate* anzuführen (vgl. Kapitel 2.4.2 und 2.4.3):

1. die Größe der definierten Untersuchungsregion,

2. die wirtschaftsstrukturelle Ausstattung der Untersuchungsregion

3. und die touristische Ausgabenstruktur und die davon profitierenden Wirtschaftszweige.

Zum letzten Punkt ist in Anlehnung an die einleitend erwähnte Unterscheidung nach „*immobile commodities*" und „*mobile commodities*" (Zhang et al. 2007: 841) zu differenzieren, dass *capture rates* nur in den touristischen Ausgabenkategorien des Einzelhandels einzusetzen sind. Da im Dienstleistungssektor (inkl. Gastgewerbe) Serviceleistungen erworben werden (für deren Bereitstellung zwar Vorleistungen, aber keine Wareneinkäufe zum direkten Weiterverkauf notwendig sind) und demzufolge keine Einkaufskosten zum Weiterverkauf in unverändertem Zustand (nach der Definition des Produktionswertes; vgl. Kapitel 3.3.2) außerhalb der Untersuchungsregion anfallen, ist hierfür keine *capture rate* anzusetzen (vgl. Crompton 2006: 75; 2010: 41; Spenceley et al. 2021a: 55). Demzufolge entsprechen sich im Dienstleistungssektor Umsatz und Output: „*In the context of services, the direct and secondary effects on sales and output are the same in both measures because there are no margins on services*" (Crompton et al. 2016: 1058).

Als Berechnungsgrundlage für regionalökonomische Verbleiberaten repräsentiert diese ökonomische Verhältniszahl den Anteil der in der Region verbleibenden Besucherausgaben als regionale Endnachfrage (Stynes 1997: 17; 1999a: 7):

$$capture\ rate = \frac{Regionale\ Endnachfrage}{Regionale\ Besucherausgaben} \qquad \text{(Formel 19)}$$

Nach den in Kapitel 3.3.2 dargelegten definitorischen Zusammenhängen dient die *capture rate* als eine Kenngröße zur Unterscheidung zwischen touristischem Output und Umsatz (vgl. Crompton et al. 2016: 1055; Stynes et al. 2000: 1.12):

$$capture\ rate = \frac{Touristischer\ Output}{Touristischer\ Umsatz} \qquad \text{(Formel 20)}$$

In der Herleitung der direkten regionalökonomischen Effekte als anfänglich in der Region verbleibende Ausgaben ist der um die *capture rate* bereinigte Output als erstes Zwischenergebnis zu verbuchen. Denn während die *capture rate* die Handelsmarge von verkauften Produkten darstellt, interpretieren Sinclair/Sutcliffe (1984: 323) den gesuchten regionalökonomischen Multiplikanden ausdrücklich als die touristische Wertschöpfung in ihrer Eigenart als regionalökonomischer Mehrwert. Auf der ersten Wirkungsstufe touristischer Ausgaben bezeichnet der Multiplikand demnach „*the change in local value added by the change in injections*" (Sinclair/Sutcliffe 1984: 323). Die direkte Verbleiberate kann demzufolge auch als eine Art „Wertschöpfungsrate" bezeichnet werden, die in der deutschsprachigen Literatur zu regionalökonomischen Wirkungsanalysen des Tourismus in Schutzgebieten als touristische „Wertschöpfungsquote" begrifflich eingeführt wurde (vgl. Job et al. 2009: 33; Küpfer 2000: 65ff.): „*Der jeweilige Anteil der Wertschöpfung am Nettoumsatz (= Bruttoumsatz abzüglich Mehrwertsteuer) wird entsprechend als Wertschöpfungsquote bezeichnet*" (Woltering 2012: 125). Der Quotenansatz der Tourismusanalyse basiert letztlich auf diesen Verhältniswerten. Dadurch wird der Anteil einer betrachteten Kenngröße ausgedrückt, die den Produktionskonten von touristischen Leistungsanbietern sowie Vorleistungsbetrieben anzurechnen sind. Dieser Anteil wird der Untersuchungsregion als direkter Effekt touristischer Ausgaben verbucht (vgl. CROMPTON 2010: 39f.; SPENCELEY et al. 2021a: 54; STYNES et al. 2000: 1.2). Werden die Kenngrößen des Produktionswertes und der Bruttowertschöpfung nämlich in entsprechendem Bezug zueinander gesetzt, so ergibt sich daraus die touristische Wertschöpfungsquote, die den Anteil der Bruttowertschöpfung am Bruttoproduktionswert ausdrückt (vgl. TSCHURTSCHENTHALER 1993: 224):

$$Touristische\ Wertschöpfungsquote$$
$$= \frac{Touristische\ Wertschöpfung}{Touristischer\ Output} \qquad \text{(Formel 21)}$$

bzw. nach den Grundlagen der VGR (vgl. Kapitel 3.3.2):

$$Touristische\ Wertschöpfungsquote = \frac{Bruttowertschöpfung}{Bruttoproduktionswert} \qquad \text{(Formel 22)}$$

In ihrer Aussage können Wertschöpfungsquoten auch gleichbedeutend einer *capture rate* verstanden werden („*tourist expenditure minus leakage*"; HJERPE/KIM 2007: 145) (vgl. MAYER 2013: 129; MAYER/VOGT 2016: 173). Die beiden Definitionsansätze ergänzen einander und helfen somit, die Bestimmung einer regionalen Verbleiberate zu erläutern. Allerdings wird auch von CROMPTON (2010: 41) auf den Unterschied verwiesen, dass eine *capture rate* ausschließlich den in der Region verbleibenden Umsatzanteil und damit dem Anteil des Produktionswertes am touristischen Umsatz entspricht. Demzufolge ist die *capture rate* gleichbedeutend der Einzelhandelsspanne zu sehen. Zur Bestimmung des Multiplikanden im Sinne von in der Region verbleibenden Primäreinnahmen werden die Applikation von *capture rate* und Wertschöpfungsquote in dieser Arbeit als aufeinander aufbauende Schritte im Analysevorgang verstanden.

3.4.2   Berechnungsweg der touristischen Wertschöpfungsanalyse

Touristische Wertschöpfungsquoten sind der zentrale Parameter der touristischen Wertschöpfungsanalyse. Diese arbeitet sowohl auf der direkten als auch auf der indirekten Wirkungsebene mit Wertschöpfungsquoten. Auch wenn ihr Berechnungsweg deshalb dem übergeordneten Kapitel 3 zum Quotenansatz zugeordnet ist, ist einzuräumen, dass sich die indirekten Wertschöpfungsquoten nicht als Kenngröße zur Herleitung eines Multiplikanden, wie sie im vorangegangenen Kapitel 3.4.1 eingegrenzt wurden, verstehen. Wie in der allgemeinen Methodenübersicht dargestellt, entspringt die Wertschöpfungsanalyse dem iterativen Prinzip des Keynesianischen Multiplikators (vgl. Kapitel 3.2), welcher sich lediglich in der Quotenschreibweise ausdrückt.

Die seit Job et al. (2005a: 35ff.) im Schutzgebietskontext standardisierte Methode ist anhand von sechs aufeinander aufbauenden Rechenschritten durchzuführen. Die Ausgangsgrößen bilden – wie in der allgemeinen Übersicht in Kapitel 3.1 dargelegt – die Analyseparameter der touristischen Nachfrage und der von den Besuchern vor Ort durchschnittlich getätigten Tagesausgaben. Die Methode differenziert für alle nachfolgend aufgezeigten Rechenschritte nach den regionalökonomisch relevanten Besuchersegmenten der

- Tages- und Übernachtungsgäste

- sowie den Schutzgebietsbesuchern im engeren Sinne und sonstigen Schutzgebietsbesuchern (vgl. Kapitel 3.3.1).

Gemäß der *economic impact*-Dimension werden anhand der Schutzgebietsbesucher im engeren Sinne die originär auf die Existenz des Schutzgebietes zurückzuführenden Wertschöpfungs- und Beschäftigungswirkung in der Region berechnet. Die sechs Rechenschritte werden im Folgenden basierend auf den Publikationen zur touristischen Wertschöpfungsanalyse in deutschen Schutzgebieten skizziert (vgl. ausführlich Woltering 2012: 129ff. und die Leitfäden von Job et al. 2020a: 24ff.; 2020b: 25ff.).

1. Schritt: Ermittlung der Bruttoumsätze

Der touristische Bruttoumsatz berechnet sich durch die Multiplikation des touristischen Nachfragevolumens B_l und den durchschnittlichen Tagesausgaben der Besucher P_j. Dabei wird nach den oben genannten Besuchersegmenten l von 1 bis k sowie nach den profitierenden Branchen der touristischen Ausgabenkategorien j von 1 bis n differenziert. Dadurch wird zum einen gewährleistet, dass ein möglichst genaues Abbild der touristischen Realität der Zielgebiete wiedergegeben wird. Zum anderen können so möglichst genau die in den darauffolgenden Schritten berechneten Mehrwertsteuersätze und Wertschöpfungsquoten entsprechend den Ausgabenkategorien berechnet werden. Aus der Addition der durchschnittlichen Ausgabenwerte nach Besuchersegmenten und Ausgabenkategorien ergibt sich schließlich der touristische Bruttoumsatz U_{lj}^{β}:

$$U_{lj}^{\beta} = \sum_{l=1}^{k} B_l \times \sum_{j=1}^{n} P_j \qquad \text{(Formel 23)}$$

2. Schritt: Ermittlung der Nettoumsätze

Zur Berechnung der Nettoumsätze sind vorneweg branchenspezifische Mehrwertsteuersätze zu ermitteln. Die entsprechend anzusetzenden Mehrwertsteuersätze variieren je nach von der Querschnittsbranche Tourismus profitierendem Wirtschaftszweig. Der volle Mehrwertsteuersatz in Höhe von derzeit 19 % wird beispielsweise in der Gastronomie erhoben, während aktuell ein gemäßigter Satz von 7 % im Beherbergungsbereich für die Übernachtungsleistung anfällt, alternativ aber auch für den Kauf von Lebensmitteln, Zeitungen oder Bücher gilt[64]. Darüber hinaus ist eine Mehrwertsteuerbefreiung in Privatquartieren, Jugendherbergen, Museen oder Ausstellungen zu berücksichtigen. Zur Ermittlung des passenden Mehrwertsteuersatzes ist deshalb für das Beherbergungswesen die von den befragten Besuchern angegebene Art der gewählten Unterkunft während des Aufenthaltes heranzuziehen, da je nach Art der Unterkunft zwischen 0 % und 7 % Mehrwertsteuer anzusetzen sind. Das bedeutet im Umkehrschluss, dass der durchschnittliche Mehrwertsteuersatz umso niedriger liegt, je mehr Übernachtungen in Privatunterkünften oder auf Campingplätzen verzeichnet werden. Zudem werden in der nachfrageseitigen Erhebung die Hotelpreise inklusive des gebuchten Verpflegungsarrangements von den Besuchern angegeben, welches wegen des hierfür anzusetzenden vollen Mehrwertsteuersatzes von 19 % vom reinen Übernachtungspreis zu trennen ist. Das Verpflegungsarrangement bildet damit eine eigene, nachträglich ausgewiesene Ausgabenkategorie, deren Durchschnittswerte sich nach dem Bundesreisekostengesetz richten. Die eckige Klammer der Formel drückt den Gesamtbetrag der Mehrwertsteuer nach Berechnung der branchenspezifischen Mehrwertsteuersätze σ_j aus. Nach deren Abzug vom Bruttoumsatz U_{lj}^{β} ergibt sich der touristische Nettoumsatz U_{lj}^{α} :

$$U_{lj}^{\alpha} = \sum_{l=1}^{k}\sum_{j=1}^{n} U_{lj}^{\beta} - \left[\left(\sum_{l=1}^{k}\sum_{j=1}^{n} U_{lj}^{\beta} \times \left(1+\sigma_j\right)^{-1} \right) \times \sigma_j \right] \qquad \text{(Formel 24)}$$

3. Schritt: Ermittlung der direkten Wertschöpfungswirkung

In diesem Schritt der sogenannten ersten Umsatzstufe kommen die vorangegangenen Ausführungen zu den regionalen Verbleiberaten zum Einsatz, indem der regionalökonomische Multiplikand, d. h. die direkten regionalökonomischen Wertschöpfungseffekte berechnet werden. Mithilfe branchenspezifischer Wertschöpfungsquoten w_j^{dir} wird gemäß der Definition des Multiplikanden (vgl. Kapitel 3.1) der Anteil der in der Region verbleibenden touristischen Wertschöpfung[65] am Nettoumsatz ermittelt. Die touristische Wertschöpfungsanalyse verfährt hierbei etwas

---

64 Ermäßigungen der Mehrwertsteuersätze im Rahmen der Covid-19-Pandemie werden in der vorliegenden Arbeit nicht berücksichtigt, weil die empirischen Erhebungen vorher durchgeführt wurden.
65 Die Nomenklatura der veröffentlichten Rahmenwerke umschreibt den Begriff der Wertschöpfung mit „Einkommen" (vgl. z. B. Job et al. 2005a: 37ff.).

unscharf, indem keine Differenzierung zwischen Nettoumsatz und touristischem Produktionswert vorgenommen wird. Dieser Schritt bildet – zusammen mit dem darauffolgenden vierten Schritt – das Kernstück der touristischen Wertschöpfungsanalyse und der Berechnung direkter und indirekter regionalökonomischer Effekte. Die direkte touristische Wertschöpfung v_{lj}^{dir} der Ausgaben der Schutzgebietsbesucher errechnet sich demnach wie folgt:

$$v_{lj}^{dir} = \sum_{l=1}^{k} \sum_{j=1}^{n} U_{lj}^{\alpha} \times w_j^{dir} \qquad \text{(Formel 25)}$$

Für einzelne Wirtschaftszweige sind unterschiedliche Wertschöpfungsquoten anzusetzen. WOLTERING (2012: 131) nennt Spannbreiten zwischen 20 % und 60 % im Gastgewerbe oder zwischen 10 % und 30 % im Einzelhandel, je nach Betriebstypus oder Wirtschaftseinheit.

4. Schritt: Ermittlung der indirekten Wertschöpfungswirkung

Auf der zweiten Umsatzstufe werden anschließend indirekte Wertschöpfungswirkungen des Tourismus ermittelt, die von den Vorleistungslieferanten der touristischen Betriebe erwirtschaftet werden (vgl. Kapitel 2.3.2). Die Wertschöpfungsanalyse greift die Rechenzusammenhänge der VGR auf, wonach der verbleibende Rest als Differenz aus Produktionswert und Bruttowertschöpfung die Vorleistungen sind (vgl. Kapitel 3.3.2). Wie eben angemerkt, wird der touristische Nettoumsatz dem Produktionswert gleichgesetzt, d. h. eine *capture rate* oder Einzelhandelsmarge für den Einzelhandel ist bereits in der Wertschöpfungsquote einberechnet. Ausgehend von den Vorleistungen, die in der Klammer als Differenz des Nettoumsatzes und der direkten Wertschöpfung ausgedrückt werden, wird von JOB et al. (2020a: 26; 2020b: 27) eine indirekte Wertschöpfungsquote w^{indir} von 30 % für alle Wirtschaftsbereiche angenommen, welche als indirekte Wertschöpfung v_{ij}^{indir} in der Region verbleibt:

$$v_{lj}^{indir} = \sum_{l=1}^{k} \sum_{j=1}^{n} \left(U_{lj}^{\alpha} - v_{lj}^{dir} \right) \times w^{indir} \qquad \text{(Formel 26)}$$

5. Schritt: Ermittlung der gesamten Wertschöpfungswirkung

Die regionalökonomischen Gesamteffekte definieren sich als die Summe der direkten und sekundären regionalökonomischen Effekte (vgl. STYNES 1997: 12). Wie bereits in Kapitel 3.2 erwähnt, ist eine Berechnung der induzierten Effekte durch die touristische Wertschöpfungsanalyse nicht möglich. Damit ergibt sich die gesamte, im Rahmen der touristischen Wertschöpfungsanalyse ermittelte, touristische Wertschöpfung v als Summe der Wertschöpfungswirkungen der direkten und indirekten Wirkungsebene (vgl. Tschurtschenthaler 1993: 222):

$$v = v_{lj}^{dir} + v_{lj}^{indir} \qquad \text{(Formel 27)}$$

6. Schritt: Ermittlung der gesamten Beschäftigungswirkung

Nach der Quantifizierung der gesamten Wertschöpfungswirkung, welche durch den Besuch des Schutzgebietes erzielt wird, werden die Beschäftigungseffekte ausgewiesen. Aus der Division der gesamten Wertschöpfung v mit dem regionalen Primäreinkommen pro Person y ergibt sich ein Einkommensäquivalent EA[66]:

$$EA = \frac{v}{y} \qquad \text{(Formel 28)}$$

Dieses beschreibt eine fiktive Zahl an Personen, die durch den Tourismus in dem jeweiligen betrachteten Schutzgebiet ihren Lebensunterhalt bestreiten kann. Es ist wichtig zu betonen, dass es sich hierbei nicht um die Zahl der Arbeitsplätze in einer Region handelt, sondern um eine potenzielle Personenzahl, inklusive Erwerbsloser und sonstiger Haushaltsmitglieder. Diese Erklärung begründet sich darin, dass teilweise Personen nur anteilig vom Tourismus leben (beispielsweise durch die Vermietung von Privatunterkünften) oder auch in Teilzeit oder marginal beschäftigt sein können (beispielsweise saisonale Arbeitskräfte, Aushilfen).

3.4.3 Exkurs A: Klassifikation der Wirtschaftszweige und Güterkategorien

Wie im Berechnungsweg der touristischen Wertschöpfungsanalyse bereits ersichtlich wurde, ist die branchenspezifische Differenzierung der Tourismuswirtschaft für die möglichst exakte touristische Wirkungsanalyse substanziell. Dieser Exkurs A beschreibt deshalb knapp die gebräuchlichen Klassifizierungsansätze von Wirtschaftszweigen in der amtlichen Statistik.

In Deutschland werden Wirtschaftsdaten nach der Klassifikation der Wirtschaftszweige, Ausgabe 2008 (WZ 2008; vgl. Statistisches Bundesamt 2008), in unterschiedlichen Aggregationsebenen abgebildet, wobei die Aggregation die Zusammenfassung der jeweils untergeordneten Ebenen meint. Um die internationale Vergleichbarkeit zu gewährleisten sowie der verstärkten wirtschaftlichen Verflechtung auf internationaler Ebene entgegenzukommen, ist die deutsche WZ 2008 in

---

66 Dieser stellt im Grunde genommen den Wertschöpfungsäquivalenten dar. An dieser Stelle wird die Nomenklatur von Job et al. (2005a: 39) verwendet.

die europäische „Nomenclature statistique des activités économiques dans la Communauté européenne" (NACE), Rev. 2, eingegliedert (vgl. EG 2008). Die Aufstellung der statistischen Systematik der Wirtschaftszweige ist durch die zugehörige Verordnung des Europäischen Parlaments und des Rates für alle EU-Mitgliedsländer rechtsbindend (vgl. Verordnung (EG) Nr. 1893/2006 des Europäischen Parlaments und des Rates, Artikel 21). Internationale Bezugsklassifikation der nationalen sowie der europäischen Klassifikation ist die „International Standard Industrial Classification of All Economic Activities" (ISIC), Rev. 4, der UN (vgl. UN 2008). Die Klassifizierung der Wirtschaftsabschnitte sowie die zugehörigen Bezeichnungen stimmen in WZ 2008, NACE sowie ISIC grundsätzlich überein (vgl. Statistisches Bundesamt 2008: 47). Die WZ 2008 unterscheidet 21 Wirtschaftsabschnitte (A-U), welche sich wiederum in 88 Abteilungen (2-Steller), 272 Gruppen (3-Steller), 615 Klassen (4-Steller) und 839 Unterklassen (5-Steller) unterteilen (vgl. Statistisches Bundesamt 2008: 18).

Güter werden in der EU wiederum nach der „Statistical Classification of Products by Activity" (CPA) klassifiziert (vgl. Verordnung (EG) Nr. 451/2008 des Europäischen Parlaments und des Rates vom 23. April 2008). Die internationale Bezugsklassifikation ist die „Central Product Classification" (CPC) der UN (vgl. UN 2015b). Während sich Wirtschaftszweigklassifikationen auf statistische Einheiten beziehen, d. h. von Betriebsgruppen erwirtschaftete Werte, also beispielsweise Produktionswert oder Bruttowertschöpfung (vgl. EG 2008: 27ff. zur Klassifizierung der Wirtschaftseinheiten im Detail), ordnen Güterklassifikationen Waren und Dienstleistungen nach einheitlichen Merkmalen ein (vgl. Statistisches Bundesamt 2008: 7). Die Verknüpfung der beiden Klassifizierungsansätze (Wirtschaftszweige und Güter) ist insofern gegeben, als der *Aufbau der CPA dem der NACE bis zur vierten Ebene (Klassen)"* (EG 2008: 42) entspricht und demzufolge die Kodierung übereinstimmt (vgl. EG 2008: 42).

Das ESVG 2010 bedient sich genormter Aggregationsebenen der ISIC und NACE-Klassifikationen, um eine internationale Vergleichbarkeit ihrer Rechenwerke sicherzustellen. Sie fassen die veröffentlichten Daten nach Wirtschaftszweigen oder Güterklassifikationen in drei, 10, 21, 38 oder 64 Bereiche zusammen. Wirtschaftszweigklassifikationen werden im ESVG 2010 sowie im Folgenden der Arbeit als *A*3, A*10, A*21, A*38 und A*64*, Güterklassifikationen entsprechend mit dem Buchstaben „P" bezeichnet (vgl. EU 2014: 605ff.). Die Klassifikation nach *A/P*64* ist in Anhang 1 einsehbar.

3.4.4 Exkurs B: Tourism Satellite Account

Mit der konzeptionellen Einordnung eines Wirtschaftszweiges setzen sich auch TSA auseinander. Während WZ 2008 oder CPA klar abgrenzbare statistische Einheiten über die Angebotsseite klassifizieren (vgl. Exkurs A), definiert sich der Tourismus über seine Nachfrager, sodass ihr ökonomischer Beitrag zur Volkswirtschaft bereits in der VGR inkludiert ist: *„Im Gegensatz zu den produktionsorientierten Wirtschaftszweigen (…) werden Umfang und Struktur der Tourismuswirtschaft direkt durch den*

Konsum der Touristen bestimmt und daher nicht eigens als Sektor in der Volkswirtschaft-lichen Gesamtrechnung (VGR) erfasst" (LAIMER et al. 2014: 1). Die Entwicklung zu einer Dienstleistungsgesellschaft, in welcher der Tourismus eine ernstzunehmende Rolle als Wirtschaftsfaktor einnimmt, führte schließlich zur Erkenntnis, dass der statistischen Erfassung der monetären Größen eines „Wirtschaftszweiges" Tourismus eine verstärkte Relevanz beizumessen ist (vgl. weiterführend zu den Hintergründen und der Historie von TSA SPURR 2006: 286ff.). Die internationale Vergleichbarkeit ist sichergestellt durch ein „Recommended Methodological Framework" der UN in Zusammenarbeit mit der UNWTO, dem Statistischen Amt der EU (Eurostat) sowie der Organisation for Economic Co-operation and Development (OECD) (vgl. UN et al. 2010; erste Ausgabe OECD et al. 2001). Für Deutschland sind die Arbeiten von AHLERT (2003; 2005; 2008) sowie die vom Bundesministerium für Wirtschaft und Energie (BMWi) in Auftrag gegebene Studie „Wirtschaftsfaktor Tourismus in Deutschland" (vgl. BMWI 2017) zu nennen. Relativ aktuell ist der „Outdoor Recreation Satellite Account" (ORSA) des Bureau of Economic Analysis der USA (vgl. HIGHFILL/SMITH-NELSON 2018; HIGHFILL et al. 2018). Mittlerweile existieren außerdem bereits einige TSA-Berechnungen auf regionaler Maßstabsebene (vgl. z. B. BECKER et al. 2018; 2019; weiterführend JONES/MUNDAY 2010; JONES et al. 2003 zum generellen Konzept der TSA als regionales Analyseinstrument), deren internationale Vergleichbarkeit ebenfalls durch die Vorgaben des offiziellen TSA-Frameworks angestrebt wird (vgl. FRECHTLING 2008: 6).

Wie im Methodenüberblick eingeordnet (vgl. Kapitel 3.2), handelt es sich bei einem TSA um ein Tool zur Bemessung der ökonomischen Aktivität des Tourismus in den entsprechenden Kenngrößen. Im Grunde wird mithilfe des Ansatzes der Beitrag des Angebotes und der Nachfrage aus der VGR anteilig herausgerechnet, der dem Tourismus zuordnbar ist[67]. Im Ergebnis liegt damit der ökonomische Beitrag (*economic contribution*) zur Volkswirtschaft vor, wodurch sich der TSA von der *economic impact*-Analyse der Multiplikatorenrechnung im Tourismus abhebt. DWYER et al. (2007: 540) erklären dazu: *„They cannot be used to estimate the economy-wide impacts of a boom in inbound tourism since they do not contain any behavioural equations specifying how each sector responds to external shocks, including shocks normally affecting the sector directly and shocks transmitted through intersectoral linkages (...)."* In diesem Sinne werden nur Wirkungen der direkten Ebene berechnet und es können keine Sekundärwirkungen einer externen Geldinjektion ins ökonomische System abgesteckt werden (vgl. DWYER et al. 2009: 312). SMERAL (2006: 97) kritisiert, dass der ökonomische Beitrag des Tourismus zur Volkswirtschaft mithilfe der TSA-Methode dadurch insgesamt unterschätzt wird.

Wie eingangs angedeutet, liegt die Herausforderung in der Definition eines „Wirtschaftszweigs" Tourismus. Die Herangehensweise sieht dabei vor, sogenannte *„tourism characteristic industries"* und *„tourism-connected industries"* (SPURR 2006: 289) innerhalb der Klassifizierung der Wirtschaftszweige (ISIC, NACE, WZ 2008 – vgl. Exkurs A) zu identifizieren. Erstere meinen ergänzende und randliche Tourismus-

---

67 Güter und Dienstleistungen der Wirtschaftszweige werden auch von anderen Nachfragegruppen nachfragt, nicht nur von Touristen (vgl. MUNDT 2006: 417).

betriebe, wie z. B. Souvenirhändler oder Gastronomiebetriebe, deren Produkte auch von Einheimischen konsumiert werden, während es sich bei letzteren um typische Tourismusbranchen handelt, wie z. B. das Unterkunftswesen (vgl. Kapitel 2.1). Der tourismusökonomische Beitrag am gesamten Wert der charakteristischen, jedoch nicht eindeutig touristischen Wirtschaftszweige wird im TSA anteilig herausgerechnet. Die Grundlage zur Analyse dieser wirtschaftlichen Verflechtungen liefert ein Input-Output-Modell, welches unter Hinzunahme tourismusrelevanter Daten zu touristischem Angebot und Nachfrage zu einem parallel zum allgemeinen Rechenwerk der Volkswirtschaft existierenden „Satellitenkonto" erweitert wird (vgl. LAIMER et al. 2014: 1ff.; SPURR 2006: 285ff.).

3.5 Analyse von touristischen Sekundäreffekten: Input-Output-Analyse

3.5.1 Grundlagen der Input-Output-Tabellen

„At the very heart of all regional economic models is the notion of internal feedback through input-output linkages between economic agents such as firms and households. Firms are linked to other firms through the goods and services they buy from each other. Households sell their labour services to firms and buy goods from them. There linkages occur both within regions and between regions" (ARMSTRONG/TAYLOR 2000: 7).

Eine externe Geldinjektion verursacht nicht nur eine ökonomische Produktionssteigerung auf der direkten Wirkungsebene, sondern durch die Verflechtung von Wirtschaftseinheiten werden auch indirekte Vorleistungs- und induzierte Haushaltswirkungen (Sekundärwirkungen) ausgelöst (vgl. Kapitel 2.4.1.2). Nach diesem Schema ist eine Input-Output-Tabelle aufgebaut, die demgemäß die Grundlage für die Analyse ebendieser Sekundärwirkungen darstellt (vgl. weiterführend auch Lehrbücher zur Input-Output-Rechnung HOLUB/SCHNABL 1985; 1994; MILLER/BLAIR 2009; UN 1999; 2018a). Wassily LEONTIEF gilt als der Begründer der modernen Input-Output-Analyse. Das Grundkonzept interindustrieller Verflechtungen ist auf François Quesnay's Tableau Économique von 1758 zurückzuführen (vgl. FLETCHER/ARCHER 1991: 34; PHILLIPS 1955: 138; eine Historie der Input-Output-Rechnung skizzieren auch HOLUB/SCHNABL 1985: 29ff.). Wie LEONTIEF (1936: 105) selbst schreibt, war es sein gestecktes Ziel, die Tableau Économique mit ihren Zusammenhängen zu interindustriellen Verflechtungen und allgemeinem wirtschaftlichen Gleichgewicht zu modifizieren und analytisch anzuwenden. Er versuchte, das Konzept eines geschlossenen Wirtschaftskreislaufes in tabellarisch-analytischer Form am Beispiel der

USA darzustellen[68]. Seine Grundannahme ist relativ einfach und zeigt dennoch die Komplexität der Produkt- und Geldströme in einer Ökonomie:

> *„The economic activity of the whole country is visualized as if it were covered by one huge accounting system. Not only all branches of industry, agriculture, and transportation, but also the individual budgets of all private persons, are supposed to be included within this system. Each business enterprise as well as each individual household is treated as a separate accounting unit"* (LEONTIEF 1936: 106).

Die Input-Output-Analyse nach LEONTIEF (1936) wurde mittlerweile in vielfältigen Anwendungen weiterentwickelt und kommt auch in der Tourismusanalyse zum Einsatz (vgl. ARMSTRONG/TAYLOR 2000: 35f.). In der Begriffsverwendung muss unterschieden werden zwischen der **Input-Output-Tabelle**, welche die wirtschaftlichen Zusammenhänge in Tabellenform darstellt und in diesem Kapitel vorgestellt wird, ihrer Transformation zu einem **Input-Output-Modell** in Form von technischen Koeffizienten und schließlich dem Vorgang der **Input-Output-Analyse** zur Ableitung ökonomischer Multiplikatoren (vgl. FLETCHER 1989: 518), was Thema des nachfolgenden Kapitels 3.5.2 ist.

Der Input-Output-Rechnung liegt die fundamentale Erkenntnis zugrunde, dass zur Produktion von Gütern und Dienstleistungen sogenannte „Inputs" benötigt werden. Bei diesen Inputs kann es sich entweder um Rohmaterialien oder Halbfabrikaten von anderen Wirtschaftszweigen handeln, aber auch um Arbeitsleistungen der privaten Haushalte sowie Sozial-, Sicherheits- oder Infrastrukturleistungen des Staates (vgl. ARMSTRONG/TAYLOR 2000: 36; HOLUB/SCHNABL 1985: 20). Das Kernelement der deshalb auch als Transaktionsmatrix oder Transaktionstabelle bezeichneten Input-Output-Tabelle ist folglich die Darstellung interindustrieller Beziehungen, die sich in Form von Produktionsströmen und damit von wirtschaftlichen Verflechtungen innerhalb einer Ökonomie und mit externen Ökonomien ausdrücken:

> *„The transactions table therefore provides information about the structure of an economy during any given period of time, usually of one year duration. It describes where each industry's output goes to and where its inputs come from. It also provides information about the relative importance of the linkages not only within the economy itself but also between the economy and other economies"* (ARMSTRONG/TAYLOR 2000: 38).

Das Resultat des Produktionsprozesses ist der Produktionswert bzw. Output (vgl. Kapitel 3.3.2). Darüber hinaus zeigen die Tabellen die Wirtschaftsbeziehungen zu

---

68 *„One hundred and fifty years ago, when Quesnay first published his famous schema, his contemporaries and disciples acclaimed it as the greatest 'invention' since Newton's laws. The idea of general interdependence existing among the various parts of the economic system has become by now the very foundation of economic analysis"* (LEONTIEF 1936: 105). Zum Ziel seiner Analyse schreibt er: *„One of the principal aims of the present statistical analysis is to reveal the typical productive and distributive interrelations which determine the structure of the national economy"* (LEONTIEF 1936: 112).

externen Ökonomien sowie die Endnachfrage nach den produzierten Gütern und Dienstleistungen (vgl. Armstrong/Taylor 2000: 38; Fletcher/Archer 1991: 35; Miller/Blair 2009: 10f.). Die Input-Output-Rechnung ist in Deutschland in die VGR integriert und damit verankert im ESVG 2010 und SNA[69] (vgl. ausführlicher Kapitel 3.5.3.1 zu den Basistabellen der deutschen Input-Output-Rechnung sowie Kapitel 3.5.4 zur nationalen und internationalen Datenverfügbarkeit). Die amtlichen Input-Output-Tabellen werden in Deutschland nach 72 Gütergruppen (*P*72) gegliedert und sind damit ein wenig detaillierter als die europäische Vorgabe der ESVG 2010-Klassifikation von maximal *P*64. Der Input wird hierzulande auch als „Aufkommen" bezeichnet, während der Output „Verwendung" genannt wird (vgl. Statistisches Bundesamt 2010: 5ff.). In dieser Arbeit wird zumeist auf die international gebräuchliche, englische Terminologie zurückgegriffen.

Tabelle 3 zeigt die, nach eigenen Berechnungen auf drei Sektoren (*P*3) aggregierte, Input-Output-Tabelle für Deutschland, Bezugsjahr 2016[70], vom Typ *Güter x Güter* (folgendermaßen zu lesen: *Zeile x Spalte*; entspricht der Güterklassifikation nach CPA, vgl. Exkurs A), wie sie in der Rechnung des Statistischen Bundesamtes üblicherweise klassifiziert wird (vgl. Statistisches Bundesamt 2010: 14). Die Input-Output-Tabelle setzt sich aus drei Quadranten zusammen, wobei in der Literatur je nach Anordnung der Endnachfrage und deren zugehörigen Primärinputs auch vier Quadranten beschrieben werden[71] (vgl. Armstrong/Taylor 2000: 38ff.; Fletcher/Archer 1991: 35; Holub/Schnabl 1985: 18ff.). In solchen Fällen wären die Gütersteuern Quadrant B zuzuordnen und die Vorleistungen für die Endnachfrage einem weiteren, vierten Quadranten. In diesem Beispiel zeigt Quadrant A das „Herzstück" der Input-Output-Tabelle, die sogenannte Vorleistungsmatrix. Diese beschreibt die, den Grundannahmen des Input-Output-Modells von Leontief (1936) zugrundeliegenden, güter- oder produktionsmäßigen Verflechtungen der Volkswirtschaft (in diesem Fall für Deutschland). Die Zahlenwerte drücken also den Wert der Vorleistungen aus, die im Produktionsprozess zur Generierung des gesamten Outputs verarbeitet werden (vgl. Armstrong/Taylor 2000: 38). Beispielsweise bezieht der sekundäre Gütersektor Vorleistungen im Wert von 43,4 Mrd. € aus dem primären Agrarsektor. Umgekehrt verkauft also Letzterer Güter im Wert von 43,4 Mrd. € an den sekundären Sektor. Inklusive 12,3 Mrd. € Gütersteuern abzüglich Gütersubventionen wendet der sekundäre Sektor Vorleistungen zu Anschaffungspreisen (vgl. Kapitel 3.5.3.1 zu den Preiskonzepten in der Input-Output-Rechnung) in Höhe von 1.577,4 Mrd. € zur Herstellung seiner Güter auf. Zusätzlich sind Primärinputs notwendig, die in Quadrant B gezeigt werden (vgl. Tabelle 3). Diese zeigen den Einsatz der Produktionsfaktoren innerhalb der Volkswirtschaft, ausgedrückt in der Brutto-

---

69 Als integraler Bestandteil stimmen Entstehungs- und Verwendungsrechnung des BIP mit den Ergebnissen der Input-Output-Rechnung überein (vgl. Statistisches Bundesamt 2010: 12). Der Produktionswert entspricht also nicht nur der Kenngröße des touristischen Outputs als „direkter Umsatz" (vgl. Kapitel 3.3.2), sondern ebenso dem „Output" der Input-„Output"-Rechnung: *Als Output wird der Wert der produzierten Güter bezeichnet, der Produktionswert"* (Statistisches Bundesamt 2010: 5).

70 Bezugsjahr der empirischen Analysen, Revision 2019.

71 Die vierte, in der Praxis eher ungebräuchliche Verflechtungsmatrix zeigt die Lieferungen von Primärinputs an die Endnachfrage (vgl. Holub/Schnabl 1985: 20; 1994: 2f.). In regionalökonomischen Wirkungsanalysen findet diese Submatrix keine Verwendung.

wertschöpfung nach ihren Komponenten (schattiert) sowie Importe von außerhalb (vgl. Fletcher/Archer 1991: 35; Statistisches Bundesamt 2010: 20). Im industriellen Gütersektor wurde in der Bundesrepublik im Jahr 2016 eine Bruttowertschöpfung in Höhe von 765,8 Mrd. € erzielt. Zusammen mit den Importen von außerhalb der Volkswirtschaft (aus der EU und dem Rest der Welt – *Rest of the World*; RoW) in Höhe von 920,1 Mrd. € beläuft sich das „Gesamte Aufkommen an Gütern" im sekundären Sektor auf 3.254,3 Mrd. € (vgl. Tabelle 3).

Importe können in unterschiedlicher Weise in Input-Output-Tabellen verbucht werden. Kronenberg (2012: 181ff.) und Kronenberg/Többen (2013: 202ff.) debattieren die Varianten im Kontext der Regionalisierung von Input-Output-Tabellen. Dabei besteht unter anderem die Möglichkeit, in der Vorleistungsmatrix ausschließlich die Güter der inländischen Produktion zu erfassen, *„weshalb sie auch als regionale Verflechtungsmatrix bezeichnet wird"* (Kronenberg/Többen 2013: 204f.). In diesem Fall wäre der Produktionswert des Quadranten B gleich dem „Gesamten Aufkommen an Gütern" (vgl. Tabelle 3) und die Importe würden einmalig in diesem unteren Quadranten erfasst (vgl. Kronenberg 2012: 182; Kronenberg/Többen 2013: 204f.; Miller/Blair 2009: 149). Die hier zusammengestellte Tabelle 3 nach Daten des Statistischen Bundesamtes bezieht sich auf das ESVG 2010 (vgl. EU 2014: 92ff.), wonach Importe zweimalig verbucht werden: *„(…) the interindustry matrix (…) contains domestically produced goods as well as imported goods. This also means that imported goods are recorded twice (…), once as an import and once as a delivery to intermediate or final use"* (Kronenberg 2009: 44).

Schließlich zeigt Quadrant C die Matrix der Endnachfrage, welche Konsum, Investitionen und Exporte umfasst (vgl. Tabelle 3). Sie zeigt also jene Güter, die nicht mehr in der Volkswirtschaft innerhalb der Vorleistungsmatrix (Quadrant A) zirkulieren. Wird zeilenweise gelesen, so bedeuten die Zahlen den letztendlichen Gebrauch der produzierten Güter und Dienstleistungen. Dabei kann unterschieden werden zwischen interner und externer Endnachfrage, wobei erstere diejenigen Güter umfasst, die innerhalb der Volkswirtschaft konsumiert oder investiert werden. Dazu zählen der Konsum privater Haushalte im Inland, privater Organisationen ohne Erwerbszweck und des Staates sowie Anlageinvestitionen und Vorratsveränderungen. Dagegen bedeuten Exporte den grenzüberschreitenden Verkauf von Gütern ins Ausland (RoW) (vgl. Fletcher/Archer 1991: 35; Miller/Blair 2009: 13; Statistisches Bundesamt 2010: 18). Diese werden dort entweder erneut als Vorleistungen in den Produktionsprozess eingespeist oder aber von Endnachfragern konsumiert. Wie die Exporte außerhalb verwendet werden, ist aus der klassischen Input-Output-Tabelle inländischer Produktion nicht ablesbar (vgl. Flaute et al. 2017: 5). Dazu bedarf es einer multiregionalen Aufschlüsselung (vgl. Kapitel 3.5.5.3).

Aus Tabelle 3 ist zu entnehmen, dass der sekundäre Gütersektor in Deutschland im Jahr 2016 Güter im Wert von 1.102,3 Mrd. € für den Export bereitstellte. Die zeilenweise Summe der Werte der Vorleistungs- und Endnachfragematrix resultiert in der „Gesamten Verwendung von Gütern". Diese sektoralen Werte entsprechen dabei denjenigen des „Gesamten Aufkommens an Gütern" (Spalten der Vorleistungs- und Primärinputmatrix). Die Summe des „Gesamten Aufkommens an Gütern" (91,0 + 3.254,3 + 3.687,2) entspricht wiederum der Summe der „Gesamten Verwendung von Gütern" zu Herstellungspreisen (7.032,5 Mrd. €) (vgl. Tabelle 3). Dieses Muster kennzeichnet die Konstruktion der Transaktionsmatrizen nach der doppelten Buchführung (vgl. ARMSTRONG/TAYLOR 2000: 38; MILLER/BLAIR 2009: 133). Diese Tabellenform wird deshalb als „symmetrische" Input-Output-Tabelle bezeichnet, wobei die Symmetrie in dem Sinne besteht, dass die Tabelle in quadratischer Form dargestellt ist, was bedeutet, dass sich Anzahl der Spalten und Zeilen der Vorleistungsmatrix (*Güter x Güter*) entsprechen. Diese Symmetrie ermöglicht die Inversion der Matrix zur Ableitung von ökonomischen Multiplikatoren (vgl. UN 2018a: 372f.).

Tabelle 3: *P*3*-Aggregierte Input-Output-Tabelle der inländischen Produktion und Importe zu Herstellungspreisen für Deutschland, Mrd. €, 2016

Verwendung (nach CPA) / Aufkommen (nach CPA)	Input der Produktionsbereiche			Letzte Verwendung von Gütern			Gesamte Verwendung von Gütern
	Primärer Sektor	Sekundärer Sektor	Tertiärer Sektor	Konsum	Investitionen	Exporte	
Primärer Sektor	10,0	43,4	3,0	22,7	1,5	10,4	**91,0**
Sekundärer Sektor	11,3	1.059,0	242,2	434,2	405,3	1.102,3	**3.254,3**
Tertiärer Sektor	14,1	462,7	1.132,4	1.597,6	172,2	308,2	**3.687,2**
Vorleistungen der Produktionsbereiche bzw. letzte Verwendung von Gütern zu Herstellungspreisen	**35,4**	**1.565,1**	**1.377,6**	**2.054,5**	**579,0**	**1.420,9**	**7.032,5**
Gütersteuern abzüglich Gütersubventionen	1,4	12,3	59,2	184,8	54,6	0,0	**312,3**
Vorleistungen der Produktionsbereiche bzw. letzte Verwendung von Gütern zu Anschaffungspreisen	**36,8**	**1.577,4**	**1.436,8**	**2.239,3**	**633,6**	**1.420,9**	**7.344,8**
Arbeitnehmerentgelt im Inland[72]	7,1	449,8	1.165,9				
Sonstige Produktionsabgaben abzüglich sonstige Subventionen	-5,4	-1,6	4,0				
Abschreibungen	10,3	121,5	425,4				
Nettobetriebsüberschuss	8,6	187,1	449,1				
Bruttowertschöpfung	**20,6**	**756,8**	**2.044,4**				
Produktionswert	**57,4**	**2.334,2**	**3.481,2**				
Importe gleichartiger Güter zu cif-Preisen[73]	33,6	920,1	206,0				
Gesamtes Aufkommen an Gütern	**91,0**	**3.254,3**	**3.687,2**				

A	**C**
B	

Quelle: eigene Berechnungen auf Datengrundlage von STATISTISCHES BUNDESAMT 2021a; veränderte Darstellung nach STATISTISCHES BUNDESAMT 2010: 15

---

72 In der Input-Output-Tabelle des Statistischen Bundesamtes werden die Bruttolöhne und -gehälter nochmals separat wiedergegeben.

73 „cost, insurance, freight": Preis bei der Einfuhr an der Grenze.

Tabelle 4: Schematische Input-Output-Tabelle der produktionsmäßigen Verflechtungen

		Input der Produktionsbereiche			Interne Endnachfrage		Externe Endnach-frage	Gesamte Endnach-frage	Verwen-dung
					Konsum	Investitio-nen	Exporte		
		1	j	n	c	p	e	f	x
Vorleistungen	1	z_{11}	z_{1j}	z_{1n}	c_1	p_1	e_1	f_1	x_1
	i	z_{i1}	z_{ij}	z_{in}	c_i	p_i	e_i	f_i	x_i
	n	z_{n1}	z_{nj}	z_{nn}	c_n	p_n	e_n	f_n	x_n
Bruttowertschöpfung	v	v_1	v_j	v_n					
Importe	m	m_1	m_j	m_n					
Aufkommen	x	x_1	x_j	x_n					

Quelle: verändert nach MILLER/BLAIR 2009: 13f.; STATISTISCHES BUNDESAMT 2010: 15

Tabelle 4 gibt die Input-Output-Matrix schematisch wieder. Die betrachtete Öko-nomie lässt sich in n Wirtschaftsbereichen klassifizieren, wobei z_{ij} die Güterverkäufe der Vorleistungsmatrix von Güterkategorie i (Zeile) an Güterkategorie[74] j (Spalte) und x_i die gesamte Produktionsmenge (= Produktionswert = Output = Gesamte Ver-wendung von Gütern) des Gutes i (Zeile) meint. Die gesamte Endnachfrage f_i setzt sich aus dem internen Konsum c_i und internen Investitionen p_i sowie dem Export e_i zusammen, d. h. $f_i = c_i + p_i + e_i$. Somit ergibt sich die Formel der Verteilung der Güter über alle Vorleistungsbereiche und die Endnachfrage (vgl. MILLER/BLAIR 2009: 11f.):

$$x_i = z_{i1} + \cdots + z_{ij} + \cdots + z_{in} + f_i = \sum_{j=1}^{n} z_{ij} + f_i \qquad \text{(Formel 29)}$$

---

74 Je nach Klassifikation der Wirtschaftszweige können Input-Output-Tabellen in Güter oder Wirt-schaftszweige untergliedert werden. In dieser Arbeit wird hauptsächlich von Gütern i und j ge-sprochen und damit synonym zum Wirtschaftszweig verwendet, da sich die beiden Klassifikations-ansätze entsprechen (vgl. Exkurs A).

Der Output aller Produktionsbereiche n verteilt sich damit wie folgt:

$$x_1 = z_{11} + \cdots + z_{1j} + \cdots + z_{1n} + f_1$$

$$\cdots$$

$$x_i = z_{i1} + \cdots + z_{ij} + \cdots + z_{in} + f_i \qquad \text{(Formel 30)}$$

$$\cdots$$

$$x_n = z_{n1} + \cdots + z_{nj} + \cdots + z_{nn} + f_n$$

Werden die Zwischenverkäufe aller Güterbereiche z_{nn} in einer Matrix Z dargestellt sowie der Output x_n und die Endnachfrage f_n in Vektoren, ergeben sich folgende Einträge:

$$x = \begin{bmatrix} x_1 \\ \vdots \\ x_n \end{bmatrix}, Z = \begin{bmatrix} z_{11} & \cdots & z_{1n} \\ \vdots & \ddots & \vdots \\ z_{n1} & \cdots & z_{nn} \end{bmatrix}, f = \begin{bmatrix} f_1 \\ \vdots \\ f_n \end{bmatrix} \qquad \text{(Formel 31)}$$

Dies bildet die Berechnungsgrundlage für die weitere Input-Output-Analyse und der Ableitung ökonomischer Multiplikatoren (vgl. Kapitel 3.5.2.1). Vereinfacht kann Formel 31 ausgedrückt werden als (vgl. MILLER/BLAIR 2009: 12):

$$x = Z + f \qquad \text{(Formel 32)}$$

Input-Output-Tabellen zeigen also die ökonomische Aktivität einer Regionseinheit, in dem betrachteten Beispiel aus Tabelle 3 für die Volkswirtschaft Deutschland (vgl. MILLER/BLAIR 2009: 10). Je nach Datenlage variiert dabei nicht nur die Aggregationsebene (vgl. ARMSTRONG/TAYLOR 2000: 37), sondern auch der Klassifikationsansatz der Wirtschaftssegmente in der Vorleistungsmatrix. Diese können entweder in eine Güter- (*Güter x Güter*; in der englischsprachigen Literatur: *commodity-by-commodity* oder *product-by-product*; vgl. z. B. MILLER/BLAIR 2009: 186; vgl. Tabelle 3) oder in eine Wirtschaftszweigklassifizierung (*Wirtschaftszweig x Wirtschaftszweig*; im Englischen *industry-by-industry*; im Folgenden werden die englischen Bezeichnungen verwendet) unterteilt werden. In der Gütervariante repräsentieren Zeilen und Spalten eine Produkttechnologie, während Input-Output-Tabellen des Typus *industry-by-industry* Verkäufe und Käufe an und von Wirtschaftseinheiten (Betrieben) zeigen (vgl. EUROPEAN COMMISSION et al. 2009: 514f.; EUROPEAN COMMUNITIES 2008: 301; UN 2018a: 325). In der Europäischen Union sind Güter- und Wirtschaftszweigklassifikationen vereinheitlicht, d. h. ein Gut wird einem Wirtschaftszweig zugeordnet. Allerdings kann eine Industrie auch eine breitere Güterpalette produzieren (vgl. Exkurs A). Die Auswahl der passenden Input-Output-Tabelle ist je nach Fragestellung abzuwägen. Für Preisanalysen bieten sich beispielsweise Güterklassifizierungen an, für solche von wirtschaftlichen Wertschöpfungswirkungen sind Tabellen des Typus *industry-by-industry* naheliegend (vgl. EUROPEAN COMMISSION et al. 2009: 518). In der Literatur existieren dazu unterschiedliche Meinungen (vgl. weiterführend ALMON 2000: 27ff.; RUEDA-CANTUCHE 2017: 141ff.; RUEDA-CANTUCHE et al. 2020: 145ff.; THAGE 2005: 3ff.). Abzuwägen ist der Nutzen für die regionalökonomische Wirkungsanalyse: *„While product-by-product input-output tables are believed to be more homogeneous, industry-by-industry input-output tables are closer to statistical sources and actual observations"* (EUROPEAN COMMUNITIES 2008: 301).

3.5.2   Input-Output-Analyse: Ableitung ökonomischer Multiplikatoren

3.5.2.1 Ableitung von Output-Multiplikatoren

Mit der Input-Output-Tabelle liegt somit eine schematische Darstellungsform der interindustriellen Verflechtungen und zum RoW vor. Mit der Input-Output-Analyse existiert wiederum ein allgemeiner Ansatz, ökonomische Aktivität zu quantifizieren, indem mithilfe von Matrizenrechnung ökonomische Multiplikatoren aus der jeweiligen Ursprungstabelle ableitbar sind. Diese bilden den iterativen Vervielfältigungsprozess einer Geldinjektion im regionalökonomischen System ab. Das Resultat der im Folgenden aufgezeigten Input-Output-Analyse ist der originäre und klassische Output-Multiplikator (vgl. ARCHER 1973: 118; 1977: 7; ARCHER/FLETCHER 1990: 19; FLETCHER 1989: 518; McCANN 2013: 175; STYNES 1997: 13).

Tabelle 5 zeigt die bereits in Kapitel 3.5.1 wiedergegebene Input-Output-Tabelle mit drei Sektoren, jedoch zur Veranschaulichung der einzelnen Analyseschritte aggregiert. Von diesem Ausgangspunkt ausgehend wird im Folgenden die Herleitung des klassischen, statischen Input-Output-Modells, des sogenannten Leontief-Modells, beschrieben. Von zentralem Interesse für die Multiplikatorenherleitung sind die Quadranten A und B der Input-Output-Matrix (fett umrandet; vgl. Tabelle 5). Ziel ist es, die Vorleistungsinputs in eine inverse Matrix (auch als Kehrmatrix bezeichnet) umzuwandeln, um für den jeweiligen Sektor die indirekten und – in der erweiterten Rechnung – die induzierten Multiplikatoreffekte einer wirtschaftlichen Aktivität ausdrücken zu können (vgl. FLEISSNER et al. 1993: 61; FLETCHER/ARCHER 1991: 36; HOLUB/SCHNABL 1994: 75).

Tabelle 5: Vereinfachte Input-Output-Tabelle der inländischen Produktion und Importe zu Herstellungspreisen für Deutschland, Mrd. €, 2016

Verwendung (nach CPA) / Aufkommen (nach CPA)	Primärer Sektor	Sekundärer Sektor	Tertiärer Sektor	Konsum	davon von privaten Haushalten	Investitionen	Exporte	Gesamte Verwendung von Gütern
Primärer Sektor	10,0	43,4	3,0	22,7	22,7	1,5	10,4	91,0
Sekundärer Sektor	11,3	1.059,0	242,2	434,2	407,4	405,3	1.102,3	3.254,3
Tertiärer Sektor	14,1	462,7	1.132,4	1.597,6	966,7	172,2	308,2	3.687,2
Gütersteuern abzgl. Gütersubventionen	1,4	12,3	59,2	184,8	177,7	54,6	0,0	7.032,5
Bruttowertschöpfung	20,6	756,8	2.044,4					
davon Arbeitnehmerentgelt im Inland	7,1	449,8	1.165,9					
Importe	33,6	920,1	206,0					
Gesamtes Aufkommen an Gütern	91,0	3.254,3	3.687,2					

A | C
B

Quelle: eigene Berechnungen auf Datengrundlage von STATISTISCHES BUNDESAMT 2021a; verändert nach ARCHER 1977: 6; ARMSTRONG/TAYLOR 2000: 39

Die Konvertierung der Input-Output-Tabelle in ein Input-Output-Modell beginnt mit der Transformation der Werte der Quadranten A und B in sogenannte technische Koeffizienten, bzw. Input-Koeffizienten (der Unterschied wird in Kapitel 3.5.5.1 herausgearbeitet). Damit wird die grundlegende Eigenschaft der Matrizen zum Ausdruck gebracht, dass zur Produktion von Gütern und Dienstleistungen eine bestimmte Menge an Inputs notwendig sind, die an dieser Stelle anteilsmäßig herausgestellt werden (vgl. ARCHER 1977: 6; FLETCHER 1989: 519; FLETCHER/ARCHER 1991: 36; TEN RAA 2005: 14). Die technischen Koeffizienten a_{ij} zeigen damit das Verhältnis eines Inputs z_{ij} von Güterkategorie i an Güterkategorie j zum „Gesamten Aufkommen an Gütern" x_j (vgl. LEONTIEF 1986: 22; MILLER/BLAIR 2009: 16):

$$a_{ij} = \frac{z_{ij}}{x_j} = \frac{Wert\ der\ Verk\ddot{a}ufe\ von\ i\ an\ j}{Gesamtes\ Aufkommen\ von\ j}$$

(Formel 33)

Dieser Rechenschritt zeigt überdies die in der Input-Output-Rechnung per se angenommene Proportionalität der Produktionsverflechtungen (vgl. LEONTIEF 1936: 112). Würde nämlich von einem Wirtschaftssektor eine Erhöhung des Outputs angestrebt, beispielsweise um das Doppelte, so müssten sich auch die aufgewendeten Inputs verdoppeln. Dieser Zusammenhang, der sich in der Umkehrung der Formel 33 in $z_{ij} = a_{ij} \times x_i$ ausdrückt, zeigt gleichzeitig, dass prinzipiell alle Güter bei jeder Nachfrage geliefert werden können (vgl. MILLER/BLAIR 2009: 16). Insofern

122

können folgende grundlegende Annahmen der Input-Output-Analyse festgehalten werden (vgl. ARCHER 1977: 36ff.; 1982: 239f.; ARCHER/FLETCHER 1990: 26; ARMSTRONG/TAYLOR 2000: 41; BRIASSOULIS 1991: 486f.):

- Produktions- und Konsumfunktionen sind linear, Handelsverflechtungen sind konstant.

- Es existiert keine Kapazitätsgrenze, sondern bei steigender Nachfrage und steigendem Output steigt auch das Input-Angebot.

- Relative Preise sind konstant.

- Es wird eine grundsätzliche Arbeitslosigkeit angenommen, sodass die steigende Nachfrage nach Arbeitskraft in Beschäftigung in der Ökonomie resultiert.

Tabelle 6 zeigt die technischen Koeffizienten aus der Ausgangstabelle (vgl. Tabelle 3 in Kapitel 3.5.1). Die Berechnung wird spaltenweise durchgeführt, wobei die einzelnen Zellen der Matrix gemäß Formel 33 durch die jeweilige Spaltensumme geteilt werden. Im Ergebnis zeigt also jede Zelle der Koeffizientenmatrix den Anteil an Vorleistungs- und Primärinputs, der notwendig ist, um den Gesamtwert (Output) zu generieren. Es offenbart sich damit die Input-Struktur eines betrachteten Sektors (vgl. FLETCHER/ARCHER 1991: 36). In den hier angeführten Berechnungen kauft z. B. der sekundäre Sektor Güter im Wert von 462,7 Mrd. € aus dem tertiären Sektor, um sein gesamtes Aufkommen im Wert von 3.254,3 Mrd. € zu generieren (vgl. Tabelle 3 in Kapitel 3.5.1). Damit liegt also der Anteil an notwendigen Gütern aus dem tertiären Sektor bei 0,142 bzw. 14,2 % (462,7 Mrd. € ÷ 3.254,3 Mrd. €) (vgl. Tabelle 6). Im Grunde wird damit nichts Geringeres berechnet als die direkten Effekte einer ökonomischen Aktivität (vgl. FLETCHER 1989: 519), umschrieben in einem Verhältnis oder einer Quote. Der technische Koeffizient der Bruttowertschöpfung entspricht damit der touristischen Wertschöpfungsquote (*Wertschöpfungsquote = Bruttowertschöpfung ÷ Bruttoproduktionswert*) (vgl. Kapitel 3.4.1). In diesem Beispiel liegt die aus dem Input-Output-Modell abgeleitete Wertschöpfungsquote bei 22,6 % (vgl. Tabelle 6)[75].

---

75 Zur Konstruktion der technischen Koeffizientenmatrix werden die Zellenwerte eigentlich durch den Produktionswert und nicht durch das „Gesamte Aufkommen an Gütern" geteilt. Das ginge auch mit den Größendefinitionen der VGR einher (vgl. Kapitel 3.3.2), wonach *Wertschöpfungsquote = Bruttowertschöpfung ÷ Bruttoproduktionswert*. Das ESVG 2010 unterscheidet zwischen dem Produktionswert und dem „Gesamten Aufkommen an Gütern", was der doppelten Importverbuchung geschuldet ist (vgl. Kapitel 3.5.1). Dieses Beispiel dient zur Veranschaulichung der Rechenschritte der Input-Output-Analyse, weshalb der Einfachheit halber das „Gesamte Aufkommen an Gütern" im Nenner steht. Dies hat allerdings zur Folge, dass die Quoten nicht der echten Größenordnung entsprechen. Die Wertschöpfungsquote im primären Sektor würde bei ca. 35,8 % liegen.

Tabelle 6: Technische Koeffizientenmatrix der inländischen Produktion und Importe für Deutschland, 2016[76]

	Primärer Sektor	Sekundärer Sektor	Tertiärer Sektor
Primärer Sektor	0,110	0,013	0,001
Sekundärer Sektor	0,124	0,325	0,066
Tertiärer Sektor	0,155	0,142	0,307
Gütersteuern abzgl. Gütersubventionen	0,015	0,004	0,016
Bruttowertschöpfung	0,226	0,233	0,554
davon Arbeitnehmerentgelt im Inland	0,078	0,138	0,316
Importe	0,369	0,283	0,056
Aufkommen	1,000	1,000	1,000

Quelle: eigene Berechnungen auf Datengrundlage von Statistisches Bundesamt 2021a; verändert nach Archer 1977: 6; Armstrong/Taylor 2000: 39

Um die direkten Koeffizienteneffekte an einem Zahlenbeispiel zu verdeutlichen, wird angenommen, dass sich die Höhe einer touristischen Ausgabe auf 100 € beläuft. Das Konsumverhalten der Privathausalte wird zunächst außen vorgelassen. Unter der Prämisse, dass keinerlei Kapazitätsgrenzen bestehen, ändert sich die Nachfrage z. B. im primären Sektor wie folgt, d. h. es werden folgende direkte touristische Effekte freigesetzt (vgl. Armstrong/Taylor 2000: 41):

$0{,}110 \times 100\ € = 11{,}0\ €$ zusätzlicher Output im primären Sektor,

$0{,}124 \times 100\ € = 12{,}4\ €$ zusätzlicher Output im sekundären Sektor,

$0{,}155 \times 100\ € = 15{,}5\ €$ zusätzlicher Output im tertiären Sektor,

$0{,}266 \times 100\ € = 26{,}6\ €$ zusätzliche Bruttowertschöpfung,

$0{,}369 \times 100\ € = 36{,}9\ €$ zusätzliche Importe.

Die Berechnung des einfachen Output-Multiplikators basiert auf den Vorleistungsverflechtungen der drei Sektoren. Für den entsprechenden *3x3*-Quadranten ergibt sich damit folgende technische Koeffizientenmatrix *A* mit $[a_{ij}]$:

$$A = \begin{bmatrix} 0{,}110 & 0{,}013 & 0{,}001 \\ 0{,}124 & 0{,}325 & 0{,}066 \\ 0{,}155 & 0{,}142 & 0{,}307 \end{bmatrix}$$
(Formel 34)

---

76 In den folgenden Berechnungen können Rundungsfehler auftreten.

In mathematischer Schreibweise wird die Matrix folgendermaßen ausgedrückt (vgl. MILLER/BLAIR 2009: 19f.):

$$A = \begin{bmatrix} a_{11} & \cdots & a_{1n} \\ \vdots & \ddots & \vdots \\ a_{n1} & \cdots & a_{nn} \end{bmatrix}$$ (Formel 35)

Für die Verteilung der Güter über alle Vorleistungsbereiche und die Endnachfrage ergibt sich damit (vgl. ARCHER 1977: 6; MILLER/BLAIR 2009: 20):

$$x = Ax + f$$ (Formel 36)

Mit den Zahlenbeispielen aus Tabelle 6 lauten die Einträge:

$$\begin{bmatrix} 91,0 \\ 3.254,3 \\ 3.687,2 \end{bmatrix} = \begin{bmatrix} 0,110 & 0,013 & 0,001 \\ 0,124 & 0,325 & 0,066 \\ 0,155 & 0,142 & 0,307 \end{bmatrix} \begin{bmatrix} 91,0 \\ 3.254,3 \\ 3.687,2 \end{bmatrix} + \begin{bmatrix} 34,6 \\ 1.941,8 \\ 2.078,0 \end{bmatrix},$$ (Formel 37)

wobei

$$f = \begin{bmatrix} 22,7 \\ 434,2 \\ 1.597,6 \end{bmatrix} + \begin{bmatrix} 1,5 \\ 405,3 \\ 172,2 \end{bmatrix} + \begin{bmatrix} 10,4 \\ 1.102,3 \\ 308,2 \end{bmatrix} = \begin{bmatrix} 34,6 \\ 1.941,8 \\ 2.078,0 \end{bmatrix}$$ (Formel 38)

Im zweiten Schritt wird die Inverse der Matrix berechnet. Dafür wird die symmetrische Einheitsmatrix I (1 auf der Diagonalen und ansonsten 0) verwendet, wovon die technische Koeffizientenmatrix A zu subtrahieren ist (vgl. MILLER/BLAIR 2009: 20):

$$I = \begin{bmatrix} 1 & \cdots & 0 \\ \vdots & \ddots & \vdots \\ 0 & \cdots & 1 \end{bmatrix}, \text{ also } (I - A) = \begin{bmatrix} (1 - a_{11}) & \cdots & -a_{1n} \\ \vdots & \ddots & \vdots \\ -a_{n1} & \cdots & (1 - a_{nn}) \end{bmatrix},$$ (Formel 39)

woraus sich für das Beispiel ergibt:

$$(I - A) = \begin{bmatrix} 0,890 & -0,013 & -0,001 \\ -0,124 & 0,675 & -0,066 \\ -0,155 & -0,142 & 0,693 \end{bmatrix}$$ (Formel 40)

Dabei wird $(I - A)$ auch als die Leontief-Matrix bezeichnet (vgl. European Commission et al. 2009: 512). Das gesamte Input-Output-Analysesystem zeigt sodann folgende Substitution (vgl. Miller/Blair 2009: 20):

$$(1 - a_{11})x_1 - \ldots - a_{1i}x_i - a_{1n}x_n = f_1$$

$$\ldots$$

$$-a_{i1}x_1 - \ldots + (1 - a_{ii})x_i - \ldots - a_{in}x_n = f_i \qquad \text{(Formel 41)}$$

$$\ldots$$

$$-a_{n1}x_1 - \ldots - a_{ni}x_i - \ldots + (1 - a_{nn})x_n = f_n,$$

oder vereinfacht ausgedrückt:

$$(I - A)x = f \qquad \text{(Formel 42)}$$

Die Inverse der $(I - A)$-Matrix der $3x3$-Sektorenklassifikation lautet nach Auflösung von x wie folgt:

$$x = (I - A)^{-1}f \qquad \text{(Formel 43)}$$

Der Ausdruck $(I - A)^{-1} = L = [l_{ij}]$ wird in der Input-Output-Nomenklatur als die Leontief-Inverse oder auch Gesamtbedarfsmatrix bezeichnet, welche das „Herzstück" der klassischen, statischen Input-Output-Analyse bildet, wie sie hier vorgestellt wurde (vgl. Archer 1977: 7; Fletcher 1989: 519; Fletcher/Archer 1991: 36; Holub/Schnabl 1994: 102; Miller/Blair 2009: 21; UN 2018a: 512)[77]. Die Inverse der ursprünglichen A-Matrix zeigt folgende Zellenwerte:

$$(I - A)^{-1} = L = \begin{bmatrix} 1{,}127 & 0{,}023 & 0{,}004 \\ 0{,}237 & 1{,}517 & 0{,}144 \\ 0{,}301 & 0{,}317 & 1{,}474 \end{bmatrix} \qquad \text{(Formel 44)}$$

Im Endergebnis zeigen die Summen jeder Spalte den Output-Multiplikator für jeden der drei Sektoren (vgl. Armstrong/Taylor 2000: 45; Watson et al. 2008: 576). Der Multiplikator des primären Sektors ist demnach 1,665 (1,127 + 0,237 + 0,301), der des sekundären Sektors 1,857 und der des tertiären Sektors 1,622. Der touristische Output-Multiplikator ist definiert als „ratio of the change in total productive output, throughout the entire economy, brought about by the initial change in tourist expenditure" (Fletcher/Archer 1991: 38). Dieser aus der Vorleistungsmatrix abgelei-

---

77 Eine ausführliche Einführung in die Matrix-Algebra ist in Miller/Blair (2009: 688ff.) nachzulesen.

tete Multiplikator umfasst alle direkten und indirekten Effekte einer Änderung der Nachfrage und zeigt damit den Bedarf an Inputs bzw. Vorleistungen zur Produktion. Er drückt aus, dass sich bei einer direkten Nachfrageänderung von 1 € z. B. im primären Sektor ein indirekter Produktionswert (= Output) von weiteren 0,665 € in den Vorleistungsbetrieben des primären Sektors generiert wird (vgl. ARCHER 1977: 7; ARMSTRONG/TAYLOR 2000: 44f.; FLETCHER 1989: 519). Warum dieser Multiplikator den *Typ I-ratio*-Multiplikatoren zuzuordnen ist und welche weiteren Schritte diesen von den weiteren Typen abgrenzen, ist im nachfolgenden Kapitel beschrieben.

3.5.2.2 Derivative Multiplikatortypen der touristischen Wirkungsanalyse

Wiederholt ist wichtig zu unterstreichen, dass der im vorangegangenen Kapitel 3.5.2.1 vorgestellte Output-Multiplikator die Ausgangsbasis ist, der in seiner Eigenart die fundamentale Gleichung der Input-Output-Analyse repräsentiert: die Leontief-Inverse, deren Spaltensummen der dazugehörigen Matrix die Multiplikatoren der einzelnen Wirtschaftszweige der Vorleistungsmatrix ergeben (vgl. dazu auch WATSON et al. 2008: 575f.). Aufbauend auf dieser Grundlage ist es möglich, die Multiplikatortypen für weitere Komponenten der Input-Output-Tabelle abzuleiten (z. B. Bruttowertschöpfung). Die Literatur nennt in Anlehnung an die üblichen Kenngrößen der regionalökonomischen Wirkungsforschung im Tourismus (vgl. Kapitel 3.4.1) folgende verschiedene Multiplikatoren (vgl. vor allem ARCHER 1977: 8; 1982: 237f.; ARMSTRONG/TAYLOR 2000: 45ff.; CROMPTON 2010: 45f.; CROMPTON et al. 2016: 1056ff.; DWYER et al. 2010: 293; SPENCELEY et al. 2021a: 56; STEVENS/LAHR 1988: 89f.; STYNES 1997: 17):

- Umsatz- (*sales* oder *transactions*) bzw. Output-Multiplikatoren, die sich konzeptionell durch die *capture rate* differenzieren (vgl. Kapitel 3.4.1);

- Wertschöpfungsmultiplikatoren (*value added*);

- Einkommensmultiplikatoren (*income*);

- Beschäftigungsmultiplikatoren (*employment* oder *jobs*).

Da sich die drei letztgenannten Typen aus dem Output-Multiplikator ableiten, werden diese im Folgenden als derivative Multiplikatoren bezeichnet[78]. Am Beispiel der Wertschöpfungsmultiplikatoren zeigen diese die Gesamtänderung der Bruttowertschöpfung (also inkl. der Vorleistungseffekte), die durch eine Nachfrageänderung in einem bestimmten Wirtschaftszweig hervorgerufen wird, also ausschließlich die

---

[78] Die Bezeichnung ist der Autorin in Bezug auf Multiplikatoren aus der Literatur nicht bekannt. Der Begriff wurde aufgrund seiner Wortbedeutung „durch Ableitung entstanden" ausgewählt, um eindeutig zwischen dem Ausgangsmultiplikator, dem Output-Multiplikator aus der Leontief-Inverse, und den weiteren, von dem Ursprungsmultiplikator ableitbare Multiplikatoren der touristischen Wirkungsanalyse zu unterscheiden.

anteiligen Bruttowertschöpfungseffekte von ursprünglichen Output-Änderungen. Ausgangspunkt ist damit zum einen die in Kapitel 3.5.2.1 berechnete inverse Matrix der Output-Multiplikatoren:

$$(I - A)^{-1} = L = \begin{bmatrix} 1{,}127 & 0{,}023 & 0{,}004 \\ 0{,}237 & 1{,}517 & 0{,}144 \\ 0{,}301 & 0{,}317 & 1{,}474 \end{bmatrix}$$

(Formel 44*;
*Wiederholung)

Zusätzlich sind die sektoralen technischen Koeffizienten der Bruttowertschöpfung aus Tabelle 6 (vgl. Kapitel 3.5.2.1) hinzuzuziehen, die als direkte Wertschöpfungsquote interpretiert werden können (vgl. Kapitel 3.4.1):

- Primärer Sektor: 0,226

- Sekundärer Sektor: 0,233

- Tertiärer Sektor: 0,554

Jeder Zellenwert der inversen Matrix wird daraufhin multipliziert mit dem sektoralen Input-Anteil der Bruttowertschöpfung. Daraus ergibt sich der direkte und indirekte Multiplikatoreffekt auf die Bruttowertschöpfung der Vorleistungsbetriebe bei einer Output-Änderung für jeden der drei Sektoren (vgl. eigene Berechnungen nach ARCHER 1977: 7f.; ARMSTRONG/TAYLOR 2000: 45f.):

Primärer Sektor: $(1{,}127 \times 0{,}226) + (0{,}237 \times 0{,}233) + (0{,}301 \times 0{,}554) = 0{,}477$

Sekundärer Sektor: $(0{,}023 \times 0{,}226) + (1{,}517 \times 0{,}233) + (0{,}317 \times 0{,}554) = 0{,}534$

Tertiärer Sektor: $(0{,}004 \times 0{,}226) + (0{,}144 \times 0{,}233) + (1{,}474 \times 0{,}554) = 0{,}852$

Schließlich zeigt der Multiplikator das Verhältnis der gesamten zur ursprünglichen wirtschaftlichen Änderung (vgl. MILLER 2010: 4). Mathematisch ausgedrückt bedeutet das: *„(…) each multiplier is a ratio of a change in the numerator to a change in the denominator"* (STEVENS/LAHR 1988: 90). Damit ergibt sich als allgemeine Formel für den ökonomischen Multiplikator (vgl. ARMSTRONG/TAYLOR 2000: 46):

$$\text{Typ I Ratio } Multiplikator = \frac{direkter\ Effekt + indirekter\ Effekt}{direkter\ Effekt}$$

(Formel 45)

Werden – wie in dieser Herleitung – die direkten und indirekten Effekte inkludiert, spricht die Literatur zur ökonomischen Wirkungsanalyse im Tourismus von sogenannten *Typ I*-Multiplikatoren. Werden daneben – wie ebenfalls in dem hier vorgerechneten Beispiel passiert – die direkten Effekte als Basisgröße verwendet, so ist dieser Typus zudem in der Kategorie der *ratio*-Multiplikatoren einzuordnen (vgl. vor allem ARCHER 1977: 8; 1982: 238; 1984: 517; ARCHER/FLETCHER 1990: 13f.; ARMSTRONG/ TAYLOR 2000: 48; MILLER/BLAIR 2009: 252; SPENCELEY et al. 2021a: 56f.; STYNES 1997: 16; 1999a: 7; 1999c: 7). Die Berechnung der Wertschöpfungseffekte basiert schließlich auf Formel 45, wobei sich der entsprechende Wertschöpfungsmultiplikator für den primären Sektor wie folgt bemisst (eigene Berechnungen nach ARCHER 1977: 8; ARMSTRONG/TAYLOR 2000: 46):

Typ I Ratio *Wertschöpfungsmultiplikator*

$$= \frac{direkte + indirekte\ Bruttowertsch\"opfung}{direkte\ Bruttowertsch\"opfung} = \frac{0,477}{0,226} = 2,111$$

Eine zusätzliche Einheit auf direkter Ebene hat demzufolge einen etwas mehr als doppelt so hohen Effekt auf indirekter Ebene. Tabelle 7 fasst die Berechnungen für die drei Sektoren zusammen.

Tabelle 7: *Typ I-ratio*-Wertschöpfungsmultiplikatoren

	Direkte Bruttowertschöpfung	Direkte und indirekte Bruttowert- schöpfung	Typ I-ratio-Wertschöpfungsmul- tiplikator
Primärer Sektor	0,226	0,477	2,111
Sekundärer Sektor	0,233	0,534	2,292
Tertiärer Sektor	0,554	0,852	1,538

Quelle: eigene Berechnungen; verändert nach ARCHER 1977: 8

Ein grundlegender Bezugsrahmen der ökonomischen Wirkungsanalyse des Tourismus bleibt in derivativen *Typ I*-Multiplikatoren unberücksichtigt: die privaten Haushalte mit ihren induzierten Wirkungen durch Konsumausgaben innerhalb der Kreislaufwirtschaft. Ein weiterer Typus berücksichtigt dies, indem Haushalte endogen als Bestandteil der Vorleistungsmatrix betrachtet werden. Demzufolge werden in der Input-Output-Tabelle die privaten Haushalte als Komponente der Endnachfrage entkoppelt und der Transaktionsmatrix zugeordnet, wodurch sie wie ein weiterer Wirtschaftszweig innerhalb der Volkswirtschaft behandelt werden. Damit wird angenommen, dass Haushalte wie jeder andere Wirtschaftsbereich innerhalb der Vorleistungsverflechtungen Inputs benötigen, um einen Output zu produzieren. Nach dem Prinzip der Proportionalität der Produktionsverflechtungen der Input-Output-Rechnung (vgl. Kapitel 3.5.2.1) wird bei einer Einkommenssteigerung der privaten Haushalte durch zusätzliche Nachfrage bzw. Produktion ein Konsumanstieg angenommen (vgl. ARMSTRONG/TAYLOR 2000: 47).

In Tabelle 6 der technischen Koeffizienten (vgl. Kapitel 3.5.2.1) handelt es sich konkret um die Konsumausgaben privater Haushalte, deren Spalte nunmehr der Vorleistungsmatrix zugeordnet wird (nach den Angaben des Statistischen Bundesamtes zur Input-Output-Rechnung, vgl. STATISTISCHES BUNDESAMT 2010: 28). Aus der Matrix der Primärinputs kann zudem das Arbeitnehmerentgelt im Inland (eine Komponente der Bruttowertschöpfung) dem Haushaltssektor zugeordnet werden[79], sodass die dem Vorleistungsbereich hinzugefügte Zeile und Spalte eine *4x4*-Koeffizientenmatrix *A* entstehen lassen. Die Werte des Arbeitnehmerentgelts sind dabei von den einzelnen Bruttowertschöpfungswerten zu subtrahieren, um doppelte Verbuchungen zu vermeiden. Die ursprünglichen Verhältnisse a_{ij} der sektoralen Vorleistungsinputs zum gesamten Auskommen bleiben bestehen (vgl. eigene Berechnungen nach ARCHER 1977: 8):

$$A = \begin{bmatrix} 0{,}110 & 0{,}013 & 0{,}001 & 0{,}014 \\ 0{,}124 & 0{,}325 & 0{,}066 & 0{,}259 \\ 0{,}155 & 0{,}142 & 0{,}307 & 0{,}614 \\ 0{,}078 & 0{,}138 & 0{,}316 & 0{,}000 \end{bmatrix}$$

Damit ergibt sich eine neue, die privaten Haushalte inkludierende inverse Matrix:

$$(I - A)^{-1} = \begin{bmatrix} 1{,}136 & 0{,}035 & 0{,}023 & 0{,}039 \\ 0{,}406 & 1{,}762 & 0{,}525 & 0{,}784 \\ 0{,}647 & 0{,}816 & 2{,}253 & 1{,}604 \\ 0{,}349 & 0{,}504 & 0{,}787 & 1{,}619 \end{bmatrix}$$

Im Falle der Herleitung der Output-Multiplikatoren mithilfe der Leontief-Inversen geben die Spaltensummen der drei Sektoren wiederum den sektoralen Multiplikatorwert an. Dabei ist wichtig anzumerken, dass die letzte Zeile der Matrix im Summenwert nicht zu inkludieren ist, weil diese die direkten und indirekten Einkommenseffekte der privaten Haushalte zeigt. Teilt man diese Werte durch die direkten Einkommenseffekte der drei Sektoren, erhält man den Einkommensmultiplikator (zu unterscheiden vom Wertschöpfungsmultiplikator). Der Output-Multiplikator des primären Sektors aus diesem Beispiel liegt bei 2,189 (im Vergleich der vorangegangene *Typ I*: 2,111).

Wie zu erwarten, ist wegen des Einbezugs der privaten Haushalte der neue Wert höher. *„The effect of ‚converting' the household sector into an industry by making*

---

79 Das Arbeitnehmerentgelt setzt sich aus den Bruttolöhnen und -gehältern sowie den Sozialbeiträgen der Arbeitgeber zusammen. Nach der Definition des Primäreinkommens der privaten Haushalte, welches das Arbeitnehmerentgelt, das Selbstständigeneinkommen, den Betriebsüberschuss aus eigengenutztem Wohneigentum sowie das Vermögenseinkommen umfasst (vgl. STATISTISCHE ÄMTER DES BUNDES UND DER LÄNDER 2021b), könnte in der hier betrachteten Input-Output-Tabelle auch der Nettobetriebsüberschuss als Komponente der Bruttowertschöpfung dem Haushaltssektor zugeordnet werden. Allerdings ist nur das Selbstständigeneinkommen als eine Komponente des Nettobetriebsüberschuss den privaten Haushalten zuzuordnen. Der Betriebsüberschuss der Wirtschaftsbereiche ist wiederum Resultat von unternehmerischer Tätigkeit (vgl. STATISTISCHES BUNDESAMT 2016: 306). Im Input-Output-Tabellenangebot des Statistischen Bundesamtes erfolgt keine separate Angabe des Selbstständigeneinkommens. Obwohl dieses also strenggenommen zu den privaten Haushalten zählt, ist die Angabe der Werte aus dem online verfügbaren Datenangebot nicht möglich.

households endogenous (…) results in a new multiplier referred to as a type II multiplier" (ARMSTRONG/TAYLOR 2000: 48). Theoretisch wird der *Typ I*-Multiplikator also um die Keynesianische Konsumkomponente erweitert: *„These induced effects reflect the adjustment to household income that accompanies the direct and indirect changes in economic activity. In this way, Type II multipliers combine the traditional Keynesian consumption and Type I IO [Input-Output] multiplier models"* (EMONTS-HOLLEY et al. 2021: 429). Wie auch der erste Typus geben *Typ II*-Multiplikatoren das Verhältnis der gesamten zur ursprünglichen wirtschaftlichen Änderung an (vgl. ARMSTRONG/TAYLOR 2000: 48):

Typ II Ratio *Multipliaktor*

$$= \frac{direkter\ Effekt + indirekter\ Effekt + induzierter\ Effekt}{direkter\ Effekt} \qquad \text{(Formel 46)}$$

Ergänzend ist darauf hinzuweisen, dass die Literatur stellenweise *Typ II-* von *Typ III-*Multiplikatoren unterscheidet. Beide Typen inkludieren die induzierten Effekte der privaten Haushalte durch Konsumausgaben. Der Unterschied ist technischer Art und betrifft die Verbuchung des Haushaltssektors in der Input-Output-Analyse (vgl. MILLER 2010: 4; STYNES 1999a: 7). Bedeutend ist darüber hinaus die Abgrenzung zum sogenannten Keynesianischen Multiplikator, weil die beiden Konzeptionen von diesem und vom Typen *ratio* inkompatibel sind. Während *ratio*-Multiplikatoren die gesamte Effektänderung ins Verhältnis zu den direkten Effekten setzen, steht bei Keynesianischen Multiplikatoren der direkte Umsatz (= *Produktionswert* = *Output* = *Anzahl der Besucher × Ausgaben pro Besucher × capture rate*) im Nenner (vgl. vor allem ARCHER 1982: 238f.; 1984: 517f.). Dadurch ergibt sich (vgl. SPENCELEY et al. 2021a: 56; STYNES 1999a: 7; 1999c: 7):

Typ I Keynes *Multiplikator*

$$= \frac{direkter\ Effekt + indirekter\ Effekt}{direkter\ Umsatz} \qquad \text{(Formel 47)}$$

Typ II Keynes *Multiplikator*

$$= \frac{direkter\ Effekt + indirekter\ Effekt + induzierter\ Effekt}{direkter\ Umsatz} \qquad \text{(Formel 48)}$$

Tabelle 8 zeigt eine Gegenüberstellung der im gesamten Kapitel 3.5.2 vorgestellten Multiplikatortypen auf Grundlage von Tabelle 3 (vgl. Kapitel 3.5.1) und den entsprechenden durchzuführenden Analyseschritten. Der *Typ II-ratio*-Wertschöpfungsmultiplikator berechnet sich gleichermaßen der hier beschriebenen Vorgehensweise der Herleitung derivativer *Typ I*-Multiplikatoren. Beispielsweise beläuft sich die direkte, indirekte und induzierte Wertschöpfungswirkung des primären Sektors auf 0,710. In der Division durch die direkte Wertschöpfung (zu entnehmen aus der technischen Koeffizientenmatrix; vgl. Tabelle 6 in Kapitel 3.5.2.1) ergibt sich der Wertschöpfungsmultiplikator von 3,142 (0,710 ÷ 0,226). Zu konstatieren ist eine Erhöhung der einzelnen Werte einer Messgröße von *Typ I-ratio*- zu *Typ II-ratio*-Multiplikatoren, was der Inklusion der Privathaushalte geschuldet ist. Daneben setzen die hier gezeigten *Typ I*- und *Typ II*-Wertschöpfungsmultiplikatoren der Kategorie „Keynes" die direkten, indirekten und induzierten Effekte ins Verhältnis zum Umsatz. Beläuft sich eine touristische Ausgabe beispielsweise auf 100 €, ergibt sich für den primären Sektor ein Keyensianischer *Typ I*-Wertschöpfungsmultiplikator von 0,477 (47,7 € ÷ 100 €) (vgl. Tabelle 8).

Tabelle 8: Exemplarische Multiplikatortypen im Vergleich

	Typ ratio				Typ Keynes	
	Typ I		Typ II		Typ I	Typ II
	Output-Multiplikator	Wertschöpfungsmultiplikator	Output-Multiplikator	Wertschöpfungsmultiplikator	Wertschöpfungsmultiplikator	Wertschöpfungsmultiplikator
Primärer Sektor	1,665	2,111	2,189	3,142	0,477	0,710
Sekundärer Sektor	1,857	2,292	2,613	3,734	0,534	0,870
Tertiärer Sektor	1,622	1,538	2,801	2,486	0,852	1,377

Quelle: eigene Berechnungen

3.5.3 Basistabellen und Input-Output-Modellerweiterungen

3.5.3.1 Aufkommens- und Verwendungstabellen

Für eine umfassendere Einordnung der Input-Output-Analyse stellen die nachfolgenden Ausführungen die vor- und nachgelagerten Input-Output-Rechenwerke vor. In diesem Unterkapitel wird auf die zugrundeliegenden Basistabellen eingegangen. Denn nach dem ESVG 2010 kann das Transaktionssystem der Input-Output-Rechnung in zwei Darstellungsformen abgebildet werden: den symmetrischen Input-Output-Tabellen (vgl. Kapitel 3.5.1) sowie Aufkommens- und Verwendungstabellen (vgl. EU 2014: 26). Letztere dienen oftmals als Grundlage zur Konstruktion von Input-Output-Tabellen, denn ihre Funktion ist ebenso die Darstellung wirtschaftlicher Transaktionen (vgl. EUROPEAN COMMUNITIES 2008: 51). Beispielsweise verwendet ARNEGGER (2014: 112ff.) Aufkommens- und Verwendungstabellen von Marokko zur Erstellung einer regionalen Input-Output-Tabelle zur Berechnung der regionalökonomischen Effekte im Souss-Massa Nationalpark. Die im Englischen und im Folgenden als „supply and use tables" (SUT) bezeichneten Tabellen *„geben Aufschluss über die Verbindungen zwischen Komponenten der BWS [Bruttowertschöpfung], den von den Wirtschaftsbereichen eingesetzten und produzierten Gütern, dem Produktangebot und der Produktnachfrage"* (EU 2014: 26; vgl. auch EUROPEAN COMMUNITIES 2008 sowie UN

2018a als Handbücher zur Konstruktion von amtlichen SUT und Input-Output-Tabellen). Das Statistische Bundesamt macht von der praktischen Anwendungsmöglichkeit Gebrauch und leitet seine Input-Output-Tabellen aus den Basistabellen ab, wie SUT deshalb hierzulande bezeichnet werden. Im Gesamtkontext der VGR sind sie das Verbindungsglied zwischen der Input-Output- und der Inlandsproduktberechnung (vgl. STATISTISCHES BUNDESAMT 2010: 12f.).

Anders als Input-Output-Tabellen, die entweder in *commodity-by-commodity* (CPC bzw. CPA) oder *industry-by-industry* (ISIC, NACE bzw. WZ 2008) untergliedert werden, sind SUT in einem *commodity-by-industry*-Format dargestellt. Die Verbuchung der einzelnen Zellenwerte ist durch den auf STONE (1961) zurückzuführenden Ansatz einerseits genauer, weil von Industrien produzierte Nebenprodukte leichter zu erfassen sind. Andererseits ist dadurch die Erstellung der Basis-, aber auch Input-Output-Matrizen, insgesamt komplexer (vgl. MILLER/BLAIR 2009: 184f.). Aufkommenstabellen können wie folgt definiert werden:

> „A supply table shows the supply of goods and services by type of product of an economy for a given period of time. It distinguishes between the output of domestic industries and imports. The valuation matrices for trade and transport margins and taxes less subsidies on products allow a transformation of supply from basic prices to purchasers' prices" (EUROPEAN COMMUNITIES 2008: 69).

Tabelle 9 zeigt die, nach eigenen Berechnungen auf drei Sektoren aggregierte, der Input-Output-Rechnung zugehörige Aufkommenstabelle für Deutschland des Jahres 2016 (nach der Darstellungsform in Kapitel 3.5.1). Aus ihr ist nach den genannten Klassifizierungskriterien in der Produktionswertmatrix abzulesen, welche Güter in welchen Wirtschaftsbereichen hergestellt wurden (vgl. STATISTISCHES BUNDESAMT 2010: 24f.). Beispielsweise zeigt die erste Spalte der Tabelle, dass der primäre Wirtschaftssektor im Jahr 2016 landwirtschaftliche Güter im Wert von 50,7 Mrd. € herstellte. Darüber hinaus produzierte er industrielle Nebenprodukte im Wert von 3,3 Mrd. € sowie Dienstleistungen in Höhe von 0,6 Mrd. €[80]. Daneben zeigt die Aufkommenstabelle eine Submatrix importierter Güter, in der abzulesen ist, dass beispielsweise industriell produzierte Güter im Wert von 920,1 Mrd. € nach Deutschland importiert wurden. Die Zeilensumme von Produktionswerten und Importen ergibt das „Aufkommen an Gütern zu Herstellungspreisen" (vgl. Tabelle 9). Dabei handelt es sich um den *„Betrag, den der Produzent je Einheit der von ihm produzierten Waren und Dienstleistungen vom Käufer erhält ohne die auf die produzierten oder verkauften Güter zu zahlenden Steuern (Gütersteuern), zuzüglich aller empfangenen Subventionen (Gütersubventionen)"* (EU 2014: 70).

Ein Kennzeichen ist außerdem die letzte Submatrix der Aufkommenstabelle, die sogenannte *„valuation adjustment matrix"* (EUROPEAN COMMUNITIES 2008: 69) der rechten Spalten von Tabelle 9. Diese zeigt den Übergang der Güter vom Herstel-

---

80 Die Hauptdiagonale der Aufkommenstabelle zeigt die von den Wirtschaftszweigen hergestellten Hauptprodukte. Alle übrigen Zellen zeigen die Nebenprodukte (vgl. STATISTISCHES BUNDESAMT 2010: 24).

lungspreis zum Anschaffungspreis. Da Transportkosten nicht dem Herstellungspreis zugerechnet werden (vgl. EU 2014: 70), werden diese in den Handelsspannen
subsummiert und ergeben zusammen mit den Gütersteuern abzüglich der Gütersubventionen den Anschaffungspreis, *„den der Käufer für die Güter zum Zeitpunkt des
Kaufes bezahlt"* (EU 2014: 61). In der ökonomischen Wirkungsforschung des Tourismus ist dieser Schritt der Preisanpassung von besonderer Bedeutung, denn wie
in Kapitel 3.4.1 bereits ausgeführt, bezahlen Touristen für den Erwerb touristischer
Produkte und Dienstleistungen den Anschaffungspreis. Gleichzeitig werden, wie
Aufkommenstabellen, auch Input-Output-Tabellen zu Herstellungspreisen angegeben. In der Analyse regionalökonomischer Effekte des Tourismus mithilfe von
Input-Output-Tabellen sind folglich die von den Touristen getätigten Ausgaben in
Herstellungspreise umzurechnen. Dies geschieht mithilfe der Festlegung einer Ein-
zelhandelsmarge oder *capture rate* (vgl. Kapitel 3.4.1).

Tabelle 9: *P/A*3*-aggregierte Aufkommenstabelle zu Herstellungspreisen mit Übergang auf Anschaffungspreise für
Deutschland, Mrd. €, 2016

WZ 2008 / CPA	Produktionswerte der Wirtschaftsbereiche zu Herstellungspreisen			Importe (cif)	Aufkommen zu Herstellungspreisen	Handelsspannen	Gütersteuern abzüglich Gütersubventionen	Aufkommen zu Anschaffungspreisen
	Primärer Sektor	Sekundärer Sektor	Tertiärer Sektor					
Primärer Sektor	50,7	0,0	0,0	33,6	84,3	17,8	2,7	104,8
Sekundärer Sektor	3,3	2.186,9	11,1	920,1	3.121,4	450,2	220,9	3.792,5
Tertiärer Sektor	0,6	172,3	3.308,3	206,0	3.687,2	-468,0	88,7	3.307,9
Alle Gütergruppen	54,6	2.359,2	3.319,4	1.159,7	6.892,9	0,0	312,3	7.205,2
cif/fob-Korrektur[81]	0,0	0,0	0,0	-3,5	-3,5	0,0	0,0	-3,5
Konsumausgaben von Gebietsansässigen in der übrigen Welt	0,0	0,0	0,0	55,4	55,4	0,0	0,0	55,4
Insgesamt	54,6	2.359,2	3.319,4	1.211,6	6.944,9	0,0	312,3	7.257,2
davon Marktproduktion	51,5	2.291,7	2.601,1					
davon Produktion für die Eigenverwendung	3,1	67,4	203,4					
davon Nichtmarktproduktion	0,0	0,0	515,0					

Quelle: eigene Berechnungen auf Datengrundlage von STATISTISCHES BUNDESAMT 2021a; veränderte Darstellung nach EUROPEAN COMMUNITIES 2008:
69

---

81 Bei der cif/fob-Korrektor sowie den Konsumausgaben von Gebietsansässigen in RoW handelt es sich
um sogenannte Übergangspositionen, um Warenimporte auf die Werte der übrigen Aufkommenstabelle abzustimmen. Wareneinfuhren mit Transport- und Versicherungsleistungen werden zum cif-
Wert („cost, insurance, freight") verbucht, die übrigen Importe zum fob-Wert („free on board") (vgl.
STATISTISCHES BUNDESAMT 2010: 37).

Verwendungstabellen werden folgendermaßen definiert:

> *„A use table shows the use of goods and services by product and by type of use for intermediate consumption by industry, final consumption expenditure, gross capital formation or exports. The use table also shows the components of gross value added by industry for compensation of employees, other taxes less subsidies on production, consumption of fixed capital, and net operating surplus"* (EUROPEAN COMMUNITIES 2008: 121).

In Tabelle 10 ist die nach eigenen Berechnungen aggregierte Verwendungstabelle für Deutschland des Jahres 2016 wiedergegeben (nach der Darstellungsform in Kapitel 3.5.1). Ebenso nach dem *commodity-by-industry*-Klassifizierungsansatz ist in ihrer Vorleistungs- und Endnachfragematrix der Einsatz der Güter in den Wirtschaftsbereichen, also die Input-Struktur für die Produktion des wirtschaftlichen Outputs abzulesen (vgl. STATISTISCHES BUNDESAMT 2010: 25). Beispielsweise zeigt die erste Spalte der Tabelle, dass der primäre Sektor im Jahr 2016 industrielle Güter im Wert von 18,4 Mrd. € benötigte, um einen Produktionswert in Höhe von 54,6 Mrd. € zu generieren (vgl. Tabelle 10). Mit diesen Aussagen und vor allem in ihrer Angabe der Bruttowertschöpfung nach ihren Komponenten gleichen Verwendungs- den Input-Output-Tabellen. Allerdings sind folgende Unterscheidungsmerkmale gegeben: Erstens handelt es sich im gesamten Input-Output-System um verschiedene Darstellungsformen der Transaktionen von Waren und Dienstleistungen innerhalb einer Volkswirtschaft. Die Kernaussagen der drei Tabellen sind damit zunächst nicht miteinander vergleichbar (vgl. EU 2014: 26). Die mathematisch miteinander verknüpften SUT (daher stimmen z. B. die Summen der Produktionswerte in den SUT überein; vgl. Tabellen 9 und 10) sind grundlegender Bestandteil der VGR als Verknüpfung zur Inlandsproduktberechnung und können ergänzend in symmetrische Input-Output-Matrizen transformiert werden (der Prozess der Transformation ist ausführlich beschrieben in EUROPEAN COMMUNITIES 2008: 295ff.; vgl. auch die Übersicht von ARNEGGER 2014: 222). Zweitens sind die Klassifizierungsansätze der Wirtschaftseinheiten unterschiedlich (SUT: *commodity-by-industry*; Input-Output-Tabellen: *commodity-by-commodity* oder *industry-by-industry*). Drittens unterliegen die Tabellen unterschiedlichen Preiskonzepten (Aufkommenstabellen: Herstellungspreise mit Übergang zu Anschaffungspreisen; Verwendungstabellen: Anschaffungspreise; Input-Output-Tabellen: Herstellungspreise).

Tabelle 10: *P/A*3*-aggregierte Verwendungstabelle zu Anschaffungspreisen für Deutschland, Mrd. €, 2016

Verwendung (nach WZ 2008) / Aufkommen (nach CPA)	Input der Produktionsbereiche			Letzte Verwendung von Gütern			Gesamte Verwendung von Gütern
	Primärer Sektor	Sekundärer Sektor	Tertiärer Sektor	Konsum	Investitionen	Exporte (fob)	
Primärer Sektor	4,2	47,1	3,5	37,2	1,5	11,4	104,8
Sekundärer Sektor	18,4	1.064,0	307,0	759,2	464,1	1.179,8	3.792,5
Tertiärer Sektor	10,1	386,3	1.070,8	1.442,9	168,0	229,7	3.307,8
Insgesamt	32,7	1.497,4	1.381,3	2.239,3	633,6	1.420,9	7.205,2
cif/fob-Korrektur	0,0	0,0	0,0	0,0	0,0	-3,5	-3,5
Konsumausgaben von Gebietsansässigen in der übrigen Welt	0,0	0,0	0,0	55,4	0,0	0,0	55,4
Konsumausgaben von Gebietsfremden im Inland	0,0	0,0	0,0	-24,9	0,0	24,9	0,0
Vorleistungen der Wirtschaftsbereiche bzw. letzte Verwendung von Gütern	32,7	1.497,4	1.381,3	2.269,8	633,6	1.442,4	7.257,2
Arbeitnehmerentgelt im Inland[82]	7,9	509,9	1.105,0				
Sonstige Produktionsabgaben abzüglich sonstige Subventionen	-5,7	-2,2	4,8				
Abschreibungen	10,6	141,6	405,1				
Nettobetriebsüberschuss	9,1	212,5	423,2				
Bruttowertschöpfung zu Herstellungspreisen	21,9	861,8	1.938,1				
Produktionswert zu Herstellungspreisen	54,6	2.359,2	3.319,4				

Quelle: eigene Berechnungen auf Datengrundlage von STATISTISCHES BUNDESAMT 2021a; veränderte Darstellung nach EUROPEAN COMMUNITIES 2008: 122

3.5.3.2 Social Accounting Matrix

Für Analysen, die sich mit sozioökonomischen Fragestellungen im weiteren Sinne auseinandersetzen, können SAM ein geeignetes Methodentool sein. Erste Grundlagen für die Sozialbilanzierung wurden von STONE (1961) und im 1968er SNA (vgl. UN 1968) gelegt (vgl. PYATT/ROUND 1977: 339). Die SAM kann vereinfacht als Operationalisierung dieses Regelwerkes gesehen werden (vgl. MILLER/BLAIR 2009: 499; PYATT 1991a: 178), was so auch im 2008er SNA vermerkt ist: „*A social accounting matrix (SAM) is a presentation of the SNA in matrix terms that permits the incorporation of extra*

---

82 In der Verwendungstabelle des Statistischen Bundesamtes werden die Bruttolöhne und -gehälter nochmals separat ausgewiesen.

details of special interest" (EUROPEAN COMMISSION et al. 2009: 37). Damit wäre auch die Tourismusanalyse als ein Forschungsfeld angesprochen.

PYATT/ROUND (1977: 339) plädieren für eine empirisch-statistische Anwendung der theoretischen Grundlagen der SNA und die Implementierung in einem entsprechenden Modell. Im Speziellen unterscheidet sich die SAM so durch die explizite Erfassung von Beschäftigung, Einkommen privater Haushalte und Sozialleistungen von klassischen Input-Output-Tabellen. Soziodemographische Kennzahlen werden dahingehend präzisiert, die ökonomische Struktur – über Input-Output-Tabellen hinausgehend – differenziert abzubilden (vgl. DWYER et al. 2010: 296; MILLER/BLAIR 2009: 499). Damit einhergehend ist die Intention der wichtigsten Vertreter der SAM-Rechnung einleuchtend (vgl. zu mathematischen und methodischen Grundlagen der Konstruktion von SAM v. a. KING 1985; PYATT 1991b; 1994a; 1994b; 1999; PYATT/ROUND 1977; 1985; PYATT/THORBECKE 1976; ROE 1985): Der sozioökonomischen Analyse von Einkommensverteilungen wird insbesondere im Entwicklungsländerkontext eine politische Relevanz zugeschrieben (vgl. ROUND 1991: 250), weswegen erste SAM für einige Entwicklungsländer vorlagen (vgl. z. B. CAUSAPÉ et al. 2018 für Kenia; PYATT/ROUND 1977; 1985 für den Iran, Sri Lanka und Swasiland; PYATT/ROUND 1984 für Malaysia). Später wurden die Tabellen auch für Industrieländer konstruiert (vgl. z. B. ROUND 1991; 1995 für die EU und MADSEN/JENSEN-BUTLER 2005 für Dänemark; KILKENNY 1995 und KILKENNY/ROSE 1995 für die USA; vgl. außerdem ÁLVAREZ-MARTÍNEZ/LÓPEZ-COBO 2016; 2018; EUROPEAN COMMISSION 2003 als umfassender Leitfaden des Konstruktionsverfahrens von SAM in der EU). Die Definition der SAM im ESVG 2010 fasst die Hauptcharakteristika dieser Matrizen zusammen:

> *„Eine Sozialrechnungsmatrix (Social Accounting Matrix, SAM) verdeutlicht die Verbindung zwischen den Aufkommens- und Verwendungstabellen und den Sektorkonten. Eine Sozialrechnungsmatrix liefert durch eine Aufgliederung des Arbeitnehmerentgelts nach Gruppen von Beschäftigten zusätzliche Informationen über Umfang und Zusammensetzung der Beschäftigung. Die erwähnte Aufgliederung betrifft sowohl den aus den Verwendungstabellen ableitbaren Arbeitseinsatz nach Wirtschaftsbereichen als auch das Arbeitsangebot nach Haushaltsgruppen innerhalb des Sektors private Haushalte. Auf diese Weise werden das Angebot an und der Einsatz von verschiedenen Kategorien von Arbeitskräften systematisch dargestellt"* (EU 2014: 10).

Mit der differenzierten Wiedergabe der Einkommensverteilung (*„Aufgliederung des Arbeitsnehmerentgelts"*) werden die Orte des Markgeschehens von Produktion (= Vorleistungen, Konsum von Gütern und Dienstleistungen) und verfügbaren Ressourcen (= Primärinputs wie die Wertschöpfung aus Löhnen und Gehältern) explizit und mit Fokussierung der Beschäftigung in einer Volkswirtschaft herausgearbeitet. Gegenüber der einfachen Input-Output-Tabelle werden in der SAM die jeweiligen Komponenten der Submatrizen disaggregiert dargestellt. Das bedeutet eine Erweiterung der Buchungsdetails in separate Produktions-, Konsum-, Vermögens-, Zahlungsbilanz und Staatskonten, die um eine klassische Vorleistungsmatrix, das „Herzstück" der Input-Output-Tabelle, ausgebaut werden (vgl. MILLER/BLAIR 2009:

500ff.). Damit entsteht ein *„erweitertes System von Arbeitskräftekonten"* (EU 2014: 575), dessen Systematik sich in der symmetrischen, d. h. quadratischen und bilanzierten Darstellung in Matrixform wiederfindet (vgl. PYATT 1994a: 8; PYATT/ROUND 1977: 339). Aufbauend auf denselben methodischen Grundlagen wird also die klassische Input-Output-Tabelle um sozioökonomische Kennzahlen erweitert: *„These models operate with the same basic set of assumptions and solution method (i.e. matrix inversion) as I-O [Input-Output] models, but place more attention on the distributional aspects of the shocks being modelled, so they are employed when special consideration is given to economic development, as opposed to simple economic growth"* (LOVERIDGE 2004: 309). Umgekehrt ist eine Input-Output-Tabelle somit als *„a subset of a SAM"* (WAGNER 1997: 593) zu sehen. Zuletzt sind beide Rechenwerke in den SUT verbunden. Damit einher geht, in Anlehnung an die beiden SNA (vgl. EUROPEAN COMMISSION et al. 2009: 271ff.; UN 1968: 35ff.), die Klassifizierung der Vorleistungsmatrizen nach dem *commodity-by-industry*-Ansatz, wie er in Verwendungstabellen angewandt wird (vgl. PYATT 1994a: 8).

Es ist naheliegend und im obenstehenden Zitat von LOVERIDGE (2004: 309) bereits erwähnt, dass die als Erweiterung der Input-Output-Tabelle zu verstehende SAM ebenfalls die Analyse ökonomischer Effekte anhand von inversen Matrizen und daraus resultierenden Output-Multiplikatoren zulässt (woraus sich sodann derivative Multiplikatoren ableiten lassen). Um die Multiplikatoren der SAM zu verstehen, sei zur Erinnerung auf die Unterscheidung der beiden Multiplikatortypen der Wirkungsanalyse verwiesen: Diese basiert auf der Ex- bzw. Inklusion bestimmter Wirtschaftsbereiche in die Koeffizientenmatrix *A* der Vorleistungsverflechtungen. Werden die induzierten ökonomischen Effekte, die sich im Haushaltssektor (d.h. z.B. im Arbeitnehmerentgelt) widerspiegeln, als eigener Wirtschaftszweig, also endogen als Bestandteil der Matrix *A* betrachtet, resultiert daraus der *Typ II*-Multiplikator, der – zusätzlich zu den direkten und indirekten Effekten – die induzierten regionalökonomischen Effekte bemisst (vgl. Kapitel 3.5.2.2). Ebendiese Überlegung findet sich auch in der Herleitung von Output-Multiplikatoren aus einer SAM: Die oben genannten Submatrizen der Detailerweiterungen der SAM (also z. B. Produktions-, Konsum-, Vermögens-, Zahlungsbilanz und Regierungskonten) bilden die potenziell integrierbaren Komponenten (vgl. PYATT/ROUND 1979: 855ff.). Nach der Grundidee der SAM-Rechnung sollen alle wirtschaftlichen Wirkungen innerhalb eines ökonomischen Gesamtsystems erfasst werden, wozu alle Konten sowie darüberhinausgehende, wechselseitige Verflechtungen mit anderen Wirtschaftssystemen zählen (vgl. ROUND 1985: 383; weiterführend zur Integration interregionaler Verflechtungen in ein SAM-Rechenwerk ROUND 1988). Multiplikatoren, die aus einer SAM abgeleitet werden, entsprechen also in ihrer Zusammensetzung den klassischen *Typ I*- und *Typ II*-Multiplikatoren der Input-Output-Analyse, zuzüglich eventueller Komponenten, die für die sozioökonomische Analyse von Interesse sind. Dementsprechend sind im Allgemeinen größere *Typ SAM*-Multiplikatorwerte zu erwarten (vgl. CROMPTON et al. 2016: 1054; LOVERIDGE 2004: 311; MILLER/BLAIR 2009: 535; WAGNER 1997: 594):

Typ SAM > Typ II > Typ I Multiplikator

Vor allem in der Hinzunahme des privaten Haushaltssektors äußert sich die Konsumneigung durch zu erwartende höhere Multiplikatorwerte (vgl. FLETCHER/ARCHER 1991: 41). Wird beispielsweise ausschließlich dieser Bereich integriert, so entspricht der *Typ II-* dem *Typ SAM*-Multiplikator.

3.5.3.3 Computable General Equilibrium

Die Kritik im wissenschaftlichen Diskurs zu konzeptionellen Grundlagen des Input-Output-Verfahrens, welcher sich in Kapitel 3.6.2 ausführlich und in der bewertenden Gegenüberstellung zu den hier dargelegten Input-Output-Modellerweiterungen gewidmet wird, führte zur Entwicklung von CGE-Modellen (vgl. zu den Anfängen v.a. ADAMS/PARMENTER 1995; BLAKE/SINCLAIR 2003; BLAKE et al. 2006; SUGIYARTO et al. 2003; ZHOU et al. 1997 sowie Wegbereiter der CGE-Anwendung im Tourismus- und Eventbereich DWYER 2015a; 2015b; DWYER/FORSYTH 1998; DWYER et al. 2003a; 2003b; 2004; 2005; 2006a; 2006b; 2007; 2009; 2016, um nur eine Auswahl an Publikationen zu nennen). Den hauptsächlichen wissenschaftlichen Beitrag liefern australische Ökonomen. Nach DWYER et al. (2004: 310) würden in keinem anderen Land weltweit so häufig CGE-Analysen durchgeführt werden wie in Australien. Verbreitung findet die Methode ansonsten bei verschiedenen internationalen Organisationen als Methode räumlicher Fragestellungen der Politikanalyse (von der Europäischen Kommission vgl. MERCENIER et al. 2016; der World Bank Group vgl. z. B. ESTRADES/CAMPOY 2018 oder der World Trade Organization z. B. PIERMARTINI/TEH 2005). Aus Deutschland kann keine Studie aus dem Tourismusbereich angeführt werden.

Abgeleitet aus den Theorien des allgemeinen Markgleichgewichts (*theoretical general equilibrium*) ist das Verfahren explizit anwendungsorientiert. Es handelt sich um einen Analyseansatz, der auf Grundlage von Wirtschaftsdaten ökonomische Wirkungen einer extern getätigten Geldinjektion zu quantifizieren versucht (*computable*) (vgl. BANDARA 1991: 5). Die inhaltliche Nähe zur Input-Output-Analyse ist dabei wenig verwunderlich, denn es werden als Datengrundlagen der CGE-Konstruktion Input-Output-Matrizen oder SAM verwendet, die Angaben zu Produktion und Vorleistungsverflechtungen, den privaten und staatlichen Haushalten sowie dem Handel enthalten. Die Wurzeln liegen also in der Input-Output-Analyse, wenngleich sich mit der Verwendung von CGE-Modellen an der Überwindung der konzeptionellen Defizite der Input-Output-Modelle versucht wird (vgl. DWYER 2015a: 113f.; 2015b: 3; DWYER et al. 2007: 539). Dies geschieht mit der Erweiterung der Input-Output-Konten um *„elasticity parameters"* (DIXON/PARMENTER 1996: 5). Dazu gehören beispielsweise Substitutions- oder Preisanpassungsmöglichkeiten im Produktionsprozess, welche in den statischen Input-Output-Modellen nicht abgebildet werden können (vgl. DIXON/PARMENTER 1996: 5; vgl. auch PYATT 1994b zu den Rechenwegen der Modellierung von CGE-Modellen auf Grundlage von SAM). Heute existiert bereits eine Reihe valider Softwarelösungen, deren Rechenleistungen Simulationen jeglichen Forschungsansatzes ermöglichen (vgl. DWYER 2015b: 20).

Ein weiteres Merkmal der CGE-Modelle ist die über die Input-Output-Analyse hinausgehende Betrachtung der gesamten Ökonomie als ein Komplettsystem von

Waren- und Dienstleistungsströmen (*general*) (vgl. Dwyer et al. 2004: 309; 2009: 312; 2010: 317). *„Conceptually all these interactions are capable of being captured in an economy-wide general equilibrium framework since it contains all commodities and factor markets together with decision making agents"* (Bandara 1991: 5). Seinem Anspruch nach, ein realistisches Abbild einer Ökonomie aufzuzeigen (vgl. Dwyer et al. 2009: 313), werden in der ökonomischen Wirkungsanalyse einer bestimmten Nachfrageänderung (z. B. in Form touristischer Ausgaben) stets alle Komponenten des Modells erfasst, einschließlich des über die klassische Betrachtung der Handelsverflechtungen hinausgehenden Konsums, der Beschäftigung sowie des Handels. Im Unterschied zur Input-Output-Analyse liegt damit der Analysefokus auf der Gesamtschau ökonomischer Aktivitäten, d. h. es geht darum, die gesamtwirtschaftlichen Konsequenzen einer touristischen Nachfrageänderung zu ermitteln. Dem liegt der Gedankengang zugrunde, dass sich mit einer extern verursachten Einwirkung auf das Wirtschaftssystem nicht bloß der Output verändert, was sich im Falle der Input-Output-Analyse in den konstanten technischen Koeffizienten der Matrix *A* ausdrückt, sondern ferner die gesamte Zusammensetzung von Vorleistungs- und Primärinputs durch beispielsweise Substitutionsvorgänge der Vorleistungsbereitstellungen beeinflusst wird (vgl. Burfisher 2021: 11ff.; Mundt 2006: 449): *„CGE models treat an economy as a whole, allowing for feedback effects of one sector on another"* (Dwyer 2015a: 114). CGE-Modelle sind damit als Gleichungssysteme und *„representations of the way the economy works"* (Dwyer et al. 2007: 539) zu verstehen, weshalb sodann *„auch Situationen denkbar [sind], bei denen durch eine Erhöhung der Touristenankünfte aufgrund negativer Rückkopplungen und der Bindung von Ressourcen insgesamt negative Wirkungen auftreten können"* (Metzler 2007: 38)[83]. Das Zulassen negativer Effektwirkungen durch beispielsweise Arbeitskräftebindung in dominierenden Wirtschaftszweigen ist das fundamentale Unterscheidungskriterium zwischen Input-Output- und CGE-Modellen (vgl. Dwyer et al. 2004: 309; 2005: 353; 2006a: 61; 2006b: 322; 2009: 313).

Das Ziel der Modellierung besteht in der Lösung dieser Gleichungssysteme, um so das allgemeine Marktgleichgewicht auszubalancieren. Nach dieser Grundlagentheorie wird ein Gleichgewicht auf allen Teilmärkten des ökonomischen Systems angestrebt, welches dann vorliegt, wenn Angebot und Nachfrage für Güter und Dienstleistungen übereinstimmen. Die Voraussetzung ist die angestrebte Nutzenmaximierung der Haushalte bei gleichzeitig angestrebter Gewinnmaximierung und Kostenminimierung der Unternehmen. Die daraufhin entwickelten Preise sind das Resultat des Konsumverhaltens der Haushalte sowie des Produktionsverhaltens der Unternehmen und bei einem bestimmten Preis sind Angebot und Nachfrage identisch (*equilibrium*) (vgl. Burfisher 2021: 11f.; Dixon/Parmenter 1996: 5). Kritischer Faktor ist insofern das Optimierungsverhalten der einzelnen Wirtschaftsakteure

---

83   Die Theorie des wirtschaftlichen Wachstums unterscheidet nach Hirschman (1965: 100) zwei richtungsweisende Bereitstellungsmechanismen von Inputs und dem ökonomischen Output: Vorwärtskopplungseffekte (*forward linkage effects*) meinen die Weiterverarbeitung des produzierten Outputs als sodann Input für nachgelagerte Betriebe. Umgekehrt meinen Rückwärtskopplungseffekte (*backward linkage effects*), oder auch abgeleitete Nachfrage, solche Effekte, die durch die Nachfrage nach ebendiesem Output in vorgelagerten Wirtschaftszweigen entstehen, d. h. die in dieser Arbeit betitelten Vorleistungseffekte. Die Öffnung einer Wäscherei im Zuge der Errichtung eines Hotels wäre demnach ein Rückwärtskopplungseffekt (vgl. auch Liefner/Schätzl 2017: 87f.).

(Konsumenten, Produzenten, Regierung, Investoren), wobei dieses sensibel gegenüber Preisänderungen und Ressourcenverfügbarkeiten ist (vgl. Dwyer 2015a: 114; 2015b: 3; Dwyer et al. 2009: 312). Das Zulassen von Preisveränderungen unterscheidet CGE- damit außerdem von Input-Output-Modellen (vgl. Blake et al. 2006: 305; Dwyer et al. 2005: 354; 2006b: 324).

Während Input-Output-Modelle also klassische Matrix-Inversen verwenden, um Multiplikatoren abzuleiten, beschreiben CGE-Modelle die Gesamtauswirkungen innerhalb einer Volkswirtschaft unter Berücksichtigung flexibler, ökonomischer Optimierungs- und Anpassungsprozesse (vgl. Burfisher 2021: 17f.). Im Grunde genommen liegt der Unterschied damit in der Art und Weise, wie Wirtschaftsverflechtungen modelliert werden (vgl. Dwyer 2015b: 21), wobei folgende Vorgehensschritte die Konstruktion der vorgestellten Modellerweiterungen erklären: Als Grundlage dient ein Input-Output-Modell, welches durch Endogenisierung weiterer Komponenten zu einer SAM erweitert werden kann. Daraufhin kann durch Integration aller Teilmärkte unter Berücksichtigung der Preis- und Rückkopplungsanpassungen unter allen teilhabenden Wirtschaftssegmenten und -akteuren ein CGE-Modell konstruiert und für ökonomische Wirkungsanalysen genutzt werden (vgl. Kratena 2017: 369). Die zunehmenden Komplexitätsgrade beeinflussen schließlich die Größe der ableitbaren Multiplikatorwerte. Dabei ist generell von folgenden Größenverhältnissen auszugehen (vgl. Crompton et al. 2016: 1054; Loveridge 2004: 311):

SAM Multiplikator > Input − Output Multiplikator > CGE Multiplikator

Dwyer et al. (2005: 353ff. bzw. 2006a: 60ff.; 2006b: 322ff.) projizieren touristische Ausgabenwerte des „Großen Preises von Australien" im Jahr 2000 in Melbourne auf ein regionalökonomisches CGE-Modell von New South Wales, Australien, und vergleichen die Ergebnisse der regionalökonomischen Wirkungsanalysen, die zum einen mithilfe des CGE- und zum anderen mithilfe des in diesem erthaltenen Input-Output-Modells (als Grundlage des CGE-Modells) ermittelt wurden[84]. In der Gegenüberstellung ergab die Input-Output-Analyse beispielsweise einen Output-Multiplikator für New South Wales in Höhe von 2,185 und für die gesamte Ökonomie Australiens von 2,343, während der CGE-Multiplikator bei 1,106 für New South Wales und bei 0,487 für Australien lag. Die Autoren identifizieren eine Überschätzung der touristischen Output-Wirkungen von 198 % in New South Wales[85] (mithilfe des Input-Output-Modells: 112,0 Mio. A-$; mithilfe des CGE-Modells: 56,7 Mio. A-$) und von 491 % in Australien (mithilfe des Input-Output-Modells: 120.1 Mio. A-$; mithilfe des CGE-Modells: 24,46 Mio. A-$). Die berechneten Wertschöpfungs- und Beschäftigungswirkungen zeigen ein ähnliches Bild deutlich kleinerer CGE-Werte, was auf die Berücksichtigung negativer Rückkopplungseffekte zurückzuführen ist. Die kleineren Werte für Australien im Vergleich zu denjenigen der Region New South Wales sind damit zu erklären, dass die Ausgaben der Besucher des Events an anderer Stelle

---

84 Bei dem Modell handelt es sich um ein multiregionales CGE-Modell, welches vom Centre for Regional Economic Analysis (CREA) der Universität von Tasmanien entwickelt wurde (vgl. Dwyer et al. 2003b: 432).

85 Eigene Berechnung

der Ökonomie fehlen und diese deshalb im Modell mit negativem Vorzeichen in die Berechnung eingehen (vgl. Dwyer et al. 2016: 94; zu solchen Ergebnissen kommen auch Zhou et al. 1997: 84ff. in ihrer Modellgegenüberstellung touristischer Ausgaben für Hawaii, USA). Vor allem auch deshalb sind – obwohl die CGE-Modellierung aus Input-Output-Matrizen entstammt – die Ergebnisse der beiden Analyseansätze nicht miteinander vergleichbar. Aufgrund der ausschließlichen Berechnung positiver ökonomischer Effekte des Tourismus ist in der klassischen Input-Output-Analyse mit der Vergrößerung des Untersuchungsgebietes (beispielsweise von New South Wales auf Australien) und der sodann eingeschlossenen Mehrzahl an Vorleistungsbetrieben stets mit einer Steigerung der ökonomischen Wirkungen zu rechnen.

3.5.4 Datenverfügbarkeit von Input-Output-Tabellen: international, national und regional

Input-Output-Tabellen sind ein Ergebnis der nationalen VGR, deren einheitliche Darstellungsweise das ESVG 2010 und das SNA, Ausgabe 2008, vorgibt. In dem Zusammenhang werden nationale Daten von 200 Ländern und Territorien weltweit in der „National Accounts Main Aggregates Database" der United Nations Statistics Division zur Verfügung gestellt[86] (vgl. UN 2020 für eine ausführliche Beschreibung der Methodik der Datenzusammenstellung der einzelnen Länder). Den europäischen Beitrag zur Datenverfügbarkeit amtlicher Statistiken liefert Eurostat, welches VGR-Daten und damit Input-Output-Tabellen sowie die zugehörigen SUT auf seiner Datenbank für alle Länder der EU bereitstellt[87].

Die Tabellen der deutschen VGR sind in der Fachserie 18 (VGR)[88] sowie der Statistikdatenbank GENESIS-Online des Statistischen Bundesamtes[89] abrufbar. Das Rechenwerk umfasst die klassischen Input-Output-Tabellen vom Typ *Güter x Güter* (*commodity-by-commodity*), wie sie in Kapitel 3.5.1 vorgestellt wurden. Mit 72 Gütergruppen (*P*72) sind die deutschen Tabellen etwas detaillierter als die internationale Vorgabe des ESVG 2010 mit *P*64 (vgl. Statistisches Bundesamt 2010: 5f.). Im Vergleich dazu ist zum Beispiel in den Input-Output-Tabellen des US Department of Commerce/Bureau of Economic Analysis (BEA) der USA je nach Detailgrad eine Disaggregation von über 500 Wirtschaftszweigen möglich. Diese orientiert sich am North American Industry Classification System (NAICS)[90] (vgl. Horowitz/Planting 2009: 12-2).

Das Statistische Bundesamt berechnet drei Input-Output-Tabellen: Input-Output-Tabellen der inländischen Produktion, Importmatrizen und Input-Output-Tabellen der inländischen Produktion und Importe, welche die Summen der beiden Erstgenannten bilden. Daneben ergänzen SUT als Basistabellen sowie die Tabelle

---

86 https://unstats.un.org/unsd/snaama
87 https://ec.europa.eu/eurostat/de/data/database
88 https://www.destatis.de/DE/Service/Bibliothek/_publikationen-fachserienliste-18.html
89 https://www-genesis.destatis.de/genesis/online
90 Das NAICS ist ein Produkt des North American Free Trade Agreement (NAFTA) zwischen Kanada, Mexiko und den USA und orientiert sich – wie auch die deutsche WZ 2008 – an der ISIC, Rev. 4, der UN (vgl. United States 2017: 3).

der Erwerbstätigen und Arbeitnehmer und die Konsumverflechtungstabelle als Zusatztabellen das Datenangebot von Fachserie 18. Bereitgestellt werden außerdem zwei Auswertungstabellen: die technische Koeffizientenmatrix A und die inverse Koeffizientenmatrix $(I - A)^{-1}$ (vgl. STATISTISCHES BUNDESAMT 2010: 14ff.; 2021a). Den Dateninput aller zentralen Kenngrößen der VGR (z. B. BIP, Bruttowertschöpfung, Konsum, Einkommen) liefert der Arbeitskreis „VGR der Länder", der Zahlen zur BIP- und Einkommensberechnung in stark aggregierter Wirtschaftszweiggliederung (*A*10 mit Zusammenfassungen*) bis auf Kreisebene öffentlich zur Verfügung stellt.

Über die amtliche Statistik hinausgehend existiert eine Reihe weiterer Datenbanken und Input-Output-Recheninitiativen, insbesondere für internationale Staatenverbünde, worüber harmonisierte Input-Output-Tabellen in Verbindung mit bilateralen Handelsdaten abgerufen werden können. Zu nennen ist zum einen die „OECD-WTO Trade in Value Added (TiVA) database". Darin sind verschiedene Indikatoren zur Bemessung des internationalen Güteraustauschs (wie Zahlen zu Im- und Export oder Wertschöpfungsverflechtungen)[91] sowie harmonisierte nationale Input-Output-Tabellen für alle OECD-Mitgliedsländer und 28 weitere Länder für die Jahre 2005-2015 zusammengestellt[92]. Ferner ergänzen sogenannte „Inter-Country Input-Output-Tables" die Tabellen um länderübergreifende Vorleistungsmatrizen (vgl. OECD 2021; weiterführend zur Methodik OECD/WTO 2021).

Eine weitere Sammlung von Input-Output-Matrizen liefert die Datenbank des „Global Trade Analysis Project" (GTAP)[93]. Die für 121 Länder[94] der Erde zur Verfügung stehenden Tabellen umfassen 65 Wirtschaftsbereiche. Als Datengrundlage bedient sich das Projekt unter anderem der Tabellen der OECD oder des Joint Research Center der EU und verknüpft diese ebenso mit internationalen Handelsdaten, die u. a. auf der „UN Commodity Trade Statistics Database" beruhen (vgl. AGUIAR et al. 2019: 2ff.). Die GTAP-Datenbank lieferte eine erste Vorlage zur globalen, multiregionalen Input-Output-Modellierung (vgl. TIMMER et al. 2015: 576; TUKKER/DIETZENBACHER 2013: 1).

Zur Intention multiregionaler Ansätze reflektieren KISSINGER/REES (2010: 2616) die wechselseitigen Abhängigkeitsverhältnisse in der nachhaltigen Gestaltung von Globalisierungsprozessen. Dabei wird die Bedeutung der Dimensionierung internationaler Konsumverflechtungen und ihre ökonomischen, ökologischen und sozialen Auswirkungen herausgestellt[95], wofür WIEDMANN et al. (2011: 1938) die multiregionale Input-Output-Modellierung für einen geeigneten Ansatz halten. Zum Verständnis seien die globalen Input-Output-Matrizen kurz definiert: „A world input-output table (...) can be regarded as a set of national input-output tables that are connected with each other by bilateral international trade flows" (TIMMER et al. 2015: 577). In der Abgren-

---

91 https://stats.oecd.org/Index.aspx?DataSetCode=TIVA_2018_C1
92 https://stats.oecd.org/Index.aspx?DataSetCode=IOTSI4_2018
93 https://www.gtap.agecon.purdue.edu/databases/default.asp
94 Nicht inkludierte Länder werden in der multiregionalen Input-Output-Modellierung als „rest of the world" (RoW) angegeben.
95 Es handelt sich hierbei um eine „Environmentally extended multi-region input-output analysis". Diese multiregionalen Modelle zielen in der Hauptsache darauf ab, die umweltökologischen Auswirkungen interregionalen Handels abzustecken (wie beispielsweise der CO_2-Ausstoß im Warentransport) (vgl. z. B. TUKKER et al. 2009: 1929; WIEDMANN et al. 2007: 15; 2011: 1937).

zung des Regionsbegriffs einer „multiregionalen" Input-Output-Tabelle im globalen Kontext sind Länder oder Länderverbünde gemeint (vgl. Többen 2017: 7; Többen/ Kronenberg 2015: 487). Möglich zu adaptieren ist das Konzept auch auf subnationaler Ebene, wie Kapitel 3.5.5.3 zeigt.

Zu den bekannten und in der Literatur genannten globalen Modellierungsinitiativen (einen Überblick liefern Tukker/Dietzenbacher 2013; Wiedmann et al. 2011) zählen die „Asian International Input-Output Tables" (AIIOT) vom „Institute of Developing Economies-Japan External Trade Organization" (IDE-JETRO)[96] (vgl. Meng et al. 2013), die Datenbank EORA der University of Sydney[97] (vgl. Lenzen et al. 2012; 2013) sowie das EU-finanzierte Projekt EXIOPOL[98] mit seiner Datenbank EXIOBASE[99], welches zum Ziel hatte, eine multiregionale, um Umweltdaten erweiterte SUT für 43 Länder und 129 Wirtschaftsbereiche zu erstellen (vgl. Tukker et al. 2009; 2013). Zu nennen ist außerdem ein Projekt aus dem Bereich der „Experimentellen Statistiken" in der EU, nämlich das „Full International and Global Accounts for Research in Input-Output Analysis" (FIGARO) von Eurostat und dem Joint Research Center der Europäischen Kommission. FIGARO verwendet SUT und Input-Output-Tabellen der EU-Staaten nach dem ESVG 2010 sowie interregionale, d. h. länderübergreifende Handelsdaten, als Dateninputs[100] (vgl. Remond-Tiedrez/Rueda-Cantuche 2019 für einen Überblick zu Methodik und Datenquellen).

Die „World Input-Output Database" (WIOD)[101] versucht die weltweite Input-Output-Rechnung zu optimieren, um einigen Datenrestriktionen zuvor genannter Initiativen zu begegnen (wie z. B. die fehlende Integration in amtliche Statistiken oder zeitliche Begrenzungen verfügbarer Berechnungsjahre) (vgl. Timmer et al. 2015: 576). In der aktuellen Ausgabe von 2016 sind Input-Output-Tabellen und daran angeknüpfte Daten (z. B. SUT) für 43 Länder und 56 Wirtschaftsbereiche (*industry-by-industry*) für die Jahre 2000 bis 2014 kostenlos abrufbar (vgl. Dietzenbacher et al. 2013; Timmer et al. 2016 zu Methodik und Konzeption). Die Tabellen beruhen allesamt auf der amtlichen, nationalen VGR sowie den internationalen Daten von OECD und den „UN National Accounts". Demzufolge basiert das Modell auf der ISIC-Klassifikation, ebenso wie auf dem SNA 2008 der UN. Das Ziel der Initiative ist die Zeitreihenanalyse von Input-Output-Daten auf internationaler Ebene durch Harmonisierung nationaler Datengrundlagen, um so ein gesamtheitliches, internationales Input-Output-Modell zu erstellen (vgl. Timmer et al. 2015: 578).

Während Input-Output-Daten also für die nationale sowie internationale Maßstabsebene von amtlichen Statistiken und verschiedenen Datenbankinitiativen vorliegen (wenngleich Schwachstellen zu verzeichnen sind, wie beispielsweise die Aggregationsebenen der Wirtschaftsbereiche), konstatiert die deutsche Literatur eine eingeschränkte Verfügbarkeit regionaler Input-Output-Matrizen (vgl. Kronenberg 2007: 4; 2010: 224). Das nimmt die angewandte Forschung zum Anlass, re-

---

96 https://www.ide.go.jp/English.html
97 https://www.worldmrio.com/
98 „A New Environmental Accounting Framework Using Externality Data and Input-Output Tools for Policy Analysis" (vgl. Tukker et al. 2009: 1928)
99 https://www.exiobase.eu/
100 https://ec.europa.eu/eurostat/de/web/esa-supply-use-input-tables/figaro
101 http://www.wiod.org/home

gionale Input-Output-Modelle mithilfe entsprechender Methoden für Teilregionen Deutschlands zu erstellen. Hierdurch liegen einzelne regionale Input-Output-Tabellen für eine Auswahl an Bundesländern vor, wobei anzumerken ist, dass diese zumeist im Zuge einer Studie zu regionalwirtschaftlichen Effekten einer Maßnahme (z. B. Landwirtschaft, Bergbau, Windenergie, Kraftwerke) erstellt wurden (vgl. z. B. DETTMER/SAUER 2014; KRONENBERG 2010; KRONENBERG/TÖBBEN 2011; LEHR et al. 2013; PROGNOS 2007; SCHRÖDER 2012; eine Auflistung findet sich in KRONENBERG/WOLTER 2017: 3ff.), was also mit keinerlei tourismusanalytischem Hintergrund in Zusammenhang steht. Das aktuelle Forschungsinteresse geht auch in Deutschland hin zu multiregionalen Modellierungsansätzen (vgl. z. B. TÖBBEN 2017; TÖBBEN/KRONENBERG 2015).

In den USA war die Regionalisierung von nationalen Tabellen bis in die 1990er Jahre ein manuelles und komplexes Unterfangen, bis schließlich *„ready-made regional models"* (RICKMAN/SCHWER 1995a: 363) auf den Markt kamen. Zu den meistverwendeten Modellen in den USA zählen diejenigen von IMPLAN, „Regional Input-Output Modeling System" (RIMS) bzw. RIMS II und „Regional Economic Models, Inc." (REMI) (vgl. CROMPTON et al. 2016: 1052; RICKMAN/SCHWER 1995a: 363f.). Das „Regional Input-Output Modeling System" (in seiner aktuellen Version: RIMS II[102]) des BEA der USA ist das im Vergleich am wenigsten anspruchsvolle und das kostengünstigste Tool (vgl. CROMPTON et al. 2016: 1052; einen Vergleich der US-amerikanischen Modelle liefern BONN/HARRINGTON 2008; BORGEN/COOKE 1990; RICKMAN/SCHWER 1993; 1995a; 1995b; STYNES 1999c). Wie im Grunde alle regionalen Input-Output-Modelle basiert auch RIMS II auf amtlichen, nationalen Input-Output-Tabellen (und damit der NAICS-Klassifizierung) und wird mittels regionaler Verhältniswerte auf verschiedene subnationale Regionskonstellationen heruntergerechnet (die Konzeption ist in Kapitel 3.5.5.1 beschrieben). Im Ergebnis können einfache regionalökonomische Multiplikatoren zur Berechnung der Gesamteffekte wirtschaftlicher Aktivitäten und Projekte in einer Region erworben werden (vgl. BEA 2013: 1-1ff.). Daneben handelt es sich bei REMI[103] um ein ökonometrisches Input-Output-Modell, welches in seiner generischen Konzeption auf komplexen Dynamiken basiert, wie es in der dynamischen Modellierung üblich ist. REMI erweitert die klassische Input-Output-Rechnung um CGE-Funktionen, wenngleich dieses Modell aufgrund der nicht notwendigen Voraussetzung eines existierenden Marktgleichgewichts kein klassisches CGE-Modell darstellt. Einem CGE-Ansatz vergleichbar ist allerdings die große Menge notwendiger Daten, welche u. a. vom BEA bezogen werden (vgl. BONN/HARRINGTON 2008: 773f.; CROMPTON et al. 2016: 1052).

Das in den 1970er Jahren vom US Forest Service entwickelte IMPLAN[104] ist ein statisches Input-Output-basiertes, regionales Modellierungssystem, welches US-Daten in seiner heutigen Form seit seiner Weiterentwicklung von der University of Minnesota im Jahr 1985 bereitstellt. Die Grundlage des Systems bilden zwei Komponenten: Die auf einem Input-Output-Modell basierende Software, die regionalökonomische Multiplikatoren und direkte, indirekte und induzierte Effekte einer Geldinjektion

---

102 https://apps.bea.gov/regional/rims/rimsii/
103 https://www.remi.com/
104 https://www.implan.com/

in eine Ökonomie berechnen kann, sowie die dazugehörige Datenbank, welche die notwendigen Input-Output-Matrizen liefert (vgl. CROMPTON 2010: 46f.; CROMPTON et al. 2016: 1053). Dazu ist anzumerken, dass IMPLAN SAM konstruiert (nach dem *commodity-by-industry*-Ansatz; wodurch theoretisch die Endogenisierung mehrerer Konten um die klassische Vorleistungsmatrix möglich ist; vgl. Kapitel 3.5.3.2). Dabei werden standardmäßig nur die privaten Haushalte eingeschlossen, wodurch die von IMPLAN produzierte SAM als klassische Input-Output-Matrizen mit den Komponenten der Vorleistungsverflechtungen sowie des Primärinputs (Bruttowertschöpfung und Importe) zu charakterisieren ist. Ihre *Typ SAM*-Multiplikatoren sind demzufolge *Typ II*-Multiplikatoren (vgl. DWYER et al. 2010: 299; JACKSON et al. 2006: 912). Die Rohdaten für die Erstellung seiner US-amerikanischen SAM bezieht IMPLAN vom BEA (Input-Output-Tabellen, Bruttowertschöpfung, Produktionswerte), dem US Department of Agriculture (z. B. Census of Agriculture), dem Bureau of Labor Statistics (BLS) (Daten zu Beschäftigung, Lohn, Konsum) sowie dem Census Bureau (z. B. Unternehmensdaten) (vgl. IMPLAN 2021b). Insofern klassifizieren sich die insgesamt 546 ausweisbaren Input-Output-Wirtschaftsbereiche nach dem NAICS (vgl. IMPLAN 2021c). Auch IMPLAN nutzt die gängigen Regionalisierungsmethoden, wie sie in Kapitel 3.5.5.2 noch behandelt werden, zur Konstruktion seiner regionalen SAM, die für State-, County- sowie ZIP-code oder auch kommunaler (Stadt-)Ebene vorliegen (vgl. CROMPTON 2010: 47). Hervorzuheben ist das Angebot einer multiregionalen Input-Output-Modellierung nach dem Vorbild der globalen multiregionalen Datenbanken wie AIIOT, EORA, EXIOBASE, FIGARO oder WIOD, jedoch auf regionaler Ebene (vgl. IMPLAN 2021d).

Für die USA begründen CROMPTON et al. (2016: 1053) den Erfolg von IMPLAN in der Tourismusanalyse mit *„its level of detail, user friendliness, accessibility, ease of interpretation, and relatively low cost"*. Nichtsdestotrotz merkt STYNES (1999c: 15) an, dass umfassende Kenntnisse über regionalökonomische Analysen notwendig sind, um mit IMPLAN-Daten arbeiten zu können. In einem aktuellen Projekt modellierte IMPLAN multiregionale SAM für die EU bis auf Ebene der NUTS-3-Regionen. IMPLAN entwickelte für die multiregionale Modellierung der EU-Daten ein eigenes Verfahren eines sogenannten *Radiation*-Modells (vgl. ZHAO/SQUIBB 2020), welches in Kapitel 3.5.5.4 erklärt wird. Die Rohdaten dazu wurden von Eurostat sowie dessen FIGARO-Tabellen und der WIOD bezogen. Damit sind die Tabellen und Datensätze der NACE-Systematik gleichgesetzt (vgl. IMPLAN 2020).

3.5.5 (Multi-)regionale Input-Output-Tabellen

3.5.5.1 Regionale Input-Output-Tabellen und ihre Koeffizienten

Nachdem Wassily LEONTIEF mit seiner Veröffentlichung im Jahr 1936 den Grundstein für die Input-Output-Rechnung legte (vgl. LEONTIEF 1936), wurden 15 Jahre später von Walter ISARD die theoretischen Zusammenhänge interregionaler Input-Output-Modelle dargelegt (vgl. ISARD 1951). In den Folgejahren wurde die regionale Input-Output-Rechnung weiterentwickelt (vgl. KRONENBERG 2007: 3), bis SCHAFFER/CHU (1969) ein erstes Resümee der verschiedenen methodischen Ansätze zogen. Bis heute verzeichnet der wissenschaftliche Diskurs um regionale Input-Output-Tabellen zahlreiche Anhänger (vgl. beispielsweise BONFIGLIO 2005; BONFIGLIO/CHELLI 2008; FLEGG/TOHMO 2012; 2013; 2016; FLEGG/WEBBER 1997; 2000; FLEGG et al. 1995; KRONENBERG 2007; 2009; 2010; 2012; KRONENBERG/TÖBBEN 2013; MORRISON/SMITH 1974; RICHARDSON 1985; TÖBBEN 2017; TÖBBEN/KRONENBERG 2015; TOHMO 2004). Die diversen Literaturquellen deuten das komplexe und angewandte Forschungsfeld der Regionalökonomie an, dessen umfassende Erklärung den Rahmen dieser Arbeit weitaus übersteigt. Für die spätere empirische Analyse sind jedoch die Grundlagen der (multi-)regionalen Input-Output-Rechnung darzulegen.

Das Problem der Erstellung regionaler Input-Output-Tabellen ist die unzureichende Datenlage auf regionaler Ebene. In der Summe bildet die nationale Matrix den wirtschaftsstrukturellen Durchschnitt aller Teilregionen einer nationalen Ökonomie ab, weil die gesamte Produktionsverflechtung von Gütern und Dienstleistungen zwangsläufig in den einzelnen Regionen passiert. Allerdings sind regionale Ökonomien nie gleichermaßen wirtschaftsstrukturell zusammengesetzt und produktiv, sondern weichen vom nationalen Durchschnitt ab, was eine weitere Herausforderung der Tabellenkonstruktion darstellt (vgl. MILLER/BLAIR 2009: 69). Hinzu kommt, dass Handelsströme auf regionaler Ebene eine bedeutendere Rolle spielen als auf nationaler: *„The smaller the size of the region relative to the nation, the more open the regional economy is likely to be and hence the more likely a significant portion of goods and services will be imported from other regions"* (ROUND 1972: 3). Je größer die betrachtete Region also ist, desto mehr Wirtschaftseinheiten mit einer entsprechend größeren Güterbandbreite sind eingeschlossen, die Lieferungen an produzierende Firmen unternehmen. Kurzum fallen Importe in größeren Regionen gemeinhin kleiner aus (vgl. Kapitel 2.4.3 und FLEGG/WEBBER 1997: 797; FLEGG et al. 1995: 551). MILLER/BLAIR (2009: 69) veranschaulichen dies anhand der Annahme einer weltweiten Input-Output-Matrix: Es existiert kein Außenhandel, womit alle Produktionsprozesse in der Vorleistungsmatrix zu verbuchen sind.

Die produzierten Güter und Dienstleistungen werden in amtlichen Statistiken je nach Datenlage und Klassifikationsansatz auf unterschiedlicher Aggregationsebene verbucht. Da wie beschrieben Wirtschaftseinheiten mehrere Güter herstellen können, deren Produktionsstätten sich zudem geographisch ungleich verteilen (vgl. JACKSON 2014: 3), sind Unternehmensbefragungen ein geeigneter Analyseansatz zur Erstellung regionaler Input-Output-Matrizen. Zur Schätzung regionaler Vorleistungsverflechtungen und die für Regionen bedeutenden Importe kann die Frage an ein Unternehmen lauten: Welcher Anteil der produzierten Waren wurde von regionalen Unternehmen bezogen (vgl. Miller/Blair 2009: 73)? Dieser empirische *survey-based*-Ansatz setzt eine ausreichend große Stichprobe regionaler Betriebe voraus und ist daher in der Umsetzung vergleichsweise zeit- und kostenaufwendig. Daher haben sich *non-survey*-Methoden zu einer heute gängigen Methode entwickelt, um nationale in regionale Input-Output-Matrizen zu transformieren (vgl. Richardson 1985: 606ff.; Stevens et al. 1983: 271f.; eine Bewertung der beiden Ansätze erfolgt beispielsweise von Bonfiglio 2005; Lahr 1993). Diese greifen die regionalen Wirtschaftsbeziehungen zur nationalen Ökonomie auf und sind konzeptionell folgendermaßen aufgebaut: „*If we assume that the region applies the same production technology as the nation as a whole, we can derive the regional production of each industry as well as the regional intermediate transactions between industries*" (Kronenberg 2007: 6f.).

Die *non-survey*-Regionalisierung von Input-Output-Matrizen erfolgt über die Verwendung von Koeffizienten (vgl. Kronenberg/Többen 2013: 202ff.):

1. **Technische Koeffizienten der nationalen Matrix**:

    Die Ausgangsgröße zur Herleitung regionaler Input-Output-Matrizen ist der technische Koeffizient a_{ij} (vgl. Miller/Blair 2009: 71), der in Kapitel 3.5.2.1 bereits vorgestellt wurde:

$$a_{ij} = \frac{z_{ij}}{x_j} = \frac{Wert\ der\ Verk\ddot{a}ufe\ von\ i\ an\ j}{Gesamtes\ Aufkommen\ von\ j}$$

    (Formel 33*;
    *Wiederholung)

    Die technischen Koeffizienten zeigen die Zusammensetzung des Vorleistungsaufkommens, welches ein Produktionsbereich zur Herstellung seiner Güter verwendet. Wie in Kapitel 3.5.1 erklärt, beinhaltet z_{ij} durch die zweimalige Verbuchung von Importen sowohl Importwaren für den Konsum der Endnachfrager als auch als importierte Vorleistungen zur intermediären Verwendung zur Herstellung von Gütern.

2. **Input-Koeffizienten der regionalen Matrix**:

    Ziel der Regionalisierung der nationalen Matrix ist es, eine regionale Matrix $A^{rr} = [a_{ij}^{rr}]$ zu konstruieren. Übereinstimmend mit der nationalen Matrix a_{ij} zeigt a_{ij}^{rr} den Anteil des Inputs von Gut i an Output des Gutes j in Region r, spezifiziert jedoch die Konstellation „von-nach" von Vorleistungsbeziehungen zwischen Regionen, d. h. rr = von Region r nach Region r. Die Vorleistungsverflechtungen vollziehen sich demnach innerhalb der Untersuchungsregion r. Das wird in dieser Arbeit als intraregionale Vorleistungsverflechtungen bezeichnet (vgl. Miller/Blair 2009: 74):

$$a_{ij}^{rr} = \frac{z_{ij}^{rr}}{x_j^r}$$

(Formel 49)

Non-survey-Regionalisierungsansätze schätzen regionale Input-Koeffizienten. Im Unterschied zu den nationalen, technischen Koeffizienten sind im Vorleistungseintrag z_{ij}^{rr} keine Importe verbucht, sondern sie zeigen ausschließlich die intraregionalen Vorleistungen (vgl. Kronenberg/Többen 2013: 205).

3. **Regionale Handelskoeffizienten**:

Zur Differenzierung der beiden erstgenannten Koeffizienten dienen schließlich regionale Handelskoeffizienten τ_{ij}^r als Quotient der intraregionalen Vorleistungsverflechtung zur gesamten, regionalen Vorleistungsverflechtung (inkl. Importe):

$$\tau_{ij}^r = \frac{z_{ij}^{rr}}{z_j^r}$$

(Formel 50)

Umgekehrt unterliegt die regionale Produktion einer Importquote von μ_{ij}^r:

$$\mu_{ij}^r = 1 - \tau_{ij}^r$$

(Formel 51)

Wenn also τ_i^r = 100 %, dann können alle zur Produktion der Endnachfrage notwendigen Güter von regionalen Vorleistungsbetrieben gewonnen werden. Aus der nationalen Matrix *A* lässt sich so eine regionale Matrix *A*^{rr} ableiten (vgl. Miller/Blair 2009: 71f.):

$$A^{rr} = \tau^r \times A, \text{ bzw. } \left[a_{ij}^{rr}\right] = \tau^r \times \left[a_{ij}\right]$$

(Formel 52)

In der nationalen Input-Output-Rechnung finden Input-Koeffizienten im Kontext der Importverbuchung Anwendung (vgl. Flegg/Tohmo 2012: 5; Kronenberg 2012: 184; Kronenberg/Többen 2013: 205), können jedoch auf den Regionalisierungsansatz übertragen werden, weil *„die Technologie eines Produktionsbereichs räumlich invariant ist"* (Kronenberg/Többen 2013: 208).

Stevens et al. (1983: 272ff.) gingen der Frage der Operationalisierung des Ausdrucks τ_i^r nach und leiteten daraus einen „Regional Purchase Coefficient" (RPC) ab, der den Unterschied zwischen technischen und Input-Koeffizienten verdeutlicht (vgl. Flegg/Tohmo 2012: 7; Kronenberg/Többen 2013: 205). Der RPC_i^r setzt sich aus den intraregionalen Vorleistungen z_i^{rr} des Gutes i in Region r und der intraregionalen Wareneinfuhr z_i^{sr} von einer Region s in Region r zusammen (vgl. Stevens et al. 1983: 272)[105]:

$$RPC_i^r = \frac{z_i^{rr}}{(z_i^{rr} + z_i^{sr})} \qquad \text{(Formel 53)}$$

Der RPC ist in seiner Ursprungsdefinition als *non-survey*-Kenngröße zur Regionalisierung nationaler Input-Output-Tabellen nach Stevens et al. (1983: 272) definiert als *„the proportion of a good or service used to fulfil demands in a region which is supplied by the region to itself rather than being imported".* Die Definition des RPC von Watson et al. (2008: 577) geht im Kontext der touristischen Wirkungsanalyse in eine ähnliche Richtung: *„RPCs represent the percentage of demand for a sector's output from within the study area that is supplied by production within the study area."* Der RPC ist damit als relatives Abhängigkeitsverhältnis der Nachfragebereiche zum regionalen Ausmaß der Vorleistungsbereiche in der Untersuchungsregion zu sehen (vgl. Round 1978: 181). Im Grunde genommen handelt es sich beim RPC also um eine regionale Verbleiberate der regionalen Vorleistungsbeziehungen. Das bedeutet:

- Ein RPC von 1 sagt aus, dass die komplette Nachfrage (100 %) nach einem bestimmten Gut von lokalen Zulieferern gesättigt wird.

- Ein RPC von 0 sagt aus, dass die komplette Zulieferung für die Herstellung des Gutes zur Endnachfrage importiert wird (vgl. Watson et al. 2008: 577).

- Umgekehrt ist $\mu_i^r = 1 - RPC_i^r$ die Importquote für ein Gut i in Region r (vgl. Kronenberg 2012: 184; Kronenberg/Többen 2013: 206).

Für die Höhe der direkten Wertschöpfung determinieren der RPC und die beiden anderen, in Kapitel 3.4.1 definierten Verbleiberaten folgendes: *„Je höher dieser RPC ausfällt bzw. je höher die Wertschöpfungsquote oder die capture rate sind, desto größer ist der Anteil der innerhalb der Region verbleibenden Wertschöpfung aus dem Nationalparktourismus"* (Mayer 2013: 130). Auf der Sekundärebene touristischer Ausgaben beeinflusst die Höhe der quantifizierten RPC unmittelbar den Umfang der angenommenen intraregionalen Vorleistungen und damit die Höhe der Multiplikatoren. Eine Überschätzung der RPC würde zu einer Überschätzung regionalökonomischer Multiplikatoren führen:

„RPCs are important because the size of the impact from a change in a region's economic activity depends on the relative amount of internal trade. Larger amounts of internal trade will tend to increase the size of the impact, while pro-

---

[105] nach angepasster Formelschreibweise von Flegg/Tohmo 2012: 7; Kronenberg 2009: 45; 2012: 184; Kronenberg/Többen 2013: 205f.; Miller/Blair 2009: 357.

portionally smaller amounts of internal trade will decrease the size of the impact. If the estimated RPC is too high, it will overestimate internal trade because the proportion of regional demand fulfilled by regional production will be overesti-mated. This causes the multipliers and associated economic impacts (…) to be too large. Similarly, if the estimated RPC is too low, it will underestimate internal trade because the proportion of regional demand fulfilled by regional production will be underestimated. This causes the multipliers and associated economic im-pacts (…) to be too small" (TAYLOR/FLETCHER 1993: 19).

Der Zusammenhang zwischen technischen und regionalen Input-Koeffizienten drückt sich für die einzelnen Zellenwerte der nationalen Input-Output-Matrix auf Grundlage des RPC_{ij}^r als Repräsentant von τ_{ij}^r folgendermaßen aus (vgl. Formel 52; FLEGG/TOHMO 2012: 7; KRONENBERG 2009: 45; KRONENBERG/TÖBBEN 2013: 208; MCCANN/DEWHURST 1998: 436; ROUND 1978: 180):

$$a_{ij}^{rr} = RPC_{ij}^r \times a_{ij} \qquad\qquad\text{(Formel 54)}$$

Dabei gilt: $a_{ij}^{rr} \leq a_{ij}$ (vgl. KRONENBERG/TÖBBEN 2013: 206). Wie eingangs differenziert, handelt es sich bei a_{ij}^{rr} nicht um einen regionalen technischen Koeffizienten, sondern um einen Input-Koeffizienten, da die zweimalige Importverbuchung auf regionaler Ebene nicht abgebildet wird (vgl. KRONENBERG 2012: 184).

3.5.5.2 Überblick zu *non-survey*-Methoden und *Location-Quotients*

Ausgehend von den ersten konzeptionellen Überlegungen zur Regionalisierung von Input-Output-Matrizen von beispielsweise ISARD (1951) konzentrierte sich die Forschung hauptsächlich auf die Weiterentwicklung von *non-survey*-Ansätzen (vgl. RICHARDSON 1985: 609). Diese zielen darauf ab, den Handelskoeffizieten zu operatio-nalisieren, d. h. einen Näherungswert (Proxy) für RPC_i^r zu finden (vgl. KRONENBERG/ TÖBBEN 2013: 208). Die Literatur klassifiziert dazu folgende methodische Varianten (vgl. KRONENBERG 2009: 44f.; 2010: 226f.; RICHARDSON 1985: 620; SCHAFFER/CHU 1969: 85ff.; SWANSON et al. 1999: 34):

- *Location-Quotient*-(LQ-)Methoden mit ihren Modifikationen (vgl. z. B. MOR-RISON/SMITH 1974; SCHAFFER/CHU 1969):
  - *Simple-Location-Quotient*-(SLQ-)Methode;
  - *Purchase-Only-Location-Quotient*-(PLQ-)Methode;
  - *Cross-Industry-Location-Quotient*-(CILQ-)Methode (weiterentwickelt von MORRISON/SMITH 1974);
  - *Semilogarithmic-Quotient*-Methode (entwickelt von ROUND 1978);

- *Flegg et al.-Location-Quotient-*(FLQ-)Methode (entwickelt von FLEGG et al. 1995; vgl. außerdem FLEGG/TOHMO 2013; 2016; FLEGG/WEBBER 1997 sowie zur Diskussion BRAND 1997; MCCANN/DEWHURST 1998 und FLEGG/WEBBER 2000).

- *Commodity-Balance-*(CB-)Methode (entwickelt von ISARD 1953); von SCHAFFER/CHU (1969: 88) als *Supply-Demand-Pooling* (SDP) bezeichnet;

- *Cross-Hauling Adjusted Regionalization Method* (CHARM) (Variante der CB-Methode; entwickelt von KRONENBERG 2007; vgl. außerdem KRONENBERG 2009; 2010; 2012; KRONENBERG/TÖBBEN 2013; TÖBBEN 2017; TÖBBEN/KRONENBERG 2015 sowie zur Kritik FLEGG/TOHMO 2012; JACKSON 2014);

- RAS-Verfahren[106] (vgl. MORRISON/SMITH 1974; RICHARDSON 1985);

- Ökonometrische Methode von STEVENS et al. 1983 mit ihrem RPC[107];

- Ökonometrische *Gravity-* und *Radiation-*Modelle (vgl. ALWARD et al. 1998; MASUCCI et al. 2013; SIMINI et al. 2012; 2013; vgl. Kapitel 3.5.5.4).

Trotz flexiblerer und kostengünstigerer Einsatzmöglichkeiten weisen *non-survey-*Methoden Schwächen auf, die an späterer Stelle des Kapitels erörtert werden. LAHR (2001a: 9) empfiehlt deshalb die Anwendung von sogenannten hybriden Methoden, welche die Regionalisierung anhand von regionalökonomischen Strukturdaten um originär erfasste Rohdaten aus Unternehmensbefragungen ergänzen. Angewandt wurde dieses Verfahren z. B. von KRONENBERG (2010) zur Erstellung einer Input-Output-Tabelle für das Bundesland Mecklenburg-Vorpommern. Das RAS-Verfahren kann als hybrides Modell erweitert werden, indem *survey-based-*Daten in dieses Bilanzierungsverfahren von Vorleistungsströmen eingespeist werden. LQ- und CB-Ansätze gelten als reine *non-survey-*Methoden, wobei ihr theoretischer Zugang unterschiedlich ist (LQ-Methoden arbeiten mit der Unter- bzw. Überrepräsentanz von Wirtschaftszweigen in der Regionalökonomie, was im Laufe des Kapitels noch weiter erläutert wird, während CB-Methoden Handelsbilanzen berechnen) (vgl. LAHR 1993: 279; KRONENBERG 2010: 226f.; ROUND 1972: 8; 1978: 180). Die empirische Evidenz zeigt für LQ-Verfahren, dass die Performance der verschiedenen Modifikationen der SLQ-Verfahren im Hinblick auf notwendige Datenmengen und Fehlerwahrscheinlichkeit nicht immer zwangsläufig besser ist (vgl. BONFIGLIO 2005: 24ff.; MORRISON/SMITH 1974: 10ff.; vgl. dazu auch KRONENBERG 2009: 45). Aus diesem Grund und da

---

106 Das Akronym setzt sich zusammen aus $A^{rr} = \hat{r}A\hat{s}$, wobei A^{rr} die regionale Input- und A die nationale technische Koeffizientenmatrix sowie $\hat{r}$ und $\hat{s}$ Multiplikatoren aus einer Vorleistungs- und Substitutionsmatrix beschreibt (vgl. RICHARDSON 1985: 619).

107 In dieser Arbeit wird der RPC als Erklärung für den Handelskoeffizienten verwendet. Die Technik basiert jedoch strenggenommen auf Regressionsmodellen (vgl. RICHARDSON 1985: 622; STEVENS et al. 1983: 273).

das Anliegen des Kapitels die Erklärung der Operationalisierung des Handelskoeffizienten RPC_i^r ist, wird im Folgenden der LQ-Ansatz erläutert.

LQ-Methoden basieren auf folgenden Annahmen (vgl. HARRIS/LIU 1998: 865;
NORCLIFFE 1983: 162f.):

- Die nationale und regionale Arbeitsproduktivität der Beschäftigten sind
  identisch, d. h. die regionale Produktion repräsentiert einen gewissen Anteil
  der nationalen Produktion.

- Das nationale und das regionale Konsumverhalten der Beschäftigten sind
  identisch.

- Ein Wirtschaftszweig ist entweder export- oder importorientiert, d. h. Export
  und Import einer Gütergruppe finden nicht gleichzeitig statt.

- Der nationale Konsum wird vollständig über nationale Produktion befriedigt, d. h. die Nation ist kein Nettoexporteur bzw. -importeur.

Gegeben ist die nationale Input-Output-Matrix, von der, basierend auf diesen Annahmen, die regionalen Vorleistungsverflechtungen sowie regionale Produktionswerte je Wirtschaftszweig abgeleitet werden (vgl. KRONENBERG 2007: 6f.), d. h.

$$a_{ij}^{rr} = RPC_{ij}^r \times a_{ij}$$

(Formel 54*;
*Wiederholung)

Die einfache Form der LQ-Methoden (SLQ) bewerten den Handelskoeffizienten
RPC_i^r „als Maß für die Über- bzw. Unterrepräsentiertheit der Produktion eines Gutes i
in einer Region" (KRONENBERG/TÖBBEN 2013: 208) und damit LQ_i^r als Äquivalent für
RPC_i^r. LQ_i^r sind definiert als „the ratio between the regional and national proportions of output or employment attributable to a particular industrial sector" (FLEGG et al. 1995: 549).
Am Beispiel des Produktionswertes x_i^r eines Gutes i in Region r, des gesamten Produktionswertes x^r in Region r und des gütermäßigen Produktionswertes x_i sowie
entsprechend x auf nationaler Ebene drückt sich LQ_i^r als Verhältnis der gütermäßigen und regionalen zur nationalen Produktion aus (vgl. KRONENBERG 2009: 45; 2012:
185; KRONENBERG/TÖBBEN 2013: 208; McCANN 2013: 161; MILLER/BLAIR 2009: 349):

$$LQ_i^r = \frac{x_i^r / x^r}{x_i / x}$$

(Formel 55)

Je nach Datenverfügbarkeit können neben disaggregierten Kennzahlen zum regionalen Produktionswert auch Bruttowertschöpfungswerte oder beispielsweise Be-
schäftigungsdaten als Referenzdaten verwendet werden (vgl. KRONENBERG 2007: 7;
LAHR 2001b: 172f.). Letztere bieten sich in Deutschland besonders für Schätzungen
von regionalen oder auch disaggregierten Werten an, weil die Statistik der Bundes-

agentur für Arbeit Daten in wirtschaftssektoral tiefgegliederter Form bereitstellt. Für LQ_i^r können drei Ergebnisse erwartet werden:

1. $LQ_i^r = 1$: „(…) a location quotient equal to one means that the region is self-sufficient" (SCHAFFER/CHU 1969: 85). Die Endnachfrage nach der Produktion des Gutes i kann also durch regionale Produktion befriedigt werden (vgl. FRECHTLING/ HORVÁTH 1999: 327). In diesem Fall bedeutet $RPC_i^r = 1$ und $a_{ij}^{rr} = a_{ij}$ (vgl. KRONENBERG 2009: 45).

2. $LQ_i^r > 1$: „A location quotient greater than one means that the region exports some of output i" (SCHAFFER/CHU 1969: 85). Die Endnachfrage nach der Produktion des Gutes i kann durch regionale Produktion befriedigt werden und überdies versetzt der Produktionsüberschuss die Region in die Lage, Güter des Bereichs i exportieren zu können (vgl. FRECHTLING/HORVÁTH 1999: 327). In diesem Fall wird ebenfalls angenommen, dass $RPC_i^r = 1$ und $a_{ij}^{rr} = a_{ij}$, die Kennzahlen der Input-Output-Tabellenfelder werden also wie beim ersten möglichen Ergebnis nicht angepasst (vgl. KRONENBERG 2009: 45).

3. $LQ_i^r < 1$: „A location quotient of less than one means that the region imports some of its needs of output i" (SCHAFFER/CHU 1969: 85). Die regionale Produktion ist nicht in der Lage, der intraregionalen Nachfrage entgegenzukommen, weswegen Importe notwendig sind. Exporte sind nicht möglich. Dieser Fall bedeutet regionale Sickerverluste, die den regionalen Produktionswert sowie daraus ableitbare Output-Multiplikatoren schmälern (vgl. FRECHTLING/HORVÁTH 1999: 327). Hierbei wird nun angenommen, dass $RPC_i^r = LQ_i^r$ und $a_{ij}^{rr} = RPC_i^r \times a_{ij}$ (vgl. KRONENBERG 2009: 45).

Mit dieser Vorgehensweise lassen sich die Zellenwerte einer nationalen technischen Koeffizientenmatrix A auf eine regionale Input-Koeffizientenmatrix A^{rr} herunterrechnen. Unter Hinzunahme von regional verfügbaren Daten zu Produktionswert und Bruttowertschöpfung lässt sich so eine regionale Transaktionsmatrix Z^{rr} erstellen (vgl. KRONENBERG 2009: 45). Es handelt sich bei dieser Methode um eine „rein mechanische Schätzung" (KRONENBERG 2010: 232) der intraregionalen Transaktionen, was verschiedene Restriktionen mit sich bringt. Vordergründig ist die Annahme identischer Konsumstrukturen und der Arbeitsproduktivität auf nationaler und regionaler Ebene anfechtbar, denn regionale Unterschiede im technologischen Fortschritt der Wirtschaftseinheiten bestehen ebenso wie etwa zwischen urbanen und ländlich geprägten Regionen (vgl. KRONENBERG 2010: 227f.). Die Weiterentwicklungen der SLQ-Methode (PLQ, CILQ, FLQ) versuchen diesen methodischen Einschränkungen zu begegnen, indem z. B. die PLQ-Methode nur diejenigen Input-Wirtschaftsbereiche berücksichtigt, welche die Output-Wirtschaftsbereiche auch tatsächlich für die Herstellung von Gütern und Dienstleistungen beliefern. Zusammengefasste Aggregationsebenen limitieren jedoch eine eindeutige Zuordnung, sodass aus der regionalen Input-Output-Tabelle eine exakte Input-Struktur nicht ablesbar ist. CILQ-Methoden beispielsweise fokussieren sich durch eine zellenweise Anpassung nochmals deutlicher auf die interindustriellen Transaktionen (vgl. MILLER/BLAIR 2009: 353; MORRISON/SMITH 1974: 8).

Die jüngere und damit ausgereiftere Modifikation der FLQ-Methode verknüpft die Größenannahme der regionalen Input-Koeffizienten als ein Produkt der Größe der betrachteten Untersuchungsregion (wie in SLQ angenommen) mit den Größenverhältnissen der Güter von i und j (d. h. der Input-Struktur wie in CILQ angenommen) (vgl. FLEGG/WEBBER 2000: 564f.; FLEGG et al. 1995: 552). Nach der Meinung seiner Entwickler liegt das Hauptproblem der SLQ-Verfahren in der Unterschätzung interregionalen Handels, was zur Folge hat, dass regionalökonomische Output-Multiplikatoren überschätzt würden: *„The major problem affecting the LQ method is clearly the overstatement of multipliers, which arises from the fact that conventional location quotients do not take sufficient account of interregional trade"* (FLEGG et al. 1995: 548; vgl. dazu auch MORRISON/SMITH 1974: 13; RICHARDSON 1985: 512; ROBINSON/MILLER 1988: 1525). Eine Erklärung dafür lässt sich im *Cross-Hauling* finden (vgl. HARRIS/LIU 1998: 865; NORCLIFFE 1983: 162f.), was den Umstand des gleichzeitigen Ex- und Importierens von Gütern in einer Volkswirtschaft beschreibt (vgl. ROBINSON/MILLER 1988: 1525). Daran knüpfen auch MCCANN/DEWHURST (1998) mit ihrer Beurteilung der FLQ-Methode von FLEGG et al. (1995) hinsichtlich der Abhängigkeit zwischen Input-Koeffizienten und Regionsgröße an:

> *„Although, in general, we agree with the contention that import propensities are likely to be inversely related to the size of an economy, we would argue that this occurs because the structure of smaller regional economies differs from those of larger regional economies, and therefore the relationship between size and trading coefficients is likely to be rather more complicated than is captured by the FWE[108] formula"* (MCCANN/DEWHURST 1998: 437).

Die Größe der regionalen Koeffizienten hänge demnach vom Spezialisierungsgrad der Region sowie den räumlichen Verflechtungen von Industrien ab. In der Konstruktion regionaler Input-Output-Tabellen sollten deshalb zusätzlich regionale Strukturdaten betrachtet werden, denn andernfalls würde es hypothetisch bedeuten, dass mit sinkender Größe der Untersuchungsregion auch regionale Input-Koeffizienten niedriger ausfielen (vgl. MCCANN/DEWHURST 1998: 443).

3.5.5.3 Multiregionale Input-Output-Tabellen

Mithilfe der aufgezeigten Regionalisierungsmethoden des vorangegangenen Kapitels 3.5.5.2 wird die nationale Input-Output-Matrix auf eine regionale Ebene heruntergebrochen, um *single-region*-Input-Output-Tabellen („Ein-Regionen-Tabellen" für eine für sich stehende Regionalökonomie) zu erstellen (vgl. MILLER 1969: 41; MILLER/

---

108 Flegg, Webber, Elliott, nach den Entwicklern der FLQ-Methode (Autoren der Publikation FLEGG et al. 1995).

BLAIR 2009: 76). Aus der konstruierten regionalen Matrix sind Informationen über die Verwendung der exportierten Güter und Dienstleistungen oder die Produktionsprozesse von Importwaren im RoW nicht ablesbar (vgl. FLAUTE et al. 2017: 5). Für die alleinstehende *single-region*-Input-Output-Tabelle muss deshalb angenommen werden, dass der Warenhandel zwischen Regionen nicht mehr oder weniger zum Wachstumsprozess der regionalen Ökonomie als andere Primärinputs (Komponenten der Bruttowertschöpfung) sowie Konsum- und Investitionsverhalten beiträgt. Interregionale Verflechtungen sind nicht analysierbar (vgl. HEWINGS 2020: 41). Nicht nur auf internationaler Ebene, sondern auch zunehmend auf dem subnationalen Regionsmaßstab interessieren jedoch gerade diese interregionalen Warenströme zwischen zwei oder mehr Regionen. Regionale Produktions- und Technologieunterschiede werden in multiregionalen Input-Output-Tabellen aufgegriffen, indem die nationale Tabelle in regionale Teilmatrizen untergliedert wird. Die Verknüpfung der einzelnen Regionen erfolgt über regionale Handelsdaten (vgl. JACKSON et al. 2006: 911ff.; MADSEN/JENSEN-BUTLER 1999: 280; PETERS/HERTWICH 2009: 849; WIEDMANN et al. 2011: 1938): „(…) *the technique can be extended to construct a system of interregional input-output tables, in which trade flows between all sectors and across all regions are explicitly distinguished from trade flows between all sectors within individual regions*" (MCCANN 2013: 179).

Ab der ersten theoretischen Überlegungen von ISARD (1951) erfuhr die multiregionale Input-Output-Modellierung in den Folgejahren nicht nur international (vgl. Kapitel 3.5.4), sondern auch auf subnationaler Ebene zahlreiche Modifikationen. Dabei wird sich der subnationalen Ebene wegen unzureichender Datenlagen deutlich seltener angenommen (vgl. TÖBBEN/KRONENBERG 2015: 487f.). Die Anfänge befassten sich zunächst mit der Konstruktion interregionaler Input-Output-Modelle, in denen nationale oder weltweite Ökonomien in zwei Teilregionen getrennt werden. Schließlich bestand und besteht die primäre Herausforderung der Modellierungsversuche auch heute noch darin, Methoden zu finden, Handelsbeziehungen zwischen Regionen zu operationalisieren. Das wird beispielsweise im Zwei-Regionen-Modell der Weltwirtschaft von LEONTIEF (1974: 823ff.) deutlich, welches den Güteraustausch zwischen entwickelten und weniger entwickelten Ländern zeigt (vgl. auch das Grundlagenwerk LEONTIEF et al. 1976 [1953]). ISARD (1960: vii) konstatiert, dass diese allgemeinen Theorien zu regionalökonomischen Fragestellungen durch entsprechende Analysen zu prüfen sind und veröffentlicht in seinem Methodenhandbuch erste Techniken interregionaler Input-Output-Analysen (vgl. ISARD 1960: 309ff.).

Zur Erklärung der interregionalen Konzepte wird eine in zwei Teilregionen getrennte Input-Output-Tabelle der inländischen Produktion und des Handels der Bundesrepublik Deutschland angenommen: Eine Region ist beispielsweise Deutschland Nord r, während Deutschland Süd die Teilregion s darstellt. Nahm die Frage „von-nach" in den Vorleistungsverflechtungen in *single-region*-Tabellen bereits eine bedeutende Rolle ein (vgl. Kapitel 3.5.5.1), so ist dies für das Verständnis der folgenden Ausführungen essenziell. Gesucht sind die Vorleistungsmatrizen der Teilökonomien $Z^{rr} = [z_{ij}^{rr}]$, $Z^{ss} = [z_{ij}^{ss}]$ sowie zusätzlich die interregionalen Transaktionen $Z^{rs} = [z_{ij}^{rs}]$ von Gütern aus Wirtschaftszweig i aus Region r an Wirtschaftszweig j in Region s, bzw. umgekehrt $Z^{sr} = [z_{ij}^{sr}]$. Das Superskript rr zeigt also die

Kernregion r mit ihren intraregionalen Verflechtungen, während rs bzw. sr die interregionalen Warenströme[109] repräsentieren. Daraus ergibt sich folgende Verflechtungsmatrix (vgl. MILLER/BLAIR 2009: 76ff.):

$$Z = \begin{bmatrix} Z^{rr} & Z^{rs} \\ Z^{sr} & Z^{ss} \end{bmatrix}$$

(Formel 56)

Ausgangspunkt für die mathematische Herleitung ist nun die Leontief-Standard-Gleichung der Input-Output-Analyse (vgl. HEWINGS/JENSEN 1986: 299), wie sie in Kapitel 3.5.1 wiedergegeben wurde:

$$x_i = z_{i1} + \cdots + z_{ij} + \cdots + z_{in} + f_i$$

(Formel 29*;
*Wiederholung)

In der Konstruktion einer interregionalen Input-Output-Tabelle sind die Bestandteile der Produktion je nach geographischer Konstellation separat zu betrachten: intraregionale Wirtschaftsverflechtungen der betrachteten Teilregion r (intermediäre Verflechtungen z_{ij}^{rr}) sowie intraregionaler Konsum c_i^r und Investitionen p_i^r, interregionale Handelsströme t_i^{rs} zwischen den beiden Regionen r und s und schlussendlich der externe Warenhandel, also Ex- und Importe in bzw. vom Rest des Landes (RoC) oder dem RoW e_i^r und m_i^r (vgl. PETERS 2007: 3). Die interregionale Tabellenkonstruktion splittet die Gesamtregion in zwei Teilregionen, also setzt sich Deutschland beispielsweise zusammen aus den beiden Teilregionen Deutschland Nord r und Deutschland Süd s (vgl. TÖBBEN 2017: 18). Für das hier angeführte Beispiel der Untergliederung der Bundesrepublik Deutschland in zwei Teilregionen r und s mit Güterströmen in den Gütergruppen i und j ergibt sich folgender Produktionswert für Region r (vgl. HEWINGS 2020: 41; MILLER/BLAIR 2009: 78):

$$x_i^r = z_{ij}^{rr} + c_i^r + p_i^r + t_i^{rs} + e_i^r$$

(Formel 57)

Der hier dargelegte interregionale Ansatz lässt bereits die Möglichkeit erkennen, das Modell in mehrere Regionen zu untergliedern, weshalb die Wirtschaftswissenschaft zur Weiterentwicklung sogenannter multiregionaler Input-Output-Modelle angeregt wurde. Erste Grundlagen wurden bereits sehr früh von CHENERY (1953) und MOSES (1955) gelegt, die der multiregionalen Input-Output-Modellierung durch das „Chenery-Moses-Modell" zur empirischen Anwendbarkeit verhalfen. Ziel war es, die in den interregionalen Ansätzen notwendige große Datenmenge zu reduzieren (vgl. HARTWICK 1970: 1), was von POLENSKE (1972: 172ff.) erstmalig implementiert wurde (vgl. auch POLENSKE 1980; 1995). Ein wesentlicher Schritt dabei war die Er-

---

109 Die Begriffe „Ex- und Import" werden für den Handel mit RoW verwendet. Werden Güterströme zwischen zwei oder mehr Regionen (hier von r nach s) innerhalb eines Landes ex- bzw. importiert, wird vom interregionalen Handel gesprochen (vgl. u. a. HEWINGS 2020: 41; MILLER/BLAIR 2009: 78).

kenntnis, dass es in der Verbuchung der Handelsgüter weniger notwendig ist zu wissen, woher die Güter kommen, als vielmehr die Produktionsprozesse innerhalb der einzelnen Regionen auszuweisen. In der Folge war es möglich, multiregionale Input-Output-Modelle kosten- und zeitsparender zu erstellen (vgl. OOSTERHAVEN/ POLENSKE 2009: 432), weil die regionalisierten *single-region*-Modelle über regionale Handelsdaten miteinander verknüpft werden (vgl. JACKSON et al. 2006: 911ff.; MADSEN/JENSEN-BUTLER 1999: 280; MCCANN 2013: 179; PETERS/HERTWICH 2009: 849; TÖBBEN 2017: 8; WIEDMANN et al. 2011: 1938). Multiregionale Input-Output-Tabellen setzen insofern den räumlichen Aspekt stärker in den Fokus, indem verortet wird, welche Handelswaren welche regionalen Grenzen passieren, sodass die Kenntnis über Herkunfts- und Zielregion mit ihren jeweiligen wirtschaftsstrukturellen Gegebenheiten und Produktionsweisen vorausgesetzt wird (vgl. WIEDMANN et al. 2011: 1940).

Für die Fusionierung zu einem multiregionalen Input-Output-Modell sind schließlich multidirektionale Handelsbeziehungen zwischen Regionen von zentraler Bedeutung. Dabei gilt es zu beachten, dass es im Handel zwischen mehreren Regionen zu komplexen Rückkopplungseffekten kommt: *„When trade is allowed between two or more countries trade feedbacks may occur so that production in one country, may require some of its own production via feedback loops"* (PETERS/HERTWICH 2009: 849). Wenn also beispielsweise in einer Region durch eine erhöhte touristische Nachfrage neue Arbeitsplätze geschaffen werden, wodurch die Produktion in der Region insgesamt steigt, dann kann diese Produktionssteigerung Handelswaren aus umliegenden Regionen und darüber hinaus aus Deutschland und der Welt erfordern, weswegen auch die dortigen Produktionsprozesse angepasst werden müssen (vgl. HEWINGS 2020: 41). Die multiregionalen Verflechtungen setzen damit weitere indirekte und induzierte Effekte in den umliegenden Regionen frei (vgl. LENZEN et al. 2004: 395). Im Umkehrschluss erzielt die vergrößerte Untersuchungsregion im multiregionalen Modell eine höhere Multiplikatorwirkung, weil durch Spillover-Effekte der ökonomischen Aktivität Zulieferungen in größerem Umfang einbezogen werden (vgl. Kapitel 2.4.2). *„The essence of an interregional (or multiregional) input-output model is that it includes impacts in one region that are caused by changes in another region; these are often termed the interregional spillover effects"* (MILLER/BLAIR 2009: 262). Würde in dem Zusammenhang *Cross-Hauling* ignoriert, so mündete dies in überschätzten Vorleistungswerten und damit Multiplikatoren (vgl. JACKSON 1998: 235).

Wird also z. B. eine in drei Teilregionen untergliederte Input-Output-Tabelle angenommen, so bilden $Z^{rr} = [z_{ij}^{rr}]$, $Z^{ss} = [z_{ij}^{ss}]$ und $Z^{qq} = [z_{ij}^{qq}]$ die Vorleistungsmatrizen der Teilökonomien. Wird Region rr als intraregionale Ausgangsregion betrachtet, so zeigen t_i^{rs} und t_i^{rq} die interregionalen Warenausfuhren an die Regionen s und q. Im Umkehrschluss sind die Warenausfuhren von Region s bzw. Region q als Einfuhr an Region r zu sehen. Differenziert wird außerdem der externe Warenhandel, was als Export e_i^r bezeichnet wird (vgl. PETERS/HERTWICH 2009: 850f.). Für die drei Regionen ergeben sich damit folgende Produktionswerte:

$$x_i^r = z_{ij}^{rr} + c_i^r + p_i^r + t_i^{rs} + t_i^{rq} + e_i^r$$

$$x_i^s = z_{ij}^{ss} + c_i^s + p_i^s + t_i^{sr} + t_i^{sq} + e_i^s \qquad \text{(Formel 58)}$$

$$x_i^q = z_{ij}^{qq} + c_i^q + p_i^q + t_i^{qr} + t_i^{qs} + e_i^q$$

Tabelle 11 zeigt schematisch eine multiregionale Input-Output-Tabelle mit drei Regionen r, s, und q und 1 bis i Wirtschaftsbereichen. In der Vorleistungsmatrix sind nur die intraregionalen Verflechtungen der separaten Regionen wiedergegeben, weswegen interregionale Felder leer sind. Gleiches ist in den Matrizen der interregionalen Handelsbeziehungen der Fall, diese verbinden jedoch die einzelnen Regionen miteinander (vgl. WIEDMANN et al. 2011: 1938). Das „Gesamte Aufkommen an Gütern" und die „Gesamte Verwendung von Gütern" werden stets regionsspezifisch angegeben, weil die Produktion (mit ihren Komponenten der Bruttowertschöpfung und den Vorleistungen) definitionsgemäß immer einer bestimmten Region auf Grundlage des Sitzes der Produktionsstätte zuzuschreiben ist.

Tabelle 11: Schematische multiregionale Input-Output-Tabelle der produktionsmäßigen Verflechtungen und Handelsströme zwischen drei Regionen

			Intraregional						Intraregional (Konsum)	Intraregional (Inves.)	Interregional			Extern	Verwendung
			Input der Produktionsbereiche						Konsum	Investitionen	Interregionaler Handel			Export	Verwendung
			r		s		q				r	s	q		
			1	j	1	j	1	j	c	p	t			e	x
Vorleistungen	r	1	z_{11}^{rr}	z_{1j}^{rr}					c_1^r	p_1^r		t_1^{rs}	t_1^{rq}	e_1^r	x_1^r
		i	z_{i1}^{rr}	z_{ij}^{rr}					c_i^r	p_i^r		t_i^{rs}	t_i^{rq}	e_i^r	x_i^r
	s	1			z_{11}^{ss}	z_{1j}^{ss}			c_1^s	p_1^s	t_1^{sr}		t_1^{sq}	e_1^s	x_1^s
		i			z_{i1}^{ss}	z_{ij}^{ss}			c_i^s	p_i^s	t_i^{sr}		t_i^{sq}	e_i^s	x_i^s
	q	1					z_{11}^{qq}	z_{1j}^{qq}	c_1^q	p_1^q	t_1^{qr}	t_1^{qs}		e_1^q	x_1^q
		i					z_{i1}^{qq}	z_{ij}^{qq}	c_i^q	p_i^q	t_i^{qr}	t_i^{qs}		e_i^q	x_i^q
Bruttowertschöpfung	v		v_1^r	v_j^r	v_1^s	v_j^s	v_1^q	v_j^q							
Interregionaler Handel	r	t			t_1^{rs}	t_j^{rs}	t_1^{rq}	t_j^{rq}							
	s		t_1^{sr}	t_j^{sr}			t_1^{sq}	t_j^{sq}							
	q		t_1^{qr}	t_j^{qr}	t_1^{qs}	t_j^{qs}									
Import	m		m_1^r	m_j^r	m_1^s	m_j^s	m_1^q	m_j^q							
Aufkommen	x		x_1^r	x_j^r	x_1^s	x_j^s	x_1^q	x_j^q							

Quelle: verändert nach MILLER/BLAIR 2009: 90; TIMMER et al. 2015: 577; TÖBBEN 2017: 23; TÖBBEN/KRONENBERG 2015: 498

3.5.5.4 Methodische Ansätze zur Bestimmung multiregionaler Handels-
ströme

Da das Hauptproblem der Bemessung regionaler Handelsströme in der Verfügbarkeit regionaler Handelsdaten liegt, beschreibt das folgende Kapitel methodische Zugänge zum allgemeinen Verständnis zur Schätzung dieser, ohne dabei auf
mathematische Formeln einzugehen. Ein Ansatz ist die von KRONENBERG (2007)
ursprünglich zur Regionalisierung von *single-region*-Input-Output-Tabellen entwickelte CHARM (vgl. außerdem KRONENBERG 2009; 2010; 2012; KRONENBERG/TÖBBEN
2013), die von TÖBBEN (2017) und TÖBBEN/KRONENBERG (2015) für den multiregionalen Anwendungsfall modifiziert wurde. KRONENBERG (2007: 9) konstatiert zwei
Beobachtungen zu regionalem Handel: Erstens kann die regionale Produktion eines
Gutes größer als die regionale Endnachfrage nach diesem Gut sein. Wie bereits bei
den LQ-Verfahren festgestellt, resultiert daraus die Export- bzw. – im umgekehrten
Fall – Importorientierung einer Region. Zweitens liegt jedoch niemals eine vollständige Homogenität in der Produktion vor, was zu gleichzeitigem Ex- und Impor-
tieren von Gütern in einer Region führt – das sogenannte *Cross-Hauling* (vgl. auch
Kapitel 3.5.5.2 und ROBINSON/MILLER 1988: 1525). Gerade in hochentwickelten und
wirtschaftlich diversifizierten Volkswirtschaften (auch auf regionaler Ebene) muss
mit *Cross-Hauling* gerechnet werden (vgl. HARRIS/LIU 1998: 853). Je heterogener die
Wirtschaftsstruktur von Produktion und Konsum, desto größer fallen demnach die
Cross-Hauling-Effekte aus. Wäre die deutsche Volkswirtschaft homogen, würden in
Deutschland ausschließlich deutsche Autos fahren und in Bayern nur jene der Mar-
ken Audi und BMW (vgl. KRONENBERG 2007: 10; 2010: 235).
  Das Ziel der CHARM liegt in der Quantifizierung der regionalen Heterogenität,
welche sich in der Differenz des regionalen Handelsvolumens von der regionalen
Handelsbilanz ausdrückt. Während das Handelsvolumen die Summe aus Im- und
Export umfasst, versteht sich die Handelsbilanz als Differenz des regionalen Outputs und des intraregionalen (intermediären und privaten) Konsums. Bei Produktionsüberschuss, was sich in einer positiven Handelsbilanz ausdrückt, ist eine Region
demnach fähig zu exportieren. Mithilfe der CHARM werden diejenigen Güteran-
teile herausgerechnet, die gleichzeitig ex- und importiert werden (vgl. KRONENBERG
2007: 9ff.; 2009: 47; 2010: 235; TÖBBEN 2017: 11; TÖBBEN/KRONENBERG 2015: 489f.).
CHARM ist somit den CB-Methoden zuzuordnen, welche – wie ihre Bezeichnung
„Commodity-Balance" ausdrückt – eine Angleichung regionaler Input-Koeffizienten anstrebt. Dabei werden regionale Handelsbilanzen der einzelnen Wirtschaftszweige bemessen, um so nach dem Prinzip der Über- bzw. Unterrepräsentiertheit
von Gütern in Regionen nationale Koeffizienten zu regionalisieren[110] (vgl. MILLER/
BLAIR 2009: 356; RICHARDSON 1985: 622; SCHAFFER/CHU 1969: 88f.).

---

110 Der Unterschied zu LQ-Verfahren liegt hauptsächlich in der Art und Weise, wie die regionale End-
    nachfrage bemessen wird; ansonsten können auch CB-Verfahren als Quotienten-Ansatz angesehen
    werden (vgl. ROBINSON/MILLER 1988: 1525).

Die modifizierte Anwendung der CHARM zur Erstellung multiregionaler Input-Output-Tabellen berücksichtigt zum einen die Handelsbilanzen der Regionen und differenziert zum anderen externen und interregionalen Handel, um so die inter-regionalen Submatrizen der in mehrere Regionen gesplitteten Input-Output-Matrix (vgl. Tabelle 11 in Kapitel 3.5.5.3) zu schätzen. Es wird durch die Fokussierung auf Produktionssalden und unter Berücksichtigung des Handelspotenzials der einzel-nen Regionen versucht, *Cross-Hauling*-Anteile in interregionalen Handelsströmen herauszurechnen. Dazu wird mithilfe der CHARM eine Quelle-Ziel-Matrix erstellt, in der interregionale Wareneingänge und Ausfuhren verbucht werden. Eine Schät-zung von interregionalen Handelsströmen, d. h. den interregionalen Spillover-Ef-fekten, die durch wirtschaftliche Aktivitäten in einer Region in anderen Regionen ausgelöst werden, kann CHARM nicht leisten. Dazu braucht es räumliche Inter-aktionsmodelle regionaler Handelsströme (vgl. Többen 2017: 18ff.; Többen/Kronen-berg 2015: 495ff.).

Zu diesen zählen beispielsweise *Gravity*-Modelle. Von Interesse für diese Arbeit ist der *Gravity*-Ansatz deshalb, weil IMPLAN zur Erstellung multiregionaler In-put-Output-Tabellen für die USA auf diese zurückgreift (vgl. Zhao/Squibb 2020: 2). Mit dem Versuch, menschliche Interaktionssysteme zu verstehen, gehen erste empirische Analysen dieser Art in die 1940er Jahre zurück. Im Mittelpunkt des In-teresses standen die Zusammenhänge zwischen der Mobilität des wirtschaften-den Menschen und seiner zurückzulegenden Distanz zum Arbeitsort als Ergebnis räumlicher Verteilungen von Siedlungen und Produktionsstätten. Je nach Größe (gemessen an der Bevölkerungszahl) und Lage der Niederlassungen entstehen mehr oder weniger ausgeprägte Transport- und Pendlerverflechtungen zwischen diesen Standorten und eine Wertschöpfungskette von Rohstoffabbau bis Konsumenten. Diese frühen *Gravity*-Modelle nehmen folglich eine Proportionalität zwischen der Bevölkerungszahl und der Ausgeprägtheit der Pendlerverflechtungen zwischen Wohn- und Arbeitsort bzw. auch zwischen der zurückgelegten Distanz und den Beschäftigungsmöglichkeiten an und versuchen diese zu verifizieren (vgl. Stouffer 1940: 846; Zipf 1946: 677f.). Im Kontext der multiregionalen Input-Output-Rechnung wurde der *Gravity*-Ansatz erstmals von Leontief/Strout (1963) verwendet. Beide Anwendungsfelder, die frühen Mobilitätsmodelle und spätere Input-Output-Mo-delle, basieren auf dem Ursprungsgedanken des Newton'schen Gravitationsgesetz mit seiner Abhängigkeitstheorie zwischen Größe und Distanz von Massen[111]. Inter-regionale Handelsströme sind demgemäß eine Funktion der regionalen Güterpro-duktion zur Befriedigung der Endnachfrage und zum Export in andere Regionen sowie der gleichzeitig importierten Handelsware, welche als die Massenvariablen verstanden werden, in Relation zur Distanz zwischen den Regionen (vgl. Miller/Blair 2009: 365; Sargento et al. 2012: 176; weiterführend zur räumlichen Disaggre-gation von interregionalen Spillover-Effekten vgl. Oosterhaven 2005). *„In general terms, the import and export flows between regions are thought to be proportional to the*

---

111 $Gravitation = G \left[\frac{Masse_1 \times Masse_2}{Distanz_{1-2}^2} \right]$, wobei G die Gravitationskonstante darstellt.

,mass', ,attractiveness' or ,size' of an economy and inversely proportional to the ,distance' or cost of moving goods and services between them" (ALWARD et al. 1998: 1). Die Massenvariable wird als das regionale Angebot und die Nachfrage interpretiert, während die Distanzvariable beispielsweise als Transportkosten der produzierten Güter ausgedrückt werden kann (vgl. ALWARD et al. 1998: 1).

Daran anknüpfend entwickelte IMPLAN im Jahr 2005 ein „doubly-constrained gravity model" (vgl. THORVALDSON 2021: 4). „Doubly-constrained" ist eine übliche Bezeichnung von Methoden zur Bestimmung interregionaler Handelsströme, die auf Quelle-Ziel-Verbuchungen basieren und mittels Bilanzierungsmethoden wie RAS angepasst werden (vgl. TÖBBEN/KRONENBERG 2015: 499). IMPLAN löste das bis dahin verwendete und auf den Vorarbeiten von POLENSKE (1970) basierende Modellierungsverfahren mithilfe ökonometrischer RPC ab, weil die Bemessung interregionaler Handelsströme durch diese Koeffizienten nicht möglich war (vgl. ALWARD et al. 1998: 1). Das Modell wird seither für die Berechnung von RPC für die Erstellung von *single-region*-SAM auf US-amerikanischer County-Ebene verwendet. Darüber hinaus findet das Verfahren in der Modellierung von multiregionalen SAM Anwendung (vgl. LINDALL et al. 2006: 76; THORVALDSON 2021: 4f.).

Nach der Newton'schen Gravitationstheorie ist auch im „doubly-constrained gravity model" von IMPLAN die Distanz die kritische Massenvariable zur Beschreibung der ökonomischen Abhängigkeitsverhältnisse zwischen Regionen (vgl. THORVALDSON 2021: 9), wobei angenommen wird, dass umliegende Regionen stärker voneinander abhängig sind als entfernte Regionen (vgl. FOURNIER GABELA 2020: 4). Erste empirische Analysen nutzten deshalb GIS-Datensätze zur Bestimmung der Entfernung zwischen zwei Regionen, was später hinterfragt wurde, weil davon ausgegangen werden muss, dass trotz größerer Entfernungen auch beispielsweise durch bessere Transportwege der Handel mit entfernten Regionen favorisiert werden kann. Aus diesem Grund nimmt IMPLAN – wie bereits als Option erwähnt – Transportkosten als Distanz-Variable an und verwendet Transportdaten zu Distanzen nach Transportart und Tonnenmeilen nach Gütergruppe[112] (vgl. LINDALL et al. 2006: 77; THORVALDSON 2021: 10; vgl. weitergehend zu Transportmodellen z. B. WILSON 1970: 15ff.; 2010: 365ff.).

Ein Nachteil ist, dass für die Anwendung dieses Modells eine große Datenmenge notwendig ist, die außerhalb der USA nur schwer zu erhalten ist (vgl. ZHAO/SQUIBB 2020: 2). Des Weiteren konstatieren SIMINI et al. (2012: 96f.) systematische Widersprüche dieser Modellierungsvarianten, denn die Ergebnisse des gütermäßigen Warenaustauschs könnten dahingehend interpretiert werden, dass beispielsweise zwei Regionskonstellationen (z. B. von Region *r* nach Region *s* oder Region *r* nach Region *q*) mit jeweils gleichen Produktionsvoraussetzungen sowie gleichen Entfernungen zwischen *r* und *s* bzw. *r* und *q* dieselben Handelsmengen eines betrachteten Gutes aufweisen würden. Außerdem würde der Handel per se zunehmen, wenn die Produktion in der Zielregion zunimmt; auch Schwankungen blieben unberücksichtigt.

---

112 Die Transportdaten erwirbt IMPLAN vom Center for Transportation Analysis des Oak Ridge National Laboratory. Dieses hat ein Transportnetzwerk-System der USA modelliert, welches Mautgebühren, die Verkehrslage sowie die Haupttransportmittel zwischen Routen als Inputgrößen verwendet (vgl. THORVALDSON 2021: 10).

Ursprünglich aus der Mobilitätsforschung heraus, entwickelten Simini et al. (2012) als Lösung dieser theoretischen Restriktionen deshalb ein *Radiation*-Modell, um Pendlerströme zu berechnen. Mithilfe verschiedener Testverfahren von Simini et al. (2013) und Masucci et al. (2013) weiterentwickelt, adaptierte IMPLAN das Modell für die Input-Output-Rechnung und nutzt es für die Erstellung seiner multiregionalen SAM für die EU (vgl. Zhao/Squibb 2020).

Der auf Diffusionsdynamiken beruhende Ansatz ist *„a stochastic process capturing local mobility decisions that helps us analytically derive commuting and mobility fluxes that require as input only information on the population distribution"* (Simini et al. 2012: 96). Ausgangsüberlegung ist die Arbeitsplatzauswahl von Beschäftigten, welche sich im ersten Schritt mit der Stellensuche in der Heimatregion sowie im weiteren Umland auseinandersetzen. Dabei wird angenommen, dass die regionale Bevölkerungszahl proportional zur Zahl der Stellenangebote ist, d. h. auf eine bestimmte Anzahl an Personen kommt eine bestimmte Anzahl an freien Stellen. Je mehr Menschen demnach in einer Region leben, desto mehr freie Stellen sind verfügbar. Der Stellensuchende wählt daraufhin die nächstgelegene Arbeitsstätte zum Wohnort mit den besten Vorteilen. Daraus resultierende Pendlerströme reflektieren also die persönliche Entscheidung, existieren jedoch unabhängig von der absoluten Anzahl der Pendler und sind damit vielmehr eine Konsequenz von Bevölkerungszahl in Kombination mit der Distanz zwischen Wohn- und Arbeitsort (vgl. Simini et al. 2012: 97; 2013: 1). Wie bei der Teilchendiffusion werden an einem bestimmten Wohnort Beschäftigte „ausgestoßen" und nach einer bestimmten Wahrscheinlichkeit vom Arbeitsort in Form einer Beschäftigung „aufgenommen" (vgl. Masucci et al. 2013: 1): *„As the model can be formulated in terms of radiation and absorption processes (…), we will refer to it as the radiation model"* (Simini et al. 2012: 97).

Nach dieser Idee von Simini et al. (2012) wird für ein Input-Output-Modell angenommen, dass das Angebot an Handelswaren in der Ausgangsregion *r* proportional zur Nachfrage in einer Region *s* ist, die einen potenziellen Handelspartner darstellt. Dabei machen die Handelswaren einen bestimmten Anteil an der gesamten Produktion aus. Nach dem Prinzip der Teilchendiffusion betrachtet also in dem Fall das Modell die Wahrscheinlichkeit, dass das das Angebot von *r* in *s* genutzt wird. Dabei repräsentiert die Wahrscheinlichkeit einen Angebotswert, der als Vorbehaltspreis definiert wird. Nach der Hypothese, Menschen wählen die nächstgelegene Arbeitsstätte zu Wohnort mit den besten Vorteilen, findet Handel zwischen zwei Regionen statt, wenn Region *s* bereit ist, mehr als den Vorbehaltspreis für ein bestimmtes Gut zu zahlen. Außerdem muss die Wahrscheinlichkeit, dass sich der Handel lohnt, proportional zur Nachfrage sein (vgl. Zhao/Squibb 2020: 4).

Mit seinen *„characteristics as a universal theory"* (Masucci et al. 2013: 1) ist das *Radiation*-Modell auf andere Forschungsbereiche übertragbar. Wie bereits erwähnt, bietet es IMPLAN die Möglichkeit, multiregionale SAM-Matrizen für die EU zu erstellen, da die europäische Datenlage zur *Gravity*-Modellierung nach ihrem US-amerikanischen Muster nicht ausreicht. Denn Masucci et al. (2013: 7) wägen zur Auswahl des geeigneten Modells folgendes ab: *„The gravity model is satisfactory in describing the commuting flows and surely much better than the radiation model, even if the latter has the advantage of being parameter-free, which turns out to be useful in cases where* *there is no data available to estimate any parameters."* Mit Zhao/Squibb (2020) liegt eine bislang unveröffentlichte Niederschrift zu diesem neuen Ansatz der multiregionalen Modellierung vor. Eine Validierung des Modells steht somit aus. Dieses nichtparametrische, statistische Verfahren erlaubt es dennoch, den theoretischen Schwächen des *Gravity*-Modells zu begegnen. Zum Beispiel wird nicht nur die Entfernung zwischen zwei Orten als kritische Variable angenommen, sondern ebenfalls die Proportionalität zwischen Nachfrage und potenziellem Güterhandel. Unterschiedlich stark ausgeprägte Handelsströme können anhand des *Radiation*-Modells damit identifiziert werden (vgl. Simini et al. 2012: 97ff.). Das *Radiation*-Modell ist weiteren empirischen Testungen zu unterziehen, um die Anwendbarkeit des erst jungen Ansatzes überprüfen zu können. Bisher konnten Masucci et al. (2013: 7) die empirische Ausbaufähigkeit auf regionaler Ebene nachweisen, weswegen IMPLAN für seine Modellierung einen Normalisierungsfaktor der Güterverteilung nutzt. Zusätzlich greift IMPLAN auf die übliche Vorgehensweise der „doubly-constrained"-Methoden zurück und gleicht die interregionalen Handelsströme mithilfe eines weiteren RAS-Verfahrens mathematisch aus (vgl. Zhao/Squibb 2020: 6ff.).

3.6   Zwischenfazit

3.6.1   Kritik und Würdigung der Input-Output-Analyse

In der Diskussion um das Pro und Contra der Input-Output-Analyse ist der Zweck der *economic impact*-Analysen zu repetieren: Sie dienen der Berechnung der ökonomischen Effekte einer Geldinjektion, wie beispielsweise in Form von touristischen Ausgaben, in einer (regionalen) Ökonomie. Die gesamtökonomischen Effekte ergeben sich aus der Addition der direkten Wertschöpfungs- oder Beschäftigungseffekte der Leistungsanbieter mit den aus den interindustriellen Vorleistungsverflechtungen resultierenden indirekten Effekten und den induzierten Effekten des Konsumkreislaufs der Privathaushalte. In der Frage nach einem geeigneten Ansatz zur Berechnung regionalökonomischer Wirkungen in einer Schutzgebietsregion ist festzuhalten, dass sich ebendiese Sachzusammenhänge im Theoriekonstrukt der Input-Output-Rechnung widerspiegeln. Fletcher/Archer (1991: 41) bewerten ihrerzeit das Vorgehen von Leontief mit seiner Abbildung von sektoralen, wirtschaftlichen Verflechtungen unbestritten als echte Innovation in der Tourismusanalyse. Allerdings steht und fällt eine gründliche Analyse nicht nur mit der prinzipiellen Verfügbarkeit von Input-Output-Tabellen, sondern vor allem auch mit deren Qualität. Mehrere Autoren benennen kritisch den Daten-Aspekt und schätzen die Input-Output-Analyse als sehr ressourcenaufwendige Anwendung im Hinblick auf Kosten und Zeit ein (vgl. u. a. Archer/Fletcher 1990: 25; Fletcher 1989: 516; Fletcher/Archer 1991: 41; Frechtling 1994: 385; Wiedmann et al. 2011: 1938).

Eine wichtige Rolle in der Verfügbarkeit von Input-Output-Tabellen spielt die Maßstabsebene. Auf nationaler Ebene veröffentlicht das Statistische Bundesamt in seiner Fachserie 18 (VGR) jährliche SUT und Input-Output-Tabellen, jedoch mit zeitlich verzögerter Aktualisierung. Auf regionaler Ebene ist das Angebot spärlicher, denn ohne entsprechende Bestrebungen zur Regionalisierung von nationalen Tabellen würden für die subnationale Ebene keine Input-Output-Matrizen vorliegen. Unter dieser Voraussetzung existierten bislang zumindest vereinzelte, auf Schätzverfahren beruhende, von der nationalen Input-Output-Matrix abgeleitete regionale Matrizen. Diese Verfahren erfordern eine tiefgreifende Expertise und sind nicht einfach durchzuführen. Anhand der teilweise eingehender vorgestellten Methoden zur Regionalisierung von nationalen Input-Output-Tabellen (vgl. Kapitel 3.5.5.2) ist das Ergebnis als „rein mechanische Schätzung" (KRONENBERG 2010: 232) der intraregionalen Transaktionen zu beurteilen. Die Ergebnisse von LQ-, CB- oder RAS-Verfahren bilden im Grunde die Anteile der nationalen Matrix ab und ohne weitere Korrekturanpassungen anhand von regionalen Daten sind die „neuen" Werte fehleranfällig. In vielen Fällen liegen jedoch auch dazu keine Daten vor oder diese sind teuer einzukaufen. Außerdem ist die Kompatibilität der verschiedenen Datensätze nicht immer gegeben (vgl. FLETCHER 1989: 516). Auch wenn sich non-survey-Methoden zur Regionalisierung in den letzten Jahren wegen flexiblerer und kostengünstigerer Einsatzmöglichkeiten durchgesetzt haben, plädiert die anwendungsbezogene Wissenschaft für die empirische Ergänzung durch Unternehmensbefragungen (vgl. z. B. LAHR 2001a: 9). ARMSTRONG/TAYLOR (2000: 56) konstatieren nichtsdestotrotz zu den möglichen Verfahrensansätzen (non-survey vs. survey-based vs. hybrid): „Even when direct surveys are undertaken, the transactions table will only be an approximation to the truth." Ein größerer Bezugsraum erfordert überdies datenintensivere und komplexere Tabellenkonstruktionen. Dies betrifft insbesondere die Erstellung multiregionaler Input-Output-Tabellenwerke mit der Verknüpfung von single-region-Matrizen durch interregionale Handelsdaten, welche aufgrund der spärlichen Datenverfügbarkeit durch komplexe Verfahren modelliert werden müssen. Wird DWYER/FORSYTH (1998: 5) gefolgt, würden multiregionale Tabellen stets auf unvollständigen Datenlagen basieren. Einen Lösungsansatz der Datenprobleme auf regionaler Ebene für Deutschland kann in den neuen IMPLAN-Datensätzen gesehen werden. Ihre für die Bestimmung interregionaler Handelsströme entwickelten Gravity- und Radiation-Modelle (vgl. Kapitel 3.5.5.4) sind entsprechend ambitioniert, wodurch geringere Fehlerwahrscheinlichkeiten angenommen werden können.

Neben diesen praktischen Schwierigkeiten bei der Input-Output-Modellerstellung sind einige theoretische Vorbehalte gegenüber dem Verfahren darzulegen. Dazu muss unbedingt darauf hingewiesen werden, dass die herausragenden Kritiker der Input-Output-Analyse, worunter insbesondere auf die Literatur von DWYER et al. (2004; 2005; 2006a; 2006b, 2010) zu verweisen ist, gleichzeitig als Pioniere der CGE-Modellierung anzusehen sind. Ihre Sichtweisen sind insofern zu relativieren, als sie entschlossen für ihre „bessere" Methode einstehen. Wörtlich zitiert in DWYER et al. (2004: 307):

„The fundamental problem with Input-Output analysis is that it is incomplete; it ignores key aspects of the economy. It focuses on the industry which is being directly affected, and on its direct relationships with other parts of the economy. It effectively assumes that there is a free, unrestricted flow of resources to these parts of the economy. The effects which come about because of resource limitations, the workings of the labour and other markets, the interactions between the economy and the rest of the world, are all ignored. As a result, it does not capture the feed-back effects, which typically work in opposite directions to the initial change. As a consequence, Input-Output estimates of impacts, on economic activity generally or on specific variables such as employment, are usually overestimates, very often by large margins. Indeed, such estimates can even get the direction of the change wrong."

Alle genannten Kritikpunkte beziehen sich dabei auf die restriktiven Annahmen der Input-Output-Analyse (vgl. Kapitel 3.5.2.1). Eine umfassende Auseinanderset-zung mit den theoretischen Grenzen der Input-Output-Analyse ist in Dwyer et al. (2010: 300ff.) nachzulesen. Eine Zusammenfassung liefert Briassoulis (1991: 486f.), wonach als übergeordnete Schlagworte der Annahmen der Input-Output-Modelle zu nennen sind:

- Linearität in Produktions- und Konsumfunktion

- und eine fehlende Kapazitätsgrenze.

Dwyer et al. (2000: 326f.) stufen die Linearität als das Hauptproblem der Input-Out-put-Modellierung ein (vgl. dazu auch Bandara 1991: 7). Diese ist bedingt durch die grundlegende Eigenschaft der Input-Output-Rechnung, den konstanten techni-schen Koeffizienten ($z_{ij} = a_{ij} \times x_i$), welche eine stets gleichbleibende Inputstruktur bedeuten. Auch wenn sich in irgendeiner Form die Nachfrage ändert (z. B. durch eine Zunahme der touristischen Ausgaben), werden die Vorleistungen für die Pro-duktion des Outputs der Leistungsanbieter im stets gleichbleibenden Verhältnis von denselben Lieferanten abgedeckt und somit keine Substitution zugelassen. Für die Konsumstruktur wird darüber hinaus angenommen, dass Privathaushalte stets die-selben Güter konsumieren, selbst wenn sie von einer Einkommenssteigerung pro-fitieren (vgl. Briassoulis 1991: 487f.; Dwyer 2015b: 2; Frechtling 1994: 385). In der Input-Output-Analyse im Tourismus muss also damit gearbeitet werden, dass im-mer die gleichen Input-Strukturen bestehen, die sich jedoch in der Realität je nach Besuchersegment oder zwischen Einheimischen und Touristen unterscheiden kön-nen. Diese Unschärfe wird durch die oftmals stark aggregierte Wirtschaftszweig-systematik noch verstärkt (vgl. Dwyer/Forsyth 1998: 6). Archer/Fletcher (1990: 26) äußern dahingehend ihre Bedenken zur Tourismusanalyse:

„The first of these assumptions – linear production and consumption functions and stable trade patterns – assumes that any additional tourism expenditure which occurs will generate exactly the same impact on the economy as an equi-

valent amount of previous tourism expenditure. Any further production in the economy is assumed to require purchases of inputs in the same proportions and from the same sources as previously. Any consequential increase in consumer demand is likewise assumed to have exactly the same effect upon the economy as previous consumer expenditure."

Eine Diskrepanz besteht dahingehend, dass die im Modell unveränderbare Linearität in Produktions- und Konsumfunktion die Annahme einer konstanten, vollen Arbeitsauslastung der Vorleistungsbereiche bedingt (vgl. Briassoulis 1991: 487). Demgegenüber geht das Input-Output-Modell jedoch von freien Kapazitäten aus, sodass eine uneingeschränkte Ressourcenverfügbarkeit besteht. Vorleistungen und Primärinputs könnten andernfalls in der Ökonomie nicht jederzeit bereitgestellt werden (vgl. Archer 1982: 240). *"These resources are effectively assumed to be not used elsewhere; they do not come from other industries, and do not result in reductions in output elsewhere"* (Dwyer et al. 2004: 308). In der Folge werden Output- und Inputwerte bei beispielsweise doppelter Nachfrage einfach dupliziert (vgl. Armstrong/Taylor 2000: 41). Ebenso wird eine Arbeitslosigkeit in den bedarfsorientierten Input-Output-Modellen prinzipiell als gegeben angenommen, weil eine erhöhte Nachfrage automatisch zu steigender Beschäftigung führt (vgl. Bandara 1991: 7; Dwyer/Forsyth 1998: 5f.; vgl. auch Kapitel 3.5.2.2 zur Herleitung eines derivativen Beschäftigungsmultiplikators). Archer (1982: 240) spricht in dem Zusammenhang von *"unemployed resources"*, die stets verfügbar sind. Die in der Realität hingegen beobachtete Inflations- und Importanpassung bei steigender Nachfrage und vielmehr gleichbleibenden oder gar sinkenden Beschäftigungszahlen führen im Modell zu einer tendenziellen Überschätzung der Multiplikatoren und stets positiven ökonomischen Effekten (vgl. Archer/Fletcher 1990: 27). Bei umgekehrt plötzlichem Einbruch einer wirtschaftlichen Aktivität ist das statische Modell der Leontief-Inverse nicht in der Lage, eventuell dadurch bedingte Bedarfe, wie Beschäftigungs- oder Zulieferstrukturen zu erfassen (beispielsweise durch die Schließung einer Produktionsstätte und die dadurch verursachte erhöhte Importnachfrage) (vgl. ten Raa 2005: 166). Auch der Zeitfaktor spielt eine nicht unbedeutende Rolle, denn potenzielle Zeitverzögerungen in den Wirkungsrunden und damit Zeitverschiebungen in den Sekundäreffekten können in der Analyse nicht berücksichtigt werden (vgl. Armstrong/Taylor 2000: 57f.; Frechtling 1994: 385). Insbesondere für (multi-)regionale Modelle schließt sich der Kreis der technischen Beziehungen (z. B. technische Koeffizienten und LQ) wieder in der Datenproblematik und der unvermeidlichen Annahme gleicher Arbeitsproduktivität auf nationaler und regionaler Ebene (vgl. Kronenberg 2010: 227).

Mit den beiden Grundannahmen einhergehend ist die angenommene Preisstabilität letztlich eine Illusion und faktisch als eine Achillesferse der Input-Output-Modelle zu bewerten. Wenngleich technische Koeffizienten stabil und Angebote stets verfügbar sind, zeigt das reale Wirtschaftsgeschehen, bestimmt vom allgemeinen Marktgleichgewicht zwischen Angebot und Nachfrage, Preisänderungen. Eine gesteigerte Nachfrage führt zu Produktionsdruck und Preisanpassungen sowie Veränderungen in den Vorleistungsbezügen, was in Input-Output-Modellen jedoch nicht abgebildet werden kann. Der Einfluss des Staates auf das Wirtschaftsgeschehen in Form von Investitionen, Wirtschaftswachstum, Steuereinnahmen und Kapitalanlagen bleibt ebenso unberücksichtigt (vgl. Bandara 1991: 7; Dwyer et al. 2004: 8; 2005: 325; 2006b: 318). Folglich könnten die Wachstumseffekte überschätzt werden.

Ein weiteres Resultat der beiden Grundannahmen ist, dass negative Rückkopplungseffekte nicht modelliert werden können. Negative Externalitäten wie Verdrängungseffekte anderer Wirtschaftszweige oder auch störungsökologische Einflüsse, Klimafolgeschäden oder ressourcenverbrauchsbedingte negative Effekte (z. B. Müll oder Wasserverbrauch), die wiederum Kosten verursachen, können durch das Analyseverfahren dadurch nicht ausgedrückt werden (vgl. Eagles et al. 2000: 67). Dwyer et al. (2006a: 60) kritisieren: *„The limitation of I-O [Input-Output] analysis is a simple one – it allows for the positive impacts on economic activity while ignoring the negative impacts, which are likely to be of a comparable order of magnitude."* Die Sichtweise der Autoren ist im Kontext der CGE-Modellierung zu sehen, denn dem Umstand der fehlenden Gesamtbetrachtung einer Ökonomie wird in CGE-Modellen entgegengehalten (vgl. u. a. Dwyer/Forsyth 1998: 6; Dwyer et al. 2004: 308). Nichtsdestotrotz weist Briassoulis (1991: 489) darauf hin, dass aufgrund des Querschnittscharakters und der Nachfrageorientierung des Tourismus und der damit einhergehenden starken Verflechtungen der Wirtschaftseinheiten derartige Rückwirkungen nicht zu unterschätzen sind. Werden Ressourcen an der einen Stelle zur Verfügung gestellt, beispielsweise wegen gestiegener Nachfrage, fehlen gegebenenfalls an anderer Stelle Ressourcen in Form von Vorleistungen oder Primärinputs, wodurch die Produktivität sinkt. Während des Aufenthaltes in einer Schutzgebietsregion fehlen in der Heimatregion der Touristen ihre üblicherweise getätigten Ausgaben für Konsumgüter des täglichen Bedarfs. In der Folge erfahren die Heimatunternehmen einen Nachfragerückgang, während die touristischen Leistungsanbieter der Urlaubsregion auf die erhöhte Nachfrage mit Preissteigerungen reagieren (vgl. Dwyer et al. 2004: 309). Zudem bedingen Touristen aus einkommensstarken Quell- in einkommensschwachen Zielgebieten bzw. aus dem Ausland eine *„imported inflation"* (Bull 1991: 135). Moderne Informations- und Kommunikationstechnologien wie Online-Reservierungsportale verändern außerdem die Arbeitsproduktivität in der Tourismusbranche (vgl. Dwyer/Forsyth 1998: 5).

Nach den angeführten Kritikpunkten, deren Darlegung für das Verständnis des Gesamtkontextes des *economic impact*-Methodenspektrums unbedingt notwendig ist, schließen einige würdigende Worte zur Input-Output-Analyse das Kapitel ab und leiten zur Gegenüberstellung der Modellerweiterungen im folgenden Kapitel 3.6.2 über. Nochmals aufgegriffen sei der eingangs beschriebene Gedankengang der eigentlichen Intention dieses Analyseansatzes: Im Vergleich zu anderen Methoden der ökonomischen Wirkungsforschung (z. B. Keynesianische Multiplikatoren, *ad hoc-*, *economic base*-Modelle) besteht der große Vorzug der Input-Output-Analyse in der Präzision und Detailgenauigkeit bei der Multiplikatorenableitung (vgl. Fletcher/Archer 1991: 44; McCann 2013: 178f.). Als Gegenargument zur restriktiven Annahme der linearen Ausrichtung in Produktions- und Konsumfunktion betonen Armstrong/Taylor (2000: 57) die interne Konsistenz der Input-Output-Modelle. In der Analyse regionalökonomischer Effekte werden durch den Fokus auf interindustrielle Verflechtungen alle Wirkungsebenen gleichermaßen berücksichtigt.

Je nach Forschungsschwerpunkt kann dieser neutrale Bewertungsansatz entsprechend angepasst werden, sodass eine Analyse der ökonomischen Wirkungen des Tourismus möglich ist und das dank neuester Modellverfügbarkeiten auch auf regionaler Ebene in Deutschland und in der EU (NUTS-3-Regionen) (vgl. FLETCHER 1989: 516). Auch KRONENBERG (2010: 245) belegt, dass eine valide Input-Output-Tabelle für die subnationale Ebene (in dem Fall für das Land Mecklenburg-Vorpommern) durch Hochrechnungen und Verwendung von regionalen Daten möglich ist. Internationale wie nationale Forschungsvorhaben widmen sich zugleich der Weiterentwicklung der multiregionalen Input-Output-Modellierung, um so ein Abbild der Verflechtungen von Ökonomien und darüber hinaus interregionale indirekte und induzierte wirtschaftliche Effekte in Umlandregionen aufzeigen zu können (vgl. MCCANN 2013: 178f.; WIEDMANN et al. 2011: 1938). Außerdem kann die Datengrundlage der Input-Output-Modelle für komplexe Erweiterungen, wie SAM oder CGE verwendet werden.

3.6.2 Einordnung der Input-Output-Modellerweiterungen

In der Literatur wird die Input-Output-Analyse stellenweise als *general equilibrium*-Ansatz eingestuft (vgl. u. a. FLETCHER 1989: 515). Dabei ist wichtig zu verstehen, dass *„the standard input-output model (…) provides only a comparative equilibria – with and without the external shock of changed final demand for a sector's product"* (LOVERIDGE 2004: 308). Es können keine Berechnungen wirtschaftlicher Wirkungen innerhalb eines Zeitintervalls durchgeführt werden. Aus diesem Grund sowie in Anbetracht der restriktiven Annahmen des Analyseverfahrens wurden in der Literatur verschiedene Lösungsansätze im Umgang mit diesen reflektiert, um ein realistischeres Modell der Ökonomie zu bilden. Ein genannter Vorschlag ist die Verwendung dynamischer Input-Output-Ansätze[113] zur regionalökonomischen Wirkungsanalyse im Tourismus (vgl. ARCHER/FLETCHER 1990: 26; FLETCHER/ARCHER 1991: 42). Diese bringen gegenüber statischen Modell-Inversen den Vorteil mit sich, den zeitlichen Aspekt einer Multiplikatorwirkung in den Vordergrund zu rücken. Daneben können dynamische Produktions- und Konsumfunktionen eingebaut werden, um plötzliche Veränderungen im Wirtschaftsgeschehen zu analysieren (z. B. durch technologischen Fortschritt, Wirtschaftswachstum, Rezession) (vgl. JOHNSON 1993: 223 sowie FLEISSNER et al. 1993: 185ff.; LEONTIEF 1986: 294ff.; TEN RAA 2005: 166ff. zur Matrix-Algebra dynamischer Input-Output-Inversen).

Zur Tourismusanalyse werden außerdem häufig SAM vorgeschlagen (vgl. u. a. LOVERIDGE 2004: 309; POLO et al. 2008: 711). Wie in Kapitel 3.5.3.2 bereits erläutert, handelt es sich dabei um eine Erweiterung der ursprünglichen Input-Output-Matrix um Arbeitskräftekonten, wodurch die Eigenart beider Matrixformen mit den produktions- und gütermäßigen Verflechtungen identisch ist. Nach WAGNER (1997:

---

113 Ökonometrische Input-Output-Modelle sind ebenfalls dynamischer Art.

593) bringt gerade die Erweiterung und Disaggregation um sozioökonomische Kennzahlen den entscheidenden Vorteil gegenüber der einfachen Input-Output-Matrix, weil Produktions- und Einkommensverflechtungen detaillierter aufgezeigt werden können. Auch die touristisch generierte Einkommensverteilung könnte durch die Durchführung von SAM-Analysen differenzierter untersucht werden (vgl. Li/Lian 2010: 232). Als weiterer positiver Aspekt der SAM-Erweiterung kann angeführt werden, dass sozioökonomische Wirtschaftsdaten in einem einheitlichen Rechenwerk zusammengefasst dargestellt werden (im Hinblick auf SAM als Repräsentant des SNA). Schließlich erlaubt die Ableitung von Multiplikatoren aus diesen statischen Modellen ebenfalls die Durchführung von regionalökonomischen Wirkungsanalysen (vgl. Wagner 1997: 593). Nichtsdestotrotz signalisieren Dwyer et al. (2004: 308) dieselben dadurch existenten Beschränkungen wie im klassischen Input-Output-Modell.

Im Zuge dieser kritischen Anmerkung stellen die Autoren ihren CGE-Modellierungsansatz vor, welcher der Input-Output-Rechnung aufgrund der Gesamtbetrachtung der ökonomischen Gleichgewichtssysteme mit Feedbackeffekten überlegen ist: *„CGE represent an example of current best practice in assessing economy-wide impacts of changes in expenditure within an economy"* (Dwyer et al. 2005: 353). Ein weiteres Zitat unterstreicht den Standpunkt seiner Vertreter: *„(…) the most appropriate technique for estimating the full economic impact of an event is computable general equilibrium (CGE) analysis"* (Dwyer et al. 2006a: 59). Die wirtschaftliche Realität, die sich im Gleichgewicht zwischen Angebot und Nachfrage bewegt, könne nur durch CGE-Modelle noch besser abgebildet werden, wodurch auf sämtliche Restriktionen der Input-Output-Analyse reagiert würde (vgl. Dwyer 2015b: 3).

Klijs et al. (2012: 1177ff.) entwickelten einen Kriterienkatalog zur vergleichenden Gegenüberstellung von Modellen der ökonomischen Wirkungsanalyse im Tourismus, um substanzielle Differenzen aufzuzeigen und diese bewerten zu können[114]. Ihrer Beurteilung nach sind Input-Output-Modelle hinsichtlich der Validität und Verlässlichkeit der Ergebnisse, der Vergleichbarkeit, auch mit anderen Tourismusregionen und auf unterschiedlichen geographischen Maßstabsebenen, der Analyse indirekter Vorleistungsverflechtungen sowie des Bestrebens nach einer Standardisierung zu präferieren. Wegen ihrer Ambition, ein realitätsnahes Abbild der Wirtschaft zu schaffen, sind CGE-Modelle grundsätzlich hinsichtlich aller anderen Kriterien empfehlenswert. Sie können jedoch nicht punkten in Sachen Transparenz (Verständlichkeit und Interpretierbarkeit der Ergebnisse), Effizienz (Kosten und Zeit von Datenverfügbarkeit und Verwendung) und Vergleichbarkeit der Ergebnisse (Komplexität der Zusammenhänge und Annahmen und Standardisierung der

---

114 Klijs et al. (2012: 1177f.) identifizieren folgende Kriteriengruppen zur Bewertung von Methoden der ökonomischen Wirkungsanalyse: Effizienz (Zeit- und Kostenfaktor der Datenanalyse), Datenverfügbarkeit und -qualität, Vergleichbarkeit (Standardisierung und entsprechende Definitionen), Transparenz und Einfachheit, Validität und Verlässlichkeit der Ergebnisse, Sensitivitätsanalyse, zugrundeliegende Annahmen, Klassifikation der Besucherausgaben und Zuordnung im Modell, Output-Indikatoren und Detailgenauigkeit der Ergebnisse sowie Definition der externen Effekte. Sie vergleichen folgende Modelle: *economic base*-Methode, Keynesianische Multiplikator-, *ad hoc*-, Input-Output- und CGE-Modelle.

Definitionen). CROMPTON et al. (2016: 1054) ordnen zur Komplexität der CGE-Modelle ein:

„They require highly skilled, specialized, and experienced economists to develop and operate them. In the tourism field, there are likely only a handful of teams or individuals in the world with the expertise and resources to do this. Hence, CGE models are likely to require six-figure investments."

Im Laufe der Jahre entwickelten sich durch die Computertechnologie verschiedene CGE-Softwarelösungen (vgl. DWYER 2015b: 20). Als Beispiel ist das Modell ORANI (vgl. DIXON et al. 1982) mit seiner Prognoseweiterentwicklung ORANI-F (*forecasting*; vgl. PARMENTER 1988) und seiner letzten Version ORANI-G (*generic*; vgl. HORRIDGE et al. 1998) zu nennen, welche allerdings nicht primär aus tourismusanalytischen Gründen als vielmehr als Analysetool der australischen Volkswirtschaft entwickelt wurden. ORANI-G wurde in verschiedenen Varianten bereits in weiteren Ländern angewandt, darunter China, Indien, Südafrika oder Brasilien (vgl. CENTRE OF POLICY STUDIES 2021). Diese digitalen Lösungen können mathematische Elastizitäten modellieren (wie z. B. Substitutions- und Preisanpassungen), ihre Anwendung ist allerdings sehr komplex (vgl. DWYER 2015b: 20). Darüber hinaus sind CGE-Softwaremodelle eher für prognostizierende Fragestellungen vorteilhaft, während die Input-Output-Rechnung je nach Datenlage gegenwärtige bis vergangene ökonomische Wirkungen aus der Rückschau bemisst. IVANOV/WEBSTER (2007: 380) konstatieren: „These models simulate what will happen in the economy as a consequence of external shocks, but do not state what has already happened."

Die Anhänger der CGE-Modelle sprechen von einem Paradigmenwechsel in der ökonomischen Wirkungsforschung des Tourismus. In der Tat nimmt die australische Forschung dahingehend eine Vorreiterrolle ein, denn die Entwicklung dieser Modelle, die in den 1970er Jahren begann, wurde bis heute in zahlreichen Projekten vorangetrieben (vgl. z. B. DWYER et al. 2004: 310f.; 2010: 317; 2016: 3). Insgesamt ist dabei ein Schwerpunkt volkswirtschaftlicher Untersuchungen festzustellen (bzw. auf Landesebene vgl. z. B. DWYER et al. 2005: 353ff.; 2006b: 322ff.), wohingegen CGE-Modelle in der anwendungsbezogenen Tourismusanalyse für Berechnungen auf regionaler Ebene weniger infrage kommen (vgl. CROMPTON et al. 2016: 1054; DWYER et al. 2005: 357). Nicht nur wegen der Input-Output-Modellgrundlage, sondern auch insbesondere aufgrund notwendiger Kalibrierungs- und Bilanzierungsmaßnahmen ist die Datenlage für die kleinräumigere Regionsebene spärlich. Wirtschaftszweige können daher nur in stark aggregierter Form wiedergegeben werden (vgl. KRAYBILL 1993: 208; LOVERIDGE 2004: 310f.). Während regionale Input-Output-Tabellen wegen ihrer Herleitung über technische Koeffizienten im Grunde genommen das nationale Pendant repräsentieren (vgl. Kapitel 3.5.5.1), unterscheiden sich regionale CGE-Modelle grundlegend von entsprechenden nationalen Modellen. Beispielsweise wird dem regionalen Arbeitseinsatz mehr Flexibilität beigemessen, wobei Pendlerverflechtungen eine größere Rolle spielen. Auch regionale Produktions- und Nachfragestrukturen sind nach dem ambitionierten Anspruch in der Modellierung zu berücksichtigen (vgl. LOVERIDGE 2004: 310). CROMPTON et al. (2016: 1054) konkludieren, dass in der Abwägung um verfügbare Ressourcen (Datenmengen, Kosten, Zeitfaktor in der Anwendung) die IMPLAN-Datensätze und zugehörigen Software-pakete die bevorzugte Analysegrundlage in den USA sind, während sie die Verwendung von CGE-Modellen wegen ihrer Komplexität als *„overly optimistic"* bewerten. Eine vergleichende Gegenüberstellung der vorgestellten Input-Output-Modeller-weiterungen liefert Tabelle 12.

Tabelle 12: Gegenüberstellung von Input-Output-, SAM- und CGE-Modell

	Input-Output-Modell	SAM-Modell	CGE-Modell
Annahmen	• Produktions- und Konsumfunktionen sind linear; • Keine Kapazitätsgrenze; • Preise sind konstant; • Existenz von Arbeitslosigkeit	Siehe Input-Output-Modell	• *Computable:* Anwendungsbezug • *General:* Ganzheitliche Betrachtung der ökonomischen Zusammenhänge mit Kapazitätsbeschränkungen und Substitution; • *Equilibrium:* Im allgemeinen Marktgleichgewicht bestimmen Angebot und Nachfrage den Preis
Primäres Analyseziel	Erfassung interindustrieller Verflechtungen in einer Ökonomie durch Berechnung direkter und sekundärer ökonomischer Wirkungen	Wie Input-Output-Modell, aber mit Fokus auf die Erfassung der Einkommensverteilung der Beschäftigten	Wie SAM-Modell, aber mit Fokus auf die Gesamtbetrachtung einer Ökonomie
Analysegrundlage	Direkte Effekte werden mithilfe von Input-Koeffizienten bestimmt; Indirekte Vorleistungseffekte werden mithilfe der Leontief-Inverse bestimmt; Induzierte Haushaltseffekte werden mithilfe der Leontief-Inverse des endogenen Haushaltssektors bestimmt.	Direkte Effekte werden mithilfe von Input-Koeffizienten bestimmt; Indirekte Vorleistungseffekte werden mithilfe der Leontief-Inverse bestimmt; Induzierte Haushaltseffekte werden mithilfe der Leontief-Inverse des endogenen Haushaltssektors bestimmt; Weitere Komponenten können endogen betrachtet werden und deren Effekte mithilfe der Leontief-Inverse bestimmt werden.	Indirekte Vorleistungseffekte werden mithilfe der Leontief-Inverse bestimmt; Regressions- und Gleichgewichtsberechnungen unter Verwendung computergestützter Softwarelösungen; Simulationen zur Berechnung ausgewählter Ansätze sind möglich.
Substituierbarkeit von Gütern und Dienstleistungen sowie Haushaltsausgaben	Nein	Nein	Ja
Statistische Funktion	Linear	Linear	Linear und nichtlinear
Wirkungsbestimmung	Nachfragegesteuert	Nachfragegesteuert	Durch die Interaktion zwischen Angebot und Nachfrage
Statisch/dynamisch	Statisch	Statisch	Statisch oder dynamisch
Möglichkeiten der Regionalisierung	*Single-region-* und multiregionale Modelle	*Single-region-* und multiregionale Modelle	*Single-region-* und multiregionale Modelle

Notwendige Daten zur Konstruktion	Für jeden Wirtschaftszweig/jede Gütergruppe (je nach Klassifizierungs- und Aggregationsansatz) Daten über Produktion (Input und Output der Vorleistungsverflechtungen), Beschäftigung und Wertschöpfung sowie Importe (Primärinputs), privater/staatlicher Konsum und Investitionen sowie Exporte (Endnachfrage); In multiregionalen Matrizen neben regionalen Primärdaten oder Schätzwerten (je nach Regionalisierungsverfahren) zusätzlich Daten zu interregionalen Handelsverflechtungen	Siehe Input-Output-Modell und zusätzlich detaillierte Produktions-, Konsum-, Vermögens-, Zahlungsbilanz und Staatskonten	Siehe SAM-Modell und zusätzlich Schätzungen zu mathematischen Elastizitätsparametern zur Gegenüberstellung von Nachfrage und Angebot (z. B. Substitutionsanpassungen der Vorleistungsbeziehungen, Preis- und Einkommensveränderungen der privaten Haushalte sowie Handelsveränderungen)
Stärken	• Mit seinem Fokus auf interindustrielle Verflechtungen werden die wirtschaftlichen Verflechtungen ganzheitlich abgebildet; • Konsistent: alle drei Wirkungsebenen werden berücksichtigt (direkt, indirekt, induziert); • Flexible Anwendung möglich je nach Forschungsschwerpunkt möglich; • Geeignet für regionalökonomische Analysen des Tourismus durch Ableitung ökonomischer Multiplikatoren; • Neutraler Bewertungsansatz; • Erweiterungen möglich (SAM, CGE oder (multi-)regionale Input-Output-Modelle)	Siehe Input-Output-Modell; zusätzlich: • Fokus auf die Einkommensverteilung; • Zusammenfassung und Vereinheitlichung von Wirtschaftsdaten in einem Rechenwerk; • Einfache Anwendung über IMPLAN, auch auf regionaler Ebene	• Flexible Anwendung je nach Forschungsschwerpunkt möglich; • Digitale Anwendungen verfügbar; • Berücksichtigung von Preisanpassungen im allgemeinen Marktgleichgewicht; • Kapazitätsbeschränkungen werden berücksichtigt; • Staatseinfluss und Marktverzerrungen werden berücksichtigt; • Dynamische Modelle können Zeitintervalle berücksichtigen; • (Negative) Rückkopplungseffekte können realitätsnah aufgezeigt werden; • Substitutionen werden erfasst; • Ökonomische Wohlfahrtwirkungen können berechnet werden
Schwächen	• Kosten- und zeitaufwendig; • Datenintensiv, schlechte Datenverfügbarkeit (v. a. auf regionaler Ebene); • Entsprechende Expertise zur Anwendung nötig; • (Multi-)regionale Modelle: je nach Regionalisierungsmethode bilden die Matrizen technische Koeffizienten der nationalen Matrix ab; • Die lineare Produktions- und Konsumfunktionen erlauben keine Substitution; die Inputstrukturen sind konstant; • Kapazitätsbeschränkungen werden nicht berücksichtigt; • Preisänderungen werden nicht berücksichtigt; • Staatseinfluss wird nicht berücksichtigt; • Zeitverzögerungen werden nicht berücksichtigt; • (Negative) Rückkopplungseffekte können nicht erfasst werden	Siehe Input-Output-Modell	• Sehr kosten- und zeitaufwendig; • Extrem datenintensiv; • Eine gut ausgebildete Expertise ist nötig, um Daten bearbeiten und interpretieren zu können; • Interpretation der Ergebnisse nicht immer eindeutig

Quelle: eigene Zusammenstellung auf Basis von Armstrong/Taylor 2000: 56ff.; Briassoulis 1991: 486ff.; Dwyer 2015a: 112ff.; 2015b: 2ff.; Dwyer et al. 2005: 354; 2006b: 324; 2010: 300ff.; Fletcher 1989: 515f.; Loveridge 2004: 311; Seung/Waters 2006: 103ff.; Wagner 1997: 593; West 1995: 211

3.6.3 Zusammenschau: Variationen bei Multiplikatoren

„There is perhaps more misunderstanding about multiplier analysis than almost any other aspect of tourism research" (ARCHER 1982: 236). Denn generalisierte Multiplikatorwerte für unterschiedliche Bezugsräume führen letztendlich zu Fehlinterpretationen der Resultate der regionalökonomischen Effekte (vgl. WATSON et al. 2008: 577). Um dies zu vermeiden, werden hier nochmals stichpunktartig die möglichen, in den vorherigen Teilkapiteln dargelegten Einflussfaktoren auf die Multiplikatorgröße zusammengetragen, die es in der Interpretation der Ergebnisse der entsprechenden Wirkungsanalyse zu beachten gilt (vgl. ARCHER 1982: 238f.; ARCHER/FLETCHER 1990: 13f.; CHANG 2001: 12ff.; CROMPTON 2006: 73ff.; CROMPTON et al. 2016: 1052ff.; DWYER et al. 2010: 309f.; HALL/PAGE 2007: 155; HUGHES 1994: 403ff.; STYNES 1997: 19; 2005: 11; WALL 1997: 447):

- **Wahl der *economic impact*-Analysemethode und zugrundeliegendes Multiplikatorkonzept:** Die touristische Multiplikatoranalyse ist im Sinne des *economic impacts* „neuen" Geldes, das in Form von touristischen Ausgaben in eine Region eingespeist wird, anzuwenden (vgl. Kapitel 3.2). Zu unterscheiden ist der Ansatz vom *economic benefit* und der *economic contribution*. Zur *economic impact*-Analyse stehen verschiedene Methoden zur Verfügung, die entweder auf den Rechenansätzen von KEYNES (2009 [1936]) oder LEONTIEF (1936) und damit auf unterschiedlichen Grundideen zum Multiplikator basieren. Die Keynesianische Multiplikatortheorie bezieht sich auf die induzierte Wirkungsebene, d. h. sie geht von einem Einkommenszuwachs durch private oder staatliche Investitionen aus (vgl. Kapitel 2.4.1.1), während derivative *ratio*-Multiplikatoren eines Input-Output-Modells ausgehend von den direkten Effekten die gesamten Sekundäreffekte umfassen (vgl. Formeln 45 und 46 in Kapitel 3.5.2.2).

- **Wahl des *economic impact*-Modells:** *„The type of model employed in impact assessment will determine the size of the multipliers"* (DWYER et al. 2005: 352). Heute existieren Softwareanwendungen sogenannter *„ready-made regional models"* (RICKMAN/SCHWER 1995a: 363), wie von IMPLAN in den USA, welches dort neben RIMS II und REMI zu den meistverwendeten Modellen zählt (vgl. Kapitel 3.5.4). Die Modelle unterscheiden sich im Input-Output-Analyseverfahren, in den Regionalisierungsmethoden[115] sowie in den Datenquellen voneinander, sodass die regionalökonomischen Multiplikatorwerte nicht vergleichbar sind (vgl. RICKMAN/SCHWER 1995a: 367; vgl. zu den Gemein-

---

115 Während IMPLAN nationale Input-Output-Tabellen mithilfe des RPC-Konzeptes innerhalb seines „doubly constrained gravity model" regionalisiert (vgl. Kapitel 3.5.5.4), wendet beispielsweise RIMS II die SLQ-Methode an (vgl. RICKMAN/SCHWER 1995a: 367).

samkeiten und Unterschieden der US-amerikanischen Modelle auch BONN/ HARRINGTON 2008: 772ff.; BORGEN/COOKE 1990: 2ff.; RICKMAN/SCHWER 1995b: 146ff.)[116].

- **Theoretischer Rahmen des Input-Output-Modells:** Input-Output-Modelle unterliegen einer Linearität sowie fehlenden Kapazitätsgrenzen (vgl. BRIASSOULIS 1991: 486f.), was dazu führt, dass Multiplikatoren tendenziell überschätzt werden (vgl. ARCHER/FLETCHER 1990: 27 und Kapitel 3.6.1). CGE-Modelle sind beispielsweise in der Lage, Preis- und ökonomische Rückkopplungseffekte zu berücksichtigen, was zu kleineren Multiplikatoren führt (vgl. CROMPTON et al. 2016: 1054; LOVERIDGE 2004: 311 und Kapitel 3.5.3.3).

- **Konstruktion der regionalen Input-Output-Tabellen:** Die Regionalisierung von nationalen Input-Output-Tabellen hat oftmals zur Folge, dass die Importabhängigkeit von Regionen unterschätzt wird, was wiederum bedeutet, dass regionalökonomische Multiplikatoren überschätzt werden. Deshalb ist ein entscheidender Aspekt, welche Methode zur Regionalisierung verwendet wird (vgl. ARMSTRONG/TAYLOR 2000: 57; HARRIS/LIU 1998: 853 und Kapitel 3.5.5.2).

- **Umfang der Sekundäreffekte:** Zu unterscheiden ist außerdem zwischen *Typ Keynes-* und *Typ ratio*-Multiplikatoren (vgl. Kapitel 3.5.2.2), wobei letztere als Kennzahl zur Messung des Grades der Vorleistungsverflechtungen innerhalb einer Ökonomie zu interpretieren sind, weswegen von den direkten Effekten als Ausgangsgröße auszugehen ist (vgl. ARCHER 1982: 238). Daneben umfassen *Typ I*-Multiplikatoren nur die erste der beiden sekundären Wirkungsebenen der indirekten Effekte, während *Typ II*-Multiplikatoren überdies das Konsumverhalten der Privathaushalte inkludieren. Ein Input-Output-Modell geht dabei im Allgemeinen von einer Linearität der Haushaltsausgaben bei steigender Nachfrage bzw. Produktion aus. Außerdem werden Sparquoten zumeist unterschätzt, was zu einer Überschätzung der Konsumquote und dadurch der induzierten Wirkungen touristischer Ausgaben führen kann (vgl. ARMSTRONG/TAYLOR 2000: 49).

- **Touristische Kenngrößen:** Zu nennen sind u. a. CROMPTON et al. (2016: 1056ff.), die in ihrem Beitrag definitorische Ungereimtheiten der Tourismusanalyse klären. Die wichtigsten Kenngrößen sind in Kapitel 3.3.2 definiert, wobei hauptsächlich angloamerikanische Studien diese breite Palette an Kenngrößen berichten. In Deutschland interessieren auf regionaler Ebene

---

116 Die Autoren fanden heraus, dass das IMPLAN-Modellierungssystem tendenziell höhere Multiplikatorwerte generiert als RIMS II oder REMI. Sie erklären die Unterschiede aus den genannten Gründen der unterschiedlichen Regionalisierungstechniken, Aggregationsebenen sowie Analysevorgängen (vgl. BORGEN/COOKE 1990: 2ff.; RICKMAN/SCHWER 1995a: 370ff.; 1995b: 147ff.). Dabei ist anzumerken, dass REMI als generischer CGE-Ansatz (vgl. BONN/HARRINGTON 2008: 772) aufgrund dynamischer Rückkopplungseffekte (vgl. Kapitel 3.5.3.3) prinzipiell kleinere Multiplikatorwerte generiert.

vorrangig touristische Wertschöpfungs- und Beschäftigungseffekte. Derivative Multiplikatortypen bilden die Effektänderungen auf die entsprechende Kenngröße ab (vgl. Kapitel 3.5.2.2).

- **Touristische Kategorisierungen**: Vorneweg sind die Destinationen zu identifizieren, in denen die Reisenden ihre Ausgaben tätigen, um einen *„multiple destination bias"* (HASPEL/JOHNSON 1982: 365) auszuschließen. Denn nur die in der Untersuchungsregion getätigten Ausgaben sind in der regionalökonomischen Wirkungsanalyse zu berücksichtigen. Die erworbenen Güter betreffend ist der in der Region verbleibende Anteil am Umsatz je Wirtschaftszweig herauszurechnen, weswegen mithilfe einer *capture rate* der touristische Produktionswert zu bestimmen ist (vgl. Kapitel 3.4.1). Die Multiplikatoren variieren je nach Branche aufgrund unterschiedlicher Vorleistungsstrukturen. Die Höhe der Multiplikatorwirkung ist zudem von der Zusammensetzung der ursprünglichen Geldinjektion, d. h. der touristischen Ausgabenstruktur, abhängig (vgl. Kapitel 2.4.3). Zuletzt liegt eine Fehlerquelle in inkompatiblen Einheiten bezüglich der Definition eines „Besuchers" und den Ausgaben (z. B. „Besuche" vs. Ausgaben pro Person und Tag), weswegen beispielsweise das US-amerikanische Monitoring eine Konvertierung der Besuche (*visits*) in Besuchsgruppen vornimmt (vgl. CULLINANE THOMAS et al. 2019b: 10f.; vgl. Kapitel 3.3.1).

- **Zeit**: Aufgrund wirtschaftsstruktureller Veränderungen, Handels- oder Preisanpassungen können sich Multiplikatorwerte im Zeitverlauf ändern. Je nach Modell können Preisänderungen modelliert werden oder nicht.

- **Größe und Wirtschaftsstruktur der Untersuchungsregion**: *„Tourism multipliers, (…), vary widely from area to area and perhaps the only satisfactory conclusion which can be reached about the size of multipliers is that it is dangerous to generalize"* (ARCHER 1977: 61). Multiplikatoren sind als ein Abbild interindustrieller Verflechtungen in einer Volkswirtschaft zu sehen. Durchschnittswerte der nationalen Ebene und für alle Wirtschaftszweige zu verwenden, wäre die womöglich beträchtlichste Fehlerquelle in der regionalen Analyse. Vielmehr sind regionsspezifische Input-Output-Datengrundlagen zu verwenden, was allerdings auf Hindernisse stößt, denn auf regionaler Ebene lagen vor der Marktexpansion von IMPLAN für die EU und Deutschland keine regionalen Matrizen dieses Umfangs vor. Sowohl IMPLAN als auch einzelne anwendungsbezogene Studien machen von Schätzverfahren zur Regionalisierung nationaler Matrizen Gebrauch. Im Resultat liegen regionale Repräsentanten einer nationalen Matrix vor, die mit den unterschiedlichen Verfahren (*non-survey* vs. *survey-based* vs. hybrid) verschiedene Werte liefern. Unter bestimmten Annahmen wird versucht, die regionalwirtschaftliche Realität annäherungsweise abzubilden. Insgesamt ist dabei davon auszugehen, dass regionaler Handel unterschätzt wird, weshalb im Umkehrschluss die daraus resultierenden Multiplikatoren überschätzt werden.

4 Methodisches Vorgehen

4.1 Erläuterungen zur Vorgehensweise

Die vorangegangenen Kapitel 2 und 3 ordnen zum einen das Analysefeld regional-ökonomischer Wirkungen des Tourismus in Schutzgebieten in den konzeptionellen Rahmen ein. Zum anderen wurden die methodischen Grundlagen zur Durchführung der touristischen Wirkungsanalyse sowohl inhaltlich als auch mathematisch beschrieben. In der hier vorliegenden Arbeit wird erstmalig die international anerkannte Methode der Input-Output-Analyse zur Ermittlung regionalökonomischer Effekte des Tourismus in Deutschlands Schutzgebieten angewandt. Gleichzeitig wird für das bislang in Deutschland praktizierte Verfahren der Wertschöpfungs-analyse ein kritisches Resümee gezogen. Dazu werden Wertschöpfungsquoten der direkten Wirkungsebene touristischer Ausgaben aktualisiert. Folgende modifizierte Formel gibt die Analyseschritte der empirischen Berechnungen vor:

Regionalökonomische Effekte des Tourismus

= Multiplikand x Multiplikator

× [(Anzahl der Besucher x Ausgaben pro Besucher x capture rate)   (Formel 59)

× Regionalökonomische Wertschöpfungsquoten]

× Regionalökonomische Multiplikatoren

Abbildung 6 gibt die Übersicht zu den Analyseparametern sowie die in dieser Arbeit angewandten Methoden und zugehörigen Datengrundlagen zur Ermittlung der regionalökonomischen Effekte des Tourismus im Biosphärengebiet Schwarzwald. Im folgenden Kapitel 4 wird auf die einzelnen Verfahrensschritte genauer eingegangen:

(1) *„Obtain visitor expenditures in the economy under study by category of item purchased"* (FRECHTLING/HORVÁTH 1999: 325): Obwohl der Analyseschwerpunkt der vorliegenden Arbeit auf der regionalökonomischen Komponente des Besucheraufkommens in Schutzgebieten liegt, werden die gesamten Verfahrensschritte einer regionalökonomischen Wirkungsanalyse ausgearbeitet. Die touristischen Nachfrageparameter im Biosphärengebiet Schwarzwald wurden im Rahmen eines von der DBU geförderten Forschungsprojektes empirisch erhoben. Dazu liegt ein Projektbericht mit detaillierten Ausführungen zu Zielgebietserhebungen und weiterführenden Ergebnissen wie demographische oder aktivitätsspezifische Merkmale der Besucher vor (vgl. JOB et al. 2020c). Die folgende Beschreibung der Methodik skizziert auf Basis der standardisierten Erhebungs- und Auswertungsmethodik von JOB et al.

(2020a; 2020b; 2021a) die wesentlichen Analyseschritte zur Ermittlung von Besucherzahl und Besucherausgaben in der Untersuchungsregion. Die Datengrundlage zur Hochrechnung der Grundgesamtheit liefern Zählungen an ausgewählten Erhebungsstandorten vor Ort, die mit kurzen *Face-to-Face*-Interviews (hier als „Blitzinterviews" bezeichnet) zur Erfassung der Besucherstruktur kombiniert wurden. Das touristische Ausgabeverhalten wurde mithilfe eines standardisierten Fragebogens erfasst. Als Vergleichsregion zur Einschätzung der regionalökonomischen Multiplikatorwirkung dient der Nationalpark Schwarzwald, dessen ehemals von Kraus/Job (2015) ermittelten Nachfrageparameter durch eine Inflationsanpassung für die Gegenüberstellung aufbereitet wurden.

(2) *„Match the expenditure (…) categories with the [model] (. .) industries"* (Frechtling/Horváth 1999: 325): Als Zwischenschritt der regionalökonomischen Wirkungsanalyse wurden die im Fragebogen erfassten Ausgabenkategorien einem korrespondierenden Wirtschaftszweig der WZ 2008 zugeordnet.

(3) *„For retail trade industries, transform visitor expenditures into visitor output through estimates of trade margins; for service industries, visitor expenditures equal visitor output"* (Frechtling/Horváth 1999: 325): Zur Ermittlung der direkten regionalökonomischen Effekte (entspricht dem Multiplikanden in der Klammer der Formel 59) wurde eine *capture rate* aus Daten der amtlichen Statistik bestimmt, die im Sinne dieser Arbeit die Handelsmarge im Einzelhandelsbereich repräsentiert. *„Direct effects are estimated by applying simple ratios (…) to the (…) sales"* (Stynes et al. 2000: 1.2): Diese „ratios" umschreiben die erforderlichen Wertschöpfungsquoten, wie sie konzeptionell – zusammen mit der *capture rate* – als Verbleiberaten der touristischen Ausgaben in der Region des Biosphärengebiets Schwarzwald zu interpretieren sind (vgl. Kapitel 3.4.1). Die empirischen Analysen basieren auf dem Quotenansatz, um regionalökonomische Verbleiberaten aus Daten der amtlichen Statistik abzuleiten.

(4) *„Obtain the appropriate [model] (…) output, [value added] (…), and employment multipliers for these industries"* (Frechtling/Horváth 1999: 325): Für die vorliegenden Analysen bot sich die bislang einmalige Möglichkeit, regionale Input-Output-Daten des US-amerikanischen Unternehmens IMPLAN zu verwenden. IMPLAN modellierte mithilfe eines eigens modifizierten *Radiation*-Modells (vgl. Zhao/Squibb 2020; vgl. Kapitel 3.5.5.4) multiregionale SAM und zugehörige Multiplikatoren für die EU auf Ebene der NUTS-3-Regionen. Für die Tourismusanalysen im Biosphärengebiet Schwarzwald sowie in der Vergleichsregion des Nationalparks Schwarzwald wurden multiregionale Input-Output-Daten käuflich erworben. Der Bezugsraum der multiregionalen Analyse ist die Region der beiden Naturparke Schwarzwald Mitte/Nord und Südschwarzwald.

(5) *„Multiply the visitor output for each industry by the appropriate (...) multipliers to obtain total output, [value added] (...), and employment produced in the economy by the tourism expenditures, and evaluate"* (FRECHTLING/HORVÁTH 1999: 325): Die Ermittlung der regionalökonomischen Effekte des Tourismus im Biosphärengebiet Schwarzwald wurde mithilfe beider Methoden, der Wertschöpfungs- und der Input-Output-Analyse durchgeführt, um durch die Gegenüberstellung von Methodik und Ergebnissen der „alten" Wertschöpfungsanalyse und der „neuen" Input-Output-Analyse Erkenntnisse und Implikationen für die deutsche Schutzgebietsforschung abzuleiten.

(6) *„Attempt to validate these estimates by comparing them with similar estimates obtained from other acceptable sources"* (FRECHTLING/HORVÁTH 1999: 325): Perspektivisch ist durch die Input-Output-Analyse somit eine explizite Validierung der bisher pauschal angesetzten 30 %-Wertschöpfungsquote auf der indirekten Wirkungsebene möglich.

Abbildung 6: Analyseparameter, Methoden und Datengrundlagen der empirischen Analyse

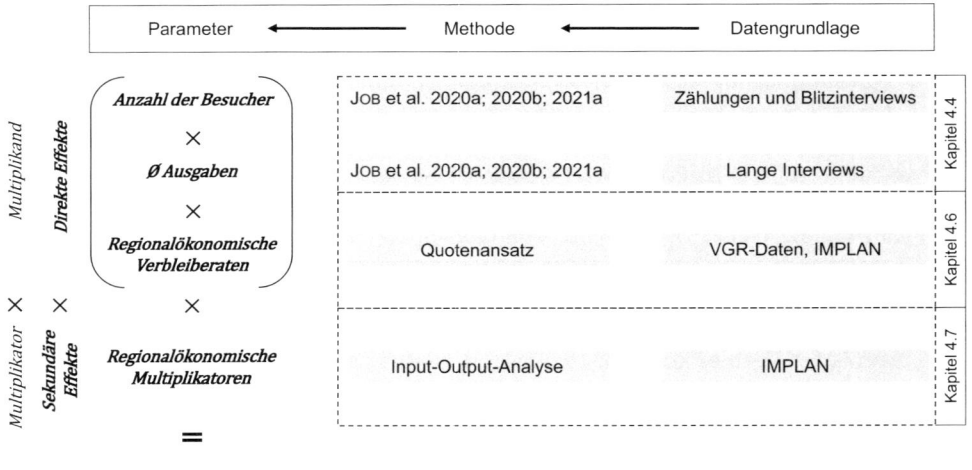

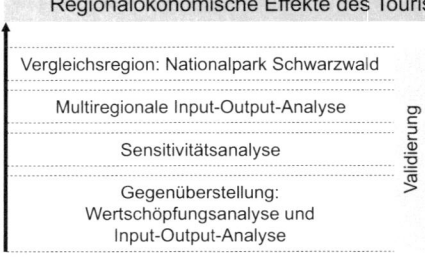

Quelle: eigene Darstellung

4.2 Definition der Analyseregion

Kapitel 2.4.2 diskutiert die Abgrenzung der Analyseregion für regionalökonomische Wirkungsanalysen aus theoretisch-konzeptioneller Sicht. Folgende Kernaspekte sind für spätere Interpretationen der empirischen Ergebnisse festzuhalten:

- Je größer die definierte Analyseregion, desto kleiner fallen Sickerverluste und desto größer regionalökonomische Multiplikatorwirkungen aus, weil wirtschaftliche Vorleistungsverflechtungen in größerem Umfang einbezogen werden.

- Je größer die definierte Analyseregion, desto weniger Besucher werden als Touristen definiert (im Gegensatz zu Einheimischen). Die externe Geldinjektion gemäß der *economic impact*-Analyse fällt entsprechend kleiner aus. In Biosphärenreservaten kommen komplexe Raumstrukturen hinzu, wodurch Einheimische erfasst werden.

- Die regionalökonomische Wirkungsanalyse von Schutzgebieten bezieht sich auf die statistische Abgrenzung der Schutzgebiete.

Die Analyseregion der vorliegenden Arbeit bezieht sich folglich auf zweierlei Regionsabgrenzungen für das Fallbeispiel des Biosphärengebiets Schwarzwald sowie die Vergleichsregion des Nationalparks Schwarzwald:

1. Eine erste Abgrenzung definiert die Biosphärenreservatsregion, welche die touristische Destination der Besucher und damit die Analyseregion der nachfrageseitigen Erfassung der Besucherzahl darstellt.

2. Eine zweite Abgrenzung dient als Untersuchungsregion der regionalökonomischen Wirkungsanalyse, d. h. es wird die Regionalökonomie des Biosphärengebiets Schwarzwald definiert, für welche regionalökonomische Verbleiberaten und touristische Sekundäreffekte berechnet werden.

Das Biosphärengebiet Schwarzwald wird nach der Definition von Job et al. (2013a: 25) als *„ein touristisches Reisegebiet, das die Gesamtfläche aller Gemeinden umfasst, die vollständig oder anteilig in der Kern-, Pflege-, Entwicklungszone des Biosphärenreservates liegen"* abgegrenzt. Demgemäß sind 29 Gemeinden des Südschwarzwaldes dem Biosphärengebiet Schwarzwald zugehörig, deren Gemeindeflächen entweder vollständig oder teilweise innerhalb des Biosphärengebietes liegen (vgl. Karte 2; diese Definition stimmt mit der Definition der BSG-VO Schwarzwald § 2, Abs. 2, überein).

In den großflächigen Biosphärenreservaten wird die Gesamtbesucherzahl nach dem Vorgehen von Job et al. (2013a: 50ff. bzw. 2020a: 18ff.) auf Datengrundlage von Strukturerhebungen und amtlichen Übernachtungszahlen berechnet (vgl. auch Job et al. 2021a: 13ff.). Diese wurden entsprechend der genannten Regionsabgrenzung auf Gemeindeebene zusammengestellt. Um näherungsweise die amtlich erfassten Übernachtungen derjenigen Gemeinden abzubilden, deren Flächen nur einen geringen Anteil an der Fläche des Biosphärengebiets Schwarzwald ausmachen, wurden die Kennzahlen entsprechend den Flächenanteilen korrigiert. Dafür wurden die Übernachtungszahlen jener Gemeinden, deren Flächenanteile am Biosphärengebiet weniger als 50 % betragen, anteilsmäßig heruntergerechnet. Das betrifft die Städte und Gemeinden Freiburg im Breisgau (Stadt Freiburg im Breisgau), Hinterzarten, Schluchsee (Landkreis Breisgau-Hochschwarzwald), Albbruck, Höchenschwand, Wehr und Ühlingen-Birkendorf (Landkreis Waldshut) (vgl. Karte 2; Anhang 2 listet die 29 Gemeinden mit ihren Flächenanteilen und der nach diesem Vorgehen korrigierten Bevölkerungszahl).

Karte 2: Gemeinden und Landkreise im Biosphärengebiet Schwarzwald

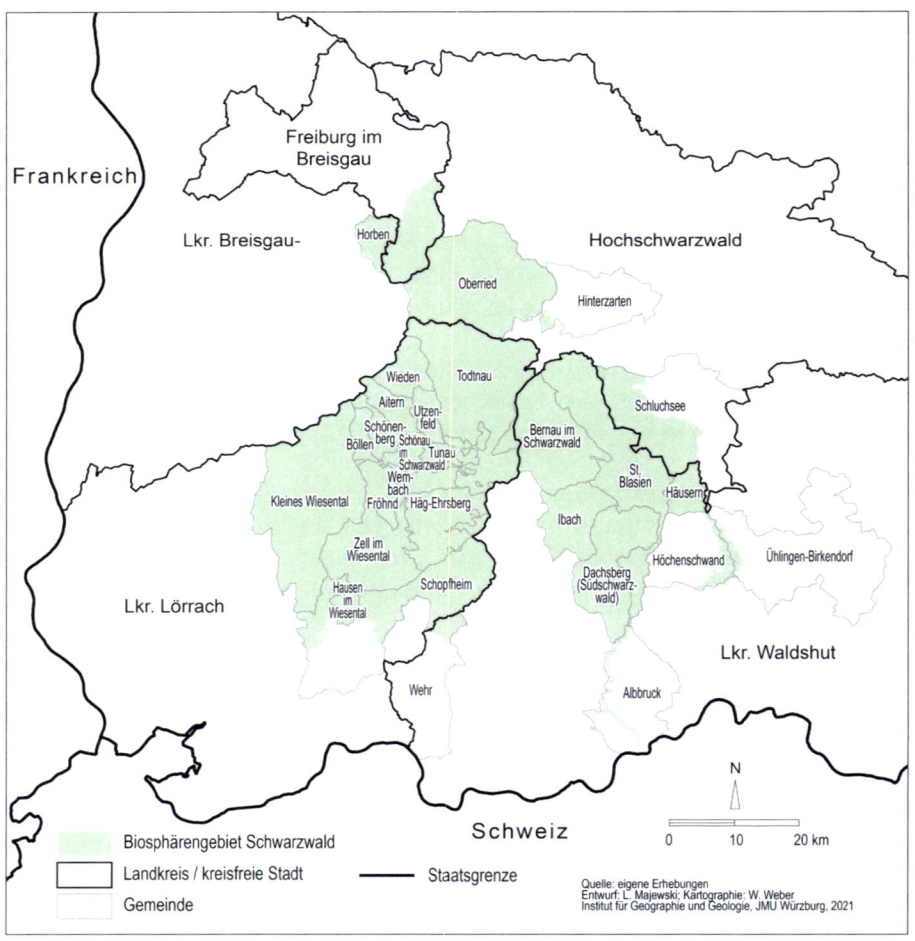

Die regionalökonomische Wirkungsanalyse bezieht sich auf die Landkreisebene. In Anlehnung an das Schnittmengenprinzip der Abgrenzung der Biosphärenreservatsregion von Jᴏʙ et al. (2013a: 25) definieren sich für das Biosphärengebiet Schwarzwald die Landkreise Breisgau-Hochschwarzwald, Lörrach, Waldshut und der Stadtkreis Freiburg im Breisgau als Analyseregion zur Ableitung regionalökonomischer Verbleiberaten und für das Input-Output-Modell. Diese vier Landkreise repräsentieren demnach die Regionalökonomie des Biosphärengebiets Schwarzwald. Die zugehörigen regionalen Input-Output-Daten wurden von IMPLAN für eine Kreisgruppe der vier Landkreise modelliert. Diese Regionsabgrenzung der Kreisgruppe wird im Folgenden entsprechend der IMPLAN-Bezeichnung als *Core Region 1* bezeichnet (vgl. Tabelle 13; vgl. Karte 3).

Darüber hinaus werden in den empirischen Analysen interregionale Multiplikatoreffekte touristischer Ausgaben im Biosphärengebiet Schwarzwald berechnet, wofür ein multiregionales Input-Output-Modell verwendet wurde[117]. Abbildung 7 greift die räumlichen Dimensionen touristischer Multiplikatorwirkungen von Abbildung 2 (vgl. Kapitel 2.4.2) auf und projiziert die Verortung der Vorleistungsverflechtungen schematisch auf die Untersuchungsregion des Biosphärengebiets Schwarzwald. Es soll herausgefunden werden, in welchem Umfang touristische Ausgaben im Umland der *Core Region 1* wirken. Als Umland wird die gesamtheitliche Gebietskulisse der beiden Naturparke Schwarzwald Mitte/Nord und Südschwarzwald definiert. Das in den Analysen als *Surrounding Region 1* bezeichnete Umland subsummiert alle zugehörigen Landkreise der beiden Naturparke in der Schwarzwaldregion, die allerdings nicht die *Core Region 1* darstellen. Insgesamt handelt es sich um elf Landkreise (vgl. Tabelle 13; vgl. Karte 3).

Zur Abgrenzung der Analyseregion im multiregionalen Input-Output-Modell sind folgende Randbemerkungen zu bedenken: Die Analyseregion definiert sich über administrative Einheiten der Landkreise. Dies stellt die Regionalökonomie des Fallbeispiels dar, was allerdings über den eigentlichen Naturraum des Schwarzwaldes hinausgeht. Folglich ist die Rheinschiene im Westen ebenso enthalten wie die peripheren Mittelgebirgslagen im Hochschwarzwald. Vor dem Hintergrund der Komplexität einer regionalökonomischen Wirkungsanalyse eignet sich die kleinräumige Gebietskonstellation zur exemplarischen Rekonstruktion der touristischen Multiplikatorwirkung im Raum. Eine Definition über die Gemeindegrenzen ließe den Naturraum Schwarzwald gewiss schärfer abgrenzen, jedoch verwirft die Datenverfügbarkeit von Input-Output-Tabellen die Option ohnedies.

Zu erklären ist außerdem der Hintergrund der weitergehenden Betrachtung der *Surrounding Region 1*. Die primäre Zielsetzung der vorliegenden Arbeit ist richtungsweisend, sodass die Berechnung der Multiplikatorwirkungen in *Surrounding Region 1* einer umfassenderen Einschätzung der gewonnenen Erkenntnisse zu Multiplikatoren sowie indirekten und induzierten regionalökonomischen Wirkungen dienen. Größenvariationen der berechneten Werte werden aus dem Input-Output-Modell heraus erklärt. Interpretationen zu regionalen Wirtschaftsstrukturen werden

---

117 Die Empirie arbeitet mit **multi**regionalen Input-Output-Modellen, deren Ergebnisse **inter**regionale Multiplikatorwirkungen sind.

hingegen nur reduziert angestoßen. Entsprechend pragmatisch gestaltet sich die Definition der *Surrounding Region 1* – ebenso auf Basis des Schnittmengenprinzips auf Landkreisebene, über welche sich die beiden Naturparke erstrecken. Zuletzt ist anzumerken, dass die Gebietskulisse des Naturparks Schwarzwald Mitte/Nord im Januar 2021 – also nach der Modellierung der Input-Output-Daten – erweitert wurde, sodass Teile des Stadtkreises Karlsruhe seither der Gebietskulisse des Naturparks zugehörig sind (vgl. Naturpark Schwarzwald Mitte/Nord e.V. 2020: 13). In *Surrounding Region 1* ist der Stadtkreis Karlsruhe nicht inbegriffen.

Zusätzlich zur multiregionalen Analyse werden die Ergebnisse einer Vergleichsregion gegenübergestellt, um zum einen die empirische Belastbarkeit zu validieren und zum anderen die tourismuswirtschaftliche Verflechtung eines Biosphärenreservats mit einem weiteren Schutzgebietstypus vergleichen zu können. Als Vergleichsregion dient der Nationalpark Schwarzwald, dessen *Core Region 2* sich über die Landkreise Freudenstadt, Ortenaukreis, Rastatt und den Stadtkreis Baden-Baden definiert. Die zugehörige *Surrounding Region 2* umfasst damit umgekehrt alle Landkreise, die zwar den beiden Naturparken Schwarzwald Mitte/Nord und Südschwarzwald zugehörig sind, aber nicht die *Core Region 2* darstellen. Damit ist *Core Region 1* eine Teilregion der *Surrounding Region 2* und umgekehrt *Core Region 2* eine Teilregion der *Surrounding Region 1* (vgl. Tabelle 13; vgl. Karte 3).

Tabelle 13: *Core Regions* und *Surrounding Regions* der multiregionalen Input-Output-Analyse

Core Region 1	Core Region 2	
Biosphärengebiet Schwarzwald	**Nationalpark Schwarzwald**	
Freiburg im Breisgau, Stadtkreis	Baden-Baden	
Breisgau-Hochschwarzwald	Rastatt	
Lörrach	Ortenaukreis	
Waldshut	Freudenstadt	
Surrounding Region 1	*Surrounding Region 2*	
Naturpark Schwarzwald Mitte/Nord		
Rottweil	Rottweil	
Calw	Calw	
Pforzheim, Stadtkreis	Pforzheim, Stadtkreis	
Karlsruhe, Landkreis	Karlsruhe, Landkreis	
Enzkreis	Enzkreis	
Baden-Baden, Stadtkreis		
Rastatt		
Ortenaukreis		
Freudenstadt		
Naturpark Südschwarzwald		
Emmendingen	Emmendingen	
Schwarzwald-Baar-Kreis	Schwarzwald-Baar-Kreis	
	Freiburg im Breisgau, Stadtkreis	
	Breisgau-Hochschwarzwald	
	Lörrach	
	Waldshut	

Quelle: eigene Erhebungen

185

Abbildung 7: Räumlicher Zusammenhang von regionalen Vorleistungsverflechtungen und Multiplikatoreffekten in *Core Region 1* und *Surrounding Region 1*

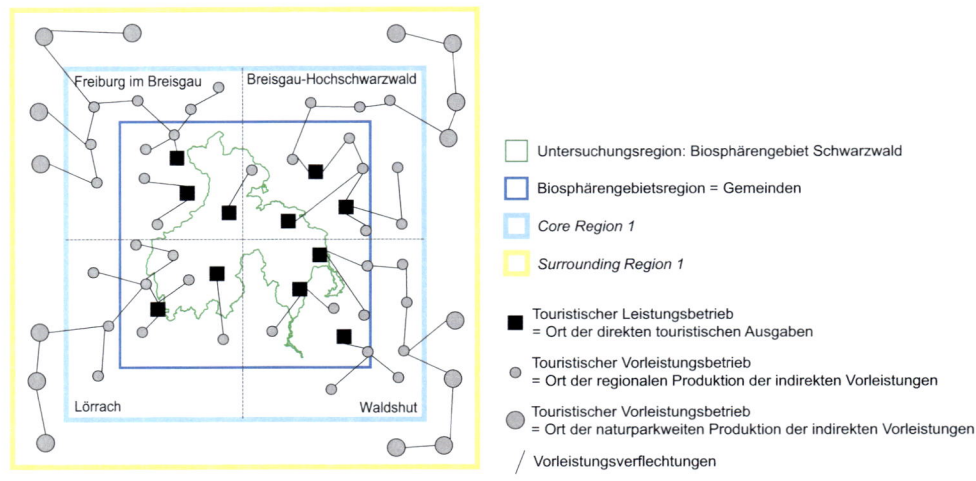

Quelle: eigene Darstellung

Karte 3: *Core Regions* und *Surrounding Regions* der multiregionalen Input-Output-Analyse

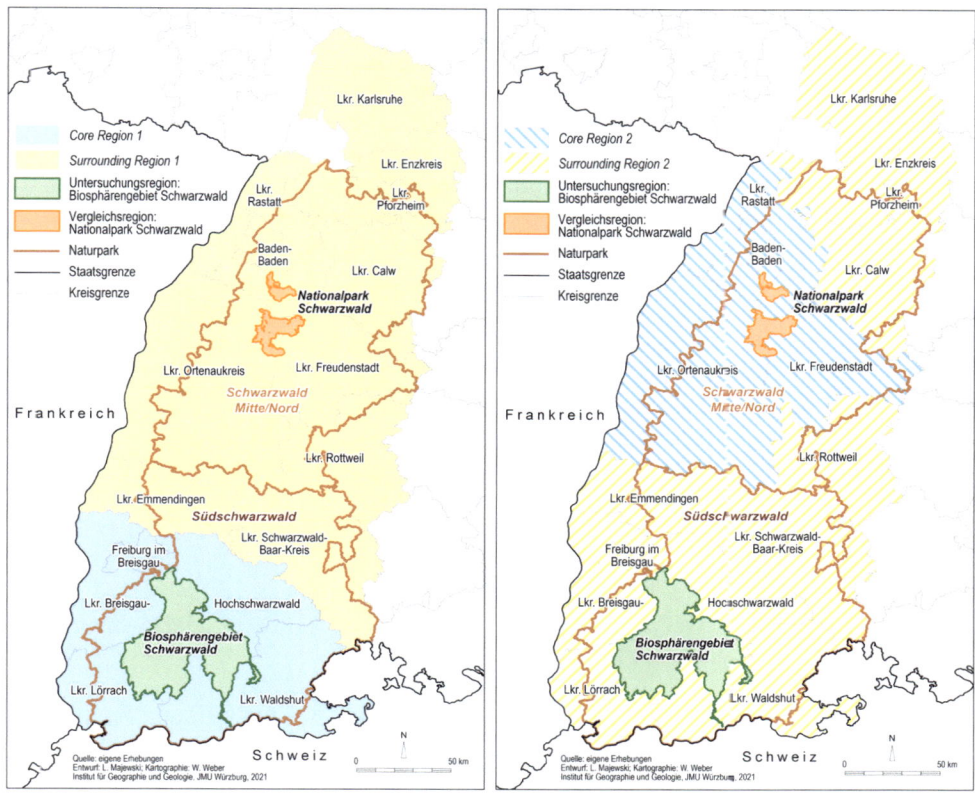

4.3 IMPLAN-Datensätze

Die zur Applikation der Input-Output-Analyse notwendigen Daten wurden von IM-PLAN bezogen. Hierbei handelt es sich um ein *„ready-made regional model"* (RICKMAN/SCHWER 1995a: 363), welches als privatwirtschaftliches Modellierungsunternehmen in den USA etabliert ist. In einem international ausgerichteten Projekt entwickelte IMPLAN ein eigenes *Radiation*-Modell zur multiregionalen Input-Output-Modellierung, um damit multiregionale Input-Output-Daten für die statistischen NUTS-0-, NUTS-1-, NUTS-2- und NUTS-3-Regionen aller seinerzeit 28 EU-Mitgliedstaaten zu produzieren. Die Bezugsjahre der regionalen Input-Output-Modelle waren von 2010 bis 2016. Im Oktober 2019 wurden Daten für die EU freigegeben.

Der erste Kontakt zum US-amerikanischen Unternehmen wurde im März 2019 aufgenommen. Daraufhin folgte ein intensiver fachlicher Austausch mit den Ökonomen des Unternehmens zur Datenzusammenstellung für die in Kapitel 4.2 definierten Analyseregionen in einem multiregionalen Input-Output-Modell sowie zum Input-Output-Analyseverfahren allgemein. Der Dateneinkauf fand Anfang Februar 2020 statt, mit dem Erhalt der Daten etwa vier Wochen später. Ein passendes Softwaresystem, wie es in den USA für ökonomische Analysen verwendet werden kann, war für die EU-Ebene noch nicht verfügbar, weshalb die Rohdaten als CSV-Dateien geliefert wurden. Anzumerken ist, dass IMPLAN mithilfe der Endogenisierung der Privathaushalte SAM erstellt. Die Klassifizierung erfolgt nach dem *commodity-by-industry*-Ansatz. Über die Privathaushalte hinausgehende sozioökonomische Kennzahlen (z. B. Einkommensverteilung) sind nicht enthalten (vgl. Kapitel 3.5.3.2).

Die Daten basieren auf dem Berechnungsjahr 2016. Tabelle 14 liefert eine Übersicht der erworbenen IMPLAN-Datensätze, zusammen mit der abgedeckten Analyseregion der dargestellten Kenngrößen, SAM und Multiplikatoren nach *Typ I* und *Typ II*[118]. Die Datensätze wurden in das Pivot-Tabellenformat umgewandelt und für die Wirkungsanalyse aufbereitet. In den nachfolgenden Kapiteln 4.4, 4.6 und 4.7 wird auf die einzelnen Parameter im Zusammenhang mit der Erklärung der Analyseschritte genauer eingegangen. Folgende Rohdaten nutzte IMPLAN zur Modellierung der Input-Output-Tabellen und Multiplikatoren (vgl. IMPLAN 2020):

- Eurostat: SUT, VGR-Daten und regionale VGR-Daten (NUTS-3) (Revision 2019);

- Eurostat FIGARO: Verwendungstabellen interregionaler Handelsverflechtungen (Veröffentlichungsjahr 2018);

- WIOD: SUT bei Datenlücken der offiziellen Eurostat-Statistiken (Veröffentlichungsjahr 2016).

Die Modellierung der interregionalen Handelsströme der multiregionalen Input-Output-Tabellen führte IMPLAN mithilfe seines eigens konstruierten *Radiation*-Modells durch, welches auf Wahrscheinlichkeitsrechnungen regionaler Angebots- und Nachfrageverteilungen von interregionalen Handelsgütern beruht. Die Bilanzierung erfolgte mithilfe einer RAS-Technik (vgl. Kapitel 3.5.5.4). Die Wirtschaftszweige und Gütergruppen der IMPLAN-Klassifikationen entsprechen durch die Verwendung der amtlichen Statistiken der nationalen WZ 2008 und den internationalen NACE- und ISIC-Systematiken. Die Gliederungsebene ist *A*64* bzw. *P*64*.

---

118 *Typ II*-Multiplikatoren werden von IMPLAN als *Typ SAM* bezeichnet.

Tabelle 14: IMPLAN-Datensätze

Daten-satz	Dateiname	Region	Beschreibung
Basis-daten	01_DataDictionary	Übersicht der NUTS-Regionen	Allgemeine Übersicht zu • Wirtschaftszweigen, • Gütergruppen, • Komponenten der Wertschöpfung, • Komponenten der Erwerbstätigen, • Komponenten der Endnachfrage, • Komponenten der Primärinputs

	02_StudyAreaData	*Core Region 1,*
		Surrounding Region 1,
		Core Region 2,
		Surrounding Region 2
			• VGR-Kenngrößen nach *A*64*:
			  ∘ Output (entspricht Produktionswert);
			  ∘ Erwerbstätige nach Arbeitnehmer und Selbstständige;
			  ∘ Bruttowertschöpfung nach ihren Komponenten zu Herstellungspreisen;
			  ∘ Bruttowertschöpfung zu Anpassungspreisen
			• Endnachfrage:
			  ∘ des Staates;
			  ∘ der Privathaushalte;
			  ∘ von Non-Profit Organisationen;
			  ∘ Bruttoanlageinvestitionen;
			  ∘ Vorratsveränderungen und Erwerb abzüglich Abgänge von Wertgegenständen
			• Handelsmargen (nationale Durchschnittswerte)

	03_TradeFlowData	**Multiregional:** *Core Region 1* mit *Surrounding Region 1;* *Core Region 2* mit *Surrounding Region 2*	• Interregionale Handelsdaten nach *A*64;* • Re-Exporte nach *A*64 (Cross-Hauling)*
SAM	04_a_MRIO1_SAM*	**Multiregional:** *Core Region 1* mit *Surrounding Region 1*	SAM nach *P*64-by-A*64 (commodity-by-industry)*
	04_b_MRIO2_SAM	**Multiregional:** *Core Region 2* mit *Surrounding Region 2*	SAM nach *P*64-by-A*64 (commodity-by-industry)*
Typ I-Multiplikatoren	05_a_MRIO1_Type-1Multipliers	**Multiregional:** *Core Region 1* mit *Surrounding Region 1*	*Typ I*-Multiplikatoren nach • *A*64,* • *P*64,* • *P*64-by-A*64,* • *A*64-by-P*64*
	05_b_MRIO2_Type-1Multipliers	**Multiregional:** *Core Region 2* mit *Surrounding Region 2*	*Typ I*-Multiplikatoren nach • *A*64,* • *P*64,* • *P*64-by-A*64,* • *A*64-by-P*64*
Typ II-Multiplikatoren	06_a_MRIO1_Type-SAMMultipliers	**Multiregional:** *Core Region 1* mit *Surrounding Region 1*	*Typ II*-Multiplikatoren nach • *A*64,* • *P*64,* • *P*64-by-A*64,* • *A*64-by-P*64*
	06_b_MRIO2_Type-SAMMultipliers	**Multiregional:** *Core Region 2* mit *Surrounding Region 2*	*Typ II*-Multiplikatoren nach • *A*64,* • *P*64,* • *P*64-by-A*64,* • *A*64-by-P*64*

Quelle: eigene Zusammenstellung auf Basis der IMPLAN-Datensätze
*MRIO = Multi-Regional Input-Output Model

4.4 Ermittlung der touristischen Nachfrageparameter

4.4.1 Zielgebietserhebung

Die Zielgebietserhebung der touristischen Nachfrage im Biosphärengebiet Schwarzwald fand an zwölf Erhebungsstandorten statt, wobei einige Standorte zum Teil tageweise oder halbtägig wechselnd besetzt wurden (vgl. Karte 4; zu den Anforderungen der Festlegung von Erhebungsstandorten Job et al. 2005a: 49; 2021a: 12f.)[119]. Aufgrund natur- und kulturtouristischer Angebotselemente in der Untersuchungsregion war die Bandbreite der verschiedenartigen Erhebungsstandorte entscheidend für die Ermittlung einer möglichst belastbaren Grundgesamtheit und Stichprobe. Außerdem war von saisonalen Aktivitätsschwerpunkten durch z. B. Wintersportaktivitäten im Winter auszugehen, was es bei der Besuchererfassung zu berücksichtigen galt.

Karte 4 gibt einen Überblick über die Verteilung der Standorte im Gebiet und die jeweilige Gesamtzahl an dort geführten Blitz- und langen Interviews (vgl. Erläuterungen dazu in Kapitel 5.1.1). Der Bergtourismus mit Wandern und Mountainbiken wurde an der Belchenbahn und der Bergstation auf dem Schauinsland abgedeckt. Naturtouristische Aktivitäten wurden zudem an der Windbergschlucht nahe St. Blasien, am Nonnenmattweiher, an den Todtnauer Wasserfällen und am Unterkrummenhof erfasst. Nutzer von Naturerlebnisangeboten wurden durch die Besetzung des Zauberwaldpfades im Landschaftsschutzgebiet Taubenmoos angetroffen. Der Bikepark mit Rodelbahn in Todtnau wurde als Standort für alternative Sportaktivitäten im Biosphärengebiet gewählt. Mit der Standortwahl am Wiesentäler Textilmuseum, am Holzschnefler- und Bauernmuseum Resenhof und am Literaturmuseum Helbelhaus in Hausen wurden Nachfrager kulturtouristischer Angebote angetroffen. Der Standort am Domplatz in St. Blasien griff die urbane Komponente auf. Neben den beiden Bergstationen am Belchen und am Schauinsland konnte die Abdeckung des Wintersports durch eine Zusatzerhebung an den Skiliften Rothaus-Bahn Fahl, Wasen, Menzenschwand, Notschrei und Haldenköpfle sichergestellt werden.

---

119 Folgende Aspekte sind nach Job et al. (2005a: 49) und (2021a: 12f.) bei der Festlegung der Erhebungsstandorte zu berücksichtigen: (1) die Größe des Gebietes, (2) die topographischen Gegebenheiten und die infrastrukturelle und vor allem tourismusinfrastrukturelle Ausstattung, (3) die Besucherstrukturen und das Besucherverhalten, (4) die Zonierung des Schutzgebietes, (5) lokale und saisonale Besuchsschwankungen sowie (6) terminierte natürliche Ereignisse (z. B. Vogelzug) oder kulturelle Veranstaltungen (z. B. Bauernmarkt).

Karte 4: Erhebungsstandorte mit Anzahl der geführten Blitz- und langen Interviews

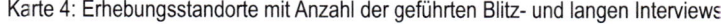

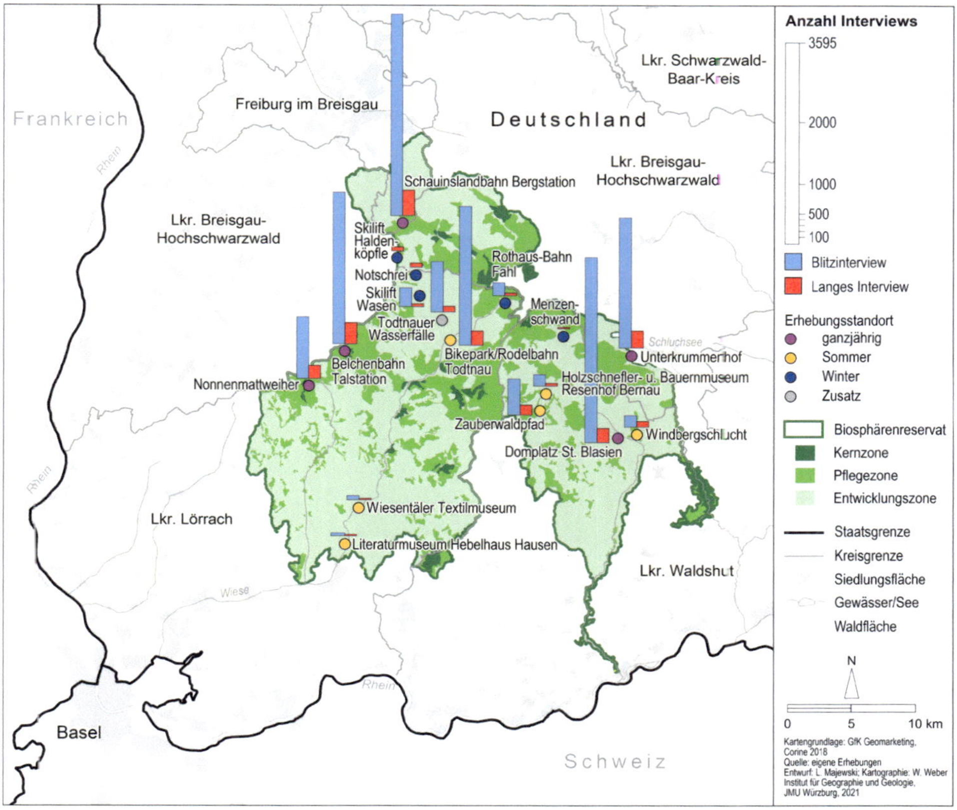

Die Erhebungen fanden im Zeitraum vom 01. September 2018 bis 31. August 2019 an 20 Erhebungsterminen in vier Saisons[120] statt. Wegen der Bedeutung des Wintertourismus in der Region wurden mit sechs Terminen ausreichend Erhebungen in der Wintersaison angesetzt. Sechs weitere Termine fanden in der Sommersaison statt und acht in den beiden Nebensaisons. Innerhalb der Saisonabschnitte wurden fünf der 20 Erhebungstermine auf Wochentage gelegt, sodass wiederum 15 Erhebungstage auf Wochenendtage bzw. Feiertage fielen (vgl. Tabelle 15).

120 Saisonale Einteilung:
- Wintersaison (15.11.-14.03.)
- Nebensaison I (15.03.-14.06.)
- Sommersaison (15.06.-14.09.)
- Nebensaison II (15.09.-14.11.)

Tabelle 15: Saisonale und tageweise Verteilung der Erhebungstage im Biosphärengebiet Schwarzwald

Erhebungstag	Saison	Wochentag
08.09.2018	Sommersaison	Wochenende
09.09.2018		Wochenende
03.10.2018	Nebensaison II	Feiertag
04.10.2018		Wochentag
26.10.2018		Wochentag
27.10.2018		Wochenende
07.12.2018	Wintersaison	Wochentag
08.12.2018		Wochenende
05.01.2019		Wochenende
06.01.2019		Feiertag
02.03.2019		Wochenende
03.03.2019		Wochenende
19.04.2019	Nebensaison I	Feiertag
20.04.2019		Wochenende
11.05.2019		Wochenende
12.05.2019		Wochenende
21.06.2019	Sommersaison	Wochentag
22.06.2019		Wochenende
12.07.2019		Wochentag
13.07.2019		Wochenende

Quelle: eigene Erhebungen

An einem Erhebungstag wurde während des Sommers und in den beiden Neben-saisonabschnitten in acht Stunden (von 09:00 bis 17:00 Uhr) befragt; in der Winter-saison wurde die Erhebungsperiode aufgrund der kürzeren Tageslänge auf sechs Stunden (von 10:00 bis 16:00 Uhr) reduziert. Um die notwendigen Erkenntnisse über die touristischen Nachfrageparameter zu erhalten, wurden folgende Erhebungsin-strumente eingesetzt:

- **Zählungen** als Grundlage zur Hochrechnung der Besuchergrundgesamtheit (dabei wurde nach den Freizeitaktivitäten der Besucher differenziert, d. h. Spaziergänger, Wanderer, Radfahrer/Mountainbiker, Motorradfahrer und Badegast im Sommer bzw. Spaziergänger, Winterwanderer, Ski alpin, Ski nordisch, Rodler im Winter) (vgl. Anhang 3);

- **Blitzinterviews** zur Erfassung regionalökonomisch relevanter Besucherseg-mente (Tages- und Übernachtungsgäste bzw. Einheimische, Unterkunftskategorie der Übernachtungsgäste sowie die Postleitzahl des Hauptwohnsitzes aller Besucher) (vgl. Anhang 3);

- **Lange Interviews** mithilfe eines standardisierten Fragebogens zur Erfassung der Informationen zu regionalökonomisch relevanten Merkmalen über das Ausgabeverhalten der Besucher sowie deren Affinität zum Biosphärengebiet Schwarzwald[121] (vgl. Anhang 4).

Zählungen und Blitzinterviews fanden kombiniert und im Wechsel zu langen Interviews statt. Im Biosphärengebiet Schwarzwald wurde die Zeit der Blitzinterview- und Strukturerhebungsphase von zuvor 30 Minuten auf 20 Minuten je Erhebungsstunde reduziert[122]. Zweierlei Überlegungen waren dieser Festlegung vorangegangen: Erstens verblieben so statt zuvor 30 Minuten sodann 40 Minuten pro Erhebungsstunde für die *Face-to-Face*-Befragung mittels langer Interviewbögen. Dadurch konnte eine höhere Stichprobenziehung der Abfrage der regionalökonomisch relevanten Besuchermerkmale erzielt werden. Zweitens waren weniger die Zählergebnisse als vielmehr die Besucherstrukturen die bestimmende Variable zur Hochrechnung der Besucherzahl. Gleichwohl waren die Zählungen für die anschließende Gewichtung der in den Blitzinterviews erfassten Besucherstrukturen und der Stichprobe der langen Interviews erforderlich.

4.4.2 Ermittlung der Besucherzahl nach regionalökonomisch relevanten Besuchersegmenten

Die Besucherzahl wird gemäß der deutschen Standardisierung als Besuchstage (*visitor days*) definiert (vgl. Kapitel 3.3.1). Die Ermittlung der Besucherzahl für das Biosphärengebiet Schwarzwald erfolgte nach Job et al. (2021a) in drei Rechenschritten:

1. Anhand der im Gelände durchgeführten Zählungen und Blitzinterviews wurde für jeden der Erhebungsstandorte am jeweiligen Erhebungstag eine **Tagesbesucherzahl** nach Besuchersegmenten hochgerechnet. Gleiches geschah für die gewählte Unterkunftsart der Übernachtungsgäste, die in den Blitzinterviews abgefragt wurde.

2. Anhand von definierten Tagestypen wurde diese Tagesbesucherzahl nach Besuchersegmenten auf eine standortspezifische **Jahresbesucherzahl** hochgerechnet; parallel erfolgte die Hochrechnung der Unterkunftsart der Übernachtungsgäste auf einen standortspezifischen Jahreswert.

---

121 Mittels des Fragebogens wurden außerdem Angaben zu Motivation, Aktivitäten und weiterer soziodemographischer Merkmale abgefragt, auf die in der vorliegenden Arbeit im Detail nicht weiter eingegangen wird.

122 Alle vorangegangenen Studien zur Ermittlung der regionalökonomischen Effekte des Tourismus in deutschen Großschutzgebieten arbeiteten mit jeweils 30 Minuten (vgl. Job et al. 2005a: 51; 2013a: 51; Woltering 2012: 138ff.).

3. Unter Hinzunahme von Übernachtungszahlen der amtlichen Statistik wurde die standortspezifische Jahresbesucherzahl nach Besuchersegmenten auf die **Gesamtbesucherzahl** für das Biosphärengebiet hochgerechnet.

Die handschriftlich ausgefüllten Zähl- und Blitzinterviewbögen wurden im Datenbankmanagementsystem Microsoft Access digitalisiert; diejenigen der langen Interviewbögen in IBM SPSS Statistics. Die Rohdaten wurden auf Vollständigkeit überprüft und von Fehlern bereinigt, um die Datenqualität zu gewährleisten. Um den ersten Arbeitsschritt der Hochrechnung einer Tagesbesucherzahl durchführen zu können, wurde allen digitalen Blitzinterviews ein Besuchertyp zugeordnet. Dazu wurden alle Personen mit wenigstens einer Übernachtung als Übernachtungsgäste definiert. Die übrigen Befragten, die keine Nacht in der Region verbracht hatten, wurden zunächst als Tagesgäste gekennzeichnet. Daraufhin wurden diese von der Gruppe der Einheimischen separiert, die aufgrund der räumlich-strukturellen Gegebenheiten mit Siedlungsräumen im Biosphärengebiet Schwarzwald erfasst wurden. Dazu wurde nach dem Verfahren zur Abgrenzung von Einheimischen nach Job et al. (2013a: 48f.) vorgegangen (vgl. Kapitel 3.3.1). Mittels GIS-Analyse wurde um jeden Erhebungsstandort ein Umkreis von 2,5 km gelegt. Anschließend wurde die Überscheidung des Postleitzahlgebietes des Hauptwohnortes der befragten Besucher (den Blitzinterviewdaten entnommen) mit dem 2,5 km-Umkreis berechnet. Sofern die Überschneidung bei über 25 % der Kreisfläche lag, wurden die Personen des angegebenen Postleitzahlgebietes als Einheimische definiert. Damit waren die Besuchertypen anhand der Blitzinterviewdaten eindeutig zuordenbar:

*   0 *Nächte = Tagesgast*, wenn das angegebene Postleitzahlgebiet des Wohnortes ≥ 25 % eines Umkreises von 2,5 km des Erhebungsstandortes;

*   > 0 *Nächte = Übernachtungsgast*

1. Schritt: Bestimmung der Tagesbesucherzahl

Auf Grundlage der Rohdaten wurden die segmentierten Zähldaten in Microsoft Access auf eine Tagesbesucherzahl hochgerechnet. Dazu wurden die Zählergebnisse je 20 Minuten pro Erhebungstag und -standort auf minutengenaue Durchschnittswerte heruntergerechnet und dann auf eine volle Stunde hochgerechnet. Durch Addition der Stundenwerte lagen die Zählergebnisse nach Aktivitätsgruppen und Besuchertyp für die Zählperioden von acht Stunden (09:00 Uhr bis 17:00 Uhr im Sommer) bzw. sechs Stunden (10:00 Uhr bis 16:00 Uhr im Winter) vor. Anschließend wurde dieses Zwischenergebnis auf zwölf Stunden (07:00 Uhr bis 19:00 Uhr) extrapoliert. Hierzu wurde eine geringere Frequentierung am Morgen und am Abend angenommen und ein Aufschlag von 10 % auf das Zählergebnis angesetzt. Für die Zeit außerhalb der zwölfstündigen Tageszeit (d. h. für die Nachtzeit von 19:00 Uhr bis 07:00 Uhr) wurden saisonspezifische Aufschläge der Frequentierungen von 2,5 % in der Wintersaison, 5,0 % in der Nebensaison und 7,5 % in der Sommersaison verwendet, um auf eine Besucherzahl nach Besuchertypen an den Erhebungsstandorten an einem Erhebungstag (24 Stunden) hochzurechnen.

2. Schritt: Bestimmung der Jahresbesucherzahl

Die Bestimmung der Jahresbesucherzahl wurde mit Microsoft Excel durchgeführt. Dafür wurde für jeden Tag des Erhebungsjahres (01. September 2018 bis 31. August 2019) ein Tagestyp definiert, welcher sich aus der Saison, dem Wochentag und dem Wetter zusammensetzt. Für das Biosphärengebiet Schwarzwald wurde besonders im Winter für das Tagestourismusaufkommen eine hohe Abhängigkeit von Sonnenschein (neben genügend Schnee) angenommen. Aus diesem Grund wurden tagesgenaue Durchschnittswerte folgender Witterungsparameter in die Berechnung einbezogen:

- tägliche Niederschlagsmenge in Millimetern,

- mittlere Temperatur zwischen 0 und 24 Uhr,

- tägliche Sonnenscheindauer in Stunden und

- Schneehöhe in Zentimetern.

Die Wetterdaten wurden online vom Deutschen Wetterdienst abgerufen[123]. Für die Bewertung eines „guten" bzw. „schlechten" Wettertages wurden die Tageswerte mithilfe z-Transformation standardisiert und anschließend indexiert („0" = „schlechtes Wetter", „1" = „gutes Wetter"). In der Neben- und Sommersaison ging der Parameter Niederschlag mit umgekehrten Vorzeichen in die Berechnung ein. Im Winter wurde statt des Niederschlags von der Schneehöhe als die bestimmende Variable und einer niedrigen Temperatur als Indikator für „gutes Wetter" ausgegangen, weil hohe Temperaturen die Wintersportbedingungen negativ beeinflussen (vgl. Job et al. 2020a: 19).

Wegen der großen Höhenunterschiede im Biosphärengebiet Schwarzwald musste bezüglich der Auswahl der Wetterstation gebietsspezifisch gehandelt werden. Die Wetterstation „Dachsberg-Wolpadingen" (Höhe: 877 m) hätte höhentechnisch am ehesten der mittleren Höhenlage der Erhebungsstandorte (ca. 892m – eigene Berechnungen nach GoogleMaps) und damit dem Biosphärengebiet Schwarzwald entsprochen; diese weist jedoch große Datenlücken auf. Eine pauschale Verwendung von höhenbedingt gemessenen Temperaturunterschieden zwischen den Wetterstationen „Freiburg" (Höhe: 236,3 m) und „Feldberg" (Höhe: 1.489,6 m) hätte zu einem verzerrten Abbild und damit einer Fehlinterpretation der indexierten Wetterwerte in „gutes" und „schlechtes" Wetter geführt. Wegen der nahezu lückenlosen

---

123 https://cdc.dwd.de/portal/

Messergebnisse der beiden Wetterstationen wurden diese Daten dennoch genutzt, jedoch für das Gebiet spezifiert. In der Sommer- und Nebensaison wurden, um annäherungsweise die Geländeverhältnisse im Biosphärengebiet Schwarzwald abzubilden, gemittelte Durchschnittswerte der an den Wetterstationen „Feldberg" und „Freiburg" gemessenen Tageswerte Temperatur, Niederschlag und Sonnenscheindauer in der Berechnung berücksichtigt. In der Wintersaison wurde die Wetterstation „Feldberg" als Repräsentant für das „Winterwetter" (kalte Temperaturen und Schnee als Voraussetzungen für Wintersportaktivitäten) herangezogen. Dabei galt es zu berücksichtigen, dass die gewählten Wintererhebungsstandorte im Biosphärengebiet Schwarzwald im Durchschnitt etwa 400 m niedriger lagen als die Wetterstation „Feldberg". Bei der nachfolgenden Hochrechnung auf eine Jahresbesucherzahl wurde deshalb für die Skistandorte von einer Skisaison im Biosphärengebiet Schwarzwald von 90 Tagen (01. Januar bis 31. März 2019) ausgegangen[124].

Aus den Kombinationen „Sommer-/Neben-/Wintersaison", „Wochenende/Wochentag" und „gutes/schlechtes" Wetter entstanden zwölf Tagestypen. Zusammen mit Tagesbesucherzahl nach Besuchersegmenten bildete das die Grundlage für die Berechnung von Durchschnittswerten je Tagestyp. Diese wurden anschließend durch Multiplikation mit der Anzahl der Tage je Tagestyp für ein Erhebungsjahr (in der Summe 365 Tage) auf einen Jahreswert hochgerechnet. Der Jahreswert ist als das jährliche Besucheraufkommen an den Erhebungsstandorten nach Besuchertypen zu interpretieren (vgl. Joʙ et al. 2020a: 20).

3. Schritt: Bestimmung der Gesamtbesucherzahl

Nachträglich ist anzumerken, dass parallel zur Hochrechnung der Jahresbesucherzahl nach Erhebungsstandorten die gewählte Unterkunftskategorie der Übernachtungsgäste auf einen Jahreswert extrapoliert wurde. Diese sowie die Besucherstruktur nach Tages- und Übernachtungsgästen dienten als Basis zur Erweiterung der Übernachtungszahlen der amtlichen Tourismusstatistik für alle Gemeinden nach der definierten Gebietsabgrenzung für das Biosphärengebiet Schwarzwald (vgl. Kapitel 4.2). Die Daten zu monatlichen Gästeübernachtungen auf Gemeindeebene wurden auf Anfrage vom Statistischen Landesamt Baden-Württemberg für den Zeitraum August 2018 bis Juli 2019 zur Verfügung gestellt. Die amtlichen Übernachtungszahlen jener Gemeinden mit einer anteiligen Zugehörigkeit von unter 50 % an der Schutzgebietsfläche (vgl. Karte 2; Anhang 2) wurden nach den entsprechenden Anteilen nach unten korrigiert. Die Übernachtungszahl der Stadt Freiburg im Breisgau (Flächenanteil am Biosphärengebiet Schwarzwald ca. 14 %) würde andernfalls überschätzt, ebenso wie die einiger weiterer Biosphärengebietsgemeinden (vgl. Kapitel 4.2). Die Übernachtungszahlen decken die gewerblich erfassten Unterkunftsbetriebe

---

124 An den über 1.000 m gelegenen Skigebieten können im Biosphärengebiet Schwarzwald bis zu 130 Skitage je Wintersaison erreicht werden. Im Dezember 2018 war ein verhältnismäßig geringer Skibetrieb zu verzeichnen, sodass die tatsächliche Skisaison des Erhebungsjahres von Januar bis März 2019 war (telefonische Auskunft von Stübenwasenlift GmbH & Co. KG (Skilifte Todtnauberg) im Oktober 2019).

ab (in der amtlichen Statistik werden nur Betriebe mit mehr als zehn Betten erfasst). Die nicht amtlicherseits erfassten, nicht-gewerblichen Unterkunftsarten (Ferienwohnungen und Übernachtung bei Bekannten und Verwandten) wurden nach den entsprechenden Anteilen aufgeschlagen. Der Tagesgastanteil summiert mit den Übernachtungsgästen ergab die Gesamtbesucherzahl für das Biosphärengebiet Schwarzwald im Erhebungsjahr 2018/19. Diese drückt sich in Besuchstagen als die Anzahl der im Gebiet verbrachten Tage aus (vgl. Kapitel 3.3.1).

Um eine möglichst repräsentative Stichprobe zu gewährleisten, wurden die Blitzinterviewdaten mit den langen Interviews nach Besuchertypen (Einheimische, Tages-, Übernachtungsgäste), Beherbergungs- und Hotelpreiskategorie sowie Tagestypen gewichtet. Pro Tagestyp wurden für die Blitzinterviews und langen Interviews die jeweiligen Anteile der relevanten Besuchergruppen an der Gesamtstichprobe bestimmt, um die prozentualen Anteile der langen Interviews zu den entsprechenden Werten der Blitzinterviews ins Verhältnis zu setzen. Der sich daraus ergebende Gewichtungsfaktor zeigt eine gegebenenfalls vorhandene Unter- bzw. Überrepräsentation auf Seiten der langen Interviews an und gleicht diese durch Multiplikation der betreffenden Fälle je Tagestyp aus. Der Auswertung der regionalökonomisch relevanten Besucherinformationen war eine Datenkontrolle der in IMB SPSS Statistics digitalisierten Fragebögen vorangestellt.

Segmentierung nach regionalökonomisch relevanten Besucherstrukturen

Neben der Unterscheidung nach Tages- und Übernachtungsgästen anhand der Blitzinterviewdaten als regionalökonomisch relevante Besuchertypen wurden die langen Fragebögen hinsichtlich der Biosphärenreservatsaffinität ausgewertet (nach der *economic impact*-Dimension; vgl. Kapitel 2.3.4). Die Gruppierung unterscheidet nach „Biosphärenreservatsbesuchern im engeren Sinne" und „sonstige Biosphärenreservatsbesucher" (vgl. Kapitel 3.3.1). Die „Biosphärenreservatsbesucher im engeren Sinne" wurden anhand von drei aufeinanderfolgenden Filterfragen operationalisiert. Über eine Abfrage des Wissensstandes zum Schutzstatus der Region (*Wissen Sie, ob die Region unter einem besonderen Schutz steht? Vgl. Frage 3 des Fragebogens; Anhang 4*) und einer zusätzlichen Plausibilitätsprüfung zur Existenz eines Biosphärenreservats (*Wissen Sie, ob es in der Region ein Biosphärenreservat gibt? Vgl. Frage 7a*), differenziert die sehr große oder große Rolle des Schutzstatus bei der Reiseentscheidung (*Welche Rolle spielte das Biosphärenreservat bei Ihrer Entscheidung, die Region zu besuchen? Vgl. Frage 7b*) Biosphärenreservatsbesucher im engeren Sinne. Um die Bedeutung des Biosphärengebiets Schwarzwald innerhalb des Naturparkes eindeutig herauszustellen, wurde beim Wissen über den Schutzstatus keine weitere Antwortmöglichkeit als die des Biosphärenreservats als richtig gewertet. Dementsprechend ist ein Besucher, der den Schutzstatus eines Biosphärenreservats richtig zuordnen kann und bei dem der Schutzstatus überdies eine große oder sehr große Rolle für den Besuch der Region spielt, ein Biosphärenreservatsbesucher im engeren Sinne. Die Besucher des Biosphärengebiets Schwarzwald wurden zur regionalökonomischen Wirkungsanalyse des Tourismus in vier Besuchergruppen differenziert:

- Biosphärenreservatsbesucher im engeren Sinne und Tagesgast;

- Biosphärenreservatsbesucher im engeren Sinne und Übernachtungsgast;

- Sonstiger Biosphärenreservatsbesucher und Tagesgast;

- Sonstiger Biosphärenreservatsbesucher und Übernachtungsgast.

4.4.3   Ermittlung der touristischen Ausgabenstruktur

Zur Berechnung der touristischen Umsatz- sowie Wertschöpfungs- und Beschäftigungseffekte waren die touristischen Ausgabenwerte als zweiter Analyseparameter zu ermitteln. Dazu diente ein großer Fragenblock des langen Fragebogens, mithilfe dessen die Probanden der *Face-to-Face*-Interviews um die Angabe ihrer täglichen Konsumausgaben während des Aufenthaltes in der Region gebeten wurden (*Wie viel haben Sie für sich und Ihre Mitreisenden ausgegeben bzw. planen Sie auszugeben?* Vgl. Frage 9; Anhang 4). Um mit der Besucherzahl, die sich in Besuchstagen ausdrückt, kompatibel zu sein, wurden die Ausgabenwerte im Durchschnitt pro Person und Tag erfasst.

Darüber hinaus erfolgte jeder Rechenschritt für das Biosphärengebiet Schwarzwald separat für die vom Tourismusaufkommen profitierenden Branchen. Dadurch war eine differenzierte Ermittlung von Mehrwertsteuersätzen, regionalökonomischen Verbleiberaten und Multiplikatoren möglich. Die branchenspezifische Erfassung der touristischen Ausgaben ist entscheidend für die Verknüpfung des Ausgabenparameters zum regionalökonomischen Input-Output-Modell. Die Ausgaben der Besucher im Biosphärengebiet Schwarzwald wurden für folgende Kategorien abgefragt:

- Gastgewerbe:
    - Verpflegung in Gastronomiebetrieben;
    - Kosten für die Unterkunft der Übernachtungsgäste und die Verpflegungspauschale für das gewählte Verpflegungsarrangement[125] (keine Mahlzeit, Frühstück, Halb-, Vollpension);

- Einzelhandel:
    - Lebensmittel;
    - Non-Food-Produkte: Einkäufe mit Einzelposten unter 50 € bzw. Einzelbeträge über 50 €;

---

125 In der Datenaufbereitung wurde anhand der festgelegten Wahl des Verpflegungsarrangements (keine Mahlzeit, Frühstück, Halb-, Vollpension; Frage 1e) des Fragebogens; vgl. Anhang 3) für die Übernachtungsgäste eine Verpflegungspauschale festgelegt. Diese wurde vom Betrag der Unterkunftsausgaben abgezogen und wurde als zusätzliche Ausgabenkategorie in den regionalökonomischen Berechnungen berücksichtigt. Die Pauschale richtet sich nach dem Bundesreisekostengesetz und beläuft sich auf 4,80 € für „Frühstück", 14,40 € für „Halbpension" und 24,00 € für „Vollpension" (Stand 2019 zum Zeitpunkt der Erhebungen).

- Dienstleistungen:
    - Verkehrsmittelnutzung;
    - Sport-, Freizeit-, Unterhaltung- und kulturelle Angebote (inkl. Eintritte);
    - Kurmittel (z. B. Bäder, Massagen oder Arztkosten);
    - Kongress-, Tagungs- oder Seminargebühren;
    - Biosphärenreservatsspezifische Dienstleistungen;
    - Sonstiges;

- Kurtaxe als steuerliche Abgabe[126].

Zur einfacheren Handhabe bei der Zuordnung der Ausgabenkategorien in die Systematik der Wirtschaftszweige des Input-Output-Modells wurde jedem der Bereiche eine eigene Bezeichnung zugewiesen (vgl. Tabelle 16).

Tabelle 16: Touristische Ausgabenkategorien des Fragebogens und ihre Bezeichnungen

Ausgabenkategorie laut Fragebogen	Bezeichnung
a) Unterkunft	Unterkunft
b) Verpflegung in Gastronomie	Gastronomie
c) i) Lebensmittel	Lebensmittel
c) ii) Einkäufe mit Einzelposten unter 50 €	Non-Food-Produkte
c) iii) Einkäufe Einzelbeträge über 50 €	Non-Food-Produkte
d) Sport/Freizeit/Unterhaltung/Kultur (inkl. Eintritte)	Freizeit
e) Verkehrsmittelnutzung während des Aufenthaltes • ÖPNV (Linienbusse, S-Bahn)/Taxi etc. • Ausflugsbus/-schiff, Bergbahn, Skilift etc. • Parkgebühren	Transport
f) Kurtaxe/Fremdenverkehrsbeitrag/Gästekarte	Kurtaxe
g) Kurmittel (Bäder/Massagen etc.)/Arztkosten	Kurmittel
h) Kongress-/Tagungs-/Seminargebühren etc.	Kongress
i) Biosphärenreservatsspezifische Dienstleitungen	Sonstiges
j) Sonstiges	Sonstiges

Quelle: eigene Zusammenstellung auf Basis der Ausgabenkategorien des Fragebogens; vgl. Frage 9; Anhang 4

---

126 Bei der Kurtaxe handelt es sich um eine kommunalsteuerliche Abgabe und nicht um einen Wirtschaftszweig. Eine Einordnung in ein Input-Output-Modell ist nicht möglich. Für diese Ausgabenkategorie wurden daher Durchschnittswerte der touristischen Verbleiberaten und Multiplikatoren verwendet.

4.4.4 Inflationsausgleich

Aufgrund des langen zeitlichen Abstandes von fünf Jahren zwischen den Erhebungen in der Untersuchungsregion und denjenigen in der Vergleichsregion mussten die touristischen Ausgabenwerte inflationsbedingt korrigiert werden. Andernfalls wäre aufgrund des jährlichen Anstiegs der Verbraucherpreise eine vergleichende Gegenüberstellung der Ausgaben in den beiden Gebieten nicht möglich. Das Vorgehen orientiert sich an Job et al. (2016: 8f.), die zum Vergleich der Ausgabenwerte der seinerzeit untersuchten Nationalparke eine Inflationsanpassung der im Zeitraum von 2007 bis 2014 erhobenen Tagesausgaben vorgenommen haben.

Als Basisjahr für den Inflationsausgleich wurde das Jahr 2019 gewählt. Die im Jahr 2014/15 erfassten Ausgabenwerte in der Nationalparkregion Schwarzwald wurden also auf das Erhebungsjahr im Biosphärengebiet Schwarzwald bezogen. Die Entwicklung der Verbraucherpreise für den Individualkonsum sind dem Verbraucherpreisindex der amtlichen Statistik zu entnehmen. Die Veränderungen des Index zwischen zwei betrachteten Zeiträumen stellt die Inflationsrate dar. Der Verbraucherpreisindex ist nur für die Bundesebene verfügbar (vgl. Statistisches Bundesamt 2021b). Das Datendefizit besteht folglich dahingehend, dass regionale Preisunterschiede nicht aufgezeigt werden können, sondern die Ergebnisse der Inflationsbereinigung nationale Durchschnittswerte darstellen.

Im ersten Schritt wurden die Ausgabenkategorien der Klassifikation der Verwendungszwecke des Individualkonsums („Classification of Individual Consumption According to Purpose" – COICOP) (vgl. UN 2018b) zugeordnet. Das Statistische Bundesamt veröffentlicht die Daten bis auf eine disaggregierte 5-Steller-Hirarchie. Dies begünstigte die genaue Zuordnung der Ausgabenkategorien zum COICOP. Die Daten zum Verbraucherpreisindex wurden vom Statistischen Bundesamt für den Zeitraum zwischen 2014 und 2019 bezogen (vgl. Statistisches Bundesamt 2021b). Im zweiten Schritt wurden für die Nationalparkregion Schwarzwald im Jahr 2014/15 erfassten durchschnittlichen Ausgabenwerte für das Basisjahr 2019 der Erhebungen im Biosphärengebiet Schwarzwald mithilfe der Preissteigerungsrate inflationsbereinigt. Beispielsweise wurde für die Ausgabenkategorie „Unterkunft" die deutschlandweite Preissteigerung für Beherbergungsdienstleistungen verwendet. Für den Fall, dass eine Ausgabekategorie mehreren Verwendungszwecken zugehörig ist, wurde aus den einzelnen Preissteigerungsraten der Mittelwert gebildet. Im Ergebnis liegen vergleichbare Ausgabenwerte der einzelnen Kategorien für die betrachteten Gebiete des Biosphärengebiets und des Nationalparks Schwarzwald für das Basisjahr 2019 vor.

4.5 Zuordnung der Ausgabenkategorien zum korrespondierenden Wirtschaftszweig

Ähnlich der Zuordnung der Ausgabenkategorien zu den Verwendungszwecken des Individualkonsums zur Inflationsbereinigung der Ausgabenwerte in der Nationalparkregion Schwarzwald (vgl. Kapitel 4.4.4) ist die nachfrageseitig erhobene Produktbasis touristischer Ausgaben in eine angebotsseitige Branchenbasis zu konvertieren (vgl. Archer 1996: 705)[127]. Wie in Kapitel 3.1 erläutert, liegt die Herausforderung von statistischen Berechnungen im Tourismus in dessen Querschnittscharakter als Nachfrageaktivität nach verschiedenen Gütern und Dienstleistungen während eines Aufenthaltes in einer touristischen Destination. Da Wirtschaftszweige grundsätzlich über die Angebotsseite definiert werden, existiert kein Wirtschaftszweig Tourismus in der VGR. TSA liefern einen Ansatz zur Einordnung der Tourismuswirtschaft in die VGR (vgl. Exkurs B). Das impliziert die Zuordnung nachfrageseitig erfasster Ausgabenwerte nach Ausgabenkategorien in eine Wirtschaftszweigsystematik (vgl. Laimer et al. 2014: 7ff.). Je disaggregierter die Datenlage ist, desto eindeutiger können die Ausgabenkategorien einem korrespondierenden Wirtschaftszweig des Input-Output-Modells zugeordnet werden. Die Zuordnung der Ausgabenkategorien zu einem korrespondierenden Wirtschaftszweig ist also ein notwendiger vorbereitender Verfahrensschritt einer regionalökonomischen Wirkungsanalyse des Tourismus (vgl. Archer/Fletcher 1990: 25; Frechtling/Horváth 1999: 325; in der empirischen Anwendung z. B. Heng/Low 1990: 257).

Zur Zuordnung in das nationale Klassifizierungssystem der WZ 2008 (vgl. Statistisches Bundesamt 2008) wurde eine detaillierte Excel-Liste vom Statistikportal der Bundesagentur für Arbeit verwendet (vgl. Bundesagentur für Arbeit 2021). Wegen der internationalen Bezugssystematiken stimmt die WZ 2008 mit NACE und ISIC sowie mit den Güterklassifikation CPA und CPC überein (vgl. Exkurs A). Die detaillierte Systematisierung ist vor allem im Hinblick auf den nächsten Verfahrensschritt der Disaggregation amtlicher Wirtschaftsdaten zur Herleitung branchenspezifischer Verbleiberaten notwendig. Um die Querschnittsbranche Tourismus vollständig zu erfassen, wurden die Ausgabenkategorien bis auf Aggregationsebene der Unterklassen (5-Steller) einem passenden Wirtschaftsbereich der WZ 2008 zugeordnet (gesamte Anzahl der Unterklassen nach WZ 2008: 839). Einen Orientierungsrahmen gab eine von der UNWTO veröffentlichte Liste von definierten Tourismusbranchen nach ISIC für ihre Statistikdatenbank (vgl. UNWTO 2020: 27).

Für die darauffolgende Input-Output-Analyse mithilfe von IMPLAN-Daten ist die internationale Standardisierung der Wirtschaftszweigklassifikation von Vorteil. IMPLAN nutzt als Datenquelle zum einen die WIOD, die nach der ISIC-Klassifikation untergliedert ist (vgl. Timmer et al. 2016: 17), und zum anderen Eurostat, dessen Input-Output-Tabellen nach dem ESVG 2010 aufgebaut sind (vgl. Kapitel 3.5.4), wel-

---

127 „That is, most consumer expenditure data shows how much money has been spent by consumers on items such as food, clothing, household goods, etc., rather than how much has been spent by consumers on the output of each sector of the economy" (Archer 1996: 705).

ches konsistent mit NACE für Wirtschaftszweige und CPA für Güter arbeitet (vgl. EU 2014: 325). Das bedeutet eine konforme Systematik der Wirtschaftszweige und Güterklassifikationen im IMPLAN-Datensatz und in den amtlichen Input-Output-Rechenwerken. Allerdings besteht eine kleine Abweichung dahingehend, dass die Input-Output-Tabellen des Statistischen Bundesamtes mit *P*72* Gütergruppen ein wenig differenzierter sind als die internationale Vorgabe von *P*64*, was aber für den Tourismusbereich unwesentlich ist.

4.6 Analyse von direkten touristischen Effekten: Ermittlung regionalökonomischer Verbleiberaten

4.6.1 Konzeptioneller Rahmen

Dieses Kapitel stellt den ersten Schritt der eigentlichen regionalökonomischen Wirkungsanalyse des Tourismus im Biosphärengebiet Schwarzwald dar, mit dem Ziel, direkte regionalökonomische Effekte des Besucheraufkommens zu berechnen. In diesem Kontext sind die Kapitel 4.2 bis 4.5 als vorbereitende Arbeitsschritte zu sehen, auf deren Grundlage nun zur Regionalökonomie übergegangen wird. In der Überleitung erfolgt in diesem Kapitel die Transformation der touristischen Ausgabenwerte in direkte regionalökonomische Effekte. Dazu wurde der Quotenansatz verwendet, indem der Anteil der in der Untersuchungsregion verbleibenden originären Einnahmen berechnet wurde. Gesucht war demnach der Multiplikand des Multiplikatorprozesses touristischer Ausgaben im Biosphärengebiet Schwarzwald. Die branchenspezifischen Verbleiberaten und im Speziellen Wertschöpfungsquoten wurden für die Kreisgruppe der *Core Region 1* des Biosphärengebietes Schwarzwald berechnet, also für die Destination der touristischen Ausgaben. Branchenspezifisch bedeutet in dem Zusammenhang eine Kompatibilität zu den Ausgabenkategorien, wie sie anhand des Fragebogens im Rahmen der Zielgebietserhebungen abgefragt wurden. Daneben wurden regionale Wertschöpfungsquoten nach gleicher Vorgehensweise auf Länderebene berechnet, um die Ergebnisse miteinander vergleichen zu können. Für die regionalökonomischen Analysen der *Core Region 2* des Nationalparks Schwarzwald dienen die Ergebnisse des Landes Baden-Württemberg als Durchschnittswerte. Für die beiden *Surrounding Regions* wurden keine Verbleiberaten berechnet, weil diese als Umlandregion nicht den Bezugsraum der touristischen Ausgaben, sondern der erweiterten Multiplikatoreffekte darstellen.

Kapitel 3.4.1 differenziert zwei Arten regionaler Verbleiberaten touristischen Geldes: die *capture rate* und die Wertschöpfungsquote. Erstere bezieht sich auf den Handelsaufschlag im Transportprozess von Einzelhandelswaren und umschreibt im eigentlichen Sinne die Handelsmarge auf ebendiese Güter (vgl. das Souvenir-Beispiel in Kapitel 3.4.1). Im weiteren Sinne umfasst sie alle regional ablaufenden Transportbereiche, die jedoch aufgrund der nur begrenzten Datenverfügbarkeit der amtlichen Statistik auf Bundesebene für das Biosphärengebiet Schwarzwald nicht abgebildet werden können. Die vorliegende Empirie orientiert sich an der Definition der *capture rate* in ihrer Bedeutung als anteilige regionale Endnachfrage (vgl. STYNES 1997: 17; 1999a: 7):

$$capture\ rate = \frac{Regionale\ Endnachfrage}{Regionale\ Besucherausgaben}$$

(Formel 19*; *Wiederholung)

Entsprechend den allgemein gebräuchlichen touristischen Kenngrößen in regionalökonomischen Wirkungsanalysen (vgl. Kapitel 3.3.2) wurde die *capture rate* für touristische Ausgaben im Einzelhandelsbereich im Biosphärengebiet Schwarzwald mithilfe folgender Formel abgeleitet (vgl. CROMPTON et al. 2016: 1055; STYNES et al. 2000: 1.12):

$$capture\ rate = \frac{Touristischer\ Output}{Touristischer\ Umsatz}$$

(Formel 20*; *Wiederholung)

Darauf folgt zur Berechnung des direkten touristischen Outputs als regional verbleibende Besucherausgaben (vgl. SPENCELEY et al. 2021a: 55):

$$Touristischer\ Output = capture\ rate \times touristischer\ Umsatz$$

(Formel 60)

Auf eine Regionalisierung von *capture rates* des Einzelhandels wurde in vorliegender Arbeit aufgrund der Komplexität und des zeitlichen Aufwandes verzichtet. Da die Berücksichtigung von *capture rates* dennoch im Sinne der Handelsmarge notwendig ist, wird diese aus verfügbaren Daten der amtlichen Statistik hergeleitet. Das betrifft nach der theoretischen Konzeption dieser Verhältnisgröße ausschließlich die beiden Ausgabenkategorien „Lebensmittel" und „Non-Food-Produkte". Alle anderen Ausgabenkategorien sind dem Dienstleistungsbereich zugehörig, in welchem keine Handelsmargen existieren, da keine Fertigwaren verkauft werden.

Nach SINCLAIR/SUTCLIFFE (1984: 323) bezeichnet der Multiplikand die durch Ausgabenänderungen hervorgerufenen Wertschöpfungsänderungen, weswegen die direkte Verbleiberate einer Wertschöpfungsrate bzw. Wertschöpfungsquote gleichgestellt wird. Diese wurden bislang nur in stark aggregierter Form verwendet (bezogen auf den räumlichen Maßstab und die Klassifikationsebene auf indirekter Ebene, wofür von einem pauschalen Anteil von 30 % ausgegangen wird; vgl. JOB et al. 2020a: 24ff.; 2020b: 25ff.).

Grundsätzlich ist für eine präzise Erfassung regionalökonomischer Verbleiberaten die Option angebotsseitiger Datenerhebungen über Unternehmensbefragungen der touristischen Leistungsträger vor Ort zu bevorzugen, wie sie beispielsweise von MAYER (2013: 234) zur Ermittlung der touristischen Nutzenkomponenten des Nationalparks Bayerischer Wald durchgeführt wurden. Der Mehrwert einer solchen Unternehmensbefragung bestünde in der Analyse des gesamten Wertschöpfungsprozesses, wodurch Primärdaten auf regionaler Ebene zu wirtschaftlichen Verflechtungen des Tourismus vorlägen. Das ist allerdings nicht Ziel der vorliegenden Arbeit, die vielmehr einen Zugang zu *economic impact*-Analysen in einer regionalökonomischen Gesamtschau und in der Applikation des Input-Output-Verfahrens leistet. Gleichwohl wird der Anspruch verfolgt, für alle Analyseschritte einen praktikablen Zugang zu regionalen Verflechtungsdaten zu schaffen, weshalb im Folgenden ein Verfahren aufgezeigt wird, regionalökonomische Verbleiberaten – und im Speziellen regionale Wertschöpfungsquoten – nach dem Quotenansatz aus der amtlichen Statistik abzuleiten. Dazu wird die in Kapitel 3.4.1 vorgestellte Formel verwendet (vgl. Tschurtschenthaler 1993: 224):

$$Touristische\ Wertsch\"opfungsquote = \frac{Touristische\ Wertsch\"opfung}{Touristischer\ Output}$$

(Formel 21*;
*Wiederholung)

Die zu verwendenden Kenngrößen nach der VGR lauten:

$$Touristische\ Wertsch\"opfungsquote = \frac{Bruttowertsch\"opfung}{Bruttoproduktionswert}$$

(Formel 22*;
*Wiederholung)

Beim verbleibenden Rest der herausgerechneten Wertschöpfung vom Produktionswert bzw. Output touristischer Ausgaben im Biosphärengebiet Schwarzwald handelt es sich um die Vorleistungen der Zulieferbetriebe, deren regionalökonomische Effekte in der Untersuchungsregion und darüber hinaus in der Region der beiden Schwarzwälder Naturparke mithilfe eines multiregionalen Input-Output-Modells berechnet wurden (vgl. das nachfolgende Kapitel 4.7).

Um regionalökonomische Beschäftigungswirkungen im Biosphärengebiet Schwarzwald messbar zu machen, deren Berechnung sich auf der direkten Wirkungsebene ebenfalls am Quotenansatz orientiert, wurden Erwerbstätigenzahlen als Referenzdaten verwendet:

$$Touristische\ Erwerbst\"atigenquote = \frac{Erwerbst\"atige}{Bruttoproduktionswert}$$

(Formel 61)

Anders als bei der Kalkulation von regionalökonomischen Geldeinheiten der Wertschöpfung, wird mit dieser Rechnung eine Personenzahl pro touristischem Output bestimmt, die aufgrund des Tourismusaufkommens in der Region des Biosphärengebiets Schwarzwald beschäftigt ist. Die Beschäftigungswirkung wurde ausschließlich für die *Core Region 1* ermittelt, um die Ergebnisse mit den Ergebnissen der mithilfe der Wertschöpfungsanalyse berechneten Einkommensäquivalenten (vgl. Kapitel 3.4.2) zu vergleichen.

4.6.2 Genutzte Datenquellen

Wie bereits angeführt, fokussiert sich die vorliegende Empirie auf Wertschöpfungs- und Beschäftigungseffekte. Die Ausgangsgröße bildet der Produktionswert als touristischer Output, der im Zuge der Wertschöpfungsableitung anhand der *capture rates* für „Lebensmittel" und „Non-Food-Produkte" bestimmt wurde. Die verwendeten Daten wurden von der GENESIS-Online-Datenbank des Statistischen Bundesamtes für das Bezugsjahr aus folgender Tabelle entnommen: „Unternehmen, Beschäftigte, Umsatz und weitere betriebs- und volkswirtschaftliche Kennzahlen im Handel: Deutschland, Jahre, Wirtschaftszweige". Die veröffentlichten Kennzahlen sind bis auf Ebene der Unterklassen (5-Steller) disaggregiert (vgl. STATISTISCHES BUNDESAMT 2021b), sodass eine eindeutige Zuordnung der beiden Ausgabenkategorien zum entsprechenden Wirtschaftszweig nach der Vorgehensweise in Kapitel 4.5 möglich war. Wie bereits angemerkt, handelt es sich um bundesweite Durchschnittswerte. Derartige Regionaldaten werden amtlicherseits nicht öffentlich zur Verfügung gestellt.

Tabelle 17 fasst die genutzten Datenquellen zur Berechnung direkter regionaler Wertschöpfungsquoten zusammen. Der Produktionswert zur Berechnung der branchenspezifischen Wertschöpfungsquoten wurde beim Statistischen Landesamt Baden-Württemberg im Auftrag des Arbeitskreises VGR der Länder für alle deutschen Bundesländer angefragt und für das Bezugsjahr 2016 nach *A*21* erhalten (nach der aktualisierten Version der Generalrevision der VGR im Jahr 2019). Es handelt sich hierbei um auf Anfrage zusammengestellte Daten für interne Berechnungszwecke, weswegen die Rohdaten in der vorliegenden Arbeit nicht abgedruckt werden. Hinzuweisen ist außerdem auf die Freigaberegelung der Daten, wonach für das Land Thüringen keine Daten zur Verfügung gestellt und diese deshalb aus der Differenz der Bundes- zu den übrigen Länderdaten errechnet wurden. Der Arbeitskreis stellt Daten zum Produktionswert nur auf Länderebene und auf der stark aggregierten Wirtschaftszweigklassifikation *A*21* zur Verfügung. Für die Kreisebene wurde deshalb auf die von IMPLAN modellierten Output-Daten der *Core Region 1* zurückgegriffen. IMPLAN nutzt zur Berechnung regionaler Kennzahlen disaggregierte Schätzwerte nach prinzipiell selbem Vorgehen wie im nachfolgenden Kapitel 4.6.3 beschrieben.

Die Bruttowertschöpfung als zentrale Kenngröße der Wirtschaftsleistung der Wirtschaftsbereiche und als Ausgangsgröße der Entstehungsrechnung des BIP ist auch die zentrale Größe im Veröffentlichungswerk des Arbeitskreises VGR der Länder. Auf Länderebene sind die Daten ebenfalls nach Klassifikationssystematik *A*21* zum kostenlosen Download erhältlich. Auf Kreisebene sind die Daten hingegen nur in stark aggregierter Form nach *A*10* (*mit Zusammenfassungen*) veröffentlicht. Außerdem wurden auch zur Berechnung der mit den Ausgabenkategorien kompatiblen Bruttowertschöpfungswerte die IMPLAN-Daten der *Core Region 1* verwendet.

Zur Bestimmung der Beschäftigungswirkungen des Tourismus im Biosphärengebiet Schwarzwald dienten Zahlen der Erwerbstätigen, die in der Erwerbstätigenrechnung im Rahmen der VGR ermittelt werden. Es handelt sich hierbei um alle Personen, die als Arbeitnehmer oder Selbstständige Tätigkeiten des wirtschaftlichen Erwerbs oder des Arbeits- oder Dienstleistungsverhältnisses ausüben. Dabei determiniert das Inlandskonzept alle Erwerbstätigen mit Arbeitsort in *Core Region 1* (vgl. STATISTISCHES BUNDESAMT 2012: 3).

Die Herausforderung der Herleitung branchenspezifischer Verbleiberaten liegt in der Aggregationsebene der genutzten Daten, wie bereits an mancher Stelle angemerkt wurde und im Folgenden methodisch herausgearbeitet wird. Als Schätzgrundlage dienten deshalb Daten über sozialversicherungspflichtig (SVP) Beschäftigte am Arbeitsort, die in tief gegliederter Ebene bis auf Kreisebene von der Bundesagentur für Arbeit zusammengetragen werden und per E-Mail-Anfrage für das Bezugsjahr 2016 (Jahresdurchschnittswerte) erworben wurden. Daneben wurden Bruttowertschöpfungswerte nach *A*64*-Aggregationsebene verwendet, die von der Europäischen Kommission im Eurostat-Statistikportal veröffentlicht werden, um aggregierte Durchschnittswerte zu zergliedern.

Tabelle 17: Genutzte Datenquellen zur Berechnung direkter regionalökonomischer Wertschöpfungsquoten

Kenngröße	Länderebene	Kreisebene (*Core Region 1*)
Produktionswert/ Output	STATISTISCHES LANDESAMT BADEN-WÜRTTEMBERG IM AUFTRAG DES AK VGRDL 2020, Berechnungsstand 2019, Revision 2019, WZ 2008 (VGR): *A*21*, auf Anfrage und damit nur für interne Berechnungen	IMPLAN: 02_StudyAreaData, *A*64* nach NACE/ISIC
Bruttowertschöpfung	AK VGRDL 2020a, Berechnungsstand 2019/2020, Revision 2019, WZ 2008 (VGR): *A*21*	• AK VGRDL 2020b, Berechnungsstand 2019, Revision 2019, WZ 2008 (VGR): *A*10 mit Zusammenfassungen* • IMPLAN: 02_StudyAreaData, *A*64*
Erwerbstätige		• AK VGRDL 2020b, Berechnungsstand 2019, Revision 2019, WZ 2008 (VGR): *A*10 mit Zusammenfassungen* • EUROPÄISCHE KOMMISSION 2021, Berechnungsstand 2019, Revision 2019, WZ 2008 (VGR): *A*10 mit Zusammenfassungen* • IMPLAN: 02_StudyAreaData, *A*64*
Disaggregationsgrundlage		
Bruttowertschöpfung	EUROPÄISCHE KOMMISSION 2021, Berechnungsstand 2019, Revision 2019, NACE: *A*64*	• EUROPÄISCHE KOMMISSION 2021, Berechnungsstand 2019, Revision 2019, NACE: *A*64* • IMPLAN: 02_StudyAreaData, *A*64*
SVP Beschäftigte	BUNDESAGENTUR FÜR ARBEIT 2018, WZ 2008: Gruppen	BUNDESAGENTUR FÜR ARBEIT 2019, WZ 2008: Gruppen, auf Anfrage

Quelle: eigene Zusammenstellung

4.6.3 Regionale Disaggregation touristischer Kenngrößen

Die lückenhafte Datenverfügbarkeit auf regionaler Ebene ist der statistischen Erfassung der Wirtschaftstätigkeit auf Länder- und Kreisebene geschuldet, weil beispielsweise Daten zum Außenbeitrag oder zu den regionalen Handelsströmen fehlen (was auch IMPLAN in der Modellierung interregionaler Handelsströme zur Erstellung multiregionaler Input-Output-Tabellen feststellt: vgl. Kapitel 3.5.5.4) (vgl. NIERHAUS 2007: 24). Im Rahmen des Möglichen sind *non-survey*-basierte Ansätze zur Regionalisierung nationaler Input-Output-Matrizen danach ausgerichtet, die nationalen Zellenwerte mittels regionaler Referenzdaten auf die regionale Ebene herunterzurechnen. Die einfachste Methode ist der LQ-Ansatz, der in Kapitel 3.5.5.2 zum allgemeinen Verständnis über die Regionalisierung beschrieben wurde. Andere Vorhaben versuchen beispielsweise temporale Disaggregationen durchzuführen, wenn monatliche oder Vierteljährliche VGR-Daten auf regionaler Ebene fehlen. Dabei wird die Idee verfolgt, die regionalen Jahreswerte mittels vierteljährlich veröffentlichter Referenzindikatoren indirekt zu berechnen (vgl. z. B. NIERHAUS 2007: 24ff.). Dieses von CHOW/LIN (1971) entwickelte Verfahren („Chow-Lin-Verfahren") wird beispielsweise von Eurostat für die temporale Disaggregation vierteljährlicher Bruttowertschöpfungswerte angewandt (vgl. BARCELLAN 2005: 8).

Übertragen auf die Zielsetzung dieser Arbeit wurden stark aggregierte Kenngrößen zur Berechnung branchenspezifischer Wertschöpfungsquoten aufgeschlüsselt, denn je disaggregierter die Datenlage, desto eindeutiger können die touristischen Ausgabenkategorien einem korrespondierenden Wirtschaftszweig der WZ 2008 und des Input-Output-Modells zugeordnet werden (vgl. ARCHER/FLETCHER 1990: 25). Im Speziellen wurde für aggregierte Länder- und Kreisdaten zu Produktionswert, Bruttowertschöpfung und Erwerbstätige eine gleiche Arbeitsproduktivität in allen untergliederten Wirtschaftsbereichen angenommen, sodass die Anteile je Wirtschaftsgruppe (3-Steller) in der Summe den Wirtschaftsabschnitten und -abteilungen (2-Steller) entsprechen. Dadurch wurden für die Wirtschaftsgruppen des Tourismus (vgl. Kapitel 4.5 zur Zuordnung der Ausgabenkategorien zum korrespondierenden Wirtschaftszweig) disaggregierte Schätzwerte der drei Kenngrößen berechnet (vgl. dazu die Vorgehensweise von KRONENBERG 2010: 232f.). Die Herleitung erfolgt in zwei Rechenschritten, die in Abbildung 8 schematisch dargestellt sind. Länder- und Kreisdaten wurden nach gleichem Vorgehen disaggregiert, wobei auf Länderebene die Ausgangsdaten detailgenauer sind. Abbildung 8 zeigt die Vorgehensweise am Beispiel der Disaggregation der Bruttowertschöpfung auf Kreisebene.

IMPLAN-Input-Output-Tabellen-kompatible Disaggregation von *A*21 (Länder) bzw. *A*10 mit Zusammenfassungen (Kreise) auf *A*64

Im ersten Schritt wurden die touristischen Kenngrößen nach Wirtschaftsabschnitten (*A*10 auf Kreis- bzw. *A*21 auf Landesebene) auf die Abteilungsebene (*A*64) heruntergerechnet, weil dies die Gliederungsebene der IMPLAN-Daten nach der internationalen NACE- bzw. ISIC-Systematik ist. Zur Plausibilitätsprüfung der IMPLAN-Daten wurde nach derselben Vorgehensweise wie derjenigen von IMPLAN zur Aufbereitung seiner Regionaldaten der *Core Regions* und *Surrounding Regions* vorgegangen. In der beigefügten Arbeitsdokumentation von IMPLAN ist notiert: *„The raw regional data include only 11 sectors; we use the corresponding national 11 sector to 64 sectors ratios to disaggregate the results to 64 sectors, and the results are adjusted to match the national (…) values"* (IMPLAN 2020: 4)[128]. Demgemäß wurden Daten zur Bruttowertschöpfung und aus dem Bezugsjahr 2016 auf nationaler Ebene der Gliederungssystematik *A*64* verwendet, die in der Eurostat-Datenbank in der Konstellation bereitgestellt werden. Die Verhältnisse der *A*64*-Abteilungswerte pro *A*10*- bzw. *A*21*-Abschnitt der Bruttowertschöpfungswerte v für die Wirtschaftszweige Deutschlands dienten als Grundlage der Disaggregation. Die regionalen Bruttowertschöpfungswerte v^r je *A*64* Wirtschaftsabteilung wurden unter der Annahme gleicher Arbeitsproduktivität für die vier Landkreise in *Core Region 1* (Freiburg im Breisgau, Breisgau-Hochschwarzwald, Lörrach und Waldshut) anhand der Anteilswerte von der *A*10*-Gliederungsebene der VGR-Rohdaten (*mit Zusammenfassungen*) heruntergerechnet:

$$v^r_{A64} = \frac{v_{A64}}{v_{A10A21}} \times v^r_{A10A21} \qquad \text{(Formel 62)}$$

Die Summe der Bruttowertschöpfungswerte je Landkreis ergibt das Ergebnis der *Core Region 1* nach Wirtschaftszweigen der *A*64*-Gliederungsebene. Für die Erwerbstätigen nach Wirtschaftsabteilung der *Core Region 1* wurde nach derselben Methode vorgegangen und analog die nationalen *A*64*-Verhältnisse der Erwerbstätigen von Eurostat verwendet. Gleichermaßen wurde auch für die Produktionswerte auf Länderebene verfahren. Wie bereits in Kapitel 4.6.2 erklärt, wurde für die Produktionswerte der *Core Region 1* auf die IMPLAN-Daten „02_StudyAreaData" zurückgegriffen, weil vom Arbeitskreis VGR der Länder keine Daten dieser Kenngröße auf Kreisebene zur Verfügung gestellt werden.

Im Ergebnis können die aufgeschlüsselten Werte für die *Core Region 1* mit den erworbenen IMPLAN-Rohdaten verglichen werden, was der Plausibilitätsprüfung der IMPLAN-Daten dient. Zur Harmonisierung der Bruttowertschöpfungs- und Erwerbstätigenwerte wurde der Mittelwert der IMPLAN- und disaggregierten VGR-Daten berechnet und für den darauffolgenden Rechenschritt verwendet.

---

128 IMPLAN (2020: 4) spricht von 11 Sektoren und meint damit die *A*10*-Disaggregation plus die Gesamtsumme aller Wirtschaftsbereiche (A-U).

Ausgabenkategorien-kompatible Disaggregation von *A*64* auf Wirtschaftsgruppenebene

Die aufgeschlüsselten Produktions-, Bruttowertschöpfungs- und Erwerbstätigenwerte nach *A*64* wurden anschließend in eine neue Tabellenkalkulation eingespeist, um den touristischen Ausgabenkategorien kompatible Werte zu berechnen. Als Vorlage diente nun die in Kapitel 4.5 vorgenommene Zuordnung der Ausgabenkategorien zu einem korrespondierenden Wirtschaftszweig. Als neue Disaggregationsgrundlage zur Schätzung der touristischen Kenngrößen je Ausgabenkategorie wurden Daten zu SVP Beschäftigten verwendet, die von der Bundesagentur für Arbeit auf tief gegliederte Gruppenebene (3-Steller) nach WZ 2008 zusammengestellt werden können und für die vier Landkreise der *Core Region 1* erworben wurden. Einzelne Fehlwerte der SVP Beschäftigten wurden mithilfe nationaler Durchschnittswerte interpoliert. Entsprechende Daten auf Länderebene werden online von der Statistikabteilung der Bundesagentur für Arbeit kostenfrei zur Verfügung gestellt.

Die SVP Beschäftigten nach Wirtschaftsgruppen der Wirtschaftszweige des Tourismus dienten damit als Referenzindikator zur Division der jeweiligen *A*64*-Abteilungwerte. Das bedeutet, dass auch in diesem zweiten Verfahrensschritt eine gleiche Arbeitsproduktivität in allen Wirtschaftsbereichen angenommen wurde. Zur Veranschaulichung der Überlegung sei eine Bruttowertschöpfung von 10.000 € in Wirtschaftsabschnitt I (Gastgewerbe) angenommen. In *Core Region 1* sind beispielsweise 40 % der im Gastgewerbe Beschäftigten in der zugeordneten Abteilung 55 (Beherbergung) tätig; die übrigen 60 % in Abteilung 56 (Gastronomie)[129]. Damit ergibt sich zur Unterteilung des Bruttowertschöpfungswertes auf die Gruppenebene *G* mithilfe der SVP Beschäftigten *SVB*:

$$v_G^r = \frac{SVB_G^r}{SVB_{A64}^r} \times v_{A64}^r \qquad\qquad \text{(Formel 63)}$$

Die Summen der den Ausgabenkategorien zugehörigen Gruppenwerte zeigen das Ergebnis tief gegliederter touristischer Kenngrößen. In diesem Beispiel beträgt also die aufgeschlüsselte Bruttowertschöpfung 4.000 € für Beherbergung und 6.000 € für Gastronomie. Für den Produktionswert und die Erwerbstätigen zur Ermittlung von Erwerbstätigenquoten in der Untersuchungsregion wurde nach derselben, hier beschriebenen Methode vorgegangen. Disaggregierte Gruppenwerte, die derselben Wirtschaftsabteilung nach *A*64* zugehörig sind, wurden anhand nationaler Größenverhältnisse, die wiederum durch tief gegliederte nationale Betriebs- und volkswirtschaftliche Kennzahlen für die tourismusrelevanten Branchen berechnet wurden (vgl. STATISTISCHES BUNDESAMT 2021b), korrigiert, sodass harmonisierte Wertschöpfungs- und Erwerbstätigenwerte für *Core Region 1* vorliegen.

Die Problematik der Datenverfügbarkeit in aufgeschlüsselter Form zieht sich durch den gesamten Block zur Ermittlung regionaler Verbleiberaten für das Bio-

---

129 Im Falle des Gastgewerbes (I) sind 2- und 3-Steller nach WZ 2008 gleich zu behandeln.

sphärengebiet Schwarzwald. Sehr kritisch zu sehen ist die Annahme gleicher Arbeitsproduktivität, weil diese von Region zu Region und Wirtschaftsbereich zu Wirtschaftsbereich durchaus variiert. Aus wirtschaftsmathematischer Sicht können sich Steuersätze je nach Regionseinheit unterscheiden, aber auch die Verhältnisse von Vorleistungen zu Primärinputs und dabei beispielsweise die Bruttowertschöpfung aufgrund von technologischen Fortschritten in der einen Region höher ausfallen als in anderen (vgl. KRONENBERG 2010: 233).

Gesucht sind regionale Verhältniswerte als Repräsentant der Tourismusleistung im Biosphärengebiet Schwarzwald. Gleichwohl liegt das Hauptaugenmerk der Arbeit auf der Applikation der touristischen Input-Output-Analyse für ebendiese Untersuchungsregion, sodass das in diesem Kapitel aufgezeigte Verfahren eine sehr pragmatische Lösung zur Herleitung regionaler Wertschöpfungsquoten aus amtlichen VGR-Daten zeigt, um dem Missstand der bislang in Deutschland im Rahmen der Wertschöpfungsanalyse verwendeten nationalen Durchschnittswerte nachzukommen. Für eine Korrektur der Unterschiede in der Arbeitsproduktivität fehlen weitere, aufgeschlüsselte Daten auf regionaler Kreisebene.

Abbildung 8: Vorgehensweise zur regionalen Disaggregation touristischer Kenngrößen

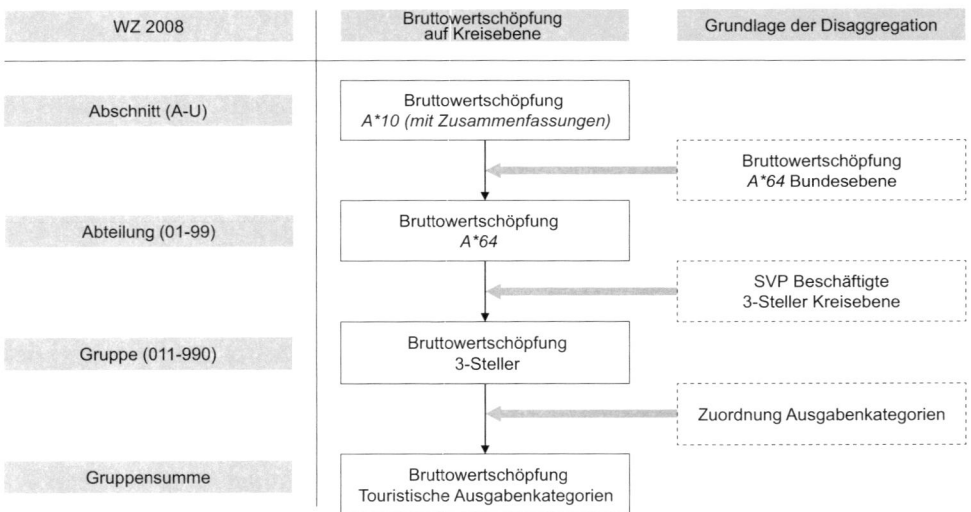

Quelle: eigene Darstellung

4.7 Analyse von touristischen Sekundäreffekten: Aufbereitung regionalökonomischer Multiplikatoren

4.7.1 Datenaufbereitung

Im darauffolgenden Schritt der regionalökonomischen Wirkungsanalyse des Tourismus im Biosphärengebiet Schwarzwald werden auf Basis der direkten Effekte die touristischen Sekundäreffekte berechnet, die sich aus den indirekten und induzierten Effekten zusammensetzen. Mit der in diesem Abschnitt dargelegten Vorgehensweise wird die Input-Output-Analyse zur Berechnung regionalökonomischer Effekte des Tourismus erstmals in einem deutschen Schutzgebiet angewandt. Die Definition der Untersuchungsregion als *Core Region 1* dient als Analyseraum zur Berechnung der indirekten Effekte der regionalen Vorleistungsgebiete und induzierten Effekten als Ausgaben der ansässigen Haushalte. Für die Vergleichsregion *Core Region 2* wurden ebenfalls regionalökonomische Multiplikatoren ermittelt. Darüber hinaus wurde in einem multiregionalen Ansatz das Umland der Analyseregion in das Input-Output-Modell einbezogen, sodass interregionale Multiplikatoren weitere, von *Core Region 1* bzw. *Core Region 2* ausgehende indirekte und induzierte Effekte in *Surrounding Region 1* bzw. *Surrounding Region 2* quantifiziert werden konnten.

Für diesen zentralen Analysevorgang wurden folgende IMPLAN-Datensätze verwendet (vgl. Kapitel 4.3):

- 04_a_MRIO1_SAM

- 04_b_MRIO2_SAM

- 05_a_MRIO1_Type1Multipliers

- 05_b_MRIO2_Type1Multipliers

- 06_a_MRIO1_TypeSAMMultipliers

- 06_b_MRIO2_TypeSAMMultipliers

Die Datensätze wurden in eine Pivot-Excel-Tabelle umgewandelt. Die SAM umfassen für *Core Region 1* und *Core Region 2* jeweils folgende Bestandteile:

- **Regionale Vorleistungsmatrix** nach dem *commodity-by-industry*-Ansatz gemäß der Konstruktion von SAM (vgl. Kapitel 3.5.3.2) nach der *P*64-by-A*64*-Klassifikation gemäß der NACE-Systematik (vgl. Exkurs A).

- **Matrix der regionalen Primärinputs** mit den Komponenten der Bruttowertschöpfung zu Herstellungspreisen (Arbeitnehmerentgelt nach Bruttolöhnen und Gehältern und Sozialbeiträgen der Arbeitgeber, Nettobetriebsüberschuss und Nettoselbstständigeneinkommen, Abschreibungen, sonstige Produktionsabgaben abzüglich sonstiger Subventionen) sowie Importe von RoC und RoW. Importe sind durch das Regionalisierungsverfahren und der Ableitung von regionalen Input-Koeffizienten ausschließlich als Primärinput verbucht (vgl. Kapitel 3.5.5.1). Die nationale Input-Output-Tabelle des Statistischen Bundesamtes erfasst Importe hingegen durch die Anwendung von technischen Koeffizienten sowohl in der Vorleistungsmatrix als Vorleistungsinput als auch als Endverbrauchsgut (vgl. Kapitel 3.5.1). Demzufolge ist die Vorleistungsmatrix der IMPLAN-SAM der Input-Output-Tabelle der inländischen Produktion (ohne Importe) gleichzusetzen. Das bedeutet außerdem, dass der Output (Produktionswert) der IMPLAN-SAM dem „Gesamten Aufkommen an Gütern" entspricht.

- **Multiregionale Vorleistungsmatrix** mit interregionalen Handelsdaten aus *Surrounding Region 1* bzw. *Surrounding Region 2* nach dem *commodity-by-industry*-Ansatz und *P*64-by-A*64*-Klassifikation.

- **Matrix der regionalen Endnachfrage** mit Konsumausgaben privater Haushalte, privater Organisationen ohne Erwerbszweck und des Staates, Bruttoanlageinvestitionen sowie Vorratsveränderungen und Nettozugang an Wertsachen.

- **Matrix der externen Endnachfrage** mit Exporten nach RoC und RoW.

- **Multiregionale Matrix der Endnachfrage** mit interregionalen Handelsgütern nach *Surrounding Region 1* nach *P*64-by-A*64*, die dort gemäß der Tabellenkonstruktion multiregionaler Input-Output-Tabellen wieder als Vorleistungsinputs in den Produktionsprozess eingespeist werden.

Die beiden SAM mit den Bestandteilen wurden zur Übersicht nach regionalen und multiregionalen Bestandteilen separiert, sodass für den weiteren Analysevorgang für folgende Regionskonstellationen einzelne Matrizen verwendet werden konnten:

- *Core Region 1-by-Core Region 1* (zu lesen „von-nach" nach dem Tabellenaufbau von single- und multiregion-Input-Output-Tabellen): intraregionale Vorleistungsmatrix, regionale Primärinputs, regionale und externe Endnachfrage (entspricht der klassischen Input-Output-Tabelle; vgl. Kapitel 3.5.1);

- *Surrounding Region 1-by-Core Region 1*: Multiregionale Vorleistungsmatrix;

- *Core Region 2-by-Core Region 2*: analog;

- *Surrounding Region 2-by-Core Region 2*: analog.

Das „ready-made" IMPLAN-Modell lieferte neben den SAM die für die regional-ökonomische Wirkungsanalyse des Tourismus im Biosphärengebiet Schwarzwald notwendigen Multiplikatoren nach Wirtschaftszweigen und Gütergruppen. Es handelt sich hierbei um Output-Multiplikatoren im Verständnis der Leontief-Inverse, wie sie in Kapitel 3.5.2.1 mathematisch hergeleitet wurden. Demgemäß sind die IMPLAN-Multiplikatoren vom *Typ ratio*, was bedeutet, dass die direkten Effekte als Ausgangsbasis für den Multiplikatorprozess touristischen Geldes angenommen werden (vgl. Kapitel 3.5.2.2). Perspektivisch ist dadurch eine Validierung der „ready-made"-Multiplikatoren durch eigens durchgeführte Matrizenrechnungen möglich. Konkret wurden von IMPLAN jeweils

- für alle möglichen Regionskonstellationen der Matrizen (*Core Region-by-Core-Region*, *Core Region-by-Surrounding-Region*, *Surrounding-Region-by-Core-Region*, *Surrounding-Region-by-Surrounding-Region*)

- und alle möglichen *P*64*- und *A*64*-Konstellationen (*industry-by-industry*, *industry-by-commodity*, *commodity-by-industry* und *commodity-by-commodity*)

Typ I- und *Typ II*-Output-Multiplikatoren modelliert und zur Verfügung gestellt. Abbildung 9 zeigt das passende Baumdiagramm der IMPLAN-Output-Multiplikatormatrizen mit den jeweiligen Möglichkeiten je Untersuchungsregion, Multiplikatortyp, multiregionalem Modellansatz und Klassifikation nach Gütern oder Wirtschaftszweigen. Für die regionalökonomische Wirkungsanalyse des Tourismus im Biosphärengebiet Schwarzwald wurden die enormen Datenmengen selektiert und die dafür zweckmäßigen Output-Multiplikatormatrizen ausgewertet, deren Verbindungslinien in Abbildung 9 hervorgehoben sind. In Übereinstimmung mit der Definition der Analyseregion (vgl. Kapitel 4.2) enthält die Auswahl jeweils für *Typ I*- und *Typ II*-Output-Multiplikatoren die *Core Region-by-Core-Region* und *Surrounding Region-by-Core Region*-Matrizen, wobei die *Core Regions* jeweils die Zielgebiete der touristischen Ausgabenerfassung darstellen. Entsprechend der Fragestellung der vorliegenden Arbeit, auf der Sekundärstufe regionalökonomische Effekte der touristischen Vorleistungsbetriebe und induzierte Effekte durch Ausgaben der Haushalte in regionalen Betrieben zu analysieren, wurden nur die Multiplikatoren nach dem *industry-by-industry*-Ansatz (d. h. für Wirtschaftszweige) weiterverwertet. Auch hinsichtlich der definitorischen Abgrenzungen der touristischen Kenngrößen und der Herleitung derivativer Multiplikatoren (im nachfolgenden Kapitel 4.7.2 behandelt) ist diese Auswahl als am praktikabelsten anzusehen.

Abbildung 9: IMPLAN-Datensätze der Output-Multiplikatoren

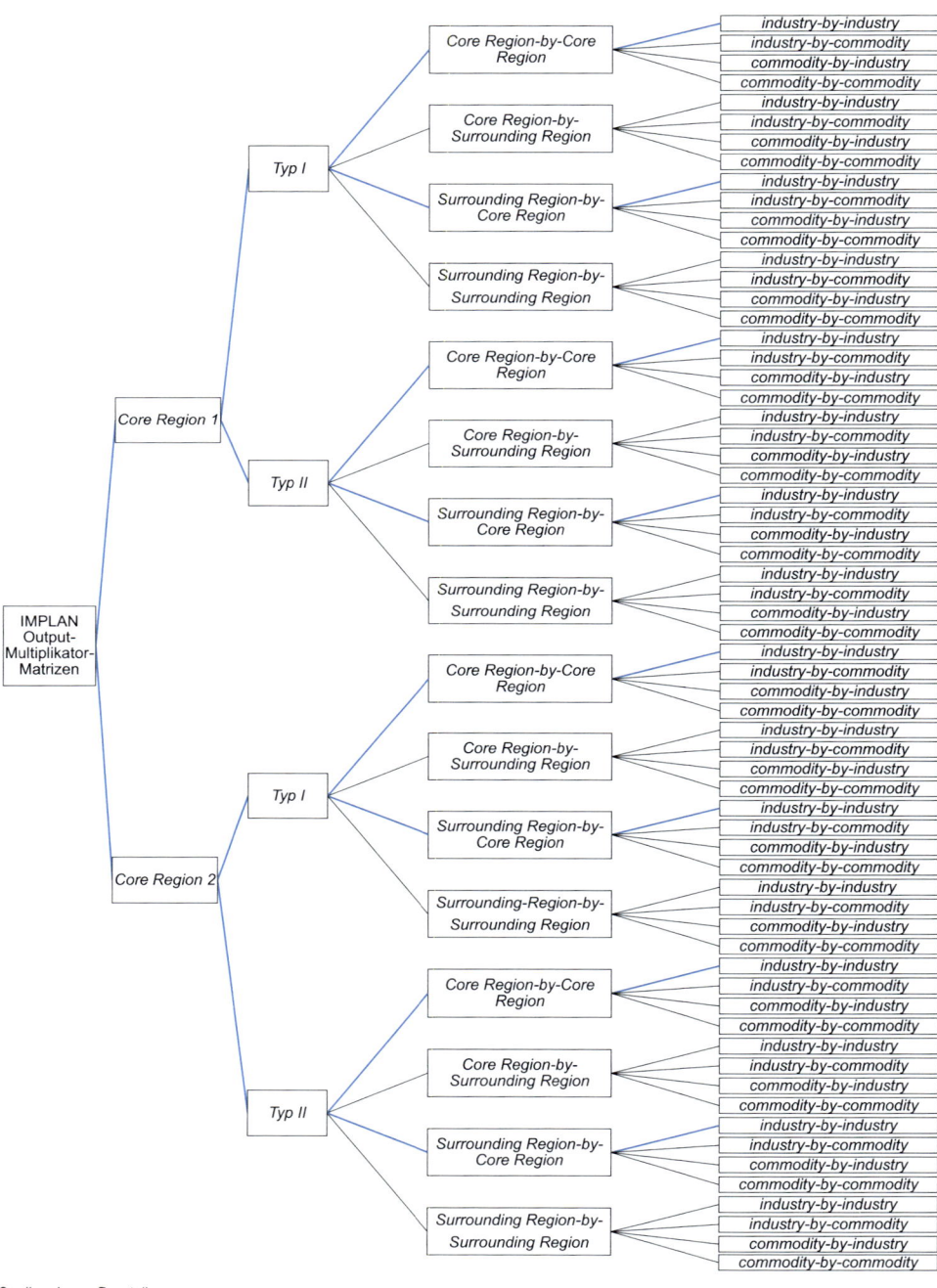

Quelle: eigene Darstellung

4.7.2 Berechnung derivativer regionalökonomischer Multiplikatoren

Die Herleitung von Wertschöpfungs- und Beschäftigungsmultiplikatoren von den von IMPLAN modellierten Output-Multiplikatoren erfolgte mithilfe der in Kapitel 3.5.2 ausführlich beschriebenen Matrixalgebra zur Bestimmung der in dieser Arbeit bezeichneten derivativen Multiplikatortypen der touristischen Wirkungsanalyse. Ausgangstabellen sind nach der Selektion der IMPLAN-Daten für die Analysen im Biosphärengebiet Schwarzwald die *Typ I-* und *Typ II*-Output-Multiplikatoren der *Core Region 1* bzw. *Core Region 2* im multiregionalen Modell zur *Surrounding Region 1* bzw. *Surrounding Region 2* nach *industry-by-industry-A*64*-Klassifikation. Folgende Rechenschritte wurden zur Herleitung der derivativen Multiplikatoren durchgeführt:

1. Die Ausgangsgröße bildete das Verhältnis von Zielvariable (d. h. die touristischen Kenngrößen Wertschöpfung und Beschäftigung) je Wirtschaftszweig j nach *A*64* der intra- bzw. interregionalen Vorleistungsbeziehung (im Folgenden am Beispiel der intraregionalen Bruttowertschöpfung v_j^{rr} aufgezeigt; im multiregionalen Modell mit den *Surrounding Regions* war die Bruttowertschöpfung der *Surrounding Region* aufgrund der interregionalen Regionskonstellation sr als Ausgangsgröße anzunehmen) zum Produktionswert x_j^{rr}. Das Ergebnis zeigt die intraregionale Wertschöpfungsquote w_j^{rr} je Wirtschaftszweig j (vgl. auch Formel 21 in Kapitel 3.4.1):

$$w_j^{rr} = \frac{v_j^{rr}}{x_j^{rr}} \qquad \text{(Formel 64)}$$

2. Zur Multiplikation der intraregionalen Wertschöpfungsquote w_j^{rr} mit der intraregionalen Leontief-Inversen-Matrix der Output-Multiplikatoren L^{rr} wurde eine Diagonalmatrix W^{rr} mit den Einträgen w_j^{rr} gebildet:

$$W^{rr} = \begin{bmatrix} w_{11}^{rr} & \cdots & 0 \\ \vdots & \ddots & \vdots \\ 0 & \cdots & w_{nn}^{rr} \end{bmatrix} \qquad \text{(Formel 65)}$$

3. Der Multiplikatoreffekt auf die Bruttowertschöpfung in rr bei einer Einheit touristischem Output in rr wurde durch Multiplikation von W^{rr} mit L^{rr} berechnet. Durch anschließende Multiplikation dieses Produkts mit der Inversen von W^{rr}, d. h. $(W^{rr})^{-1}$, wurde der derivative Wertschöpfungsmultiplikator LV^{rr} abgeleitet:

$$LV^{rr} = W^{rr} \times L^{rr} \times (W^{rr})^{-1} \qquad \text{(Formel 66)}$$

Damit wird der Multiplikatoreffekt auf die Bruttowertschöpfung in rr bei einem direkten Bruttowertschöpfungseffekt in rr ausgedrückt (d. h. der direkte Wertschöpfungseffekt steht im Nenner des Multiplikators). In der Spaltensumme der Matrixzellen ergibt sich der Wertschöpfungsmultiplikator LV^{rr} je Wirtschaftszweig j nach A^*64 in rr, dessen Ausgangsgröße die direkten regionalökonomischen Effekte sind (entspricht dem Konzept der *ratio*-Multiplikatoren; vgl. Formeln 45 und 46 in Kapitel 3.5.2.2). Im Falle der multiregionalen Regionskonstellation wird der Multiplikatoreffekt der Bruttowertschöpfung in sr bei einem direkten Bruttowertschöpfungseffekt in rr beschrieben. Abbildung 10 fasst die für die regionalökonomische Wirkungsanalyse des Tourismus sodann vorliegenden Multiplikatormatrizen für *Core Region 1* bzw. *Core Region 2* zusammen. Insgesamt wurden 24 Tabellen für die multiregionale Gebietskonstellation im Biosphärengebiet Schwarzwald und der Vergleichsregion Nationalpark Schwarzwald der Kombination *Core Region-by-Core Region* oder *Surrounding Region-by-Core Region*, *Typ I* oder *Typ II* sowie Output, Wertschöpfung oder Beschäftigung aufbereitet.

Abschließend ist auf die aggregierte Klassifikation der Wirtschaftszweige der IMPLAN-Daten nach A^*64 hinzuweisen, denn wie in Kapitel 4.5 ausführlich problematisiert, ist eine stark aggregierte Datenlage für die eindeutige Zuordnung der Querschnittsbranche Tourismus hinderlich. Die SAM und zugehörigen Multiplikatoren wurden nicht – wie in Kapitel 4.6 zu den direkten Kenngrößen geschehen – weiter aufgeschlüsselt, da zum einen noch tiefer gegliederte Daten zu Vorleistungsverflechtungen auf regionaler Ebene fehlen und zum anderen damit bestenfalls nur noch grobe Schätzwerte vorliegen würden. Multiplikatorwerte, die entsprechend der Zuordnung der touristischen Ausgabenkategorien zum korrespondierenden Wirtschaftszweig mehr als einer Wirtschaftsabteilung zugehörig sind, wurden anhand der disaggregierten Werteverteilung nach A^*64 gewichtet (nach derselben Vorgehensweise wie der vom NPS; vgl. Cullinane Thomas/Koontz 2021: 60). Im Ergebnis lagen den Ausgabenkategorien kompatible, regionalökonomische Multiplikatoren vor.

Abbildung 10: Derivative Multiplikator-Datensätze

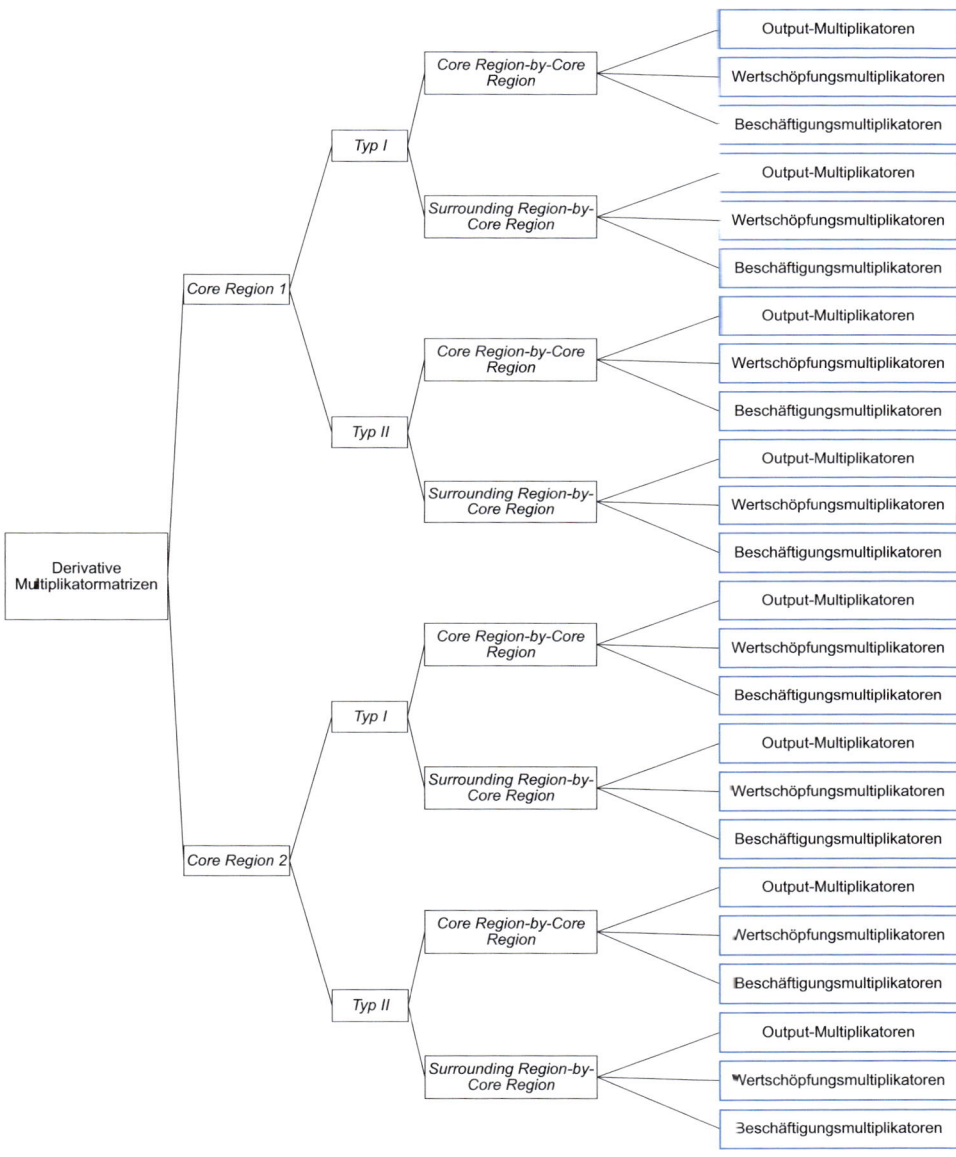

Quelle: eigene Darstellung

4.8 Ermittlung der regionalökonomischen Effekte des Tourismus

Die ermittelten Parameter aus Kapitel 4.2 bis 4.7 mündeten schließlich in der Berechnung des Endergebnisses: die regionalökonomischen Effekte des Tourismus im Biosphärengebiet Schwarzwald. Das Vorgehen folgt der Darstellung in Abbildung 11. Der gestrichelt umrandete „Kopf" enthält die Berechnung des touristischen Umsatzes als Ausgangsgröße für die Analyse der direkten und sekundären regionalökonomischen Wirkungen. Dazu wurde die von Job et al. (2005a) standardisierte und in Job et al. (2020a; 2020b) detailliert niedergeschriebene Vorgehensweise des ersten und zweiten Rechenschrittes der touristischen Wertschöpfungsanalyse angewandt (vgl. Kapitel 3.4.2).

Die Anzahl der Besucher wurde dem Standardverfahren für deutsche Großschutzgebiete entsprechend nach regionalökonomisch relevanten Besuchersegmenten (Tages- und Übernachtungsgäste sowie nach Biosphärenreservatsaffinität) differenziert (vgl. Kapitel 4.4.2 und 4.4.3). Der Bruttoumsatz nach Wirtschaftszweigen wurde durch Multiplikation des differenzierten Nachfragevolumens (gemessen in Besuchstagen) mit den durchschnittlichen Tagesausgaben der Besucher während des Aufenthaltes in der Region, die wiederum in Ausgabenkategorien unterschieden wurden (vgl. Kapitel 4.4.3), berechnet. Entsprechend des Verfahrens der Wertschöpfungsanalyse wurden auf Grundlage der touristischen Ausgabenkategorien und der gewählten Unterkunftsart während des Aufenthaltes branchenspezifische Mehrwertsteuersätze ermittelt, um den Bruttoumsatz um die Mehrwertsteuer zu bereinigen. Im Ergebnis lag der touristische Nettoumsatz für das Biosphärengebiet Schwarzwald vor (vgl. Kapitel 3.4.2).

Die hellgraue Schattierung in Abbildung 11 umfasst die Berechnung der regionalökonomischen Effekte mittels der touristischen Wertschöpfungsanalyse (Rechenschritte drei bis sechs; vgl. Kapitel 3.4.2), die aus Perspektive der empirischen Analyse der vorliegenden Arbeit als die „alte" Methode betrachtet wird. Die Ergebnisse ihrer Anwendung bilden die Grundlage ihrer Validierung, weswegen ihre Anwendung eine unabdingbare Komponente der vorliegenden Empirie ist. Das bedeutet in der Umsetzung, dass auch die „alten", branchenspezifischen Wertschöpfungsquoten der direkten Wirkungsebene[130] sowie die 30 %-Wertschöpfungsquote der indirekten Vorleistungsebene genutzt wurden, um diese bislang verwendeten Verhältniszahlen touristischer Ausgaben mithilfe des Input-Output-Verfahrens zu validieren. Induzierte regionalökonomische Effekte können mithilfe der touristischen Wertschöpfungsanalyse nicht berechnet werden, weshalb sich die gesamte Wertschöpfung aus der Addition der direkten und der indirekten Wertschöpfung ergibt.

Die dunkelgraue Schattierung markiert folglich die „neue" Methode der vorliegenden Empirie (vgl. Abbildung 11), die sich an erster Stelle am Übergang von touristischem Umsatz zu direkter regionalökonomischer Wertschöpfung unterscheidet,

---

130 liegen der Autorin vor.

indem mithilfe von regionalen Verbleiberaten (vgl. Kapitel 4.6) der Multiplikand berechnet wurde. Die methodische Weiterentwicklung erfolgte parallel durch die Input-Output-Analyse, indem die sekundären Effekte des Tourismus durch Multiplikation des Multiplikanden (= direkte Effekte) mit dem Multiplikator berechnet wurden. *Typ I*-Wertschöpfungsmultiplikatoren quantifizieren die indirekte Wirkungsebene touristischer Ausgaben und *Typ II*-Wertschöpfungsmultiplikatoren die indirekte und induzierte Wirkungsebene. Aus der Differenz des Ergebnisses der *Typ II*-Multiplikation mit der *Typ I*-Multiplikation ergeben sich die induzierten Effekte, die bislang in der deutschen Schutzgebietsforschung nicht berechnet werden konnten. Die gesamte Wertschöpfung ergibt sich somit aus der Addition der direkten, indirekten und induzierten Wertschöpfung.

Die Berechnung der Beschäftigungswirkung in der Region wurde gesondert behandelt, da hierfür nach „alter" und „neuer" Methode zwei unterschiedliche Kenngrößen verwendet werden können. Die touristische Wertschöpfungsanalyse drückt die Beschäftigungswirkung durch Einkommensäquivalente aus. Diese berechnen sich durch Division der gesamten Wertschöpfung mit dem regionalen Primäreinkommen pro Kopf, welches für das Biosphärengebiet Schwarzwald für die vier Landkreise der *Core Region 1* anhand der amtlichen Statistik und der bevölkerungsmäßigen Gewichtung der Landkreise hergeleitet wurde. Es handelt sich um eine fiktive Personenzahl, die vom Tourismus in der Region des Biosphärengebiets Schwarzwald leben kann. Demgegenüber wurde in der „neuen" Vorgehensweise die Zahl der Erwerbstätigen als Kenngröße der Beschäftigung verwendet, bei denen es sich nach der Definition der VGR um als Arbeitnehmer oder als Selbstständige tätige Personen handelt. Die beiden Kenngrößen sind damit nicht unmittelbar miteinander vergleichbar; nichtsdestotrotz ist eine Gegenüberstellung und größenmäßige Einordnung aufschlussreich.

Die inflationsangepassten Ausgabenwerte der Vergleichsregion des Nationalparks Schwarzwald ermöglichten auch für dieses Gebiet die Durchführung der Input-Output-Analyse (vgl. Kapitel 4.4.4).

Abbildung 11: Vorgehensweise zur Ermittlung der regionalökonomischen Effekte des Tourismus im Biosphärengebiet Schwarzwald

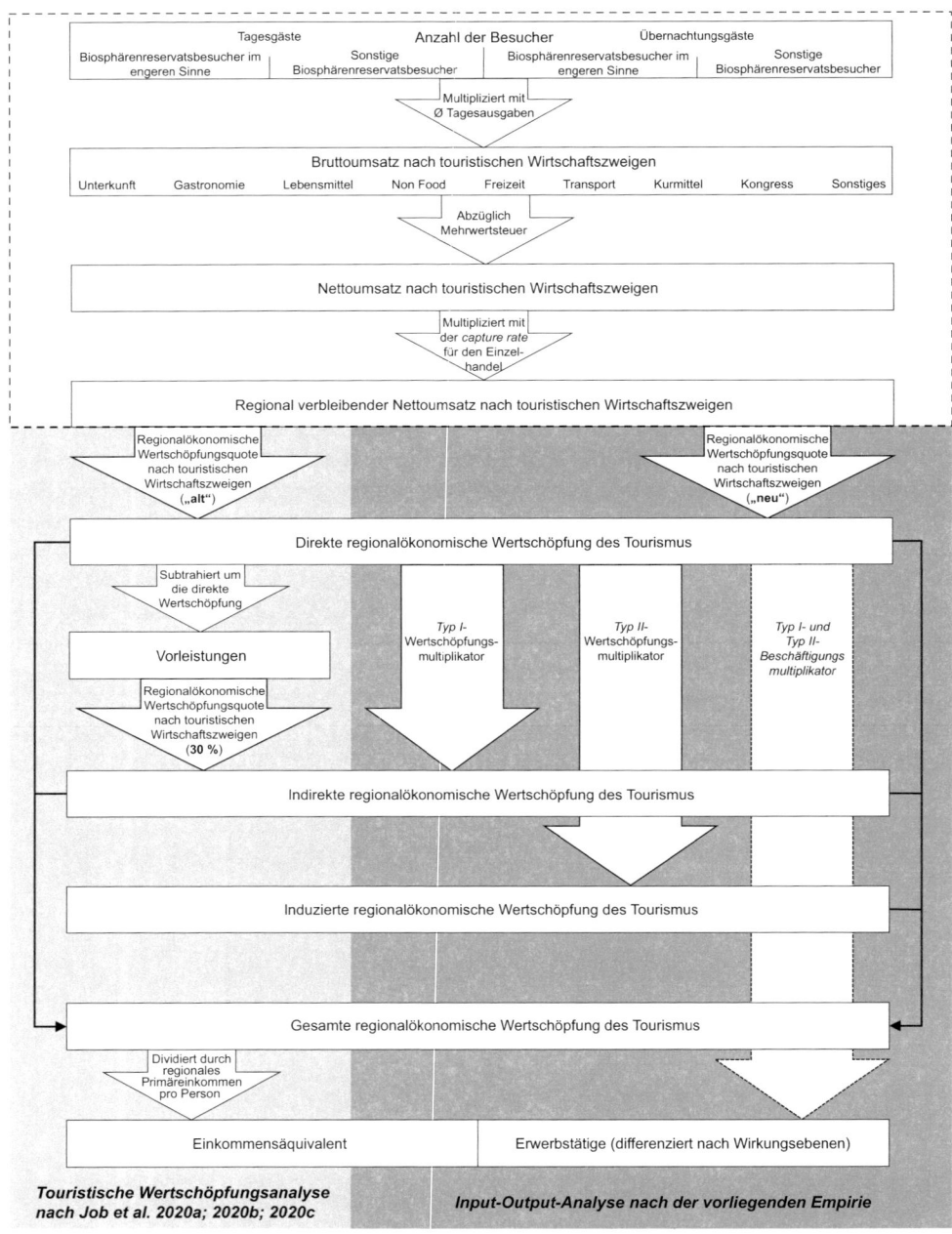

Quelle: eigene Darstellung aufbauend auf Job et al. 2013a: 56; Woltering 2012: 133

5 Ergebnisse

5.1 Besucherzahl und Besucherstrukturen

5.1.1 Besucherzahl nach Tages- und Übernachtungsgästen

An den 20 Erhebungsterminen und zwölf wechselnd besetzten Erhebungsstandorten wurden insgesamt 18.318 Blitzinterviews zur Erhebung der Besucherstrukturen nach Tages- und Übernachtungsgästen sowie der Unterkunftsart und der Herkunft der Besucher nach Postleitzahlgebiet geführt. Trotz herabgesetzter Zählzeit konnte ein hohes Ergebnis[131] erzielt werden, weil durch eine vorab festgelegte niedrige Befragungsfrequenz viele Passanten angesprochen werden konnten (vgl. den Zähl-/Blitzinterviewbogen in Anhang 3). Dank der langen Interviewzeit von 40 Minuten je Erhebungsstunde konnte eine hohe Anzahl von insgesamt 2.748 langen Interviews geführt werden, was eine fundierte Stichprobe der regionalökonomisch relevanten Besuchermerkmale ist.

Karte 4 (vgl. Kapitel 4.4.1) zeigt die Anzahl der geführten Blitz- und langen Interviews nach Standort (vgl. auch die dazugehörige Tabelle in Anhang 5). In der Verteilung spiegelt sich die touristische Bedeutung einzelner Standorte als touristische Attraktion mit erwartungsgemäß hoher Frequentierung wider. An den Standorten „Bergstation Schauinsland", „Belchen Talstation" und „Domplatz St. Blasien" wurden die meisten Blitz- und lange Interviews geführt. Die geringeren Fallzahlen am Standort „Todtnauer Wasserfälle" sind der späteren Besetzung des Standortes ab der zweiten Hälfte des Erhebungszeitraumes geschuldet. Geringe Anzahlen an Blitz- und langen Interviews am „Wiesentäler Textilmuseum" und am „Literaturmuseum Hebelhaus Hausen" sind einerseits eine Konsequenz der halbtätigen Besetzung, andererseits jedoch auch des deutlich geringeren Besucheraufkommens. Der Erfassung des Skitourismus dienten vorrangig lange Interviews am 05. und 06. Januar 2019 an ausgewählten Skiorten.

In der Hochrechnung der Tagesbesucherzahl nach Tages- und Übernachtungsgästen je Erhebungstag ist eine Abhängigkeit des Besucheraufkommens von saisonalen Verläufen und Witterungsverhältnissen erkennbar (vgl. Abbildung 12), was auch in anderen deutschen Schutzgebieten beobachtet wurde (vgl. JOB et al. 2021a: 13). Die höchsten gezählten Tageswerte wurden an den beiden Spätsommertagen des 08. und 09. Septembers 2018 verzeichnet. Der hohe Tagesgastanteil zwischen 60 % und 75 % ist kennzeichnend für das Besucheraufkommen in einem Biosphärenreservat gegen Ende der Sommersaison an einem „guten" Wettertag. Die Osterfeiertage des Jahres 2019 (19. und 20. April 2019) zeigen höhere Anteile an Übernachtungsgästen,

---

131 Biosphärenreservate Pfälzerwald (Erhebungen 2011/12): 15.675 Blitzinterviews, 1.929 lange Interviews; Rhön (2010/11): 9.868 Blitzinterviews, 1.868 lange Interviews; Schaalsee (2011/12): 7.155 Blitzinterviews, 1.030 lange Interviews; Spreewald (2011/12): 6.776 Blitzinterviews, 1.146 lange Interviews; Südost-Rügen (2011/12): 8.940 Blitzinterviews, 847 lange Interviews; Thüringer Wald (2010/11): 4.147 Blitzinterviews, 1.433 lange Interviews (vgl. JOB et al. 2013a: 56ff.).

was auf den klassischen Kurzurlaubsreiseverkehr in der Schulferienwoche hindeutet. Aufgrund des schlechten Wetters an den beiden Ski-Erhebungstagen könnte die Besucherfrequentierung an diesen beiden Wochenendtagen des 05. und 06. Januars 2019 leicht unterschätzt sein. Gleichwohl ist darauf hinzuweisen, dass der Fokus der Erhebungen an diesen beiden Tagen auf der Stichprobenerfassung mittels langer Fragebögen lag, um das Ausgabeverhalten der Besuchergruppe der Skifahrer und Wintersportler differenziert abbilden zu können. Dennoch verdeutlicht der hohe Tagesgastanteil die Stellung des Biosphärengebiets Schwarzwald als deutsche Ski-destination in einem Mittelgebirge.

Weitere Schlechtwettertage beeinflussten die Zählergebnisse im Biosphärengebiet Schwarzwald. Am 11. Mai 2019 führten Sturmböen zu geringem Besucher-aufkommen an den Belchen- und Schauinsland-Seilbahnen, den beiden wichtigen touristischen Anziehungspunkten im Gebiet. Am 12. Juli 2019 sowie den beiden Wintertagen des 07. und 08. Dezembers 2018 waren beide Seilbahnen wegen schlechten Wetters zum Teil geschlossen (vgl. Abbildung 12). Insgesamt ist zu konstatieren, dass das Wetter typischerweise für deutsche Urlaubsdestinationen und auch im Biosphärengebiet Schwarzwald ein wesentlicher Einflussfaktor der Besucherfrequentierung ist. Das unterstreicht im Umkehrschluss die Relevanz der Berücksichtigung der Variable „Wetter" in Besucherhochrechnungen in Schutzgebieten.

Abbildung 12: Besucherzählungen an Erhebungstagen im Biosphärengebiet Schwarzwald 2018/19

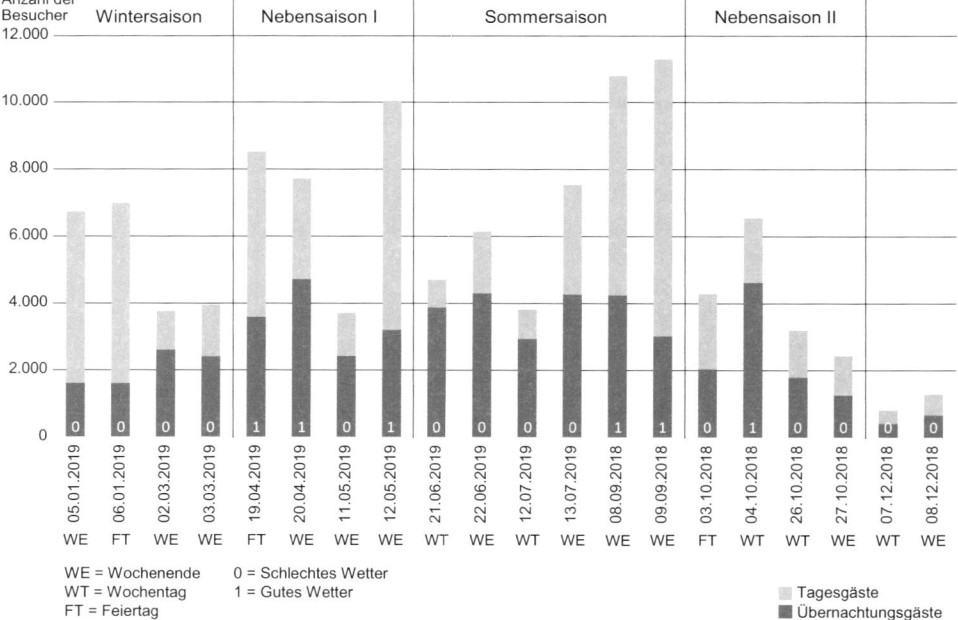

Quelle: eigene Erhebungen; veränderte Darstellung nach Woltering 2021: 149

In der definierten Untersuchungsregion des Biosphärengebiets Schwarzwald wurden insgesamt 1.317.316 Gästeübernachtungen im Erhebungsjahr 2018/19 amtlicherseits registriert. In Relation zu den 91.484 Einwohnern im Biosphärengebiet ergibt sich eine Tourismusintensität von 1.440 Übernachtungen je 100 Einwohnern im Jahr 2018. Der Naturpark Südschwarzwald folgt mit 906 Übernachtungen je 100 Einwohnern. Der Vergleich zum Naturpark Schwarzwald Mitte/Nord mit einem Wert von 546 Übernachtungen je 100 Einwohnern und dem Land Baden-Württemberg mit 496 verdeutlicht die große Bedeutung des Tourismus im Biosphärengebiet Schwarzwald als Leitökonomie (vgl. eigene Berechnungen nach STATISTISCHES LANDESAMT BADEN-WÜRTTEMBERG 2021).

Für das Biosphärengebiet Schwarzwald konnten auf Basis der Zählungen mit Blitzinterviews und der Hochrechnung mithilfe der Übernachtungszahlen der amtlichen Statistik für das Erhebungsjahr 2018/19 insgesamt 4.030.000 Besuchstage berechnet werden. Das entspricht einer Besucherdichte von 63,7 Besuchstagen pro ha (Fläche des Biosphärengebiets: 63.235,8 ha). Der Übernachtungsgastanteil dominiert leicht mit insgesamt 57,1 % bzw. 2.301.000 Besuchstagen. Demnach sind 42,9 % bzw. 1.729.000 Besuchstage als Tagesgäste klassifiziert. Der Anteil der internationalen Besucher beträgt 21,1 %, wobei mit 47,3 % fast die Hälfte davon aus der Schweiz stammt. Weitere 13,4 % sind wohnhaft in Frankreich.

5.1.2 Biosphärenreservatsaffinität der Besucher

Für die Analyse weiterer regionalökonomisch relevanter Besucherstrukturen – neben der Basisanforderung der Differenzierung nach Tages- und Übernachtungsgästen – wurden die 2.748 langen Interviewbögen ausgewertet. Die Erkenntnisse über die Besucherstrukturen im Biosphärengebiet Schwarzwald dienten als Gewichtungsgrundlage der Stichprobe. Die gewichtete Grundgesamtheit der Tages- und Übernachtungsgäste (ohne Einheimische) für die statistischen Analysen mittels IBM SPSS Statistics beträgt $n = 2.654$.

Zur Operationalisierung der Biosphärenreservatsbesucher im engeren Sinne wurde im ersten Schritt der Wissensstand zum Schutzstatus der Region abgefragt. Insgesamt 34,7 % der Besucher gaben an, dass aus ihrer Sicht in der Region ein Naturschutzgebiet zu finden sei. Den zweithöchsten Anteil macht mit 27,5 % Besucher aus, die keinerlei Kenntnis über den Schutzstatus der Region haben. Weitere 19,3 % betitelten die Region als Naturpark. Nur 7,8 % der Besucher konnte die Frage nach dem Schutzstatus als Biosphärenreservat beantworten. Als Landschaftsschutzgebiet wurde das Gebiet von 5,7 % und als Nationalpark von 5,0 % erkannt. Im Vergleich lag der Anteil der richtigen Antworten zum Wissensstand im Biosphärenreservat Pfälzerwald bei 32,0 %. Die Rhön erreicht den Spitzenwert der empirischen Daten in deutschen Biosphärenreservaten mit einem Wert von 73,8 %. Allerdings sind die hohen Ergebnisse dahingehend zu relativieren, dass die Methodik in diesen Fällen insofern leicht abweicht, als Mehrfachnennungen zugelassen wurden. Das bedeutet, dass in der Rhön oder im Pfälzerwald der Schutzstatus als Naturpark gleichzeitig als richtig gewertet wurde (vgl. JOB et al. 2013a: 76; MERLIN 2017: 148).

Der niedrige Wert der korrekten Erkennung als Biosphärenreservat ist im Bio-sphärengebiet Schwarzwald unter dreierlei Gesichtspunkten zu bewerten: Erstens wurde im Biosphärengebiet Schwarzwald keine weitere Nennung eines Schutzsta-tus als richtig zugelassen, um die Bedeutung des Biosphärenreservats gegenüber dem ungleich länger etablierten Naturpark Südschwarzwald herauszustellen. Zwei-tens werden die im Biosphärengebiet Schwarzwald gelegenen Naturschutzgebiete Feldberg, Belchen und Nonnenmattweiher sowie der Naturpark Südschwarzwald als etablierte Marken im Tourismusmarketing kommuniziert. Drittens erfolgte die Zielgebietserhebung unmittelbar nach der Ausweisung des designierten Schutzge-bietes, weshalb die Ergebnisse als Status-Quo-Bericht des Ist-Zustandes des Tou-rismus in einem Biosphärenreservat einzuordnen sind, ohne jeglichen Einfluss der touristischen Markenfunktion eines UNESCO-Biosphärenreservats.

Nach richtiger Zuordnung des Schutzstatus und der Plausibilitätsprüfung dif-ferenziert die Frage nach der Rolle für die Entscheidung des Besuchs der Region Biosphärenreservatsbesucher im engeren Sinne und sonstige Biosphärenreservats-besucher (vgl. Kapitel 4.4.2). Für das Biosphärengebiet Schwarzwald ergibt sich ein Anteil von 0,7 % Biosphärenreservatsbesucher im engeren Sinne an der Gesamt-besucherzahl. In absoluten Zahlen ausgedrückt entspricht das 30.000 der 4.030.000 Besuchstage. Der verbleibende Rest von 99,3 % bzw. 4.000.000 Besuchstage sind als sonstige Biosphärenreservatsbesucher zu klassifizieren. Diese Besuchergruppe konnte einerseits den Schutzstatus nicht richtig zuordnen und/oder dem Biosphä-renreservat einen geringen bis keinen Einfluss auf die Reiseentscheidung zuspre-chen (vgl. Abbildung 13). Im Vergleich erreicht das Biosphärengebiet Schwarzwald den niedrigsten Wert unter den untersuchten deutschen Biosphärenreservaten. In der niedrigen Biosphärenreservatsaffinität spiegelt sich die erst junge Existenz die-ses Schutzgebietes wider. Der Pfälzerwald und Südost-Rügen reihen sich mit 3,5 % bzw. 4,9 % an zweit- und drittniedrigster Stelle ein. Den höchsten Wert erreicht das Biosphärenreservat Schaalsee mit 21,5 % (vgl. Job et al. 2013a: 76).

Abbildung 13: Besucher nach Biosphärenreservatsaffinität im Biosphärengebiet Schwarzwald

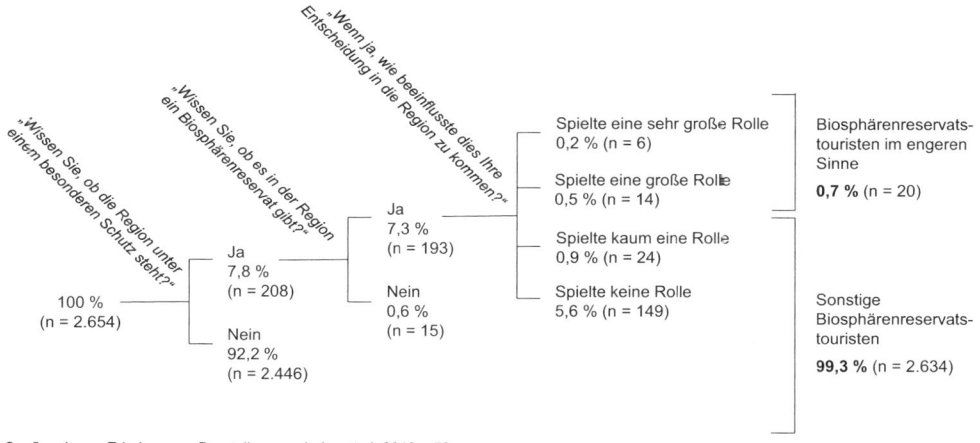

Quelle: eigene Erhebungen; Darstellung nach Job et al. 2013a: 53

5.1.3 Synopse der regionalökonomisch relevanten Besucherstrukturen

Die Segmentierung nach Biosphärenreservatsbesucher im engeren Sinne und sonstigen Biosphärenreservatsbesuchern sowie ihre jeweiligen Anteile an Tages- und Übernachtungsgästen bezieht sich auf die Gesamtbesucherzahl im Biosphärengebiet im Erhebungsjahr 2018/19. Tagesgäste machen 42,9 % der Besucher aus, während die übrigen 57,1 % Übernachtungsgäste sind. Als Biosphärenreservatsbesucher im engeren Sinne segmentieren sich 0,7 % aller Besucher. Die weitere Differenzierung zeigt, dass 1,2 % der insgesamt 1.729.000 Tagesgäste Biosphärenreservatsbesucher im engeren Sinne sind. Dagegen spielt das Biosphärenreservat für nur 0,4 % der Übernachtungsgäste eine große oder sehr große Rolle bei der Reiseentscheidung. Das bedeutet, dass die Existenz des Schutzgebietes für diese Gruppe einen geringeren Stellenwert einnimmt (vgl. Tabelle 18).

Für die Berechnung der ökonomischen Wirkungen der Besucherausgaben sei vorweggegriffen, dass aufgrund der geringen Stichprobe der Biosphärenreservatsbesucher im engeren Sinne von $n = 20$ keine Differenzierung der Ausgabenwerte in die Subgruppen nach Biosphärenreservatsaffinität vorgenommen wurde. Es wurden die Durchschnittswerte der Tages- und Übernachtungsgastgruppen verwendet, um eine durch die Besuchergruppe mit hoher Biosphärenreservatsaffinität induzierte Wertschöpfung zu bemessen.

Tabelle 18: Synopse der Besucherzahl nach Besuchersegmenten im Biosphärengebiet Schwarzwald

		Anzahl der Besuchstage	Anteil innerhalb der Gruppe nach Affinität [%]	Anteil an der Gesamtbesucherzahl [%]	
Biosphärenreservats-besucher im engeren Sinne	Tagesgäste	21.000	70,0	0,5	(n = 14)
	Übernachtungsgäste	9.000	30,0	0,2	(n = 6)
	Gesamt	30.000	100,0	0,7	(n = 20)
Sonstige Biosphären-reservatsbesucher	Tagesgäste	1.708.000	42,7	42,4	(n = 1.125)
	Übernachtungsgäste	2.292.000	57,3	56,9	(n = 1.509)
	Gesamt	4.000.000	100,0	99,3	(n = 2.634)
Summe		**4.030.000**	**100,0**	**100,0**	**(n = 2.654)**

Quelle: eigene Erhebungen

Die Häufigkeitsanalyse ergab, dass ein Drittel der Übernachtungen in der Region in Hotels stattfindet. Dabei bezahlt ein überwiegender Anteil von 40,4 % der Hotel-besucher einen Hotelpreis von mehr als 75 € pro Person und Nacht. Weitere knapp 30 % geben bis 75 € pro Person und Nacht aus. Nach den Hotelübernachtungen reihen sich an zweiter Stelle die Ferienwohnungen mit 27,7 % als meistgewählte Unterkunftskategorie ein. Die übrigen Übernachtungskategorien machen zwischen 1,6 % und 9,6 % aus (vgl. Abbildung 14).

Abbildung 14: Gewählte Unterkunftsart der Übernachtungsgäste im Biosphärengebiet Schwarzwald

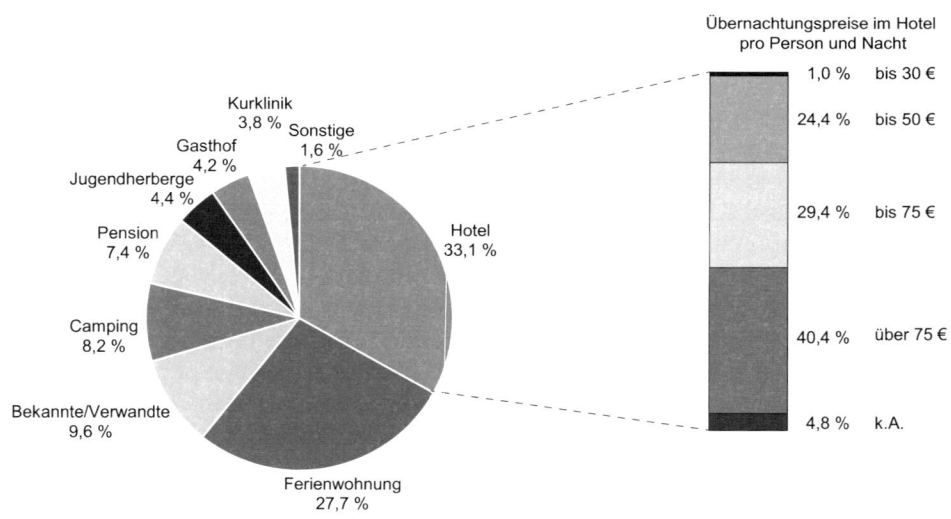

Quelle: eigene Erhebungen

5.1.4 Exkurs C: Primäre und sekundäre Besucherstrukturen

Auf Basis der Lokalisierung der im langen Fragebogen genannten Ausgangs- und Übernachtungsorte des Besuchs lassen sich aktionsräumlich bedingte Besucherstrukturen identifizieren. Der Bezugsraum der Aufenthaltsorte der Touristen bildet die regionale Gemengelage von Biosphärengebiet Schwarzwald und Naturpark Südschwarzwald. Tagesgäste werden als solche definiert, die weder eine Nacht im Biosphärengebiet Schwarzwald noch im Naturpark Südschwarzwald verbracht haben. Nach dieser grundlegenden Definition sind insgesamt 38,9 % der Besucher als Tagesgäste zu bewerten. Die Frage nach dem Ausgangs- bzw. Übernachtungsort ihrer Reise beantworteten sie mit „Hauptwohnsitz" (d. h. sie verbringen keine Nacht in der Region). Sie werden als primäre Tagesgäste bezeichnet (vgl. Abbildung 15).

Hinzu kommen weitere 4,0 % der Besucher, die als sekundäre Tagesgäste anzusehen sind (vgl. Abbildung 15). Diese Gruppe gibt an, von einem Ausgangs- oder Übernachtungsort (d. h. nicht vom Hauptwohnsitz aus) angereist zu sein (was sie zunächst als Übernachtungsgäste klassifiziert), welcher jedoch nicht innerhalb der Gebietskulisse des Biosphärengebiets Schwarzwald oder Naturparks Südschwarzwald zu verorten ist. Diese Besucher sind als Durchreisende einzuordnen, die aus Sicht des Biosphärengebiets Schwarzwald strenggenommen keine Übernachtungsgäste sind. Die Verbuchung ihrer getätigten Ausgaben ist diskutabel, da diese keinem eindeutigen Zielgebiet zuzuschreiben sind (*„multiple destination bias"*; Haspel/Johnson 1982: 364; vgl. Kapitel 3.3.1).

Die 2.301.000 Übernachtungsgäste im Biosphärengebiet Schwarzwald lassen sich nach den aufenthaltsspezifischen Merkmalen in ebenfalls zwei Subgruppen differenzieren. Knapp ein Drittel der Befragten sind demnach als primäre Übernachtungsgäste einzuordnen, deren Ausgangs- und/oder Übernachtungsort in der Analyseregion des Biosphärengebiets Schwarzwald verortet sind. Diese Besuchergruppe fällt definitionsgemäß unter klassische (Kurz-)Urlaubsreisen (*> 0 Nächte = Übernachtungsgast*). Eine letzte Gruppe von 25,0 % der Besucher gab Ausgangs- und Übernachtungsorte an, die nicht im Biosphärengebiet Schwarzwald liegen, aber in einem der sechs Landkreise des Naturparks Südschwarzwald (vgl. Abbildung 15).

Aufgrund der Regionsabgrenzung ist ein Übernachtungsgast der Gemeinden Münstertal oder Feldberg strenggenommen nicht als Übernachtungsgast des Biosphärengebiets zu sehen (beide Gemeinden grenzen an das Biosphärengebiet an). Würde dieser beispielsweise am Erhebungsstandort Schauinsland erfasst, wäre er aus Sicht des Biosphärengebiets als Tagesgast zu bewerten. Insgesamt würde sich nach primären Besucherstrukturen ein Tagesgastanteil von 67,9 % und ein Übernachtungsgastanteil von 32,1 % ergeben.

Die Unschärfe resultiert aus der vorausgesetzten Erhebungsregion, denn bei den *Face-to-Face*-Interviews wurde sich an der Region des Südschwarzwaldes als touristischer Aktivitätsraum orientiert (vgl. langer Fragebogen; Anhang 4). Vorbehaltlich einer stattgefundenen Übernachtung im Südschwarzwald titulieren sich die Probanden als Übernachtungsgast der Region. In der regionalwirtschaftlichen Wirkungsanalyse ist das Biosphärengebiet Schwarzwald nicht als Exklave des gesamten

Naturraumes Schwarzwald bzw. des Naturparkes Südschwarzwald, sondern die Gebietsstrukturen ganzheitlich zu betrachten.

Problematisch ist zudem die Gewichtung der Angaben aus den langen Interviews mit den Blitzinterviewergebnissen, da in den Blitzinterviews der Übernachtungsort nicht abgefragt wurde, sodass auch im Nachhinein ein Rückverfolgen des gewählten Ausgangs- und Übernachtungsortes und damit eine Gruppierung der vier Teilgruppen nicht möglich ist. Infolgedessen ist anzunehmen, dass die hochgerechnete Besucherstruktur einen Teilbereich des Naturparks Südschwarzwald zeigt, welche durch die Gewichtung mit den langen Interviews dem Biosphärengebiet Schwarzwald als abgegrenzte Gebietskulisse zugeschrieben wird. Insofern ergibt die Summe der primären und sekundären Übernachtungsgäste den Übernachtungsgastanteil von 57,1 % im Biosphärengebiet Schwarzwald. Gleiches gilt für den Tagesgastanteil von 42,9 % als Summe der primären und sekundären Tagesgäste.

Abbildung 15: Primäre und sekundäre Tages- und Übernachtungsgäste im Biosphärengebiet Schwarzwald

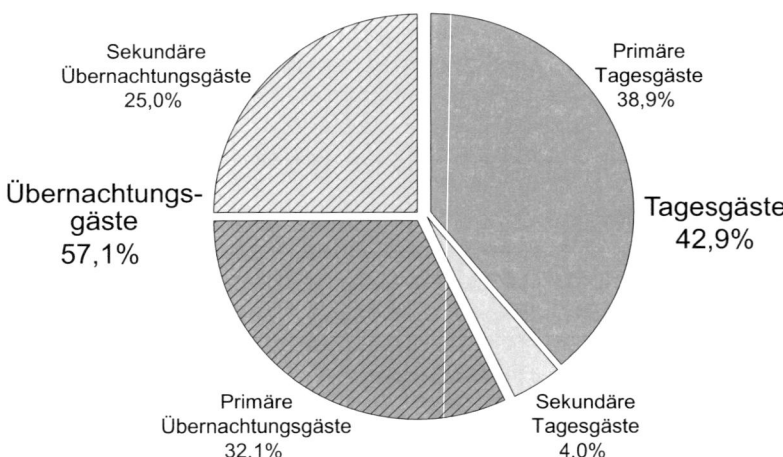

Quelle: eigene Erhebungen

5.1.5 Exkurs D: Besucherzahl und Besucherstrukturen im Nationalpark Schwarzwald

Zum Vergleich der Ergebnisse der regionalökonomischen Berechnungen mit dem 2014 gegründeten Nationalpark Schwarzwald sind zuerst die zentralen Eckdaten zu Besucherzahl und Besucherstrukturen in diesem Schutzgebiet zu berichten. Die Rohdaten zum Besucheraufkommen im Nationalpark Schwarzwald wurden im Jahr 2014/15 erhoben. Die Ausgangssituation der Erhebungen war dieselbe wie im Biosphärengebiet Schwarzwald, weil auch in diesem Gebiet der Ist-Zustand des Tourismus vor der Beeinflussung des Schutzstatus auf die Tourismusentwicklung untersucht wurde. Der unveröffentlichte Ergebnisbericht sowie die Rohdaten zur Besuchererfassung und regionalökonomischen Berechnungen liegen vor (vgl. KRAUS/JOB 2015).

Die Erhebungen fanden zwischen Juni 2014 und Mai 2015 an acht Standorten im Winter und an neun Standorten im Sommer- und den beiden Nebensaisons statt. Insgesamt wurden an 22 Erhebungsterminen verteilt über die vier Saisonabschnitte des Erhebungsjahres 14.399 Blitzinterviews und 2.020 lange Interviews geführt. Nach der von JOB et al. (2020a; 2020b) standardisierten Methode wurden von KRAUS/ JOB (2015: 59) insgesamt 1.041.000 Besuchstage ermittelt. Von diesem Gesamtvolumen machen 142.000 Besuchstage den alpinen Skitourismus in der Nationalparkregion aus. Weitere 50.000 Besuchstage gehen auf den Skilanglauf zurück. Dabei ergibt sich bei der kleinen Fläche des Nationalparks von 10.062 ha eine Besucherdichte von 103,5 Besuchstagen pro ha. Im Vergleich dazu beträgt die Besucherdichte im Biosphärengebiet Schwarzwald 63,7 Besuchstage pro ha (vgl. Kapitel 5.1.1).

Durch die insgesamt sehr hohe Konzentration an Naherholern im Skitourismus liegt der Tagesgastanteil im Nationalpark Schwarzwald mit 62,7 % bzw. 653.000 Besucher höher als im Biosphärengebiet mit 42,9 %[132]. Die übrigen 37,3 % bzw. 388.000 Besucher sind Übernachtungsgäste. Nationalparkbesucher im engeren Sinne machen 9,3 % der Besucher aus (vgl. Tabelle 19).

Tabelle 19: Synopse der Besucherzahl nach Besuchersegmenten im Nationalpark Schwarzwald

		Anzahl der Besuchstage	Anteil innerhalb der Gruppe nach Affinität [%]	Anteil an der Gesamtbesucherzahl [%]	
Nationalparkbesucher im engeren Sinne	Tagesgäste	54.800	56,8	5,3	(n = 106)
	Übernachtungsgäste	41.650	43,2	4,0	(n = 82)
	Gesamt	96.450	100,0	9,3	(n = 188)
Sonstige Nationalparkbesucher	Tagesgäste	598.200	63,3	57,4	(n = 1.165)
	Übernachtungsgäste	346.350	36,7	33,3	(n = 667)
	Gesamt	944.550	100,0	90,7	(n = 1.832)
Summe		**1.041.000**	**100,0**	**100,0**	**(n = 2.020)**

Quelle: KRAUS/JOB 2015: 74ff.; eigene Berechnungen zur Grundgesamtheit

---

132 In den regionalökonomischen Wirkungsanalysen im Nationalpark Schwarzwald wurden Einheimische inkludiert und dem Besuchersegment der Tagesgäste zugeordnet (vgl. KRAUS/JOB 2015: 24). Das geht mit der Argumentation von WOLTERING (2012: 127) einher, die gesamte, mit dem Nationalpark in Zusammenhang stehende Wertschöpfung zu berücksichtigen. Im Biosphärengebiet Schwarzwald wurden Einheimische vor dem Hintergrund der Ausrichtung als *economic impact*-Analyse sowie der komplexen Gebietsstruktur eines Biosphärenreservates explizit ausgeschlossen.

5.2 Touristisches Ausgabeverhalten

5.2.1 Touristische Ausgaben im Biosphärengebiet Schwarzwald

Neben den Informationen zu Besucherzahl und -strukturen gehen die touristischen Ausgabenwerte als zweiter nachfrageseitig erhobener Analyseparameter in die Berechnung der regionalökonomischen Effekte im Biosphärengebiet Schwarzwald ein. Die durchschnittlichen Ausgaben der Tagesbesucher pro Person und Tag liegen bei 19,30 € ($n = 1.139$). Davon entfallen 12,40 € auf den Wirtschaftszweig „Gastgewerbe", was im Falle der Tagesbesucher ausschließlich die Gastronomie umfasst. Das entspricht einem Anteil von 64,2 % an den tagestouristischen Ausgaben und damit dem höchsten Anteil der tagestouristischen Ausgabenstruktur im Biosphärengebiet Schwarzwald. Dem folgen mit einem Durchschnittswert von 4,40 € bzw. 22,8 % Ausgaben in Wirtschaftsbereichen des Dienstleistungssektors (u. a. „Transport" und „Freizeit"). Die verbleibenden durchschnittlichen 2,50 € bzw. 13,0 % werden von Tagesbesuchern für „Lebensmittel" und „Non-Food-Produkte" des Einzelhandels ausgegeben (vgl. Abbildung 16).

Die mittleren Ausgaben der Übernachtungsgäste im Biosphärengebiet Schwarzwald betragen 76,90 € pro Person und Tag ($n = 1.515$). Ebenso wie die Tagesgäste, tätigen auch Übernachtungsgäste ihre Ausgaben hauptsächlich im Gastgewerbe, wenngleich bei diesem Besuchersegment zusätzlich zu den Ausgaben für Gastronomie auch für die gewählte Unterkunft pro Person und Nacht sowie eine vom Übernachtungspreis herausgerechnete Verpflegungspauschale zum Gastgewerbe zählen. Insofern kommen 65,50 € der übernachtungstouristischen Durchschnittsausgaben dem Gastgewerbe im Biosphärengebiet zugute, was einem Anteil an den Gesamtausgaben von 85,2 % entspricht. Anders als bei den Tagesgästen folgen mit 7,10 € bzw. 9,2 % Ausgaben in der Einzelhandelsbranche. Die Ausgaben im Dienstleistungsbereich liegen mit 3,50 € bzw. 4,6 % deutlich niedriger. Die Höhe der „Kurtaxe" liegt bei durchschnittlich 0,80 €, was 1,0 % der von Übernachtungsgästen getätigten Ausgaben entspricht (vgl. Abbildung 16).

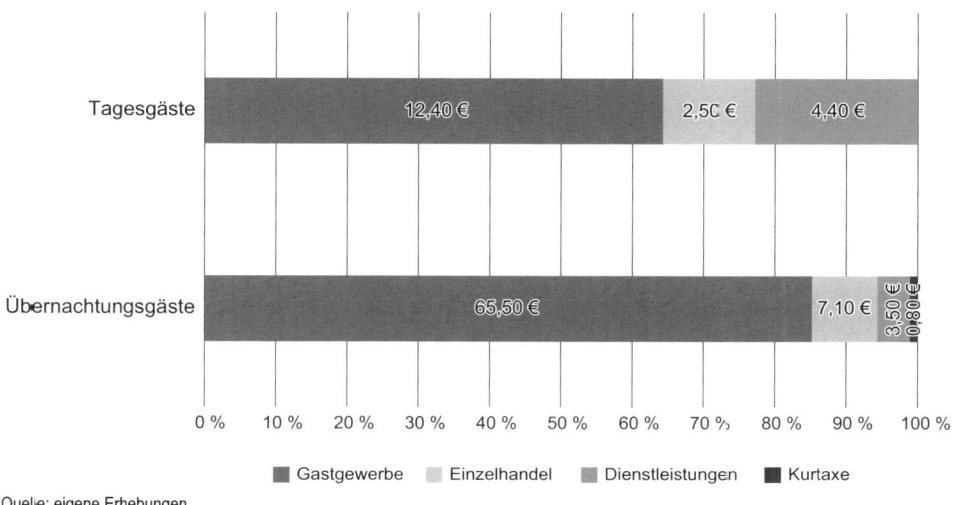

Quelle: eigene Erhebungen

Aufgrund der geringen Fallzahlen von $n = 20$ Biosphärenreservatsbesuchern im engeren Sinne ($n = 14$ bei den Tagesgästen und $n = 6$ bei den Übernachtungsgästen; vgl. Kapitel 4.4.2) ist die Stichprobe statistisch nicht repräsentativ, weshalb eine weitere Differenzierung der Ausgabenwerte in die beiden Subgruppen der Biosphärenreservatsbesucher in engerem Sinne und sonstige Biosphärenreservatsbesucher nicht möglich ist. Für beide Subgruppen wurde zur Berechnung der regionalökonomischen Effekte des Tourismus im Biosphärengebiet Schwarzwald der Durchschnittswert für Tagesgäste von 19,30 € und Übernachtungsgäste von 76,90 € verwendet. Denn es ist dennoch bedeutend, diejenige Wertschöpfungswirkung aufzuschlüsseln, die eine zum Zeitpunkt der Erhebungen junge Existenz eines Schutzgebietes bereits zu induzieren vermag.

5.2.2 Inflationsbereinigte Ausgabenwerte im Nationalpark Schwarzwald

Um die Ausgabenwerte des Nationalparks mit denjenigen des Biosphärengebiets vergleichen zu können, wurden die im Jahr 2014/15 erhobenen Daten inflationsbereinigt (vgl. Kapitel 4.4.4; die Zuordnung der Ausgabenkategorien zum COICOP ist Anhang 6 zu entnehmen). Die durchschnittlichen Ausgaben der Tagesbesucher in der Nationalparkregion Schwarzwald lagen im Erhebungsjahr 2014/15 bei 16,50 € ($n = 1.271$). Mithilfe des Inflationsausgleichs wurde dieser Wert für das Basisjahr 2019 auf 17,80 € korrigiert. Davon entfallen insgesamt 11,60 € auf das „Gastgewerbe", wodurch mit 65,2 % der höchste Anteil der touristischen Ausgaben diesem Wirtschaftszweig in der Nationalparkregion zugutekommt (vgl. Abbildung 17). Im

Vergleich liegt der Anteil im Biosphärengebiet Schwarzwald mit 64,2 % ähnlich hoch. Mit 4,40 € bzw. 24,7 % folgen darauf Ausgaben im Dienstleistungsbereich. Mit 1,80 € bzw. 10,1 % tätigen Tagesbesucher auch in der Nationalparkregion Schwarzwald die wenigsten Ausgaben im Einzelhandel. Im Biosphärengebiet Schwarzwald liegt der Prozentsatz mit 13,0 % etwas höher (vgl. Kapitel 5.2.1).

Die mittleren Ausgaben der Übernachtungsgäste in der Nationalparkregion Schwarzwald lagen im Erhebungsjahr 2014/15 bei 87,50 € ($n = 749$). Nach dem Inflationsausgleich ergibt sich für das Basisjahr 2019 ein durchschnittlicher Ausgabenwert der Übernachtungsgäste von 97,30 €. Davon entfallen 85,20 € auf das Gastgewerbe, was einem Anteil von 87,6 % an der Gesamtsumme entspricht. Der prozentuale Anteil am Gesamtwert ist im Biosphärengebiet Schwarzwald mit 85,2 % auf gleichem Niveau. An zweiter Stelle reihen sich die übernachtungstouristischen Ausgaben im Einzelhandel, wo 6,90 € bzw. 7,1 % ausgegeben werden. Weitere 4,20 € bzw. 4,3 % werden während des Aufenthaltes in der Region in Dienstleistungsangebote investiert. Auch für diese beiden Bereiche sind die prozentualen Anteile im Biosphärengebiet Schwarzwald mit 9,2 % und 4,6 % auf gleichem Niveau. Schließlich wird von den Übernachtungsgästen in der Nationalparkregion ein durchschnittlicher Kurbeitrag von 1,0 € erhoben, was 1,0 % der von den Übernachtungsgästen getätigten Ausgaben entspricht (vgl. Abbildung 17).

Der Gesamtwert der übernachtungstouristischen Ausgaben von 97,30 € liegt insgesamt deutlich über dem des Biosphärengebiets Schwarzwald, wo für Übernachtungsgäste eine durchschnittliche Ausgabenhöhe von 76,90 € ermittelt wurde. Am stärksten fallen die durchschnittlichen Ausgaben für die „Unterkunft" in der Nationalparkregion ins Gewicht. Insgesamt 54,50 € werden dafür pro Person und Übernachtung verausgabt (inflationsbereinigt; originär erhobener Wert: 48,70 €). Im Biosphärengebiet Schwarzwald liegen die durchschnittlichen Ausgaben für die Übernachtung mit 37,70 € niedriger. Eine Erklärung dafür besteht in der gewählten Unterkunftsart, da in der Nationalparkregion Schwarzwald mit 50,3 % mehr als die Hälfte der Besucher das Hotel wählt. Weitere 15,2 % nächtigen in Gasthöfen oder Pensionen (vgl. Kraus/Job 2015: 69ff.). Im Biosphärengebiet Schwarzwald verbringt hingegen nur etwa ein Drittel den Übernachtungsaufenthalt im Hotel. An zweiter Stelle folgen Ferienwohnungen mit knapp einem weiteren Drittel (vgl. Kapitel 5.1.3).

Abbildung 17: Ausgabenstruktur der Tages- und Übernachtungsgäste im Nationalpark Schwarzwald

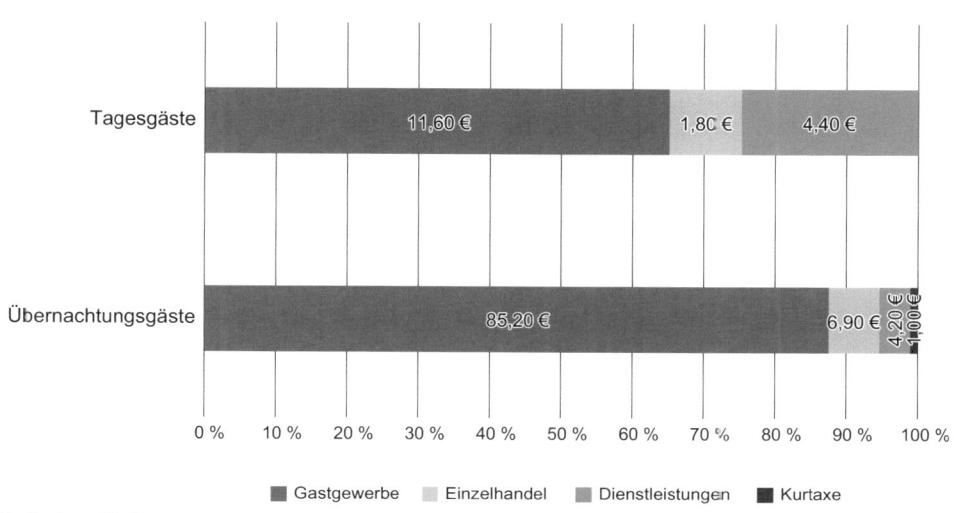

Quelle: eigene Erhebungen

Differenziert nach den regionalökonomisch relevanten Besuchersegmenten im Jahr der Erhebungen 2014/15 und nach der Inflationsbereinigung für das Basisjahr 2019 ergeben sich folgende Unterschiede in den durchschnittlichen Ausgabenwerten pro Kopf und Tag in der Nationalparkregion Schwarzwald: Unter den Tagesgästen geben Nationalparkbesucher im engeren Sinne mit 14,50 € im Durchschnitt 3,60 € weniger aus als sonstige Nationalparkbesucher. Bei den Übernachtungsgästen ist die Differenz noch größer. Während Nationalparkbesucher im engeren Sinne 85,30 € ausgeben, liegt der Wert für sonstige Nationalparkbesucher mit 98,60 € deutlich höher (vgl. Tabelle 20). KRAUS/JOB (2015: 83) führen diese Unterschiede auf die seinerzeit junge Existenz des Nationalparks zum Zeitpunkt der Erhebungen zurück, weil ein spezifisches Tourismusangebot für die nationalparkaffine Kerngruppe noch fehlte.

Tabelle 20: Ausgaben pro Kopf und Tag nach Besuchersegmenten im Nationalpark Schwarzwald mit und ohne Inflationsbereinigung

Ohne Inflationsbereinigung (2014/2015)				Mit Inflationsbereinigung (2019)			
Tagesgäste		Übernachtungsgäste		Tagesgäste		Übernachtungsgäste	
Nationalpark-besucher im engeren Sinne	Sonstiger Nationalpark-besucher	Nationalpark-besucher im engeren Sinne	Sonstiger Nationalpark-besucher	Nationalpark-besucher im engeren Sinne	Sonstiger Nationalpark-besucher	Nationalpark-besucher im engeren Sinne	Sonstiger Nationalpark-besucher
13,40 €	16,80 €	77,40 €	88,70 €	14,50 €	18,10 €	85,30 €	98,60 €

Quelle: eigene Berechnungen auf Datengrundlage von KRAUS/JOB 2015

5.3 Ausgabenkategorien und korrespondierende Wirtschaftszweige

Als vorgelagerter Verfahrensschritt der regionalökonomischen Wirkungsanalyse war eine Übersetzung der nachfrageseitigen Ausgabenkategorien in angebotsseitige Wirtschaftszweige notwendig, um branchenspezifische Verbleiberaten und Wertschöpfungsquoten zu berechnen. Dazu wurde die detaillierte Wirtschaftszweigsystematik der WZ 2008 verwendet, um die Zugehörigkeit bis auf Aggregationsebene der Unterklassen (5-Steller) zu identifizieren. Tabelle 21 zeigt die Einteilung bis auf Gruppenebene, während Anhang 7 eine detaillierte Übersicht bis Ebene der Unterklassen zu entnehmen ist.

In Kapitel 2.1 wurde das touristische Produkt als Dienstleistung charakterisiert (d. h. Immaterialität, Vergänglichkeit, Uno-actu-Prinzip). Das spiegelt sich in den Ausgabenkategorien insofern wider, als ausschließlich im tertiären Sektor (G-T) touristische Einnahmen generiert werden. Insgesamt konnten 13 von 88 Wirtschaftsabteilungen der WZ 2008 ausgemacht werden, die von touristischen Umsätzen profitieren. Auf der letzten Aggregationsebene der Unterklassen beträgt die Anzahl 127, was den Querschnittscharakter des Tourismus mit seiner Bandbreite an Nachfrage nach verschiedenen Gütern und Dienstleistungen herausstellt.

Eine mögliche Herangehensweise zur Identifikation der Tourismuswirtschaft ist die Einteilung dieser in drei Bereiche der typischen und ergänzenden Tourismuswirtschaft sowie die touristische Randwirtschaft nach der Art der Leistungserstellung, der Art der Nachfrage und der Intensität des Absatzes. Ersterem Bereich ist aufgrund des hohen Absatzes an touristische Nachfrager die „Beherbergung" (55) zugehörig (vgl. Kapitel 2.1), welche als eigene Wirtschaftsabteilung dem Wirtschaftsabschnitt des „Gastgewerbes" (I) in der WZ 2008 untergeordnet ist (vgl. Tabelle 21). Die „Gastronomie" (56) ist eine zweite Abteilung des „Gastgewerbes". Die Einordnung der „Gastronomie" in die Bereiche der Tourismuswirtschaft ist unscharf, weil alle Nachfrager – Einheimische oder Touristen – Speisen und Getränke konsumieren können. Angesichts räumlicher oder zeitlicher Gegebenheiten entsteht ein hoher Anteil des Absatzes aufgrund touristischer Nachfrage (vgl. Freyer 2015: 155). In der *economic impact*-Analyse des Tourismusaufkommens im Biosphärengebiet Schwarzwald sind eindeutig Touristen als Nachfrager der Wirtschaftsleistung definiert (vgl. Tabelle 21).

Der ebenso als touristische Randwirtschaft zu bezeichnende Lebensmittelverkauf ist vorrangig in Abteilung „Einzelhandel (ohne Handel mit Kraftfahrzeugen)" (47) des Abschnitts G einzuordnen. In dieser Kategorie wird besonders deutlich, dass die Aggregation von Wirtschaftszweigen eine eindeutige Zuordnung der Tourismuswirtschaft verkompliziert. Während Daten auf Wirtschaftsgruppenebene zu „Einzelhandel mit Waren verschiedener Art (in Verkaufsräumen)" (471) vollständig in den späteren Analysen einbezogen werden müssen, müsste idealerweise die der Gruppe untergeordnete Klasse „Sonstiger Einzelhandel mit Waren verschiedener Art" (4791) ausgeklammert werden, weil ihre beiden Unterklassen nur Güter ohne Nahrungsmittel umfassen. Gleiches würde für die Klasse „Einzelhandel mit Textilien, Bekleidung und Schuhen an Verkaufsständen und auf Märkten" (4782) gelten, jedoch ist aufgrund der stark aggregierten Datenverfügbarkeit eine solche Präzisierung nicht möglich.

„Non-Food-Produkte" umfassen alle Güter, die von den Besuchern des Biosphärengebiets Schwarzwald in Einzelposten unter oder über 50 € erworben wurden (vgl. Frage 9)c)iii)-iv) des Fragebogens; Anhang 4). Je nachdem, um welche Tourismusleistungen es sich handelt, ist dieser Bereich entweder der ergänzenden Tourismuswirtschaft (z. B. beim Angebot von Souvenirs) oder der touristischen Randwirtschaft zuzuordnen (z. B. beim Verkauf von Kleidung, Schuhen oder Sportausrüstung). Auch hier offenbart sich die Zuordnungsproblematik durch Aggregation der Wirtschaftszweige. Werden Daten der Gruppenaggregate verwendet, wird die Gruppe „Einzelhandel mit sonstigen Gütern (in Verkaufsräumen)" (477) vollständig einbezogen. Vorrangig sind die Klassen „Apotheken" (4773), „Einzelhandel mit medizinischen und orthopädischen Artikeln" (4774), „Einzelhandel mit kosmetischen Erzeugnissen und Körperpflegemitteln" (4775) der Ausgabenkategorie „Kurmittel" zuzuordnen, während die Klasse „Einzelhandel mit Nahrungs- und Genussmitteln, Getränken und Tabakwaren an Verkaufsständen und auf Märkten" (4781) zum Lebensmittelbereich gehört. Die Gruppe „Einzelhandel, nicht an Verkaufsräumen, an Verkaufsständen oder auf Märkten" (479), welche den Versand- und Interneteinzelhandel abdeckt, spielt im touristischen Konsum in einer Zielgebietsregion keine Rolle.

Für die Ausgabenkategorie „Freizeit", eine touristische Randwirtschaft, können alle Klassifikationsebenen nach Abteilungen, Gruppen, Klassen und Unterklassen des Abschnitts „Kunst, Unterhaltung, Erholung" (R) übernommen werden.

Randwirtschaftliche Tourismusleistungen für „Transport" werden von den Wirtschaftsbereichen der Personenbeförderung bereitgestellt (innerhalb des Wirtschaftsabschnittes „Verkehr und Lagerei" (H)). Dementsprechend werden die personenbezogenen Gruppenaggregate der beiden Abteilungen „Landverkehr und Transport in Rohrfernleitungen" (49) und „Schifffahrt" (50) als touristische Wirtschaftszweige definiert. Die übrigen Gruppen der Güterbeförderung sind für die Tourismusanalyse unbedeutend.

In der Ausgabenkategorie „Kurmittel" können zwei Wirtschaftsabschnitte als von touristischen Ausgaben profitierende Wirtschaftsbereite identifiziert werden. Die Aggregationsproblematik bedingt die komplette Berücksichtigung der Gruppe „Einzelhandel mit sonstigen Gütern (in Verkaufsräumen)" (477), wobei eigentlich nur die von den „Non-Food-Produkten" ausgeschlossenen Klassen „Apotheken" (4773), „Einzelhandel mit medizinischen und orthopädischen Artikeln" (4774) und „Einzelhandel mit kosmetischen Erzeugnissen und Körperpflegemitteln" (4775) der touristischen Randwirtschaft der Ausgabenkategorie „Kurmittel" zugehörig sind. Zudem wird das „Gesundheitswesen" (86) des Wirtschaftsabschnitts „Gesundheits- und Sozialwesen" (Q) den „Kurmitteln" zugewiesen.

Die Ausgabenkategorie „Kongress" ist als eigene randwirtschaftliche Gruppe „Messe-, Ausstellungs- und Kongressveranstalter" (823) in der WZ 2008 definiert.

Unter „Sonstiges" fällt zum einen die Gruppe „Reisebüros und Reiseveranstalter" (791) als ein Bereich der typischen Tourismuswirtschaft, sofern diese vor Ort aufgesucht werden. Zum anderen werden touristische Randbereiche subsummiert, indem die Gruppe „Erbringung von sonstigen überwiegend persönlichen Dienstleistungen" (960) zu „Sonstiges" zählt. Außerdem kann die Vermietung von Autos oder Freizeitgeräten als vom Tourismus profitierende Branche gesehen werden, sofern die Mietung ebenfalls nachfrageseitig im Zielgebiet stattfindet, weshalb die beiden Gruppen der Abteilung „Vermietung von beweglichen Sachen" (77) inkludiert werden.

Die hier dargelegte Zuordnung der Ausgabenkategorien zu korrespondierenden Wirtschaftszweigen stimmt weitgehend mit einer von der UNWTO veröffentlichten Liste der Tourismusbetriebe überein. Ein Unterschied besteht in der Hinzunahme des „Grundstücks- und Wohnungswesens" betreffend den Kauf und die Vermietung von Grundstücken, Wohnungen und Gebäuden im Falle von Zweitwohnungsbesitztum (vgl. UNWTO 2020: 27). Dieser eigene Wirtschaftsabschnitt wurde in der hier durchgeführten Systematisierung nicht berücksichtigt, weil für den geringen Anteil von 1,1 % der Übernachtungsgäste im Biosphärengebiet Schwarzwald, die als gewählte Unterkunftsart den Zweitwohnsitz angaben, keine Übernachtungsausgaben erfasst wurden.

Tabelle 21: Zuordnung der touristischen Ausgabenkategorien zum korrespondierenden Wirtschaftsschweig der WZ 2008 und VGR nach A*64

Ausgaben-kategorie	Abschnitt		Abteilung		Gruppe		IMPLAN/Input-Output-Tabelle nach VGR A*64 (ESVG 2010/SNA)
Unterkunft	I	Gastgewerbe	55	Beherbergung	551	Hotels, Gasthöfe und Pensionen	55-56 Gastgewerbe
					552	Ferienunterkünfte und ähnliche Beherbergungsstätten	
					553	Campingplätze	
					559	Sonstige Beherbergungsstätten	
Gastronomie	I	Gastgewerbe	56	Gastronomie	561	Restaurants, Gaststätten, Imbissstuben, Cafés, Eissalons u. Ä.	55-56 Gastgewerbe
					562	Caterer und Erbringung sonstiger Verpflegungsdienstleistungen	
					563	Ausschank von Getränken	
Lebensmittel	G	Handel; Instandhaltung und Reparatur von Kraftfahrzeugen	47	Einzelhandel (ohne Handel mit Kraftfahrzeugen)	471	Einzelhandel mit Waren verschiedener Art (in Verkaufsräumen)	47 Einzelhandel (ohne Handel mit Kraftfahrzeugen)
					472	Einzelhandel mit Nahrungs- und Genussmitteln, Getränken und Tabakwaren (in Verkaufsräumen)	
					478	Einzelhandel an Verkaufsständen und auf Märkten	
Non-Food-Produkte	G	Handel; Instandhaltung und Reparatur von Kraftfahrzeugen	47	Einzelhandel (ohne Handel mit Kraftfahrzeugen)	473	Einzelhandel mit Motorenkraftstoffen (Tankstellen)	47 Einzelhandel (ohne Handel mit Kraftfahrzeugen)
					474	Einzelhandel mit Geräten der Informations- und Kommunikationstechnik (in Verkaufsräumen)	
					475	Einzelhandel mit sonstigen Haushaltsgeräten, Textilien, Heimwerker- und Einrichtungsbedarf (in Verkaufsräumen)	
					476	Einzelhandel mit Verlagsprodukten, Sportausrüstungen und Spielwaren (in Verkaufsräumen)	
					477	Einzelhandel mit sonstigen Gütern (in Verkaufsräumen)	
					478	Einzelhandel an Verkaufsständen und auf Märkten	

Freizeit	R	Kunst, Unterhaltung, Erholung	90	Kreative, künstlerische und unterhaltende Tätigkeiten	900	Kreative, künstlerische und unterhaltende Tätigkeiten	90-92	Kreative, künstlerische und unterhaltende Tätigkeiten; Bibliotheken, Archive, Museen, botanische und zoologische Gärten; Spiel-, Wett- und Lotteriewesen
			91	Bibliotheken, Archive, Museen, botanische und zoologische Gärten	910	Bibliotheken, Archive, Museen, botanische und zoologische Gärten		
			92	Spiel-, Wett- und Lotteriewesen	920	Spiel-, Wett- und Lotteriewesen		
			93	Erbringung von Dienstleistungen des Sports, der Unterhaltung und der Erholung	931	Erbringung von Dienstleistungen des Sports	93	Erbringung von Dienstleistungen des Sports, der Unterhaltung und der Erholung
					932	Erbringung von sonstigen Dienstleistungen der Unterhaltung und der Erholung		
Transport	H	Verkehr und Lagerei	49	Landverkehr und Transport in Rohrfernleitungen	491	Personenbeförderung im Eisenbahnfernverkehr	49	Landverkehr und Transport in Rohrfernleitungen
					493	Sonstige Personenbeförderung im Landverkehr		
			50	Schifffahrt	501	Personenbeförderung in der See- und Küstenschifffahrt	50	Schifffahrt
					503	Personenbeförderung in der Binnenschifffahrt		
Kurmittel	G	Handel; Instandhaltung und Reparatur von Kraftfahrzeugen	47	Einzelhandel (ohne Handel mit Kraftfahrzeugen)	477	Einzelhandel mit sonstigen Gütern (in Verkaufsräumen)	47	Einzelhandel (ohne Handel mit Kraftfahrzeugen)
	Q	Gesundheits- und Sozialwesen	86	Gesundheitswesen	861	Krankenhäuser	86	Gesundheitswesen
					862	Arzt- und Zahnarztpraxen		
					869	Gesundheitswesen a. n. g.		
Kongress	N	Erbringung von sonstigen wirtschaftlichen Dienstleistungen	82	Erbringung von wirtschaftlichen Dienstleistungen für Unternehmen und Privatpersonen a. n. g.	823	Messe-, Ausstellungs- und Kongressveranstalter	80-82	Wach- und Sicherheitsdienste sowie Detekteien; Gebäudebetreuung; Garten- und Landschaftsbau; Erbringung von wirtschaftlichen Dienstleistungen für Unternehmen und Privatpersonen a. n. g.

Sonstiges	N	77	Erbringung von sonstigen wirtschaftlichen Dienstleistungen	77	Vermietung von beweglichen Sachen	771	Vermietung von Kraftwagen
						772	Vermietung von Gebrauchsgütern
		79	Reisebüros, Reiseveranstalter und Erbringung sonstiger Reservierungsdienstleistungen	79	Reisebüros, Reiseveranstalter und Erbringung sonstiger Reservierungsdienstleistungen	791	Reisebüros und Reiseveranstalter
	S	96	Erbringung von sonstigen Dienstleistungen	96	Erbringung von sonstigen überwiegend persönlichen Dienstleistungen	960	Erbringung von sonstigen überwiegend persönlichen Dienstleistungen

77	Vermietung von beweglichen Sachen	
79	Reisebüros, Reiseveranstalter und Erbringung sonstiger Reservierungsdienstleistungen	
96	Erbringung von sonstigen überwiegend persönlichen Dienstleistungen	

Quelle: eigene Zusammenstellung auf Grundlage von Statistisches Bundesamt 2008: 73ff.

5.4 Regionalökonomische Verbleiberaten

5.4.1 Touristische Kenngrößen nach *A*64*-Klassifikation

Die im Folgenden wiedergegebenen Kenngrößen bilden in gewissem Umfang die regionalen Wirtschaftsstrukturen im Biosphärengebiet Schwarzwald ab. Die touristischen Kenngrößen der Bruttowertschöpfung und der Erwerbstätigen zeigen die regionalökonomische Bedeutung einzelner Wirtschaftszweige in den vier Landkreisen der Untersuchungsregion. Das Biosphärengebiet Schwarzwald ist eine dünn besiedelte, ländliche Region, deren historische Flächennutzung einen Grünlandanteil von gut einem Viertel hervorbrachte. Die Offenhaltung der Landschaft ist ein zentrales Element der landwirtschaftlichen Nutzung und der Aufgabenwahrnehmung des Biosphärengebiets. Förderprogramme unterstützen die Pflege der Allmendweiden und damit den Erhalt des typischen Landschaftsbildes (vgl. Biosphärengebiet Schwarzwald 2016: 52ff.). Der strukturelle Wandel in der Landwirtschaft macht sich darin bemerkbar, dass Anfang der 1990er Jahre der Anteil der erwirtschafteten Bruttowertschöpfung für „Land- und Forstwirtschaft, Fischerei" im Biosphärengebiet Schwarzwald (*Core Region 1*) noch bei 1,5 % der gesamten Wirtschaftsleistung lag (vgl. eigene Berechnungen nach AK VGRdL 2020b). Im Bezugsjahr 2016 waren es 0,7 % (vgl. Tabelle 22). Der Ackerbau nimmt nur wenige Randbereiche des Biosphärengebietes Schwarzwald in den tieferen Lagen ein, während Wiesen und Weiden hauptsächlich extensiv genutzt werden (vgl. Biosphärengebiet Schwarzwald 2016: 141; 2021: 18). Die Zahl der Erwerbstätigen im primären Sektor blieb über die Jahre konstant und lag 2016 bei rund 8.400 Personen, was 1,8 % der Gesamtzahl der Erwerbstätigen entspricht und im Vergleich etwas höher ist als in *Core Region 2* des Nationalparks Schwarzwald, den beiden *Surrounding Regions* der Naturparke Schwarzwald Mitte/Nord und Südschwarzwald und dem Land Baden-Württemberg (vgl. Tabelle 23).

Die allgemeine Dienstleistungsorientierung der deutschen Wirtschaft spiegelt sich auch in der Wirtschaftsleistung des Biosphärengebiets Schwarzwald wider. Mehr als zwei Drittel der erwirtschafteten Bruttowertschöpfung im Jahr 2016 (68,9 %) ist auf die tertiären Wirtschaftsbereiche (G-T) in *Core Region 1* zurückzuführen. In der Gegenüberstellung zu den Vergleichsregionen ist der Anteil überdurchschnittlich hoch, wobei zu bedenken ist, dass der Einbezug des Stadtkreises Freiburg im Breisgau zu höheren Bruttowertschöpfungsanteilen im tertiären Sektor führt (selbst der Stadtkreis Baden-Baden mit einem Bruttowertschöpfungsanteil im tertiären Sektor von 75,9 % kann die ansonsten hinsichtlich des Tertiärisierungsgrades schwächer entwickelten Landkreise von *Core Region 2* nicht ausgleichen, sodass der Bruttowertschöpfungsanteil im tertiären Sektor in der Nationalparkregion bei 54,9 % liegt). Allein die stadtbezogenen öffentlichen, sozialen und kulturellen Dienstleistungen (O-T) erwirtschaften 38,1 % der Bruttowertschöpfung des Stadtkreises. Dies führt auch zu einer leichten Unterrepräsentierung des sekundären Sektors (B-F) in der Gesamtbetrachtung der *Core Region 1*, weil der Anteil aufgrund des vergleichsweise geringen Bruttowertschöpfungsanteils von 17,6 % im Stadtkreis

Freiburg im Breisgau den Prozentwert für die *Core Region 1* insgesamt drückt (vgl. Tabelle 22). Auffallend sind die noch höheren Anteile der Zahl der Erwerbstätigen im tertiären Sektor an der gesamten Erwerbstätigkeit in allen Vergleichsregionen, was auf den generell höheren Eigenleistungsanteil in Dienstleistungsbranchen als im produzierenden und verarbeitenden Gewerbe hindeutet. Überdurchschnittlich hoch liegt außerdem der Anteil der Erwerbstätigen in der „Land- und Forstwirtschaft, Fischerei" im Landkreis Breisgau-Hochschwarzwald mit 4,2 % (vgl. Tabelle 23). Auch hier ist zu beachten, dass der Einbezug des gesamten Landkreises in *Core Region 1* zu einer leichten Verzerrung des modellhaften Abbildes der Regionalökonomie des Biosphärengebiets Schwarzwald führt, weil die gesamte Ausdehnung des Landkreises über das Biosphärengebiet hinaus bis zum Rheintal an der französischen Grenze landwirtschaftliche Erzeugung in größerem Umfang einbezieht.

Tabelle 22: Anteile der Bruttowertschöpfung nach Wirtschaftszweigen in *Core Region 1* und Vergleichsregionen

		A	B-E	F	G-J	K-N	O-T	A-T
		Land- und Forstwirtschaft, Fischerei	Produzierendes Gewerbe ohne Baugewerbe	Baugewerbe	Handel, Verkehr und Lagerei, Gastgewerbe, Information und Kommunikation	Finanz-, Versicherungs- und Unternehmensdienstleister; Grundstücks- und Wohnungswesen	Öffentliche und sonstige Dienstleister, Erziehung und Gesundheit, Private Haushalte mit Hauspersonal	Insgesamt
Freiburg	[Mio. €]	13,8	1.429,3	313,9	2.099,9	2.289,9	3.783,4	9.930,2
	[%]	0,1	14,4	3,2	21,1	23,1	38,1	100,0
Breisgau-Hochschwarzwald	[Mio. €]	105,8	1.813,1	514,2	1.296,1	1.718,4	1.268,4	6.716,0
	[%]	1,6	27,0	7,6	19,3	25,6	18,9	100,0
Lörrach	[Mio. €]	41,2	2.231,5	300,3	1.317,9	1.484,2	1.208,0	6.583,1
	[%]	0,6	33,9	4,6	20,0	22,5	18,4	100,0
Waldshut	[Mio. €]	41,8	1.473,9	361,0	787,7	1.017,6	884,3	4.566,3
	[%]	0,9	32,3	7,9	17,2	22,3	19,4	100,0
Core Region 1	[Mio. €]	202,6	6.947,8	1.489,4	5.501,6	6.510,1	7.144,1	27.798,6
	[%]	0,7	25,0	5,4	19,8	23,4	25,7	100,0
Surrounding Region 1	[Mio. €]	475,6	27.281,8	3.902,8	12.050,9	17.111,4	12.836,6	73.659,1
	[%]	0,7	37,0	5,3	16,4	23,2	17,4	100,0
Core Region 2	[Mio. €]	216,3	11.648,0	1.582,1	5.084,5	6.069,6	5.227,6	29.828,1
	[%]	0,7	39,1	5,3	17,0	20,4	17,5	100,0
Surrounding Region 2	[Mio. €]	461,8	22.581,6	3.810,1	12.468,0	17.551,9	14.753,2	71.626,6
	[%]	0,7	31,5	5,3	17,4	24,5	20,6	100,0
Baden-Württemberg	[Mio. €]	2.102,9	149.063,2	19.868,3	78.799,3	102.463,4	75.562,7	427.859,8
	[%]	0,5	34,8	4,6	18,4	24,0	17,7	100,0

Quelle: eigene Berechnungen auf Datengrundlage von AK VGRDL 2020b

Tabelle 23: Anteile der Erwerbstätigen nach Wirtschaftszweigen in *Core Region 1* und Vergleichsregionen

		A	B-E	F	G-J	K-N	O-T	A-T
		Land- und Forstwirtschaft, Fischerei	Produzierendes Gewerbe ohne Baugewerbe	Baugewerbe	Handel, Verkehr und Lagerei, Gastgewerbe, Information und Kommunikation	Finanz-, Versicherungs- und Unternehmensdienstleister; Grundstücks- und Wohnungswesen	Öffentliche und sonstige Dienstleister, Erziehung und Gesundheit, Private Haushalte mit Hauspersonal	Insgesamt
Freiburg	[Tsd. Personen]	0,5	13,8	4,6	44,5	24,3	84,5	172,2
	[%]	0,3	8,0	2,7	25,9	14,1	49,0	100,0
Breisgau-Hochschwarzwald	[Tsd. Personen]	5,0	26,4	8,5	33,0	14,7	30,5	118,1
	[%]	4,2	22,4	7,2	27,9	12,4	25,9	100,0
Lörrach	[Tsd. Personen]	1,6	26,4	5,8	31,0	13,7	29,5	108,0
	[%]	1,4	24,5	5,4	28,7	12,7	27,3	100,0
Waldshut	[Tsd. Personen]	1,4	19,0	6,1	21,3	7,8	22,2	77,8
	[%]	1,7	24,5	7,9	27,3	10,0	28,6	100,0
Core Region 1	[Tsd. Personen]	8,4	85,7	25,0	129,8	60,5	166,7	476,1
	[%]	1,8	18,0	5,2	27,3	12,7	35,0	100,0
Surrounding Region 1	[Tsd. Personen]	14,5	343,2	67,1	274,9	164,9	296,6	1.161,2
	[%]	1,3	29,5	5,8	23,7	14,2	25,5	100,0
Core Region 2	[Tsd. Personen]	7,0	138,2	26,6	113,3	58,0	116,5	459,6
	[%]	1,5	30,1	5,8	24,6	12,6	25,4	100,0
Surrounding Region 2	[Tsd. Personen]	15,9	290,6	65,6	291,4	167,3	346,8	1.177,6
	[%]	1,4	24,7	5,6	24,7	14,2	29,4	100,0
Baden-Württemberg	[Tsd. Personen]	76,0	1.578,2	318,6	1.503,9	977,6	1.713,0	6.167,3
	[%]	1,2	25,6	5,2	24,4	15,8	27,8	100,0

Quelle: eigene Berechnungen auf Datengrundlage von AK VGRDL 2020b; EUROPÄISCHE KOMMISSION 2021

Zur Berechnung regionalökonomischer Verbleiberaten wurden die in Tabelle 22 und 23 zusammengetragenen Bruttowertschöpfungs- und Erwerbstätigenwerte nach *A*10 (mit Zusammenfassungen)* mithilfe eines Disaggregationsverfahrens aufgeschlüsselt (vgl. Kapitel 4.6). Tabelle 24 gibt die Ergebnisse für *Core Region 1* des ersten Verfahrensschrittes der Disaggregation der *A*10*-Werte auf die *A*64*-Gliederungsebene wieder, die der IMPLAN-Input-Output-Tabellen nach der NACE-Systematik kompatibel sind. Die erste Spalte zeigt die von IMPLAN modellierten Produktionswerte nach Wirtschaftsabteilung (*A*64*)[133]. Die sektoralen Anteile der von IMPLAN modellierten Produktionswerte zeigen ein ähnliches Bild wie gemittelte Bundes- und Länderwerte: Nach den IMPLAN-Daten entfallen 1,0 % des Produktionswertes in *Core Region 1* auf den primären Sektor, 44,8 % auf den sekundären Sektor und 54,2 % auf den tertiären Sektor (vgl. Tabelle 24). Eigenen Berechnungen auf Bundes- und Länderebene zufolge beläuft sich der gemittelte Anteil Baden-Württembergs und Deutschlands im primären Sektor auf 0,8 %, im sekundären Sektor auf 45,5 % und im tertiären Sektor auf 53,7 % (vgl. eigene Berechnungen nach STATISTISCHES LANDESAMT BADEN-WÜRTTEMBERG IM AUFTRAG DES AK VGRDL 2020).

Die disaggregierten Bruttowertschöpfungsdaten sind in den nachfolgenden Spalten zu entnehmen. Dazu sind die aufgeschlüsselten nationalen Bruttowert- schöpfungsanteile der *A*64*-Systematik am *A*10*-Abschnitt (*mit Zusammenfassungen*) wiedergegeben, die als Grundlage der Disaggregation der zusammengefassten Kreiswerte dienten. 100 % entsprechen den Bruttowertschöpfungswerten nach *A*10* (*mit Zusammenfassungen*) (vgl. Tabelle 22). Die Ergebnisse der Disaggregation sind aus der danebenstehenden Spalte für alle Wirtschaftsabteilungen (A-T) abzulesen. Interpretativ bedeuten die Angaben, dass z. B. eine geschätzte Bruttowertschöpfung von 420,2 Mio. € im Gastgewerbe in *Core Region 1* im Bezugsjahr 2016 erwirtschaftet wurde. Gleichzeitig lag der Produktionswert bei 1.003,4 Mio. € (vgl. Tabelle 24).

Gleiche Informationen sind zu Erwerbstätigen nach Wirtschaftsabteilung an- geführt. Als Disaggregationsgrundlage dienten analog die nationalen Anteile der Erwerbstätigen nach *A*64* am *A*10*-Wirtschaftsabschnitt. Die 100 %-Anteile entspre- chen den Rohdaten der Tabelle 23. Im Falle der Erwerbstätigen bedeuten die An- gaben z. B., dass im Jahr 2016 schätzungsweise 21.200 Personen im Gastgewerbe in *Core Region 1* beschäftigt waren.

Neben der realitätsgetreueren Schätzung der Größenordnung disaggregierter Werte auf Kreisebene liegt ein weiterer Vorteil der aufgeschlüsselten Werte nach *A*64* in der Möglichkeit, die IMPLAN-Daten auf ihre Plausibilität hin zu überprü- fen. Eine entsprechende Spalte der Tabelle 24 zeigt die IMPLAN-Werte nach *A*64*. Die modellierten und die eigens zergliederten Bruttowertschöpfungs- und Erwerbs- tätigenwerte liegen weitgehend in derselben Größenordnung. Die Abweichungen der Bruttowertschöpfung sind generell höher, weil sich die Zahlen im höheren Wertebereich (in Mio.) befinden als die Erwerbstätigenzahlen (in Tsd.). Die mitt- lere Abweichung der Bruttowertschöpfung zwischen disaggregierten VGR- und IMPLAN-Werten liegt bei 22,8 Mio. €. Stärker abweichend sind die Wirtschafts- bereiche des sekundären Sektors mit durchschnittlich 47,0 Mio. € Unterschied. Die Differenzen der tourismusrelevanten Dienstleistungsbereiche (G-T) liegen zwischen 4,2 Mio. € (K-N) und 28,3 Mio. € (O-T). Die Erwerbstätigenzahlen weisen im Mittel nur eine sehr geringe Abweichung von 20 Personen auf. Zwischen den Wirtschafts- zweigen existieren keine signifikanten Unterschiede zwischen der von IMPLAN modellierten und eigens disaggregierten Erwerbstätigenzahlen. Hinsichtlich der

---

133 Für regionale Produktionswerte wurde der IMPLAN-Datensatz 02_StudyAreaData verwendet, weil Produktionswerte auf Kreisebene vom Arbeitskreis „VGR der Länder" nicht zur Verfügung gestellt werden. Die aufbereiteten Kenngrößen des Datensatzes sind dem Digitalanhang zu entnehmen.

Methodik ist das Verfahren von IMPLAN zur Herleitung detaillierter regionalwirtschaftlicher Kenngrößen hiermit empirisch nachvollzogen.

Zur Harmonisierung der Werte wurden die Mittelwerte nach Wirtschaftszweigen von den *A*64*-Werten nach amtlicher VGR-Statistik und den IMPLAN-Daten berechnet. Diese dienten daraufhin als Ausgangsgrößen für die weitere Disaggregation zur Berechnung regionalökonomischer Verbleiberaten.

Tabelle 24: Disaggregierte touristische Kenngrößen nach A*64

		Produktionswert		Bruttowertschöpfung				Erwerbstätige		
		IMPLAN [Mio. €]	Anteil der Disaggregation [%]	VGR [Mio. €]	IMPLAN [Mio. €]	Mittelwert [Mio. €]	Anteil der Disaggregation [%]	Eurostat [Tsd. Personen]	IMPLAN [Tsd. Personen]	Mittelwert [Tsd. Personen]
A	Land- und Forstwirtschaft, Fischerei	595,7	100,0	202,6	242,0	222,3	100,0	8,4	6,5	7,5
A01	Landwirtschaft, Jagd und damit verbundene Tätigkeiten	524,5	82,5	167,2	198,8	183,0	92,6	7,7	6,1	6,9
A02	Forstwirtschaft und Holzeinschlag	66,3	16,3	33,1	40,5	36,8	6,6	0,6	0,4	0,5
A03	Fischerei und Aquakultur	4,8	1,1	2,3	2,8	2,6	0,8	0,1	0,1	0,1
B-E	Produzierendes Gewerbe ohne Baugewerbe	23.260,6	100,0	6.947,8	8.028,0	7.487,9	100,0	85,7	94,2	89,9
B	Bergbau und Gewinnung von Steinen und Erden	107,6	0,6	38,2	38,4	38,3	0,7	0,6	0,6	0,6
C10-C12	Herstellung von Nahrungs- und Futtermitteln; Getränkeherstellung und Tabakverarbeitung	2.107,4	6,3	435,6	521,2	478,4	11,4	9,8	10,9	10,4
C13-C15	Herstellung von Textilien, Bekleidung, Leder, Lederwaren und Schuhen	262,0	1,0	70,9	83,9	77,4	1,8	1,5	1,8	1,6
C16	Herstellung von Holz-, Flecht-, Korb- und Korkwaren (ohne Möbel)	280,1	0,9	65,3	78,1	71,7	1,7	1,4	1,6	1,5
C17	Herstellung von Papier, Pappe und Waren daraus	440,1	1,5	105,1	125,2	115,1	1,8	1,5	1,7	1,6
C18	Herstellung von Druckerzeugnissen; Vervielfältigung von bespielten Ton-, Bild- und Datenträgern	221,7	1,0	71,3	84,6	78,0	2,0	1,7	1,9	1,8
C19	Kokerei und Mineralölverarbeitung	575,1	0,7	51,5	66,2	58,0	0,2	0,2	0,2	0,2
C20	Herstellung von chemischen Erzeugnissen	1.519,7	6,5	451,5	538,0	494,7	4,3	3,6	4,0	3,8
C21	Herstellung von pharmazeutischen Erzeugnissen	557,9	3,5	241,5	283,1	262,3	1,6	1,4	1,6	1,5
C22	Herstellung von Gummi- und Kunststoffwaren	925,3	4,1	283,1	335,7	309,4	5,4	4,6	5,1	4,9
C23	Herstellung von Glas und Glaswaren, Keramik, Verarbeitung von Steinen und Erden	526,2	2,4	168,0	199,4	183,7	3,0	2,6	2,8	2,7
C24	Metallerzeugung und -bearbeitung	1.064,5	2,8	195,6	242,4	219,0	3,3	2,8	3,1	3,0

Code	Beschreibung									
C25	Herstellung von Metallerzeugnissen	1.489,0	7,6	528,7	628,1	578,4	11,2	9,6	10,5	10,1
C26	Herstellung von Datenverarbeitungsgeräten, elektronischen und optischen Erzeugnissen	989,7	5,5	382,9	450,1	416,5	4,4	3,8	4,2	4,0
C27	Herstellung von elektrischen Ausrüstungen	1.182,1	5,9	407,8	484,7	446,3	6,1	5,2	5,7	5,5
C28	Maschinenbau	2.876,8	13,2	915,7	1.083,4	999,5	14,1	12,1	13,4	12,7
C29	Herstellung von Kraftwagen und Kraftwagenteilen	4.544,6	18,1	1.258,7	1.470,1	1.364,4	10,8	9,3	10,3	9,8
C30	Sonstiger Fahrzeugbau	523,7	2,0	136,7	160,7	148,7	1,7	1,5	1,6	1,6
C31_C32	Herstellung von Möbeln und sonstigen Waren	626,6	3,3	227,7	269,6	248,6	5,0	4,3	4,8	4,6
C33	Reparatur und Installation von Maschinen und Ausrüstungen	469,6	2,2	153,0	180,4	166,7	3,1	2,6	2,8	2,7
D	Energieversorgung	1.328,8	6,9	476,1	428,0	452,0	3,1	2,7	2,7	2,7
E36	Wasserversorgung	94,7	0,8	55,2	53,6	54,4	0,4	0,4	0,4	0,4
E37-E39	Abwasserentsorgung, Abfallentsorgung, Beseitigung von Umweltverschmutzungen und sonstige Entsorgung	547,3	3,3	227,7	223,2	225,4	2,9	2,5	2,5	2,5
F	Baugewerbe	3.282,2	100,0	1.489,4	1.570,1	1.529,8	100,0	25,0	26,2	25,6
G-J	Handel, Verkehr und Lagerei, Gastgewerbe, Information und Kommunikation	11.492,3	100,0	5.501,6	5.347,4	5.424,5	100,0	129,8	129,2	129,5
G45	Handel mit Kraftfahrzeugen; Instandhaltung und Reparatur von Kraftfahrzeugen	766,6	8,3	457,2	490,5	473,9	7,5	9,7	10,1	9,9
G46	Großhandel (ohne Handel mit Kraftfahrzeugen und Krafträdern)	2.470,3	23,2	1.275,5	1.323,1	1.299,3	16,4	21,3	21,9	21,6
G47	Einzelhandel (ohne Handel mit Kraftfahrzeugen)	1.945,8	16,9	930,2	988,0	959,1	28,8	37,4	39,1	38,3
H49	Landverkehr und Transport in Rohrfernleitungen	1.146,5	8,3	455,7	535,3	495,5	8,1	10,6	11,2	10,9
H50	Schifffahrt	237,8	0,7	41,0	45,0	43,0	0,2	0,3	0,3	0,3
H51	Luftfahrt	298,3	1,4	79,3	86,0	82,7	0,6	0,8	0,8	0,8
H52	Lagerei sowie Erbringung von sonstigen Dienstleistungen für den Verkehr	1.478,9	8,2	450,8	483,2	467,0	6,4	8,4	8,2	8,3
H53	Post-, Kurier- und Expressdienste	378,4	2,8	153,8	154,6	154,2	4,3	5,6	5,8	5,7

I	Gastgewerbe	1.003,4	7,6	420,2	449,1	434,7	16,3	21,2	22,4	21,8
J58	Verlagswesen	227,9	2,5	136,2	85,6	110,9	1,7	2,2	1,4	1,8
J59_J60	Herstellung, Verleih und Vertrieb von Filmen und Fernsehprogrammen; Kinos, Rundfunkveranstalter	227,0	2,8	154,4	102,9	128,7	1,1	1,5	1,0	1,2
J61	Telekommunikation	472,7	4,4	240,6	153,2	196,9	1,1	1,4	0,9	1,1
J62_J63	Programmierungstätigkeiten, Erbringung von Dienstleistungen der Informationstechnologie	838,7	12,8	706,7	450,9	578,8	7,3	9,5	6,1	7,8
K-N	Finanz-, Versicherungs- und Unternehmensdienstleister; Grundstücks- und Wohnungswesen	10.542,9	100,0	6.510,1	6.564,1	6.537,1	100,0	60,5	64,1	62,3
K64	Erbringung von Finanzdienstleistungen	1.233,6	10,1	659,0	560,8	609,9	8,5	5,2	5,5	5,3
K65	Versicherungen, Rückversicherungen und Pensionskassen (ohne Sozialversicherung)	668,5	3,6	235,0	212,6	223,8	2,3	1,4	1,6	1,5
K66	Mit Finanz- und Versicherungsdienstleistungen verbundene Tätigkeiten	260,7	2,2	144,2	135,1	139,6	4,5	2,7	2,9	2,8
L	Grundstücks- und Wohnungswesen	4.317,0	41,3	2.686,8	3.450,7	3.068,7	6,1	3,7	4,4	4,1
M69_M70	Rechts- und Steuerberatung, Wirtschaftsprüfung; Verwaltung und Führung von Unternehmen und Betrieben; Unternehmensberatung	972,8	11,3	734,8	521,2	628,0	18,0	10,9	11,2	11,0
M71	Architektur- und Ingenieurbüros; technische, physikalische und chemische Untersuchung	553,0	5,5	358,3	302,7	330,5	9,6	5,8	6,1	5,9
M72	Forschung und Entwicklung	294,3	3,1	201,6	164,1	182,8	2,8	1,7	1,8	1,7
M73	Werbung und Marktforschung	195,8	1,7	113,7	91,6	102,7	3,3	2,0	2,0	2,0
M74_M75	Sonstige freiberufliche, wissenschaftliche und technische Tätigkeiten; Veterinärwesen	252,1	2,2	142,1	116,3	129,2	3,0	1,8	1,9	1,9
N77	Vermietung von beweglichen Sachen	495,4	6,2	401,7	336,6	369,1	1,8	1,1	1,1	1,1
N78	Vermittlung und Überlassung von Arbeitskräften	275,8	3,9	252,4	208,2	230,3	12,7	7,7	8,2	7,9
N79	Reisebüros, Reiseveranstalter und Erbringung sonstiger Reservierungsdienstleistungen	256,4	0,8	54,8	45,7	50,2	1,4	0,8	0,9	0,9
N80-N82	Wach- und Sicherheitsdienste sowie Detekteien; Gebäudebetreuung, Garten- und Landschaftsbau; Erbringung von wirtschaftlichen Dienstleistungen für Unternehmen und Privatpersonen a. n. g.	767,7	8,1	525,8	418,6	472,2	26,0	15,7	16,7	16,2

O-T	Öffentliche und sonstige Dienstleister, Erziehung und Gesundheit, Private Haushalte mit Haus-personal									
		10.047,0	100,0	7.144,1	6.860,6	7.002,3	100,0	166,7	156,9	161,8
O	Öffentliche Verwaltung, Verteidigung; Sozialver-sicherung	2.983,5	27,6	1.969,6	1.901,5	1.935,6	18,9	31,4	29,8	30,6
P	Erziehung und Unterricht	1.847,4	20,7	1.478,8	1.416,7	1.447,7	17,9	29,9	28,1	29,0
Q86	Gesundheitswesen	2.513,96	24,3	1.737,6	1.707,3	1.722,5	23,0	38,4	37,4	37,9
Q87_Q88	Heime ohne Erholungs- und Ferienheime; Sozial-wesen ohne Heime	997,6	9,9	706,2	665,6	685,9	18,5	30,8	29,4	30,1
R90-R92	Kreative, künstlerische und unterhaltende Tätigkei-ten; Bibliotheken, Archive, Museen, botanische und zoologische Gärten; Spiel-, Wett- und Lotteriewesen	390,7	3,5	246,9	262,6	254,7	3,0	5,0	4,4	4,7
R93	Erbringung von Dienstleistungen des Sports, der Unterhaltung und der Erholung	280,7	2,6	188,5	158,5	173,5	1,9	3,2	2,8	3,0
S94	Interessenvertretungen sowie kirchliche und sonstige religiöse Vereinigungen (ohne Sozialwesen und Sport)	413,6	4,7	334,3	293,8	314,0	5,0	8,3	7,4	7,8
S95	Reparatur von Datenverarbeitungsgeräten und Gebrauchsgütern	22,9	0,3	19,7	15,3	17,5	0,4	0,7	0,7	0,7
S96	Erbringung von sonstigen überwiegend persönlichen Dienstleistungen	516,0	5,3	381,5	358,8	370,2	5,3	8,8	7,8	8,3
T	Private Haushalte mit Hauspersonal; Herstellung von Waren und Erbringung von Dienstleistungen durch Private Haushalte für den Eigenbedarf ohne ausgeprägten Schwerpunkt	80,6	1,1	80,9	80,6	80,8	6,1	10,3	9,1	9,7

Quelle: eigene Berechnungen auf Datengrundlage von AK VGRoL 2020b; Europäische Kommission 2021; IMPLAN-Datensatz 02_StudyAreaData

5.4.2 Regionalökonomische Verbleiberaten für touristische Ausga-benkategorien

Mit den im Folgenden vorgestellten regionalökonomischen Verbleiberaten touristischer Ausgaben zur Erfassung der direkter Wertschöpfungs- und Beschäftigungswirkungen der Ausgaben der Touristen wird der Versuch wiedergegeben, mithilfe eines praktikablen Verfahrens branchenspezifische Wertschöpfungsquoten und Erwerbstätigenverhältnisse auf Grundlage des Quotenansatzes als rechnerisches Konzept der VGR herzuleiten (vgl. Tabelle 25).

Die Wertschöpfungsquoten hängen maßgeblich von der Eigenleistung der jeweiligen Branchen im Produktionsprozess zur Herstellung ihrer Güter und Dienstleistungen ab. Generell weisen Dienstleistungsbereiche, denen touristische Wirtschaftsleistungen ausschließlich zugehörig sind, höhere Eigenleistungsanteile im Vergleich zur industriellen Fertigung auf, wo Outsourcing eine große Rolle spielt. Aus der zeitlich und örtlich zusammenfallenden touristischen Leistungserstellung nach dem Uno-actu-Prinzip, d. h. der gebündelten touristischen Nachfrage vor Ort (vgl. Kapitel 2.1), resultiert eine hohe mittlere Wertschöpfungsquote von 45,9 % in *Core Region 1*. Zur sektoralen Einordnung ist zu spezifizieren, dass die Wertschöpfungsquoten in *Core Region 1* für „Land- und Forstwirtschaft, Fischerei" (A) bei 40,6 %, im produzierenden Gewerbe (B-F) bei 36,2 % und in den Dienstleistungsbereichen (G-T) bei 58,5 % liegen (vgl. eigene Berechnungen auf Basis der IMPLAN-Daten 02_StudyAreaData; vgl. Tabelle 24 in Kapitel 5.4.1).

Die den touristischen Ausgabenkategorien kompatible Wertschöpfungsquoten zeigen weitere branchenspezifische Unterschiede. Aufgrund der größer ausfallenden Vorleistungsbereitstellung zum Angebot von Speisen und Getränken ist die Wertschöpfungsquote der „Gastronomie" mit 42,6 % niedriger als diejenige für die Kategorie der „Unterkunft" mit 44,8 % (vgl. Tabelle 25). Auch auf Ebene der Wirtschaftsklassen und -unterklassen (4- und 5-Steller) sind Abweichungen anzunehmen. So ist davon auszugehen, dass beispielsweise „Imbissbuden" (Unterklasse 56103) einen geringeren Wertschöpfungsanteil erwirtschaften als „Restaurants mit herkömmlicher Bedienung" (56101). Werden vom hochwertigen Restaurantbetrieb zudem regionale Produkte verarbeitet, verbleibt eine höhere Wertschöpfung in der Region. Aufgrund der aggregierten Datenlage auf Gruppenebene ist eine Präzisierung nach Betriebstypen auf Ebene der Unterklassen nicht möglich.

Für den „Einzelhandel" (47) ist besonders zu beachten, dass Handelsspannen für die Kategorien „Lebensmittel" und „Non-Food-Produkte" nach dem Konzept einer *capture rate* anzuwenden sind. Auf Basis nationaler Durchschnittswerte wurde für *Core Region 1* berechnet, dass die *capture rate* im Lebensmitteleinzelhandel (Wirtschaftsgruppen 471, 472, 478) 28,1 % und im Non-Food-Bereich (473, 474, 475, 476, 477, 478) 39,5 % beträgt, d. h. anteilig des originären touristischen Umsatzes als Produktionswert in den regionalen Wirtschaftskreislauf eingespeist wird. Damit verringern sich die Wertschöpfungsquoten für die Einzelhandelsbranche insgesamt, sodass 13,7 % der touristischen Ausgaben für „Lebensmittel" und 19,6 % der Ausgaben für „Non-Food-Produkte" als direkte Wertschöpfung in der Region verbleiben.

Sehr heterogen ist die Subgruppe der sonstigen Dienstleistungsbereiche, wo die niedrigste Wertschöpfungsquote mit 38,9 % für Ausgaben zum personenbezogenen „Transport" in der Region erzielt wird, was mit der betriebswirtschaftlichen Eigenleistung zusammenhängt. Besonders für den regionalen Transport sind faktisch größere Differenzen auf der Klassen- und Unterklassenebene anzunehmen, weil die regionale Wertschöpfungsgenerierung maßgeblich davon abhängt, wo einzelne Transportunternehmen ansässig sind. Da die Deutsche Bahn beispielsweise ihren Hauptsitz in Berlin hat, ist für die Personenbeförderung im Eisenbahnverkehr mit einem regionalen Wertschöpfungsabfluss zu rechnen. Lokal ansässige Omnibus-Betriebe tragen hingegen mehr zur regionalen Wertschöpfung bei. Allerdings ist auch hier keine Differenzierung ferner der Gruppenebene möglich. Die höchsten Wertschöpfungsquoten sind wiederum bei den personenbezogenen Dienstleistungsbranchen bei Ausgaben für „Freizeit", „Kurmittel" und „Kongress" in *Core Region 1* zu vernehmen, da Vorleistungsbezüge zur Bereitstellung des Konsumgutes eine geringere Rolle spielen und so ein hoher Wertschöpfungsanteil verbleibt (vgl. Tabelle 25).

Die Zahl der Erwerbstätigen je touristischer Produktionseinheit korreliert mit den Höhen der Wertschöpfungsquoten der Ausgabenkategorien. In *Core Region 1* wird die höchste Anzahl an Erwerbstätigen durch touristische Ausgaben in der Gastronomie generiert. Insgesamt werden 2,4 Arbeitsplätze je 100.000 € Produktionswert in der Gastronomie geschaffen. Dazu zählen alle Personen, die eine auf Erwerb ausgerichtete Tätigkeit in der „Gastronomie", unabhängig von der geleisteten Arbeitszeit, ausüben. Das erklärt den höchsten Wert in diesem Wirtschaftszweig, weil dort tendenziell viele in Teilzeit oder marginal beschäftigt sind oder eine Selbstständigkeit ihres inhabergeführten Betriebes ausüben (vgl. STATISTISCHE ÄMTER DES BUNDES UND DER LÄNDER 2021b). Aufgrund der anzusetzenden *capture rate* fallen die Erwerbstätigenzahlen pro 100.000 € für „Lebensmittel" und „Non-Food-Produkte" geringer aus (vgl. Tabelle 25).

Tabelle 25: Regionalökonomische Wertschöpfungsquoten und Erwerbstätige je 100.000 € Produktionswert in *Core Region 1*

Ausgabenkategorie	Abteilungs-(2-Steller)/Gruppenzuordnung (3-Steller) nach WZ 2008	Wertschöpfungsquote [%]	Erwerbstätige pro 100.000 € Produktionswert [Personen]
Unterkunft	55	44,8	1,7
Gastronomie	56	42,6	2,4
Lebensmittel	471, 472, 478	13,7	0,6
Non-Food-Produkte	473, 474, 475, 476, 477, 478	19,6	0,7
Freizeit	90, 91, 92, 93	63,8	1,1
Transport	491, 493, 501, 503	38,9	0,8
Kurmittel	477, 86	64,6	1,6
Kongress	823	61,5	2,1
Sonstiges	771, 772, 791, 960	63,7	0,9

Quelle: eigene Berechnungen

Im Vergleich zum Land Baden-Württemberg und Deutschland zeigen sich die regionalisierten Wertschöpfungsquoten weitgehend homogen. Die niedrigeren Werte der beiden Wirtschaftsgruppen des „Gastgewerbes" in *Core Region 1* sind auf die geringere betriebliche Eigenleistung auf regionaler Ebene zurückzuführen. Der regionale Maßstab ist demzufolge als der erklärende Faktor des regionalen Vorleistungsbedarfs und damit umgekehrt der in der Region verbleibenden originären Einnahmen zu interpretieren. Das betrifft auch insbesondere den „Einzelhandel" und den „Transport", da hier größere Anteile der Lieferketten und damit des Wertschöpfungsprozesses ausgelagert sind. In größeren Regionen laufen hingegen mehr Stufen der Produktlieferketten intraregional ab. Das führt dazu, dass die Wertschöpfungsquoten für „Lebensmittel" und „Non-Food-Produkte" in Baden-Württemberg und Deutschland höher ausfallen. Ein umgekehrtes Größenverhältnis ist demgegenüber bei den berechneten Wertschöpfungsquoten für „Freizeit", „Kurmittel", „Kongress" und „Sonstiges" erkennbar, die auf der regionalen Ebene höher ausfallen als auf der Landes- oder Bundesebene (vgl. Tabelle 26). Für diese personenbezogenen Dienstleistungen spielt die Eigenleistung der Wirtschaftsbereiche eine größere Rolle als der Einfluss der Abgrenzungsgröße der Analyseregion.

Bemerkenswert ist schließlich die Gegenüberstellung der neu berechneten Wertschöpfungsquoten für das Biosphärengebiet Schwarzwald als *Core Region 1* und den bislang verwendeten Wertschöpfungsquoten in Forschungsprojekten zur Berechnung regionalökonomischer Effekte des Tourismus in deutschen Schutzgebieten. Bis auf für den „Transport" wurden über alle Ausgabenkategorien hinweg niedrigere Wertschöpfungsquoten als Schätzgrundlage der direkten Wirkungsebene verwendet. In der Folge wurden die direkten regionalökonomischen Effekte des Tourismus unterschätzt. Für die personenbezogenen Dienstleistungen wurde bislang eine durchschnittliche Wertschöpfungsquote von 48,0 % für die Ausgabenkategorien „Transport", „Kurmittel", „Kongress" und „Sonstiges" verwendet. Mithilfe der Berechnungen der vorliegenden Empirie können die Wertschöpfungsquoten dieser Ausgabenkategorien auf Grundlage amtlicher Daten differenziert abgebildet werden (vgl. Tabelle 26). Die Ergebnisse der Gegenüberstellung unterstreichen die Unverzichtbarkeit der Berücksichtigung belastbarer direkter Verbleiberaten in regionalökonomischen Wirkungsanalysen des Tourismus. Das bedeutet eine branchenspezifische und regional differenzierte Verwendung von touristischen Wertschöpfungsquoten.

Tabelle 26: Gegenüberstellung regionalökonomischer Wertschöpfungsquoten

Ausgabenkategorie	Core Region 1 [%]	Baden-Württemberg [%]	Deutschland [%]	„Alte" Werte [%][134]
Unterkunft	44,8	49,9	49,9	42,0
Gastronomie	42,6	47,4	47,4	39,0
Lebensmittel	13,7	15,1	15,1	10,0
Non-Food-Produkte	19,6	21,7	21,6	17,0
Freizeit	63,8	61,2	62,5	43,0
Transport	38,9	44,6	43,0	48,0
Kurmittel	64,6	64,5	65,1	48,0
Kongress	61,5	59,3	57,4	48,0
Sonstiges	63,7	60,8	59,5	48,0

Quelle: eigene Berechnungen

5.5 Multiregionale Input-Output-Tabellen

Die Grundlage der Input-Output-Analyse zur Herleitung regionalökonomischer Multiplikatoren sind Input-Output-Tabellen, welche die produktionsmäßigen Verflechtungen der Regionalökonomien von *Core Region 1* bzw. *Core Region 2* zeigen. Die großen Datenmengen für die Regionskonstellationen (vgl. Kapitel 4.7.1), sind in einer Pivot-Excel-Tabelle zusammengetragen. Zur besseren Übersicht wurden die Zellenwerte der IMPLAN-SAM in die geläufige Input-Output-Tabellenform des Statistischen Bundesamtes (vgl. STATISTISCHES BUNDESAMT 2021a) transferiert. Die hier abgebildete Tabelle 27 zeigt die aggregierte regionale SAM für *Core Region 1* (*Core Region 1-by-Core Region 1*) des Biosphärengebiets Schwarzwald, in der die nicht-touristischen Wirtschaftszweige der regionalen Vorleistungsmatrix als übrige Wirtschaftszweige zusammengefasst sind. Daneben sind die Matrizen des Primärinputs und der Endnachfrage dargestellt.

Die Vorleistungsmatrix ist wie folgt zu interpretieren: Beispielsweise bezieht der in *Core Region 1* ansässige „Einzelhandel" (NACE-Code 47) Vorleistungsgüter im Wert von 529,8 Mio. € von in *Core Region 1* ansässigen Vorleistungsbetrieben (exkl. Gütersteuern abzüglich Gütersubventionen), was der höchste Wert für Vorleistungsgüter der touristischen Wirtschaftszweige in der Region ist. Mit 144,2 Mio. € verwendet der „Einzelhandel" (47) als meiste Vorleistungsgüter „Dienstleistungen des Grundstücks- und Wohnungswesens" (CPA-Code 68; vgl. Anhang 1 zur Güterklassifikation nach *P*64*). Danach folgen „Postdienstleistungen und Dienstleistun-

---

134 Es handelt sich hierbei um aktualisierte Werte auf Grundlage von WOLTERING (2012: 131). Die Daten liegen der Autorin vor.

gen privater Kurier- und Expressdienste" (53) mit 77,9 Mio. € (vgl. Tabelle 27). Dabei ist zu berücksichtigen, dass aufgrund der aggregierten Wirtschaftszweigsystematik der „Versand- und Interneteinzelhandel" (Klasse 4791) der Abteilung „Einzelhandel" (47) zugeordnet ist, woraus sich der hohe Güterbedarf an Postdienstleistungen erklären lässt.

Mit Primärinputs der Bruttowertschöpfung von 988,0 Mio. €, Importen in Höhe von 320,5 Mio. € und einem interregionalen Warenhandel aus *Surrounding Region 1* über 96,2 Mio. € erzielt der regionale „Einzelhandel" ein gesamtes Güteraufkommen in Höhe von 1.945,8 Mio. € (inkl. Gütersteuern abzüglich Gütersubventionen). Die höchste Wirtschaftsleistung in *Core Region 1* wird im „Gesundheitswesen" (68) generiert, wo die Bruttowertschöpfung auf 1.707,3 Mio. € und das gesamte Güteraufkommen auf 2.514,0 Mio. € kommt. Wie bereits in Kapitel 5.4.1 festgestellt, ist der Stadtkreis Freiburg im Breisgau ein entscheidender Treiber des Tertiärisierungsgrades der Wirtschaftsbereiche. Die meisten Vorleistungen bezieht das „Gesundheitswesen" (68) vom „Groß- und Einzelhandel" (46 und 47) (vgl. Tabelle 27).

Anzusprechen ist daneben die typische Tourismuswirtschaft des „Gastgewerbes" (55-56). Dieser Wirtschaftszweig bezieht Vorleistungsgüter in einem Umfang von 261,0 Mio. € aus der eigenen Region und importiert weitere Güter im Wert von 223,8 Mio. € von außerhalb (der interregionale Warenhandel mit *Surrounding Region 1* ist dabei nicht eingeschlossen), wovon Importgüter aus RoC, also Deutschland, insgesamt 189,6 Mio. € ausmachen. Auch in diesem touristischen Wirtschaftsbereich sind die meisten Vorleistungsgüter „Dienstleistungen des Grundstücks- und Wohnungswesens" (68). An weiterer Stelle folgen „Großhandelsleistungen" (46), „Nahrungs- und Futtermittel, Getränke, Tabakerzeugnisse" (10-12), „Einzelhandelsleistungen" (47), „Energie- und Dienstleistungen der Energieversorgung" (35) sowie „Gebäude- und Bauarbeiten" (41-43). Demnach kann festgehalten werden, dass die Vorleistungslieferungen der klassischen und vordergründigen Unterbringung von Gästen zweckmäßig sind. Gleichzeitig könnte die Verwendung von „Erzeugnissen der Landwirtschaft und der Jagd" (01) über 2,4 Mio. € auf regionale Wertschöpfungssynergien zwischen Landwirtschaft und Tourismus und z. B. dem Angebot von „Urlaub auf dem Bauernhof" oder aber die direkte Verarbeitung von regionalen Erzeugnissen landwirtschaftlicher Betriebe ohne zusätzlichem Transportweg über den Einzelhandel zurückzuführen sein.

Zur intraregionalen Endnachfrage in *Core Region 1* ist festzustellen, dass „Dienstleistungen des Grundstücks- und Wohnungswesens" (68) mit 2.396,4 Mio. € den wirtschaftsstärksten Privatkonsum ausmachen. Der gesamte intraregionale Konsumwert beläuft sich auf 15.128,7 Mio. €. Intraregionale Investitionen machen indes 2.649,2 Mio. € aus (exkl. Gütersteuern abzüglich Gütersubventionen). Die höchsten Exportzahlen werden von „Kraftwagen und Kraftwagenteilen" (29), also von einem industriellen Fertigungsbereich, erzielt. Mit einem interregionalen Handelsumfang von 8.465,0 Mio. € und einem Gesamtexport von 20.322,1 Mio. € liegt der Output der symmetrischen Input-Output-Tabelle bei insgesamt 59.220,6 Mio. € (nach dem Prinzip der doppelten Buchführung: „Gesamtes Aufkommen an Gütern" entspricht der „Gesamten Verwendung von Gütern"; vgl. Kapitel 3.5.1). Die gesamte Bruttowertschöpfung beträgt 28.612,2 Mio. € (vgl. Tabelle 27).

Tabelle 27: Aggregierte SAM für Core Region 1 (Core Region 1-by-Core Region 1), 2016, Mio. €

			CPA-Code 01	CPA-Code 02
Gesamte Verwendung von Gütern			514,3	55,3
Exporte	**zusammen**		230,7	7,0
	RoW		35,6	0,2
	RoC		195,1	6,8
Interregionaler Handel	*Surrounding Region 1*		78,6	12,9
Investitionen			7,8	-4,6
Konsum	**zusammen**		64,0	14,9
	Konsumausgaben des Staates		0,0	0,0
	Konsumausgaben privater Organisationen		0,0	0,0
	Konsumausgaben privater Haushalte		64,0	14,9
Input der Produktionsbereiche	**zusammen**		133,2	25,2
	übrige Wirtschaftszweige		128,4	24,9
	96	Erbringung von sonstigen überwiegend persönlichen Dienstleistungen	0,1	0,0
	93	Erbringung von Dienstleistungen des Sports, der Unterhaltung und der Erholung	0,0	0,0
	90-92	Kreative, künstlerische und unterhaltende Tätigkeiten; Bibliotheken, Archive, Museen, botanische und zoologische Gärten; Spiel-, Wett- und Lotteriewesen	0,1	0,0
	86	Gesundheitswesen	1,2	0,1
	80-82	Wach- und Sicherheitsdienste sowie Detekteien; Gebäudebetreuung; Garten- und Landschaftsbau; Erbringung von wirtschaftlichen Dienstleistungen für Unternehmen und Privatpersonen a. n. g	0,8	0,1
	79	Reisebüros, Reiseveranstalter und Erbringung sonstiger Reservierungsdienstleistungen	0,0	0,0
	77	Vermietung von beweglichen Sachen	0,0	0,0
	55-56	Gastgewerbe	2,4	0,1
	50	Schifffahrt	0,1	0,0
	49	Landverkehr und Transport in Rohrfernleitungen	0,0	0,0
	47	Einzelhandel (ohne Handel mit Kraftfahrzeugen)	0,1	0,0
	NACE-Code		CPA-Code 01	CPA-Code 02

	1	2	3	4	5	6	7	8	9	10	11	12	13	14	15	16	17	18	19	20	21	22
03	**4,8**	**4,0**	0,4	3,6	0,3	0,0	0,3	0,0	0,0	0,3	0,3	0,3	0,0	0,0	0,0	0,0	0,0	0,0	0,0	0,0	0,0	0,0
05-09	**96,4**	**96,0**	0,2	95,8	0,2	0,2	0,2	0,0	0,0	0,0	0,2	0,2	0,0	0,0	0,0	0,0	0,0	0,0	0,0	0,0	0,0	0,0
10-12	**2.047,9**	**1.535,1**	118,5	1.416,6	120,2	11,4	257,3	1,1	0,0	256,2	123,8	85,9	0,0	0,1	10,5	0,0	0,0	0,0	26,9	0,3	0,0	0,1
13-15	**248,8**	**267,5**	54,0	213,6	5,8	-32,9	6,5	0,0	0,0	6,5	1,8	1,6	0,0	0,0	0,0	0,0	0,0	0,0	0,1	0,0	0,0	0,0
16	**283,3**	**154,6**	16,0	138,7	32,2	5,4	10,4	0,0	0,0	10,4	80,6	75,2	2,9	0,1	0,2	1,1	0,0	0,0	0,4	0,0	0,1	0,4
17	**422,4**	**330,1**	40,1	290,0	35,2	-10,0	10,7	0,0	0,0	10,7	56,4	53,0	0,0	0,0	0,4	0,5	0,0	0,0	0,1	0,0	0,0	2,1
18	**224,8**	**53,1**	34,3	18,8	27,7	1,6	20,8	0,0	0,0	20,8	121,7	98,3	0,3	0,3	0,9	2,7	1,7	0,4	0,5	0,0	0,8	15,3
19	**532,9**	**368,6**	76,3	292,3	41,9	5,4	46,7	0,2	0,0	46,5	70,3	60,3	0,4	0,2	0,5	0,5	0,1	0,2	0,3	2,9	3,5	1,3
20	**1.383,5**	**1.330,8**	241,9	1.088,9	25,3	0,1	3,3	0,0	0,0	3,3	24,0	23,2	0,1	0,0	0,3	0,2	0,0	0,0	0,1	0,0	0,0	0,1
21	**449,5**	**548,8**	154,4	394,4	24,4	-178,7	39,9	28,6	0,0	11,3	15,0	9,2	0,0	0,0	5,8	0,0	0,0	0,0	0,0	0,0	0,0	0,0
22	**874,3**	**719,0**	101,9	617,1	60,0	-13,5	11,0	0,0	0,0	11,0	97,8	92,8	0,0	0,1	0,6	0,7	0,0	0,0	0,3	0,0	0,5	2,7
23	**505,6**	**322,9**	57,7	265,2	44,2	9,3	13,9	0,0	0,0	13,9	115,4	111,8	0,4	0,2	0,2	1,5	0,0	0,0	0,7	0,0	0,4	0,1
24	**1.037,5**	**817,7**	143,0	674,7	92,0	4,7	0,0	0,0	0,0	0,0	123,0	122,4	0,0	0,0	0,0	0,0	0,0	0,0	0,0	0,0	0,4	0,2
25	**1.472,9**	**827,8**	145,9	681,8	168,4	78,8	21,2	0,0	0,0	21,2	376,9	371,2	0,1	0,1	0,7	1,7	0,0	0,0	0,7	0,0	1,2	1,0
26	**924,5**	**779,6**	462,9	316,7	47,1	27,7	21,2	0,6	0,0	20,6	48,9	47,3	0,1	0,1	0,3	0,4	0,0	0,0	0,1	0,0	0,0	0,4
27	**1.059,1**	**851,7**	332,3	519,4	70,9	26,7	18,1	0,0	0,0	18,1	91,7	89,5	0,4	0,1	0,1	0,3	0,0	0,0	0,8	0,0	0,4	0,1
28	**2.678,0**	**2.077,6**	925,6	1.152,0	184,0	191,0	4,8	0,0	0,0	4,8	220,6	217,7	0,0	0,1	0,7	0,3	0,0	0,0	0,6	0,0	0,3	0,8
29	**4.024,1**	**2.823,8**	962,7	1.861,1	348,1	131,5	254,4	0,0	0,0	254,4	466,2	461,7	0,0	0,1	0,1	0,0	0,0	0,0	0,0	3,9	3,9	0,3
30	**505,0**	**592,6**	537,5	55,0	30,1	-146,0	4,4	0,7	0,0	3,8	23,9	23,7	0,0	0,0	0,0	0,1	0,0	0,0	0,0	0,0	0,0	0,0
31-32	**572,9**	**461,1**	137,0	324,1	33,6	24,4	41,7	1,2	0,0	40,5	12,1	7,5	0,0	0,0	4,0	0,0	0,0	0,0	0,3	0,0	0,0	0,0
33	**878,9**	**114,1**	32,4	81,7	72,1	130,9	4,4	0,0	0,0	4,4	257,4	241,3	0,0	0,0	4,3	0,5	0,0	0,0	0,2	1,9	7,8	1,2
35	**1.156,1**	**78,3**	0,2	78,1	244,5	-2,4	311,6	2,0	0,0	309,6	524,0	429,5	4,2	2,6	18,3	3,7	0,4	0,6	16,9	0,1	16,2	29,7
36	**98,1**	**4,7**	0,0	4,7	20,8	0,1	52,6	0,0	0,0	52,6	20,0	14,3	0,9	0,9	1,2	0,3	0,0	0,0	1,6	0,0	0,2	0,4
37-39	**533,5**	**300,7**	9,9	290,8	93,1	-47,3	63,1	3,0	0,0	60,0	123,9	108,0	1,8	1,0	3,0	1,7	0,0	0,1	3,8	0,0	0,4	3,7
41-43	**3.385,4**	**179,6**	0,0	179,5	631,8	1.674,9	58,5	0,0	0,0	58,5	840,7	744,1	2,5	1,8	29,7	12,9	0,5	1,7	16,1	0,3	8,6	16,5
45	**955,4**	**39,3**	0,5	38,8	187,5	68,6	326,7	0,0	0,0	326,7	333,4	279,6	0,2	0,3	2,3	1,5	0,2	3,4	2,9	0,2	19,4	22,6
46	**2.761,9**	**167,0**	2,5	164,4	581,8	103,6	707,2	42,8	0,0	664,4	1.202,4	1.052,1	4,3	2,5	56,6	7,9	0,2	0,6	36,3	2,2	8,1	28,4
47	**2.066,5**	**69,1**	0,0	69,1	385,2	21,2	1.269,4	68,6	0,0	1.200,8	321,7	232,4	1,5	1,8	54,7	3,0	0,1	0,2	17,6	0,4	1,4	5,3

49	19,2	31,9	0,8	0,4	0,0	0,5	3,4	0,9	0,3	0,7	0,3	438,0	496,4	181,2	0,0	2,0	183,2	0,0	197,4	252,4	1,4	253,9	**1.130,9**
50	0,1	0,3	13,8	0,0	0,0	0,3	0,0	0,0	0,0	0,0	0,0	8,7	23,3	2,3	0,0	0,0	2,3	-16,5	8,5	13,6	210,5	224,1	**241,7**
51	0,4	0,0	0,0	0,0	0,0	0,4	0,3	0,1	0,3	0,1	0,1	17,4	19,2	51,1	0,0	0,0	51,1	0,0	31,8	162,4	23,7	186,1	**288,2**
52	18,5	103,0	57,1	1,9	0,8	0,1	0,6	0,2	0,0	0,1	0,1	617,7	800,1	20,6	0,0	28,8	49,4	0,0	258,1	303,3	20,4	323,7	**1.431,2**
53	77,9	10,1	0,1	7,4	0,2	0,5	2,0	2,6	2,2	0,6	0,5	148,0	252,2	27,0	0,0	0,0	27,0	0,0	90,5	44,5	1,9	46,4	**416,2**
55-56	2,7	4,8	0,2	0,3	0,0	1,4	0,7	1,1	1,4	1,0	0,3	55,8	69,6	679,8	0,0	0,0	679,8	0,0	194,5	51,6	29,9	81,5	**1.025,4**
58	6,3	1,1	0,1	4,2	0,6	0,2	6,0	6,1	7,1	0,9	0,5	92,0	125,0	81,6	0,0	0,0	81,6	0,0	51,2	42,8	12,1	54,9	**312,7**
59-60	0,1	0,0	0,0	1,7	0,0	0,0	0,4	0,6	0,7	0,3	0,0	30,2	34,2	58,2	0,0	0,0	58,2	15,9	31,1	83,6	3,7	87,4	**226,6**
61	6,3	1,6	0,1	6,1	0,3	5,4	2,4	2,2	3,0	0,4	1,5	157,7	187,0	164,5	0,0	0,0	164,5	0,0	76,7	54,9	0,8	55,7	**483,8**
62-63	5,6	3,6	0,1	0,7	1,1	0,9	2,7	5,8	0,6	0,3	0,5	197,2	219,2	1,5	0,0	0,0	1,5	88,4	94,6	398,0	29,3	427,3	**830,9**
64	14,9	5,4	1,2	7,0	2,9	1,4	4,6	12,3	1,4	1,0	3,1	429,3	484,6	324,2	0,0	0,0	324,2	0,0	183,0	201,9	18,8	220,7	**1.212,5**
65	10,5	21,6	0,3	2,0	4,6	0,2	2,0	3,7	0,6	0,3	0,4	153,7	199,9	309,7	0,0	0,0	309,7	0,0	106,2	31,5	4,8	36,2	**652,1**
66	0,0	0,0	0,0	0,0	0,1	0,1	0,0	0,0	0,0	0,0	5,8	210,0	210,2	7,2	0,0	0,0	7,2	0,0	36,6	6,7	0,0	6,7	**260,8**
68	144,2	6,8	0,6	62,7	3,3	2,0	21,5	34,9	1,5	4,4	0,6	857,1	1.144,6	2.392,7	0,0	3,7	2.396,4	27,9	840,1	147,0	1,1	148,1	**4.557,0**
69-70	12,8	1,9	0,1	1,1	1,5	0,8	24,3	3,9	0,4	0,4	0,1	292,7	340,5	6,3	0,0	0,0	6,3	8,2	115,1	471,2	33,8	505,0	**975,0**
71	1,4	5,5	0,1	0,5	0,9	0,0	2,1	0,8	0,1	0,1	0,1	118,8	130,4	7,7	0,0	0,0	7,7	66,2	80,0	296,9	22,1	319,0	**603,3**
72	0,0	0,0	0,0	0,0	0,0	0,0	0,0	0,2	0,0	0,0	0,1	4,7	4,9	0,0	6,8	30,7	37,5	310,1	88,8	416,5	33,8	450,4	**891,6**
73	5,3	0,5	0,0	0,3	0,4	0,4	0,3	0,2	0,2	0,5	0,2	43,9	52,2	0,0	0,0	0,0	0,0	0,0	25,9	111,8	3,3	115,1	**193,1**
74-75	2,8	1,2	0,0	1,2	0,6	0,1	5,0	2,3	1,6	1,6	3,7	104,1	121,0	62,3	0,0	0,0	62,3	0,0	52,5	11,6	6,7	18,3	**254,1**
77	21,8	12,1	3,4	8,2	54,5	2,1	5,0	7,0	1,6	2,0	0,2	252,4	373,8	36,7	0,0	0,0	36,7	0,0	92,1	20,2	4,3	24,4	**527,0**
78	1,6	1,9	2,1	2,0	0,7	0,1	7,1	2,1	0,1	0,1	0,2	163,9	181,8	1,6	0,0	0,0	1,6	0,0	54,4	6,5	0,5	7,0	**244,8**
79	1,2	8,0	1,2	3,7	0,0	114,2	0,5	0,1	2,0	4,5	7,1	25,2	160,8	43,2	0,0	0,0	43,2	0,0	40,8	7,1	0,0	7,1	**251,9**
80-82	25,9	5,9	0,3	7,2	3,2	1,2	8,1	19,6	2,4	1,9	0,4	289,9	372,7	80,3	0,0	0,0	80,3	33,7	132,4	192,5	3,7	196,2	**815,3**
84	5,8	3,7	0,2	4,7	1,2	0,1	9,6	4,8	0,8	0,7	0,0	253,8	285,9	56,5	66,7	1.928,8	1.985,3	16,4	569,8	113,1	1,0	114,1	**2.971,4**
85	0,2	0,8	0,0	0,0	0,0	0,0	0,6	1,7	0,2	0,3	0,0	125,4	129,4	131,8	7,2	1.055,8	1.254,2	0,0	333,0	60,6	0,0	60,6	**1.777,2**
86	0,3	0,0	0,0	0,3	0,0	0,0	0,1	61,8	0,0	1,6	0,0	21,8	85,8	403,0	134,5	1.415,6	1.825,9	0,0	472,0	90,3	0,0	90,3	**2.474,0**
87-88	0,0	0,0	0,0	0,0	0,0	0,0	0,0	0,0	0,0	0,0	0,0	7,5	7,5	113,9	0,0	520,6	769,0	0,0	187,2	33,5	0,0	33,5	**997,2**
90-92	0,0	0,0	0,0	1,4	0,0	0,0	0,1	0,1	14,6	4,6	0,0	23,2	44,1	121,0	3,2	101,7	225,9	9,4	73,6	26,8	2,6	29,5	**382,4**

	93	94	95	96	97-98	99	Vorleistungen der Produktionsbereiche	Gütersteuern abzüglich Gütersubventionen	Vorleistungen der Produktionsbereiche zu Anschaffungspreisen	Arbeitnehmerentgelt
	267,4	410,7	33,2	546,6	80,6	0,0	59.220,6	3.091,3	62.312,0	
	7,3	13,6	0,4	22,0	3,0	0,0	20.322,1	0,0	20.322,1	
	0,0	0,0	0,0	0,1	0,0	0,0	5.094,2	0,0	5.094,2	
	7,3	13,6	0,4	21,9	3,0	0,0	15.227,9	0,0	15.227,9	
	45,7	78,1	5,4	102,4	16,0	0,0	8.465,0	0,0	8.465,0	
	0,0	0,0	0,0	0,0	0,0	0,0	2.649,2	492,0	3.141,2	
	147,3	267,7	11,5	309,6	61,7	0,0	15.128,7	1.880,3	17.009,0	
	38,7	44,4	0,0	0,0	0,0	0,0	5.319,6	76,7	5.396,3	
	30,7	203,4	0,0	0,0	0,0	0,0	452,5	0,0	452,5	
	77,9	19,9	11,5	309,6	61,7	0,0	9.356,7	1.803,6	11.160,3	
	67,1	51,3	15,9	112,7	0,0	0,0	12.655,6	719,0	13.374,6	16.410,9
	42,7	34,5	13,2	49,3	0,0	0,0	10.486,9	569,7	11.056,6	13.169,7
	0,0	1,0	0,0	40,8	0,0	0,0	87,8	2,3	90,1	84,4
	23,7	0,2	0,0	4,4	0,0	0,0	69,2	8,6	77,8	80,4
	0,0	0,6	0,0	2,7	0,0	0,0	64,3	12,2	76,5	85,7
	0,6	4,3	0,4	6,4	0,0	0,0	383,9	71,0	454,9	1.193,3
	0,0	1,0	0,2	0,1	0,0	0,0	153,3	3,8	157,1	286,7
	0,0	0,2	0,2	0,6	0,0	0,0	136,6	0,5	137,1	20,9
	0,0	0,1	0,1	0,7	0,0	0,0	85,3	1,6	86,9	31,3
	0,0	0,6	0,6	4,9	0,0	0,0	261,0	17,3	278,3	346,9
	0,0	0,0	0,1	0,0	0,0	0,0	90,5	0,3	90,8	12,2
	0,0	1,0	0,3	0,3	0,0	0,0	307,1	20,4	327,5	301,7
	0,1	7,8	0,7	2,5	0,0	0,0	529,8	11,2	541,0	797,7

davon Bruttolöhne und Gehälter	13.439,2	10.705,7	71,7	65,9	69,0	1.007,5	242,3	17,9	25,9	296,7	10,3	248,4	677,9
davon Sozialbeiträge der Arbeitgeber	2.971,7	2.464,0	12,7	14,4	16,7	185,8	44,4	3,0	5,4	50,2	2,0	53,4	119,7
Nettobetriebsüberschuss und Nettoselbstständigeneinkommen	6.822,3	5.557,6	257,8	25,1	124,1	333,9	114,3	24,4	19,1	73,8	-6,2	164,7	133,8
Abschreibungen	5.413,1	4.571,5	17,3	56,8	47,2	222,5	16,7	1,9	287,4	28,3	39,0	73,0	51,5
Sonstige Produktionsabgaben abzüglich sonstige Subventionen	-34,0	7,9	-0,6	-3,8	5,6	-42,4	0,9	-1,5	-1,2	0,2	0,0	-4,1	5,1

Bruttowert-schöpfung	988,0	535,3	45,0	449,1	336,6	45,7	418,6	1.707,3	262,6	158,5	358,8	23.306,7	28.612,2
Surrounding Region 1	96,2	60,6	19,3	52,3	15,9	31,4	29,8	70,2	11,8	11,9	16,2	2.211,1	2.626,8
Importe	320,5	223,1	82,6	223,8	56,0	42,2	162,2	281,5	39,8	32,5	50,8	13.092,0	14.607,0
davon RoC	256,8	172,2	55,1	189,6	45,2	39,3	115,0	233,4	28,2	26,3	43,9	9.893,1	11.098,1
davon RoW	63,7	50,9	27,5	34,1	10,9	2,9	47,2	48,1	11,7	6,2	6,9	3.198,9	3.509,0
Gesamtes Auf-kommen an Gütern (Produktionswert)	1.945,8	1.146,5	237,8	1.003,4	495,4	256,4	767,7	2.514,0	390,7	280,7	516,0	49.666,3	59.220,6

Quelle: eigene Zusammenstellung nach IMPLAN-Datensatz 04_a_MRIO1_SAM

Den interregional differenzierten Handelsverflechtungen mit *Surrounding Region 1* ist eine weitere aufbereitete Tabelle 28 gewidmet. Der Gesamtwert der aus *Surrounding Region 1* nachgefragten Handelsgüter als interregionaler Warenhandel liegt bei 2.626,8 Mio. € (bewusst wird von interregionalem Warenhandel und nicht von Im- oder Exporten gesprochen, da die letzteren Begriffe den Warenhandel mit RoC und RoW meinen). Die Werte nach Wirtschaftsbereichen sind in Tabelle 27 als Summen in der entsprechenden Zeile verbucht, während Tabelle 28 wiederum nach Vorleistungsbereichen in *Surrounding Region 1* aufschlüsselt. Mit diesem Vorteil der multiregionalen Input-Output-Tabellen kann genau aufgezeigt werden, aus welchen Wirtschaftsbereichen in *Surrounding Region 1* die gehandelten Güter stammen. Einfache Input-Output-Tabellen als *single-region*-Modelle haben diesen Zusatz nicht (vgl. Kapitel 3.5.5.1). Die Summenergebnisse der beiden Tabellen 27 und 28 sind demzufolge identisch.

Die Handelsdaten zwischen den beiden Regionseinheiten im multiregionalen Modell zeigen, dass beispielsweise das in *Core Region 1* ansässige „Gastgewerbe" (55-56) mit einem Warenwert von 12,2 Mio. € größtenteils „Nahrungs- und Futtermittel, Getränke, Tabakerzeugnisse" (10-12) aus *Surrounding Region 1* bezieht. Der gesamte Handelswert des „Gastgewerbes" liegt bei 52,3 Mio. €. Die im Vergleich der touristischen Wirtschaftszweige höchsten Handelswerte erzielt der „Einzelhandel" (47) mit 96,2 Mio. €, wobei es auch aus *Surrounding Region 1* am meisten „Dienstleistungen des Grundstücks- und Wohnungswesens" (68) sowie „Postdienstleistungen und Dienstleistungen privater Kurier- und Expressdienste" (53) bedarf. Umgekehrt verzeichnen die beiden Wirtschaftsbereiche des Wirtschaftszweiges „Kunst, Unterhaltung und Erholung" (90-92 und 93) nur geringe Handelsmengen. Zur touristischen Leistungserstellung sind in diesen Bereichen interregionale Handelswaren von 11,8 Mio. € bzw. 11,9 Mio. € notwendig. Die Vorleistungserstellung erfolgt hauptsächlich vor Ort, wobei die Wertschöpfungsquote der Kunst- und Unterhaltungsbranche einen hohen Eigenleistungsanteil anzeigt (vgl. Kapitel 5.4.2).

Tabelle 28: Aggregierte interregionale Handelsverflechtungen der SAM von *Surrounding Region 1* nach *Core Region 1* (*Surrounding Region 1-by-Core Region 1*), 2016, Mio. €

NACE-Code / CPA-Code	47 Einzelhandel (ohne Handel mit Kraftfahrzeugen)	49 Landverkehr und Transport in Rohrfernleitungen	50 Schifffahrt	55-56 Gastgewerbe	77 Vermietung von beweglichen Sachen	79 Reisebüros, Reiseveranstalter und Erbringung sonstiger Reservierungsdienstleistungen	80-82 Wach- und Sicherheitsdienste sowie Detekteien; Gebäudebetreuung; Garten- und Landschaftsbau; Erbringung von wirtschaftlichen Dienstleistungen für Unternehmen und Privatpersonen a. n. g	86 Gesundheitswesen	90-92 Kreative, künstlerische und unterhaltende Tätigkeiten; Bibliotheken, Archive, Museen, botanische und zoologische Gärten; Spiel-, Wett- und Lotteriewesen	93 Erbringung von Dienstleistungen des Sports, der Unterhaltung und der Erholung	96 Erbringung von sonstigen überwiegend persönlichen Dienstleistungen	übrige Wirtschaftszweige	zusammen
01	0,0	0,0	0,0	0,5	0,0	0,0	0,2	0,2	0,0	0,0	0,0	25,1	26,1
02	0,0	0,0	0,0	0,0	0,0	0,0	0,0	0,0	0,0	0,0	0,0	3,4	3,5
03	0,0	0,0	0,0	0,0	0,0	0,0	0,0	0,0	0,0	0,0	0,0	0,1	0,1
05-09	0,0	0,0	0,0	0,0	0,0	0,0	0,0	0,0	0,0	0,0	0,0	0,1	0,1
10-12	0,0	0,0	0,1	12,2	0,0	0,0	0,0	4,8	0,0	0,0	0,0	39,1	56,3
13-15	0,0	0,0	0,0	0,0	0,0	0,0	0,0	0,0	0,0	0,0	0,0	0,9	1,0
16	0,1	0,0	0,0	0,1	0,0	0,0	0,4	0,1	0,0	0,0	1,0	25,4	27,2
17	0,8	0,0	0,0	0,0	0,0	0,0	0,2	0,2	0,0	0,0	0,0	20,7	22,0
18	4,3	0,2	0,0	0,1	0,1	0,5	0,8	0,3	0,2	0,1	0,1	27,8	34,5
19	0,6	1,5	1,3	0,1	0,1	0,0	0,2	0,2	0,1	0,1	0,2	26,3	30,7
20	0,0	0,0	0,0	0,0	0,0	0,0	0,1	0,1	0,0	0,0	0,0	8,6	8,9
21	0,0	0,0	0,0	0,0	0,0	0,0	0,1	2,4	0,0	0,0	0,0	3,9	6,3
22	1,1	0,2	0,0	0,1	0,0	0,0	0,3	0,3	0,0	0,0	0,0	37,9	40,0

	1	2	3	4	5	6	7	8	9	10	11	12	13
23	0,0	0,1	0,0	0,2	0,0	0,0	0,5	0,1	0,0	0,1	0,2	38,4	39,7
24	0,1	0,1	0,0	0,0	0,0	0,0	0,0	0,0	0,0	0,0	0,0	46,0	46,2
25	0,3	0,4	0,0	0,2	0,0	0,0	0,5	0,2	0,0	0,0	0,0	114,1	115,8
26	0,1	0,0	0,0	0,0	0,1	0,0	0,1	0,1	0,0	0,0	0,0	16,9	17,5
27	0,1	0,1	0,0	0,3	0,0	0,0	0,1	0,0	0,0	0,0	0,2	33,4	34,3
28	0,3	0,1	0,0	0,2	0,0	0,0	0,1	0,3	0,0	0,0	0,0	75,3	76,3
29	0,1	1,2	0,0	0,0	0,0	0,0	0,0	0,0	0,0	0,0	0,0	145,6	147,0
30	0,0	0,0	0,0	0,0	0,0	0,0	0,0	0,0	0,0	0,0	0,0	6,1	6,1
31-32	0,0	0,0	0,0	0,1	0,0	0,0	0,0	1,8	0,1	0,0	0,0	3,4	5,5
33	0,3	2,0	0,5	0,1	0,0	0,0	0,1	1,1	0,0	0,0	0,0	61,0	65,1
35	3,1	1,7	0,0	1,8	0,1	0,0	0,0	1,9	0,2	0,3	0,4	44,7	54,6
36	0,0	0,0	0,0	0,2	0,0	0,0	0,3	0,1	0,0	0,1	0,1	1,5	2,0
37-39	0,6	0,1	0,0	0,6	0,0	0,0	2,5	0,5	0,1	0,1	0,3	16,1	18,5
41-43	3,2	1,6	0,1	3,1	0,3	0,1	0,3	5,7	1,1	0,4	0,5	143,2	161,8
45	4,1	3,5	0,0	0,5	0,6	0,0	1,2	0,4	0,1	0,1	0,0	50,8	60,6
46	4,4	1,3	0,3	5,6	0,1	0,0	0,5	8,7	0,5	0,4	0,7	161,5	184,6
47	0,8	0,2	0,1	2,8	0,0	0,0	0,6	8,8	0,5	0,3	0,2	37,2	51,5
49	3,5	5,8	0,2	0,1	0,0	0,1	0,0	0,2	0,1	0,1	0,1	79,2	89,7
50	0,0	0,1	3,1	0,0	0,0	0,1	0,1	0,0	0,0	0,0	0,0	2,0	5,2
51	0,1	0,0	0,0	0,0	0,0	0,1	0,1	0,0	0,1	0,0	0,0	3,8	4,2
52	3,8	21,3	11,8	0,4	0,2	0,0	0,4	0,0	0,0	0,0	0,0	127,5	165,2
53	14,2	1,8	0,0	1,4	0,0	0,1	0,1	0,5	0,4	0,1	0,1	27,1	46,1
55-56	0,4	0,6	0,0	0,0	0,0	0,2	1,3	0,1	0,2	0,1	0,0	7,5	9,3
58	1,4	0,2	0,0	0,9	0,1	0,0	0,1	1,3	1,5	0,2	0,1	20,0	27,2
59-60	0,0	0,0	0,0	0,4	0,0	0,0	0,5	0,1	0,2	0,1	0,0	7,3	8,3
61	1,4	0,4	0,0	1,4	0,1	1,2	0,5	0,5	0,7	0,1	0,4	36,2	42,9
62-63	1,6	1,0	0,0	0,2	0,3	0,3	0,8	1,7	0,2	0,1	0,2	56,8	63,1
64	2,9	1,1	0,2	1,4	0,6	0,3	0,9	2,4	0,3	0,2	0,6	84,5	95,3

65	2,0	4,2	0,0	0,4	0,9	0,0	0,4	0,7	0,1	0,1	0,1	29,9	38,9
66	0,0	0,0	0,0	0,0	0,0	0,0	0,0	0,0	0,0	0,0	0,0	37,4	37,5
68	22,9	1,1	0,1	10,0	0,5	0,3	3,4	5,5	0,2	0,7	0,9	136,4	182,1
69-70	3,0	0,4	0,0	0,3	0,3	0,2	5,7	0,9	0,1	0,1	0,1	68,3	79,5
71	0,3	1,3	0,0	0,1	0,2	0,0	0,5	0,2	0,0	0,0	0,0	28,0	30,8
72	0,0	0,0	0,0	0,0	0,0	0,0	0,0	0,1	0,0	0,0	0,0	1,6	1,6
73	1,3	0,1	0,0	0,1	0,1	0,1	0,1	0,1	0,1	0,1	0,0	11,1	13,1
74-75	0,5	0,2	0,0	0,2	0,1	0,0	0,9	0,4	0,3	0,3	0,0	17,6	20,5
77	4,0	2,2	0,6	1,5	9,9	0,4	0,9	1,3	0,3	0,4	0,7	46,0	68,1
78	0,2	0,3	0,3	0,3	0,1	0,0	1,0	0,3	0,0	0,0	0,0	22,1	24,5
79	0,3	1,9	0,3	0,9	0,0	26,8	0,1	0,0	0,5	1,1	0,0	5,9	37,7
80-82	4,9	1,1	0,1	1,4	0,6	0,2	1,5	3,7	0,5	0,4	1,4	55,2	71,0
84	0,8	0,5	0,0	0,7	0,2	0,0	1,4	0,7	0,1	0,1	0,1	35,9	40,4
85	0,0	0,1	0,0	0,0	0,0	0,0	0,1	0,2	0,0	0,0	0,0	17,9	18,4
86	0,0	0,0	0,0	0,0	0,0	0,0	0,0	8,9	0,0	0,2	0,0	3,1	12,3
87-88	0,0	0,0	0,0	0,0	0,0	0,0	0,0	0,0	0,0	0,0	0,0	1,0	1,0
90-92	0,0	0,0	0,0	0,2	0,0	0,0	0,0	0,0	2,2	0,7	0,0	3,5	6,6
93	0,0	0,0	0,0	0,0	0,0	0,0	0,0	0,1	0,0	3,8	0,0	6,9	10,8
94	1,3	0,2	0,0	0,1	0,0	0,0	0,2	0,7	0,1	0,0	0,2	5,8	8,6
95	0,1	0,0	0,0	0,1	0,0	0,0	0,0	0,1	0,0	0,0	0,0	2,1	2,6
96	0,4	0,0	0,0	0,9	0,1	0,1	0,0	1,2	0,5	0,8	7,3	8,8	20,2
97-98	0,0	0,0	0,0	0,0	0,0	0,0	0,0	0,0	0,0	0,0	0,0	0,0	0,0
99	0,0	0,0	0,0	0,0	0,0	0,0	0,0	0,0	0,0	0,0	0,0	0,0	0,0
Surrounding Region 1	**96,2**	**60,6**	**19,3**	**52,3**	**15,9**	**31,4**	**29,8**	**70,2**	**11,8**	**11,9**	**16,2**	**2.211,1**	**2.626,8**

Quelle: eigene Zusammenstellung nach IMPLAN-Datensatz 04_a_MRIO1_SAM

Schließlich ist ein Blick auf die Vergleichsregion des Nationalparks Schwarzwald zu werfen, dessen definierte Regionalökonomie als *Core Region 2* in aggregierter Darstellungsform in Tabelle 29 wiedergegeben ist. Das „Gesamte Aufkommen an Gütern" liegt mit 64.264,1 Mio. € höher als in *Core Region 1*. Mit einem Wert von 29.292,9 Mio. € betrifft die regionalwirtschaftliche Überlegenheit von *Core Region 2* auch die Bruttowertschöpfung (im Vergleich beträgt die Bruttowertschöpfung der Input-Output-Tabelle von *Core Region 1* 28.612,2 Mio. €; vgl. Tabelle 27). Die regionalen Größenunterschiede gehen mit den amtlicherseits erfassten Wirtschaftsdaten einher, wonach für *Core Region 2* eine höhere regionale Bruttowertschöpfung verzeichnet wurde (vgl. Kapitel 5.4.1). Neben Vorleistungen im Wert von 13.118,5 Mio. € setzt sich der Produktionsoutput in Höhe von 64.264,1 Mio. € aus 12.307,3 Mio. € intraregionalem Konsum, 2.876,1 Mio. € intraregionalen Investitionen, 3.952,0 Mio. € interregionalem Warenhandel und 32.010,2 Mio. € Exportwaren zusammen (vgl. Tabelle 29).

Werden die Vorleistungsverflechtungen des „Gastgewerbes" (55-56) exemplarisch herausgegriffen, nehmen „Dienstleistungen des Grundstücks- und Wohnungswesens" (68) die bedeutendste Stellung unter den Vorleistungsgütern mit einem Wert von 42,1 Mio. € ein. An zweiter Stelle folgen „Nahrungs- und Futtermittel, Getränke, Tabakerzeugnisse" (10-12) und daraufhin der „Groß- und Einzelhandel" (46 und 47). Die Vorleistungsbranchen lassen die gewerbsmäßige Verpflegung und Beherbergung von Touristen der nördlichen Schwarzwaldregion erkennen. Das Gastgewerbe in *Core Region 2* bezieht Vorleistungen von insgesamt 193,3 Mio. € aus der eigenen Region. Weitere Güter im Wert von 206,3 Mio. € werden importiert und weitere 28,7 Mio. € mit *Surrounding Region 2* gehandelt. Der gesamte Importwert von Gütern aus *Surrounding Region 2* beträgt 2.045,4 Mio. € (vgl. Tabelle 29). Differenziert nach Branchen, wendet das in *Core Region 2* ansässige Gastgewerbe ein interregionales Handelsvolumen von 6,1 Mio. € für „Dienstleistungen des Grundstücks- und Wohnungswesens" (68) aus *Surrounding Region 2* auf (vgl. Tabelle 30).

Tabelle 29: Aggregierte SAM für *Core Region 2* (*Core Region 2-by-Core Region 2*), 2016, Mio. €

	NACE-Code		CPA-Code 01	CPA-Code 02
Gesamte Verwendung von Gütern			412,2	44,7
Exporte		**zusammen**	219,8	11,3
		RoW	18,5	0,1
		RoC	201,3	11,2
Interregionaler Handel		*Surrounding Region 2*	29,2	5,4
Investitionen			5,5	-5,0
Konsum		**zusammen**	39,1	10,1
		Konsumausgaben des Staates	0,0	0,0
		Konsumausgaben privater Organisationen	0,0	0,0
		Konsumausgaben privater Haushalte	39,1	10,1
Input der Produktionsbereiche		**zusammen**	118,6	23,0
		übrige Wirtschaftszweige	116,0	22,8
	96	Erbringung von sonstigen überwiegend persönlichen Dienstleistungen	0,0	0,0
	93	Erbringung von Dienstleistungen des Sports, der Unterhaltung und der Erholung	0,0	0,0
	90-92	Kreative, künstlerische und unterhaltende Tätigkeiten; Bibliotheken, Archive, Museen, botanische und zoologische Gärten; Spiel-, Wett- und Lotteriewesen	0,0	0,0
	86	Gesundheitswesen	0,6	0,0
	80-82	Wach- und Sicherheitsdienste sowie Detekteien; Gebäudebetreuung; Garten- und Landschaftsbau; Erbringung von wirtschaftlichen Dienstleistungen für Unternehmen und Privatpersonen a. n. g	0,5	0,1
	79	Reisebüros, Reiseveranstalter und Erbringung sonstiger Reservierungsdienstleistungen	0,0	0,0
	77	Vermietung von beweglichen Sachen	0,0	0,0
	55-56	Gastgewerbe	1,3	0,1
	50	Schifffahrt	0,0	0,0
	49	Landverkehr und Transport in Rohrfernleitungen	0,0	0,0
	47	Einzelhandel (ohne Handel mit Kraftfahrzeugen)	0,1	0,0

265

03	**3,9**	3,3	0,3	3,0	0,1	0,0	0,2	0,0	0,0	0,2	0,4	0,3	0,0	0,0	0,0	0,0	0,0	0,0	0,0	0,0	0,0	0,0	0,0
05-09	**76,2**	75,6	0,6	75,0	0,0	0,0	0,0	0,0	0,0	0,0	0,5	0,5	0,0	0,0	0,0	0,0	0,0	0,0	0,0	0,0	0,0	0,0	0,0
10-12	**2.935,8**	2.294,8	237,5	2.057,3	80,3	17,6	340,6	1,5	0,0	339,1	202,4	159,5	0,1	0,1	0,1	11,9	0,0	0,0	0,0	30,4	0,3	0,0	0,1
13-15	**357,0**	370,2	107,9	262,3	3,2	-35,6	13,9	0,0	0,0	13,9	5,5	5,1	0,0	0,0	0,0	0,1	0,1	0,0	0,0	0,1	0,0	0,0	0,0
16	**400,2**	252,3	29,4	222,9	21,6	7,5	10,5	0,0	0,0	10,5	108,3	103,4	2,6	0,1	0,1	0,1	1,1	0,0	0,0	0,3	0,0	0,1	0,4
17	**607,3**	483,8	68,0	415,8	20,7	-10,9	13,2	0,0	0,0	13,2	100,5	96,8	0,0	0,1	0,1	0,4	0,6	0,0	0,0	0,1	0,0	0,0	2,3
18	**322,0**	139,4	45,0	94,4	23,0	1,7	19,4	0,0	0,0	19,4	138,5	118,8	0,2	0,3	0,6	0,7	2,7	1,6	0,4	0,4	0,0	0,6	12,2
19	**765,2**	570,7	127,0	443,7	24,5	8,1	60,1	0,3	0,0	59,8	101,8	90,6	0,5	0,2	0,2	0,5	0,7	0,1	0,2	0,3	3,2	3,8	1,4
20	**1.981,4**	1.883,6	517,7	1.365,9	19,4	0,3	6,6	0,0	0,0	6,6	71,6	70,0	0,2	0,1	0,0	0,5	0,5	0,0	0,0	0,2	0,0	0,0	0,1
21	**640,8**	735,0	267,0	467,9	14,4	-193,9	58,9	42,2	0,0	16,7	26,5	19,1	0,0	0,0	0,0	7,4	0,0	0,0	0,0	0,0	0,0	0,0	0,0
22	**1.254,9**	1.030,7	181,7	849,0	36,4	-13,5	15,2	0,0	0,0	15,2	186,0	179,9	0,0	0,1	0,0	0,7	1,0	0,0	0,0	0,4	0,0	0,6	3,2
23	**717,3**	508,1	99,2	408,9	27,0	12,2	14,9	0,0	0,0	14,9	155,1	151,5	0,4	0,2	0,1	0,2	1,7	0,0	0,0	0,6	0,0	0,4	0,1
24	**1.490,1**	1.155,2	234,8	920,3	60,2	7,8	0,0	0,0	0,0	0,0	266,9	266,2	0,0	0,0	0,0	0,0	0,1	0,0	0,0	0,0	0,0	0,4	0,2
25	**2.107,1**	1.342,3	242,9	1.099,4	102,5	92,5	21,3	0,0	0,0	21,3	548,5	543,2	0,1	0,1	0,1	0,6	1,9	0,0	0,0	0,6	0,0	1,0	0,9
26	**1.300,5**	1.127,2	658,8	468,5	29,1	37,8	24,9	0,7	0,0	24,2	81,4	79,6	0,0	0,1	0,2	0,3	0,5	0,0	0,0	0,1	0,0	0,0	0,4
27	**1.510,1**	1.224,5	496,6	727,9	48,7	42,0	24,5	0,0	0,0	24,5	170,5	167,8	0,5	0,1	0,0	0,1	0,4	0,0	0,0	0,9	0,0	0,4	0,2
28	**3.837,3**	3.027,7	1.409,5	1.618,3	133,2	270,4	5,9	0,0	0,0	5,9	400,2	397,2	0,0	0,1	0,0	0,8	0,3	0,0	0,0	0,7	0,0	0,3	0,9
29	**5.786,1**	4.251,6	1.468,7	2.782,9	267,3	174,0	289,2	0,0	0,0	289,2	804,0	799,6	0,0	0,1	0,1	0,1	0,0	0,0	0,0	0,0	0,0	3,8	0,3
30	**724,4**	808,7	654,1	154,7	22,9	-150,3	5,0	0,8	0,0	4,2	38,1	37,9	0,0	0,0	0,0	0,0	0,1	0,0	0,0	0,0	0,0	0,0	0,0
31-32	**821,0**	674,0	228,9	445,1	21,6	41,8	61,6	1,8	0,0	59,8	22,0	16,2	0,0	0,0	0,3	5,1	0,0	0,0	0,0	0,3	0,0	0,0	0,0
33	**825,6**	317,1	46,5	270,6	48,5	139,0	4,1	0,0	0,0	4,1	316,9	304,2	0,0	0,0	0,1	3,4	0,5	0,0	0,0	0,2	1,5	6,1	0,9
35	**858,3**	139,2	0,2	139,0	84,6	-2,6	223,8	1,5	0,0	222,3	413,4	354,4	2,6	1,6	1,2	11,3	2,8	0,3	0,4	10,4	0,1	10,0	18,2
36	**70,8**	9,7	0,0	9,7	6,7	0,0	37,7	0,0	0,0	37,7	16,7	13,0	0,6	0,6	0,1	0,8	0,2	0,0	0,0	1,0	0,0	0,1	0,2
37-39	**389,8**	268,3	8,0	260,3	19,8	-51,3	45,8	2,2	0,0	43,6	107,3	97,1	1,1	0,6	0,3	1,9	1,3	0,0	0,1	2,3	0,0	0,3	2,3
41-43	**3.355,4**	655,9	0,0	655,9	276,4	1.657,8	49,7	0,0	0,0	49,7	715,6	642,4	1,9	1,4	4,4	21,7	11,7	0,5	1,6	11,7	0,2	6,2	12,0
45	**912,5**	160,9	0,8	160,1	107,3	63,8	261,1	0,0	0,0	261,1	319,4	281,8	0,1	0,2	0,5	1,6	1,3	0,2	2,9	2,0	0,1	13,3	15,5
46	**2.543,6**	487,5	3,3	484,2	272,8	90,9	533,1	32,2	0,0	500,9	1.159,3	1.060,6	2,9	1,6	2,2	36,6	6,3	0,2	0,5	23,4	1,4	5,3	18,3
47	**1.808,7**	291,2	0,0	291,2	186,5	19,6	1.008,6	54,3	0,0	954,3	302,7	241,2	1,0	1,2	2,3	37,4	2,6	0,1	0,2	12,0	0,3	1,0	3,6
49	**951,3**	343,9	1,5	342,4	68,5	0,0	139,6	1,5	0,0	138,1	399,4	360,7	0,2	0,4	0,2	0,6	2,7	0,4	0,0	0,2	0,5	20,8	12,5

50	0,1	0,2	8,3	0,0	0,0	0,2	0,0	0,0	0,0	0,0	0,0	6,6	15,3	1,6	0,0	0,0	1,6	-17,9	3,9	18,8	175,0	193,8	**196,7**
51	0,3	0,0	0,0	0,0	0,0	0,3	0,2	0,1	0,2	0,1	0,0	16,7	18,0	38,9	0,0	0,0	38,9	0,0	9,4	151,4	18,6	170,0	**236,3**
52	12,8	71,3	39,6	1,3	0,7	0,1	0,5	0,1	0,0	0,1	0,0	502,6	629,1	16,7	0,0	23,2	39,9	0,0	93,1	403,4	19,9	423,3	**1.185,5**
53	49,2	6,4	0,1	4,7	0,1	0,4	1,6	1,7	1,5	0,4	0,3	133,4	199,7	19,9	0,0	0,0	19,9	0,0	39,1	87,6	1,8	89,5	**348,2**
55-56	1,9	3,4	0,1	0,2	0,0	1,2	0,6	0,8	1,0	0,7	0,2	52,4	62,7	568,1	0,0	0,0	568,1	0,0	61,3	162,6	26,5	189,1	**881,1**
58	6,2	1,1	0,1	4,1	0,7	0,2	7,3	6,0	7,2	0,9	0,5	116,2	150,6	94,1	0,0	0,0	94,1	0,0	29,8	123,9	64,1	188,0	**462,5**
59-60	0,1	0,0	0,0	1,9	0,1	0,0	0,6	0,7	0,9	0,4	0,0	51,2	55,8	77,6	0,0	0,0	77,6	24,6	13,6	143,1	22,4	165,5	**337,2**
61	6,0	1,5	0,1	5,8	0,4	6,4	2,8	2,1	2,9	0,4	1,5	219,9	249,8	182,2	0,0	0,0	182,2	0,0	52,9	202,7	6,6	209,3	**694,2**
62-63	6,1	3,9	0,1	0,8	1,5	1,3	3,7	6,3	0,7	0,4	0,6	318,6	343,8	1,9	0,0	0,0	1,9	130,7	42,4	575,6	120,4	696,0	**1.214,9**
64	10,2	3,7	0,8	4,8	2,5	1,2	3,9	8,5	1,0	0,7	2,2	375,6	415,1	259,1	0,0	0,0	259,1	0,0	90,7	358,5	45,0	403,4	**1.168,4**
65	7,5	15,6	0,2	1,5	4,2	0,2	1,8	2,7	0,5	0,2	0,3	137,7	172,3	261,1	0,0	0,0	261,1	0,0	62,6	116,3	14,9	131,2	**627,2**
66	0,0	0,0	0,0	0,0	0,1	0,1	0,0	0,0	0,0	0,0	0,0	182,5	182,7	6,1	0,0	0,0	6,1	0,0	13,8	48,5	0,0	48,5	**251,1**
68	96,8	4,6	0,4	42,1	2,8	1,7	17,9	23,5	1,0	3,0	4,0	743,9	941,7	1.877,8	0,0	2,9	1.880,7	25,5	357,1	620,6	1,4	622,0	**3.826,9**
69-70	10,2	1,5	0,1	0,9	1,5	0,8	24,2	3,2	0,3	0,3	0,5	320,9	364,4	5,9	0,0	0,0	5,9	8,9	28,2	534,3	51,0	585,3	**992,7**
71	1,1	4,4	0,1	0,4	0,9	0,0	2,1	0,7	0,1	0,1	0,1	135,6	145,5	7,2	0,0	0,0	7,2	71,7	22,5	347,9	32,8	380,7	**627,6**
72	0,0	0,0	0,0	0,0	0,0	0,0	0,0	0,2	0,0	0,0	0,0	5,8	6,0	0,0	6,5	29,6	36,1	349,1	40,4	575,5	70,1	645,6	**1.077,2**
73	4,4	0,4	0,0	0,2	0,4	0,4	0,3	0,2	0,2	0,4	0,1	58,3	65,3	0,0	0,0	0,0	0,0	0,0	7,3	118,6	5,4	124,0	**196,7**
74-75	2,1	0,9	0,0	0,9	0,6	0,1	4,6	1,7	1,2	1,2	0,2	108,7	122,3	53,8	0,0	0,0	53,8	0,0	23,3	51,0	10,8	61,8	**261,2**
77	16,3	9,0	2,6	6,1	50,5	1,9	4,6	5,2	1,3	1,5	2,8	249,5	351,3	32,0	0,0	0,0	32,0	0,0	45,0	103,6	10,8	114,4	**542,7**
78	1,1	1,3	1,4	1,3	0,6	0,1	6,1	1,4	0,0	0,1	0,2	177,5	191,1	1,2	0,0	0,0	1,2	0,0	19,6	40,2	1,3	41,5	**253,5**
79	0,9	5,8	0,9	2,7	0,0	102,4	0,4	0,1	1,5	3,4	0,1	19,2	137,3	36,4	0,0	0,0	36,4	0,0	32,4	46,2	0,0	46,2	**252,4**
80-82	18,7	4,3	0,2	5,2	2,9	1,1	7,2	14,2	1,8	1,4	5,3	288,8	351,0	67,7	0,0	0,0	67,7	33,1	50,8	334,1	7,3	341,4	**844,0**
84	3,8	2,5	0,1	3,1	1,0	0,1	7,9	3,2	0,5	0,5	0,3	212,5	235,6	43,7	0,0	1.489,2	1.532,9	14,8	217,4	380,6	0,9	381,5	**2.382,2**
85	0,1	0,5	0,0	0,0	0,0	0,0	0,5	1,2	0,1	0,2	0,0	97,0	99,7	102,6	51,8	819,6	973,9	0,0	126,0	223,5	0,0	223,5	**1.423,1**
86	0,2	0,0	0,0	0,2	0,0	0,0	0,0	41,2	0,0	1,1	0,0	15,7	58,5	313,0	5,6	1.096,3	1.414,9	0,0	186,4	315,5	0,0	315,5	**1.975,2**
87-88	0,0	0,0	0,0	0,0	0,0	0,0	0,0	0,0	9,8	0,0	0,0	5,0	5,0	89,0	104,8	405,7	599,6	0,0	68,3	123,7	0,0	123,7	**796,6**
90-92	0,0	0,0	0,0	0,9	0,0	0,0	0,1	0,1	0,0	3,1	0,0	22,8	36,8	92,0	2,5	77,2	171,7	8,3	26,9	60,1	2,4	62,5	**306,1**
93	0,1	0,0	0,0	0,0	0,0	0,0	0,0	0,4	0,0	16,5	0,0	31,0	48,0	61,4	24,1	30,4	115,9	0,0	19,0	31,8	0,0	31,8	**214,7**
94	4,9	0,7	0,0	0,4	0,1	0,2	0,8	2,7	0,4	0,1	0,6	29,6	40,5	14,8	150,4	32,8	197,9	0,0	40,4	48,6	0,0	48,6	**327,4**

95	96	97-98	99	Vorleistungen der Produktionsbereiche	Gütersteuern abzüglich Gütersubventionen	Vorleistungen der Produktionsbereiche zu Anschaffungspreisen	Arbeitnehmerentgelt	davon Bruttolöhne und Gehälter	davon Sozialbeiträge der Arbeitgeber	Nettobetriebsüberschuss und Nettoselbstständigeneinkommen	Abschreibungen
34,3	451,8	62,8	0,0	**64.264,1**	3.161,0	**67.425,1**					
5,5	73,8	9,6	0,0	**32.010,2**	0,0	**32.010,2**					
0,0	0,1	0,0	0,0	**7.864,5**	0,0	**7.864,5**					
5,5	73,7	9,6	0,0	**24.145,7**	0,0	**24.145,7**					
2,0	56,5	8,3	0,0	**3.952,0**	0,0	**3.952,0**					
0,0	0,0	0,0	0,0	**2.876,1**	503,1	**3.379,1**					
10,1	235,5	44,9	0,0	**12.307,3**	1.922,7	**14.230,0**					
0,0	0,0	0,0	0,0	**4.145,8**	78,4	**4.224,2**					
0,0	0,0	0,0	0,0	**345,6**	0,0	**345,6**					
10,1	235,5	44,9	0,0	**7.815,8**	1.844,3	**9.660,1**					
16,7	86,0	0,0	0,0	**13.118,5**	735,2	**13.853,7**	17.643,0	14.476,9	3.166,2	6.611,5	5.054,3
14,6	43,5	0,0	0,0	**11.490,6**	582,5	**12.073,1**	14.865,2	12.134,1	2.731,1	5.553,9	4.298,2
0,0	27,4	0,0	0,0	**62,5**	2,4	**64,9**	69,4	59,0	10,5	197,6	13,2
0,0	3,0	0,0	0,0	**49,5**	8,8	**58,3**	66,1	54,2	11,9	18,5	41,8
0,0	1,8	0,0	0,0	**49,2**	12,5	**61,7**	70,5	56,8	13,8	94,2	35,8
0,3	4,2	0,0	0,0	**278,2**	72,6	**350,8**	954,9	806,2	148,7	253,6	169,0
0,2	0,1	0,0	0,0	**142,0**	3,8	**145,9**	327,0	276,4	50,6	97,4	14,3
0,2	0,5	0,0	0,0	**124,4**	0,5	**124,9**	23,8	20,4	3,5	23,7	1,9
0,1	0,6	0,0	0,0	**78,5**	1,6	**80,1**	35,7	29,5	6,2	19,9	299,1
0,4	3,2	0,0	0,0	**193,3**	17,7	**211,0**	292,6	250,3	42,3	72,5	27,8
0,1	0,0	0,0	0,0	**63,0**	0,3	**63,4**	10,3	8,7	1,6	-5,5	34,6
0,2	0,2	0,0	0,0	**217,9**	20,9	**238,8**	254,5	209,5	45,0	150,9	66,8
0,5	1,6	0,0	0,0	**369,5**	11,5	**381,0**	672,8	571,8	101,0	134,8	51,9

Sonstige Produktionsabgaben abzüglich sonstige Subventionen	5,1	-3,8	0,0	0,2	-1,3	-1,4	0,8	-32,2	4,2	-2,8	-0,5	15,7	-15,9
Bruttowertschöpfung	864,7	468,5	39,4	393,0	353,3	48,0	439,5	1.345,3	204,7	123,6	279,8	24.733,0	29.292,9
Surrounding Region 2	55,9	34,5	11,2	28,7	8,7	16,5	19,6	40,2	6,8	6,7	9,6	1.807,0	2.045,4
Importe	329,4	218,7	79,2	206,3	68,6	67,5	180,7	270,8	39,3	37,3	55,3	17.519,0	19.072,1
davon RoC	289,3	185,3	60,4	184,4	62,8	65,8	146,5	238,6	33,2	33,3	50,6	13.771,1	15.121,3
davon RoW	40,0	33,4	18,8	21,8	5,8	1,8	34,2	32,3	6,2	3,9	4,7	3.747,9	3.950,8
Gesamtes Aufkommen an Gütern (Produktionswert)	1.631,0	960,5	193,2	839,0	510,8	256,9	785,7	2.007,1	312,6	225,8	409,6	56.132,0	64.264,1

Quelle: eigene Zusammenstellung nach IMPLAN-Datensatz 04_b_MRIO2_SAM

Tabelle 30: Aggregierte interregionale Handelsverflechtungen der SAM von *Surrounding Region 2* nach *Core Region 2* (*Surrounding Region 2-by-Core Region 2*), 2016, Mio. €

NACE-Code / CPA-Code	47 Einzelhandel (ohne Handel mit Kraftfahrzeugen)	49 Landverkehr und Transport in Rohrfernleitungen	50 Schifffahrt	55-56 Gastgewerbe	77 Vermietung von beweglichen Sachen	79 Reisebüros, Reiseveranstalter und Erbringung sonstiger Reservierungsdienstleistungen	80-82 Wach- und Sicherheitsdienste sowie Detekteien; Gebäudebetreuung; Garten- und Landschaftsbau; Erbringung von wirtschaftlichen Dienstleistungen für Unternehmen und Privatpersonen a. n. g	86 Gesundheitswesen	90-92 Kreative, künstlerische und unterhaltende Tätigkeiten; Bibliotheken, Archive, Museen, botanische und zoologische Gärten; Spiel-, Wett- und Lotteriewesen	93 Erbringung von Dienstleistungen des Sports, der Unterhaltung und der Erholung	96 Erbringung von sonstigen überwiegend persönlichen Dienstleistungen	übrige Wirtschaftszweige	zusammen
01	0,0	0,0	0,0	0,3	0,0	0,0	0,1	0,2	0,0	0,0	0,0	28,3	28,9
02	0,0	0,0	0,0	0,0	0,0	0,0	0,0	0,0	0,0	0,0	0,0	4,4	4,5
03	0,0	0,0	0,0	0,0	0,0	0,0	0,0	0,0	0,0	0,0	0,0	0,1	0,1
05-09	0,0	0,0	0,1	0,0	0,0	0,0	0,0	0,0	0,0	0,0	0,0	0,1	0,1
10-12	0,0	0,0	0,0	5,6	0,0	0,0	0,0	2,2	0,0	0,0	0,0	29,3	37,2
13-15	0,0	0,0	0,0	0,0	0,0	0,0	0,0	0,0	0,0	0,0	0,0	0,9	0,9
16	0,1	0,0	0,0	0,1	0,0	0,0	0,2	0,0	0,0	0,0	0,5	21,7	22,7
17	0,5	0,0	0,0	0,0	0,1	0,0	0,1	0,1	0,0	0,0	0,0	20,1	20,8
18	2,1	0,1	0,5	0,1	0,0	0,3	0,5	0,1	0,1	0,0	0,0	20,6	24,0
19	0,2	0,7	0,0	0,1	0,0	0,0	0,1	0,1	0,0	0,0	0,1	15,5	17,4
20	0,0	0,0	0,0	0,0	0,0	0,0	0,1	0,1	0,0	0,0	0,0	10,6	10,9
21	0,0	0,0	0,0	0,0	0,0	0,0	0,0	1,2	0,0	0,0	0,0	3,0	4,2
22	0,6	0,1	0,0	0,1	0,0	0,0	0,2	0,1	0,0	0,0	0,0	35,3	36,5

23	0,0	0,1	0,0	0,1	0,0	0,0	0,4	0,0	0,0	0,0	0,1	31,6	32,4
24	0,0	0,1	0,0	0,0	0,0	0,0	0,0	0,0	0,0	0,0	0,0	56,7	56,8
25	0,2	0,2	0,0	0,1	0,0	0,0	0,4	0,1	0,0	0,0	0,0	121,6	122,8
26	0,1	0,0	0,0	0,0	0,0	0,0	0,1	0,1	0,0	0,0	0,0	13,1	13,4
27	0,0	0,1	0,0	0,2	0,0	0,0	0,1	0,0	0,0	0,0	0,1	31,1	31,6
28	0,2	0,0	0,0	0,1	0,0	0,0	0,1	0,1	0,0	0,0	0,0	73,6	74,1
29	0,1	0,8	0,0	0,0	0,0	0,0	0,0	0,0	0,0	0,0	0,0	158,7	159,5
30	0,0	0,0	0,0	0,0	0,0	0,0	0,0	0,0	0,0	0,0	0,0	4,6	4,7
31-32	0,0	0,0	0,0	0,1	0,0	0,0	0,0	0,9	0,1	0,0	0,0	2,7	3,7
33	0,1	0,9	0,2	0,0	0,0	0,0	0,1	0,5	0,0	0,0	0,0	46,1	48,0
35	2,2	1,2	0,0	1,2	0,1	0,0	0,3	1,3	0,1	0,2	0,3	41,9	48,8
36	0,0	0,0	0,0	0,1	0,0	0,0	0,0	0,1	0,0	0,1	0,1	1,5	1,9
37-39	0,4	0,1	0,0	0,5	0,0	0,0	0,3	0,4	0,1	0,1	0,2	18,9	20,8
41-43	1,7	0,9	0,0	1,6	0,2	0,1	1,6	3,0	0,6	0,2	0,3	89,3	99,5
45	2,4	2,1	0,0	0,3	0,4	0,0	0,2	0,2	0,1	0,0	0,0	44,1	50,0
46	2,9	0,8	0,2	3,7	0,1	0,0	1,0	5,8	0,4	0,3	0,5	167,5	183,0
47	0,5	0,1	0,0	1,6	0,0	0,0	0,3	5,0	0,3	0,2	0,1	32,5	40,8
49	2,0	3,3	0,1	0,0	0,0	0,1	0,4	0,1	0,0	0,1	0,0	57,0	63,2
50	0,0	0,0	1,5	0,0	0,0	0,0	0,0	0,0	0,0	0,0	0,0	1,2	2,7
51	0,1	0,0	0,0	0,0	0,0	0,1	0,0	0,0	0,0	0,0	0,0	3,4	3,7
52	2,5	13,7	7,6	0,3	0,1	0,0	0,1	0,0	0,0	0,0	0,0	96,6	120,9
53	10,8	1,4	0,0	1,0	0,0	0,1	0,3	0,4	0,3	0,1	0,1	29,2	43,7
55-56	0,3	0,5	0,0	0,0	0,0	0,2	0,1	0,1	0,1	0,1	0,0	7,3	8,8
58	0,6	0,1	0,0	0,4	0,1	0,0	0,7	0,6	0,7	0,1	0,0	11,7	15,1
59-60	0,0	0,0	0,0	0,2	0,0	0,0	0,1	0,1	0,1	0,0	0,0	5,4	5,9
61	0,5	0,1	0,0	0,5	0,0	0,6	0,3	0,2	0,3	0,0	0,1	20,1	22,8
62-63	0,6	0,4	0,0	0,1	0,2	0,1	0,4	0,6	0,1	0,0	0,1	32,0	34,5
64	1,1	0,4	0,1	0,5	0,3	0,1	0,4	0,9	0,1	0,1	0,2	40,4	44,6

65	0,8	1,6	0,0	0,1	0,4	0,0	0,2	0,3	0,0	0,0	0,0	14,0	17,5
66	0,0	0,0	0,0	0,0	0,0	0,0	0,0	0,0	0,0	0,0	0,0	13,2	13,2
68	13,9	0,7	0,1	6,1	0,4	0,2	2,6	3,4	0,1	0,4	0,6	107,2	135,7
69-70	1,3	0,2	0,0	0,1	0,2	0,1	3,0	0,4	0,0	0,0	0,1	39,9	45,4
71	0,2	0,7	0,0	0,1	0,1	0,0	0,3	0,1	0,0	0,0	0,0	20,5	21,9
72	0,0	0,0	0,0	0,0	0,0	0,0	0,0	0,0	0,0	0,0	0,0	1,0	1,0
73	0,7	0,1	0,0	0,0	0,1	0,1	0,1	0,0	0,0	0,1	0,0	9,4	10,5
74-75	0,3	0,1	0,0	0,1	0,1	0,0	0,7	0,3	0,2	0,2	0,0	15,9	17,9
77	1,6	0,9	0,3	0,6	5,1	0,2	0,5	0,5	0,1	0,2	0,3	25,1	35,3
78	0,1	0,2	0,2	0,2	0,1	0,0	0,7	0,2	0,0	0,0	0,0	21,0	22,6
79	0,1	0,8	0,1	0,4	0,0	13,8	0,1	0,0	0,2	0,5	0,0	2,6	18,5
80-82	2,2	0,5	0,0	0,6	0,3	0,1	0,9	1,7	0,2	0,2	0,6	34,0	41,3
84	0,6	0,4	0,0	0,5	0,2	0,0	1,3	0,5	0,1	0,1	0,0	35,0	38,8
85	0,0	0,1	0,0	0,0	0,0	0,0	0,1	0,2	0,0	0,0	0,0	14,6	15,0
86	0,0	0,0	0,0	0,0	0,0	0,0	0,0	6,6	0,0	0,2	0,0	2,5	9,3
87-88	0,0	0,0	0,0	0,0	0,0	0,0	0,0	0,0	0,0	0,0	0,0	0,7	0,7
90-92	0,0	0,0	0,0	0,2	0,0	0,0	0,0	0,0	1,6	0,5	0,0	3,8	6,1
93	0,0	0,0	0,0	0,0	0,0	0,0	0,0	0,0	0,0	1,9	0,0	3,5	5,5
94	0,9	0,1	0,0	0,1	0,0	0,0	0,1	0,5	0,1	0,0	0,1	5,2	7,1
95	0,0	0,0	0,0	0,0	0,0	0,0	0,0	0,0	0,0	0,0	0,0	1,0	1,2
96	0,3	0,0	0,0	0,5	0,1	0,1	0,0	0,7	0,3	0,5	4,7	7,5	14,7
97-98	0,0	0,0	0,0	0,0	0,0	0,0	0,0	0,0	0,0	0,0	0,0	0,0	0,0
99	0,0	0,0	0,0	0,0	0,0	0,0	0,0	0,0	0,0	0,0	0,0	0,0	0,0
Surrounding Region 2	**55,9**	**34,5**	**11,2**	**28,7**	**8,7**	**16,5**	**19,6**	**40,2**	**6,8**	**6,7**	**9,6**	**1.807,0**	**2.045,4**

Quelle: eigene Zusammenstellung nach IMPLAN-Datensatz 04_b_MRIO2_SAM

5.6 Multiregionale Input-Output-Modelle der Input-Koeffizienten

Für einen besseren Strukturvergleich der Vorleistungsverflechtungen zwischen *Core Region 1* und *Core Region 2* wurden die jeweiligen SAM in Input-Koeffizientenmatrizen (A^{rr}) umgewandelt (vgl. Formel 33 in Kapitel 3.5.2.1). Die Input-Koeffizienten (Eintrag $[a_{ij}^{rr}]$) zeigen das Verhältnis des Inputs eines bestimmten Wirtschaftszweiges zum „Gesamten Aufkommen an Gütern" (vgl. Kapitel 3.5.2).

Tabelle 31 zeigt die aus der regionalen SAM abgeleiteten Input-Koeffizienten der touristischen Wirtschaftszweige von *Core Region 1* (*Core Region 1-by-Core Region 1*). Zur Interpretation der Werte werden die Vorleistungsstrukturen des „Gastgewerbes" (55-56) ein weiteres Mal exemplarisch interpretiert. Einhergehend mit den Erkenntnissen aus der SAM, welche die absoluten Zahlenangaben abbildet (vgl. Tabelle 27 in Kapitel 5.5), ist mit 0,0625 der höchste Input-Koeffizient den „Dienstleistungen des Grundstücks- und Wohnungswesens" zuzuschreiben (68). Das bedeutet, dass zur Bereitstellung des touristischen Produktes „Gastgewerbe" 6,3 % (gerundet) seines „Gesamten Aufkommens an Gütern" aus diesem Dienstleistungsbereich bezogen werden (vgl. Tabelle 31). Die Input-Koeffizienten aller Güterbereiche und Primärinputs beziehen sich demnach auf die absoluten Vorleistungs- und Primärinputverbuchungen der SAM, sodass auf weitere, einzelne Zellenangaben an dieser Stelle nicht weiter eingegangen wird.

Vielmehr lohnt sich eine genauere Betrachtung der Ergebnisse zur Bruttowertschöpfung, weil der Input-Koeffizient der Bruttowertschöpfung per definitionem der Wertschöpfungsquote als Verhältnis der Bruttowertschöpfung zum Produktionswert bzw. touristischem Output entspricht. Dadurch können Querbezüge zu den Ergebnissen der Berechnung regionalökonomischer Wertschöpfungsquoten gemacht werden (vgl. Kapitel 5.4.2). Der Input-Koeffizient der Bruttowertschöpfung ist bei der Erbringung von „Sonstigen überwiegend persönlichen Dienstleistungen" (96) mit 0,6954 am höchsten, gefolgt von der „Vermietung von beweglichen Sachen" (77) mit 0,6794, dem „Gesundheitswesen" (86) mit 0,6791 und „Kunst, Unterhaltung und Erholung" (90-92 und 93) mit 0,6720 und 0,5646. Die Wertschöpfungsquoten aus Kapitel 5.4.2 zeigen ähnliche Größenverhältnisse, wonach der Freizeitbereich und die personenbezogenen Dienstleistungen der Gesundheitsbranche im weiteren Sinne (entspricht der Ausgabenkategorie der „Kurmittel") und der überwiegend persönlichen Dienstleistungen (entspricht der Ausgabenkategorie „Sonstiges", worunter u. a. „Wäschereien und chemische Reinigung", „Frisör- und Kosmetiksalons" und „Saunas, Solarien, Bäder" fallen; vgl. Kapitel 5.3) aufgrund hoher Eigenleistungsanteile die höchsten Wertschöpfungsquoten erwirtschaften. Diese liegen bei 63,8 % für „Freizeit", 64,6 % für „Kurmittel" und 63,7 % für „Sonstiges" (vgl. Kapitel 5.4.2). Die Input-Koeffizienten des „Gastgewerbes" (55-56) passen mit 0,4475 ebenso zu den Wertschöpfungsquoten der beiden Wirtschaftsabteilungen der „Unterkunft" (44,8 %) und der „Gastronomie" (42,6 %). Das Transportwesen, welches sich zusammensetzt aus dem „Landverkehr" (49) und der „Schifffahrt" (50) liegt mit gemittelten 0,3282 ebenfalls grob in der Größenordnung der Wertschöpfungsquote der

Kategorie „Transport" (38,9 %). Die Wertschöpfungsquote fällt deshalb höher als der gemittelte Input-Koeffizient aus, weil der Landverkehr durch die Disaggregation der statistischen Werte stärker ins Gewicht fällt (vgl. Kapitel 5.4.2). Anzumerken ist zuletzt die Angabe des Input-Koeffizienten der Bruttowertschöpfung für den „Einzelhandel" (47), die als solche nicht als regionalökonomische Verbleiberate interpretiert werden kann, weil die einzelhandelsübliche Korrektur durch die *capture rate* fehlt.

NACE-Code	47 Einzelhandel (ohne Handel mit Kraftfahrzeugen)	49 Landverkehr und Transport in Rohrfernleitungen	50 Schifffahrt	55-56 Gastgewerbe	77 Vermietung von beweglichen Sachen	79 Reisebüros, Reiseveranstalter und Erbringung sonstiger Reservierungsdienstleistungen	80-82 Wach- und Sicherheitsdienste sowie Detekteien; Gebäudebetreuung; Garten- und Landschaftsbau; Erbringung von wirtschaftlichen Dienstleistungen für Unternehmen und Privatpersonen a. n. g	86 Gesundheitswesen	90-92 Kreative, künstlerische und unterhaltende Tätigkeiten; Bibliotheken, Archive, Museen, botanische und zoologische Gärten; Spiel-, Wett- und Lotteriewesen	93 Erbringung von Dienstleistungen des Sports, der Unterhaltung und der Erholung	96 Erbringung von sonstigen überwiegend persönlichen Dienstleistungen	übrige Wirtschaftszweige	zusammen
CPA-Code													
01	0,0001	0,0000	0,0003	0,0024	0,0000	0,0000	0,0011	0,0005	0,0002	0,0000	0,0001	0,0026	0,0022
02	0,0000	0,0000	0,0000	0,0001	0,0000	0,0000	0,0001	0,0000	0,0000	0,0000	0,0001	0,0005	0,0004
03	0,0000	0,0000	0,0000	0,0000	0,0000	0,0000	0,0000	0,0000	0,0000	0,0000	0,0000	0,0000	0,0000
05-09	0,0000	0,0000	0,0000	0,0000	0,0000	0,0000	0,0000	0,0000	0,0000	0,0000	0,0000	0,0000	0,0000
10-12	0,0000	0,0000	0,0011	0,0268	0,0000	0,0000	0,0000	0,0042	0,0001	0,0003	0,0001	0,0017	0,0021
13-15	0,0000	0,0000	0,0000	0,0001	0,0000	0,0000	0,0000	0,0000	0,0000	0,0001	0,0000	0,0000	0,0000
16	0,0002	0,0001	0,0000	0,0004	0,0001	0,0000	0,0014	0,0001	0,0003	0,0005	0,0057	0,0015	0,0014
17	0,0011	0,0000	0,0000	0,0001	0,0000	0,0000	0,0006	0,0002	0,0001	0,0001	0,0001	0,0011	0,0010
18	0,0078	0,0007	0,0002	0,0005	0,0007	0,0064	0,0035	0,0004	0,0017	0,0012	0,0005	0,0020	0,0021
19	0,0006	0,0030	0,0123	0,0003	0,0003	0,0003	0,0007	0,0002	0,0005	0,0006	0,0008	0,0012	0,0012

20	0.0000	0.0000	0.0000	0.0001	0.0000	0.0000	0.0003	0.0001	0.0000	0.0001	0.0002	0.0005	0.0004
21	0.0000	0.0000	0.0000	0.0000	0.0000	0.0000	0.0000	0.0023	0.0000	0.0000	0.0000	0.0002	0.0003
22	0.0014	0.0005	0.0000	0.0003	0.0000	0.0000	0.0009	0.0002	0.0000	0.0003	0.0000	0.0019	0.0017
23	0.0000	0.0004	0.0001	0.0006	0.0000	0.0000	0.0019	0.0001	0.0003	0.0007	0.0009	0.0023	0.0019
24	0.0001	0.0003	0.0000	0.0000	0.0001	0.0000	0.0001	0.0000	0.0000	0.0000	0.0000	0.0025	0.0021
25	0.0005	0.0010	0.0002	0.0007	0.0001	0.0000	0.0023	0.0003	0.0002	0.0004	0.0002	0.0075	0.0064
26	0.0002	0.0000	0.0001	0.0001	0.0000	0.0000	0.0005	0.0001	0.0005	0.0003	0.0001	0.0010	0.0008
27	0.0001	0.0003	0.0000	0.0008	0.0000	0.0000	0.0004	0.0000	0.0001	0.0002	0.0008	0.0018	0.0015
28	0.0004	0.0002	0.0000	0.0006	0.0000	0.0000	0.0003	0.0003	0.0000	0.0002	0.0000	0.0044	0.0037
29	0.0002	0.0034	0.0001	0.0000	0.0000	0.0000	0.0000	0.0001	0.0001	0.0002	0.0000	0.0093	0.0079
30	0.0000	0.0000	0.0000	0.0000	0.0000	0.0000	0.0001	0.0000	0.0000	0.0001	0.0000	0.0005	0.0004
31-32	0.0000	0.0000	0.0000	0.0003	0.0000	0.0000	0.0000	0.0016	0.0006	0.0000	0.0000	0.0002	0.0002
33	0.0006	0.0068	0.0079	0.0002	0.0000	0.0000	0.0007	0.0017	0.0002	0.0000	0.0001	0.0049	0.0043
35	0.0153	0.0142	0.0005	0.0169	0.0012	0.0016	0.0048	0.0073	0.0047	0.0093	0.0081	0.0086	0.0088
36	0.0002	0.0002	0.0000	0.0016	0.0000	0.0001	0.0004	0.0005	0.0004	0.0032	0.0018	0.0003	0.0003
37-39	0.0019	0.0004	0.0000	0.0038	0.0002	0.0000	0.0022	0.0012	0.0011	0.0036	0.0034	0.0022	0.0021
41-43	0.0085	0.0075	0.0014	0.0161	0.0035	0.0020	0.0169	0.0118	0.0150	0.0066	0.0049	0.0150	0.0142
45	0.0116	0.0169	0.0007	0.0029	0.0068	0.0007	0.0019	0.0009	0.0019	0.0012	0.0004	0.0056	0.0056
46	0.0146	0.0071	0.0092	0.0362	0.0012	0.0008	0.0102	0.0225	0.0086	0.0087	0.0083	0.0212	0.0203
47	0.0027	0.0013	0.0018	0.0176	0.0004	0.0002	0.0040	0.0218	0.0084	0.0063	0.0029	0.0047	0.0054
49	0.0099	0.0278	0.0035	0.0004	0.0000	0.0020	0.0044	0.0004	0.0009	0.0023	0.0006	0.0088	0.0084
50	0.0001	0.0003	0.0582	0.0000	0.0000	0.0010	0.0000	0.0000	0.0000	0.0000	0.0000	0.0002	0.0004
51	0.0002	0.0000	0.0000	0.0000	0.0000	0.0015	0.0004	0.0001	0.0007	0.0004	0.0001	0.0004	0.0003
52	0.0095	0.0898	0.2402	0.0019	0.0016	0.0004	0.0008	0.0001	0.0001	0.0003	0.0001	0.0124	0.0135
53	0.0400	0.0088	0.0005	0.0074	0.0004	0.0019	0.0026	0.0011	0.0057	0.0022	0.0009	0.0030	0.0043
55-56	0.0014	0.0042	0.0007	0.0003	0.0001	0.0054	0.0009	0.0004	0.0036	0.0036	0.0005	0.0011	0.0012
58	0.0032	0.0010	0.0005	0.0042	0.0012	0.0007	0.0078	0.0024	0.0182	0.0033	0.0009	0.0019	0.0021
59-60	0.0001	0.0000	0.0000	0.0017	0.0001	0.0000	0.0006	0.0002	0.0019	0.0012	0.0001	0.0006	0.0006

61	0,0032	0,0032	0,0030	0,0013	0,0077	0,0009	0,0031	0,0210	0,0007	0,0061	0,0004	0,0014	0,0032
02-03	0,0037	0,0040	0,0010	0,0012	0,0016	0,0023	0,0036	0,0037	0,0022	0,0007	0,0003	0,0031	0,0029
64	0,0082	0,0086	0,0060	0,0037	0,0035	0,0049	0,0060	0,0054	0,0059	0,0070	0,0052	0,0047	0,0076
65	0,0034	0,0031	0,0008	0,0010	0,0017	0,0015	0,0026	0,0008	0,0094	0,0020	0,0011	0,0188	0,0054
66	0,0036	0,0042	0,0000	0,0000	0,0000	0,0000	0,0000	0,0005	0,0002	0,0000	0,0000	0,0000	0,0000
68	0,0193	0,0173	0,0113	0,0155	0,0038	0,0139	0,0280	0,0077	0,0067	0,0625	0,0024	0,0059	0,0741
69-70	0,0057	0,0059	0,0012	0,0013	0,0011	0,0016	0,0316	0,0031	0,0030	0,0011	0,0003	0,0016	0,0066
71	0,0022	0,0024	0,0002	0,0004	0,0002	0,0003	0,0027	0,0001	0,0018	0,0005	0,0004	0,0048	0,0007
72	0,0001	0,0001	0,0000	0,0000	0,0000	0,0001	0,0000	0,0000	0,0000	0,0000	0,0000	0,0000	0,0000
73	0,0009	0,0009	0,0002	0,0017	0,0006	0,0001	0,0004	0,0016	0,0007	0,0003	0,0001	0,0004	0,0027
74-75	0,0020	0,0021	0,0004	0,0059	0,0042	0,0009	0,0066	0,0003	0,0013	0,0012	0,0001	0,0011	0,0014
77	0,0063	0,0051	0,0071	0,0071	0,0042	0,0028	0,0065	0,0081	0,1100	0,0081	0,0145	0,0105	0,0112
78	0,0031	0,0033	0,0004	0,0003	0,0002	0,0008	0,0093	0,0004	0,0014	0,0020	0,0087	0,0017	0,0008
79	0,0027	0,0005	0,0004	0,0161	0,0050	0,0000	0,0006	0,4453	0,0001	0,0037	0,0052	0,0070	0,0006
80-82	0,0063	0,0058	0,0138	0,0068	0,0061	0,0078	0,0105	0,0046	0,0065	0,0072	0,0012	0,0052	0,0133
84	0,0048	0,0051	0,0008	0,0026	0,0020	0,0019	0,0126	0,0003	0,0025	0,0047	0,0006	0,0033	0,0030
85	0,0022	0,0025	0,0000	0,0012	0,0005	0,0007	0,0008	0,0000	0,0000	0,0000	0,0000	0,0007	0,0001
86	0,0014	0,0004	0,0000	0,0055	0,0000	0,0246	0,0001	0,0000	0,0000	0,0003	0,0000	0,0000	0,0001
87-88	0,0001	0,0002	0,0000	0,0000	0,0000	0,0000	0,0000	0,0000	0,0000	0,0000	0,0000	0,0000	0,0000
90-92	0,0007	0,0005	0,0000	0,0164	0,0374	0,0000	0,0001	0,0001	0,0000	0,0014	0,0000	0,0000	0,0000
93	0,0011	0,0009	0,0000	0,0846	0,0000	0,0002	0,0001	0,0000	0,0000	0,0000	0,0000	0,0001	0,0001
94	0,0009	0,0007	0,0019	0,0006	0,0015	0,0017	0,0014	0,0008	0,0003	0,0006	0,0001	0,0009	0,0040
95	0,0003	0,0003	0,0000	0,0000	0,0000	0,0002	0,0003	0,0009	0,0002	0,0006	0,0005	0,0002	0,0004
96	0,0019	0,0010	0,0790	0,0157	0,0069	0,0026	0,0001	0,0024	0,0014	0,0048	0,0001	0,0002	0,0013
97-98	0,0000	0,0000	0,0000	0,0000	0,0000	0,0000	0,0000	0,0000	0,0000	0,0000	0,0000	0,0000	0,0000
99	0,0000	0,0000	0,0000	0,0000	0,0000	0,0000	0,0000	0,0000	0,0000	0,0000	0,0000	0,0000	0,0000
Vorleistungen der Produktionsbereiche	0,2137	0,2111	0,1701	0,2465	0,1646	0,1527	0,1997	0,5327	0,1723	0,2601	0,3806	0,2678	0,2723

Gütersteuern abzüglich Gütersubventionen	0,0058	0,0178	0,0014	0,0173	0,0032	0,0020	0,0049	0,0282	0,0312	0,0306	0,0045	0,0115	0,0121
Vorleistungen der Produktionsbereiche zu Anschaffungspreisen	**0,2780**	**0,2856**	**0,3820**	**0,2774**	**0,1754**	**0,5347**	**0,2046**	**0,1810**	**0,1958**	**0,2771**	**0,1747**	**0,2226**	**0,2258**
Arbeitnehmerentgelt	0,4099	0,2632	0,0515	0,3457	0,0631	0,0815	0,3734	0,4747	0,2194	0,2864	0,1636	0,2652	0,2771
davon Bruttolöhne und Gehälter	0,3484	0,2166	0,0433	0,2957	0,0522	0,0697	0,3156	0,4008	0,1766	0,2350	0,1389	0,2156	0,2269
davon Sozialbeiträge der Arbeitgeber	0,0615	0,0466	0,0082	0,0500	0,0109	0,0118	0,0578	0,0739	0,0428	0,0514	0,0247	0,0496	0,0502
Nettobetriebsüberschuss und Nettoselbstständigeneinkommen	0,0687	0,1437	-0,0260	0,0735	0,0386	0,0950	0,1489	0,1328	0,3175	0,0895	0,4996	0,1119	0,1152
Abschreibungen	0,0265	0,0636	0,1640	0,0282	0,5802	0,0075	0,0218	0,0885	0,1208	0,2023	0,0334	0,0920	0,0914
Sonstige Produktionsabgaben abzüglich sonstige Subventionen	0,0026	-0,0036	0,0000	0,0002	-0,0025	-0,0057	0,0012	-0,0169	0,0142	-0,0135	-0,0012	0,0002	-0,0006
Bruttowertschöpfung	**0,5078**	**0,4669**	**0,1895**	**0,4475**	**0,6794**	**0,1783**	**0,5453**	**0,6791**	**0,6720**	**0,5646**	**0,6954**	**0,4693**	**0,4831**
Surrounding Region 1	*0,0495*	*0,0528*	*0,0813*	*0,0521*	*0,0321*	*0,1223*	*0,0388*	*0,0279*	*0,0302*	*0,0426*	*0,0315*	*0,0445*	*0,0444*
Importe	**0,1647**	**0,1946**	**0,3473**	**0,2230**	**0,1131**	**0,1647**	**0,2113**	**0,1120**	**0,1020**	**0,1157**	**0,0985**	**0,2636**	**0,2467**
davon RoC	0,1320	0,1502	0,2317	0,1890	0,0912	0,1534	0,1498	0,0928	0,0721	0,0937	0,0851	0,1992	0,1874
davon RoW	0,0328	0,0444	0,1156	0,0340	0,0219	0,0113	0,0615	0,0191	0,0299	0,0220	0,0134	0,0644	0,0593
Gesamtes Aufkommen an Gütern (Produktionswert)	**1,0000**	**1,0000**	**1,0000**	**1,0000**	**1,0000**	**1,0000**	**1,0000**	**1,0000**	**1,0000**	**1,0000**	**1,0000**	**1,0000**	**1,0000**

Quelle: eigene Berechnungen auf Datengrundlage von IMPLAN-Datensatz 04_a_MRIO1_SAM

278

Im Vergleich mit *Core Region 2* fallen regionale Unterschiede zwischen den Input-Koeffizienten auf. Um diese zu identifizieren, wird ein weiterer Blick auf die Input-Koeffizienten der Bruttowertschöpfung geworfen, die in den Spalten der NACE-Codes 47, 49, 50, 55-56, 77, 79 und 80-82 der Tabelle 32 höher liegt als in denselben Spalten der Tabelle 31 von *Core Region 1*. Die Spaltenwerte der Bruttowertschöpfungskoeffizienten der NACE-Codes 86, 90-92, 93 und 96 sind in *Core Region 2* umgekehrt kleiner als in *Core Region 1*. Gleichzeitig sind jedoch alle Input-Koeffizienten der summierten Vorleistungen aller Produktionsbereiche in *Core Region 2* kleiner als in *Core Region 1* (ohne Gütersteuern abzüglich Gütersubventionen). Im Umkehrschluss bedeutet das, dass *Core Region 2* im Verhältnis weniger intraregionale Vorleistungen zur Produktion bereitstellen kann als *Core Region 1* dazu in der Lage ist. Folglich muss, um auf das „Gesamte Aufkommen an Gütern" als Divisor von 100 % zu schließen (Zusammensetzung: *Vorleistungen + Bruttowertschöpfung + Importe*), in *Core Region 2* ein höherer Input-Koeffizient des Imports, respektive eine höhere Importquote vorliegen als in *Core Region 1*.

Zur Einordnung der regionalen Importquoten wird vereinfacht angenommen, dass der interregionale Handel mit *Surrounding Region 1* und *Surrounding Region 2* eine weitere Komponente des gesamten Importes ist (zusätzlich zu Importen aus RoC und RoW). Die Input-Koeffizienten der *Surrounding Regions* in Tabelle 31 und 32 sind damit für die Annahme zu denjenigen der Importe zu addieren. Auf die aufgeschlüsselten Input-Koeffizienten der interregionalen Handelswerte in *Surrounding Region 1* und *Surrounding Region 2* wird in diesem Kapitel nicht weiter eingegangen. Gewinnbringender sind die Strukturvergleiche hinsichtlich der aggregierten Primärinputs zwischen den beiden *Core Regions* und im Gesamtkontext zur Bundesrepublik Deutschland, was im weiteren Verlauf des Kapitels thematisiert wird.

Tatsächlich bestätigt sich mit Blick auf die entsprechenden Zeilen der Input-Koeffizientenmatrizen die Annahme, dass die Importquoten in *Core Region 2* allesamt höher als in *Core Region 1* sind. Die höchste Differenz zeigt sich beim Wirtschaftsbereich der „Reisebüros und Reiseveranstalter" (79), in welchem die Importquote in *Core Region 1* bei 0,2870 (0,1223 + 0,1647) liegt und in *Core Region 2* bei 0,3270 (0,0641 + 0,2629), gefolgt von der „Schifffahrt" (50) mit 0,4286 (0,0813 + 0,3473) in *Core Region 1* und 0,4679 (0,0580 + 0,4099) in *Core Region 2* (vgl. Tabelle 31 und 32). Zur Interpretation dieser Unterschiede liefern die Wirtschaftsstrukturdaten der amtlichen VGR-Statistik, die in Tabelle 22 (vgl. Kapitel 5.4.1) für die Untersuchungsgebiete wiedergegeben sind, interessante Erkenntnisse: Im Rahmen der Disaggregation der wirtschaftlichen Kennzahlen wurde festgestellt, dass der tertiäre Wirtschaftsbereich (G-T) in *Core Region 1* mit einem Bruttowertschöpfungsanteil von 68,9 % an der gesamten Bruttowertschöpfung im Jahr 2016 aufgrund der stadtbezogenen Dienstleistungen des Stadtkreises Freiburg im Breisgau stärker ausgeprägt ist als in *Core Region 2*, wo der Anteil bei 54,9 % liegt. Die allgemeine Theorie der räumlichen Dimensionen regionalökonomischer Multiplikatorwirkungen besagt: Je wirtschaftsstärker eine Region in einem bestimmten Wirtschaftsbereich ist (was im Falle des Dienstleistungssektors, dem der gesamte tourismuswirtschaftliche Bereich zugeordnet ist, auf *Core Region 1* zutrifft), desto höher fällt der intraregionale Vorleistungskonsum und desto niedriger die Importquote aus. Gemäß der Keynesianischen Theorie sind die regionale Konsumneigung und die regionale Importneigung die entscheidenden Größen zur Erklärung wirtschaftsräumlicher Verflechtungen (vgl. Kapitel 2.4.1). Übertragen auf die Ergebnisse der beiden Tabellen 31 und 32 bedeuten die weniger stark entwickelten Dienstleistungsbereiche in *Core Region 2* (gemessen an der Bruttowertschöpfung) eine stärkere Ausprägung der Importneigung, was in den Input-Koeffizienten der Importe herausgestellt wurde.

Tabelle 32: Input-Koeffizienten der touristischen Wirtschaftszweige für Core Region 2 (Core Region 2-by-Core Region 2), 2016

NACE-Code / CPA-Code	47 Einzelhandel (ohne Handel mit Kraftfahrzeugen)	49 Landverkehr und Transport in Rohrfernleitungen	50 Schifffahrt	55-56 Gastgewerbe	77 Vermietung von beweglichen Sachen	79 Reisebüros, Reiseveranstalter und Erbringung sonstiger Reservierungsdienstleistungen	80-82 Wach- und Sicherheitsdienste sowie Detekteien; Gebäudebetreuung; Garten- und Landschaftsbau; Erbringung von wirtschaftlichen Dienstleistungen für Unternehmen und Privatpersonen a. n. g	86 Gesundheitswesen	90-92 Kreative, künstlerische und unterhaltende Tätigkeiten; Bibliotheken, Archive, Museen, botanische und zoologische Gärten; Spiel-, Wett- und Lotteriewesen	93 Erbringung von Dienstleistungen des Sports, der Unterhaltung und der Erholung	96 Erbringung von sonstigen überwiegend persönlichen Dienstleistungen	übrige Wirtschaftszweige	zusammen
01	0,0000	0,0000	0,0002	0,0015	0,0000	0,0000	0,0007	0,0003	0,0002	0,0000	0,0001	0,0021	0,0018
02	0,0000	0,0000	0,0000	0,0001	0,0000	0,0000	0,0001	0,0000	0,0000	0,0000	0,0001	0,0004	0,0004
03	0,0000	0,0000	0,0000	0,0000	0,0000	0,0000	0,0000	0,0000	0,0000	0,0000	0,0000	0,0000	0,0000
05-09	0,0000	0,0000	0,0000	0,0000	0,0000	0,0000	0,0000	0,0000	0,0000	0,0000	0,0000	0,0000	0,0000
10-12	0,0001	0,0000	0,0015	0,0363	0,0000	0,0000	0,0001	0,0059	0,0002	0,0004	0,0001	0,0028	0,0032
13-15	0,0000	0,0000	0,0000	0,0001	0,0000	0,0000	0,0001	0,0000	0,0000	0,0002	0,0000	0,0001	0,0001
16	0,0002	0,0001	0,0000	0,0004	0,0001	0,0000	0,0014	0,0001	0,0003	0,0006	0,0064	0,0018	0,0017
17	0,0014	0,0000	0,0000	0,0001	0,0001	0,0001	0,0008	0,0002	0,0002	0,0002	0,0001	0,0017	0,0016
18	0,0075	0,0006	0,0002	0,0004	0,0007	0,0064	0,0034	0,0004	0,0018	0,0012	0,0005	0,0021	0,0022
19	0,0009	0,0040	0,0167	0,0004	0,0005	0,0004	0,0009	0,0003	0,0007	0,0009	0,0011	0,0016	0,0016

	C1	C2	C3	C4	C5	C6	C7	C8	C9	C10	C11	C12	C13
20	0,0011	0,0012	0,0005	0,0002	0,0001	0,0003	0,0006	0,0000	0,0000	0,0002	0,0001	0,0000	0,0001
21	0,0004	0,0003	0,0000	0,0000	0,0000	0,0037	0,0000	0,0000	0,0000	0,0000	0,0000	0,0000	0,0000
22	0,0029	0,0032	0,0001	0,0004	0,0001	0,0004	0,0012	0,0000	0,0000	0,0005	0,0000	0,0006	0,0020
23	0,0024	0,0027	0,0010	0,0009	0,0003	0,0001	0,0022	0,0000	0,0001	0,0007	0,0001	0,0004	0,0000
24	0,0042	0,0047	0,0000	0,0001	0,0000	0,0000	0,0001	0,0000	0,0000	0,0000	0,0000	0,0004	0,0001
25	0,0085	0,0097	0,0002	0,0005	0,0003	0,0003	0,0024	0,0000	0,0001	0,0007	0,0002	0,0010	0,0005
26	0,0013	0,0014	0,0001	0,0004	0,0007	0,0002	0,0006	0,0000	0,0001	0,0001	0,0001	0,0000	0,0002
27	0,0027	0,0030	0,0012	0,0003	0,0001	0,0001	0,0006	0,0000	0,0000	0,0011	0,0000	0,0005	0,0001
28	0,0062	0,0071	0,0000	0,0003	0,0001	0,0004	0,0004	0,0000	0,0000	0,0008	0,0000	0,0003	0,0005
29	0,0125	0,0142	0,0000	0,0003	0,0001	0,0001	0,0000	0,0000	0,0001	0,0000	0,0001	0,0039	0,0002
30	0,0006	0,0007	0,0000	0,0001	0,0000	0,0000	0,0001	0,0000	0,0000	0,0000	0,0000	0,0000	0,0000
31-32	0,0003	0,0003	0,0000	0,0000	0,0010	0,0025	0,0000	0,0000	0,0000	0,0004	0,0000	0,0000	0,0000
33	0,0049	0,0054	0,0001	0,0000	0,0002	0,0017	0,0007	0,0000	0,0000	0,0002	0,0076	0,0064	0,0006
35	0,0064	0,0063	0,0064	0,0073	0,0038	0,0056	0,0036	0,0012	0,0009	0,0124	0,0003	0,0104	0,0112
36	0,0003	0,0002	0,0014	0,0025	0,0004	0,0004	0,0003	0,0000	0,0000	0,0012	0,0000	0,0001	0,0001
37-39	0,0017	0,0017	0,0027	0,0028	0,0009	0,0009	0,0016	0,0000	0,0001	0,0028	0,0000	0,0003	0,0014
41-43	0,0111	0,0114	0,0046	0,0061	0,0140	0,0108	0,0149	0,0018	0,0030	0,0140	0,0013	0,0065	0,0074
45	0,0050	0,0050	0,0004	0,0011	0,0017	0,0008	0,0016	0,0006	0,0056	0,0024	0,0006	0,0138	0,0095
46	0,0180	0,0189	0,0070	0,0072	0,0072	0,0183	0,0080	0,0006	0,0009	0,0279	0,0073	0,0055	0,0112
47	0,0047	0,0043	0,0025	0,0055	0,0073	0,0186	0,0033	0,0002	0,0003	0,0143	0,0015	0,0010	0,0022
49	0,0062	0,0064	0,0005	0,0020	0,0007	0,0003	0,0035	0,0017	0,0000	0,0003	0,0028	0,0216	0,0077
50	0,0002	0,0001	0,0000	0,0000	0,0000	0,0000	0,0000	0,0007	0,0000	0,0000	0,0429	0,0002	0,0000
51	0,0003	0,0003	0,0001	0,0003	0,0006	0,0000	0,0003	0,0013	0,0001	0,0000	0,0000	0,0000	0,0002
52	0,0098	0,0090	0,0001	0,0003	0,0001	0,0001	0,0007	0,0004	0,0013	0,0016	0,2048	0,0743	0,0079
53	0,0031	0,0024	0,0008	0,0018	0,0047	0,0008	0,0020	0,0015	0,0003	0,0056	0,0004	0,0066	0,0301
55-56	0,0010	0,0009	0,0005	0,0033	0,0033	0,0004	0,0008	0,0048	0,0001	0,0003	0,0006	0,0035	0,0012
58	0,0023	0,0021	0,0011	0,0041	0,0231	0,0030	0,0093	0,0009	0,0014	0,0049	0,0006	0,0011	0,0038
59-60	0,0009	0,0009	0,0001	0,0017	0,0027	0,0003	0,0008	0,0000	0,0001	0,0023	0,0000	0,0000	0,0001

61	0,0036	0,0016	0,0005	0,0069	0,0008	0,0247	0,0035	0,0011	0,0094	0,0016	0,0037	0,0039	0,0039
62-63	0,0037	0,0040	0,0004	0,0009	0,0029	0,0050	0,0047	0,0032	0,0023	0,0016	0,0014	0,0057	0,0054
64	0,0062	0,0039	0,0044	0,0057	0,0049	0,0046	0,0050	0,0042	0,0031	0,0032	0,0053	0,0067	0,0065
65	0,0046	0,0162	0,0009	0,0018	0,0081	0,0007	0,0022	0,0013	0,0015	0,0009	0,0008	0,0025	0,0027
66	0,0000	0,0000	0,0000	0,0000	0,0002	0,0005	0,0000	0,0000	0,0000	0,0000	0,0000	0,0033	0,0028
68	0,0594	0,0048	0,0019	0,0502	0,0054	0,0064	0,0228	0,0117	0,0033	0,0134	0,0098	0,0133	0,0147
69-70	0,0063	0,0016	0,0003	0,0011	0,0029	0,0031	0,0307	0,0016	0,0011	0,0013	0,0012	0,0057	0,0057
71	0,0007	0,0046	0,0004	0,0005	0,0017	0,0001	0,0026	0,0003	0,0002	0,0004	0,0002	0,0024	0,0023
72	0,0000	0,0000	0,0000	0,0000	0,0000	0,0000	0,0000	0,0001	0,0000	0,0000	0,0000	0,0001	0,0001
73	0,0027	0,0004	0,0001	0,0003	0,0007	0,0016	0,0004	0,0001	0,0007	0,0018	0,0002	0,0010	0,0010
74-75	0,0013	0,0009	0,0001	0,0011	0,0011	0,0003	0,0059	0,0009	0,0040	0,0055	0,0004	0,0019	0,0019
77	0,0100	0,0094	0,0133	0,0073	0,0989	0,0075	0,0059	0,0026	0,0040	0,0068	0,0069	0,0044	0,0055
78	0,0007	0,0014	0,0073	0,0016	0,0011	0,0003	0,0077	0,0007	0,0002	0,0003	0,0004	0,0032	0,0030
79	0,0005	0,0060	0,0046	0,0032	0,0001	0,3986	0,0005	0,0000	0,0047	0,0149	0,0003	0,0003	0,0021
80-82	0,0114	0,0045	0,0011	0,0062	0,0057	0,0041	0,0092	0,0071	0,0056	0,0063	0,0129	0,0051	0,0055
84	0,0024	0,0026	0,0005	0,0037	0,0020	0,0003	0,0101	0,0016	0,0017	0,0022	0,0007	0,0038	0,0037
85	0,0001	0,0006	0,0000	0,0000	0,0000	0,0000	0,0006	0,0006	0,0005	0,0010	0,0000	0,0017	0,0016
86	0,0001	0,0000	0,0000	0,0002	0,0000	0,0000	0,0001	0,0205	0,0000	0,0047	0,0000	0,0003	0,0009
87-88	0,0000	0,0000	0,0000	0,0000	0,0000	0,0000	0,0000	0,0000	0,0000	0,0000	0,0000	0,0001	0,0001
90-92	0,0000	0,0000	0,0000	0,0011	0,0000	0,0001	0,0001	0,0000	0,0313	0,0137	0,0000	0,0004	0,0006
93	0,0000	0,0000	0,0000	0,0000	0,0000	0,0000	0,0000	0,0002	0,0000	0,0730	0,0000	0,0006	0,0007
94	0,0030	0,0007	0,0001	0,0005	0,0002	0,0006	0,0010	0,0014	0,0012	0,0005	0,0016	0,0005	0,0006
95	0,0003	0,0002	0,0004	0,0005	0,0001	0,0009	0,0002	0,0002	0,0000	0,0000	0,0000	0,0003	0,0003
96	0,0010	0,0002	0,0001	0,0038	0,0011	0,0019	0,0001	0,0021	0,0058	0,0131	0,0668	0,0008	0,0013
97-98	0,0000	0,0000	0,0000	0,0000	0,0000	0,0000	0,0000	0,0000	0,0000	0,0000	0,0000	0,0000	0,0000
99	0,0000	0,0000	0,0000	0,0000	0,0000	0,0000	0,0000	0,0000	0,0000	0,0000	0,0000	0,0000	0,0000
Vorleistungen der Produktionsbereiche	**0,2265**	**0,2268**	**0,3262**	**0,2304**	**0,1537**	**0,4842**	**0,1808**	**0,1386**	**0,1574**	**0,2193**	**0,1526**	**0,2047**	**0,2041**

Gütersteuern abzüglich Gütersubventionen	0,0071	0,0217	0,0018	0,0211	0,0032	0,0020	0,0049	0,0362	0,0399	0,0389	0,0058	0,0104	0,0114
Vorleistungen der Produktionsbereiche zu Anschaffungspreisen	**0,2336**	**0,2486**	**0,3280**	**0,2515**	**0,1569**	**0,4862**	**0,1856**	**0,1748**	**0,1973**	**0,2582**	**0,1584**	**0,2151**	**0,2156**
Arbeitnehmerentgelt	0,4125	0,2650	0,0534	0,3488	0,0698	0,0928	0,4162	0,4758	0,2256	0,2928	0,1695	0,2648	0,2745
davon Bruttolöhne und Gehälter	0,3506	0,2181	0,0449	0,2983	0,0578	0,0794	0,3518	0,4017	0,1816	0,2403	0,1440	0,2162	0,2253
davon Sozialbeiträge der Arbeitgeber	0,0619	0,0469	0,0085	0,0504	0,0121	0,0134	0,0644	0,0741	0,0440	0,0526	0,0256	0,0487	0,0493
Nettobetriebsüberschuss und Nettoselbstständigeneinkommen	0,0827	0,1571	-0,0284	0,0864	0,0389	0,0923	0,1240	0,1263	0,3013	0,0818	0,4826	0,0989	0,1029
Abschreibungen	0,0319	0,0696	0,1790	0,0331	0,5855	0,0072	0,0182	0,0842	0,1147	0,1850	0,0323	0,0766	0,0786
Sonstige Produktionsabgaben abzüglich sonstige Subventionen	0,0031	-0,0039	0,0000	0,0002	-0,0025	-0,0056	0,0010	-0,0160	0,0135	-0,0123	-0,0012	0,0003	-0,0002
Bruttowertschöpfung	**0,5302**	**0,4878**	**0,2041**	**0,4685**	**0,6917**	**0,1868**	**0,5594**	**0,6702**	**0,6551**	**0,5473**	**0,6832**	**0,4406**	**0,4558**
Surrounding Region 2	*0,0343*	*0,0359*	*0,0580*	*0,0342*	*0,0171*	*0,0641*	*0,0250*	*0,0200*	*0,0218*	*0,0295*	*0,0234*	*0,0322*	*0,0318*
Importe	**0,2019**	**0,2277**	**0,4099**	**0,2459**	**0,1343**	**0,2629**	**0,2300**	**0,1349**	**0,1258**	**0,1650**	**0,1350**	**0,3121**	**0,2968**
davon RoC	0,1774	0,1929	0,3126	0,2198	0,1229	0,2560	0,1865	0,1189	0,1061	0,1476	0,1234	0,2453	0,2353
davon RoW	0,0245	0,0348	0,0974	0,0260	0,0114	0,0069	0,0435	0,0161	0,0197	0,0174	0,0116	0,0668	0,0615
Gesamtes Aufkommen an Gütern (Produktionswert)	**1,0000**	**1,0000**	**1,0000**	**1,0000**	**1,0000**	**1,0000**	**1,0000**	**1,0000**	**1,0000**	**1,0000**	**1,0000**	**1,0000**	**1,0000**

Quelle: eigene Berechnungen auf Datengrundlage von IMPLAN-Datensatz 04_b_MRIO2_SAM

Ein weiterer Einflussfaktor auf den Umfang wirtschaftsräumlicher Verflechtungen ist die Größe der Untersuchungsregion (vgl. Kapitel 2.4.2). Um einen empirischen Beleg für die theoretischen Raumbezüge zu liefern, wurden die sektoralen Importquoten der touristischen Wirtschaftsbereiche von *Core Region 1* und der Bundesrepublik Deutschland miteinander verglichen. Dafür wurde die vom Statistischen Bundesamt veröffentlichte Input-Output-Tabelle der inländischen Produktion (Bezugsjahr 2016) verwendet (vgl. STATISTISCHES BUNDESAMT 2021a). In dieser sind die importierten Vorleistungsgüter nicht in der Vorleistungsmatrix verbucht, sodass diese Submatrix zu derjenigen der IMPLAN-SAM passt (vgl. Kapitel 4.7.1). Die nationale Tabelle wurde für den Vergleich aufbereitet und die Vorleistungen der Produktionsbereiche aus Importen der Matrix der Primärinputs zugeordnet, sodass sämtliche Importe einen Primäraufwand darstellen. Die 72 Gütergruppen der amtlichen Tabelle wurden außerdem an wenigen Stellen aggregiert, um die Aggregationsebene von *P*64* zu erhalten. Damit entspricht der Aufbau der aufbereiteten nationalen Matrix dem Aufbau der IMPLAN-SAM. Einzig die Klassifizierungsansätze weichen voneinander ab (IMPLAN-SAM: *commodity-by-industry*; Statistisches Bundesamt: *commodity-by-commodity*), was jedoch aufgrund der übereinstimmenden Klassifizierungssystematiken von NACE und CPA (vgl. Exkurs A) vernachlässigbar ist.

Nach der Keynesianischen Theorie ist die regionale Importneigung höher, je kleiner die Untersuchungsregion ist, weil die regionale Nachfrage weniger stark durch regionale Vorleistungsbetriebe befriedigt werden kann. Demzufolge müssten die Importquoten der Input-Koeffizienten in den Wirtschaftszweigen der *Core Region 1* größer sein als in Deutschland (vgl. Kapitel 2.4.2). Dies ist im Mittel zutreffend, wobei sich die beiden Ausnahmen für die betroffenen Wirtschaftszweige plausibel erklären lassen: Beispielsweise spielt in der „Schifffahrt" (50), deren Importquote in *Core Region 1* bei 0,4286 und in Deutschland bei 0,6088 liegt, die Internationalität auf nationaler Maßstabsebene aufgrund der Personen- und Güterbeförderung auf den Weltmeeren eine viel bedeutendere Rolle. Deshalb ist anzunehmen, dass Vorleistungen für den Betrieb von Wasserstraßen und Häfen viel häufiger von der EU und Drittländern bereitgestellt werden als das in einer Mittelgebirgsregion in Süddeutschland relevant wäre, wo ohnehin nur die Binnenschifffahrt ein Thema ist. In eine ähnliche Richtung geht die Interpretation zur höheren Importquote für „Reisebüros und Reiseveranstalter" (79) auf nationaler Ebene. Die regionale Importquote beträgt 0,2871 und die nationale 0,4184, weshalb anzunehmen ist, dass z. B. Luftfahrtleistungen in deutlich größerem Umfang von internationalen Wirtschaftseinheiten geleistet werden als das auf der regionalen Ebene eine Rolle spielt. Die Abweichungen der übrigen Wirtschaftszweige bestätigen die Keynesianische Theorie einer höheren Importquote auf regionaler als auf nationaler Ebene (vgl. Tabelle 33). Regionaler Konsum und regionaler Import bilden die Grenzkonsumneigung für regionale Produkte $(c^* - m^*)$ – die kritische Variable für die Höhe der regionalökonomischen Multiplikatoren nach KEYNES (2009 [1936]).

Tabelle 33: Input-Koeffizienten der Importe der touristischen Wirtschaftszweige für *Core Region 1* und Deutschland, 2016

	47	49	50	55-56	77	79	80-82	86	90-92	93	96
	Einzelhandel (ohne Handel mit Kraftfahrzeugen)	Landverkehr und Transport in Rohrfernleitungen	Schifffahrt	Gastgewerbe	Vermietung von beweglichen Sachen	Reisebüros, Reiseveranstalter und Erbringung sonstiger Reservierungsdienstleistungen	Wach- und Sicherheitsdienste sowie Detekteien; Gebäudebetreuung; Garten- und Landschaftsbau; Erbringung von wirtschaftlichen Dienstleistungen für Unternehmen und Privatpersonen a. n. g	Gesundheitswesen	Kreative, künstlerische und unterhaltende Tätigkeiten; Bibliotheken, Archive, Museen, botanische und zoologische Gärten; Spiel-, Wett- und Lotteriewesen	Erbringung von Dienstleistungen des Sports, der Unterhaltung und der Erholung	Erbringung von sonstigen überwiegend persönlichen Dienstleistungen
Core Region 1	0,2142	0,2474	0,4286	0,2751	0,1451	0,2871	0,2501	0,1399	0,1321	0,1582	0,1300
Deutschland	0,0406	0,1250	0,6088	0,2072	0,1245	0,4184	0,1060	0,0391	0,1179	0,0215	0,0239

Quelle: eigene Berechnungen auf Datengrundlage von IMPLAN-Datensatz 04_a_MRIO1_SAM; STATISTISCHES BUNDESAMT 2021a

5.7   Regionalökonomische Multiplikatoren

Die Erkenntnisse leiten zur Präsentation der regionalökonomischen Multiplikatoren für das Biosphärengebiet Schwarzwald und seinen Vergleichs- und Umlandregionen über. Folgende Aspekte sind aus dem Theorieteil dieser Arbeit zu den Größenvariationen touristischer Multiplikatorwirkungen wiederzugeben (vgl. Kapitel 3.6.3):

- Die Höhe der regionalökonomischen Multiplikatoren ist eine Funktion der regionalen Konsum- und Importneigung. Je höher die daraus resultierende Grenzkonsumneigung für regionale Vorleistungsgüter ist, desto höher ist der regionalökonomische Multiplikator.

- Je größer die Untersuchungsregion, desto weniger Sickerverluste treten auf und desto höher ist der regionalökonomische Multiplikator.

- Eine diversifizierte Wirtschaftsstruktur kann mehr regionale Vorleistungen bereitstellen. Je mehr Vorleistungen regional bezogen werden, desto geringere Sickerverluste treten auf und desto höher ist der regionalökonomische Multiplikator.

Zwei empirische Belege dieser theoretischen Grundlagen können auf Basis der Input-Koeffizienten konkludiert werden:

- In der Gegenüberstellung der Primärinputs von *Core Region 1* und *Core Region 2* weist letztere Region des Nationalparks Schwarzwald höhere Importquoten und niedrigere regionale Vorleistungsquoten auf. Das ist eine Erklärung für die wirtschaftsstrukturelle Ausstattung der Regionen, wobei der Dienstleistungssektor in *Core Region 1* stärker ausgeprägt ist als in *Core Region 2*.

- In der Gegenüberstellung der Primärinputs von *Core Region 1* und der Bundesrepublik Deutschland weist erstere Region des Biosphärengebiets Schwarzwald höhere Importquoten und niedrigere regionale Vorleistungsquoten auf. Das ist eine Erklärung für die Größe der definierten Untersuchungsregionen als Einflussfaktor der Importneigung der regionalen und nationalen Ökonomien.

Hinsichtlich der Größenverhältnisse der grundlegenden *Typ I*-Output-Multiplikatoren als klassische Leontief-Inverse, die ebendiese regionalen Vorleistungsverflechtungen widerspiegeln, lautet die Hypothese:

$$Core\ Region\ 2 < Core\ Region\ 1 < Deutschland$$

Neben der Rekonstruktion der raumstrukturbedingten Multiplikatorwirkungen durch die Vorstellung der *Typ I*-Output-Multiplikatoren werden im Folgenden für *Core Region 1* des Biosphärengebiets Schwarzwald und *Core Region 2* des Nationalparks Schwarzwald die mittels Matrizenrechnung abgeleiteten Wertschöpfungs- und Beschäftigungsmultiplikatoren der multiregionalen Gebietskonstellation zu *Surrounding Region 1* und *Surrounding Region 2* der beiden Naturparke Schwarzwald Mitte/Nord und Südschwarzwald präsentiert. Die Erklärung der Multiplikator-Variationen erfolgt aus dem Input-Output-Modell heraus. Gebietsspezifische Wirtschaftscharakteristika und -strukturen fließen in die Interpretation nicht ein.

5.7.1 *Typ I*-Multiplikatoren

5.7.1.1 *Typ I*-Output-Multiplikatoren

Bei Betrachtung der touristischen Wirtschaftszweige der inversen Matrix fällt auf, dass die Zellenwerte der Hauptdiagonalen aufgrund der symmetrischen und intervierbaren Einheitsmatrix im linearen Input-Output-System der Matrix-Inverse $(I - A^{rr})^{-1}$ immer > 1 sind (beispielsweise *47-by-47* nach *industry-by-industry*[135] ist 1,0040; vgl. Tabelle 34). Das bedeutet hinsichtlich der Validierung der „ready-made" IMPLAN-Output-Multiplikatoren, dass diese durch die Leontief-Inverse erklärbar sind. In Kapitel 6.2.1 wird dies genauer überprüft.

Werden die Zellenwerte der Hauptdiagonalen nicht berücksichtigt, ist zu konstatieren, dass sich in den übrigen Zellenwerte der Vorleistungsbereiche einer betrachteten Spalte eines touristischen Wirtschaftszweiges die regionalökonomischen Strukturverhältnisse, die durch die Input-Koeffizienten ausgedrückt wurden, widerspiegeln (vgl. Kapitel 5.6). Um das „Gastgewerbe" (55-56) als Beispiel herauszugreifen, sind die Zellen-Multiplikatoren der Vorleistungsbereiche wie folgt zu interpretieren: Bei einer touristischen Output-Änderung von 1 belaufen sich die Gesamteffekte, die bei *Typ I*-Multiplikatoren die direkten und die indirekten Effekte umfassen, in der Zelle des „Grundstücks- und Wohnungswesens" (68), wo nach dem hauptdiagonalen Zellenwert der höchste Wert verbucht ist, auf 0,0673 (vgl. Tabelle 34). Damit wird der Multiplikatoreffekt auf den gesamten Output in *Core Region 1* bei einem direkten Output-Effekt in *Core Region 1* ausgedrückt (vgl. Kapitel 4.7.2). Im Anwendungsbezug bewirkt eine touristische Ausgabe von 100 € und ein daraus resultierender direkter Output von 100 € im Gastgewerbe (die *capture rate* dieses Dienstleistungsbereiches ist 100 %) direkte und indirekte regionalökonomische Effekte im „Grundstücks- und Wohnungswesen" in *Core Region 1* in Höhe von 6,73 €.

Der Größenordnung übereinstimmend mit den Input-Koeffizienten (vgl. Tabelle 31 in Kapitel 5.6) folgt an weiterer Stelle der „Großhandel" (46), der bei einer touristischen Output-Steigerung von 100 € direkte und indirekte regionalökonomische Effekte von 3,64 € generiert. Weitere 2,84 € werden in der „Herstellung von Nahrungs-, Futtermitteln, Getränken und Tabak" (10-12) verbucht, 2,25 € im „Baugewerbe" (41-43) und 2,22 € in der „Energieversorgung" (35) innerhalb der Untersuchungsregion *Core Region 1* des Biosphärengebiets Schwarzwald (vgl. Tabelle 34).

Multiplikatoren beschreiben die Vervielfältigungswirkung touristischer Ausgaben in den Vorleistungsbetrieben zur touristischen Leistungserstellung (vgl. Kapitel 2.4.1.2). Sie werden in den Spaltensummen der touristischen Wirtschaftsbereiche angegeben und sind insofern zu verstehen, als ein direkter Output im „Gastgewerbe" von 100 € bei einem Multiplikator von 1,3387 einen gesamten (direkten und indirekten) regionalökonomischen Output in Höhe von 133,9 € hervorruft. Die Sekundäreffekte betragen 33,9 €. Der Größenunterschied der Multiplikatoren der touristischen

---

135 Die zuvor vorgestellten SAM und Input-Koeffizientenmatrizen sind nach dem *commodity-by-industry*-Ansatz klassifiziert, die Multiplikatoren nach dem *industry-by-industry*-Ansatz (vgl. Kapitel 4.7.1).

Wirtschaftszweige liegt zwischen 1,1953 im „Gesundheitswesen" (86) und 2,0388 für „Reisebüros, Reiseveranstalter und die Erbringung sonstiger Reservierungsdienstleistungen" (79). Der Mittelwert der *Typ I*-Output-Multiplikatoren der touristischen Wirtschaftszweige beträgt 1,3717.

Die *Typ I*-Output-Multiplikatoren variieren vor dem Hintergrund der intendierten Vorleistungsänderungen je nach Größenordnung der Input-Koeffizienten der Vorleistungen der einzelnen touristischen Wirtschaftsbereiche. In Kapitel 5.4.2 wurde empirisch belegt, dass die Wertschöpfungsquoten von der erwirtschafteten Eigenleistung der Wirtschaftsbranchen abhängen: Die in der Region verbleibende touristische Wertschöpfung aus touristischen Ausgaben fällt umso höher aus, je weniger Produktionsschritte zur Herstellung des touristischen Endproduktes an Vorleistungsbetriebe (in der Region oder außerhalb) ausgelagert werden. In Bezug auf die *Typ I*-Output-Multiplikatoren ist demzufolge festzuhalten, dass die Größenunterschiede der Multiplikatoren je Wirtschaftszweig umgekehrt proportional zu den Input-Koeffizienten der Bruttowertschöpfung sind: Bei hohen Wertschöpfungsquoten als Input-Koeffizienten je Wirtschaftszweig sind tendenziell unterdurchschnittlich hohe Multiplikatorwerte in den Spaltensummen zu konstatieren. Umgekehrt zeigt Tabelle 34 überdurchschnittlich hohe Multiplikatorwerte für Wirtschaftszweige, in denen die Input-Koeffizienten der Bruttowertschöpfung unterdurchschnittlich ausfallen. Beispielsweise liegt der Input-Koeffizient der Bruttowertschöpfung im „Gesundheitswesen" (86) bei 0,6791 und damit an zweithöchster Stelle über dem Durchschnitt der touristischen Wirtschaftszweige von 0,5114 (vgl. Tabelle 31 in Kapitel 5.6). Der Multiplikator liegt demgegenüber mit einem Wert von 1,1953 am deutlichsten unter dem Mittelwert von 1,3717. Um das andere Extrem anzuführen, beträgt der Wertschöpfungskoeffizient für „Reisebüros, Reiseveranstalter und die Erbringung sonstiger Reservierungsdienstleistungen" (79) unterdurchschnittlich 0,1783 und der Multiplikator überdurchschnittlich 2,0388 (vgl. Tabelle 34). Diese Bezüge sind insofern plausibel erklärbar, als die Zulieferbetriebe bei höherer Fremdleistung in Form von Vorleistungslieferungen in der Summe einen höhen indirekten Output generieren. Einen höheren direkten Output und folglich eine höhere verbleibende Wertschöpfung gemäß der Abgrenzung der touristischen Verbleiberaten (vgl. Kapitel 3.4.1) wird hingegen bei Branchen mit höherer Eigenleistung erwirtschaftet.

Im multiregionalen Modell ist eine durchschnittliche *Typ I*-Output-Multiplikatorwirkung von 0,1051 in *Surrounding Region 1* zu verzeichnen. Die letzte Zeile zeigt als Summe der beiden Gebietskonstellationen die interregionale *Typ I*-Output-Multiplikatorwirkung, die zwischen 1,2408 für das „Gesundheitswesen" (86) und 2,4322 für die „Reisebranche" (79) variiert. Im Mittel beträgt die Multiplikatorwirkung der Regionskonstellation *Surrounding Region 1-by-Core Region 1* 1,4769. Das multiregionale Modell lässt ebenfalls Größenbezüge erkennen, denn hohe Input-Koeffizienten aus *Surrounding Region 1* bedeuten tendenziell hohe regionalökonomische Multiplikatoren der Vorleistungsverflechtungen in der Umlandregion des Biosphärengebiets Schwarzwald. Beispielsweise liegt der Input-Koeffizient der Handelsware aus *Surrounding Region 1* für „Reisebüros, Reiseveranstalter und die Erbringung sonstiger Reservierungsdienstleistungen" (79) aus *Surrounding Region 1* bei 0,1223, was der höchste Wert unter den touristischen Wirtschaftszweigen ist (vgl. Tabelle 31 in

Kapitel 5.6). Gleichzeitig ist die *Typ I*-Multiplikatorwirkung für diesen Wirtschafts-zweig in *Surrounding Region 1* mit 0,3934 am höchsten (vgl. Tabelle 34), was bedeu-tet, dass sich hierin die interregionale Vervielfältigung von Spillover-Effekten ins Umland ausdrückt.

Tabelle 34: (Inter-)regionale *Typ I*-Output-Multiplikatoren der touristischen Wirtschaftszweige für *Core Region 1*

NACE-Code	47 Einzelhandel (ohne Handel mit Kraftfahrzeugen)	49 Landverkehr und Transport in Rohrfernleitungen	50 Schifffahrt	55-56 Gastgewerbe	77 Vermietung von beweglichen Sachen	79 Reisebüros, Reiseveranstalter und Erbringung sonstiger Reservierungsdienstleistungen	80-82 Wach- und Sicherheitsdienste sowie Detekteien; Gebäudebetreuung; Garten- und Landschaftsbau; Erbringung von wirtschaftlichen Dienstleistungen für Unternehmen und Privatpersonen a. n. g	86 Gesundheitswesen	90-92 Kreative, künstlerische und unterhaltende Tätigkeiten; Bibliotheken, Archive, Museen, botanische und zoologische Gärten; Spiel-, Wett- und Lotteriewesen	93 Erbringung von Dienstleistungen des Sports, der Unterhaltung und der Erholung	96 Erbringung von sonstigen überwiegend persönlichen Dienstleistungen
01	0,0002	0,0001	0,0004	0,0042	0,0000	0,0001	0,0012	0,0009	0,0003	0,0001	0,0002
02	0,0001	0,0000	0,0000	0,0002	0,0000	0,0000	0,0003	0,0001	0,0001	0,0001	0,0007
03	0,0000	0,0000	0,0000	0,0001	0,0000	0,0000	0,0000	0,0000	0,0000	0,0000	0,0000
05-09	0,0002	0,0002	0,0001	0,0002	0,0000	0,0001	0,0001	0,0001	0,0001	0,0001	0,0001
10-12	0,0009	0,0005	0,0016	0,0284	0,0001	0,0005	0,0006	0,0050	0,0005	0,0008	0,0005
13-15	0,0002	0,0001	0,0001	0,0003	0,0002	0,0001	0,0001	0,0001	0,0001	0,0001	0,0001
16	0,0006	0,0004	0,0002	0,0008	0,0002	0,0002	0,0016	0,0003	0,0005	0,0008	0,0061
17	0,0018	0,0003	0,0002	0,0006	0,0002	0,0008	0,0010	0,0005	0,0004	0,0004	0,0003
18	0,0090	0,0013	0,0007	0,0014	0,0012	0,0130	0,0046	0,0009	0,0032	0,0022	0,0009
19	0,0014	0,0038	0,0137	0,0012	0,0006	0,0009	0,0011	0,0007	0,0009	0,0012	0,0017
20	0,0011	0,0007	0,0010	0,0017	0,0003	0,0006	0,0010	0,0012	0,0007	0,0010	0,0022
21	0,0005	0,0002	0,0001	0,0008	0,0001	0,0003	0,0003	0,0021	0,0004	0,0007	0,0023
22	0,0021	0,0010	0,0005	0,0014	0,0007	0,0004	0,0014	0,0009	0,0005	0,0008	0,0007

23	24	25	26	27	28	29	30	31-32	33	35	36	37-39	41-43	45	46	47	49	50	51	52	53	55-56	58	59-60	61	62-63	64
0,0013	0,0003	0,0007	0,0004	0,0012	0,0007	0,0006	0,0001	0,0002	0,0005	0,0118	0,0014	0,0038	0,0075	0,0008	0,0095	0,0035	0,0019	0,0001	0,0002	0,0021	0,0015	0,0018	0,0009	0,0001	0,0040	0,0019	0,0082
0,0012	0,0004	0,0011	0,0007	0,0008	0,0011	0,0012	0,0002	0,0003	0,0005	0,0163	0,0025	0,0045	0,0106	0,0018	0,0109	0,0073	0,0041	0,0001	0,0006	0,0033	0,0032	0,0045	0,0032	0,0016	0,0032	0,0034	0,0064
0,0008	0,0002	0,0009	0,0010	0,0007	0,0009	0,0011	0,0001	0,0008	0,0006	0,0075	0,0004	0,0014	0,0175	0,0024	0,0105	0,0088	0,0023	0,0001	0,0008	0,0031	0,0064	0,0040	0,0137	0,0022	0,0101	0,0088	0,0055
0,0006	0,0003	0,0012	0,0007	0,0009	0,0018	0,0010	0,0001	0,0020	0,0017	0,0103	0,0005	0,0016	0,0146	0,0015	0,0224	0,0213	0,0023	0,0001	0,0002	0,0034	0,0023	0,0008	0,0021	0,0003	0,0015	0,0038	0,0070
0,0025	0,0004	0,0031	0,0010	0,0012	0,0016	0,0014	0,0002	0,0003	0,0011	0,0084	0,0005	0,0025	0,0210	0,0024	0,0118	0,0046	0,0060	0,0001	0,0005	0,0043	0,0034	0,0013	0,0061	0,0007	0,0045	0,0071	0,0091
0,0004	0,0002	0,0005	0,0009	0,0005	0,0009	0,0011	0,0001	0,0002	0,0009	0,0055	0,0002	0,0004	0,0070	0,0019	0,0041	0,0012	0,0049	0,0018	0,0030	0,0046	0,0045	0,0100	0,0014	0,0002	0,0437	0,0084	0,0129
0,0005	0,0001	0,0006	0,0003	0,0005	0,0007	0,0025	0,0001	0,0003	0,0003	0,0046	0,0002	0,0006	0,0054	0,0065	0,0022	0,0008	0,0020	0,0000	0,0001	0,0046	0,0007	0,0003	0,0012	0,0002	0,0013	0,0032	0,0084
0,0016	0,0006	0,0021	0,0010	0,0020	0,0026	0,0020	0,0001	0,0008	0,0010	0,0222	0,0013	0,0043	0,0225	0,0037	0,0364	0,0180	0,0040	0,0002	0,0002	0,0087	0,0084	1,0010	0,0034	0,0019	0,0079	0,0034	0,0112
0,0005	0,0005	0,0015	0,0006	0,0011	0,0023	0,0030	0,0003	0,0003	0,0066	0,0039	0,0001	0,0004	0,0087	0,0068	0,0119	0,0027	0,0394	1,0547	0,0005	0,2951	0,0021	0,0020	0,0007	0,0000	0,0019	0,0025	0,0090
0,0009	0,0009	0,0023	0,0006	0,0014	0,0025	0,0093	0,0003	0,0003	0,0057	0,0186	0,0003	0,0008	0,0124	0,0174	0,0102	0,0024	1,0402	0,0007	0,0003	0,1110	0,0094	0,0048	0,0011	0,0001	0,0029	0,0047	0,0083
0,0008	0,0006	0,0016	0,0010	0,0010	0,0018	0,0046	0,0001	0,0004	0,0011	0,0198	0,0004	0,0023	0,0158	0,0126	0,0188	1,0040	0,0136	0,0003	0,0004	0,0219	0,0376	0,0019	0,0028	0,0003	0,0051	0,0051	0,0123

65	0,0072	0,0223	0,0049	0,0034	0,0114	0,0025	0,0036	0,0022	0,0024	0,0019	0,0015
66	0,0022	0,0057	0,0015	0,0013	0,0033	0,0022	0,0012	0,0008	0,0008	0,0007	0,0007
68	0,0776	0,0122	0,0093	0,0673	0,0096	0,0202	0,0330	0,0183	0,0082	0,0206	0,0146
69-70	0,0092	0,0038	0,0017	0,0034	0,0046	0,0077	0,0347	0,0030	0,0024	0,0030	0,0025
71	0,0013	0,0052	0,0018	0,0011	0,0020	0,0005	0,0030	0,0006	0,0005	0,0008	0,0006
72	0,0002	0,0002	0,0001	0,0001	0,0001	0,0002	0,0002	0,0001	0,0001	0,0001	0,0000
73	0,0030	0,0007	0,0003	0,0007	0,0009	0,0031	0,0007	0,0003	0,0009	0,0021	0,0004
74-75	0,0022	0,0018	0,0006	0,0019	0,0018	0,0011	0,0075	0,0014	0,0050	0,0069	0,0008
77	0,0139	0,0140	0,0203	0,0108	1,1160	0,0174	0,0083	0,0043	0,0060	0,0098	0,0090
78	0,0020	0,0033	0,0121	0,0032	0,0019	0,0029	0,0101	0,0014	0,0009	0,0009	0,0010
79	0,0016	0,0138	0,0111	0,0070	0,0003	1,8227	0,0014	0,0003	0,0099	0,0329	0,0009
80-82	0,0144	0,0070	0,0036	0,0089	0,0076	0,0095	1,0117	0,0088	0,0075	0,0087	0,0149
84	0,0052	0,0052	0,0021	0,0069	0,0035	0,0018	0,0146	0,0031	0,0032	0,0045	0,0020
85	0,0004	0,0010	0,0002	0,0003	0,0001	0,0003	0,0011	0,0009	0,0008	0,0015	0,0001
86	0,0002	0,0000	0,0000	0,0003	0,0000	0,0000	0,0002	1,0253	0,0001	0,0063	0,0000
87-88	0,0000	0,0000	0,0000	0,0000	0,0000	0,0000	0,0000	0,0000	0,0000	0,0000	0,0000
90-92	0,0002	0,0001	0,0001	0,0017	0,0001	0,0004	0,0004	0,0002	1,0394	0,0188	0,0001
93	0,0003	0,0002	0,0001	0,0003	0,0001	0,0001	0,0003	0,0005	0,0002	1,0905	0,0001
94	0,0043	0,0013	0,0007	0,0009	0,0004	0,0016	0,0017	0,0020	0,0018	0,0010	0,0022
95	0,0003	0,0002	0,0004	0,0004	0,0001	0,0012	0,0002	0,0001	0,0000	0,0001	0,0000
96	0,0017	0,0006	0,0004	0,0053	0,0018	0,0049	0,0008	0,0029	0,0076	0,0179	1,0802
97-98	0,0000	0,0000	0,0000	0,0000	0,0000	0,0000	0,0000	0,0000	0,0000	0,0000	0,0000
99	0,0000	0,0000	0,0000	0,0000	0,0000	0,0000	0,0000	0,0000	0,0000	0,0000	0,0000
Typ I-Output-Multiplikatoren	**1,3530**	**1,3767**	**1,5490**	**1,3387**	**1,2176**	**2,0388**	**1,2553**	**1,1953**	**1,2179**	**1,3325**	**1,2144**
Surrounding Region 1	*0,0829*	*0,0993*	*0,1547*	*0,0868*	*0,0501*	*0,3934*	*0,0629*	*0,0454*	*0,0532*	*0,0782*	*0,0496*
Interregionale Typ I-Output-Multiplikatoren	**1,4358**	**1,4759**	**1,7037**	**1,4255**	**1,2677**	**2,4322**	**1,3182**	**1,2408**	**1,2710**	**1,4107**	**1,2640**

Quelle: eigene Berechnungen auf Datengrundlage von IMPLAN-Datensatz 05_a_MRIO1_Type1Multipliers

5.7.1.2 Derivative *Typ I*-Wertschöpfungs- und Beschäftigungsmultiplikatoren

Die *Typ I*-Wertschöpfungsmultiplikatoren für *Core Region 1* variieren zwischen 1,1536 im „Gesundheitswesen" (86) und 2,4118 für „Reisebüros, Reiseveranstalter und die Erbringung sonstiger Reservierungsdienstleistungen" (79) (vgl. Tabelle 35). Der Durchschnitt der *Typ I*-Wertschöpfungsmultiplikatoren der touristischen Wirtschaftszweige beträgt 1,4382.

Die direkte Bruttowertschöpfung drückt sich im Input-Output-Modell als Input-Koeffizient der Bruttowertschöpfung aus. Als Ausgangsgröße der Matrix-Invertierung wurde diese im vorangegangenen Erklärungsansatz als konträre Größe zur Höhe des *Typ I*-Multiplikators erkannt. Nun offenbart sich in den Spaltensummen der derivativen *Typ I*-Wertschöpfungsmultiplikatoren eine Konformität zu den originären *Typ I*-Output-Multiplikatoren. Demzufolge zeigt sich, dass die Höhe der *Typ I*-Wertschöpfungsmultiplikatoren mit der Höhe der *Typ I*-Output-Multiplikatoren zusammenhängt. In der Interpretation ist das insofern sinnvoll, als nur durch eine Output-Änderung originärer Ausgaben und daraus resultierenden Output-Änderungen auf indirekter Ebene bei den Vorleistungsbereitstellern ebendiese auch eine Bruttowertschöpfung erwirtschaften können. Die Änderung der Bruttowertschöpfung ist daher eine unmittelbare Konsequenz der originären Wirtschaftsänderung. Das wiederum bedeutet für die beiden Multiplikatoren je Kenngröße, dass diese weitgehend konform sind.

Größere Abweichungen in der Gegenüberstellung der beiden Multiplikatorentypen sind dennoch bei der „Schifffahrt" (50) und den „Reisebüros, Reiseveranstaltern und die Erbringung sonstiger Reservierungsdienstleistungen" (79) auszumachen. Der *Typ I*-Output-Multiplikator in der „Schifffahrt" beträgt 1,5490 (vgl. Tabelle 35) und der *Typ I*-Wertschöpfungsmultiplikator 2,0676. Die Differenz beträgt demnach -0,5186. In der Abteilung der „Reisebüros und Reiseveranstalter" liegt die Differenz mit -0,3730 etwas niedriger, aber dennoch überdurchschnittlich hoch. Die mittlere Abweichung zwischen *Typ I*-Output- und *Typ I*-Wertschöpfungsmultiplikator beträgt 0,0178. Die deutlichen Unterschiede der beiden genannten Wirtschaftszweige sind durch die Matrizenrechnung zur Ableitung der derivativen Multiplikatoren erklärbar. Denn wie in Kapitel 3.5.2.2 methodisch hergeleitet und für die Berechnungen in der Untersuchungsregion adaptiert (vgl. Kapitel 4.7), zeigen die Wertschöpfungsmultiplikatoren den Effekt auf die Bruttowertschöpfung in *Core Region 1* bei einer direkten Bruttowertschöpfungsänderung in *Core Region 1*. Zur Berechnung werden die Input-Koeffizienten der Bruttowertschöpfung, also die Wertschöpfungsquoten je Wirtschaftszweig, invertiert und mit dem direkten Bruttowertschöpfungseffekt multipliziert. Da das Verhältnis von Bruttowertschöpfung zu Output, also der Input-Koeffizient der Bruttowertschöpfung, bei diesen beiden Wirtschaftszweigen (50 und 79) im Vergleich zu allen touristischen Wirtschaftszweigen am niedrigsten ist (vgl. Tabelle 31 in Kapitel 5.6), ist die Inverse umgekehrt am höchsten und somit der Wertschöpfungseffekt stärker ausgeprägt. Für die Multiplikatorwirkung bedeutet das, dass mit einem hohen direkten Wertschöpfungseffekt ein hoher indirekter Wertschöpfungseffekt innerhalb der Region generiert wird.

Die letzten Spaltensummen der Tabelle 35 zeigen schließlich die aufsummierten *Typ I*-Wertschöpfungsmultiplikatoren im multiregionalen Modell zu *Surrounding Region 1*. Beispielsweise werden durch Besucherausgaben im Gastgewerbe während eines Aufenthaltes im Biosphärengebiet Schwarzwald als *Core Region 1* in der eigenen Region und darüber hinaus in den Regionen der beiden Naturparke Südschwarzwald und Schwarzwald Mitte/Nord direkte und indirekte Wertschöpfungseffekte von 1,4810 generiert. Die Multiplikatorwirkung in *Surrounding Region 2* beträgt im Mittel 0,1301. Die interregionale Multiplikatorwirkung kommt auf einen durchschnittlichen Wertschöpfungsmultiplikator über die touristischen Wirtschaftszweige von 1,5684.

Tabelle 35: (Inter-)regionale *Typ I*-Wertschöpfungsmultiplikatoren der touristischen Wirtschaftszweige für *Core Region 1*

NACE-Code	47 Einzelhandel (ohne Handel mit Kraftfahrzeugen)	49 Landverkehr und Transport in Rohrfernleitungen	50 Schifffahrt	55-56 Gastgewerbe	77 Vermietung von beweglichen Sachen	79 Reisebüros, Reiseveranstalter und Erbringung sonstiger Reservierungsdienstleistungen	80-82 Wach- und Sicherheitsdienste sowie Detekteien; Gebäudebetreuung; Garten- und Landschaftsbau; Erbringung von wirtschaftlichen Dienstleistungen für Unternehmen und Privatpersonen a. n. g	86 Gesundheitswesen	90-92 Kreative, künstlerische und unterhaltende Tätigkeiten; Bibliotheken, Archive, Museen, botanische und zoologische Gärten; Spiel-, Wett- und Lotteriewesen	93 Erbringung von Dienstleistungen des Sports, der Unterhaltung und der Erholung	96 Erbringung von sonstigen überwiegend persönlichen Dienstleistungen
01	0,0001	0,0001	0,0008	0,0035	0,0000	0,0002	0,0008	0,0005	0,0002	0,0001	0,0001
02	0,0001	0,0001	0,0001	0,0002	0,0000	0,0001	0,0004	0,0001	0,0001	0,0001	0,0006
03	0,0000	0,0000	0,0000	0,0001	0,0000	0,0000	0,0000	0,0000	0,0000	0,0000	0,0000
05-09	0,0001	0,0001	0,0002	0,0002	0,0000	0,0001	0,0001	0,0001	0,0000	0,0001	0,0000
10-12	0,0004	0,0003	0,0021	0,0157	0,0000	0,0007	0,0003	0,0018	0,0002	0,0004	0,0002
13-15	0,0001	0,0000	0,0001	0,0002	0,0001	0,0001	0,0001	0,0001	0,0000	0,0001	0,0000
16	0,0003	0,0002	0,0003	0,0005	0,0001	0,0003	0,0008	0,0001	0,0002	0,0004	0,0024
17	0,0010	0,0002	0,0003	0,0004	0,0001	0,0013	0,0005	0,0002	0,0002	0,0002	0,0001
18	0,0067	0,0011	0,0014	0,0012	0,0007	0,0279	0,0032	0,0005	0,0018	0,0015	0,0005
19	0,0003	0,0009	0,0083	0,0003	0,0001	0,0006	0,0002	0,0001	0,0001	0,0002	0,0003
20	0,0008	0,0005	0,0019	0,0014	0,0002	0,0011	0,0007	0,0006	0,0004	0,0006	0,0011
21	0,0005	0,0002	0,0004	0,0009	0,0001	0,0008	0,0003	0,0016	0,0003	0,0007	0,0017

22	0,0015	0,0008	0,0010	0,0011	0,0004	0,0009	0,0009	0,0005	0,0003	0,0005	0,0004
23	0,0006	0,0007	0,0010	0,0014	0,0003	0,0008	0,0018	0,0004	0,0004	0,0008	0,0007
24	0,0003	0,0004	0,0006	0,0003	0,0000	0,0002	0,0002	0,0001	0,0001	0,0001	0,0001
25	0,0014	0,0021	0,0033	0,0019	0,0004	0,0012	0,0024	0,0007	0,0006	0,0008	0,0004
26	0,0009	0,0006	0,0014	0,0010	0,0002	0,0022	0,0009	0,0005	0,0006	0,0006	0,0003
27	0,0008	0,0012	0,0024	0,0019	0,0003	0,0012	0,0009	0,0006	0,0004	0,0006	0,0007
28	0,0014	0,0020	0,0045	0,0022	0,0004	0,0018	0,0011	0,0010	0,0005	0,0008	0,0004
29	0,0029	0,0065	0,0050	0,0014	0,0012	0,0020	0,0008	0,0005	0,0005	0,0007	0,0003
30	0,0001	0,0002	0,0004	0,0001	0,0000	0,0002	0,0001	0,0001	0,0000	0,0001	0,0000
31-32	0,0003	0,0002	0,0006	0,0008	0,0002	0,0004	0,0002	0,0013	0,0005	0,0002	0,0001
33	0,0009	0,0047	0,0135	0,0008	0,0002	0,0019	0,0007	0,0010	0,0004	0,0004	0,0003
35	0,0125	0,0128	0,0067	0,0160	0,0022	0,0100	0,0050	0,0049	0,0036	0,0093	0,0055
36	0,0005	0,0004	0,0004	0,0017	0,0002	0,0006	0,0005	0,0004	0,0004	0,0025	0,0011
37-39	0,0018	0,0007	0,0009	0,0039	0,0004	0,0009	0,0019	0,0009	0,0009	0,0033	0,0022
41-43	0,0149	0,0127	0,0220	0,0240	0,0038	0,0187	0,0184	0,0103	0,0125	0,0090	0,0052
45	0,0159	0,0238	0,0228	0,0053	0,0062	0,0069	0,0028	0,0014	0,0023	0,0020	0,0007
46	0,0198	0,0117	0,0335	0,0435	0,0017	0,0122	0,0116	0,0176	0,0084	0,0103	0,0073
47	1,0040	0,0026	0,0073	0,0204	0,0006	0,0034	0,0043	0,0160	0,0066	0,0066	0,0025
49	0,0125	1,0402	0,0971	0,0042	0,0014	0,0129	0,0051	0,0016	0,0016	0,0034	0,0013
50	0,0001	0,0003	1,0547	0,0001	0,0000	0,0019	0,0000	0,0000	0,0000	0,0000	0,0000
51	0,0002	0,0002	0,0008	0,0001	0,0001	0,0049	0,0003	0,0001	0,0004	0,0003	0,0001
52	0,0141	0,0776	0,5080	0,0063	0,0022	0,0083	0,0025	0,0016	0,0015	0,0019	0,0010
53	0,0302	0,0082	0,0046	0,0077	0,0004	0,0104	0,0025	0,0014	0,0039	0,0023	0,0009
55-56	0,0017	0,0046	0,0047	1,0010	0,0002	0,0252	0,0011	0,0005	0,0026	0,0036	0,0012
58	0,0021	0,0009	0,0015	0,0029	0,0006	0,0029	0,0042	0,0012	0,0076	0,0021	0,0005
59-60	0,0003	0,0001	0,0001	0,0019	0,0001	0,0006	0,0006	0,0002	0,0015	0,0013	0,0001
61	0,0032	0,0020	0,0033	0,0057	0,0006	0,0795	0,0027	0,0007	0,0049	0,0018	0,0019
62-63	0,0054	0,0054	0,0070	0,0040	0,0026	0,0254	0,0070	0,0030	0,0070	0,0032	0,0014

64	0,0054	0,0051	0,0037	0,0047	0,0076	0,0329	0,0056	0,0113	0,0216	0,0080	0,0110
65	0,0007	0,0011	0,0011	0,0010	0,0021	0,0044	0,0054	0,0024	0,0082	0,0152	0,0045
66	0,0005	0,0007	0,0006	0,0006	0,0012	0,0063	0,0025	0,0015	0,0042	0,0063	0,0023
68	0,0168	0,0292	0,0097	0,0215	0,0484	0,0906	0,0113	0,1202	0,0393	0,0209	0,1222
69-70	0,0019	0,0028	0,0019	0,0023	0,0341	0,0230	0,0036	0,0041	0,0049	0,0043	0,0097
71	0,0004	0,0008	0,0004	0,0005	0,0030	0,0015	0,0016	0,0013	0,0052	0,0062	0,0014
72	0,0000	0,0001	0,0001	0,0001	0,0002	0,0007	0,0001	0,0001	0,0002	0,0002	0,0002
73	0,0002	0,0017	0,0006	0,0002	0,0006	0,0082	0,0006	0,0007	0,0007	0,0007	0,0028
74-75	0,0005	0,0056	0,0034	0,0009	0,0063	0,0030	0,0012	0,0020	0,0014	0,0018	0,0020
77	0,0088	0,0118	0,0060	0,0043	0,0103	0,0663	1,1160	0,0164	0,0729	0,0203	0,0185
78	0,0011	0,0012	0,0011	0,0015	0,0140	0,0125	0,0021	0,0054	0,0484	0,0053	0,0030
79	0,0002	0,0104	0,0026	0,0001	0,0005	1,8227	0,0001	0,0028	0,0104	0,0053	0,0005
80-82	0,0116	0,0084	0,0061	0,0070	1,0117	0,0290	0,0061	0,0109	0,0104	0,0082	0,0155
84	0,0018	0,0051	0,0031	0,0029	0,0171	0,0063	0,0033	0,0099	0,0070	0,0071	0,0065
85	0,0002	0,0020	0,0009	0,0010	0,0015	0,0014	0,0002	0,0005	0,0008	0,0016	0,0006
86	0,0000	0,0075	0,0001	1,0253	0,0002	0,0001	0,0000	0,0005	0,0001	0,0001	0,0002
87-88	0,0000	0,0000	0,0000	0,0000	0,0000	0,0000	0,0000	0,0000	0,0000	0,0000	0,0000
90-92	0,0001	0,0224	1,0394	0,0002	0,0005	0,0015	0,0001	0,0026	0,0002	0,0001	0,0003
93	0,0001	1,0905	0,0002	0,0004	0,0004	0,0004	0,0001	0,0004	0,0003	0,0002	0,0003
94	0,0022	0,0012	0,0019	0,0021	0,0022	0,0063	0,0004	0,0015	0,0028	0,0020	0,0060
95	0,0000	0,0001	0,0000	0,0001	0,0003	0,0045	0,0001	0,0006	0,0013	0,0003	0,0004
96	0,0000	0,0220	0,0079	0,0030	0,0010	0,0192	0,0018	0,0082	0,0016	0,0009	0,0023
97-98	1,0802	0,0000	0,0000	0,0000	0,0000	0,0000	0,0000	0,0000	0,0000	0,0000	0,0000
99	0,0000	0,0000	0,0000	0,0000	0,0000	0,0000	0,0000	0,0000	0,0000	0,0000	0,0000
Typ I-Wertschöpfungsmultiplikatoren	1,1768	1,3028	1,1643	1,1536	1,2511	2,4118	1,1904	1,3893	2,0676	1,3423	1,3708
Surrounding Region 1	0,0388	0,0661	0,0387	0,0342	0,0599	0,5682	0,0432	0,0917	0,3150	0,0914	0,0839
Interregionale Typ I-Wertschöpfungsmultiplikatoren	1,2156	1,3689	1,2031	1,1878	1,3110	2,9800	1,2236	1,4810	2,3826	1,4337	1,4547

Quelle: eigene Berechnungen auf Datengrundlage von IMPLAN-Datensatz 05_a_MRIO1_Type1Multipliers

Als dritte und letzte touristische Kenngröße gibt Tabelle 36 die *Typ I*-Beschäftigungsmultiplikatoren wieder. Die Größenzusammenhänge reihen sich grob in die Konformität der beiden vorangegangenen Multiplikatortypen der touristischen Wirkungsanalyse ein. Der kleinste Wert liegt bei 1,1030 für die „Sonstigen wirtschaftlichen Dienstleistungen" (80-82). Der größte Multiplikator ist mit 3,4480 hingegen in der „Schifffahrt" (50) zu verzeichnen. Der Mittelwert der touristischen Wirtschaftszweige beträgt 1,5050.

Mit -1,8989 ist eine starke Abweichung zwischen *Typ I*-Output- und *Typ I*-Beschäftigungsmultiplikator in der „Schifffahrt" (50) zu verzeichnen. Das erklärt sich ebenfalls durch das Verhältnis der Erwerbstätigen zum Output und ihrer Inversen, die zur Herleitung derivativer Multiplikatoren mit der ursprünglichen Leontief-Inversen multipliziert wurden, um so den Multiplikatoreffekt auf die Beschäftigung bei einem direkten Beschäftigungseffekt auszudrücken (vgl. Kapitel 4.7.2)[136]. Das Ergebnis der derivativen Herleitung zeigt für die „Schifffahrt" im Speziellen, dass durch eine Einheit touristischer Output vergleichsweise wenige Personen in der „Schifffahrt" in *Core Region 1* beschäftigt werden. Umgekehrt erwirtschaften wenige Erwerbstätige einen hohen touristischen Output.

Auch die Beschäftigungswirkung vervielfältigt sich über weitere, in *Surrounding Region 1* ansässige Vorleistungsbetriebe zwischen insgesamt 1,1262 für „Sonstige wirtschaftliche Dienstleistungen" (80-82) und 4,0935 in der „Schifffahrt" (50). Mit einem Durchschnittswert von 1,6441 liegt der interregionale *Typ I*-Beschäftigungsmultiplikator 0,1391 höher als der Durchschnitt der Multiplikatorwirkung der Kernregion (vgl. Tabelle 36).

---

136 Erwerbstätige je 100.000 € Produktionswert in Wirtschaftszweigen der *Core Region 1* und Produktionswert je Erwerbstätigen:

	47	49	50	55-56	77	79	80-82	86	90-92	93	96
Erwerbstätige je 100.000 € Produktionswert	2,011	0,975	0,136	2,233	0,227	0,347	2,170	1,486	1,129	1,007	1,511
Inverse	49.716	102.513	733.059	44.787	439.962	287.910	46.074	67.286	88.583	99.258	66.203

Quelle: eigene Berechnungen auf Datengrundlage von IMPLAN-Datensatz 02_StudyAreaData

Tabelle 36: (Inter-)regionale *Typ I*-Beschäftigungsmultiplikatoren der touristischen Wirtschaftszweige für *Core Region 1*

NACE-Code	47 Einzelhandel (ohne Handel mit Kraftfahrzeugen)	49 Landverkehr und Transport in Rohrfernleitungen	50 Schifffahrt	55-56 Gastgewerbe	77 Vermietung von beweglichen Sachen	79 Reisebüros, Reiseveranstalter und Erbringung sonstiger Reservierungsdienstleistungen	80-82 Wach- und Sicherheitsdienste sowie Detekteien; Gebäudebetreuung; Garten- und Landschaftsbau; Erbringung von wirtschaftlichen Dienstleistungen für Unternehmen und Privatpersonen a. n. g	86 Gesundheitswesen	90-92 Kreative, künstlerische und unterhaltende Tätigkeiten; Bibliotheken, Archive, Museen, botanische und zoologische Gärten; Spiel-, Wett- und Lotteriewesen	93 Erbringung von Dienstleistungen des Sports, der Unterhaltung und der Erholung	96 Erbringung von sonstigen überwiegend persönlichen Dienstleistungen
01	0,0001	0,0001	0,0034	0,0022	0,0002	0,0003	0,0007	0,0007	0,0003	0,0001	0,0002
02	0,0000	0,0000	0,0001	0,0000	0,0001	0,0000	0,0001	0,0000	0,0000	0,0001	0,0003
03	0,0000	0,0000	0,0000	0,0000	0,0000	0,0000	0,0000	0,0000	0,0000	0,0000	0,0000
05-09	0,0001	0,0001	0,0005	0,0001	0,0001	0,0001	0,0000	0,0000	0,0000	0,0001	0,0000
10-12	0,0002	0,0003	0,0060	0,0066	0,0003	0,0008	0,0001	0,0017	0,0003	0,0004	0,0002
13-15	0,0001	0,0000	0,0004	0,0001	0,0005	0,0001	0,0000	0,0001	0,0000	0,0001	0,0000
16	0,0002	0,0002	0,0008	0,0002	0,0004	0,0003	0,0004	0,0001	0,0003	0,0005	0,0023
17	0,0003	0,0001	0,0006	0,0001	0,0003	0,0009	0,0002	0,0001	0,0001	0,0002	0,0001
18	0,0038	0,0012	0,0042	0,0005	0,0044	0,0322	0,0018	0,0005	0,0025	0,0019	0,0005
19	0,0000	0,0001	0,0037	0,0000	0,0001	0,0001	0,0000	0,0000	0,0000	0,0000	0,0000
20	0,0001	0,0002	0,0020	0,0002	0,0004	0,0004	0,0001	0,0002	0,0002	0,0003	0,0004
21	0,0001	0,0001	0,0003	0,0001	0,0002	0,0002	0,0000	0,0004	0,0001	0,0002	0,0004

22	0,0003	0,0004	0,0002	0,0003	0,0004	0,0007	0,0017	0,0003	0,0022	0,0005	0,0006
23	0,0005	0,0007	0,0004	0,0002	0,0006	0,0006	0,0013	0,0004	0,0020	0,0005	0,0002
24	0,0000	0,0001	0,0001	0,0001	0,0001	0,0002	0,0002	0,0001	0,0011	0,0003	0,0001
25	0,0003	0,0008	0,0006	0,0006	0,0010	0,0010	0,0018	0,0007	0,0076	0,0017	0,0006
26	0,0001	0,0003	0,0004	0,0002	0,0002	0,0010	0,0006	0,0002	0,0018	0,0003	0,0002
27	0,0004	0,0004	0,0003	0,0003	0,0003	0,0007	0,0010	0,0004	0,0039	0,0007	0,0002
28	0,0002	0,0005	0,0004	0,0006	0,0003	0,0012	0,0015	0,0005	0,0077	0,0012	0,0004
29	0,0001	0,0003	0,0002	0,0001	0,0001	0,0007	0,0025	0,0002	0,0049	0,0022	0,0005
30	0,0000	0,0001	0,0000	0,0000	0,0000	0,0001	0,0001	0,0000	0,0006	0,0001	0,0000
31-32	0,0001	0,0002	0,0006	0,0010	0,0001	0,0003	0,0009	0,0003	0,0015	0,0002	0,0001
33	0,0002	0,0003	0,0003	0,0007	0,0003	0,0016	0,0007	0,0003	0,0294	0,0035	0,0003
35	0,0016	0,0033	0,0013	0,0014	0,0008	0,0032	0,0041	0,0020	0,0058	0,0039	0,0020
36	0,0004	0,0010	0,0002	0,0001	0,0001	0,0002	0,0004	0,0002	0,0004	0,0001	0,0001
37-39	0,0011	0,0020	0,0006	0,0005	0,0005	0,0005	0,0012	0,0009	0,0014	0,0004	0,0005
41-43	0,0040	0,0084	0,0124	0,0078	0,0077	0,0160	0,0189	0,0080	0,0510	0,0102	0,0063
45	0,0007	0,0024	0,0028	0,0013	0,0014	0,0073	0,0379	0,0022	0,0651	0,0234	0,0082
46	0,0056	0,0096	0,0082	0,0133	0,0048	0,0104	0,0084	0,0144	0,0770	0,0092	0,0083
47	0,0046	0,0146	0,0157	0,0289	0,0043	0,0069	0,0071	0,0162	0,0401	0,0049	1,0040
49	0,0012	0,0040	0,0020	0,0015	0,0027	0,0138	0,0087	0,0018	0,2817	1,0402	0,0066
50	0,0000	0,0000	0,0000	0,0000	0,0000	0,0007	0,0000	0,0000	1,0547	0,0001	0,0000
51	0,0000	0,0002	0,0002	0,0000	0,0001	0,0023	0,0002	0,0000	0,0010	0,0001	0,0001
52	0,0008	0,0018	0,0015	0,0013	0,0011	0,0072	0,0112	0,0021	1,1932	0,0677	0,0060
53	0,0015	0,0048	0,0088	0,0024	0,0024	0,0201	0,0050	0,0058	0,0240	0,0148	0,0287
55-56	0,0026	0,0099	0,0079	0,0012	0,0013	0,0646	0,0027	1,0010	0,0327	0,0110	0,0021
58	0,0004	0,0020	0,0077	0,0009	0,0018	0,0026	0,0032	0,0010	0,0035	0,0007	0,0009
59-60	0,0000	0,0007	0,0008	0,0001	0,0001	0,0003	0,0003	0,0004	0,0001	0,0000	0,0001
61	0,0005	0,0006	0,0017	0,0002	0,0004	0,0244	0,0011	0,0007	0,0027	0,0006	0,0005
62-63	0,0009	0,0024	0,0056	0,0018	0,0024	0,0176	0,0103	0,0011	0,0131	0,0035	0,0018

64	0,0027	0,0038	0,0292	0,0022	0,0164	0,0165	0,0019	0,0021	0,0021	0,0028	0,0024
65	0,0008	0,0054	0,0083	0,0004	0,0118	0,0017	0,0004	0,0004	0,0005	0,0004	0,0002
66	0,0012	0,0064	0,0125	0,0006	0,0160	0,0069	0,0006	0,0006	0,0008	0,0008	0,0005
68	0,0040	0,0013	0,0070	0,0031	0,0044	0,0060	0,0016	0,0013	0,0007	0,0021	0,0010
69-70	0,0053	0,0044	0,0145	0,0017	0,0233	0,0253	0,0184	0,0023	0,0024	0,0034	0,0019
71	0,0007	0,0059	0,0143	0,0005	0,0097	0,0015	0,0015	0,0005	0,0005	0,0009	0,0004
72	0,0000	0,0001	0,0003	0,0000	0,0002	0,0004	0,0000	0,0000	0,0001	0,0001	0,0000
73	0,0015	0,0008	0,0022	0,0003	0,0042	0,0094	0,0003	0,0002	0,0008	0,0022	0,0002
74-75	0,0008	0,0014	0,0032	0,0006	0,0060	0,0025	0,0026	0,0007	0,0033	0,0051	0,0004
77	0,0016	0,0033	0,0339	0,0011	1,1160	0,0114	0,0009	0,0007	0,0012	0,0022	0,0014
78	0,0029	0,0100	0,2630	0,0043	0,0243	0,0251	0,0138	0,0027	0,0025	0,0027	0,0020
79	0,0003	0,0049	0,0282	0,0011	0,0004	1,8227	0,0002	0,0001	0,0030	0,0113	0,0002
80-82	0,0156	0,0156	0,0574	0,0087	0,0725	0,0593	1,0117	0,0128	0,0144	0,0187	0,0213
84	0,0026	0,0053	0,0152	0,0031	0,0153	0,0051	0,0067	0,0021	0,0029	0,0045	0,0013
85	0,0003	0,0015	0,0023	0,0002	0,0010	0,0015	0,0008	0,0009	0,0010	0,0023	0,0001
86	0,0001	0,0001	0,0004	0,0002	0,0001	0,0002	0,0001	1,0253	0,0001	0,0092	0,0000
87-88	0,0000	0,0000	0,0000	0,0000	0,0000	0,0000	0,0000	0,0000	0,0000	0,0000	0,0000
90-92	0,0001	0,0001	0,0005	0,0009	0,0004	0,0013	0,0002	0,0002	1,0394	0,0211	0,0001
93	0,0001	0,0002	0,0007	0,0001	0,0004	0,0003	0,0002	0,0003	0,0002	1,0905	0,0000
94	0,0038	0,0024	0,0097	0,0007	0,0033	0,0082	0,0014	0,0024	0,0028	0,0017	0,0026
95	0,0004	0,0007	0,0080	0,0006	0,0019	0,0102	0,0003	0,0003	0,0001	0,0002	0,0001
96	0,0012	0,0009	0,0049	0,0036	0,0119	0,0214	0,0006	0,0029	0,0102	0,0268	1,0802
97-98	0,0000	0,0000	0,0000	0,0000	0,0000	0,0000	0,0000	0,0000	0,0000	0,0000	0,0000
99	0,0000	0,0000	0,0000	0,0000	0,0000	0,0000	0,0000	0,0000	0,0000	0,0000	0,0000
Typ I-Beschäftigungsmultiplikatoren	**1,1307**	**1,2737**	**3,4480**	**1,1053**	**1,4793**	**2,2785**	**1,1030**	**1,1294**	**1,1737**	**1,2846**	**1,1491**
Surrounding Region 1	**0,0295**	**0,0665**	**0,6455**	**0,0256**	**0,1119**	**0,4713**	**0,0232**	**0,0263**	**0,0373**	**0,0607**	**0,0319**
Interregionale Typ I-Beschäftigungsmultiplikatoren	**1,1602**	**1,3401**	**4,0935**	**1,1309**	**1,5912**	**2,7497**	**1,1262**	**1,1557**	**1,2109**	**1,3453**	**1,1810**

Quelle: eigene Berechnungen auf Datengrundlage von IMPLAN-Datensatz 05_a_MRIO1_Type1Multipliers

5.7.2 *Typ II*-Multiplikatoren

5.7.2.1 *Typ II*-Output-Multiplikatoren

Die Input-Output-Analyse ermöglicht über die Berechnung indirekter regional-ökonomischer Effekte des Tourismus mittels *Typ I*-Output-Multiplikatoren hinaus, die induzierte Wirkungsebene zu quantifizieren. Dazu sind die sozioökonomischen Komponenten der privaten Haushalte von der Primärinputmatrix zu entkoppeln und als der Vorleistungsmatrix zugehörig zu betrachten (vgl. Kapitel 3.5.2.2). Für die Herleitung dieser *Typ II*-Output-Multiplikatoren verwendet IMPLAN das Arbeitnehmerentgelt der Primärinputmatrix als sozioökonomische Kenngröße, welches sich aus Bruttolöhnen und -gehältern sowie Sozialbeiträgen der Arbeitgeber zusammensetzt und eine Komponente der Bruttowertschöpfung einer klassischen Input-Output-Tabelle ist (vgl. Kapitel 4.7.1).

Zunächst fällt auch bei der *Typ II*-Output-Multiplikatormatrix für *Core Region 1* die Hauptdiagonale der Matrix auf, in welcher alle Zellenwerte > 1 sind (vgl. Tabelle 37). Das ist ein Nachweis dafür, dass auch die *Typ II*-Output-Multiplikatoren mittels einer klassischen Leontief-Inverse $(I - A^{rr})^{-1}$ hergeleitet wurden, mit dem Unterschied, dass die regionale Input-Koeffizientenmatrix A^{rr} um jeweils eine Zeile und eine Spalte für die sozioökonomische Konsumgröße erweitert wurde. Das bedeutet, dass auch die „ready-made" *Typ II*-Output-Multiplikatoren von IMPLAN über die Leontief-Inverse validierbar sind (vgl. Kapitel 6.2.1).

Ohne Zellenwerte der Hauptdiagonalen und ohne sozioökonomische Komponente sind die Strukturen der regionalen Vorleistungsbeziehungen der touristischen Wirtschaftszweige in etwa in gleichem Größenverhältnis zu denjenigen der *Typ I*-Output-Multiplikatormatrix. Allerdings ist festzustellen, dass alle einzelnen Multiplikatorwerte der Vorleistungen der Produktionsbereiche höher sind als diejenigen der *Typ I*-Output-Multiplikatoren (vgl. Kapitel 5.7.1.1). Um erneut das „Gastgewerbe" (55-56) exemplarisch herauszugreifen, ist auch bei den *Typ II*-Output-Multiplikatoren im „Grundstücks- und Wohnungswesen" mit 0,0974 der höchste Zellenwert verbucht (68), was bedeutet, dass bei einer touristischen Output-Änderung von 100 € direkte, indirekte und induzierte regionalökonomische Effekte im Grundstücks- und Wohnungswesen in *Core Region 1* in Höhe von 9,74 € generiert werden. Im Vergleich zu *Typ I* (6,73 €) liegt dieser Wert deshalb höher, weil nun der induzierte Effekt inkludiert ist. Dieser liegt im Falle des „Grundstücks- und Wohnungswesens" bei 0,0301 bzw. 3,01 € (vgl. Tabelle 37).

Die Vervielfältigungswirkung touristischer Ausgaben umfasst bei *Typ II*-Multiplikatoren also die induzierten Haushaltswirkungen. Die Spaltensummen der einzelnen touristischen Wirtschaftsbereiche verstehen sich daher insofern, als beispielsweise ein direkter Output im Gastgewerbe von 100 € bei einem Multiplikator von 1,9308 einen gesamten (direkten, indirekten und indizierten) regionalökonomischen Output in Höhe von 193,1 € (gerundet) hervorruft. Die touristischen Sekundäreffekte betragen 93,1 €. Um nur den induzierten Effekt für das Gastgewerbe auszuweisen, ist die Differenz aus beiden Multiplikatortypen zu bilden. Diese liegt bei einem *Typ I*-Output-Multiplikator von 1,3387 (vgl. Tabelle 34 in Kapitel 5.7.1.1) bei 0,5921, was bedeutet, dass der induzierte Effekt 59,2 € beträgt. Die Spannbreite der Multiplikatoren liegt zwischen 1,3547 für die „Vermietung von beweglichen Sachen" (77) und 2,3185 für „Reisebüros, Reiseveranstalter und die Erbringung sonstiger Reservierungsdienstleistungen" (79). Der Mittelwert über alle touristischen Wirtschaftszweige beträgt 1,8297 (vgl. Tabelle 37).

Zur Erklärung der Größenunterschiede zwischen den Wirtschaftszweigen sind zwei Aspekte hervorzuheben: Erstens variieren die Multiplikatoren vor dem Hintergrund der direkten Wertschöpfungsquoten als Input-Koeffizienten. Um erneut die beiden eben genannten Wirtschaftszweige herauszugreifen, beträgt der Bruttowertschöpfungskoeffizient der „Vermietung von beweglichen Sachen" (77) 0,6794, was ein überdurchschnittlich hoher Input-Koeffizient der touristischen Wirtschaftszweige ist. Derjenige der „Reisebranche" (79) liegt bei 0,1783, was der niedrigste Wert unter den touristischen Wirtschaftszweigen ist (vgl. Tabelle 31 in Kapitel 5.6). Wie bei den *Typ I*- ist auch bei den *Typ II*-Output-Multiplikatoren zu konstatieren, dass die Multiplikatorgrößen je Wirtschaftszweig in umgekehrtem Verhältnis zu den Wertschöpfungskoeffizienten stehen: Hohe Input-Koeffizienten der Bruttowertschöpfung bedeuten tendenziell niedrigere Multiplikatoren und umgekehrt. Dieser Zusammenhang ist ebenso auf die Verteilung von Eigen- und Fremdleistung in den einzelnen Wirtschaftszweigen zurückzuführen. Dass die *Typ II*-Multiplikatoren im Grunde dieselben Unterschiede wie bei *Typ I* aufweisen, erklärt die konzeptionelle Relation der beiden Multiplikatortypen.

Zweitens sind die Differenzen zwischen *Typ II*- und *Typ I*-Multiplikatoren zu betrachten, die – wie eben beschrieben – die induzierten Haushaltswirkungen der sozioökonomischen Komponenten wiedergeben. Das bedeutet einen erklärbaren Zusammenhang zwischen den Input-Koeffizienten des Arbeitnehmerentgelts (zusammengesetzt aus den Bruttolöhnen und -gehältern sowie den Sozialbeiträgen der Arbeitnehmer) und der Zunahme der Höhe der Output-Multiplikatoren von *Typ I* auf *Typ II*. Die Input-Koeffizienten geben den Anteil des Arbeitnehmerentgeltes am „Gesamten Aufkommen an Gütern" zur Herstellung der touristischen Güter an (vgl. Tabelle 31 in Kapitel 5.6). Je höher ein Input-Koeffizient des Arbeitnehmerentgeltes je Wirtschaftszweig, desto stärker ist die sozioökonomische Komponente des *Typ II*-Output-Multiplikators ausgeprägt und desto stärker weicht dieser vom *Typ I*-Output-Multiplikator je Wirtschaftszweig (d. h. derjenige ohne die sozioökonomische Komponente) ab. Um einige Zahlenbeispiele herauszugreifen, beträgt die Differenz zwischen den in Tabelle 37 angeführten *Typ II*-Output-Multiplikatoren und den *Typ I*-Output-Multiplikatoren (vgl. Tabelle 34 in Kapitel 5.7.1.1) durchschnittlich 0,4557. Über dem Durchschnitt liegt z. B. das „Gesundheitswesen" (86) mit 0,7522 oder der „Einzelhandel" (47) mit 0,6945. Das mündet in vergleichsweise hohe *Typ II*-Output-Multiplikatorwerte von 1,9475 (86) bzw. 2,0475 (47) (vgl. Tabelle 37). Parallel liegen die Input-Koeffizienten des Arbeitnehmerentgelts der beiden Wirtschaftszweige mit 0,4747 (86) und 0,4099 (47) ebenfalls über dem Durchschnitt von 0,2484. Umgekehrt ist beispielsweise der Unterschied zwischen *Typ II*- und *Typ I*-Output-Multiplikator bei der „Vermietung von beweglichen Sachen" (77) mit 0,1371 am geringsten, während ebenfalls der zugehörige Input-Koeffizient des Arbeitnehmerentgelts mit 0,0631 unterdurchschnittlich niedrig ist (vgl. Tabelle 31 in Kapitel

5.6). Die intendierte Änderung der Multiplikatortypen durch Endogenisierung des Arbeitnehmerentgeltes als Repräsentant der Privathaushalte ist damit nicht nur mathematisch durch die allgemeine Herleitung über die Leontief-Inversen erklärt (vgl. Kapitel 3.5.2.2), sondern hiermit auch für die *Core Region 1* des Biosphärengebiets Schwarzwald empirisch belegt.

Zur *Typ II*-Output-Multiplikatorwirkung in *Surrounding Region 1* ist zusätzlich festzustellen, dass die Größenbezüge im Vergleich zu *Typ I* grundsätzlich ähnlich sind, d. h. hohe Input-Koeffizienten interregionalen Handels (vgl. Tabelle 31 in Kapitel 5.6) bedeuten tendenziell hohe regionalökonomische Multiplikatoren. Nichtsdestotrotz sind nun die induzierten Effekte inkludiert, was sich insofern ausdrückt, als die *Typ II*-Output-Multiplikatoren auch im multiregionalen Modell allesamt höher ausfallen als die *Typ I*-Output-Multiplikatoren. Demzufolge variieren die interregionalen *Typ II*-Output-Multiplikatoren zwischen 1,4315 für die „Vermietung von beweglichen Sachen" (77) und 2,8077 für die „Reisebranche" (79). Im Durschnitt liegt die interregionale *Typ II*-Output-Multiplikatorwirkung von *Core Region 1* ausgehend in *Surrounding Region 1* bei 2,0098, was die intraregionalen, indirekten und induzierten Effekte um weitere 0,1824 multipliziert (vgl. Tabelle 37).

Tabelle 37: (Inter-)regionale *Typ II*-Output-Multiplikatoren der touristischen Wirtschaftszweige für *Core Region 1*

NACE-Code	47	49	50	55-56	77	79	80-82	86	90-92	93	96
	Einzelhandel (ohne Handel mit Kraftfahrzeugen)	Landverkehr und Transport in Rohrfernleitungen	Schifffahrt	Gastgewerbe	Vermietung von beweglichen Sachen	Reisebüros, Reiseveranstalter und Erbringung sonstiger Reservierungsdienstleistungen	Wach- und Sicherheitsdienste sowie Detekteien; Gebäudebetreuung; Garten- und Landschaftsbau; Erbringung von wirtschaftlichen Dienstleistungen für Unternehmen und Privatpersonen a. n. g	Gesundheitswesen	Kreative, künstlerische und unterhaltende Tätigkeiten; Bibliotheken, Archive, Museen, botanische und zoologische Gärten; Spiel-, Wett- und Lotteriewesen	Erbringung von Dienstleistungen des Sports, der Unterhaltung und der Erholung	Erbringung von sonstigen überwiegend persönlichen Dienstleistungen
NACE-Code											
01	0,0014	0,0010	0,0008	0,0052	0,0003	0,0006	0,0023	0,0022	0,0010	0,0010	0,0007
02	0,0003	0,0002	0,0001	0,0004	0,0001	0,0001	0,0005	0,0003	0,0002	0,0003	0,0008
03	0,0000	0,0000	0,0000	0,0001	0,0000	0,0000	0,0000	0,0000	0,0000	0,0000	0,0000
05-09	0,0003	0,0002	0,0002	0,0003	0,0001	0,0001	0,0002	0,0002	0,0001	0,0002	0,0001
10-12	0,0052	0,0036	0,0031	0,0321	0,0010	0,0023	0,0045	0,0097	0,0030	0,0041	0,0023
13-15	0,0003	0,0002	0,0001	0,0004	0,0002	0,0001	0,0003	0,0003	0,0002	0,0003	0,0001
16	0,0009	0,0006	0,0003	0,0011	0,0002	0,0003	0,0019	0,0007	0,0007	0,0011	0,0062
17	0,0021	0,0005	0,0003	0,0009	0,0002	0,0010	0,0014	0,0008	0,0006	0,0007	0,0004
18	0,0097	0,0018	0,0009	0,0020	0,0013	0,0133	0,0053	0,0017	0,0036	0,0027	0,0012
19	0,0023	0,0045	0,0140	0,0020	0,0008	0,0013	0,0020	0,0018	0,0014	0,0019	0,0021
20	0,0018	0,0012	0,0013	0,0023	0,0004	0,0009	0,0016	0,0019	0,0011	0,0015	0,0025
21	0,0011	0,0006	0,0004	0,0013	0,0003	0,0006	0,0009	0,0028	0,0008	0,0012	0,0026
22	0,0027	0,0014	0,0007	0,0018	0,0008	0,0007	0,0019	0,0015	0,0008	0,0012	0,0010
23	0,0012	0,0012	0,0007	0,0020	0,0006	0,0006	0,0030	0,0012	0,0011	0,0016	0,0015
24	0,0009	0,0011	0,0006	0,0008	0,0002	0,0003	0,0007	0,0006	0,0004	0,0006	0,0004

25	0,0026	0,0030	0,0018	0,0028	0,0008	0,0009	0,0040	0,0022	0,0014	0,0018	0,0011
26	0,0016	0,0010	0,0008	0,0015	0,0004	0,0011	0,0016	0,0013	0,0013	0,0012	0,0007
27	0,0017	0,0019	0,0013	0,0026	0,0006	0,0008	0,0018	0,0017	0,0011	0,0014	0,0015
28	0,0028	0,0032	0,0026	0,0034	0,0009	0,0013	0,0024	0,0028	0,0014	0,0018	0,0011
29	0,0100	0,0132	0,0048	0,0065	0,0036	0,0033	0,0062	0,0068	0,0041	0,0053	0,0029
30	0,0002	0,0003	0,0003	0,0002	0,0001	0,0001	0,0003	0,0002	0,0002	0,0002	0,0001
31-32	0,0012	0,0008	0,0005	0,0015	0,0004	0,0005	0,0010	0,0029	0,0013	0,0009	0,0005
33	0,0016	0,0060	0,0068	0,0014	0,0004	0,0011	0,0015	0,0022	0,0009	0,0009	0,0007
35	0,0261	0,0232	0,0061	0,0277	0,0058	0,0082	0,0142	0,0172	0,0110	0,0211	0,0145
36	0,0010	0,0007	0,0003	0,0018	0,0003	0,0004	0,0010	0,0011	0,0007	0,0029	0,0016
37-39	0,0034	0,0016	0,0008	0,0052	0,0008	0,0009	0,0035	0,0028	0,0020	0,0053	0,0043
41-43	0,0200	0,0155	0,0102	0,0261	0,0062	0,0087	0,0248	0,0191	0,0199	0,0138	0,0093
45	0,0168	0,0204	0,0082	0,0073	0,0074	0,0037	0,0062	0,0060	0,0048	0,0050	0,0026
46	0,0287	0,0174	0,0153	0,0448	0,0041	0,0082	0,0208	0,0331	0,0161	0,0183	0,0137
47	1,0197	0,0137	0,0081	0,0313	0,0039	0,0077	0,0188	0,0383	0,0176	0,0190	0,0101
49	0,0172	1,0428	0,0406	0,0071	0,0027	0,0064	0,0092	0,0062	0,0043	0,0068	0,0034
50	0,0004	0,0008	1,0547	0,0003	0,0001	0,0018	0,0002	0,0002	0,0001	0,0002	0,0001
51	0,0012	0,0009	0,0008	0,0009	0,0003	0,0034	0,0012	0,0010	0,0013	0,0012	0,0005
52	0,0247	0,1129	0,2961	0,0110	0,0052	0,0057	0,0067	0,0063	0,0046	0,0053	0,0032
53	0,0390	0,0104	0,0026	0,0096	0,0010	0,0051	0,0047	0,0038	0,0072	0,0042	0,0021
55-56	0,0111	0,0114	0,0051	1,0088	0,0021	0,0138	0,0096	0,0107	0,0091	0,0113	0,0057
58	0,0038	0,0019	0,0011	0,0043	0,0014	0,0018	0,0070	0,0032	0,0143	0,0039	0,0014
59-60	0,0012	0,0007	0,0004	0,0027	0,0004	0,0006	0,0015	0,0013	0,0027	0,0023	0,0005
61	0,0080	0,0050	0,0029	0,0104	0,0019	0,0449	0,0072	0,0047	0,0117	0,0054	0,0052
62-63	0,0061	0,0054	0,0028	0,0043	0,0034	0,0089	0,0080	0,0049	0,0094	0,0042	0,0023
64	0,0190	0,0131	0,0113	0,0169	0,0097	0,0157	0,0151	0,0143	0,0092	0,0114	0,0111
65	0,0122	0,0259	0,0066	0,0077	0,0124	0,0045	0,0082	0,0077	0,0052	0,0057	0,0036
66	0,0038	0,0068	0,0021	0,0026	0,0036	0,0028	0,0027	0,0025	0,0017	0,0019	0,0014

68	0,1129	0,0376	0,0214	0,0974	0,0167	0,0348	0,0649	0,0564	0,0280	0,0468	0,0296
69-70	0,0104	0,0046	0,0021	0,0044	0,0048	0,0082	0,0358	0,0042	0,0030	0,0039	0,0030
71	0,0016	0,0055	0,0019	0,0013	0,0021	0,0006	0,0033	0,0010	0,0007	0,0011	0,0007
72	0,0002	0,0002	0,0001	0,0001	0,0001	0,0002	0,0002	0,0002	0,0001	0,0001	0,0001
73	0,0032	0,0008	0,0003	0,0008	0,0010	0,0032	0,0008	0,0005	0,0010	0,0022	0,0004
74-75	0,0034	0,0027	0,0010	0,0030	0,0021	0,0017	0,0086	0,0027	0,0057	0,0078	0,0013
77	0,0154	0,0151	0,0209	0,0121	1,1163	0,0180	0,0097	0,0060	0,0068	0,0110	0,0097
78	0,0025	0,0037	0,0123	0,0037	0,0020	0,0032	0,0106	0,0019	0,0012	0,0013	0,0013
79	0,0030	0,0148	0,0116	0,0083	0,0006	1,8233	0,0027	0,0018	0,0107	0,0340	0,0015
80-82	0,0166	0,0085	0,0043	0,0107	0,0080	0,0104	1,0136	0,0111	0,0087	0,0103	0,0158
84	0,0068	0,0064	0,0026	0,0083	0,0038	0,0024	0,0161	0,0049	0,0041	0,0057	0,0027
85	0,0023	0,0024	0,0009	0,0019	0,0005	0,0011	0,0028	0,0030	0,0018	0,0029	0,0010
86	0,0058	0,0041	0,0020	0,0051	0,0011	0,0024	0,0053	1,0314	0,0032	0,0105	0,0024
87-88	0,0016	0,0011	0,0005	0,0013	0,0003	0,0006	0,0014	0,0017	0,0009	0,0012	0,0007
90-92	0,0021	0,0014	0,0007	0,0033	0,0004	0,0012	0,0021	0,0022	1,0404	0,0202	0,0009
93	0,0016	0,0011	0,0005	0,0014	0,0004	0,0007	0,0015	0,0019	0,0009	1,0915	0,0007
94	0,0047	0,0016	0,0009	0,0013	0,0005	0,0018	0,0021	0,0025	0,0020	0,0013	0,0024
95	0,0004	0,0003	0,0004	0,0005	0,0002	0,0013	0,0004	0,0003	0,0001	0,0002	0,0001
96	0,0062	0,0039	0,0020	0,0091	0,0027	0,0068	0,0049	0,0078	0,0101	0,0212	1,0822
97-98	0,0008	0,0006	0,0003	0,0007	0,0002	0,0003	0,0008	0,0009	0,0005	0,0006	0,0004
99	0,0000	0,0000	0,0000	0,0000	0,0000	0,0000	0,0000	0,0000	0,0000	0,0000	0,0000
Arbeitnehmerentgelt	0,5306	0,3797	0,1770	0,4524	0,1044	0,2118	0,4803	0,5751	0,2956	0,3931	0,2247
davon Bruttolöhne und Gehälter	0,4467	0,3123	0,1469	0,3839	0,0861	0,1790	0,4037	0,4843	0,2394	0,3231	0,1897
davon Sozialbeiträge der Arbeitnehmer	0,0839	0,0674	0,0301	0,0685	0,0183	0,0327	0,0766	0,0908	0,0562	0,0700	0,0349
Typ II-Output-Multiplikatoren	**2,0475**	**1,8745**	**1,7825**	**1,9308**	**1,3547**	**2,3185**	**1,8840**	**1,9475**	**1,6054**	**1,8476**	**1,5086**
Surrounding Region 1	**0,1863**	**0,1847**	**0,2226**	**0,1779**	**0,0769**	**0,4892**	**0,1561**	**0,1454**	**0,1129**	**0,1581**	**0,0966**
Interregionale Typ II-Output-Multiplikatoren	**2,2337**	**2,0593**	**2,0051**	**2,1086**	**1,4315**	**2,8077**	**2,0401**	**2,0929**	**1,7183**	**2,0057**	**1,6052**

Quelle: eigene Berechnungen auf Datengrundlage von IMPLAN-Datensatz 06_a_MRIO1_TypeSAMMultipliers

5.7.2.2 Derivative *Typ II*-Wertschöpfungs- und Beschäftigungsmultiplikatoren

Die regionalökonomischen *Typ II*-Wertschöpfungsmultiplikatoren der *Core Region 1* variieren zwischen 1,2166 für die „Vermietung von beweglichen Sachen" (77) und 2,6195 für „Reisebüros, Reiseveranstalter und die Erbringung sonstiger Reservierungsdienstleistungen" (79). Der durchschnittliche *Typ II*-Wertschöpfungsmultiplikator über alle touristischen Wirtschaftszweige beträgt 1,5671 (vgl. Tabelle 38). Wie bereits bei *Typ I* festgestellt, ist auch zwischen *Typ II*-Output und *Typ II*-Wertschöpfungsmultiplikatoren ein Größenzusammenhang erkennbar. Das ist insofern logisch, als nur eine originäre Output-Änderung durch eine touristische Ausgabe als wirtschaftlicher Stimulus auf indirekter und darüber hinaus auf induzierter Ebene wirkt. Folglich müssen die Multiplikatoren beider Kenngrößen in kausalem Zusammenhang stehen. Das betrifft *Typ II*-Multiplikatoren gleichermaßen wie *Typ I*-Multiplikatoren, weil im Input-Output-Modell induzierte Effekte lediglich als Erweiterung der indirekten Vorleistungseffekte zur Matrix-Inversion hinzugefügt werden.

Gleichwohl ist bei dieser scheinbar optimalen Konformität die Spannbreite der Differenzen zwischen *Typ II*-Output- und *Typ II*-Wertschöpfungsmultiplikator auffallend. Wie schon bei *Typ I* erkannt, sind auch hier die beiden Wirtschaftszweige der „Schifffahrt" (50) und der „Reisebüros, Reiseveranstalter und die Erbringung sonstiger Reservierungsdienstleistungen" (79) betroffen. Bei beiden Wirtschaftszweigen resultiert aus der Subtraktion des Wertschöpfungsmultiplikators vom Output-Multiplikator ein negatives Vorzeichen, während die Differenzen aller anderen touristischen Wirtschaftszeige ein positives Vorzeichen zum Ergebnis haben. Bei diesen beiden Wirtschaftszweigen ist also der *Typ II*-Wertschöpfungsmultiplikator höher als der *Typ II*-Output-Multiplikator. Konkret liegt die Differenz der „Schifffahrt" (50) bei -0,4472 und bei „Reisedienstleistungen" (79) bei -0,3010. Der durchschnittliche Unterschied beträgt 0,4012 (vgl. Tabelle 38). Wie bereits bei den derivativen *Typ I*-Multiplikatoren festgestellt, verursacht auch bei *Typ II* die Inversion der Zielvariablen zum Produktionswert diese Unterschiede. Im Falle der *Typ II*-Multiplikatoren wird dies insoweit verstärkt, dass sich dieser Effekt zusätzlich auf die Größenverhältnisse zwischen Ausgangs- und derivativem Multiplikator auswirkt. Das hängt damit zusammen, dass der *Typ II*-Output-Multiplikator als Ausgangswert zur Berechnung der derivativen *Typ II*-Multiplikatoren bereits größer ist, somit der Wertschöpfungseffekt bei einer Output-Änderung und schließlich der Wertschöpfungseffekt bei einer direkten Wertschöpfungsänderung insgesamt höher ist als bei *Typ I*-Multiplikatoren. Ein gleicher Umstand betrifft die *Typ II*-Beschäftigungsmultiplikatoren. Diese variieren zwischen 1,1623 im „Gastgewerbe" (55-56) und 3,8239 in der „Schifffahrt" (50). Der Mittelwert beträgt 1,6253 (vgl. Tabelle 39).

Die *Typ II*-Wertschöpfungsmultiplikatoren vergrößern sich im multiregionalen Input-Output-Modell um die sekundären regionalökonomischen Effekte in *Surrounding Region 1*. Diese sind durch die Hinzunahme der induzierten Effekte allesamt höher als die *Typ I*-Wertschöpfungsmultiplikatoren. Der Größenunterschied liegt zwischen 1,2706 für die „Vermietung von beweglichen Sachen" (77) und 3,2938 für „Reisebüros, Reiseveranstalter und die Erbringung sonstiger Reservierungsdienstleistungen" (79). Der Durchschnitt beträgt 1,7505, was 0,1833 höher liegt als der intraregionale Durchschnitt von 1,5671 (vgl. Tabelle 38). Wie bereits mehrfach ausgeführt, sind die Variationen als Konsequenz der Struktur der Wirtschaftszweige, der sozioökonomischen Signifikanz und der Matrix-Inversion der derivativen Herleitung zu begründen.

Die Beschäftigungswirkung in *Core Region 1* vervielfältigt sich über ihr Umland der *Surrounding Region 1* über einen Multiplikatorwert von bis zu 0,8135 in der „Schifffahrt" und wenigstens 0,0453 für die Erbringung von „Sonstigen wirtschaftlichen Dienstleistungen" (80-82). Im Mittel beträgt die interregionale *Typ II*-Multiplikatorwirkung der Beschäftigung 0,1875, was bedeutet, dass in der *Surrounding Region 1-by-Core Region 1*-Konstellation ein Multiplikatorprozess von durchschnittlich 1,8128 durch touristische Ausgaben in Gang gesetzt wird (vgl. Tabelle 39).

Tabelle 38: (Inter-)regionale *Typ II*-Wertschöpfungsmultiplikatoren der touristischen Wirtschaftszweige für *Core Region 1*

NACE-Code	47 Einzelhandel (ohne Handel mit Kraftfahrzeugen)	49 Landverkehr und Transport in Rohrfernleitungen	50 Schifffahrt	55-56 Gastgewerbe	77 Vermietung von beweglichen Sachen	79 Reisebüros, Reiseveranstalter und Erbringung sonstiger Reservierungsdienstleistungen	80-82 Wach- und Sicherheitsdienste sowie Detekteien; Gebäudebetreuung; Garten- und Landschaftsbau; Erbringung von wirtschaftlichen Dienstleistungen für Unternehmen und Privatpersonen a. n. g	86 Gesundheitswesen	90-92 Kreative, künstlerische und unterhaltende Tätigkeiten; Bibliotheken, Archive, Museen, botanische und zoologische Gärten; Spiel-, Wett- und Lotteriewesen	93 Erbringung von Dienstleistungen des Sports, der Unterhaltung und der Erholung	96 Erbringung von sonstigen überwiegend persönlichen Dienstleistungen
01	0,0010	0,0008	0,0016	0,0044	0,0002	0,0013	0,0016	0,0012	0,0006	0,0007	0,0004
02	0,0004	0,0003	0,0003	0,0005	0,0001	0,0004	0,0006	0,0003	0,0002	0,0003	0,0007
03	0,0000	0,0000	0,0000	0,0001	0,0000	0,0000	0,0000	0,0000	0,0000	0,0000	0,0000
05-09	0,0002	0,0002	0,0003	0,0002	0,0000	0,0002	0,0001	0,0001	0,0001	0,0001	0,0001
10-12	0,0025	0,0019	0,0040	0,0177	0,0004	0,0032	0,0020	0,0036	0,0011	0,0018	0,0000
13-15	0,0002	0,0001	0,0002	0,0003	0,0001	0,0003	0,0002	0,0002	0,0001	0,0002	0,0001
16	0,0005	0,0004	0,0005	0,0007	0,0001	0,0005	0,0010	0,0003	0,0003	0,0005	0,0025
17	0,0012	0,0003	0,0005	0,0006	0,0001	0,0015	0,0007	0,0004	0,0003	0,0004	0,0002
18	0,0073	0,0015	0,0018	0,0017	0,0007	0,0285	0,0037	0,0010	0,0021	0,0018	0,0007
19	0,0005	0,0011	0,0085	0,0005	0,0001	0,0009	0,0004	0,0003	0,0002	0,0004	0,0004
20	0,0012	0,0009	0,0024	0,0018	0,0002	0,0017	0,0011	0,0010	0,0006	0,0010	0,0013
21	0,0011	0,0007	0,0009	0,0015	0,0002	0,0016	0,0008	0,0021	0,0006	0,0011	0,0019

311

22	0,0019	0,0011	0,0014	0,0015	0,0004	0,0014	0,0013	0,0008	0,0004	0,0008	0,0005	
23	0,0009	0,0010	0,0014	0,0017	0,0004	0,0012	0,0021	0,0007	0,0006	0,0011	0,0008	
24	0,0004	0,0005	0,0008	0,0004	0,0001	0,0004	0,0003	0,0002	0,0001	0,0002	0,0001	
25	0,0021	0,0027	0,0040	0,0027	0,0005	0,0021	0,0031	0,0013	0,0009	0,0013	0,0007	
26	0,0014	0,0010	0,0019	0,0015	0,0003	0,0028	0,0013	0,0009	0,0009	0,0009	0,0004	
27	0,0013	0,0017	0,0029	0,0024	0,0004	0,0019	0,0014	0,0010	0,0007	0,0010	0,0009	
28	0,0021	0,0026	0,0051	0,0029	0,0005	0,0027	0,0017	0,0015	0,0008	0,0012	0,0006	
29	0,0064	0,0092	0,0082	0,0047	0,0017	0,0060	0,0037	0,0032	0,0020	0,0030	0,0013	
30	0,0001	0,0002	0,0005	0,0002	0,0001	0,0002	0,0002	0,0001	0,0001	0,0001	0,0001	
31-32	0,0010	0,0008	0,0012	0,0015	0,0003	0,0012	0,0008	0,0018	0,0008	0,0007	0,0003	
33	0,0012	0,0050	0,0138	0,0012	0,0002	0,0024	0,0010	0,0013	0,0005	0,0006	0,0004	
35	0,0166	0,0160	0,0104	0,0199	0,0028	0,0148	0,0084	0,0081	0,0053	0,0120	0,0067	
36	0,0011	0,0009	0,0010	0,0023	0,0003	0,0013	0,0010	0,0009	0,0006	0,0029	0,0013	
37-39	0,0027	0,0014	0,0017	0,0047	0,0005	0,0020	0,0027	0,0017	0,0012	0,0039	0,0025	
41-43	0,0189	0,0158	0,0257	0,0279	0,0044	0,0234	0,0218	0,0135	0,0142	0,0117	0,0064	
45	0,0212	0,0280	0,0278	0,0105	0,0070	0,0132	0,0073	0,0057	0,0046	0,0056	0,0024	
46	0,0303	0,0199	0,0432	0,0537	0,0033	0,0247	0,0204	0,0261	0,0128	0,0173	0,0106	
47	1,0197	0,0149	0,0217	0,0356	0,0029	0,0219	0,0175	0,0286	0,0133	0,0171	0,0074	
49	0,0158	1,0428	0,1002	0,0074	0,0019	0,0168	0,0079	0,0043	0,0030	0,0056	0,0023	
50	0,0001	0,0003	1,0547	0,0001	0,0000	0,0019	0,0001	0,0001	0,0000	0,0001	0,0000	
51	0,0007	0,0005	0,0012	0,0005	0,0001	0,0054	0,0006	0,0004	0,0006	0,0006	0,0002	
52	0,0159	0,0790	0,5105	0,0080	0,0025	0,0104	0,0040	0,0030	0,0022	0,0031	0,0015	
53	0,0313	0,0091	0,0056	0,0088	0,0006	0,0118	0,0035	0,0023	0,0044	0,0030	0,0012	
55-56	0,0098	0,0109	0,0122	1,0088	0,0014	0,0347	0,0079	0,0070	0,0061	0,0090	0,0037	
58	0,0028	0,0015	0,0022	0,0036	0,0008	0,0039	0,0048	0,0018	0,0080	0,0026	0,0007	
59-60	0,0011	0,0007	0,0008	0,0027	0,0002	0,0016	0,0013	0,0008	0,0018	0,0018	0,0003	
61	0,0051	0,0035	0,0050	0,0075	0,0009	0,0817	0,0043	0,0023	0,0057	0,0031	0,0024	
62-63	0,0065	0,0062	0,0080	0,0051	0,0027	0,0267	0,0079	0,0039	0,0075	0,0040	0,0018	

64	0,0170	0,0127	0,0271	0,0171	0,0065	0,0400	0,0126	0,0095	0,0062	0,0091	0,0072
65	0,0076	0,0177	0,0110	0,0054	0,0058	0,0081	0,0048	0,0036	0,0025	0,0032	0,0017
66	0,0039	0,0075	0,0057	0,0030	0,0028	0,0082	0,0025	0,0019	0,0013	0,0018	0,0010
68	0,1777	0,0644	0,0903	0,1739	0,0196	0,1559	0,0951	0,0663	0,0333	0,0663	0,0340
69-70	0,0110	0,0053	0,0060	0,0053	0,0038	0,0245	0,0352	0,0033	0,0024	0,0037	0,0023
71	0,0017	0,0064	0,0055	0,0016	0,0017	0,0019	0,0033	0,0008	0,0006	0,0011	0,0005
72	0,0002	0,0003	0,0003	0,0001	0,0001	0,0008	0,0002	0,0001	0,0001	0,0001	0,0001
73	0,0029	0,0008	0,0008	0,0009	0,0007	0,0084	0,0007	0,0003	0,0007	0,0018	0,0003
74-75	0,0031	0,0026	0,0024	0,0030	0,0014	0,0043	0,0073	0,0018	0,0039	0,0064	0,0009
77	0,0206	0,0220	0,0748	0,0184	1,1163	0,0687	0,0121	0,0060	0,0069	0,0132	0,0095
78	0,0038	0,0060	0,0491	0,0062	0,0022	0,0134	0,0147	0,0021	0,0014	0,0018	0,0014
79	0,0011	0,0057	0,0109	0,0033	0,0002	1,8233	0,0009	0,0005	0,0028	0,0107	0,0004
80-82	0,0178	0,0100	0,0125	0,0131	0,0064	0,0318	1,0136	0,0089	0,0070	0,0099	0,0124
84	0,0085	0,0087	0,0088	0,0118	0,0035	0,0087	0,0188	0,0046	0,0039	0,0064	0,0025
85	0,0035	0,0039	0,0035	0,0033	0,0006	0,0049	0,0040	0,0033	0,0021	0,0040	0,0011
86	0,0078	0,0060	0,0071	0,0078	0,0011	0,0090	0,0066	1,0314	0,0033	0,0126	0,0024
87-88	0,0020	0,0016	0,0019	0,0020	0,0003	0,0024	0,0017	0,0017	0,0009	0,0014	0,0006
90-92	0,0027	0,0021	0,0025	0,0050	0,0004	0,0044	0,0026	0,0022	1,0404	0,0240	0,0008
93	0,0018	0,0013	0,0016	0,0018	0,0003	0,0021	0,0016	0,0016	0,0008	1,0915	0,0005
94	0,0066	0,0025	0,0033	0,0021	0,0005	0,0071	0,0027	0,0026	0,0021	0,0016	0,0024
95	0,0006	0,0005	0,0015	0,0008	0,0002	0,0047	0,0004	0,0003	0,0001	0,0002	0,0001
96	0,0085	0,0057	0,0073	0,0142	0,0027	0,0265	0,0003	0,0080	0,0105	0,0262	1,0822
97-98	0,0016	0,0013	0,0015	0,0016	0,0002	0,0019	0,0014	0,0013	0,0007	0,0011	0,0005
99	0,0000	0,0000	0,0000	0,0000	0,0000	0,0000	0,0000	0,0000	0,0000	0,0000	0,0000
Typ II-Wertschöpfungsmultiplikatoren	1,5468	1,4804	2,2297	1,5595	1,2166	2,6195	1,3995	1,2958	1,2389	1,4206	1,2313
Surrounding Region 1	0,1511	0,1459	0,3922	0,1574	0,0540	0,6744	0,1164	0,0869	0,0671	0,1112	0,0600
Interregionale *Typ II*-Wertschöpfungsmultiplikatoren	1,6978	1,6263	2,6220	1,7169	1,2706	3,2938	1,5159	1,3827	1,3060	1,5318	1,2913

Quelle: eigene Berechnungen auf Datengrundlage von IMPLAN-Datensatz 06_a_MRIO1_TypeSAMMultipliers

Tabelle 39: (Inter-)regionale *Typ II*-Beschäftigungsmultiplikatoren der touristischen Wirtschaftszweige für *Core Region 1*

NACE-Code	47 Einzelhandel (ohne Handel mit Kraftfahrzeugen)	49 Landverkehr und Transport in Rohrfernleitungen	50 Schifffahrt	55-56 Gastgewerbe	77 Vermietung von beweglichen Sachen	79 Reisebüros, Reiseveranstalter und Erbringung sonstiger Reservierungsdienstleistungen	80-82 Wach- und Sicherheitsdienste sowie Detekteien; Gebäudebetreuung; Garten- und Landschaftsbau; Erbringung von wirtschaftlichen Dienstleistungen für Unternehmen und Privatpersonen a. n. g	86 Gesundheitswesen	90-92 Kreative, künstlerische und unterhaltende Tätigkeiten; Bibliotheken, Archive, Museen, botanische und zoologische Gärten; Spiel-, Wett- und Lotteriewesen	93 Erbringung von Dienstleistungen des Sports, der Unterhaltung und der Erholung	96 Erbringung von sonstigen überwiegend persönlichen Dienstleistungen
01	0,0008	0,0011	0,0069	0,0027	0,0014	0,0020	0,0012	0,0017	0,0010	0,0012	0,0006
02	0,0001	0,0001	0,0005	0,0001	0,0002	0,0002	0,0002	0,0001	0,0001	0,0002	0,0003
03	0,0000	0,0000	0,0000	0,0000	0,0000	0,0000	0,0000	0,0000	0,0000	0,0000	0,0000
05-09	0,0001	0,0001	0,0006	0,0001	0,0001	0,0002	0,0000	0,0001	0,0001	0,0001	0,0000
10-12	0,0013	0,0019	0,0117	0,0074	0,0022	0,0035	0,0011	0,0034	0,0014	0,0021	0,0008
13-15	0,0001	0,0001	0,0007	0,0001	0,0006	0,0003	0,0001	0,0002	0,0001	0,0002	0,0001
16	0,0002	0,0003	0,0013	0,0003	0,0006	0,0005	0,0005	0,0003	0,0003	0,0006	0,0023
17	0,0004	0,0002	0,0010	0,0002	0,0004	0,0011	0,0002	0,0002	0,0002	0,0003	0,0001
18	0,0041	0,0016	0,0058	0,0008	0,0050	0,0329	0,0021	0,0010	0,0028	0,0023	0,0007
19	0,0000	0,0002	0,0038	0,0000	0,0001	0,0001	0,0000	0,0000	0,0000	0,0001	0,0001
20	0,0002	0,0003	0,0025	0,0003	0,0005	0,0007	0,0002	0,0003	0,0003	0,0004	0,0004
21	0,0002	0,0002	0,0007	0,0002	0,0003	0,0005	0,0001	0,0005	0,0002	0,0003	0,0005

22	0,0004	0,0007	0,0004	0,0006	0,0005	0,0011	0,0020	0,0005	0,0030	0,0008	0,0007
23	0,0005	0,0008	0,0005	0,0004	0,0007	0,0009	0,0015	0,0005	0,0027	0,000/	0,0003
24	0,0001	0,0002	0,0001	0,0001	0,0001	0,0003	0,0002	0,0001	0,0013	0,0003	0,0001
25	0,0005	0,0013	0,0009	0,0010	0,0013	0,0018	0,0024	0,0009	0,0093	0,0022	0,0009
26	0,0002	0,0005	0,0005	0,0004	0,0003	0,0013	0,0008	0,0003	0,0025	0,0005	0,0003
27	0,0005	0,0007	0,0005	0,0006	0,0004	0,0011	0,0013	0,0006	0,0047	0,0009	0,0004
28	0,0003	0,0008	0,0006	0,0009	0,0005	0,0017	0,0019	0,0007	0,0088	0,0015	0,0006
29	0,0004	0,0012	0,0008	0,0010	0,0007	0,0022	0,0035	0,0007	0,0080	0,0031	0,0011
30	0,0000	0,0001	0,0000	0,0000	0,0000	0,0001	0,0002	0,0000	0,0007	0,0001	0,0000
31-32	0,0003	0,0007	0,0009	0,0015	0,0004	0,0011	0,0015	0,0005	0,0031	0,0007	0,0005
33	0,0003	0,0005	0,0005	0,0009	0,0004	0,0019	0,0010	0,0004	0,0301	0,0037	0,0005
35	0,0019	0,0042	0,0020	0,0023	0,0013	0,0048	0,0052	0,0025	0,0091	0,0048	0,0026
36	0,0004	0,0011	0,0003	0,0003	0,0002	0,0005	0,0006	0,0003	0,0010	0,0003	0,0002
37-39	0,0013	0,0024	0,0008	0,0008	0,0007	0,0011	0,0016	0,0011	0,0026	0,0007	0,0008
41-43	0,0049	0,0109	0,0141	0,0103	0,0091	0,0200	0,0218	0,0093	0,0595	0,0127	0,0079
45	0,0022	0,0065	0,0056	0,0053	0,0038	0,0139	0,0428	0,0043	0,0792	0,0276	0,0110
46	0,0081	0,0161	0,0126	0,0198	0,0085	0,0209	0,0162	0,0178	0,0992	0,0158	0,0127
47	0,0135	0,0380	0,0314	0,0519	0,0175	0,0445	0,0347	0,0282	0,1194	0,0282	1,0197
49	0,0022	0,0066	0,0037	0,0041	0,0042	0,0180	0,0118	0,0031	0,2906	1,0428	0,0083
50	0,0000	0,0000	0,0000	0,0000	0,0000	0,0007	0,0000	0,0000	1,0547	0,0001	0,0000
51	0,0001	0,0003	0,0003	0,0002	0,0002	0,0026	0,0004	0,0001	0,0015	0,0002	0,0002
52	0,0012	0,0029	0,0023	0,0024	0,0017	0,0001	0,0126	0,0027	1,1970	0,0639	0,0068
53	0,0021	0,0064	0,0098	0,0039	0,0033	0,0227	0,0069	0,0066	0,0295	0,0164	0,0298
55-56	0,0084	0,0251	0,0180	0,0161	0,0099	0,0889	0,0206	1,0088	0,0842	0,0261	0,0123
58	0,0006	0,0025	0,0080	0,0014	0,0021	0,0034	0,0038	0,0012	0,0052	0,0012	0,0012
59-60	0,0001	0,0010	0,0010	0,0004	0,0003	0,0008	0,0007	0,0005	0,0011	0,0003	0,0002
61	0,0007	0,0010	0,0020	0,0006	0,0006	0,0251	0,0016	0,0009	0,0042	0,0010	0,0008
62-63	0,0011	0,0030	0,0060	0,0024	0,0027	0,0185	0,0110	0,0014	0,0151	0,0040	0,0022

64	0,0042	0,0059	0,0367	0,0033	0,0190	0,0200	0,0031	0,0043	0,0036	0,0050	0,0032
65	0,0014	0,0062	0,0113	0,0008	0,0128	0,0031	0,0009	0,0012	0,0011	0,0013	0,0006
66	0,0021	0,0077	0,0169	0,0013	0,0175	0,0090	0,0014	0,0019	0,0017	0,0021	0,0010
68	0,0058	0,0040	0,0162	0,0045	0,0075	0,0103	0,0031	0,0039	0,0026	0,0048	0,0020
69-70	0,0059	0,0054	0,0180	0,0023	0,0245	0,0269	0,0189	0,0033	0,0031	0,0044	0,0023
71	0,0009	0,0062	0,0153	0,0007	0,0101	0,0020	0,0017	0,0007	0,0007	0,0012	0,0005
72	0,0001	0,0001	0,0004	0,0000	0,0003	0,0004	0,0001	0,0001	0,0001	0,0001	0,0000
73	0,0016	0,0009	0,0026	0,0004	0,0044	0,0096	0,0004	0,0003	0,0009	0,0023	0,0003
74-75	0,0013	0,0021	0,0055	0,0010	0,0068	0,0036	0,0030	0,0014	0,0038	0,0058	0,0007
77	0,0017	0,0035	0,0348	0,0012	1,1163	0,0118	0,0010	0,0009	0,0014	0,0025	0,0015
78	0,0037	0,0112	0,2669	0,0049	0,0257	0,0270	0,0145	0,0038	0,0033	0,0039	0,0025
79	0,0005	0,0053	0,0295	0,0013	0,0009	1,8233	0,0004	0,0004	0,0033	0,0117	0,0003
80-82	0,0179	0,0190	0,0691	0,0104	0,0766	0,0649	1,0136	0,0162	0,0167	0,0221	0,0226
84	0,0034	0,0065	0,0193	0,0037	0,0167	0,0070	0,0074	0,0033	0,0036	0,0057	0,0018
85	0,0018	0,0037	0,0097	0,0013	0,0035	0,0050	0,0020	0,0030	0,0025	0,0044	0,0010
86	0,0043	0,0063	0,0215	0,0034	0,0075	0,0101	0,0036	1,0314	0,0043	0,0154	0,0024
87-88	0,0023	0,0034	0,0115	0,0017	0,0040	0,0055	0,0019	0,0033	0,0023	0,0034	0,0013
90-92	0,0012	0,0017	0,0058	0,0017	0,0022	0,0038	0,0011	0,0017	1,0404	0,0226	0,0006
93	0,0008	0,0011	0,0040	0,0006	0,0016	0,0019	0,0007	0,0013	0,0008	1,0915	0,0004
94	0,0042	0,0030	0,0117	0,0010	0,0040	0,0092	0,0017	0,0030	0,0032	0,0023	0,0028
95	0,0006	0,0010	0,0089	0,0007	0,0022	0,0106	0,0005	0,0006	0,0003	0,0005	0,0002
96	0,0046	0,0060	0,0221	0,0062	0,0178	0,0295	0,0034	0,0079	0,0136	0,0318	1,0822
97-98	0,0047	0,0070	0,0238	0,0036	0,0083	0,0113	0,0040	0,0069	0,0047	0,0070	0,0027
99	0,0000	0,0000	0,0000	0,0000	0,0000	0,0000	0,0000	0,0000	0,0000	0,0000	0,0000
Typ II-Beschäftigungsmultiplikatoren	**1,2049**	**1,3840**	**3,8239**	**1,1623**	**1,6101**	**2,4564**	**1,1652**	**1,2379**	**1,2478**	**1,3949**	**1,1910**
Surrounding Region 1	**0,0559**	**0,1072**	**0,8135**	**0,0462**	**0,1623**	**0,5568**	**0,0453**	**0,0639**	**0,0637**	**0,1002**	**0,0472**
Interregionale Typ II-Beschäftigungsmultiplikatoren	**1,2608**	**1,4912**	**4,6375**	**1,2084**	**1,7723**	**3,0131**	**1,2106**	**1,3018**	**1,3115**	**1,4951**	**1,2382**

Quelle: eigene Berechnungen auf Datengrundlage von IMPLAN-Datensatz 06_a_MRIO1_TypeSAMMultipliers

5.7.3 Multiplikatoren der Vergleichsregion

Für eine umfassendere Einordnung der touristischen Multiplikatorwirkungen ist ein Vergleich mit den regionalökonomischen Multiplikatoren für *Core Region 2* und ihrer *Surrounding Region 2* gewinnbringend. Dazu werden im Folgenden die regionalökonomischen Multiplikatoren der touristischen Wirtschaftszweige der *Core Region 2* in ihrem multiregionalen Input-Output-Modell vorgestellt. Einen Überblick über die *Typ I*-Multiplikatoren liefert Tabelle 40, in der die Spaltensummen der jeweiligen Wirtschaftszweige für Output, Wertschöpfung und Beschäftigung zusammengetragen sind.

Die *Typ I*-Output-Multiplikatoren variieren zwischen 1,1713 im „Gesundheitswesen" (86) und 1,8571 für „Reisebüros, Reiseveranstalter und die Erbringung sonstiger Reservierungsdienstleistungen" (79). Der Mittelwert liegt bei 1,3119 und damit etwas niedriger als der Mittelwert der *Typ I*-Output-Multiplikatoren der *Core Region 1* von 1,3717, wo auch die Spannbreite zwischen dem höchsten und dem niedrigsten Multiplikator stärker ausgeprägt ist (vgl. Kapitel 5.7.1.1). Für die Erklärung von Variationen in den Leontief-Inversen ist sich die Ausgangslage der Input-Output-Analyse zu vergegenwärtigen mit der Umwandlung der Input-Output-Zellenwerte in ein Modell der Input-Koeffizienten. Dabei ist auch für *Core Region 2* festzustellen, dass die Input-Koeffizienten der Bruttowertschöpfung in umgekehrtem Verhältnis zu den *Typ I*-Output-Multiplikatoren stehen. Der Input-Koeffizient der Bruttowertschöpfung liegt für die „Reisebranche" (79) mit 0,1868 am niedrigsten, während der Multiplikator mit 1,8571 unter allen touristischen Wirtschaftszweigen der höchste ist. Umgekehrt ist der Input-Koeffizient für das „Gesundheitswesen" mit 0,6702 überdurchschnittlich hoch, der Multiplikator mit 1,1713 gleichzeitig unter allen touristischen Wirtschaftszweigen der niedrigste (vgl. Tabelle 40; zum Vergleich Tabelle 32 in Kapitel 5.6). Dies erklärt sich in der strukturellen Aufteilung des Fremd- und Eigenleistungsanteils der Wirtschaftszweige, wie das auch für *Core Region 1* in Kapitel 5.7.1.1 konstatiert wurde.

Ergänzend sind die aufsummierten Multiplikatoren der *Surrounding Region 2* wiedergegeben, die insgesamt ein homogenes Bild in der Vergrößerung hin zu interregionalen *Typ I*-Output-Multiplikatoren zeigen. Dadurch ist die Spannbreite der Multiplikatoren je Wirtschaftszweig im Mittel um 0,0655 auf einen höheren Wertebereich projiziert, sodass das „Gesundheitswesen" (86) einen multiregionalen Multiplikator in Höhe von 1,2036 und „Reisebüros, Reiseveranstalter und die Erbringung sonstiger Reservierungsdienstleistungen" (79) mit 2,0620 den höchsten Multiplikator zeigen. Die mittlere interregionale *Typ I*-Output-Multiplikatorwirkung beträgt 1,3775 (vgl. Tabelle 40).

Während im Herleitungsprozess touristischer Multiplikatoren eine gegensätzliche Beziehung zwischen den originären Input-Koeffizienten und den daraus abgeleiteten *Typ I*-Output-Multiplikatoren identifiziert wurde, ist in der Gegenüberstellung letzterer zu den aus ihnen abgeleiteten *Typ I*-Wertschöpfungsmultiplikatoren generell eine Konformität der Größenvariationen festzustellen: Hohe *Typ I*-Output-Multiplikatoren entsprechen hohen *Typ I*-Wertschöpfungsmultiplikatoren, weil nur durch eine Output-Änderung auch eine Bruttowertschöpfungsänderung eintreten kann. Die *Typ I*-Wertschöpfungsmultiplikatoren variieren zwischen 1,1348 im „Gesundheitswesen" (86) und 2,1606 für „Reisebüros, Reiseveranstalter und die Erbringung sonstiger Reservierungsdienstleistungen" (79). Sie sind durchschnittlich 1,3562 hoch (vgl. Tabelle 40).

Gleichwohl zeigen die Multiplikatortypen für *Core Region 2* in den beiden bereits in *Core Region 1* auffälligen Wirtschaftszweigen der „Schifffahrt" (50) und der „Reisebüros, Reiseveranstaltern und die Erbringung sonstiger Reservierungsdienstleistungen" (79) mit -0,3712 und -0,3035 größere Abweichungen zwischen *Typ I*-Output- und *Typ I*-Wertschöpfungsmultiplikator. Die gemittelte Differenz der übrigen Wirtschaftszweige beträgt 0,0209. Für *Core Region 2* ist demnach ebenso das Resultat der Kenngrößen-Inversen zur Herleitung der derivativen Multiplikatoren zu konstatieren. Dieses Verhältnis zeigt sich überdies verstärkt beim *Typ I*-Beschäftigungsmultiplikator der „Schifffahrt" (50), wo der derivative Multiplikator mit 2,8684 um 1,4310 höher liegt als der originäre Output-Multiplikator (vgl. Tabelle 40). Die Inverse der Matrix sagt demnach aus, dass durch eine Einheit touristischem Output in der „Schifffahrt" wenige Menschen in *Core Region 2* beschäftigt werden, diese aber umgekehrt einen vergleichsweise hohen touristischen Output erwirtschaften (vgl. das Ergebnis in *Core Region 1* in Kapitel 5.7.1.2). Der Mittelwert der *Typ I*-Beschäftigungsmultiplikatoren der *Core Region 2* beträgt 1,4021.

Im multiregionalen Modell ist auch bei den derivativen *Typ I*-Multiplikatoren der *Core Region 2* eine konforme Zunahme der Multiplikatorhöhe über alle Wirtschaftszweige hinweg zu erkennen. Die mittlere Multiplikatorwirkung in *Surrounding Region 2* beträgt bei den *Typ I*-Wertschöpfungsmultiplikatoren 0,0777, was eine durchschnittliche interregionale Wertschöpfungswirkung von 1,4339 auslöst. Die *Typ I*-Beschäftigungsmultiplikatoren der Regionskonstellation *Surrounding Region 2-by-Core Region 2* liegen durchschnittlich bei 1,4958, wodurch die interregionale Multiplikatorwirkung 0,0937 höher ist als in der Kernregion *Core Region 2-by-Core Region 2* (vgl. Tabelle 40).

Tabelle 40: (Inter-)regionale *Typ I*-Output-, Wertschöpfungs- und Beschäftigungsmultiplikatoren der touristischen Wirtschaftszweige für *Core Region 2*

NACE-Code	47	49	50	55-56	77	79	80-82	86	90-92	93	96
	Einzelhandel (ohne Handel mit Kraftfahrzeugen)	Landverkehr und Transport in Rohrfernleitungen	Schifffahrt	Gastgewerbe	Vermietung von beweglichen Sachen	Reisebüros, Reiseveranstalter und Erbringung sonstiger Reservierungsdienstleistungen	Wach- und Sicherheitsdienste sowie Detekteien; Gebäudebetreuung; Garten- und Landschaftsbau; Erbringung von wirtschaftlichen Dienstleistungen für Unternehmen und Privatpersonen a. n. g	Gesundheitswesen	Kreative, künstlerische und unterhaltende Tätigkeiten; Bibliotheken, Archive, Museen, botanische und zoologische Gärten; Spiel-, Wett- und Lotteriewesen	Erbringung von Dienstleistungen des Sports, der Unterhaltung und der Erholung	Erbringung von sonstigen überwiegend persönlichen Dienstleistungen
Output-Multiplikatoren											
Typ I-Output-Multiplikatoren	1,2841	1,3026	1,4374	1,2907	1,1886	1,8571	1,2250	1,1713	1,2026	1,2847	1,1873
Surrounding Region 2	0,0563	0,0663	0,1095	0,0573	0,0273	0,2049	0,0407	0,0323	0,0376	0,0523	0,0363
Interregionale *Typ I*-Output-Multiplikatoren	1,3404	1,3689	1,5469	1,3480	1,2158	2,0620	1,2656	1,2036	1,2402	1,3370	1,2236
Wertschöpfungsmultiplikatoren											
Typ I-Wertschöpfungsmultiplikatoren	1,2857	1,2665	1,8086	1,3088	1,1643	2,1606	1,2151	1,1348	1,1567	1,2640	1,1530
Surrounding Region 2	0,0545	0,0580	0,2057	0,0592	0,0229	0,2858	0,0379	0,0250	0,0288	0,0471	0,0294
Interregionale *Typ I*-Wertschöpfungsmultiplikatoren	1,3402	1,3245	2,0142	1,3680	1,1872	2,4464	1,2531	1,1598	1,1855	1,3112	1,1824
Beschäftigungsmultiplikatoren											
Typ I-Beschäftigungsmultiplikatoren	1,1056	1,2173	2,8684	1,0896	1,4071	2,0331	1,0899	1,1072	1,1478	1,2353	1,1219
Surrounding Region 2	0,0218	0,0486	0,4888	0,0183	0,0678	0,2583	0,0157	0,0194	0,0274	0,0414	0,0231
Interregionale *Typ I*-Beschäftigungsmultiplikatoren	1,1274	1,2659	3,3572	1,1079	1,4749	2,2915	1,1055	1,1266	1,1752	1,2766	1,1450

Quelle: eigene Berechnungen auf Datengrundlage von IMPLAN-Datensatz 05_b_MRIO2_Type1Multipliers

Die in Tabelle 41 zusammengetragenen Werte zeigen die *Typ II*-Multiplikatoren zur Berechnung der induzierten regionalökonomischen Effekte in *Core Region 2* für Output, Wertschöpfung und Beschäftigung. Um als erstes auf die *Typ II*-Output-Multiplikatoren einzugehen, ist ein Größenunterschied zwischen 1,3200 für die „Vermietung von beweglichen Sachen" (77) und 2,1153 für die in *Core Region 2* ansässigen „Reisebüros, Reiseveranstalter und die Erbringung sonstiger Reservierungsdienstleistungen" (79) festzustellen. Der Mittelwert liegt bei 1,7318.

Die Variation erklärt sich auch für die *Typ II*-Output-Multiplikatoren der *Core Region 2* zum einen in der Wechselbeziehung zu den Input-Koeffizienten der Bruttowertschöpfung. Eine hohe direkte Wertschöpfung bedingt einen geringeren „Rest" touristischer Vorleistungsbeziehungen, die in Multiplikatoren ausgedrückt werden. Um die beiden Wirtschaftszweige mit den höchsten und niedrigsten *Typ II*-Output-Multiplikatoren noch einmal herauszugreifen, ist der Bruttowertschöpfungskoeffizient für die „Vermietung von beweglichen Sachen" (77) mit 0,6917 am höchsten und derjenige der „Reisebranche" (79) mit 0,1868 am niedrigsten (vgl. Tabelle 32 in Kapitel 5.6).

Zum anderen ist die Differenz zwischen *Typ II*- und *Typ I*-Multiplikatoren genauer zu analysieren, weil diese die sozioökonomische Komponente des Arbeitnehmerentgeltes als induzierte Wirkungsebene ausdrückt. Auch in *Core Region 2* ist ein Zusammenhang mit den Input-Koeffizienten des Arbeitnehmerentgeltes (zusammengesetzt aus den Bruttolöhnen und -gehältern und Sozialbeiträgen der Arbeitnehmer) zu erkennen. Das äußert sich darin, dass ein hoher Input-Koeffizient des Arbeitnehmerentgeltes einer hohen Abweichung zwischen *Typ II*- und *Typ I*-Multiplikatoren gleichgesetzt ist. Um auch hier den jeweils höchsten und niedrigsten Input-Koeffizienten des Arbeitnehmerentgeltes herauszugreifen, liegt dieser im „Gesundheitswesen" (86) mit 0,4758 am höchsten (vgl. Tabelle 32 in Kapitel 5.6). Gleichzeitig ist auch die Differenz zwischen den beiden Multiplikatortypen mit 0,6885 am höchsten (vgl. Tabelle 40 und 41). Umgekehrt ist der Input-Koeffizient von 0,0698 für die „Vermietung von beweglichen Sachen" (77) an zweitniedrigster Stelle (vgl. Tabelle 32 in Kapitel 5.6), die Differenz zwischen den beiden Multiplikatoren mit 0,1314 am niedrigsten, die sozioökonomische Komponente des *Typ II*-Multiplikators demzufolge am wenigsten ausgeprägt, was zum kleinsten Multiplikator unter den angezeigten Multiplikatoren führt (vgl. Tabelle 41).

Im multiregionalen Modell der *Typ II*-Output-Multiplikatoren ist eine durchschnittliche Multiplikatorwirkung von 0,1236 in *Surrounding Region 2* auszumachen. Der durchschnittliche *Typ II*-Output-Multiplikator der *Surrounding Region 2-by-Core Region 2*-Regionskonstellation beträgt damit 1,8554 bei einer konsistenten Zunahme über die Variationen der Wirtschaftszweige in der Kernregion hinweg (vgl. Tabelle 41).

Die *Typ II*-Wertschöpfungsmultiplikatoren der *Core Region 2* variieren zwischen 1,1835 für die „Vermietung von beweglichen Sachen" (77) und 2,3001 für „Reisebüros, Reiseveranstalter und die Erbringung sonstiger Reservierungsdienstleistungen" (79). Der Mittelwert beträgt 1,4450. Die in Kapitel 5.7.2.2 für *Core Region 1* erkannte Kausalität der Größenverhältnisse von *Typ II*-Output- und *Typ II*-Wertschöpfungsmultiplikatoren bestätigt sich auch in den Ergebnissen zu *Core Region 2*. Denn mit

Ausnahme der „Schifffahrt" (50) und der „Reisebranche" (79) hat die Differenz der beiden Multiplikatortypen ein negatives Vorzeichen, respektive sind die *Typ II*-Wertschöpfungsmultiplikatoren bis auf die beiden Wirtschaftszweige allesamt kleiner als die *Typ II*-Output-Multiplikatoren. Die Inverse der Input-Koeffizienten drückt sich damit auch bei der Herleitung der derivativen *Typ II*-Multiplikatoren aus. Besonders deutlich wird das beim *Typ II*-Beschäftigungsmultiplikator der „Schifffahrt" (50), der mit einem Wert von 3,0997 deutlich höher liegt als der *Typ II*-Output-Multiplikator. Im Mittel werden direkte, indirekte und induzierte Beschäftigungseffekte in *Core Region 2* in Höhe von 1,4838 in Gang gesetzt.

Im multiregionalen Modell beträgt die mittlere Multiplikatorwirkung bei den *Typ II*-Wertschöpfungsmultiplikatoren 0,1188, wodurch die gesamte Wertschöpfungswirkung in der Regionskonstellation *Surrounding Region 2-by-Core Region 2* 1,5639 beträgt. Die mittlere *Typ II*-Beschäftigungswirkung liegt mit 0,1337 etwas höher als die Wertschöpfungswirkung, was im Wesentlichen auf die mehrfach erklärten inversen Wechselwirkungen der „Schifffahrt" (50) zurückzuführen ist. Die gesamte Beschäftigungswirkung touristischer Ausgaben in *Core Region 2* beläuft sich für die interregionale Gebietskonstellation auf insgesamt 1,6174 (vgl. Tabelle 41).

Tabelle 41: (Inter-)regionale *Typ II*-Output-, Wertschöpfungs- und Beschäftigungsmultiplikatoren der touristischen Wirtschaftszweige für *Core Region 2*

NACE-Code	47	49	50	55-56	77	79	80-82	86	90-92	93	96
	Einzelhandel (ohne Handel mit Kraftfahrzeugen)	Landverkehr und Transport in Rohrfernleitungen	Schifffahrt	Gastgewerbe	Vermietung von beweglichen Sachen	Reisebüros, Reiseveranstalter und Erbringung sonstiger Reservierungsdienstleistungen	Wach- und Sicherheitsdienste sowie Detekteien; Gebäudebetreuung; Garten- und Landschaftsbau; Erbringung von wirtschaftlichen Dienstleistungen für Unternehmen und Privatpersonen a. n. g	Gesundheitswesen	Kreative, künstlerische und unterhaltende Tätigkeiten; Bibliotheken, Archive, Museen, botanische und zoologische Gärten; Spiel-, Wett- und Lotteriewesen	Erbringung von Dienstleistungen des Sports, der Unterhaltung und der Erholung	Erbringung von sonstigen überwiegend persönlichen Dienstleistungen
Output-Multiplikatoren											
Typ II-Output-Multiplikatoren	1,9112	1,7443	1,6267	1,8300	1,3200	2,1153	1,8560	1,8599	1,5665	1,7580	1,4619
Surrounding Region 2	0,1347	0,1296	0,1597	0,1263	0,0465	0,2651	0,1160	0,1100	0,0846	0,1133	0,0732
Interregionale Typ II-Output-Multiplikatoren	2,0460	1,8740	1,7865	1,9563	1,3665	2,3804	1,9720	1,9699	1,6511	1,8713	1,5352
Wertschöpfungsmultiplikatoren											
Typ II-Wertschöpfungsmultiplikatoren	1,4042	1,3579	1,9029	1,4238	1,1835	2,3001	1,3281	1,2376	1,2129	1,3512	1,1933
Surrounding Region 2	0,1055	0,0988	0,2610	0,1093	0,0315	0,3632	0,0857	0,0677	0,0528	0,0845	0,0471
Interregionale Typ II-Wertschöpfungsmultiplikatoren	1,5096	1,4566	2,1639	1,5331	1,2150	2,6632	1,4138	1,3053	1,2657	1,4358	1,2404
Beschäftigungsmultiplikatoren											
Typ II-Beschäftigungsmultiplikatoren	1,1584	1,2945	3,0997	1,1303	1,5047	2,1551	1,1382	1,1816	1,1989	1,3099	1,1502
Surrounding Region 2	0,0445	0,0830	0,6245	0,0360	0,1117	0,3260	0,0361	0,0503	0,0492	0,0733	0,0356
Interregionale Typ II-Beschäftigungsmultiplikatoren	1,2029	1,3776	3,7242	1,1664	1,6164	2,4810	1,1744	1,2319	1,2480	1,3832	1,1858

Quelle: eigene Berechnungen auf Datengrundlage von IMPLAN-Datensatz 06_b_MRIO2_TypeSAMMultipliers

5.7.4 Zusammenschau

Dem Anspruch dieser Arbeit folgend, branchenspezifische Multiplikatoren für die Region des Biosphärengebiets Schwarzwald als *Core Region 1* vorliegen zu haben, wurden die im vorangegangenen Kapitel vorgestellten Multiplikatoren je Wirtschaftszweig zur Kompatibilität mit den touristischen Ausgabenkategorien gewichtet. Tabelle 42 zeigt als Ergebnis *Typ I*- und *Typ II*-Output-, Wertschöpfungs- und Beschäftigungsmultiplikatoren der touristischen Ausgabenkategorien für *Core Region 1* und *Core Region 2* im multiregionalen Modell zu *Surrounding Region 1* und *Surrounding Region 2*.

Zunächst ist auf die Aggregationsebenen des Input-Output-Modells hinzuweisen, denn den Ausgabenkategorien „Unterkunft" und „Gastronomie" bzw. „Lebensmittel" und „Non-Food-Produkte" werden die jeweils gleichen Multiplikatorwerte zugeschrieben (vgl. Tabelle 42). Diese sind jeweils einer Wirtschaftsabteilung zugehörig. Aufgrund der Komplexität der regionalen Input-Output-Modellierung sowie der zunehmenden Ungenauigkeit der Schätzwerte auf kleinräumiger und disaggregierter Ebene wurde keine weitere Disaggregation der Multiplikatoren nach Wirtschaftsgruppen vorgenommen.

Innerhalb einer Differenzierung nach touristischer Kenngröße und Regionsabgrenzung ist eine spaltenmäßige Zunahme der Multiplikatorwerte sowohl von intraregionalem zu interregionalem Raumbezug als auch von *Typ I*- zu *Typ II*-Multiplikatoren erkennbar. Wie an mehreren Stellen ausführlich dargelegt wurde, ist vor dem Hintergrund der beiden Erweiterungsmöglichkeiten von Multiplikatoren erstens die Regionsgröße als Einflussfaktor und zweitens die Inklusion privater Haushaltswirkungen anzuführen. Interessant ist die Tatsache, dass intraregionale *Typ II*-Multiplikatoren – unabhängig von touristischer Kenngröße und Ausgabenkategorie – stets höher liegen als interregionale *Typ I*-Multiplikatoren. Übertragen auf regionalökonomische Effekte des Tourismus bedeutet das, dass intraregionale induzierte Effekte stets höher ausfallen als interregionale indirekte Effekte. Die intraregionale Konsumneigung privater Haushalte ist also insgesamt – und zwar sowohl in *Core Region 1* als auch in *Core Region 2* – stärker ausgeprägt als die interregionale Handelsneigung. Einzelne, vernachlässigbare Abweichungen sind dennoch festzumachen, etwa bei der Ausgabenkategorie „Sonstiges" der beiden derivativen Multiplikatortypen, wo aufgrund der Matrix-Inverse des Input-Output-Modells und der Input-Koeffizienten der beiden Größen beispielsweise der *Typ I*-Multiplikator von *Surrounding Region 1-by-Core Region 1* höher ist als der *Typ II*-Multiplikator von *Core Region 1-by-Core Region 1* (vgl. Tabelle 42).

Die ausschlaggebenden Einflussfaktoren der Multiplikatorhöhen sind Regionsabgrenzungen und ihre Raumbezüge sekundärer Effekte sowie die Wirtschaftsstrukturgefüge innerhalb der Regionen. Die Interpretationen der Unterschiede lassen sich aus dem originären *Typ I*-Output-Multiplikator ablesen. Bedingt durch eine höhere Importneigung in *Core Region 2* im Vergleich zu *Core Region 1* und umgekehrt eine höhere intraregionale Grenzkonsumneigung für Vorleistungsprodukte in *Core Region 1* im Vergleich zu *Core Region 2* lautete die in Kapitel 5.7 formulierte Hypothese für die Größenverhältnisse der *Typ I*-Output-Multiplikatoren aller Wirtschaftszweige:

$$Core\ Region\ 2 < Core\ Region\ 1$$

In der Zusammenschau werden die Unterschiede unmittelbar sichtbar (vgl. Tabelle 42): Die Ergebnisse stimmen mit der auf Grundlage der Input-Koeffizienten getroffenen Annahme überein. Die Hypothese ist damit zu bestätigen: Die *Typ I*-Multiplikatoren je Wirtschaftszweig liegen in *Core Region 1* allesamt höher als in *Core Region 2*. Aufgrund der kontextuellen und rechnerischen Zusammenhänge sind auch die derivativen sowie *Typ II*-Multiplikatoren je Wirtschaftszweig allesamt in *Core Region 1* höher als in *Core Region 2*.

Schließlich wurde eingangs hinsichtlich der Größenverhältnisse aufgrund der stärker ausgeprägten Importneigung in kleinen Regionen folgende Hypothese zur Höhe der *Typ I*-Multiplikatoren aufgestellt:

$$Core\ Region\ 1 < Deutschland$$

Die letzte Zeile von Tabelle 42 zeigt nach eigenen Berechnungen auf Basis der amtlichen Input-Output-Tabelle des Statistisches Bundesamtes ermittelte, den Ausgabenkategorien kompatible *Typ I*-Multiplikatoren der Bundesrepublik Deutschland. Auch diese Hypothese ist mit Blick auf die Zahlenwerte zu bestätigen, da zu konstatieren ist, dass die *Typ I*-Multiplikatoren je Wirtschaftszweig für die Volksökonomie Deutschlands allesamt höher liegen als in *Core Region 1* und damit auch höher als in *Core Region 2*.

Die theoretisch festgehaltenen räumlichen Dimensionen der regionalökonomischen Multiplikatorwirkungen sind damit für die Untersuchungsregion des Biosphärengebiets Schwarzwald im Vergleich zum Nationalpark Schwarzwald und ferner zu den Umlandregionen der beiden Naturparke Südschwarzwald und Schwarzwald Mitte/Nord und überdies zur Bundesrepublik Deutschland empirisch belegt. Die Multiplikatoren wurden daraufhin für die regionalökonomische Wirkungsanalyse des Tourismus im Biosphärengebiet Schwarzwald und der Vergleichsregion des Nationalparks Schwarzwald verwendet.

Tabelle 42: Zusammenschau der (inter-)regionalen Multiplikatoren

		Unterkunft	Gastronomie	Lebensmittel	Non-Food-Produkte	Freizeit	Transport	Kurmittel	Kongress	Sonstiges
Output-Multiplikatoren										
Core Region 1										
Typ I	Core Region 1-by-Core Region 1	1,3387	1,3387	1,3530	1,3530	1,2697	1,4058	1,2659	1,2553	1,3936
Typ I	Surrounding Region 1-by-Core Region 1	1,4255	1,4255	1,4358	1,4358	1,3342	1,5145	1,3281	1,3182	1,5176
Typ II	Core Region 1-by-Core Region 1	1,9308	1,9308	2,0475	2,0475	1,7149	1,8590	1,9922	1,8840	1,6137
Typ II	Surrounding Region 1-by-Core Region 1	2,1086	2,1086	2,2337	2,2337	1,8483	2,0501	2,1560	2,0401	1,7861
Core Region 2										
Typ I	Core Region 2-by-Core Region 2	1,2907	1,2907	1,2841	1,2841	1,2397	1,3254	1,2218	1,2250	1,3323
Typ I	Surrounding Region 2-by-Core Region 2	1,3480	1,3480	1,3404	1,3404	1,2840	1,3990	1,2648	1,2656	1,4009
Typ II	Core Region 2-by-Core Region 2	1,8300	1,8300	1,9112	1,9112	1,6531	1,7244	1,8829	1,8560	1,5387
Typ II	Surrounding Region 2-by-Core Region 2	1,9563	1,9563	2,0460	2,0460	1,7507	1,8592	2,0040	1,9720	1,6413
Wertschöpfungsmultiplikatoren										
Core Region 1										
Typ I	Core Region 1-by-Core Region 1	1,3893	1,3893	1,3708	1,3708	1,2243	1,4022	1,2390	1,2511	1,2747
Typ I	Surrounding Region 1-by-Core Region 1	1,4810	1,4810	1,4547	1,4547	1,2748	1,5120	1,2928	1,3110	1,3547
Typ II	Core Region 1-by-Core Region 1	1,5595	1,5595	1,5468	1,5468	1,3176	1,5422	1,3945	1,3995	1,3252
Typ II	Surrounding Region 1-by-Core Region 1	1,7169	1,7169	1,6978	1,6978	1,4038	1,7084	1,5067	1,5159	1,4270
Core Region 2										
Typ I	Core Region 2-by-Core Region 2	1,3088	1,3088	1,2857	1,2857	1,2032	1,3112	1,1942	1,2151	1,2330
Typ I	Surrounding Region 2-by-Core Region 2	1,3680	1,3680	1,3402	1,3402	1,2399	1,3814	1,2308	1,2531	1,2777

Beschäftigungsmultiplikatoren

Typ II	Core Region 2-by-Core Region 2	1,4238	1,4238	1,4042	1,4042	1,2728	1,4028	1,3031	1,3281	1,2692
Typ II	Surrounding Region 2-by-Core Region 2	1,5331	1,5331	1,5096	1,5096	1,3393	1,5150	1,3857	1,4138	1,3311
Core Region 1										
Typ I	Core Region 1-by-Core Region 1	1,1053	1,1053	1,1307	1,1307	1,2172	1,3362	1,1301	1,1030	1,3166
Typ I	Surrounding Region 1-by-Core Region 1	1,1309	1,1309	1,1602	1,1602	1,2637	1,4193	1,1580	1,1262	1,4067
Typ II	Core Region 1-by-Core Region 1	1,1623	1,1623	1,2049	1,2049	1,3056	1,4541	1,2212	1,1652	1,3856
Typ II	Surrounding Region 1-by-Core Region 1	1,2084	1,2084	1,2608	1,2608	1,3836	1,5816	1,2811	1,2106	1,5035
Core Region 2										
Typ I	Core Region 2-by-Core Region 2	1,0896	1,0896	1,1056	1,1056	1,1821	1,2647	1,1064	1,0899	1,2597
Typ I	Surrounding Region 2-by-Core Region 2	1,1079	1,1079	1,1274	1,1274	1,2151	1,3260	1,1270	1,1055	1,3142
Typ II	Core Region 2-by-Core Region 2	1,1303	1,1303	1,1584	1,1584	1,2425	1,3465	1,1699	1,1382	1,3078
Typ II	Surrounding Region 2-by-Core Region 2	1,1664	1,1664	1,2029	1,2029	1,3011	1,4450	1,2172	1,1744	1,3852
Deutschland										
Typ I	Deutschland	1,7820	1,7820	1,6847	1,6847	1,5027	1,7821	1,5331	1,6338	1,5049

Quelle: eigene Berechnungen auf Datengrundlage von IMPLAN-Datensätze 05_a_MRIO1_Type1Multipliers, 05_b_MRIO2_Type1Multipliers, 06_a_MRIO1_TypeSAMMultipliers, 06_b_MRIO2_TypeSAMMultipliers sowie STATISTISCHES BUNDESAMT 2021a

5.8 Regionalökonomische Effekte des Tourismus

5.8.1 Touristischer Brutto- und Nettoumsatz

Die Ausgangsgröße der regionalökonomischen Wirkungsanalyse des Tourismus ist der Bruttoumsatz. Dieser errechnet sich aus der Multiplikation der Anzahl der Besucher mit den durchschnittlichen Tagesausgaben pro Person während des Aufenthaltes. Der touristische Bruttoumsatz im Biosphärengebiet Schwarzwald liegt mit 4.030.000 Besuchstagen für das Erhebungsjahr 2018/19 bei insgesamt 210.316.600 €. Tabelle 43 differenziert den Wert nach den regionalökonomisch relevanten Besuchersegmenten der Biosphärenreservatsbesucher im engeren Sinne und sonstigen Biosphärenreservatsbesucher sowie jeweils nach Tages- und Übernachtungsgästen. Nicht unterschieden werden hingegen die Tagesausgaben nach den beiden Subgruppen der Biosphärenreservatsaffinität, da die geringe Fallzahl der kleinen Gruppe der Biosphärenreservatsbesucher im engeren Sinne (0,7 % der Besucher) dies aufgrund der fehlenden statistischen Repräsentativität nicht zulässt (vgl. Kapitel 5.2.1). Dennoch wurden die Bruttoumsätze zur Abgrenzung des *economic impacts* nach Biosphärenreservatsaffinität aufgeschlüsselt berechnet. Dafür wurde für die Tagesbesucher der Durchschnittswert von 19,30 € und für die Übernachtungsbesucher von 76,90 € verwendet. Es zeigt sich, dass die zum Zeitpunkt der Erhebungen erst junge Existenz des Biosphärengebietes Schwarzwald bereits einen touristischen Bruttoumsatz in Höhe von 1.097.400 € generiert, was 0,5 % des gesamten Bruttoumsatzes entspricht. Sonstige Biosphärenreservatsbesucher sind für 99,5 % des gesamten Bruttoumsatzes in der Region und damit 209.219.200 € verantwortlich (vgl. Tabelle 43).

Differenziert nach touristischen Zielgruppen lässt sich feststellen, dass Tagesgäste durch ihre geringen Durchschnittsausgaben pro Kopf und pro Aufenthaltstag in der Region mit insgesamt 33.369.700 € einen Anteil von 15,9 % des Bruttoumsatzes erwirtschaften. Gleichzeitig beträgt der Anteil dieser Besuchergruppe an der Gesamtbesucherzahl 42,9 %. Mit 176.883.900 € generieren Übernachtungsgäste die deutliche Mehrheit des touristischen Bruttoumsatzes. Diese Besuchergruppe macht 57,1 % der Besucher aus und ist durch die höheren Tagesausgaben 76,90 € für 84,1 % des gesamten Bruttoumsatzes verantwortlich.

Tabelle 43: Touristischer Bruttoumsatz im Biosphärengebiet Schwarzwald

	Anzahl der Besuchstage	Tagesausgaben [€]	Bruttoumsätze [€]
Biosphärenreservatsbesucher im engeren Sinne	30.000		1.097.400
davon Tagesgäste	21.000	19,30	405.300
davon Übernachtungsgäste	9.000	76,90	692.100
Sonstige Biosphärenreservats-besucher	4.000.000		209.219.200
davon Tagesgäste	1.708.000	19,30	32.964.400
davon Übernachtungsgäste	2.292.000	76,90	176.254.800
Summe	4.030.000		210.316.600

Quelle: eigene Erhebungen

Zur Berechnung des touristischen Nettoumsatzes im Biosphärengebiet Schwarz-wald wurden branchenspezifische Mehrwertsteuersätze ermittelt. Entsprechend der touristischen Ausgabenstruktur (vgl. Kapitel 5.2.1) beträgt der durchschnittliche Mehrwertsteuersatz bei Tagesgästen 13,0 % und bei Übernachtungsgästen 9,5 %. Bei letzterer Besuchergruppe bedingt die gewählte Unterkunftsart den niedrigeren Mehrwertsteuersatz, da hierfür gemäßigte Mehrwertsteuersätze je nach Unter-kunftsart anzusetzen waren (z. B. 7 % für gewerbliche Unterkunftsbetriebe oder 0 % bei der Übernachtung bei Bekannten und Verwandten). Über alle Besucher des Bio-sphärengebiets Schwarzwald fällt eine Mehrwertsteuer in Höhe von 21.161.183 € an. Nach Abzug des Betrages vom Bruttoumsatz ergibt sich ein touristischer Nettoum-satz von 189.155.417 €.

5.8.2 Ergebnisse der touristischen Wertschöpfungsanalyse

Ausgehend vom touristischen Nachfragevolumen wurden die regionalökonomi-schen Effekte des Tourismus im Biosphärengebiet Schwarzwald berechnet. Die folgenden Ausführungen dieses Kapitels stellen die Ergebnisse der touristischen Wertschöpfungsanalyse vor. Für diese „alte" Methode variieren die Wertschöp-fungsquoten zwischen 10,0 % für „Lebensmittel" (inklusive der Bereinigung durch eine *capture rate*) und 48,0 % für den sonstigen Dienstleistungsbereich („Transport", „Kurmittel", „Kongress" und „Sonstiges") (vgl. Tabelle 26 in Kapitel 5.4.2).

Durch Multiplikation der touristischen Wertschöpfungsquoten mit dem tou-ristischen Nettoumsatz verbleibt eine direkte touristische Wertschöpfung von 72.476.358 €. Die Wertschöpfungsanalyse setzt den Produktionswert dem Nettoum-satz gleich, sodass sich nach Abzug der direkten Wertschöpfung vom Nettoumsatz ein Vorleistungsvolumen in Höhe von 116.679.059 € ergibt.

Im Unterschied zur Input-Output-Analyse wird für die indirekte Wirkungsebe-ne ebenfalls eine Wertschöpfungsquote angenommen, die 30,0 % der Vorleistungen beträgt. Dadurch errechnet sich eine indirekte Wertschöpfung in der Region des Biosphärengebiets Schwarzwald in Höhe von 35.003.718 €. Induzierte regionalökonomische Effekte können mithilfe der touristischen Wertschöpfungsanalyse nicht berechnet werden. Die Gesamteffekte belaufen sich damit nach Addition der direkten und indirekten Effekte auf insgesamt 107.480.076 €. Biosphärenreservatsbesucher im engeren Sinne sind mit 554.462 € für 0,5 % der gesamten touristischen Wertschöpfung verantwortlich. Mit 91.253.002 € bzw. 84,9 % wird die deutliche Mehrheit der touristischen Wertschöpfung durch übernachtungstouristische Aufenthalte in der Region generiert (vgl. Tabelle 44).

Die touristischen Beschäftigungswirkungen werden im Rahmen der Wertschöpfungsanalyse als Einkommensäquivalente aus der Division der gesamten Wertschöpfung durch das regionale Primäreinkommen pro Kopf ausgedrückt. Dieses beträgt, gewichtet nach der Bevölkerungsverteilung unter den vier Landkreisen der *Core Region 1*, insgesamt 31.562,28 €. Differenziert nach Biosphärenreservatsbesuchern im engeren Sinne und sonstigen Biosphärenreservatsbesuchern ergeben sich folgende Einkommensäquivalente:

- Biosphärenreservatsbesucher im engeren Sinne: 18 Personen

- Sonstige Biosphärenreservatsbesucher: 3.388 Personen

Differenziert nach Tages- und Übernachtungsgästen ergeben sich folgende Werte:

- Tagesgäste: 515

- Übernachtungsgäste: 2.891

Rechnerisch können also insgesamt 3.406 Personen durch die Besucherausgaben im Biosphärengebiet Schwarzwald ein Einkommen beziehen (vgl. Tabelle 44).

Tabelle 44: Synopse der regionalökonomischen Effekte des Tourismus im Biosphärengebiet Schwarzwald nach der Wertschöpfungsanalyse

	Biosphärenreservatsbesucher im engeren Sinne			Sonstige Biosphärenreservatsbesucher			Summe
	davon Tagesgäste	davon Übernachtungsgäste	Summe	davon Tagesgäste	davon Übernachtungsgäste	Summe	
Besuchstage	21.000	9.000	30.000	1.708.000	2.292.000	4.000.000	4.030.000
Tagesausgaben [€]	19,30	76,90		19,30	76,90		
Bruttoumsatz [€]	405.300	692.100	1.097.400	32.964.400	176.254.800	209.219.200	210.316.600
Nettoumsatz [€]	349.270	627.326	976.596	28.670.626	159.508.195	188.178.821	189.155.417
Vorleistungen [€]	213.941	389.107	603.048	18.061.519	98.014.492	116.076.011	116.679.059
Direkte Wertschöpfung [€]	135.329	238.219	373.548	10.609.107	61.493.703	72.102.810	72.476.358
Indirekte Wertschöpfung [€]	64.182	116.732	180.914	5.418.456	29.404.348	34.822.804	35.003.718
Direkte und indirekte Wertschöpfung Summe [€]	199.511	354.951	554.462	16.027.563	90.898.051	106.925.614	107.480.076
Einkommensäquivalent [Personen]	7	11	18	508	2.880	3.388	3.406

Quelle: eigene Erhebungen

5.8.3 Ergebnisse der touristischen Input-Output-Analyse

5.8.3.1 Direkte und sekundäre regionalökonomische Effekte

Als erster Schritt der Input-Output-Analyse wurden die touristischen Umsätze mit einer *capture rate* multipliziert, die in dieser Arbeit gleichbedeutend der Handelsmarge für den Einzelhandel verstanden wird (vgl. Kapitel 4.6.1). Die *capture rate* beträgt für den Lebensmitteleinzelhandel 28,1 % und für den Non-Food-Einzelhandel 39,5 %. Für die übrigen, dienstleistungsorientierten Wirtschaftszweige im Tourismus wurde eine *capture rate* von 100 % angenommen, was bedeutet, dass der Nettoumsatz dem touristischen Output entspricht. Im Ergebnis beträgt der direkte Output für *Core Region 1* im intraregionalen Input-Output-Modell (auf die multiregionalen Ergebnisse wird im nachfolgenden Kapitel 5.8.3.2 eingegangen) insgesamt 176.618.364 €. Das entspricht 93,4 % des Nettoumsatzes von 189.155.417 € als *capture rate* über alle Wirtschaftszweige.

Differenziert nach regionalökonomisch relevanten Besuchergruppen ist zu konstatieren, dass Biosphärenreservatsbesucher im engeren Sinne mit 913.662 € für 0,5 % des touristischen Outputs in der Region verantwortlich sind, was mit dem zuvor festgestellten Anteilswert am Bruttoumsatz einhergeht (vgl. Kapitel 5.8.1). Unter den Besuchersegmenten ist die Gruppe der Übernachtungsgäste am bedeutendsten, die durch ihre Besucherausgaben in der Region einen direkten touristischen Output von insgesamt 150.282.919 € erwirtschaften, was 85,1 % des gesamten direkten Outputs entspricht. Tagesgäste zeigen sich aufgrund ihrer geringeren Tagesausgaben für 26.335.445 € und damit 14,9 % des gesamten direkten Outputs verantwortlich (vgl. Tabelle 45).

Von den direkten regionalökonomischen Effekten ausgehend werden über weitere Wirkungsrunden touristische Sekundäreffekte in der Region des Biosphärengebiets Schwarzwald erzeugt. Die dort ansässigen touristischen Vorleistungsbetriebe profitieren von indirekten Output-Effekten in Höhe von 59.844.284 €. Die direkten Output-Effekte multiplizieren sich um durchschnittlich 0,3388 (ein gerundeter Durchschnittswert über alle Besuchersegmente und touristische Wirtschaftszweige). Differenziert nach Besuchersegmenten setzt sich die identifizierte Verteilung der Werte nach Subgruppen über die Wirkungsrunden des touristischen Multiplikatorprozesses hinweg fort (vgl. Tabelle 45).

Die Input-Output-Analyse ermöglicht die regionalökonomische Konsumwirkung durch den Einbezug der privaten Haushalte zu quantifizieren. Die touristischen Ausgaben in der Region des Biosphärengebiets Schwarzwald erwirtschaften induzierte regionalökonomische Output-Effekte in Höhe von 103.450.988 €. Die direkten Output-Effekte multiplizieren sich über das Konsumverhalten der ansässigen Bevölkerung um rund 0,5857. Die touristischen Sekundäreffekte lassen sich durch Addition der indirekten und induzierten Effekte auf 163.295.272 € ermitteln (vgl. Tabelle 45). Das entspricht einer Multiplikation des direkten Outputs von rund 0,9245.

Die über alle touristischen Wirtschaftszweige und regionalökonomisch relevanten Besuchergruppen gemittelte *Typ I*-Output-Multiplikatorwirkung beträgt rund 1,3388. Die Summe der direkten und indirekten Output-Effekte beläuft sich damit auf 236.462.648 €. Die mittlere *Typ II*-Output-Multiplikatorwirkung liegt bei rund 1,9245, wodurch die direkten, indirekten und induzierten Effekte in der Summe 339.913.636 € betragen. Die direkten Effekte machen dabei einen Anteil von 52,0 % und die touristischen Sekundäreffekte einen Anteil von 48,0 % am gesamten Output aus (vgl. Tabelle 45).

Tabelle 45: Synopse der touristischen Output-Effekte im Biosphärengebiet Schwarzwald

	Biosphärenreservatsbesucher im engeren Sinne			Sonstige Biosphärenreservatsbesucher			Summe
	davon Tagesgäste	davon Übernach-tungsgäste	Summe	davon Tagesgäste	davon Übernach-tungsgäste	Summe	
Besuchstage	21.000	9.000	30.000	1.708.000	2.292.000	4.000.000	4.030.000
Tagesausgaben [€]	19,30	76,90		19,30	76,90		
Bruttoumsatz [€]	405.300	692.100	1.097.400	32.964.400	176.254.800	209.219.200	210.316.600
Nettoumsatz [€]	349.270	627.326	976.596	28.670.626	159.508.195	188.178.821	189.155.417
Direkter Output [€]	332.798	580.864	913.662	26.002.647	149.702.055	175.704.702	176.618.364
Indirekter Output [€]	116.079	196.589	312.668	8.853.291	50.678.325	59.531.616	59.844.284
Induzierter Output [€]	188.025	343.057	531.082	14.638.689	88.281.217	102.919.906	103.450.988
Sekundärer Output Summe [€]	304.104	539.646	843.750	23.491.980	138.959.542	162.451.522	163.295.272
Direkter und indirekter Output Summe [€]	448.877	777.453	1.226.330	34.855.938	200.380.380	235.236.318	236.462.648
Direkter, indirekter und induzierter Output Summe [€]	636.902	1.120.510	1.757.412	49.494.627	288.661.597	338.156.224	339.913.636

Quelle: eigene Erhebungen

Die im darauffolgenden Schritt ermittelte Wertschöpfungswirkung touristischer Ausgaben beläuft sich auf der direkten Wirkungsebene auf 78.889.112 € (vgl. Tabelle 46). Diese in der Region verbleibende Bruttowertschöpfung in ihrem Sinne als Multiplikand wurde mithilfe branchenspezifischer Wertschöpfungsquoten anteilig des direkten Outputs (Produktionswert) berechnet (vgl. Kapitel 4.6.1). Der Anteil der direkten Wertschöpfung am direkten Output beträgt durchschnittlich 44,7 % (ein gemittelter Wert über alle touristischen Wirtschaftszweige und alle Besuchergruppen; die verwendeten Wertschöpfungsquoten sind Kapitel 5.4.2 zu entnehmen). Der Rest als Differenz aus Output und Wertschöpfung wird für regionale Vorleistungen in Höhe von 97.729.252 € aufgewendet. Der Vorleistungsanteil am direkten Output liegt somit bei 55,3 % (vgl. Tabelle 46).

Differenziert nach Biosphärenreservatsaffinität zeigt sich, dass Biosphärenreservatsbesucher im engeren Sinne eine direkte Wertschöpfung von 401.349 € erwirtschaften, was 0,5 % der gesamten touristischen Wertschöpfung in der Region entspricht. Der rechnerische Zusammenhang zwischen touristischem Umsatz, Output und der touristischen Wertschöpfung setzt sich also in der Besuchersegmentierung fort, was bedeutet, dass die Gruppe der Übernachtungsgäste für die Wertschöpfungsgenerierung in der Region am bedeutendsten ist. Mit 67.086.571 € sind sie für 85,0 % der direkten Wertschöpfung aus dem Biosphärenreservatstourismus verantwortlich (vgl. Tabelle 46).

Von den direkten Wertschöpfungseffekten ausgehend wird eine indirekte Wertschöpfung bei den Vorleistungsanbietern der Region in Höhe von 29.875.207 € erzeugt. Die direkten Wertschöpfungseffekte multiplizieren sich im Mittel um 0,3787. Differenziert nach regionalökonomisch relevanten Besuchersegmenten ist die Anteilsverteilung an der gesamten Wertschöpfung gleichbleibend (vgl. Tabelle 46).

Die induzierte regionalökonomische Wertschöpfung der Haushaltsebene beläuft sich auf insgesamt 13.032.451 €. Die direkten Wertschöpfungseffekte multiplizieren sich über den regionalen Konsum um durchschnittlich 0,1652. Die Multiplikatorwirkung der Wertschöpfung ist deutlich kleiner als diejenige der induzierten Output-Effekte, was damit zusammenhängt, dass Sickerverluste mit jeder Wirkungsrunde touristischer Ausgaben die ursprüngliche Geldinjektion schmälern. Auf der induzierten Wirkungsebene wird dieser Umstand besonders deutlich, weil vom touristischen Output ausgehend je Wirkungsrunde eine geringere direkte Wertschöpfung als Wertschöpfungsquote verbleibt, deren Reinvestition über private Haushalte zudem außerhalb der Region oder gar nicht erfolgen kann (Sparquote) (vgl. Kapitel 2.4.1.2). Die sekundäre Wertschöpfung beläuft sich durch Addition der indirekten und induzierten Wertschöpfung auf 42.907.658 € (vgl. Tabelle 46). Das entspricht einer Multiplikation der direkten Wertschöpfung um 0,5439.

Die *Typ I*-Multiplikatorwirkung der touristischen Wertschöpfung beläuft sich auf rund 1,3787 im Mittel über alle touristischen Wirtschaftszweige und Besuchergruppen. Die Summe der direkten und indirekten Wertschöpfung beträgt 108.764.319 €. Die mittlere *Typ II*-Multiplikatorwirkung liegt mit rund 1,5439 niedriger als die *Typ II*-Output-Wirkung (1,9246). Der gesamte Wertschöpfungseffekt als Summe der direkten, indirekten und induzierten Effekte beträgt 121.796.770 €. Die sekundären Wertschöpfungseffekte machen einen Anteil von 35,2 % an der gesamten Wertschöpfung aus (vgl. Tabelle 46). Die Sickerverluste während des regionalen Vervielfältigungsprozesses der touristischen Wertschöpfung sind gesamtheitlich als Erklärung für die niedrigeren Sekundäranteile im Vergleich zur touristischen Output-Wirkung anzuführen.

Tabelle 46: Synopse der touristischen Wertschöpfungseffekte im Biosphärengebiet Schwarzwald

	Biosphärenreservatsbesucher im engeren Sinne			Sonstige Biosphärenreservatsbesucher			Summe
	davon Tagesgäste	davon Übernach-tungsgäste	Summe	davon Tagesgäste	davon Übernach-tungsgäste	Summe	
Besuchstage	21.000	9.000	30.000	1.708.000	2.292.000	4.000.000	4.030.000
Tagesausgaben [€]	19,30	76,90		19,30	76,90		
Bruttoumsatz [€]	405.300	692.100	1.097.400	32.964.400	176.254.800	209.219.200	210.316.600
Nettoumsatz [€]	349.270	627.326	976.596	28.670.626	159.508.195	188.178.821	189.155.417
Direkter Output [€]	332.798	580.864	913.662	26.002.647	149.702.055	175.704.702	176.618.364
Vorleistungen [€]	190.774	321.539	512.313	14.342.130	82.874.809	97.216.939	97.729.252
Direkte Wertschöp-fung [€]	142.024	259.325	401.349	11.660.517	66.827.246	78.487.763	78.889.112
Indirekte Wertschöp-fung [€]	54.458	99.197	153.655	4.227.066	25.494.486	29.721.552	29.875.207
Induzierte Wertschöp-fung [€]	23.003	43.384	66.387	1.808.382	11.157.682	12.966.064	13.032.451
Sekundäre Wert-schöpfung Summe [€]	77.461	142.581	220.042	6.035.448	36.652.168	42.687.616	42.907.658
Direkte und indirekte Wertschöpfung Summe [€]	196.482	358.522	555.004	15.887.583	92.321.732	108.209.315	108.764.319
Direkte, indirekte und induzierte Wertschöp-fung Summe [€]	219.485	401.906	621.391	17.695.965	103.479.414	121.175.379	121.796.770

Quelle: eigene Erhebungen

Die neben der Wertschöpfung zweite derivative Kenngröße der regionalökonomischen Wirkungsanalyse des Tourismus ist die Beschäftigung, die nach der VGR durch die Erwerbstätigen ausgedrückt wird. Die Besucherausgaben im Biosphärengebiet Schwarzwald bewirken, dass insgesamt 3.425 Arbeitnehmer in einem touristischen Leistungsbetrieb oder als selbstständige Betriebseigentümer, Handwerker oder Gewerbetreibende einer erwerbsmäßigen Tätigkeit nachgehen. Im Durchschnitt entspricht das einer direkten Erwerbstätigkeit von 1,94 Personen je 100.000 € direktem Output (vgl. Tabelle 47).

Differenziert nach Biosphärenreservatsaffinität zeigt sich, dass die Biosphärenreservatsbesucher im engeren Sinne für 0,5 % der Erwerbstätigen in den touristischen Leistungsbetrieben verantwortlich sind. Übernachtungsgäste erzeugen durch zusätzliche Ausgaben für die Übernachtung 84,2 % der gesamten direkten Beschäftigung im Biosphärengebiet Schwarzwald (vgl. Tabelle 47).

Von den direkten Beschäftigungseffekten ausgehend wird eine indirekte Beschäftigung bei den Vorleistungsbetrieben von insgesamt 387 Personen erwirkt (vgl. Tabelle 47). Die direkten Beschäftigungseffekte multiplizieren sich damit im Mittel um 0,1130, was im Vergleich zur touristischen Wertschöpfung ein deutlich kleinerer

Multiplikator ist. Eine Erklärung dafür findet sich in den Inversen der Erwerbstäti-
gengröße, wonach festzustellen ist, dass durch eine Einheit touristischen Outputs
ein geringer Beschäftigungseffekt erzeugt wird, wenige Erwerbstätige also hohe
Output-Summen erwirtschaften (vgl. Kapitel 5.7.1.2).

Noch deutlicher wird dieser Zusammenhang auf der induzierten Wirkungsebene. Diese beläuft sich auf 204 Personen, die durch den touristisch induzierten
Privatkonsum einer erwerbsmäßigen Tätigkeit nachgehen. Die direkten Beschäftigungseffekte multiplizieren sich um durchschnittlich 0,0595. Dieser Multiplikator
fällt aufgrund der beschriebenen Wechselwirkungen, die sich auf der induzierten
Wirkungsebene aufgrund intra- und interregionaler Sickerverluste verstärken, geringer aus als die Vervielfältigung der zuvor beschriebenen Wertschöpfungseffekte.
Die sekundäre Beschäftigung beläuft sich damit auf insgesamt 591 Personen (vgl.
Tabelle 47) bei einer Multiplikation der direkten Effekte um rund 0,1725.

Die *Typ I*-Multiplikatorwirkung der Beschäftigung über alle Wirtschaftszweige
und Besuchergruppen macht damit 1,1130 der direkten Beschäftigung aus. Insgesamt sind dadurch 3.812 Personen in touristischen Leistungs- und Vorleistungsbetrieben erwerbstätig. Die mittlere *Typ II*-Multiplikatorwirkung beträgt rund 1,1725
und bewirkt eine direkte, indirekte und induzierte Erwerbstätigkeit von 4.016 Personen (vgl. Tabelle 47).

Tabelle 47: Synopse der touristischen Beschäftigungseffekte im Biosphärengebiet Schwarzwald

	Biosphärenreservatsbesucher im engeren Sinne			Sonstige Biosphärenreservatsbesucher			Summe
	davon Tagesgäste	davon Übernach-tungsgäste	Summe	davon Tagesgäste	davon Übernach-tungsgäste	Summe	
Besuchstage	21.000	9.000	30.000	1.708.000	2.292.000	4.000.000	4.030.000
Tagesausgaben [€]	19,30	76,90		19,30	76,90		
Bruttoumsatz [€]	405.300	692.100	1.097.400	32.964.400	176.254.800	209.219.200	210.316.600
Nettoumsatz [€]	349.270	627.326	976.596	28.670.626	159.508.195	188.178.821	189.155.417
Direkter Output [€]	332.798	580.864	913.662	26.002.647	149.702.055	175.704.702	176.618.364
Direkte Beschäftigung [Personen]	7	11	18	534	2.873	3.407	3.425
Indirekte Beschäftigung [Personen]	1	1	2	67	318	385	387
Induzierte Beschäftigung [Personen]	0	1	1	34	169	203	204
Sekundäre Beschäfti-gung Summe [Personen]	1	2	3	101	487	588	591
Direkte und indirekte Beschäftigung Summe [Personen]	8	12	20	601	3.191	3.792	3.812
Direkte, indirekte und induzierte Beschäftigung Summe [Personen]	8	13	21	635	3.360	3.995	4.016

Quelle: eigene Erhebungen

5.8.3.2 Sekundäre interregionale Effekte

Das multiregionale Input-Output-Modell ermöglicht es, interregionale Vorleistungs-und Konsumverflechtungen zum Umland des Biosphärengebiets Schwarzwald, definiert als *Surrounding Region 1*, differenziert nach touristischen Wirtschaftszweigen aufzuzeigen. Voraussetzung und Ausgangsgröße der interregionalen Sekundärwirkungen sind die in *Core Region 1* getätigten Ausgaben der Tages- und Übernachtungsgäste. Vom Bruttoumsatz verbleibt ein direkter Output von 176.618.364 € in der Region (vgl. Tabelle 45 in Kapitel 5.8.3.1). In Tabelle 48 sind die örtlichen Primärwirkungen fett umrandet. Die weiteren Werte zeigen die interregionalen Output-Effekte der in *Surrounding Region 1* ansässigen Vorleistungslieferanten zur Herstellung touristischer Güter und Dienstleistungen in *Core Region 1* sowie der konsumtiven Privatinvestitionen in *Surrounding Region 1*.

Die Vorleistungsbetriebe in *Surrounding Region 1* profitieren vom Tourismus im Biosphärengebiet Schwarzwald in Form von indirekten regionalökonomischen Effekten in Höhe von 15.289.557 €. Die direkten Output-Effekte in *Core Region 1* multiplizieren sich über alle Wirtschaftszweige und Besuchergruppen sowie die Vorleistungsbetriebe innerhalb der gesamten Untersuchungsregion (*Core Region 1* und *Surrounding Region 1*) um rund 0,4254. Die gesamten indirekten Effekte in *Core Region 1* und *Surrounding Region 1* belaufen sich dadurch auf 75.133.841 € (indirekte Output-Effekte in *Core Region 1*: 59.844.284 €; vgl. Kapitel 5.8.3.1). Allein in *Surrounding Region 1* multipliziert sich der direkte Output um rund 0,0866 (indirekte Multiplikation der Output-Effekte in *Core Region 1*: 0,3388). Die indirekten Output-Effekte in *Core Region 1* vergrößern sich um etwa 25,5 % in der interregionalen Gebietskonstellation. Die interregionale *Typ I*-Output-Multiplikatorwirkung macht rund 1,4254 über alle touristischen Wirtschaftszweige und Besuchersegmente aus. Die Summe der direkten und indirekten interregionalen Output-Effekte beträgt damit 251.752.205 € (direkt und indirekt in *Core Region 1*: 236.462.648; indirekt *Surrounding Region 1*: 15.289.557 €). Wie theoretisch angenommen (vgl. Kapitel 2.4.2), beeinflusst die Vergrößerung der Untersuchungsregion durch Spillover-Effekte der touristischen Aktivität ins Umland und den Einbezug weiterer Vorleistungsbeziehungen in *Surrounding Region 1* die Höhe der regionalökonomischen Sekundäreffekte.

Einzugehen ist auf eine weitere Erkenntnis aus der Zusammenschau der regionalökonomischen Multiplikatoren. Es wurde festgestellt, dass intraregionale *Typ II*-Output-Multiplikatoren höher liegen als interregionale *Typ I*-Output-Multiplikatoren. Für die regionalökonomischen Effekte des Tourismus im Biosphärengebiet Schwarzwald und seinem Umland wurde folglich angenommen, dass intraregionale Konsumeffekte stärker ins Gewicht fallen als interregionale Vorleistungseffekte (vgl. Kapitel 5.7.4). Tatsächlich kann das empirisch bestätigt werden: Die intraregionalen induzierten Output-Effekte betragen 103.450.988 € (vgl. Tabelle 45 in Kapitel 5.8.3.1), während die interregionalen indirekten Output-Effekte (als Summe von *Core Region 1* und *Surrounding Region 1*) bei 75.133.841 € liegen (vgl. Tabelle 48).

Die höchsten Multiplikatoreffekte wurden für induzierte Output-Effekte im multiregionalen Multiplikatormodell erwartet (vgl. Kapitel 5.7.4). Die empirischen Ergebnisse zeigen: Die touristischen Ausgaben in der Region des Biosphärengebiets Schwarzwald erwirtschaften induzierte interregionale Output-Effekte von insgesamt 118.252.417 € (*Core Region 1*: 103.450.988 €; *Surrounding Region 1*: 14.801.429 €). Die direkten Output-Effekte in *Core Region 1* multiplizieren sich über das Konsumverhalten innerhalb der gesamten Untersuchungsregion um rund 0,6695 (induzierte Multiplikation in *Core Region 1*: 0,5857; vgl. Kapitel 5.8.3.1). Allein in *Surrounding Region 1* bedeutet das eine Multiplikation von rund 0,0838. Daraus resultiert eine Erhöhung der induzierten Output-Effekte in der interregionalen Gebietskonstellation um 14,3 %. Die *Typ II*-Output-Multiplikatorwirkung ist mit 2,0949 im multiregionalen Modell am stärksten ausgeprägt. Dadurch wird ein gesamter Output von 370.004.622 € generiert (direkt, indirekt und induziert in *Core Region 1*: 339.913.636 €; indirekt und induziert in *Surrounding Region 1*: 30.090.986 €; vgl. Tabelle 45 in Kapitel 5.8.3.1 und Tabelle 48).

Differenziert nach regionalökonomisch relevanten Besuchergruppen zeigt sich, dass Biosphärenreservatsbesucher im engeren Sinne für 0,5 % der touristischen Sekundärwirkungen in *Surrounding Region 1* verantwortlich sind. Am bedeutendsten ist die Gruppe der Übernachtungsgäste des Biosphärengebiets Schwarzwald, die 84,7 % der sekundären interregionalen Output-Effekte erwirtschaften. Die Verteilung über die Besuchersegmente ändert sich damit im Vergleich zu den intraregionalen Zahlen für *Core Region 1* nicht, weil die dortigen Ausgaben der regionalökonomische Stimulus der erweiterten Sekundärwirkungen sind.

Tabelle 48: Synopse der Output-Effekte in *Surrounding Region 1* durch den Tourismus im Biosphärengebiet Schwarzwald

	Biosphärenreservatsbesucher im engeren Sinne			Sonstige Biosphärenreservatsbesucher			Summe
	davon Tagesgäste	davon Übernach-tungsgäste	Summe	davon Tagesgäste	davon Übernach-tungsgäste	Summe	
Besuchstage	21.000	9.000	30.000	1.708.000	2.292.000	4.000.000	4.030.000
Tagesausgaben [€]	19,30	76,90		19,30	76,90		
Bruttoumsatz [€]	405.300	692.100	1.097.400	32.964.400	176.254.800	209.219.200	210.316.600
Nettoumsatz [€]	349.270	627.326	976.596	28.670.626	159.508.195	188.178.821	189.155.417
Direkter Output [€]	332.798	580.864	913.662	26.002.647	149.702.055	175.704.702	176.618.364
Indirekter Output [€]	29.925	50.186	80.111	2.263.147	12.946.299	15.209.446	15.289.557
Induzierter Output [€]	29.663	49.225	78.888	2.294.063	12.428.478	14.772.541	14.801.429
Sekundärer Output Summe [€]	59.588	99.411	158.999	4.557.210	25.374.777	29.931.987	30.090.986

Quelle: eigene Erhebungen

Eine durch das multiregionale Input-Output-Modell berechnete Steigerung des touristischen Outputs in *Surrounding Region 1* bedeutet eine gleichzeitige Wertschöpfungssteigerung als Mehrwert für das Umland durch touristischen Konsum im Biosphärengebiet Schwarzwald. In Tabelle 49 sind die direkten Einträge in *Core Region 1* mit einer verbleibenden Wertschöpfung von 78.889.112 € fett umrandet. Die unteren drei Zeilen zeigen die interregionalen Wertschöpfungseffekte, die auf indirekter und induzierter Wirkungsebene aufgrund der touristischen Leistungserstellung in *Core Region 1* entstehen (vgl. Kapitel 5.8.3.1).

Die direkte Wertschöpfung multipliziert sich über die Vorleistungsverflechtungen der gesamten Untersuchungsregion um rund 0,4683. Dadurch entsteht eine indirekte Wertschöpfung in Summe von 36.939.560 € (in *Core Region 1* und *Surrounding Region 1*; indirekte Wertschöpfung in *Core Region 1*: 29.875.207 €; vgl. Kapitel 5.8.3.1). In *Surrounding Region 1* multipliziert sich die direkte Wertschöpfung damit um rund 0,0896 (indirekte Multiplikation der Wertschöpfungseffekte in *Core Region 1*: 0,3787) und generiert eine indirekte Wertschöpfungssteigerung um 23,6 % auf 7.064.353 € in *Surrounding Region 1* (vgl. Tabelle 49). Die interregionale *Typ I*-Wertschöpfungswirkung liegt bei 1,4683. Die Summe der direkten und indirekten interregionalen Wertschöpfungswirkung beträgt damit insgesamt 115.828.672 € (direkt und indirekt in *Core Region 1*: 108.764.319 €; indirekt in *Surrounding Region 1*: 7.064.353 €).

Darüber hinaus entsteht eine induzierte Wertschöpfung von insgesamt 18.062.336 € in *Core Region 1* und *Surrounding Region 1*. Die direkten Wertschöpfungseffekte in *Core Region 1* multiplizieren sich durch die konsumtive Kreislaufwirtschaft der gesamten Untersuchungsregion um rund 0,2290 (induzierte Wertschöpfung in *Core Region 1*: 13.032.451 €; induzierte Multiplikation in *Core Region 1*: 0,1652; vgl. Kapitel 5.8.3.1). Allein in *Surrounding Region 1* werden demzufolge induzierte Wertschöpfungseffekte in Höhe von 5.029.885 € durch touristische Ausgaben während des Aufenthaltes im Biosphärengebiet Schwarzwald freigesetzt, was eine Multiplikation der direkten Effekte von rund 0,0638 und eine Erhöhung der induzierten Wertschöpfungseffekte um 38,6 % bedeutet. Die interregionale *Typ II*-Wertschöpfungswirkung liegt bei 1,6973. Dadurch beträgt die gesamte interregionale Wertschöpfungswirkung 133.891.008 € (direkt, indirekt und induziert in *Core Region 1*: 121.796.770 €; indirekt und induziert *Surrounding Region 1*: 12.094.238 €; vgl. Tabelle 49).

Biosphärenreservatsbesucher im engeren Sinne sind für 0,5 % der sekundären Wertschöpfungseffekte in *Surrounding Region 1* verantwortlich. Übernachtungsgäste des Biosphärengebiets Schwarzwald erwirtschaften 85,7 % der sekundären Wertschöpfung in *Surrounding Region 1*.

Tabelle 49: Synopse der Wertschöpfungseffekte in *Surrounding Region 1* durch den Tourismus im Biosphärengebiet Schwarzwald

	Biosphärenreservatsbesucher im engeren Sinne			Sonstige Biosphärenreservatsbesucher			Summe
	davon Tagesgäste	davon Übernach-tungsgäste	Summe	davon Tagesgäste	davon Übernach-tungsgäste	Summe	
Besuchstage	21.000	9.000	30.000	1.708.000	2.292.000	4.000.000	4.030.000
Tagesausgaben [€]	19,30	76,90		19,30	76,90		
Bruttoumsatz [€]	405.300	692.100	1.097.400	32.964.400	176.254.800	209.219.200	210.316.600
Nettoumsatz [€]	349.270	627.326	976.596	28.670.626	159.508.195	188.178.821	189.155.417
Direkter Output [€]	332.798	580.864	913.662	26.002.647	149.702.055	175.704.702	176.618.364
Vorleistungen [€]	190.774	321.539	512.313	14.342.130	82.874.809	97.216.939	97.729.252
Direkte Wertschöp-fung [€]	142.024	259.325	401.349	11.660.517	66.827.246	78.487.763	78.889.112
Indirekte Wertschöp-fung [€]	13.157	23.373	36.530	1.012.149	6.015.674	7.027.823	7.064.353
Induzierte Wertschöp-fung [€]	8.923	16.735	25.658	699.690	4.304.537	5.004.227	5.029.885
Sekundäre Wert-schöpfung Summe [€]	22.080	40.108	62.188	1.711.839	10.320.211	12.032.050	12.094.238

Quelle: eigene Erhebungen

Schließlich zeigt Tabelle 50 die interregionalen Beschäftigungseffekte in der Schwarzwaldregion. Die direkten Beschäftigungseffekte in *Core Region 1* sind fett umrandet markiert. Touristische Ausgaben schaffen dort eine direkte Erwerbstätigkeit von 3.425 Personen (vgl. Kapitel 5.8.3.1). Die unteren drei Zeilen der Tabelle 50 geben einen differenzierten Überblick über die interregionalen Beschäftigungseffekte der touristischen Sekundärebene.

Die direkte Beschäftigung in *Core Region 1* multipliziert sich über die Vorleistungsbetriebe der gesamten Untersuchungsregion um rund 0,1403. Dadurch können insgesamt 480 Erwerbstätige in den Vorleistungsbetrieben von den Ausgaben während des Aufenthaltes im Biosphärengebiet Schwarzwald leben (in *Core Region 1* und *Surrounding Region 1*; indirekte Erwerbstätigkeit in *Core Region 1*: 387 Personen; indirekte Multiplikation in *Core Region 1*: 0,1130; vgl. Kapitel 5.8.3.1). Die direkten Erwerbstätigenzahlen multiplizieren sich damit allein in *Surrounding Region 1* um 0,0273, wodurch eine erweiterte indirekte Erwerbstätigkeit von 93 Personen zu verzeichnen ist (vgl. Tabelle 50). Der Tourismus im Biosphärengebiet Schwarzwald ist über die eigene Regionalökonomie hinausgehend in den Gebietskulissen der beiden Naturparke für 24,1 % weitere Erwerbstätige verantwortlich. Die interregionale *Typ I*-Beschäftigungswirkung beläuft sich bei einer Multiplikation von rund 1,1403 auf insgesamt 3.905 Personen (direkt und indirekt in *Core Region 1*: 3.812 Personen; indirekt in *Surrounding Region 1*: 93 Personen).

Im erweiterten Raum entsteht zudem eine induzierte Beschäftigungswirkung von insgesamt 226 Erwerbstätigen in *Core Region 1* und *Surrounding Region 1*. Die direkten Effekte in *Core Region 1* multiplizieren sich demzufolge um 0,0811 (induzierte Erwerbstätigkeit in *Core Region 1*: 204 Personen; induzierte Multiplikation in *Core Region 1*: 0,0595; vgl. Kapitel 5.8.3.1). In *Surrounding Region 1* werden in der Differenz induzierte Beschäftigungseffekte von 73 Personen generiert (vgl. Tabelle 50), was einer Multiplikation der direkten Effekte um rund 0,0216 und eine Erhöhung um 36,1 % bedeutet. Die interregionale *Typ II*-Beschäftigungswirkung erreicht mit einer Multiplikation von 1,2213 insgesamt 4.182 Personen (direkt, indirekt und induziert in *Core Region 1*: 4.016; indirekt und induziert in *Surrounding Region 1*: 166).

Biosphärenreservatsbesucher im engeren Sinne verantworten 0,6 % der erweiterten Beschäftigungswirkung. In absoluten Zahlen ausgedrückt ist allerdings nur eine Person in *Surrounding Region 1* aufgrund der Besucherausgaben dieser Besuchergruppe erwerbstätig. Übernachtungsgäste sind in der Sicherung von interregionaler Erwerbstätigkeit deutlich bedeutender, denn sie bedingen 83,1 % der Erwerbstätigen in *Surrounding Region 1*.

Tabelle 50: Synopse der Beschäftigungseffekte in *Surrounding Region 1* durch den Tourismus im Biosphären-gebiet Schwarzwald

	Biosphärenreservatsbesucher im engeren Sinne			Sonstige Biosphärenreservatsbesucher			Summe
	davon Tagesgäste	davon Übernach-tungsgäste	Summe	davon Tagesgäste	davon Übernach-tungsgäste	Summe	
Besuchstage	21.000	9.000	30.000	1.708.000	2.292.000	4.000.000	4.030.000
Tagesausgaben [€]	19,30	76,90		19,30	76,90		
Bruttoumsatz [€]	405.300	692.100	1.097.400	32.964.400	176.254.800	209.219.200	210.316.600
Nettoumsatz [€]	349.270	627.326	976.596	28.670.626	159.508.195	188.178.821	189.155.417
Direkter Output [€]	332.798	580.864	913.662	26.002.647	149.702.055	175.704.702	176.618.364
Direkte Beschäftigung [Personen]	7	11	18	534	2.873	3.407	3.425
Indirekte Beschäftigung [Personen]	0	1	1	16	76	92	93
Induzierte Beschäftigung [Personen]	0	0	0	12	61	73	73
Sekundäre Beschäfti-gung Summe [Personen]	0	1	1	28	137	165	166

Quelle: eigene Erhebungen

5.8.3.3 Regionalökonomische Effekte der Vergleichsregion

Der touristische Bruttoumsatz in der Nationalparkregion Schwarzwald beträgt für das Bezugsjahr 2019 durch Inflationsanpassung der touristischen Ausgabenwer-te insgesamt 49.324.875 € (ohne Inflationsbereinigung im Erhebungsjahr 2014/15: 44.740.200 €; vgl. Kraus/Job 2015: 84). Nationalparkbesucher im engeren Sinne (9,3 % der 1.041.000 Besucher) sind mit 4.347.345 € für 8,8 % des Bruttoumsatzes verantwortlich. Übernachtungsgäste erwirtschaften während des Aufenthaltes mit 37.702.855 € insgesamt 76,4 % des gesamten Bruttoumsatzes. Nach Abzug der Mehr-wertsteuer von 4.898.385 € ergibt sich ein Nettoumsatz von 44.426.490 €.

In der Region verbleibt durch Multiplikation mit der durchschnittlichen *capture rate* von 28,1 % für den Lebensmittel- und 39,5 % für den Non-Food-Einzelhandel ein direkter Output in Höhe von 42.180.618 €, was 94,9 % des Nettoumsatzes ausmacht. Nationalparkbesucher im engeren Sinne erwirtschaften 8,8 % des direkten Outputs und Übernachtungsgäste 77,5 %. Die Vorleistungsbetriebe in *Core Region 2* profitie-ren wiederum von einem indirekten Output in Höhe von 12.061.169 €, was einer Multiplikation des direkten Outputs von rund 0,2859 über alle touristischen Wirt-schaftszweige und Besuchersegmente entspricht. Zusammen mit den induzierten regionalökonomischen Output-Effekten von 22.450.471 €, was einer konsumtiven Multiplikation von 0,5322 entspricht, betragen die touristischen Sekundäreffekte in der Region des Nationalparks Schwarzwald bei einer Multiplikation von 0,8181 insgesamt 34.511.640 €. Sie machen damit einen Anteil von 45,0 % an den gesamten Output-Effekten von 76.692.258 € aus. Die *Typ I*-Output-Multiplikatorwirkung beläuft sich auf rund 1,2859 und damit auf 54.241.787 €. Die *Typ II*-Output-Multiplikatorwirkung macht 1,8181 aus, was die gesamten 76.692.258 € entspricht (vgl. Tabelle 51).

Im multiregionalen Modell in Verbindung zur *Surrounding Region 2* erweitert sich der indirekte Output um 0,3421 auf insgesamt 14.433.801 € (in *Core Region 2* und *Surrounding Region 2*; indirekter Output in *Core Region 2*: 12.061.169 €). Allein in *Surrounding Region 2* multipliziert sich der indirekte Output um 0,0562 auf 2.372.632 €. Das bedeutet eine Erhöhung des indirekten Outputs um 19,7 %. Der induzierte Output vergrößert sich durch das Konsumverhalten in *Surrounding Region 2* um 12,8 % auf zusätzlich 2.871.054 € bei einer Multiplikation um 0,0681, wodurch die induzierten Output-Effekte in *Core Region 2* und *Surrounding Region 2* in der Summe 25.321.525 € betragen (vgl. Tabelle 51).

Die interregionale *Typ I*-Output-Multiplikatorwirkung beträgt rund 1,3421, wodurch durch touristische Ausgaben in *Core Region 2* in der gesamten Naturparkregion im Schwarzwald 56.614.419 € erwirtschaftet werden (direkt und indirekt in *Core Region 2*: 54.241.787 €; indirekt *Surrounding Region 2*: 2.372.632 €). Die *Typ II*-Output-Multiplikatorwirkung ist durch die zusätzliche Konsumwirkung mit 1,9425 noch höher, was zu einem gesamten interregionalen Output von 81.935.944 € führt (direkt, indirekt und induziert in *Core Region 2*: 76.692.258 €; indirekt und induziert in *Surrounding Region 2*: 5.243.686 €).

Tabelle 51: Synopse der touristischen Output-Effekte im Nationalpark Schwarzwald

	Nationalparkbesucher im engeren Sinne			Sonstige Nationalparkbesucher			Summe
	davon Tagesgäste	davon Übernachtungsgäste	Summe	davon Tagesgäste	davon Übernachtungsgäste	Summe	
Besuchstage	54.800	41.650	96.450	598.200	346.350	944.550	1.041.000
Tagesausgaben [€]	14,50	85,30		18,10	98,60		
Bruttoumsatz [€]	794.600	3.552.745	4.347.345	10.827.420	34.150.110	44.977.530	49.324.875
Nettoumsatz [€]	682.969	3.230.746	3.913.715	9.451.420	31.061.355	40.512.775	44.426.490
Direkter Output [€]	624.522	3.058.206	3.682.728	8.830.673	29.667.217	38.497.890	42.180.618
Indirekter Output [€]	178.438	882.048	1.060.486	2.449.193	8.551.490	11.000.683	12.061.169
Induzierter Output [€]	331.056	1.652.917	1.983.973	4.457.632	16.008.866	20.466.498	22.450.471
Sekundärer Output Summe [€]	509.494	2.534.965	3.044.459	6.906.825	24.560.356	31.467.181	34.511.640
Direkter und indirekter Output Summe [€]	802.960	3.940.254	4.743.214	11.279.866	38.218.707	49.498.573	54.241.787
Direkter, indirekter und induzierter Output Summe [€]	1.134.016	5.593.171	6.727.187	15.737.498	54.227.573	69.965.071	76.692.258
Interregional							
Indirekter Output [€]	35.073	173.973	209.046	477.507	1.686.079	2.163.586	2.372.632
Induzierter Output [€]	42.377	211.136	253.513	527.491	2.045.050	2.617.541	2.871.054
Sekundärer Output Summe [€]	77.450	385.109	462.559	1.049.998	3.731.129	4.781.127	5.243.686

Quelle: eigene Erhebungen

Die Wertschöpfungswirkung touristischer Ausgaben in der Nationalparkregion Schwarzwald beläuft sich auf der direkten Wirkungsebene auf 21.111.761 €. Der Anteil der Wertschöpfung am direkten Output beträgt 50,1 %, wobei es sich bei diesem für alle Wirtschaftszweige und Besuchergruppen gemittelten Wert um einen Durchschnittswert einer Wertschöpfungsquote für das Land Baden-Württemberg handelt (vgl. Kapitel 5.4.2). Nationalparkbesucher im engeren Sinne erwirtschaften 8,6 % der direkten Wertschöpfung. Der Anteil für Übernachtungsgäste liegt bei 77,0 %. Die regionalen Vorleistungen als Differenz aus Output und Wertschöpfung betragen 21.068.857 € (vgl. Tabelle 52).

Die Vorleistungsbetriebe in *Core Region 2* profitieren von einer indirekten Wertschöpfung in Höhe von 6.243.530 €. Die direkte Wertschöpfung multipliziert sich somit um rund 0,2957 auf der weiteren Wirkungsrunde. Die induzierte Wertschöpfung beläuft sich auf 2.331.864 €, was einer Multiplikation der direkten Wertschöpfung von rund 0,1105 entspricht. Insgesamt belaufen sich die touristischen Sekundäreffekte auf 8.575.394 € und damit auf einen Anteil von 28,9 % der gesamten Wertschöpfung. Die *Typ I*-Wertschöpfungswirkung in *Core Region 2* beträgt rund 1,2957 und beläuft sich somit auf einen Gesamtbetrag von 27.355.291 €. Die *Typ II*-

Wertschöpfungswirkung beträgt rund 1,4062. Die gesamten Wertschöpfungseffekte der direkten, indirekten und induzierten Wirkungsebene machen demzufolge 29.687.155 € aus (vgl. Tabelle 52).

Die touristischen Vorleistungsbetriebe, die in *Surrounding Region 2* ansässig sind, erwirtschaften durch Besucherausgaben in *Core Region 2* eine indirekte Wertschöpfung von 1.194.619 €, was einer zusätzlichen Multiplikation von 0,0566 entspricht. Die Summe der interregionalen indirekten Effekte beträgt damit 7.438.149 € bei einer Multiplikation von 0,3523 (in *Core Region 2* und *Surrounding Region 2*; indirekte Wertschöpfung in *Core Region 2*: 6.243.530 €). Das bedeutet eine Erhöhung der indirekten Effekte in der interregionalen Konstellation um 19,1 %. Bei einer Multiplikation von 0,0480 werden durch das Konsumverhalten der privaten Haushalte in *Surrounding Region 2* zusätzliche induzierte Effekte in Höhe von 1.012.922 € hervorgerufen, wodurch der gesamte Konsumeffekt in der Vergleichsregion bei einer Multiplikation von 0,1585 insgesamt 3.344.786 € beträgt (in *Core Region 2* und *Surrounding Region 2*; induzierte Wertschöpfung in *Core Region 2*: 2.331.864 €) (vgl. Tabelle 52). Das entspricht einer Erhöhung der induzierten Wertschöpfung um 43,4 %.

Die interregionale *Typ I*-Wertschöpfungswirkung beläuft sich auf rund 1,3523. Touristische Ausgaben in *Core Region 2* des Nationalparks Schwarzwald rufen demzufolge eine touristische Wertschöpfung von 28.549.910 € bei örtlichen Leistungs- und Vorleistungsbetrieben sowie im Umland ansässigen Vorleistungsbetrieben hervor (direkt und indirekt in *Core Region 2*: 27.355.291 €; indirekt *Surrounding Region 2*: 1.194.619 €). Die *Typ II*-Wertschöpfungswirkung beträgt durch die zusätzliche Konsumwirkung rund 1,5107. Daraus resultiert eine gesamte interregionale Wertschöpfung von 31.894.696 € (direkt, indirekt und induziert in *Core Region 2*: 29.687.155 €; indirekt und induziert in *Surrounding Region 2*: 2.207.541 €) (vgl. Tabelle 52).

Tabelle 52: Synopse der touristischen Wertschöpfungseffekte im Nationalpark Schwarzwald

	Nationalparkbesucher im engeren Sinne			Sonstige Nationalparkbesucher			Summe
	davon Tagesgäste	davon Übernach-tungsgäste	Summe	davon Tagesgäste	davon Übernach-tungsgäste	Summe	
Besuchstage	54.800	41.650	96.450	598.200	346.350	944.550	1.041.000
Tagesausgaben [€]	14,50	85,30		18,10	98,60		
Bruttoumsatz [€]	794.600	3.552.745	4.347.345	10.827.420	34.150.110	44.977.530	49.324.875
Nettoumsatz [€]	682.969	3.230.746	3.913.715	9.451.420	31.061.355	40.512.775	44.426.490
Direkter Output [€]	624.522	3.058.206	3.682.728	8.830.673	29.667.217	38.497.890	42.180.618
Vorleistungen [€]	317.634	1.539.062	1.856.696	4.287.508	14.924.653	19.212.161	21.068.857
Direkte Wertschöp-fung [€]	306.888	1.519.144	1.826.032	4.543.165	14.742.564	19.285.729	21.111.761
Indirekte Wertschöp-fung [€]	90.371	459.274	549.645	1.241.893	4.451.992	5.693.885	6.243.530
Induzierte Wertschöp-fung [€]	33.593	172.639	206.232	453.528	1.672.104	2.125.632	2.331.864
Sekundäre Wert-schöpfung Summe [€]	123.964	631.913	755.877	1.695.421	6.124.095	7.819.517	8.575.394
Direkte und indirekte Wertschöpfung Summe [€]	397.259	1.978.418	2.375.677	5.785.058	19.194.556	24.979.614	27.355.291
Direkte, indirekte und induzierte Wertschöp-fung Summe [€]	430.852	2.151.057	2.581.909	6.238.586	20.866.660	27.105.246	29.687.155
Interregional							
Indirekte Wertschöp-fung [€]	17.276	88.083	105.359	235.660	853.600	1.089.260	1.194.619
Induzierte Wertschöp-fung [€]	14.591	75.029	89.620	196.614	726.688	923.302	1.012.922
Sekundäre Wert-schöpfung Summe [€]	31.867	163.112	194.979	432.274	1.580.288	2.012.562	2.207.541

Quelle: eigene Erhebungen

Die direkte Beschäftigungswirkung in *Core Region 2* beläuft sich auf 732 Personen. Damit kommen im Durchschnitt 1,74 Erwerbstätige auf 100.000 € direktem Output. Auch hierbei handelt es sich um einen über alle Wirtschaftszweige und Besuchergruppen sowie auf Landesebene gemittelten Durchschnittswert. Differenziert nach regionalökonomisch relevanten Besuchersegmenten zeigt sich, dass Nationalparkbesucher im engeren Sinne 8,9 % der direkten Beschäftigung verantworten. Übernachtungsgäste bewirken wiederum eine Erwerbstätigkeit von 76,1 % in touristischen Leistungsbetrieben (vgl. Tabelle 53).

Die indirekte Beschäftigung beläuft sich durch Besucherausgaben in *Core Region 2* auf 70 Personen. Es erfolgt damit eine Multiplikation der direkten Effekte um rund 0,0955. Außerdem werden durch privaten Konsum der Haushalte induzierte Beschäftigungseffekte von 31 Personen hervorgerufen, was einer Multiplikation der direkten Effekte um 0,0423 entspricht. In der Summe betragen die sekundären Beschäftigungseffekte 101 Personen. Die sekundäre Wirkungsebene macht damit einen Anteil von 12,1 % an der gesamten, touristischen Beschäftigung in der Nationalparkregion aus. Die *Typ I*-Multiplikatorwirkung in *Core Region 2* beträgt im Mittel 1,0955, was 802 Personen entspricht. Die *Typ II*-Multiplikatorwirkung macht 1,1378 aus und erzeugt einen Gesamtwert von 833 Personen (vgl. Tabelle 53).

In den in *Surrounding Region 2* ansässigen Vorleistungsbetrieben sind 14 Erwerbstätige zur Bereitstellung der touristischen Güter und Dienstleistungen in *Core Region 2* beschäftigt. Das entspricht einer Multiplikation der direkten Effekte um weitere 0,0194. In der Summe belaufen sich die indirekten Beschäftigungseffekte auf 84 bei einer Multiplikation von 0,1149 (in *Core Region 2* und *Surrounding Region 2*; indirekte Beschäftigung in *Core Region 2*: 70 Personen). Das bedeutet eine Erhöhung der indirekten Beschäftigung um 20,3 %. Das Konsumverhalten der Privathaushalte bewirkt bei einer Multiplikation von 0,0184 13 Erwerbstätige in *Surrounding Region 2*, wodurch die gesamten induzierten Effekte in der Vergleichsregion 44 Erwerbstätige bei einer Multiplikation von 0,0607 ausmachen (in *Core Region 2* und *Surrounding Region 2*; induzierte Beschäftigung in *Core Region 2*: 31 Personen) (vgl. Tabelle 53). Damit erhöht sich die induzierte Beschäftigung im multiregionalen Input-Output-Modell um 43,4 %.

Die interregionale *Typ I*-Beschäftigungswirkung beläuft sich auf rund 1,1149. Insgesamt können 816 Personen einer Erwerbstätigkeit in touristischen Leistungs- und Vorleistungsbetrieben in der Naturparkregion aufgrund touristischer Ausgaben in *Core Region 2* nachgehen (direkt und indirekt in *Core Region 2*: 802 Personen; indirekt *Surrounding Region 2*: 14 Personen). Die *Typ II*-Beschäftigungswirkung beträgt durch die zusätzliche Konsumwirkung rund 1,1755. Daraus resultiert eine gesamte interregionale Beschäftigung von 860 Personen (direkt, indirekt und induziert in *Core Region 2*: 833 Personen; indirekt und induziert in *Surrounding Region 2*: 27 Personen).

Tabelle 53: Synopse der touristischen Beschäftigungseffekte im Nationalpark Schwarzwald

	Nationalparkbesucher im engeren Sinne			Sonstige Nationalparkbesucher			Summe
	davon Tagesgäste	davon Übernach-tungsgäste	Summe	davon Tagesgäste	davon Übernach-tungsgäste	Summe	Summe
Besuchstage	54.800	41.650	96.450	598.200	346.350	944.550	1.041.000
Tagesausgaben [€]	14,50	85,30		18,10	98,30		
Bruttoumsatz [€]	794.600	3.552.745	4.347.345	10.827.420	34.150.110	44.977.530	49.324.875
Nettoumsatz [€]	682.969	3.230.746	3.913.715	9.451.420	31.061.355	40.512.775	44.426.490
Direkter Output [€]	624.522	3.058.206	3.682.728	8.830.673	29.667.217	38.497.890	42.180.618
Direkte Beschäftigung [Personen]	13	52	65	162	505	667	732
Indirekte Beschäftigung [Personen]	1	5	6	17	47	64	70
Induzierte Beschäftigung [Personen]	1	2	3	7	21	28	31
Sekundäre Beschäfti-gung Summe [Personen]	2	7	9	24	68	92	101
Direkte und indirekte Beschäftigung Summe [Personen]	14	57	71	179	552	731	802
Direkte, indirekte und induzierte Beschäftigung Summe [Personen]	15	59	74	186	573	759	833
Interregional							
Indirekte Beschäftigung [Personen]	0	1	1	3	10	13	14
Induzierte Beschäftigung [Personen]	0	1	1	3	9	12	13
Sekundäre Beschäfti-gung Summe [Personen]	0	2	2	6	19	25	27

Quelle: eigene Erhebungen

6 Diskussion der Methodik und Einordnung der Ergebnisse in das „Big Picture"

6.1 Gegenüberstellung und Bewertung der Ergebnisse von Wertschöpfungs- und Input-Output-Analyse

Zum Einstieg in die Diskussion von Methodik und Ergebnissen wird unmittelbar an die zuvor präsentierten Ergebnisse angeknüpft. Eine zentrale Forschungsfrage dieser Arbeit widmet sich den Unterschieden hinsichtlich der Methodik (darauf wird in Kapitel 6.3.2 bewertend eingegangen) und den daraus resultierenden Ergebnissen zwischen Wertschöpfungs- und Input-Output-Analyse (vgl. Kapitel 5.8.2 und 5.8.3). Zur Beantwortung dieser Forschungsfrage führt die folgende Gegenüberstellung die Ergebnisse der beiden Analysestränge zusammen. Außerdem werden die Ergebnisse der Input-Output-Analyse für das Biosphärengebiet Schwarzwald mit denjenigen für den Nationalpark Schwarzwald verglichen (vgl. Tabelle 54). Ergebnisse interregionaler Sekundäreffekte werden nicht weiter thematisiert, denn der folgende Fokus liegt auf methodisch begründeten Abweichungen der Zahlen.

Um zuerst auf das Untersuchungsgebiet des Biosphärengebiets Schwarzwald einzugehen, unterscheiden sich die beiden Methoden ab der Ableitung des direkten touristischen Outputs. Der Rechenschritt wird in der Wertschöpfungsanalyse nicht separat vollzogen. In den bislang gebräuchlichen Wertschöpfungsquoten war eine *capture rate* des Einzelhandels bereits inbegriffen, weswegen durchschnittliche Verbleiberaten für „Lebensmittel" mit 10,0 % und „Non-Food-Produkten" mit 17,0 % angenommen wurden (vgl. Kapitel 5.4.2). In der Input-Output-Analyse wurde dieser Zwischenschritt hingegen deshalb explizit durchgeführt, um die touristischen Kenngrößen genau zu differenzieren (vgl. Kapitel 3.3.2). Als Konsequenz ist hinzunehmen, dass die Ausgangsgrößen zur Berechnung der direkten Wertschöpfung voneinander abweichen. Denn während bei der Wertschöpfungsanalyse die direkte Wertschöpfung vom Nettoumsatz abgeleitet wird, ist bei der Input-Output-Analyse der direkte Output die im Nenner der touristischen Wertschöpfungsquote stehende Variable (vgl. Formel 21 in Kapitel 3.4.1).

Zum direkten Vergleich der Ergebnisse der ersten Wirkungsstufe zeigt die vorletzte Zeile der Tabelle 54 deshalb den Anteil der direkten Wertschöpfung am Nettoumsatz als die Basisanforderung beider Methoden. Die Abweichung der beiden Anteile, die im Grunde genommen die durchschnittliche Wertschöpfungsquote für alle Wirtschaftsbereiche und alle Besuchersegmente darstellen, ist beachtenswert. Der angewandte Ansatz zur regionalen Disaggregation touristischer Kenngrößen resultiert in einen höheren Anteil regional verbleibender Wertschöpfung von den originären Besucherausgaben. Die direkten Wertschöpfungseffekte wurden bisher durch die Verwendung der „alten" Wertschöpfungsquoten insgesamt leicht unterschätzt. Im Vergleich ist außerdem eine Abweichung zwischen den Ergebnissen der Input-Output-Analyse für das Biosphärengebiet Schwarzwald und den Nationalpark Schwarzwald festzustellen. Hierbei ist jedoch zu beachten, dass

Durchschnittswerte des Landes Baden-Württemberg als branchenspezifische Wertschöpfungsquoten verwendet wurden. Da die weiterführende Regionalisierung für die Kreisebene fehlt, ist davon auszugehen, dass die Wertschöpfungsquoten für den Nationalpark Schwarzwald leicht verzerrt sind. Nichtsdestotrotz wurden regionale Wertschöpfungsquoten auf subnationaler Maßstabsebene für das Land Baden-Württemberg verwendet (vgl. Kapitel 5.4.2), wodurch bessere Näherungswerte als die bislang gebräuchlichen Wertschöpfungsquoten verwendet wurden, welche wiederum nationale Durchschnittswerte darstellten.

Auf der Sekundärebene touristischer Wirkungen hebt sich die Input-Output-Analyse durch die Möglichkeit der Berechnung von induzierten Effekten von der Wertschöpfungsanalyse ab. Im Umkehrschluss ist die zugehörige Zelle der ersten Spalte der Tabelle 54 leer und die gesamtökonomischen Effekte der Wertschöpfungsanalyse als Summe aus direkten und indirekten Effekten definiert. Die Ergebnisse der miteinander vergleichbaren indirekten Wirkungen liefern zugleich beachtliche Erkenntnisse. Die regionalökonomischen Multiplikatoren der Input-Output-Analyse sind im Grunde ein differenziertes Abbild der pauschalen 30 %-Multiplikation der Vorleistungen im Rahmen der Wertschöpfungsanalyse. Zum Vergleich wurde jeweils der Anteil der indirekten Wertschöpfung an den Vorleistungen berechnet. Das Ergebnis der Input-Output-Analyse zeigt geringe Abweichungen von dem in der Wertschöpfungsanalyse vorausgesetzten 30 %-Anteilswert: Für das Biosphärengebiet Schwarzwald beträgt dieser 30,6 % und für den Nationalpark Schwarzwald 29,6 %. Regionale Unterschiede sind demzufolge erkennbar, denn zurückerinnert an die Präsentation der regionalökonomischen Multiplikatoren in Kapitel 5.7 wurde die hypothetische Größenkonstellation der *Typ I*-Output-Multiplikatoren aufgrund der regionalen Wirtschaftsstrukturen darin bestätigt, dass *Core Region 2* kleinere Multiplikatoren zeigt. Mit Blick auf den Anteil der indirekten Wertschöpfung an den Vorleistungen sind die regionalen Abweichungen mit der geprüften Hypothese kongruent und der Nationalpark Schwarzwald zeigt einen geringeren Prozentwert als das Biosphärengebiet Schwarzwald.

Mit einem Mittelwert der beiden Regionen von 30,1 % ist die Abweichung zwischen dem im Rahmen der Input-Output-Analyse ermittelten Anteil der indirekten Wertschöpfung an den Vorleistungen und der indirekten Wertschöpfungsquote der Wertschöpfungsanalyse sehr gering. Die Quantifizierung der indirekten Wirkungsebene touristischer Ausgaben bewegt sich demzufolge in einer vergleichbaren Größenordnung zwischen der pauschalen 30,0 %-Wertschöpfungsquote einerseits und den branchenspezifischen Multiplikatoren andererseits. Die Validität der zweiten Wirkungsstufe der touristischen Wertschöpfungsanalyse ist durch die Applikation der Input-Output-Analyse hiermit erwiesen.

Tabelle 54: Synopse der touristischen Wertschöpfungseffekte in der Gesamtschau

	Biosphärengebiet Schwarzwald		Nationalpark Schwarzwald
	Ergebnisse der Wertschöp-fungsanalyse	Ergebnisse der Input-Out-put-Analyse	Ergebnisse der Input-Output-Analyse
Besuchstage	4.030.000	4.030.000	1.041.000
Biosphärenreservats-/Nationalparkbesu-cher im engeren Sinne [%]	0,7	0,7	9,3
Übernachtungsgäste [%]	57,1	57,1	37,3
Tagesausgaben Tagesgäste [€]	19,30	19,30	17,80
Tagesausgaben Übernachtungsgäste [€]	76,90	76,90	97,30
Bruttoumsatz [€]	210.316.600	210.316.600	49.324.875
Nettoumsatz [€]	189.155.417	189.155.417	44.426.490
Direkter Output [€]		176.618.364	42.180.618
Vorleistungen [€]	116.679.059	97.729.252	21.068.857
Direkte Wertschöpfung [€]	72.476.358	78.889.112	21.111.761
Indirekte Wertschöpfung [€]	35.003.718	29.875.207	6.243.530
Induzierte Wertschöpfung [€]		13.032.451	2.331.864
Direkte und indirekte Wertschöpfung Summe [€]	107.480.076	108.764.319	27.355.291
Direkte, indirekte und induzierte Wert-schöpfung Summe [€]		121.796.770	29.687.155
Anteil der direkten Wertschöpfung am Nettoumsatz [%]	38,3	41,7	47,5
Anteil der indirekten Wertschöpfung an den Vorleistungen [%]	30,0	30,6	29,6

Quelle: eigene Erhebungen

Aufgrund verschiedener zugrundeliegender Kenngrößen regionalökonomischer Beschäftigungswirkungen wird auf diese im Folgenden gesondert eingegangen. Tabelle 55 zeigt für das Biosphärengebiet Schwarzwald in der ersten Spalte die Ergebnisse der Wertschöpfungsanalyse, durch welche Einkommensäquivalente für das Biosphärengebiet Schwarzwald bestimmt wurden (vgl. Kapitel 5.8.2). Zur Gegenüberstellung wurde noch einmal nachjustiert, sodass die Übersichtstabelle nach direkter und indirekter Beschäftigung differenzierte Einkommensäquivalente zeigt (die touristische Wertschöpfungsanalyse betrachtet Einkommensäquivalente nur in der Gesamtschau auf Grundlage der Summe der direkten und indirekten Wertschöpfungseffekte; vgl. Kapitel 3.4.2). Im Rahmen der Input-Output-Analyse wurden Beschäftigungseffekte hingegen mithilfe derivativer Multiplikatoren der Erwerbstätigenzahlen bemessen. Die Ergebnisse aus Kapitel 5.8.3.1 sind in der dritten Spalte der Tabelle 55 angeführt. Zusätzlich wurden aus den Ergebnissen der Wertschöpfungseffekte der Input-Output-Analyse Einkommensäquivalente der drei Wirkungsstufen abgeleitet, um einen direkten Vergleich zu den Ergebnissen der Wertschöpfungsanalyse zu ermöglichen.

Bemerkenswert ist, dass die Summen der direkten und indirekten Effekte trotz unterschiedlicher Kenngrößen in einem tolerierbaren Rahmen voneinander abweichen. Das aus den Wertschöpfungseffekten der Input-Output-Analyse abgeleitete Einkommensäquivalent der direkten und indirekten Beschäftigung ist gegenüber demjenigen der Wertschöpfungsanalyse vernachlässigbar abweichend. Signifikante Unterschiede sind gleichwohl bei der anteilsmäßigen Verteilung innerhalb der Wirkungsebenen festzustellen. Die Ergebnisse der Input-Output-Analyse zeigen eine Verteilung der Einkommensäquivalente über die drei Wirkungsebenen (direkt, indirekt und induziert) von 64,8 % zu 24,5 % zu 10,7 %. Die ebenfalls im Rahmen der Input-Output-Analyse ermittelte Verteilung der Erwerbstätigen beträgt 85,3 % zu 9,6 % zu 5,1 % (vgl. Tabelle 55). Die derivativen Multiplikatoren resultieren deshalb in deutlich geringeren sekundären Effekten im Vergleich zur Verwendung von Einkommensäquivalenten. Da erstens bereits in Kapitel 5.8.3.1 festgestellt wurde, dass die Inverse der Matrizenrechnung den derivativen Multiplikatoreffekt verzerren könnte, zweitens die Gegenüberstellung der Einkommensäquivalente für beide Methoden valide Ergebnisse liefert und drittens sodann eine Vergleichbarkeit zu den Studien von JOB et al. (2003; 2005a; 2009; 2013a; 2016) gewährleistet ist, wird die Berechnung von Einkommensäquivalenten zur Quantifizierung von touristischen Beschäftigungseffekten als der methodisch sinnvollere Ansatz erachtet.

Tabelle 55: Synopse der touristischen Beschäftigungseffekte in der Gesamtschau

	Biosphärengebiet Schwarzwald		
	Ergebnisse der Wertschöpfungsanalyse	Ergebnisse der Input-Output-Analyse	
	[Einkommensäquivalent]	[Einkommensäquivalent]	[Erwerbstätige]
Direkte Beschäftigung [Personen]	2.297	2.499	3.425
Indirekte Beschäftigung [Personen]	1.109	947	387
Induzierte Beschäftigung [Personen]		413	204
Direkte und indirekte Beschäftigung [Personen]	3.406	3.446	3.812
Direkte, indirekte und induzierte Beschäftigung [Personen]		3.859	4.016

Quelle: eigene Erhebungen

6.2 Validität und Sensitivität der Input-Output-Analyse

6.2.1 Validität der Output-Multiplikatoren

Ein weiterer Anspruch dieser Arbeit ist es, die „ready-made" Output-Multiplikatoren von IMPLAN auf ihre Validität hin zu überprüfen. Da es sich bei den Output-Multiplikatoren um die Leontief-Inversen der klassischen Input-Output-Analyse handelt, wurden ebensolche eigenständig abgeleitet. So können die eigens abgeleiteten Output-Multiplikatoren mit denjenigen von IMPLAN gegenübergestellt werden. Als Ausgangstabellen wurden die regionalen SAM für *Core Region 1* und *Core Region 2* verwendet. Dabei beschränkt sich die Betrachtung auf die intraregionalen Matrizen. Die Durchführung erfolgte sodann nach dem Verfahren der Input-Output-Analyse (vgl. Kapitel 3.5.2): Die regionalen IMPLAN-SAM für *Core Region 1* und *Core Region 2* wurden durch Berechnung der Input-Koeffizienten in ein Input-Output-Modell transformiert. Nach Subtraktion der A^{rr}-Matrix von der Einheitsmatrix I wurde die Inverse $(I - A^{rr})^{-1} = L^{rr}$ gebildet. Die Spaltensummen der Zelleneinträge zeigen den *Typ I*-Output-Multiplikator der Wirtschaftszweige der beiden Untersuchungsregionen. Zur Berechnung der *Typ II*-Output-Multiplikatoren wurde das Arbeitnehmerentgelt der Vorleistungsmatrix inkludiert und die Matrix-Inversion durchgeführt (vgl. Formeln 33 bis 44 in Kapitel 3.5.2).

Das Resultat ist eine Gegenüberstellung der von IMPLAN erhaltenen *Typ I*- und *Typ II*-Output-Multiplikatoren der touristischen Wirtschaftszweige (vgl. Kapitel 5.7.1.1 und 5.7.2.1) mit eigens abgeleiteten Multiplikatoren für *Core Region 1* und *Core Region 2*. Im Vergleich ist festzustellen, dass die Multiplikatorwerte nach Wirtschaftszweigen Differenzen aufweisen, die in der Summe schwach ausgeprägt sind. Innerhalb dieser minimalen Unterschiede variieren die *Typ II*-Output-Multiplikatoren zwischen 0,0310 und -0,0165 in *Core Region 1* am stärksten (vgl. Tabelle 56). Die Abweichungen lassen sich damit erklären, dass die beiden gegenübergestellten Tabellen, die „ready-made" Output-Multiplikatormatrizen und die regionalen SAM, nach unterschiedlichen Klassifizierungsansätzen gegliedert sind. Die regionale Vorleistungsmatrix ist nach dem *commodity-by-industry*-Ansatz gemäß der Konstruktion von SAM nach *P*64-by-A*64* der NACE-Systematik klassifiziert. Für die Multiplikatoranalyse touristischer Ausgaben wurden hingegen die zugehörigen Matrizen nach *industry-by-industry* verwendet (vgl. Kapitel 4.7.1). Die abgeleitete Kehrmatrix zur Validierung der Multiplikatoren basiert demzufolge auch auf der *commodity-by-industry*-Klassifikation. Obwohl Güter- und Wirtschaftszweigklassifikationen miteinander verknüpft sind, sind Unterschiede aufgrund der Verbuchung der Vorleistungsgüter zu Wirtschaftszweigen bei VGR-Daten generell üblich und auch bei den IMPLAN-Daten zu verzeichnen.

Nichtsdestotrotz betragen die Abweichungen maximal 1,4 % und im Mittel nur 0,3 % und liegen damit in einem tolerierbaren Rahmen. Die „ready-made" Output-Multiplikatoren von IMPLAN sind somit vorbehaltlich des datenanalytisch Möglichen als valide zu bewerten. Die hier durchgeführte Validitätsprüfung unterliegt gleichwohl einer Datenrestriktion, weil als Ausgangstabelle zur eigenen Herleitung der Output-Multiplikatoren auf die „ready-made" Input-Output-Tabellen von IM-PLAN zurückgegriffen werden musste. Aber auch diese wurden in Ansätzen bereits mit Regionaldaten der amtlichen Statistik gegengeprüft (vgl. Kapitel 5.5).

Tabelle 56: Gegenüberstellung der Output-Multiplikatoren zur Validitätsprüfung

NACE-Code	47	49	50	55-56	77	79	80-82	86	90-92	93	96
	Einzelhandel (ohne Handel mit Kraftfahrzeugen)	Landverkehr und Transport in Rohrfernleitungen	Schifffahrt	Gastgewerbe	Vermietung von beweglichen Sachen	Reisebüros, Reiseveranstalter und Erbringung sonstiger Reservierungsdienstleistungen	Wach- und Sicherheitsdienste sowie Detekteien; Gebäudebetreuung; Garten- und Landschaftsbau; Erbringung von wirtschaftlichen Dienstleistungen für Unternehmen und Privatpersonen a. n. g	Gesundheitswesen	Kreative, künstlerische und unterhaltende Tätigkeiten; Bibliotheken, Archive, Museen, botanische und zoologische Gärten; Spiel-, Wett- und Lotteriewesen	Erbringung von Dienstleistungen des Sports, der Unterhaltung und der Erholung	Erbringung von sonstigen überwiegend persönlichen Dienstleistungen
Core Region 1											
Typ I-Output-Multiplikatoren											
IMPLAN-Multiplikatoren	1,3530	1,3767	1,5490	1,3387	1,2176	2,0388	1,2553	1,1953	1,2179	1,3325	1,2144
Validierung	1,3504	1,3727	1,5494	1,3365	1,2152	2,0114	1,2542	1,1953	1,2176	1,3301	1,2139
Differenz	0,0025	0,0039	-0,0003	0,0022	0,0024	0,0273	0,0012	0,0001	0,0003	0,0024	0,0005
Typ II-Output-Multiplikatoren											
IMPLAN-Multiplikatoren	2,0475	1,8745	1,7825	1,9308	1,3547	2,3185	1,8840	1,9475	1,6054	1,8476	1,5086
Validierung	2,0583	1,8795	1,7831	1,9400	1,3524	2,2875	1,8949	1,9640	1,6109	1,8543	1,5135
Differenz	-0,0109	-0,0050	-0,0006	-0,0092	0,0023	0,0310	-0,0109	-0,0165	-0,0055	-0,0067	-0,0049
Core Region 2											
Typ I-Output-Multiplikatoren											
IMPLAN-Multiplikatoren	1,2841	1,3026	1,4374	1,2907	1,1886	1,8571	1,2250	1,1713	1,2026	1,2847	1,1873
Validierung	1,2829	1,3010	1,4413	1,2901	1,1873	1,8479	1,2250	1,1722	1,2034	1,2843	1,1875
Differenz	0,0011	0,0016	-0,0038	0,0006	0,0013	0,0092	0,0000	-0,0009	-0,0008	0,0004	-0,0003
Typ II-Output-Multiplikatoren											
IMPLAN-Multiplikatoren	1,9112	1,7443	1,6267	1,8300	1,3200	2,1153	1,8560	1,8599	1,5665	1,7580	1,4619
Validierung	1,9252	1,7535	1,6339	1,8428	1,3202	2,1095	1,8711	1,8788	1,5739	1,7681	1,4688
Differenz	-0,0139	-0,0092	-0,0071	-0,0128	-0,0002	0,0058	-0,0151	-0,0189	-0,0074	-0,0101	-0,0069

Quelle: eigene Berechnungen auf Datengrundlage von IMPLAN-Datensätze 04_a_MRIO1_SAM; 04_b_MRIO2_SAM

6.2.2 Sensitivität des Input-Output-Modells

Zum erweiterten Verständnis sowie zur Beurteilung der Methodik und der Anwendbarkeit des Input-Output-Modells zur Berechnung regionalökonomischer Effekte des Tourismus in Schutzgebieten wurde für das Input-Output-Modell des Biosphärengebiets Schwarzwald als *Core Region 1* eine Sensitivitätsanalyse durchgeführt. Als Ausgangssituation dieser weiterführenden Analyse liegt bereits ein akzeptables Ergebnis der Input-Output-Analyse vor, welches im Folgenden durch Änderungen der Modelleingabe auf seine Stabilität hin getestet wird. Dazu wird eine pauschale Änderung von 10,0 % in zwei unterschiedliche Richtungen angenommen, die als geeigneter Unsicherheitsbereich des regionalen Input-Output-Modells erschien. Eine ähnliche Testung der Sensitivität der regionalökonomischen Wirkungsanalyse wurde von WOLTERING (2012: 245ff.) durchgeführt, der von pauschalen Änderungen der touristischen Nachfrage und der touristischen Ausgaben von ebenfalls 10,0 % ausging. Die folgende Analyse widmet sich dem Input-Output-Modell der Input-Koeffizienten und betrachtet zwei Szenarien:

- **Szenario 1**: „Gesamtes Aufkommen an Gütern" und Input-Koeffizienten der Importe bleiben gleich (inklusive intraregionaler Handel mit *Surrounding Region 1*), dabei Erhöhung der Input-Koeffizienten der Vorleistungen um 10,0 % und entsprechende prozentuale Verringerung der Input-Koeffizienten der Bruttowertschöpfung.
  Annahme Szenario 1: Höhere Simulationswerte als die empirischen Multiplikatorwerte.

- **Szenario 2**: „Gesamtes Aufkommen an Gütern" und Input-Koeffizienten der Importe bleiben gleich (inklusive intraregionaler Handel mit *Surrounding Region 1*), dabei Erhöhung der Input-Koeffizienten der Bruttowertschöpfung um 10,0 % und entsprechende prozentuale Verringerung der Input-Koeffizienten der Vorleistungen.
  Annahme Szenario 2: Niedrigere Simulationswerte als die empirischen Multiplikatorwerte.

Die Input-Koeffizientenmatrix A^{rr} der *Core Region 1*, die in Kapitel 5.6 vorgestellt wurde, wurde dazu jeweils gemäß den beiden Szenarien verändert, sodass zwei modifizierte Input-Koeffizientenmatrizen vorlagen. Darauf aufbauend erfolgte die Ableitung der Leontief-Inverse $(I - A^{rr})^{-1} = L^{rr}$, um als Spaltensumme die veränderten *Typ I*-Output-Multiplikatoren der touristischen Wirtschaftszweige in *Core Region 1* zu erhalten (nach dem dargelegten Input-Output-Analyseverfahren in Kapitel 3.5.2). Anschließend wurden daraus derivative Wertschöpfungsmultiplikatoren abgeleitet (vgl. Kapitel 3.5.2.2 und 4.7.2). Die Multiplikatoren je touristischem Wirtschaftszweig wurden nach touristischen Ausgabenkategorien gewichtet (vgl. Kapitel 4.7.2) und in die Rechenvorlage zur Berechnung der regionalökonomischen

Effekte eingespeist. Die Beschäftigungseffekte wurden mithilfe der Bestimmung von Einkommensäquivalenten ermittelt, was im vorangegangenen Kapitel 6.1 als die zu favorisierende Lösung beurteilt wurde.

Szenario 1: Erhöhung der Input-Koeffizienten der Vorleistungen um 10,0 %

Tabelle 57 zeigt modifizierte *Typ I*- und *Typ II*-Output-Multiplikatoren und derivative *Typ I*- und *Typ II*-Wertschöpfungsmultiplikatoren der touristischen Wirtschaftszweige als Ergebnis der veränderten Input-Koeffizienten der Vorleistungen in der Gegenüberstellung zu den aufbereiteten IMPLAN-Multiplikatoren (vgl. Kapitel 5.7.4). Die berechnete Differenz zwischen den Zeilenwerten quantifiziert die Änderung der Input-Output-Modellausgabe. Es lässt sich direkt erkennen, dass sich die zur Sensitivitätsanalyse getroffene Annahme für das erste Szenario, die Simulationswerte würden größer sein als die Multiplikatorwerte, in den Matrix-Inversen bestätigt. Die Annahme wurde nach den in Kapitel 5.7.4 zusammengetragenen Erkenntnissen getroffen, dass die Höhe der Multiplikatoren in direktem Zusammenhang zur Ausprägung der intraregionalen Vorleistungsverflechtungen steht. Zur Simulation des ersten Szenarios wurde für ebendiese Vorleistungsverflechtungen eine stärkere Gewichtung in *Core Region 1* angenommen. In der Konsequenz sind die simulierten Multiplikatorwerte als Kausalzusammenhang von modifizierten Input-Koeffizienten der Vorleistungen höher als die tatsächlichen Multiplikatoren.

Die mittlere Differenz der *Typ I*-Output-Multiplikatoren beträgt -0,0426, wobei die Abweichungen zwischen den Einzelwerten der touristischen Wirtschaftszweige klein ausfallen und zwischen -0,0554 und 0,0341 liegen. In einer ähnlichen Größenordnung liegt die Differenz der *Typ II*-Output-Multiplikatoren, die im Mittel -0,0484 beträgt. Auch für die *Typ I*- und *Typ II*-Wertschöpfungsmultiplikatoren ist mit einer Differenz von -0,0475 und -0,0489 dieselbe Größenordnung zu konstatieren (vgl. Tabelle 57).

356

Tabelle 57: Simulierte Multiplikatoren nach Szenario 1

	Unter-kunft	Gastro-nomie	Lebens-mittel	Non-Food-Produkte	Freizeit	Transport	Kurmittel	Kongress	Sonstiges
Output-Multiplikatoren									
Typ I									
IMPLAN-Multiplika-toren	1,3387	1,3387	1,3530	1,3530	1,2697	1,4058	1,2659	1,2553	1,3936
Simulation	1,3818	1,3818	1,3973	1,3973	1,3061	1,4612	1,3000	1,2877	1,4437
Differenz	-0,0431	-0,0431	-0,0443	-0,0443	-0,0364	-0,0554	-0,0341	-0,0323	-0,0501
Typ II									
IMPLAN-Multiplika-toren	1,9308	1,9308	2,0475	2,0475	1,7149	1,8590	1,9922	1,8840	1,6137
Simulation	1,9742	1,9742	2,0954	2,0954	1,7604	1,9175	2,0394	1,9293	1,6704
Differenz	-0,0434	-0,0434	-0,0479	-0,0479	-0,0455	-0,0585	-0,0471	-0,0453	-0,0567
Wertschöpfungsmultiplikatoren									
Typ I									
Derivative Multiplika-toren	1,3893	1,3893	1,3708	1,3708	1,2243	1,4022	1,2390	1,2511	1,2747
Simulation	1,4468	1,4468	1,4240	1,4240	1,2559	1,4629	1,2739	1,2860	1,3189
Differenz	-0,0575	-0,0575	-0,0532	-0,0532	-0,0316	-0,0607	-0,0348	-0,0349	-0,0442
Typ II									
Derivative Multiplika-torer	1,5595	1,5595	1,5468	1,5468	1,3176	1,5422	1,3945	1,3995	1,3252
Simulation	1,6170	1,6170	1,6009	1,6009	1,3511	1,6039	1,4321	1,4374	1,3709
Differenz	-0,0576	-0,0576	-0,0541	-0,0541	-0,0335	-0,0616	-0,0376	-0,0379	-0,0457

Quelle: eigene Berechnungen auf Datengrundlage von IMPLAN-Datensatz 04_a_MRIO1_SAM

Die simulierten Multiplikatorwerte dienten daraufhin als neuer Input-Parameter zur Berechnung simulierter regionalökonomischer Effekte des Tourismus im Bio-sphärengebiet Schwarzwald. Bei den direkten Effekten besteht in logischer Konse-quenz kein Unterschied zwischen den tatsächlichen Erhebungsergebnissen und den simulierten Ergebnissen. Die Änderungen betreffen die sekundäre Wirkungsebe-ne, die auf dem veränderten Input-Output-Modell basiert. Hierbei wurde bei der Modifikation des Input-Output-Modells eine Abweichung des gesamten Outputs von -7.823.133 € zum tatsächlichen Erhebungsergebnis errechnet. Bei Erhöhung der Input-Koeffizienten der Vorleistungen um 10,0 % resultiert daraus eine Erhöhung des gesamten touristischen Outputs über alle drei Wirkungsebenen um 2,3 %. Im Vergleich der beiden Sekundärebenen untereinander fällt auf, dass die induzierten Output-Effekte deutlich weniger sensitiv auf eine Input-Output-Modelländerung reagieren (vgl. Tabelle 58), was damit zusammenhängt, dass die privaten Haushaltsausgaben die bestimmende Ausgangsgröße für die Größe der induzierten Effekte sind. Diese werden durch das Arbeitnehmerentgelt ausgedrückt, welches in der Simulation nur nachgeordnet durch die Erhöhung der Bruttowertschöpfung verändert wurde.

Ähnlich verhält es sich bei den simulierten Wertschöpfungseffekten, wo die Input-Output-Modellveränderung um 10,0 % eine Erhöhung der gesamten Wertschöpfungseffekte um 3,6 % bewirkt. Die indirekten Wertschöpfungseffekte erhöhen sich um 14,7 % auf 34.279.914 €. Der kritische Prozentwert des Anteils der indirekten Wertschöpfung an den Vorleistungen als indirekte Wertschöpfungswirkung erhöht sich durch die höhere Gewichtung der Vorleistungen in der Input-Koeffizientenmatrix vom empirisch ermittelten Wert von 30,6 % (vgl. Kapitel 6.1) auf einen simulierten Wert von 35,1 %.

Aufgrund des Zusammenhangs der beiden Kenngrößen ist wie beim touristischen Output auch bei der touristischen Wertschöpfung eine geringere Sensitivität der induzierten Wirkungsebene als Ergebnis der Simulation festzustellen. Gleichwohl ist darauf hinzuweisen, dass die Quantifizierung der induzierten Wirkungsebene im Rahmen der Matrizenrechnung deutlich fehleranfälliger und damit sensitiver ist als die Bildung von *Typ I*-Multiplikatoren auf Basis der klassischen Leontief-Inverse (vgl. Tabelle 58). Demzufolge verstehen sich die Angaben der simulierten induzierten Effekte unter Vorbehalt, weil trotz der positiven Validierung der „ready-made" Output-Multiplikatoren des vorangegangenen Kapitels 6.2.1 nicht auszuschließen ist, dass die *Typ II*-Output-Multiplikatoren von IMPLAN potenziell durch abweichende Verfahrensschritte modelliert wurden.

Durch Division der simulierten Wertschöpfungseffekte durch das regionale Primäreinkommen pro Kopf wurden fiktive Beschäftigungseffekte berechnet. Diese weichen um 3,6 % vom tatsächlichen Ergebnis ab. Dabei kommen die induzierten Beschäftigungseffekte auf eine geringe Differenz von -1 Personen (0,1 %), was sich durch die geringere Sensitivität der induzierten Wertschöpfungseffekte begründet. Nichtsdestotrotz ist auch dieses Ergebnis vorbehaltlich rechnerischer Variationen zu interpretieren (vgl. Tabelle 58).

Tabelle 58: Synopse der simulierten regionalökonomischen Effekte nach Szenario 1

	Empirische Ergebnisse der Input-Output-Analyse	Ergebnisse des Szenarios 1	Differenz
Besuchstage	4.030.000	4.030.000	-
Bruttoumsatz [€]	210.316.600	210.316.600	-
Nettoumsatz [€]	189.155.417	189.155.417	-
Direkter Output [€]	176.618.364	176.618.364	-
Indirekter Output [€]	59.844.284	67.496.070	-7.651.786 (12,8 %)
Induzierter Output [€]	103.450.988	103.622.335	-171.347 (0,2 %)
Direkter, indirekter und induzierter Output Summe [€]	339.913.636	347.736.769	-7.823.133 (2,3 %)
Vorleistungen [€]	97.729.252	97.729.252	-
Direkte Wertschöpfung [€]	78.889.112	78.889.112	-
Indirekte Wertschöpfung [€]	29.875.207	34.279.914	-4.404.707 (14,7 %)
Induzierte Wertschöpfung [€]	13.032.451	13.054.639	-22.188 (0,2 %)
Direkte, indirekte und induzierte Wertschöpfung Summe [€]	121.796.770	126.223.665	121.426.895 (3,6 %)
Direkte Beschäftigung* [Personen]	2.499	2.499	-
Indirekte Beschäftigung* [Personen]	947	1.086	-139 (14,7 %)
Induzierte Beschäftigung* [Personen]	413	414	-1 (0,1 %)
Direkte, indirekte und induzierte Beschäftigung* [Personen]	3.859	3.999	-140 (3,6 %)

Quelle: eigene Berechnungen
*Einkommensäquivalent

Szenario 2: Erhöhung der Input-Koeffizienten der Bruttowertschöpfung um 10,0 %

Für eine weitere Simulation wurde in umgekehrter Weise verfahren und mit um 10,0 % erhöhten Input-Koeffizienten der Bruttowertschöpfung gearbeitet. Die in Tabelle 59 zusammengetragenen *Typ I-* und *Typ II*-Output- und Wertschöpfungsmultiplikatoren bestätigen die Annahme der veränderten Input-Output-Modellausgabe, weil die simulierten Werte allesamt niedriger sind als die Ergebnisse der empirischen Analyse (vgl. Kapitel 5.7.4). Das zeigt sich in den positiven Differenzen, welche die Sensitivität der Input-Output-Modelländerung quantifizieren. Dabei beträgt die mittlere Differenz der *Typ I*-Output-Multiplikatoren nach touristischen Wirtschaftszweigen 0,0879. Etwas geringer fallen die mittleren Differenzen der anderen Multiplikatortypen aus: *Typ II*-Output-Multiplikator mit 0,0760, *Typ I*-Wertschöpfungsmultiplikator mit 0,0771 und *Typ II*-Wertschöpfungsmultiplikator mit 0,0741.

Die Wechselwirkung der beiden touristischen Kenngrößen der Vorleistungen und der Bruttowertschöpfung, welche in der Summe den touristischen Output bzw. Produktionswert definieren, wird durch die Sensitivitätsanalyse verdeutlicht: Je höher der Anteil der Bruttowertschöpfung, desto niedriger ist der Anteil der Vorleistungen und desto kleiner sind die regionalökonomischen Multiplikatoren. Die Bedeutung der Kenngrößen im Multiplikatorprozess und damit in der regionalökonomischen Wirkungsanalyse des Tourismus wird im nachfolgenden Kapitel 6.3.1 diskutiert.

Tabelle 59: Simulierte Multiplikatoren nach Szenario 2

	Unter-kunft	Gastro-nomie	Lebens-mittel	Non-Food-Produkte	Freizeit	Transport	Kurmittel	Kongress	Sonstiges
Output-Multiplikatoren									
Typ I									
IMPLAN-Multiplikatoren	1,3387	1,3387	1,3530	1,3530	1,2697	1,4058	1,2659	1,2553	1,3936
Simulation	1,2651	1,2651	1,2685	1,2685	1,1854	1,3301	1,1834	1,1748	1,2417
Differenz	0,0736	0,0736	0,0844	0,0844	0,0843	0,0757	0,0825	0,0805	0,1519
Typ II									
IMPLAN-Multiplikatoren	1,9308	1,9308	2,0475	2,0475	1,7149	1,8590	1,9922	1,8840	1,6137
Simulation	1,8690	1,8690	1,9761	1,9761	1,6262	1,7837	1,9220	1,8085	1,5061
Differenz	0,0617	0,0617	0,0714	0,0714	0,0887	0,0753	0,0703	0,0755	0,1076
Wertschöpfungsmultiplikatoren									
Typ I									
Derivative Multiplikatoren	1,3893	1,3893	1,3708	1,3708	1,2243	1,4022	1,2390	1,2511	1,2747
Simulation	1,3112	1,3112	1,2883	1,2883	1,1567	1,3267	1,1691	1,1744	1,1917
Differenz	0,0780	0,0780	0,0824	0,0824	0,0676	0,0754	0,0700	0,0767	0,0829
Typ II									
Derivative Multiplikatoren	1,5595	1,5595	1,5468	1,5468	1,3176	1,5422	1,3945	1,3995	1,3252
Simulation	1,4848	1,4848	1,4676	1,4676	1,2491	1,4669	1,3272	1,3239	1,2524
Differenz	0,0746	0,0746	0,0791	0,0791	0,0685	0,0753	0,0674	0,0756	0,0728

Quelle: eigene Berechnungen auf Datengrundlage von IMPLAN-Datensatz 04_a_MRIO1_SAM

Die Multiplikatorwerte der zweiten Simulation wurden anschließend in das Berechnungsschema zur Ermittlung simulierter regionalökonomischer Effekte des Tourismus im Biosphärengebiet Schwarzwald eingespeist. Eine synoptische Gegenüberstellung der Ergebnisse von Empirie und Simulation findet sich in Tabelle 60. Auch hier ist in den Zeilen der direkten Effekte kein Unterschied zwischen den Werten vermerkt, weil die Änderungen die sekundäre Multiplikatorebene betreffen. Aus den niedrigeren *Typ I*-Multiplikatoren, die durch die Veränderung des Input-

Output-Modells bedingt sind, resultieren niedrigere Output-, Wertschöpfungs- und Beschäftigungseffekte der indirekten Wirkungsebene. Im Vergleich zu Szenario 1 reagieren die indirekten Effekte deutlich sensitiver: Die indirekten Output-Änderungen von Szenario 1 liegen bei einer Zunahme des empirischen Wertes von 12,8 %, während die Output-Änderungen von Szenario 2 eine Abnahme des simulierten Wertes von 22,0 % zeigen. Bei den indirekten Wertschöpfungseffekten zeigt sich ein ähnliches Bild mit einer Zunahme in Szenario 1 um 14,7 % und eine Abnahme in Szenario 2 um 20,5 %. Die indirekten Wertschöpfungseffekte verringern sich somit durch Veränderung der Input-Koeffizienten der Bruttowertschöpfung auf 23.757.904 €. Der kritische Prozentwert des Anteils der indirekten Wertschöpfung an den Vorleistungen verringert sich dadurch auf einen simulierten Wert von 24,3 % (empirischer Wert: 30,6 %, Szenario 1: 35,1 %) (vgl. Tabelle 58 und 60).

Darüber hinaus ist eine Zunahme der induzierten Effekte in der Simulation gegenüber den empirischen Zahlen zu vernehmen. Die Sensitivität ist dabei im Vergleich zu den indirekten Effekten deutlich geringer, im Vergleich zu den Ergebnissen von Szenario 1 jedoch etwas stärker ausgeprägt, denn die Zunahme des induzierten Outputs und der induzierten Wertschöpfung beträgt 0,2 % bei Szenario 1 und 1,9 % bei Szenario 2 (vgl. Tabelle 60). Aufgrund der Erhöhung der anteiligen Gewichtung der Bruttowertschöpfung im Input-Output-Modell bei gleichzeitiger Verringerung der Gewichtung der Vorleistungen könnte angenommen werden, dass die induzierten Effekte ebenfalls niedriger ausfallen würden. Es ist jedoch Gegenteiliges zu beobachten, was sich damit erklären lässt, dass die induzierten Effekte als Repräsentant der privaten Haushaltsausgaben durch das Beimessen einer stärkeren Bedeutung der Bruttowertschöpfung so stark ins Gewicht fallen, dass eine Steigerung der induzierten Effekte zu verzeichnen ist. Nichtsdestotrotz ist – wie schon bei Szenario 1 festgestellt – auch hier auf die Fehleranfälligkeit der Quantifizierung der induzierten Wirkungsebene im Rahmen der Matrizenrechnung hinzuweisen, weswegen sich die induzierten Effekte in Szenario 2 ebenso vorbehaltlich möglicher Diskrepanzen verstehen.

Die fiktiven Beschäftigungseffekte betragen 3.673 Einkommensäquivalente, was 4,8 % niedriger liegt als der empirische Wert. Aufgrund der geringen Sensitivität der induzierten Effekte weichen die induzierten Beschäftigungseffekte um nur 1,8 % vom empirisch ermittelten Wert ab (vgl. Tabelle 60).

Tabelle 60: Synopse der simulierten regionalökonomischen Effekte nach Szenario 2

	Empirische Ergebnisse der Input-Output-Analyse	Ergebnisse des Szenarios 2	Differenz
Besuchstage	4.030.000	4.030.000	-
Bruttoumsatz [€]	210.316.600	210.316.600	-
Nettoumsatz [€]	189.155.417	189.155.417	-
Direkter Output [€]	176.618.364	176.618.364	-
Indirekter Output [€]	59.844.284	46.661.098	13.183.187 (-22,0 %)
Induzierter Output [€]	103.450.988	105.378.773	-1.927.785 (1,9 %)
Direkter, indirekter und induzierter Output Summe [€]	339.913.636	328.658.235	11.255.401 (-3,3 %)
Vorleistungen [€]	97.729.252	97.729.252	-
Direkte Wertschöpfung [€]	78.889.112	78.889.112	-
Indirekte Wertschöpfung [€]	29.875.207	23.757.904	6.117.302 (-20,5 %)
Induzierte Wertschöpfung [€]	13.032.451	13.274.964	-242.513 (1,9 %)
Direkte, indirekte und induzierte Wertschöpfung Summe [€]	121.796.770	115.921.981	5.874.789 (-4,8 %)
Direkte Beschäftigung* [Personen]	2.499	2.499	-
Indirekte Beschäftigung* [Personen]	947	753	194 (-20,5 %)
Induzierte Beschäftigung* [Personen]	413	421	-8 (1,8 %)
Direkte, indirekte und induzierte Beschäftigung* [Personen]	3.859	3.673	186 (-4,8 %)

Quelle: eigene Berechnungen
*Einkommensäquivalent

Als Fazit der beiden Simulationen ist festzuhalten, dass durchaus eine gewisse Instabilität bei einem Unsicherheitsbereich von 10,0 % eintritt. Nichtsdestotrotz belegt die Gegenüberstellung des tatsächlichen Input-Output-Modells mit der Vergleichsregion des Nationalparks Schwarzwald und ferner auch mit dem bundesweiten Modell (vgl. Kapitel 5.6) sowie die Validierung der Output-Multiplikatoren (vgl. Kapitel 6.2.1), dass das veränderte Input-Output-Modell in dieser Form diskrepant ist. In der Summe sind die Abweichungen der Multiplikatorwerte aufgrund der Input-Output-Modellveränderungen über alle Multiplikatortypen von durchschnittlich -0,0468 in Szenario 1 und 0,0788 in Szenario 2 außerdem hinnehmbar. Dass grundsätzlich Modellvariationen auftreten, ist aufgrund der notwendigen und aufwendigen Regionalisierung national verfügbarer Input-Output-Matrizen als nicht vermeidbare Datenrestriktion gegeben. Auch die IMPLAN-SAM sind als valide Schätzung regionaler Koeffizienten der nationalen Matrix für die Bundesrepublik Deutschland einzustufen. Die Sensitivitätsanalyse zeigt exemplarisch für das Biosphärengebiet Schwarzwald, wie bedeutend es dennoch ist, ein zuverlässiges Input-Output-Modell zur Berechnung der regionalökonomischen Effekte des Tourismus in Schutzgebieten vorliegen zu haben.

Interessante Erkenntnisse liefert die Sensitivitätsanalyse ferner in einer von Armstrong/Taylor (2000: 13) angeführten These, dass einerseits die direkten Effekte der ersten Wirkungsrunde in der Gesamthöhe der touristischen Effekte bedeutender sind als alle nachfolgenden Multiplikatorrunden und andererseits aber Sickerverluste auf der direkten Wirkungsebene stärker ins Gewicht fallen als die direkten Effekte. Um dies zu testen, zeigt die Sensitivitätsanalyse, dass der Anteil der direkten Wertschöpfung am Nettoumsatz unverändert bei 41,7 % in *Core Region 1* bleibt. Der Anteil der indirekten Wertschöpfung an den Vorleistungen verändert sich hingegen je nach Szenario von empirisch ermittelten 30,6 % auf 35,1 % in Szenario 1 und 24,3 % in Szenario 2. Auch bei einer starken Veränderung der Inputstruktur der Vorleistungsmatrix fallen die Wertschöpfungseffekte der indirekten Wirkungsebene anteilig geringer aus als diejenigen der direkten Wirkungsebene. Demzufolge ist festzuhalten, dass die möglichst genaue Analyse der direkten Wirkungsebene ebenso bedeutend ist wie die Quantifizierung der touristischen Multiplikatorwirkung.

6.3 Bewertung der Methodik

6.3.1 Reflexion des Vorgehens der regionalökonomischen Wirkungsanalyse

Die zentrale Forschungsfrage der vorliegenden Arbeit versteht sich als Forschungsauftrag der Applikation einer Input-Output-Analyse für ein Fallbeispiel eines deutschen Schutzgebietes, um so das bislang angewandte Verfahren der touristischen Wertschöpfungsanalyse mit der Input-Output-Analyse gegenüberzustellen und somit zu validieren. Die Ergebnisse des Kapitels 5.8 zeigen: Die Input-Output-Analyse wurde zur Ermittlung der regionalökonomischen Effekte des Tourismus im Biosphärengebiet Schwarzwald erfolgreich durchgeführt. Dieses positive Ergebnis konnte dennoch nicht ohne methodische Restriktionen entstehen, die es zu reflektieren gilt (vgl. Kapitel 3.6.1 zu den theoretischen Vorbehalten der Input-Output-Analyse).

Eine regionalökonomische Wirkungsanalyse beginnt mit der Definition der Untersuchungsregion. Für das Biosphärengebiet Schwarzwald wurde sich gemäß der Definition von Job et al. (2013a: 25) an den administrativen Gemeindegrenzen orientiert. Bezüglich der Ermittlung der touristischen Nachfrage ist aufgrund der kleinräumigen Raumstrukturen in der südlichen Schwarzwaldregion zu bedenken, dass tourismusstarke Gemeinden im Umland des Biosphärengebietes Schwarzwald – namentlich insbesondere die Gemeinden Feldberg, Münstertal und Todtmoos mit zusammen 977.240 Gästeübernachtungen im Jahr 2018 (vgl. eigene Berechnungen nach Statistisches Landesamt Baden-Württemberg 2021) – einen direkten Einfluss auf die Besucherbewegungen im Raum und damit die Regionalökonomie haben. Exkurs C zeigt anhand der Angaben aus den langen Interviews sekundäre Besucherstrukturen, die sich dadurch definieren, dass Besucher auf

Durchreise einen Zwischenstopp in der Biosphärenreservatsregion einlegen oder außerhalb der Region in z. B. einer der drei genannten Gemeinden übernachten. Aufgrund der fehlenden Information zum Übernachtungsort in den Blitzinterviews, welche die Basis der Hochrechnung der Grundgesamtheit waren, konnten diese sekundären Besucherstrukturen in den Berechnungen zu regionalökonomischen Effekten nicht weiter differenziert werden. Demzufolge wurde als Mindestanforderung nur zwischen Tages- und Übernachtungsgästen sowie nach der Biosphärenreservatsaffinität unterschieden.

Das Biosphärengebiet Schwarzwald war durch die Auswahl der Erhebungsstandorte gut abgedeckt. Außerdem wurde die Saison sowie die Wochenabschnitte bei der Auswahl der Erhebungstermine berücksichtigt. Die Entscheidung wurde durch die Besucherzählungen bestätigt, denn es zeigt sich ein saisonaler Verlauf in der Frequentierung mit Schwerpunkten im Spätsommer und an Wochenenden mit gutem Wetter. An manchen Erhebungstagen traten starke Witterungsereignisse auf (u. a. Sturmböen), was die Repräsentativität eines Wetterjahres sowie den Stichprobenumfang gegebenenfalls schmälerte, der Stichprobenumfang dennoch ausreichend war und im Vergleich zu anderen Erhebungen in deutschen Biosphärenreservaten überdurchschnittlich hoch ist (vgl. Job et al. 2021a: 11). Die Hochrechnung der Besucherzahl erfolgte nach standardisierter Methodik von Job et al. (2020a; 2020b; 2021a; vgl. weiterführend zur Diskussion der Methodik der Besucherzählung v. a. Job et al. 2021a und Woltering 2012: 243ff.).

Bezüglich der regionalökonomischen Analyse ist zur Auswahl des Untersuchungsgebietes hinzuzufügen, dass die kleinräumige Gebietskonstellation des Biosphärengebiets Schwarzwald eine geeignete Raumeinheit bildete, regionalökonomische Multiplikatorwirkungen erstmals mithilfe der Input-Output-Analyse für eine deutsche Schutzgebietsregion abzubilden. Das ist unter dreierlei Gesichtspunkten zu begründen: Erstens ist die überschaubare Größe der Untersuchungsregion von vier Landkreisen zu konstatieren, für welche die großen Datenmengen sinnvoll verarbeitet und präsentiert werden konnten. Zweitens wurde die Heterogenität der Regionalökonomie im Input-Output-Modell widergespiegelt, mit urbanen Dienstleistungsstrukturen im Stadtkreis Freiburg im Breisgau bis hin zu ländlich-peripheren Wirtschaftsräumen in den übrigen Landkreisen Breisgau-Hochschwarzwald, Lörrach und Waldshut, sodass Erklärungen und Interpretationen der Multiplikatoren auf Grundlage des Modells gemacht werden konnten (auch im Vergleich zur Nationalparkregion im Norden). Drittens konnten mithilfe der multiregionalen Modellierung interregionale Vorleistungs- und Konsumeffekte des Tourismus über die Untersuchungsregion hinaus in der Naturparkregion des gesamten Schwarzwaldes (Naturparke Schwarzwald Mitte/Nord und Südschwarzwald) aufgezeigt werden.

Eine durchgängige Herausforderung der gesamten regionalökonomischen Wirkungsanalyse des Tourismus bestand in der mangelnden Datenverfügbarkeit. Dies äußerte sich für die Ermittlung der Besucherzahl darin, dass überhaupt erst Primärerhebungen durchgeführt werden mussten, weil die Grundgesamtheit aufgrund des nicht vorhandenen Wissens zu Tagesbesucheraufkommen, Übernachtungen bei Bekannten und Verwandten sowie in nicht-gewerblichen Unterkunftsbetrieben unbekannt war. Außerdem waren *Face-to-Face*-Interviews zur Ermittlung regionalökonomisch relevanter Besucherstrukturen sowie dem touristischen Ausgabeverhalten durchzuführen. Für die Analyse der regionalökonomischen Effekte des Tourismus mittels Multiplikatoren konnten Primärerhebungen nicht geleistet werden. Die Regionalisierung von nationalen Input-Output-Tabellen mittels *non-survey*-Verfahren ist überdies ein komplexes Unterfangen auf Basis von verfügbaren Daten der amtlichen Statistik. Aus diesem Grund wurde die sekundäre Datenakquise bevorzugt und mit IMPLAN- und Regionaldaten gearbeitet.

Je disaggregierter die Datenlage, desto eindeutiger können touristische Ausgabenkategorien den entsprechenden Wirtschaftszweigen zugeordnet werden (vgl. ARCHER/FLETCHER 1990: 25). Mit dieser Ausgangsproblematik musste sich zur Herleitung regionalökonomischer Verbleiberaten als *capture rates* und Wertschöpfungsquoten auseinandergesetzt werden. Denn disaggregierte Daten zu den touristischen Kerngrößen des Produktionswertes, der Bruttowertschöpfung und den Erwerbstätigen werden auf regionaler Ebene amtlicherseits nur in stark aggregierter Form veröffentlicht. Es wurde deshalb versucht, über die Definitionen und mathematischen Zusammenhänge der Rechengrundlagen der VGR einen Zugang zur Schätzung regionaler Verbleiberaten zu erhalten. Vordergründig war die Intention, ebendiese definitorischen Zusammenhänge differenziert aufzuzeigen, um die Analyseergebnisse dezidiert wiedergeben zu können. Gleichwohl fehlten – unabhängig von Erfahrungswerten des dwif, deren Herleitung weder veröffentlicht noch in wissenschaftlichen Arbeiten überprüft wurden – evidenzbasierte Wertschöpfungsquoten auf regionaler Ebene. Außerdem belegte die Sensitivitätsanalyse, dass der Multiplikand der direkten Wirkungsebene signifikant zum Ausmaß des gesamten Multiplikatorprozesses beiträgt. Diesen Umständen wurde deshalb in praktikabler Weise begegnet, indem regionale Verbleiberaten im Rahmen des Möglichen aus verfügbaren Daten der amtlichen Statistik abgeleitet wurden. Die berechneten Wertschöpfungsquoten verstehen sich deshalb gewiss als grobe Schätzwerte, welche jedoch durch den Zugang über amtliche Regionaldaten im Gegensatz zur Verwendung von Erfahrungswerten des dwif als valider zu beurteilen sind, weil die Herleitung letzterer nicht transparent ist (vgl. HARRER/SCHERR 2002: 144; MASCHKE 2005: 133). Ferner lieferte das Verfahren zur Disaggregation der volkswirtschaftlichen Kennzahlen einen Einblick in die Vorgehensweise des Modellierungssystems IMPLAN. Nach seiner den Daten beigefügten Arbeitsdokumentation geht IMPLAN nach demselben Entwurf vor, aggregierte Werte mithilfe von tief gegliederten Referenzdaten aufzuschlüsseln (vgl. IMPLAN 2020). Die Methodik von IMPLAN zur Konstruktion seiner Regionaldaten wurde insofern empirisch nachvollzogen.

Die Datenverfügbarkeit ist auch das Grundproblem zur Berechnung touristischer Sekundäreffekte. Werden regionalökonomische Multiplikatoren als eine Option aus den Vorleistungsverbuchungen eines Input-Output-Rechenwerkes berechnet, so liegt im besten Falle eine regionale Input-Output-Tabelle vor. Die Konstruktion solcher Tabellen ist allerdings nicht die gängige Forschungspraxis in Deutschland. Für die vorliegenden Analysen wurde deshalb ein Weg gewählt, der aus zweierlei Perspektiven zu bewerten ist: Einerseits wurde mit der Wahl von IMPLAN-Daten eine hinsichtlich des Ressourceneinsatzes praktikable Lösung verfolgt. Andererseits wurden IMPLAN-Daten auch gerade deshalb gewählt, da IMPLAN ein weitverbreitetes Analysemodell in den USA ist (vgl. CROMPTON et al. 2016: 1054) und der NPS sein VSE-Modell mit IMPLAN-Daten bespeist. Auch wenn die Datengrundlagen andere sind, so ist das Modellierungsprinzip von IMPLAN dasselbe und der Ansatz einheitlich, was vor dem Hintergrund des Bestrebens einer internationalen Vergleichbarkeit der Analysen als Vorteil von IMPLAN zu beurteilen ist.

Dabei ist selbstkritisch einzuwenden, dass die praktikable Lösung wissenschaftlich ausbaufähig ist, denn zunächst einmal darf nicht ignoriert werden, dass es sich bei IMPLAN um ein „ready-made" Input-Output-Modell handelt – ein Input-Output-Modell „von der Stange". D. h., ein privatwirtschaftlich agierendes Unternehmen hat es sich zur Aufgabe gemacht, Input-Output-Daten zur ökonomischen Analyse jedweder Fragestellung zu generieren und für jedweden Fachbereich – sei es für Wissenschaft oder Wirtschaft – zum Kauf anzubieten. Trotz verständlich aufbereitetem Internetauftritt mit einem umfassenden „Help&Support"-Bereich, kundenorientierter Unterstützung bei der Bestellung und Lieferung der Daten und wissenschaftlichen Publikationen über die Modellierung der Input-Output-Daten, die von unternehmensinternen Ökonomen geschrieben werden, bleibt die Tatsache bestehen, dass ein vollumfängliches Verständnis über die Datenakquise und Modellierungsverfahren für Außenstehende nicht gegeben ist. Da es sich bei IMPLAN noch dazu um ein US-amerikanisches Unternehmen handelt, muss bedacht werden, dass der Fokus der Modellentwicklung auf den USA liegt, während die Modellierung von Daten für die EU mithilfe des entsprechend konzipierten *Radiation*-Modells, woraus die Daten für diese Arbeit entstammen, ein neu getestetes Verfahren war. Auch die Validierung des Modells steht seitens von IMPLAN noch aus (vgl. ZHAO/SQUIBB 2020).

Dies führt zu einem weiteren kritischen Aspekt, nämlich dass bislang keine weiteren Studien zu regionalökonomischen Effekten des Tourismus in Schutzgebieten und anderen Raumeinheiten mithilfe von IMPLAN-Daten vorliegen, um so die Ergebnisse der abgeleiteten Multiplikatoren für das Biosphärengebiet Schwarzwald und dem Nationalpark Schwarzwald mit weiteren Gebietseinheiten gegenüberstellen zu können. Für eine umfassendere Einordnung der Höhe der Multiplikatoren und der regionalökonomischen Effekte konnte diese Arbeit eine Gegenüberstellung mit der touristischen Wertschöpfungsanalyse leisten (vgl. dazu das nachfolgende Kapitel 6.3.2). Für einen darüberhinausgehenden Vergleich zu anderen Modellansätzen fehlen Analysen mithilfe von beispielsweise CGE-Modellen.

Denn je nach Modell- und Regionalisierungsansatz entstehen Variationen der regionalökonomischen Multiplikatoren. Bei IMPLAN handelt es sich um ein auf dem Rahmenwerk von LEONTIEF (1936) basierendes Input-Output-Modell. Das bedeutet, dass die Grundannahme von IMPLAN die intraregionalen Vorleistungs- und Endnachfrageverflechtungen von Gütern sind. Außerdem bedeutet dies, dass die IMPLAN-Modelle den theoretischen Restriktionen der statischen Input-Output-Rechnung unterliegen, wie lineare Produktionsfunktionen, keine Substitution und keine Einschränkung von Vorleistungsgütern, keine Preisanpassungen und technische Koeffizienten (vgl. BONN/HARRINGTON 2008: 775). Folglich muss davon ausgegangen werden, dass IMPLAN-Multiplikatoren tendenziell überschätzt werden (vgl. RICKMAN/SCHWER 1993: 156). Relativierend ist hinzuzufügen, dass RICKMAN/

SCHWER (1993) das IMPLAN- mit dem REMI-Modell vergleichen, bei welchem es sich um ein ökonometrisches Modell handelt, und die Multiplikatoren deshalb grundlegend andersartig sind (vgl. Kapitel 3.6.3).

Als Datengrundlage zur Konstruktion der regionalen Tabellen nutzte IMPLAN VGR-Daten von Eurostat sowie dessen FIGARO-Tabellen und Tabellen der WIOD. Für diese Arbeit war dies vorteilhaft, denn somit stimmen die Klassifizierungen der IMPLAN-Daten nach NACE mit den VGR-Daten nach WZ 2008 überein und auch die disaggregierten Kenngrößen sind bis auf minimale Abweichungen miteinander vergleichbar. Diese Abweichungen entstehen aufgrund von verschiedenen Revisionen und sind vernachlässigbar, weil es sich bei den IMPLAN-SAM generell um regionalisierte Schätzwerte handelt.

6.3.2 Gegenüberstellung und Bewertung der Methodik von Wertschöpfungs- und Input-Output-Analyse

Während in Kapitel 6.1 die Ergebnisvariationen zwischen Wertschöpfungs- und Input-Output-Analyse gegenübergestellt wurden, um unter anderem die in der Wertschöpfungsanalyse pauschal angesetzte 30 %-Wertschöpfungsquote der indirekten Wirkungsebene zu validieren, wird im Folgenden eine inhaltlich-analytische Gegenüberstellung der beiden Methoden diskutiert. Für eine fundierte Einordnung basiert die nachfolgende Gegenüberstellung auf dem Kriterienkatalog zur Auswahl eines geeigneten *economic impact*-Modells von KLIJS et al. (2012: 1177ff.), wobei auf folgende Bewertungskriterien genauer eingegangen wird: Effizienz, Daten, Vergleichbarkeit, Transparenz und Einfachheit, Glaubwürdigkeit des Modells und seine Anwendung, Sensitivitätsanalysen, Klassifikation der Wirtschaftszweige und Segmentierung von Besuchergruppen sowie touristische Kenngrößen und Wirkungsebenen. Tabelle 61 stellt die beiden Methoden nach Kriteriengruppen und ihnen zugeordnete Kriterien gegenüber und liefert eine erklärende Beschreibung. Zur Bewertung von Wertschöpfungs- und Input-Output-Analyse wurde für jedes der angeführten Kriterien eine Priorisierung hinsichtlich der Auswahl der Methode für die regionalökonomische Wirkungsanalyse des Tourismus in Schutzgebieten entschieden. Die Priorisierung begründet sich durch Erkenntnisse der empirischen Analyse dieser Arbeit und Erfahrungen der deutschen Schutzgebietsforschung in den letzten Jahren, die in den zitierten Publikationen ausgeführt sind.

Ursprünglich vom dwif entwickelt, wurde die Wertschöpfungsanalyse mit einer ersten Studie im Nationalpark Berchtesgaden von 2000 bis 2002 in der deutschen Schutzgebietsforschung erstmals angewandt (vgl. JOB et al. 2003: 131ff.). Auf einem ähnlichen Prinzip der Verwendung von branchenspezifischen Wertschöpfungsanteilen basierte ebenfalls die zuvor durchgeführte Untersuchung von KÜPFER (2000: 109ff.) im Schweizerischen Nationalpark auf Basis der von RÜTTER et al. (1996: 46) berechneten Multiplikatoren. In einer deutschen Folgestudie im Nationalpark Müritz und den beiden Naturparken Altmühltal und Hoher Fläming zwischen 2003 und 2005 wurde die Wertschöpfungsanalyse weiterentwickelt, mit dem Resultat, ein vergleichbares, weil standardisiertes Vorgehen zur Ermittlung regionalökonomischer Effekte des Tourismus in Schutzgebieten vorliegen zu haben (vgl. Job et al. 2005a: 59ff.). Die Kontinuität der Arbeiten von Job et al. (2003; 2005a; 2009; 2013a; 2016; 2021a) und Woltering (2012) gewährleistet die Vergleichbarkeit innerhalb der Analyseergebnisse in deutschen Schutzgebieten. In der Priorisierung der Methoden-wahl ist deshalb hinsichtlich der Vergleichbarkeit zu anderen Schutzgebieten die Wertschöpfungsanalyse zu bevorzugen, während mit den vorliegenden Analysen im Biosphärengebiet Schwarzwald bislang nur für ein Fallbeispiel eine Input-Out-put-Rechnung in Deutschlands Schutzgebieten durchgeführt wurde. Diese Ein-schätzung gilt in Anbetracht dessen, dass die ersten Wertschöpfungsanalysen für deutsche Schutzgebiete bereits im Jahr 2003 vorlagen, auch für den Vergleich zu anderen Zeiträumen. Zusätzlich gewährleistet die Wertschöpfungsanalyse eine An-passungsfähigkeit an andere geographische Maßeinheiten, da Schutzgebiete sowohl hinsichtlich ihrer Größe als auch betreffend ihre strukturräumliche Ausstattung dif-ferieren. Für die Tauglichkeit der Methode für Kenngrößen und die Fragestellung sind beide Methoden als geeignet einzustufen, da beide als *economic impact*-Ansatz einzuordnen sind (vgl. Kapitel 3.2; Tabelle 61).

Aufbauend auf der Idee des Keynesianischen Multiplikators ist die Wertschöp-fungsanalyse als einer der weniger komplexen Ansätze einzustufen, was den prakti-schen Vorteil mit sich bringt, dass sie leicht verständlich und gut zu kommunizieren ist (vgl. Job et al. 2009: 32; Woltering 2012: 124). Daher fällt die Bewertung hinsicht-lich der Verständlichkeit für Außenstehende positiv für die Wertschöpfungsanalyse aus (vgl. Tabelle 61). Darüber hinaus war das damalige Ziel, eine standardisierte Methode zu entwickeln, die eigenständig vom Schutzgebietsmanagement zur Er-mittlung regionalökonomischer Effekte des Tourismus durchgeführt werden kann (vgl. Job et al. 2005a: 5). Aus diesem Grund führte Woltering (2012: 254ff.) zusätz-liche Analysen mit der Fragestellung durch, inwieweit das zeit- und kostenintensi-ve Erhebungsdesign sowohl hinsichtlich der Hochrechnung der Besucherzahl auf Basis von Zählungen an 20 Erhebungstagen als auch hinsichtlich der Erhebung des touristischen Ausgabeverhaltens sinnvoll reduziert werden kann, um eine langfris-tige Monitoringgrundlage zu schaffen. In den neueren, nicht veröffentlichten Leitfä-den von Job et al. (2020a, 2020b) sowie dem aktuellen Artikel von Job et al. (2021a) ist eine nicht weniger komplexe Vorgehensweise niedergeschrieben. Eine Reduktion des Erhebungs- und Auswertungsumfangs ist daher bislang nicht umgesetzt, für das langfristige Monitoring jedoch anzudenken. Zur Input-Output-Analyse liegen erstens keine Erfahrungswerte bezüglich dieses Kriteriums vor und zweitens zeigt die empirische Analyse der vorliegenden Arbeit, dass es sich hierbei um eine detail-genaue und verlässliche, aber komplexe Methode handelt, was für die angewandte Umsetzung zunächst einmal nicht vorteilhaft ist. Die Bewertung fällt deshalb dahin-gehend neutral aus (vgl. Tabelle 61).

Das Kriterium der Transparenz geht mit dem Kriterium der Glaubwürdigkeit des Modells und seinen Annahmen einher. Für die Wertschöpfungsanalyse ist fest-zuhalten, dass die Erhebungen in deutschen Schutzgebieten im Rahmen von For-schungsprojekten durchgeführt wurden, die vom BfN, von der DBU und einzelnen Ländern und Schutzgebietsverwaltungen in Auftrag gegeben wurden. Im Jahr 2006 veröffentlichte das BfN einen ersten Leitfaden und forcierte damit die Standardisierung der Vorgehensweise (vgl. JOB et al. 2006a). Die Umsetzung oblag dem Lehrstuhl für Geographie und Regionalforschung an der Julius-Maximilians-Universität Würzburg, weswegen ein Vertrauensverhältnis zwischen Auftraggeber und Auftragnehmer gegeben ist. Hinsichtlich der Validierungsmöglichkeit ist der Priorisierungspunkt allerdings der „neuen" Input-Output-Analyse zuzuschreiben, weil ihre Applikation sowohl eine Validierung der 30 %-Wertschöpfungsquote der indirekten Wirkungsebene als auch eine Validierung von „ready-made" Input-Output-Modellen erwies (vgl. Tabelle 61).

WOLTERING (2012: 255) beurteilt das Vorgehen zur Bestimmung der regionalökonomischen Effekte des Tourismus in Schutzgebieten als kosten- und zeitintensiv und führt dies auf den enormen Erhebungsaufwand der *Face-to-Face*-Befragungen und Besucherzählungen vor Ort zurück. Gleichwohl sind diese Primärerhebungen von den daran anschließenden Berechnungen zur Regionalökonomie zu trennen, deren Reduzierung des Forschungsumfangs er nicht weiter thematisiert. Denn kritisch betrachtet wäre keine weitere Vereinfachung der Wertschöpfungsanalyse tragbar, weil die angesetzten Wertschöpfungsquoten auf Erfahrungswerten des dwif beruhten und für die indirekte Wirkungsebene ein pauschaler Mittelwert verwendet wurde. Im Hinblick auf die Kosten-, Zeit und Dateneffizienz ist die Wertschöpfungsquote zwar zu priorisieren, zuverlässige und aktuelle Daten kann sie allerdings nicht gewährleisten, weil ihr – anders als bei der Input-Output-Analyse mit der zugrundeliegenden Vorleistungsmatrix – ein verlässliches Wirtschaftsmodell als Grundlage fehlt. Die vorliegenden Analysen haben zudem gezeigt, wie aus Daten der amtlichen Statistik disaggregierte Wertschöpfungsquoten der direkten Wirkungsebene abgeleitet werden können (vgl. Kapitel 4.6). Inwieweit zukünftig mit einheitlichen Daten operiert werden kann, ist nach aktuellem Stand nicht absehbar, weswegen eine neutrale Priorisierung vorzunehmen ist (vgl. Tabelle 61). Da die ausschlaggebende Voraussetzung für die künftige Durchführbarkeit das Vorhandensein regionaler Input-Output-Matrizen ist, muss selbstkritisch die gegenwärtige Abhängigkeit von einem „ready-made" Input-Output-Modell aus den USA bedacht werden.

Nichtsdestotrotz ist es gelungen, im Rahmen der Möglichkeiten des „ready-made" Input-Output-Modells eine Sensitivitätsanalyse der Modellausgabe bei Veränderung der Modelleingabe durchzuführen. Dass das Kriterium der Sensitivitätsanalyse eine neutrale Bewertung erfährt (vgl. Tabelle 61), erklärt sich darin, dass eine solche auch schon für die touristischen Nachfrageparameter durchgeführt wurde (vgl. WOLTERING 2012: 245ff.).

Um auf die Parameter und Kenngrößen sowie ihre Wirkungsrunden im Vergleich einzugehen, wurde mit der Empirie dieser Arbeit eine detaillierte Zuordnung der Ausgabenkategorien zum korrespondierenden Wirtschaftszweig der WZ 2008 unternommen. Darauf aufbauend war es möglich, branchenspezifische Wertschöpfungsquoten und Multiplikatoren zu berechnen, weswegen der Punkt für diese beiden Kriterien an die Input-Output-Analyse geht. Neutral ist die Besuchersegmentierung einzuordnen (vgl. Tabelle 61), weil diese unabhängig von der regionalökonomischen Modellierung vorgenommen wird und beide Modelle die Berechnung nach Besuchersegmenten ermöglichen. Gleichzeitig sei aber angemerkt, dass die Besuchersegmentierung nach Schutzgebietsaffinität im Rahmen der Wertschöpfungsanalyse entwickelt wurde (vgl. u. a. Job et al. 2003: 127f.).

Der regionalökonomischen Wirkungsanalyse des Tourismus ist zunächst die Ermittlung des touristischen Umsatzes vorangestellt, welcher sich aus der Multiplikation des touristischen Nachfragevolumens mit den durchschnittlichen Tagesausgaben der Besucher (nach Besuchersegmenten und Ausgabenkategorien) ergibt. Nach Abzug der Mehrwertsteuer von diesem Brutto- verbleibt der Nettoumsatz und damit die Ausgangsgröße zur Bestimmung der regionalen Wertschöpfungswirkungen mithilfe der Wertschöpfungsanalyse (vgl. Kapitel 3.4.2). In der Input-Output-Analyse wird als Zwischenschritt die Anpassung des Preiskonzeptes von Anschaffungs- zu Herstellungspreis durch Berücksichtigung der Handelsmarge oder *capture rate* in den Einzelhandelsbranchen separat durchgeführt (vgl. Kapitel 3.5.2.1). Ein weiterer Grund dafür ist die Fehlinterpretation der Kennzahlen „Umsatz" und „Produktionswert", die in Kapitel 3.3.2 auf Grundlage der Zusammenhänge der VGR erläutert wurden. Dabei umgeht die Wertschöpfungsanalyse keinesfalls den wichtigen Rechenschritt, sondern geht für die Ausgabenkategorien des Einzelhandels von entsprechend kleineren Wertschöpfungsquoten als für die Dienstleistungsbereiche aus (vgl. Kapitel 5.4.2). Aufgrund dieser Präzisierung im Input-Output-Verfahren, ist dieses jedoch hinsichtlich der Berechnung von Output-Effekten zu bevorzugen (vgl. Tabelle 61).

Zur Berechnung der direkten regionalökonomischen Effekte ist der Quotenansatz anzuwenden (vgl. Kapitel 3.4), der im Kern die Wertschöpfungsanalyse mit ihren Wertschöpfungsquoten repräsentiert. Gleichwohl wurde bislang mit nationalen Durchschnittswerten gearbeitet und die Vorgehensweise erst in der schrittweisen Durchführung der regionalökonomischen Wirkungsanalyse im Biosphärengebiet Schwarzwald dahingehend modifiziert, mit amtlichen Statistiken zu arbeiten. Der Priorisierungspunkt geht daher an die Input-Output-Analyse (vgl. Tabelle 61), wohlwissend, dass für ein valides Abbild regionalökonomischer Verbleiberaten Unternehmensbefragungen der geeignetste Ansatz wäre.

Seit der Etablierung der Wertschöpfungsanalyse gehen die Berechnungen zur Tourismusökonomie in Deutschlands Schutzgebieten auf der indirekten Wirkungsebene von einem Wertschöpfungsanteil der indirekten Wertschöpfung an den Vorleistungen von 30 % aus, einem Durchschnittswert für alle Wirtschaftsbereiche und auf jedweder geographischen Maßstabsebene. Demgegenüber liegt mit der Vorleistungsmatrix eines Input-Output-Rechenwerkes eine solide Datengrundlage vor, die zwar ebenfalls durch indirekte Verfahren hergeleitet werden muss, jedoch ein verlässliches Modell zur Berechnung der Vorleistungseffekte touristischer Ausgaben darstellt. Deshalb ist die Input-Output-Analyse in Bezug auf die Quantifizierung der indirekten Wirkungsebene der Wertschöpfungsanalyse vorzuziehen (vgl. Tabelle 61).

Die dritte Wirkungsebene der induzierten Effekte wird in der Wertschöpfungsanalyse nicht berücksichtigt, weshalb die Input-Output-Analyse per se den Bewertungspunkt erhält (vgl. Tabelle 61). Wird der Ansicht von Tschurtschenthaler (1993: 222) gefolgt, so sei es vertretbar, auf die Berechnung der induzierten Effekte zu verzichten:

> *„Aus jeder zusätzlichen, der einheimischen Bevölkerung direkt oder indirekt zu-*
> *fließenden Einkommenseinheit erhöht sich die regionale Kaufkraft, und zwar*
> *unabhängig davon, aus welchem Wirtschaftszweig diese resultiert. Direkte und*
> *indirekte Einkommen stehen immer in einer gewissen konstanten Relation zu den*
> *induzierten Einkommen. Die Höhe der induzierten Einkommen wird dann aber*
> *ausschließlich von der Höhe der direkten und indirekten Einkommen bestimmt.*
> *Daher genügt es, sich auf die direkten und indirekten Einkommenseffekte des*
> *Tourismus (…) zu beschränken."*

Allerdings ist mit dem nun vorliegenden Wissen über die Vorgehensweise der Input-Output-Analyse folgende definitorische Nuance in dieser Aussage herauszustellen: Die induzierten Effekte leiten sich aus der Endogenisierung der Konsumkomponente der privaten Haushalte in die Vorleistungsmatrix ab. Der Konsum der privaten Haushalte besteht im Input-Output-System also als eine von den Vorleistungsbeziehungen unabhängige Komponente (als Primärinput zur Produktion des Outputs). Im mathematischen Konstrukt der klassischen *Typ II*-Multiplikatoren sind die direkten Effekte als Ausgangsgröße definiert (vgl. Kapitel 3.5.2.2 bzw. auch Kapitel 3.5.3.2 zu den SAM). Indem diese *ratio*-Multiplikatoren hergeleitet werden, nimmt die Input-Output-Analyse an, dass ausschließlich von den direkten Effekten ausgehend weitere Wirkungsrunden touristischen Geldflusses in der Region ausgelöst werden, welche somit die Höhe der induzierten Wirkungen gemäß der Formel des touristischen Multiplikators bestimmen (vgl. Formeln 45 und 46 in Kapitel 3.5.2.2). TSCHURTSCHENTHALER (1999: 222) wiederum bezieht sich in seiner Aussage auf den Keynesianischen Einkommensmultiplikator, dessen Konzeption sich auf staatliche oder private Investitionen und damit die induzierte Konsumwirkung bezieht (vgl. Kapitel 2.4.1.1).

Generell kann mithilfe von *Typ II*-Multiplikatoren ein umfassenderes Bild der regionalökonomischen Zusammenhänge dargelegt werden (vgl. EMONTS-HOLLEY et al. 2021: 430). Eine Quantifizierung der induzierten regionalökonomischen Effekte ist auch deshalb gewinnbringend, weil sich in ihnen räumliche Faktoren der regionalökonomischen Multiplikatorwirkung widerspiegeln, wie beispielsweise die Größe der Untersuchungsregion oder wirtschaftsstrukturelle Verflechtungen (z. B. Pendlerverflechtungen). Mit der Verwendung multiregionaler Input-Output-Modelle können diese (zusammen mit den indirekten Effekten) auch über die zu untersuchende Schutzgebietsregion hinausgehend berechnet werden. Dies wurde durch die Nutzung eines multiregionalen Input-Output-Modells für die beiden Naturparke Schwarzwald Mitte/Nord und Südschwarzwald ersichtlich (vgl. Kapitel 5.8.3.2) und ist eine weitere Abgrenzung zur touristischen Wertschöpfungsanalyse (vgl. Tabelle 61).

In der Gesamtschau zeigt sich, dass die Wertschöpfungs- der Input-Output-Analyse bezüglich der etablierten Erfahrungswerte in Sachen Vergleichbarkeit, Transparenz, Vertrauen und Effizienz überlegen ist. Die Input-Output-Analyse punktet allerdings hinsichtlich der Datenzuverlässigkeit und Genauigkeit im Bereich der Klassifikationen von Wirtschaftszweigen und Besuchersegmenten. Eine eindeutige

Überlegenheit gegenüber der Wertschöpfungsanalyse ist der Input-Output-Analyse außerdem für die präzise Quantifizierung regionalökonomischer Effekte für die drei betrachteten Kenngrößen und auf den drei Wirkungsebenen zuzuschreiben.

Tabelle 61: Priorisierung der Methodenwahl von Wertschöpfungs- oder Input-Output-Analyse

Kriteriengruppe	Kriterium	Beschreibung	Priorisierung	
			Wert-schöp-fungsana-lyse	Input-Out-put-Ana-lyse
Vergleichbarkeit	Standardisierung	Struktur und Vorgehensweise der Analyse sollten standardisiert sein.	1	2
	Vergleichbarkeit zu anderen Schutzgebiets-regionen	Die Methode sollte die Vergleichbarkeit der Ergebnisse mit den Ergebnissen von Analysen in anderen Schutzgebietsregionen gewährleisten.	1	2
	Vergleichbarkeit zu an-deren geographischen Maßeinheiten	Die Methode sollte die Vergleichbarkeit der Ergebnisse mit den Ergebnissen von Analysen auf anderen geographischen Maßstabsebenen (regional, national) gewährleisten.	1	2
	Vergleichbarkeit zu anderen Zeiträumen	Die Methode sollte die Vergleichbarkeit der Ergebnisse mit den Ergebnissen von Analysen für andere Zeiträume gewährleisten.	1	2
	Tauglichkeit für Kenngrößen und Frage-stellungen	Die Methode sollte für die Forschungsfrage der Analyse geeignet sein.	0	0
Transparenz und Einfachheit	Öffentliche Verfüg-barkeit	Die technischen Einzelheiten der Methode und ihrer Anwendung sind öffentlich zugänglich.	0	0
	Verständlichkeit für Laien	Die Methode sollte für Außenstehende erklärbare und verständ-liche Ergebnisse liefern.	1	2
	Einfache Anwendung	Die Methode sollte so einfach sein, dass sie von Außenstehen-den (z. B. Schutzgebietsverwaltung) angewandt werden kann.	0	0
Glaubwürdigkeit des Modells und seine Annahmen	Vertrauen in die Methode	Der Auftraggeber sollte der Methode vertrauen.	1	2
	Vertrauen in die Auftrag-nehmer	Der Auftraggeber sollte der Institution vertrauen, welche die Methode anwendet.	1	2
	Validierungsmöglichkeit	Die Methode sollte wissenschaftlich und unabhängig validierbar sein.	2	1
Effizienz	Kosteneffizienz	Die Methode sollte eine kosteneffiziente Analyse ermöglichen.	1	2
	Zeiteffizienz	Die Methode sollte eine zeiteffiziente Analyse ermöglichen.	1	2
	Dateneffizienz	Die Methode sollte eine dateneffiziente Analyse ermöglichen.	1	2
Daten	Einheitliche Daten	Die zugrundeliegenden Daten sollten einheitlich sein.	0	0
	Zuverlässige Daten	Die zugrundeliegenden Daten sollten zuverlässig sein.	2	1
	Aktuelle Daten	Die zugrundeliegenden Daten sollten aktuell sein.	2	1
Sensitivitätsana-lysen	Sensitivitätsanalysen des Modells ermög-lichen	Sensitivitätsanalysen sollten durchführbar sein, um die Folgen einer Variation der in der Analyse verwendeten Parameter sowie einer Änderung der Struktur des zugrundeliegenden Modells aufzuzeigen.	0	0

Klassifikation der Wirtschaftszweige/Segmentierung von Besuchern	Zuordnung der Ausgabenkategorien zum korrespondierenden Wirtschaftszweig	Die Klassifizierung der Wirtschaftszweige des Modells sollte eine Zuordnung der touristischen Ausgabekategorien ermöglichen.	2	1
	Besuchersegmentierung	Die Methode sollte die Berechnung der regionalökonomischen Effekte nach Besuchersegment ermöglichen.	0	0
	Wirtschaftszweigklassifizierung	Die Methode sollte die Berechnung der regionalökonomischen Effekte nach Wirtschaftszweigen ermöglichen.	2	1
Touristische Kenngrößen und Wirkungsebenen	Berechnung der Output-Effekte	Mithilfe der Methode sollten regionalökonomische Effekte touristischer Ausgaben auf die Produktion (Output) berechnet werden können.	2	1
	Berechnung der Wertschöpfungseffekte	Mithilfe der Methode sollten regionalökonomische Wertschöpfungseffekte berechnet werden können.	2	1
	Berechnung der Beschäftigungseffekte	Mithilfe der Methode sollten regionalökonomische Beschäftigungseffekte berechnet werden können.	2	1
	Direkte Effekte	Mithilfe der Methode sollten direkte regionalökonomische Effekte berechnet werden können.	2	1
	Indirekte Effekte	Mithilfe der Methode sollten indirekte regionalökonomische Effekte berechnet werden können.	2	1
	Induzierte Effekte	Mithilfe der Methode sollten induzierte regionalökonomische Effekte berechnet werden können.	2	1
	Räumliche Verteilung der regionalökonomischen Effekte	Die Ergebnisse der Methode geben Einblicke in die räumliche Verteilung der regionalökonomischen Wirkungen, auch über die Schutzgebietsregion hinausgehend.	2	1

Quelle: eigene Bewertung auf Basis von KLIJS et al. (2012: 1179ff.)[137]
(0 = neutral; 1 = die Methode ist die erste Wahl hinsichtlich dieses Kriteriums; 2 = die Methode ist die zweite Wahl hinsichtlich dieses Kriteriums)

6.4 Methodische Implikationen für das Besuchermonitoring in deutschen Schutzgebieten

In den bisherigen Abschnitten der Diskussion wurde die durchgeführte Input-Output-Analyse umfassend reflektiert, die Multiplikatoren validiert und auf ihre Sensitivität hin überprüft sowie Ergebnisse und Methodik der in Deutschland bislang angewandten Standardmethode der touristischen Wertschöpfungsanalyse gegenübergestellt. Das knappe Fazit lautet: Die Input-Output-Analyse ist der methodisch verlässlichere und umfassendere Ansatz. Aufgrund der Praktikabilität hat sich jedoch die Wertschöpfungsanalyse in der deutschen Schutzgebietsforschung

---

137 Die Auswahl der hier angeführten Kriterien basiert ebenso wie der Priorisierungsansatz von Methoden der ökonomischen Wirkungsanalyse im Tourismus auf KLIJS et al. (2012: 1179ff.). Die Autoren haben die in der Tabelle genannten und weitere Kriterien, die in dieser Arbeit jedoch keine Rolle spielen, mithilfe von Literaturrecherche und Experteninterviews herausgearbeitet. Die hier durchgeführte Priorisierung der Methoden erfolgte auf Grundlage der Standardliteratur zu Wertschöpfungs- und Input-Output-Analyse sowie der empirischen Erkenntnisse dieser Arbeit.

bewährt. Folgende grundlegende Anforderungen an Wirtschaftsmodelle für ein regionalökonomisches Monitoring in Schutzgebieten sind bezugnehmend auf die bewertende Gegenüberstellung des letzten Teilkapitels 6.3.2 zu rekapitulieren:

- Vergleichbarkeit und Anpassungsfähigkeit an verschiedene Raumbezüge und Zeiträume;

- Glaubwürdigkeit des Modells;

- Kosten-, Zeit- und Dateneffizienz;

- Praktikabilität und Nachvollziehbarkeit der Resultate.

Diese Anforderungen an ein standardisiertes und langfristiges regionalökonomisches Monitoring anvisierend werden im Folgenden sechs mögliche Entwicklungsstufen vorgeschlagen, um die methodisch „bessere" Input-Output-Analyse für die deutsche Schutzgebietsforschung zur Adaption an internationale Standards zu etablieren (vgl. SPENCELEY et al. 2021a).

Mit der Input-Output-Analyse der regionalökonomischen Effekte des Tourismus im Biosphärengebiet Schwarzwald und der Vergleichsregion des Nationalparks Schwarzwald liegen im Grunde zwei singuläre Fallbeispiele des speziellen Analyseverfahrens für Deutschland vor. Der Schwerpunkt der Analyse lag auf der eigentlichen Untersuchungsregion des Biosphärengebiets Schwarzwald, weswegen die Ergebnisse genauer ausfallen. Insbesondere wurde für das Biosphärengebiet Schwarzwald die direkte Wirkungsebene auf Grundlage von regionalen Wirtschaftsdaten der Landkreise genauer quantifiziert. Für das zweite Fallbeispiel, dem Nationalpark Schwarzwald, müssten in einem **ersten Schritt** Nachbesserungen angestellt werden, indem regionalökonomische Verbleiberaten auf Basis der Landkreise der definierten *Core Region 2* nach demselben Vorgehen wie in der vorliegenden Empirie berechnet werden (vgl. Kapitel 4.6). Das bedeutete eine erste Harmonisierung der Berechnungen für zwei Fallbeispiele.

Auf dem Weg in Richtung langfristiger Etablierung der Input-Output-Analyse lägen daraufhin zwei aufeinander abgestimmte, exemplarische Pilotuntersuchungen aus dem Schwarzwald vor. Auf dieser Grundlage sollte die Quantifizierung belastbarer und repräsentativer Multiplikatoren für weitere Regionalökonomien erzielt werden. Zwei Fallbeispiele aus einem Naturraum innerhalb der deutschen Schutzgebietslandschaft mit 16 Nationalparken, 18 Biosphärenreservaten und 104 Naturparken reichen nicht aus, um für ein ganzheitliches Monitoring regionsspezifische Aussagen über Multiplikatorvariationen treffen zu können. Deshalb ist im **zweiten Schritt** eine regionalökonomische Wirkungsanalyse einer weiteren Schutzgebietsregion durchzuführen, um folgendes Ergebnis zu erhalten: Neben der Berechnung der regionalökonomischen Effekte mithilfe der verlässlichen Input-Output-Methode könnten Multiplikatoren von sodann drei Fallbeispielen datenanalytisch aufeinander abgestimmt und deshalb miteinander verglichen werden. Damit könnten auch rückbeziehend die ersten beiden Fallbeispiele des Schwarzwaldes validiert werden. Für die direkte Vergleichbarkeit der Ergebnisse wird eine weitere Akquise von IMPLAN-Daten empfohlen.

Als Vorschlag für eine weitere Untersuchungsregion wird die Nationalparkregion am Wattenmeer (bestehend aus den drei Nationalparken Niedersächsisches, Hamburgisches und Schleswig-Holsteinisches Wattenmeer) genannt. Hierfür liegen erstens aktuelle Erhebungen zum Nationalpark Niedersächsisches Wattenmeer vor, welche die höchste Besucherfrequentierung unter allen deutschen Nationalparken belegen (vgl. Job et al. 2021b: 41). Zudem sind die Untersuchungen in den beiden anderen Teilregionen der Nationalparke am Wattenmeer derzeit bereits in Bearbeitung (vgl. Job et al. 2021a: 11). Zweitens wäre ein raumstrukturelles Kontrastprogramm zu einer im süddeutschen Schichtstufenland gelegenen Mittelgebirgsregion gegeben, wodurch regionsspezifische Multiplikatorvariationen des norddeutschen Tieflandes identifiziert werden könnten. Drittens wird damit der länderübergreifende Anspruch einer kompatiblen Fortschreibung touristischer Aktivität im Rahmen des TMAP adressiert (vgl. beispielsweise der zugehörige Qualitätsbericht von Bjarnason et al. 2017).

Im Ergebnis würden für zwei Regionseinheiten zugehörige Multiplikatoren vorliegen. Diese kennzeichneten die Schutzgebietsregionen sowohl jeweils einer naturräumlichen Großlandschaft Deutschlands als auch zweier verschiedener Schutzgebietstypen (Biosphärenreservat und Nationalpark bzw. zusätzlich das UNESCO-Weltnaturerbe am Wattenmeer). Für die Repräsentativität der vielschichtigen Schutzgebietsregionen Deutschlands wäre diese empirische Basis noch nicht ausreichend. Die Regionaldaten zweier Raumstrukturtypen wären nicht übertragbar, da von Pauschalisierungen und Durchschnittswerten abzusehen ist, wie die empirischen Erkenntnisse dieser Arbeit belegen. In der Weiterentwicklung dieser noch groben Differenzierung regionalökonomischer Multiplikatoren sind in einem **dritten Schritt** deshalb zwei weitere Fallbeispiele verschiedener Schutzgebietstypen zu analysieren. Zur Auswahl dieser Fallbeispiele kann eine Clusteranalyse der raumstrukturell heterogenen deutschen Schutzgebiete ein geeigneter Ansatz sein. In Anlehnung an Frieser et al. (2023) können verschiedene Klassifikationsansätze in Betracht gezogen werden. Bei den folgenden Möglichkeiten nimmt die Genauigkeit der Gruppierung der heterogenen Gebietseinheiten je Punkt zu:

1. Eine Gliederung nach naturräumlichen Großlandschaften wurde bereits bei der Auswahl der Fallbeispiele am Wattenmeer angesprochen. Dabei handelt es sich um eine grobe Einordnung auf Basis der geographischen Lage der Schutzgebiete. Dies eignet sich zur Auswahl eines naturräumlich verschiedenartigen Untersuchungsgebietes zur Gegenüberstellung mit den beiden Schutzgebietsregionen im Schwarzwald. Für die Auswahl weiterer Untersuchungsregionen ist dieser Ansatz jedoch nicht ausreichend, da der raumwirksame menschliche Einfluss auf die Schutzgebietslandschaft fehlt.

2. Eine weitere Möglichkeit bestünde deshalb in der Klassifizierung nach Raumstrukturtypen, wie sie von JOB/METZLER (2006: 355) und JOB et al. (2021a: 7) für deutsche Naturparke vorgenommen wurde. Die deutschen Schutzgebiete ließen sich vier Raumstrukturtypen zuordnen: „sehr zentral", „zentral", „peripher" und „sehr peripher". Mittels GIS-Analyse könnten die jeweiligen Flächen von Raumstrukturtyp und Schutzgebiet miteinander verschnitten und die Schutzgebiete einem Raumstrukturtyp zugeordnet werden (auf Grundlage von Karte 1 in Kapitel 2.2). Für die regionalökonomische Wirkungsanalyse des Tourismus könnte eine Untersuchungsregion je Raumstrukturtyp ausgewählt werden, um zugehörige regionalökonomische Multiplikatoren zu berechnen.

3. Diese beiden Ansätze basieren auf natur- oder kulturräumlichen Gliederungen. Dabei bleibt der regionalökonomische Faktor unberücksichtigt. Für eine Analyse von Multiplikatoren ist jedoch gerade dieser entscheidend. Demzufolge wird eine Clusteranalyse empfohlen, um die heterogenen Regionalökonomien in weitgehend homogene Cluster zusammenzufassen. Für die definierten Schutzgebietsregionen schlagen FRIESER et al. (2023) vor, eine Clusteranalyse nach Tourismusentwicklung durchzuführen. Für diese Clusteranalyse eigneten sich die Indikatoren Tourismusintensität und -dichte. Zur Berechnung dieser wäre eine Auswertung der amtlichen Tourismusstatistik durchzuführen, sodass sich die Clusterung der Schutzgebiete an administrativen Einheiten orientierte.

Da sozioökonomische Indikatoren eingespeist würden, ist eine solche Clusterung nach Tourismusentwicklung grundsätzlich differenzierter als die Klassifikationsansätze der beiden erstgenannten Punkte, für die Etablierung der Input-Output-Analyse allerdings weniger zielführend. Denn während die Tourismusentwicklung die touristische Nachfrage ausdrückt, zeigen regionalökonomische Multiplikatoren vielmehr ein Abbild der Regionalökonomien mit ihren Vorleistungsverflechtungen. Aus diesem Grund ist eine Clusterung nach wirtschaftlichen Strukturmerkmalen durchzuführen, in welche die regionalwirtschaftlichen Indikatoren der VGR, also die Bruttowertschöpfung sowie Erwerbstätige, eingespeist werden (in Anlehnung an FRIESER et al. 2023).

In der kombinierten Betrachtung der Clustervarianten nach Raum- oder Wirtschaftsstruktur könnten die Zuordnungen der Schutzgebiete gegenübergestellt und auf dieser Grundlage debattiert werden, für welche Schutzgebietsrepräsentanten der Clusterlösungen regionalökonomische Multiplikatoren berechnet werden. Für eine Variante von beispielsweise vier Clustern lägen dann vier verschiedene Multiplikatorvariationen vor, die auf die Schutzgebiete innerhalb der Cluster übertragen werden könnten. Als Datengrundlage der Multiplikatoren sollten aufgrund der Vergleichbarkeit IMPLAN-Daten verwendet werden.

Angenommen, es könnten auf diese Weise minimal vier wirtschaftsstrukturelle Schutzgebietstypen klassifiziert werden, so könnten raumbedingte Multiplikatorvariationen miteinander verglichen und die Input-Output-Analyse ganzheitlich validiert und harmonisiert werden. Auf dieser Basis wäre es möglich, die Input-Output-Analyse als neues Standardverfahren in Deutschland zu etablieren. Dabei zeigen die Erkenntnisse dieser Arbeit, dass sich die Konzeption der bislang angewandten touristischen Wertschöpfungsanalyse derjenigen der Input-Output-Analyse ähnelt, da bei beiden Analyseansätzen die Idee der Ableitung von Multiplikatoren verfolgt wird. Eine Validierung der 30 %-Multiplikatorwirkung der indirekten Wirkungsebene belegt den konzeptionellen Zusammenhang, wodurch leichte Abweichungen in der Einführung einer neuen Standardmethode vertretbar wären.

Nachdem raumbedingte Variationen sodann erklärbar wären, ist in einem **vierten Schritt** anzustreben, modellbedingte Variationen zu identifizieren. Obwohl die Praxisorientierung von IMPLAN als wichtiger Vorteil nicht zu verachten ist, sollte langfristig die Unabhängigkeit vom US-amerikanischen „ready-made" Modell erzielt werden. Dazu müsste ein eigenes wirtschaftswissenschaftliches Forschungsprojekt realisiert werden, welches sich zur Aufgabe macht, die nationale Input-Output-Tabelle des Statistischen Bundesamtes in Teilräume – bestenfalls auf Grundlage von Wirtschaftsstrukturcluster – zu regionalisieren. Auf diese Art und Weise initiierte Metähallitus Finnland sein regionalökonomisches Monitoring. Bereits in der frühen Entwicklungsphase des finnischen Besuchermonitorings Mitte der 2000er Jahre wurde entschieden, eigene Input-Output-Tabellen mithilfe hybrider Methoden zu regionalisieren. Dabei wurde ebenfalls mit Multiplikatoren für Siedlungsstrukturcluster der Nationalparkregionen gearbeitet (vgl. Huhtala et al. 2010: 9). Mittlerweile wurden die Regionaldaten bereits ein zweites Mal aktualisiert (vgl. Vatanen/Kajala 2019). Mithilfe eigenständig ermittelter Multiplikatoren könnten die bis dahin verwendeten IMPLAN-Multiplikatoren validiert und deshalb ersetzt werden.

Anschließend sollte in einem **fünften Schritt** das Ziel sein, weg von klassifizierten Multiplikatoren hin zu Multiplikatoren für einzelne Schutzgebiete zu kommen. Zumindest für deutsche Nationalparke und Biosphärenreservate sollte das auf Basis weiterer Modellierungen machbar sein, wenngleich für die Naturparke aufgrund ihrer hohen Anzahl weiterhin auf die Cluster-Lösung gesetzt werden müsste.

Zur Erläuterung der Vision des **sechsten und letzten Schrittes** der Etablierung des Input-Output-Verfahrens für die deutsche Schutzgebietsforschung sei auf Abbildung 18 verwiesen. Anhand zweier prominenter Beispiele US-amerikanischer National Parks, dem Yellowstone und dem Everglades National Park, zeigt die Grafik erstens die Entwicklungsverläufe der Besucherzahl, gemessen in Besuchen (*visits*), seit 1904, dem Zeitpunkt als der US NPS mit der Aufzeichnung seiner Besucherstatistiken begann[138]. Zweitens ist die jährlich generierte touristische Wertschöpfung je National Park seit der systemweiten Berechnung der ökonomischen Effekte des National Park-Systems im Jahr 2005 (vgl. Koontz et al. 2017: 1866f.) auf der rechten y-Achse dargestellt. Ohne im Detail spezifische Tendenzen für die beiden National Parks hinsichtlich bestimmter Ereignisse in den USA zu interpretieren, ist in der stetigen Zunahme der Entwicklungsverläufe auf zwei Ausläufer hinzuweisen:

---

138 Die jährliche Besuchererfassung wurde im Everglades National Park unmittelbar mit der Ausweisung des Schutzgebietes im Jahr 1947 begonnen.

Besonders auffallend ist erstens der Einbruch der Besucherzahlen und Wertschöpfungseffekte im Jahr 2020, was auf die Covid-19-Pandemie zurückzuführen ist. Eine zweite Abweichung der kontinuierlichen Verläufe betrifft den Everglades National Park, wo in den Jahren 2009, 2010 und 2011 maximale Ausprägungen der Wertschöpfungseffekte zu erkennen sind. Nach den Berichten des US NPS basierte die Erfassung der touristischen Ausgaben im Everglades National Park in diesen Jahren auf Besucherbefragungen (vgl. Cui et al. 2013: 24; Stynes 2011a: 26; 2011b: 26). Diese werden sporadisch in ausgewählten Parks durchgeführt, um Ausgabenprofile zu klassifizieren, auf deren Grundlage wiederum touristische Ausgabenwerte für das gesamte National Park-System geschätzt werden (vgl. Cullinane Thomas et al. 2019b: 7; Pettebone/Meldrum 2018: 25ff.). Im darauffolgenden Jahr 2012 reduziert sich die Entwicklung der Wertschöpfung im Everglades sprunghaft (vgl. Abbildung 18). Das lässt sich mit der Neueinführung des VSE-Modells in diesem Jahr erklären, wodurch Multiplikatoren für jede einzelne Gebietseinheit verwendet werden konnten. Zudem wurde eine Aktualisierung der IMPLAN-Daten durchgeführt sowie die Definition der Untersuchungsregion optimiert (vgl. Cullinane Thomas et al. 2014a: 1f.).

Abbildung 18: Entwicklung der Besucherzahlen und der touristischen Wertschöpfung in ausgewählten US National Parks

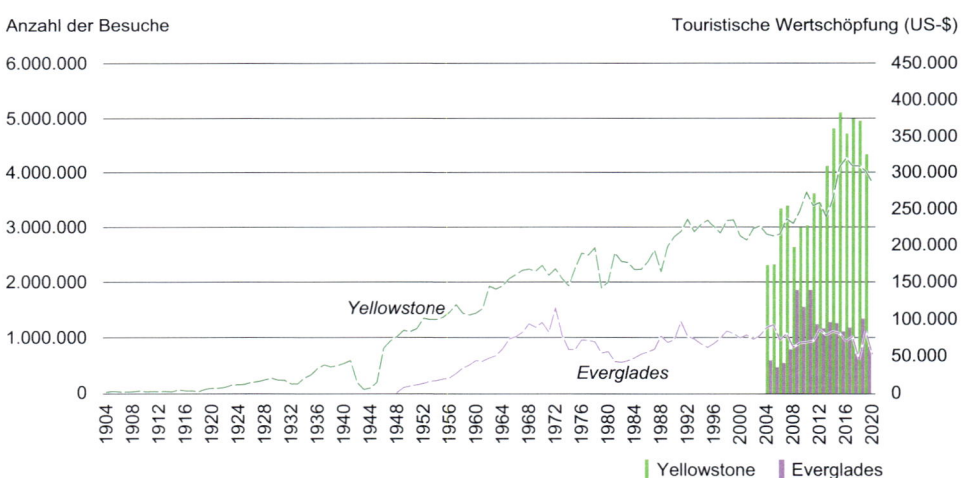

Quelle: eigene Darstellung verändert nach Majewski/Koontz 2022 auf Datengrundlage von Cui et al. 2013; Cullinane Thomas/Koontz 2016; 2017; 2020; 2021; Cullinane Thomas et al. 2014a; 2014b; 2015; 2018; 2019a; NPS 2021a; Stynes 2006a; 2007; 2008a; 2009a; 2011a; 2011b

Die Interpretation der US-amerikanischen National Park-Besucherzahlen soll nicht der Fokus sein, sondern die Grafik vielmehr den Bogen spannen zu einem empfehlenswerten Anspruch für das Besuchermonitoring in deutschen Schutzgebieten. Denn bezugnehmend auf den US-amerikanischen Vorreiter bedeutete die Umsetzung dieses Leitbildes eine dauerhafte und regelmäßige, im besten Falle jährliche

Fortschreibung der Besucherzahl, z. B. in Kombination mit automatisierten Zählungen vor Ort, und der regionalökonomischen Kennzahlen nach standardisierter Methodik. Dabei würde die Analyse der Regionalökonomie von der Programmierung eines Analysemodells nach dem Vorbild des VSE-Modells (vgl. Cullinane Thomas/Koontz 2021: 6) profitieren. Wenn die erhobenen Parameter in ein anwendungsbezogenes Modell eingespeist werden könnten, könnte so mit weniger Zeit- und Kostenaufwand das regionalökonomische Monitoring bedient werden. Methodische Anpassungen, z. B. durch eine Aktualisierung der Input-Output-Daten wie in Finnland (vgl. Vatanen/Kajala 2019) oder eine Modellweiterentwicklung wie in den USA (vgl. Cullinane Thomas et al. 2014a), und daraus resultierende Abweichungen der Zahlenwerte vom durchschnittlichen Entwicklungsverlauf sind durchaus haltbar, da sie eine evidenzbasierte Weiterentwicklung und damit eine stetige Verbesserung des Analysevorgangs belegen.

Für die Umsetzung bräuchte es hinsichtlich des Managements eine Verlagerung der Zuständigkeiten weg von der föderalen Verwaltungsstruktur der einzelnen Schutzgebiete hin zu einer zentralen verantwortlichen Koordinierungsstelle, vergleichbar den internationalen Institutionen wie dem US NPS oder Metsähallitus Finnland, z. B. durch eine Eingliederung in den NNL e.V. als eindeutig definierte Tätigkeit im Rahmen des integrativen Monitorings. Erstrebenswert wäre die Umsetzung einer Monitoring-Datenbank, in der die Rohdaten von regelmäßigen Evaluierungen von Besucherzahlen nach Besucherstrukturen und regionalökonomischen Effekten je Schutzgebiet zusammengetragen und somit kontinuierlich berechenbar und abrufbar wären. Dadurch wäre auch eine einfache Umsetzung in der Praxis möglich. Eine regelmäßige und öffentlichkeitswirksame Berichterstattung könnte darüber hinaus das Verständnis und die Akzeptanz der Bevölkerung hinsichtlich der nationalen Schutzziele fördern. Eine Option bestünde beispielsweise in der Visualisierung der Ergebnisse auf interaktiven Webseiten in Form von Karten oder Grafiken, welche die räumliche Multiplikatorwirkung des Tourismus im jeweiligen Schutzgebiet veranschaulichen.

6.5   Forschungsdesiderata

Über die dargelegten Implikationen für die Anwendung der Methodik hinaus, offeriert die empirische Analyse zusätzliche Forschungsdesiderata, die sich aus den Defiziten und Potenzialen des Input-Output-Modells, thematischen Sachverhalten oder aus räumlichen Spezifika der Untersuchungsregion ergeben. Unabhängig von der grundlegenden Auswahl des Untersuchungsgebietes, welche aufgrund der gelungenen Durchführung einer Input-Output-Analyse als geeignetes Fallbeispiel bewertet wurde, handelt es sich um eine raumfunktional komplexe Gebietseinheit im südlichen Schwarzwald. Ein zusätzlich dargelegter Exkurs C verdeutlichte, dass sich die verwendete Besuchersegmentierung in weitere Subgruppen nach primären und sekundären Besucherstrukturen gliedern lässt, was dem aktionsräumlichen Verhalten der Besucher während des Aufenthaltes in und um die Region geschuldet ist. Für die empirischen Analysen wurde unter der Maßgabe der internationalen und nationalen Mindeststandards der touristischen Wirkungsanalyse die Segmentierung nach Tages- und Übernachtungsgästen verwendet. Künftige, über die „klassische" Besuchersegmentierung hinausgehende Fragestellungen könnten sich den sekundären Besucherstrukturen detaillierter widmen, indem die regionalökonomischen Effekte dieser untergeordneten Tourismusgruppen analysiert werden. Beispielsweise könnte die Gruppe der Durchreisenden den übergeordneten Aktionsraum der Touristen im Schwarzwald illustrieren. Als These könnte vorangestellt sein, dass die in Exkurs C ermittelten 4,0 % Durchreisenden (bezogen auf die Gesamtbesucherzahl) zunächst im Naturpark Schwarzwald Mitte/Nord nächtigt, um anschließend nach einem Zwischenstopp im Biosphärengebiet Schwarzwald in die Schweiz weiterzufahren. Bezugnehmend auf die Regionalökonomie stellt sich die Frage, welche der Besucherausgaben welcher Destination zuzuordnen sind, weil sich die Wirkungsanalyse mit den örtlichen Ausgaben beschäftigt.

Regionale Verbleiberaten wurden zur Berechnung der direkten Wirkungsebene über die Rechengrundlagen und Wirtschaftszweigklassifikationen der VGR hergeleitet. Selbstreflektierend wurde in Kapitel 6.3.1 erkannt, dass es sich bei *capture rate* und touristischen Wertschöpfungsquoten nur um grobe Schätzwerte handeln kann. Als Desiderat für künftige Forschungsfragen ist eine weiterführende Quantifizierung regionalökonomischer Verbleiberaten anzudenken. Nach Magnan/Seidl (2004: 4) sollte sogar der empirisch-analytische Fokus auf diesen Rechenschritt einer regionalökonomischen Wirkungsanalyse gelegt werden: *„Since not all money spent by tourists in a community stays there, a better indicator of economic impact at the county level may be the amount of tourist spending retained locally."* Tatsächlich könnten durch eine genauere Betrachtung der direkten Wirkungsebene touristischer Ausgaben ausführlichere Erkenntnisse zu regionalen Transport- und Vorleistungsverflechtungen gewonnen werden. In dieser Arbeit wurden regionalökonomische Verbleiberaten in zweierlei Hinsicht verstanden: erstens als Pendant der Einzelhandelsmarge von Lebensmitteln und Non-Food-Produkten und zweitens als Anteil der in der Region verbleibenden Wertschöpfung touristischer Ausgaben. Beide Teilaspekte sind für weitere Forschungen deshalb interessant, weil ein Bewertungsansatz für das nachhaltige Wirtschaften von Regionen angewandt werden würde. Beispielsweise beschäftigte sich Kraus (2015) mit regionalen Wertschöpfungsketten am Beispiel der Dachmarke Rhön und führte Unternehmensbefragungen zur Analyse der Vorleistungsbeziehungen in der Vermarktungsregion der Dachmarke Rhön durch (vgl. Kraus 2015: 121ff.). Dieser Forschungsansatz einer regionalökonomischen Analyse der Verflechtung von Betriebsstrukturen könnte im Hinblick auf die Quantifizierung regionalökonomischer Verbleiberaten adaptiert und z. B. für das Biosphärengebiet Schwarzwald empirisch angewandt werden, um so fundierte Regionaldaten zu erhalten.

Die Erkenntnisse dieser Arbeit unterstreichen das Ziel, ein zuverlässiges Input-Output-Modell zur Berechnung regionalökonomischer Effekte des Tourismus verwenden zu können. In der Diskussion um die Auswahl passender Modellalternativen für die Input-Output-Analyse bringt die Verwendung von „ready-made"

IMPLAN-Daten die naheliegende Option hervor, eigene Input-Output-Tabellen zu regionalisieren. Drei methodische Ansätze gibt es: *survey based-, non-survey-* und hybride Ansätze, die unterschiedliche empirisch-analytische Möglichkeiten und Herausforderungen mit sich bringen (vgl. LAHR 1991a; RICHARDSON 1985: 618ff.). Für weiterführende Forschungen wäre die Anwendung verschiedener Methoden denkbar, wobei unterschiedliche Zielsetzungen damit verfolgt werden könnten. Die Anwendung eines *survey-based*-Ansatzes bedeutet Unternehmensbefragungen durchzuführen, die – entsprechend ihrer eigentlichen Konzeption – zur Konstruktion regionaler Input-Output-Tabellen verwendet werden könnten. Darüber hinaus könnten sie den Bogen zur erweiterten Untersuchung regionaler Vorleistungsverflechtungen und Betriebsstrukturen spannen. *Non-survey*-Ansätze betreffend wäre die Durchführung verschiedener Rechenverfahren gewinnbringend, um die regionalisierten Input-Output-Tabellen mithilfe von LQ- (SLQ-, PLQ-, CILQ-, FLQ-), CB- oder RAS-Methoden gegenüberzustellen. Methodische Spezifika könnten so identifiziert und in touristischen Wirkungsanalysen von Schutzgebieten berücksichtigt werden. Das wäre auch in der Kombination von *survey-based-* und *non-survey*-Ansätzen als hybrides Vorgehen denkbar, weil Synergien zwischen der eher qualitativen Herangehensweise zur Untersuchung regionaler Wirtschaftsstrukturen und der quantitativen Bemessung von Transaktionsdaten geschaffen werden könnten. Die Anwendung von LQ-Verfahren würde einer zusätzlichen Wirtschaftsstrukturanalyse einer Untersuchungsregion dienen, weil relative räumliche Konzentrationen bestimmter Branchen identifiziert werden können. Ferner werden LQ als Näherungswert für RPC verwendet, bei denen es sich im Grunde um Verbleiberaten der regionalen Zulieferungen handelt. Im Verständnis von LQ beschreiben RPC räumliche Konzentrationen von touristischen Vorleistungsverflechtungen, d. h., dass umgekehrt die Importquote von Gütern zur Bereitstellung des touristischen Angebots ausgedrückt werden kann, was der weiterführenden Einordnung des Input-Output-Modells und der daraus abgeleiteten Multiplikatoren dienlich wäre. Perspektivisch könnten durch diese zusätzlichen Analysen die Input-Output-Modelle von IMPLAN genauer überprüft und schließlich validiert werden, was im Hinblick auf die Realisierung der Unabhängigkeit vom „ready-made" Modell anzustreben wäre.

Unter dem Gesichtspunkt der Input-Output-Modelle könnte die Anwendung von Modellerweiterungen die Abbildung realer Wirtschaftsstrukturen vorantreiben. Dabei könnte die Verwendung von SAM zur touristischen Wirkungsanalyse interessante Erkenntnisse zu sozioökonomischen Aspekten der touristischen Multiplikatorwirkung liefern. Auch LI/LIAN (2010: 232) sprechen sich für dieses Forschungsdesiderat aus:

> „More empirical research on the tourism studies with SAM should be developed besides the SAM multiplier analysis. Further research on the mechanism of relative income determination of tourism with methodologies (..) may be tried to discover more details of the relative income determination so as to give recommendations to the policymaking and planning (…)."

Wie in diesem Zitat angesprochen, wären empirische Befunde einer weitergehenden, sozioökonomischen Analyse des Tourismus als Grundlage für politische oder raumplanerische Entscheidungen für das Management von Schutzgebieten hilfreich. Gerade in Bezug auf Schutzgebiete könnte diese Analyseform zu einem umfassenderen Verständnis über die regionalökonomischen Beziehungen zwischen Schutzgebiet und der lokalen Bevölkerung sinnvoll beitragen.

Neben SAM wurden in dieser Arbeit CGE-Modelle vorgestellt, um die klassische Input-Output-Methode im erweiterten Kontext bewerten zu können. Die dynamische Modellierungsform greift die Restriktionen der Input-Output-Analyse auf und wird in der internationalen Forschungswelt vor allem von australischen Ökonomen vorangetrieben, die bereits von einem Paradigmenwechsel in der Tourismusforschung sprechen (vgl. Dwyer et al. 2016: 3). Zum erweiterten Verständnis über regionalökonomische Multiplikatoren, die aufgrund von Preis- und Rückkopplungsparametern im CGE-Modell prinzipiell kleiner ausfallen als im klassischen Input-Output-Modell, wäre die Anwendung eines solchen Modells nützlich. Relativierend ist jedoch anzumerken, dass eine Etablierung solcher CGE-Modelle für die deutsche Schutzgebietsforschung langfristig nicht realistisch ist, weil ihre Modellierung ein kosten- und zeitintensives Unterfangen darstellt.

Vielmehr bietet es sich an, regionalökonomische Multiplikatoren über andere Methodenzugänge empirisch herzuleiten. Zu verweisen ist z. B. auf Mayer (2013: 243ff.), der regionale Vorleistungsverflechtungen mithilfe von Unternehmensbefragungen identifizierte, um daraus branchenspezifische Multiplikatoren abzuleiten. Seiner Auffassung nach ist dabei *„eine sehr breit gestreute Stichprobe von Unternehmen aus anderen Wirtschaftszweigen unabdingbar"* (Mayer 2013: 243). Eine ähnliche Analyse könnte umfangreiche Erkenntnisse über Raumgefüge von Transportketten und Vorleistungsbetrieben sowie betrieblichen Wertschöpfungsquoten bringen, während ein klassisches, mithilfe von *non-survey*-Methoden regionalisiertes Input-Output-Modell die wirtschaftsstrukturelle Realität nur auf Basis verfügbarer Regionaldaten abbilden kann.

Zusätzlich dazu würde eine Analyse der regionalen Pendlerverflechtungen die induzierte Wirkungsebene touristischer Ausgaben validieren. Je höher die Auspendlerrate einer Region, desto kleiner ist die konsumtive Multiplikatorwirkung privater Haushaltseinkommen. In dem Zusammenhang könnten außerdem regionale Konsummöglichkeiten kartiert werden, um die Diversifizierung des Kaufverhaltens der lokalen Bevölkerung abzustecken. Zusätzlich könnte die Sparquote der privaten Haushalte als weiterer Indikator der induzierten Konsumwirkungen verwendet werden, die im Rahmen der VGR der Länder zumindest auf Länderebene berechnet wird. Je höher die Sparquote, desto kleiner die Konsumquote und die dadurch ausgelöste Multiplikatorwirkung nach der Keynesianischen Theorie.

7 Schlussbetrachtung

Ein Leben im Einklang mit der Natur oder – wie die CBD (2010, Decision X/2, II, 11) ihre Vision formuliert – *„Living in harmony with nature"*: ein ambitioniertes Ziel oder ein Naturgesetz? Zumindest scheint im Naturverständnis des Menschen eine Konzeptualisierung der Nützlichkeit natürlicher Funktionen impliziert. Fakt ist, dass der Biodiversitätsverlust im anthropogen geprägten Erdzeitalter eine ernstzunehmende Bedrohung für die menschliche Existenz ist. Um dem entgegenzuwirken, sind die gesteckten Ziele hoch: Die von der CBD (2021, G, 12) angestrebte Schutzgebietsoffensive *30x30* sieht einen globalen Flächenanteil von an 30 % unter Schutz stehenden Gebieten bis zum Jahr 2030 vor. Schutzgebiete werden als nachhaltige Instrumente einer flächendeckenden Biodiversitätssicherung erkannt und sind deshalb von den Vertragsstaaten auszuweisen (vgl. UN 1992, Article 8). Deutschland trägt mit 16 Nationalparken, 18 Biosphärenreservaten und 104 Naturparken zum weltweiten Schutzgebietssystem bei. Die letzten beiden Kategorien dienen vor allem dem großräumigen Erhalt von menschlich geprägten Kulturlandschaften. Streng geschützte Nationalparke machen 0,6 % des terrestrischen Bundesgebietes aus. Ihre Naturdynamikzone fällt zumeist kleiner aus, weswegen sich die meisten deutschen Nationalparke im Entwicklungsstadium befinden. Ihre Flächen bestehen überwiegend aus Naturschutzgebieten, die 6,3 % der Gesamtfläche Deutschlands ausmachen (vgl. BfN 2021a; 2021d; BNatSchG § 24).

Die von Bibelriether (2007: 10) benannte Prämisse der Nationalparke *„Natur Natur sein [zu] lassen"* greift den global vereinbarten Biodiversitätsschutz auf (vgl. UN 1992), wenngleich es die Schwerfälligkeit der Umsetzung des Naturschutzes zu reflektieren gilt, was Bibelriether (2007: 10) durch eine Erörterung verschiedener Gründe tut. Für die Ausführungen dieser Arbeit am bedeutendsten sind wirtschaftliche Gründe, die eine Abwägung der Opportunitätskosten bei der Ausweisung von Nationalparken gegenüber konsumtiven, traditionellen Landnutzungsalternativen erfordern. Historisch bedingt fällt die Flächennutzung von Biosphärenreservaten und Naturparken weniger restriktiv aus. Mit einer *„Zäsur im Gebietsschutz"* (Job et al. 2013b: 208) wurde der Mensch als integraler Bestandteil des Ökosystems gesehen, wodurch die Landnutzungsinteressen der Bevölkerung stärker in den Vordergrund rückten. Ein Leben im Einklang mit der Natur ist als Aufgabe der Biosphärenreservate im BNatSchG, § 25, Abs. 1, festgelegt, wo genauer vom Erhalt der vom Menschen geschaffenen, landschaftlichen Artenvielfalt gesprochen wird. Die Rechtsgrundlage der Naturparke geht dahingehend in eine ähnliche Richtung (vgl. BNatSchG, § 27, Abs. 1). Demzufolge leisten Deutschlands Schutzgebiete den notwendigen Beitrag zur weltweiten CBD, wenn auch mit unterschiedlichen inhaltlichen Ausrichtungen und Schwerpunkten. Auch hinsichtlich der touristischen Nutzung sind unterschiedliche Zielsetzungen im Gesetzeswortlaut definiert. Nationalparke benennen das *„Naturerlebnis der Bevölkerung"* (BNatSchG, § 24, Abs. 2). Naturparke überbieten diese Auslegung mit dem rechtsverbindlich festgelegten Bestreben nach einem nachhaltigen Tourismus. Als raumordnerisches Erfordernis ist die Bereitstellung von Raum für Erholung als weiterer Punkt angeführt. Für Biosphärenreservate ist hingegen die Gesetzesformulierung unspezifischer, wo der Tourismus im Auftrag der beispielhaften Entwicklung schonender Wirtschaftsweisen und damit in SDG-Ziel 12 einzuordnen wäre (vgl. BNatSchG, § 25, § 27; UN 2015a). Summa summarum ist der gemeinsame Nenner der Aufgabenwahrnehmung der drei Großschutzgebietskategorien als die Ökosystemleistung zu identifizieren, Natur und Landschaft den Menschen zugänglich zu machen, woraus ein monetärer und ideeller Wert der Schutzgebiete erwächst.

Als Teilkomponente des gesamtökonomischen Nutzens, des TEV, von Schutzgebieten bemisst die Wirkungsanalyse die regionalökonomischen Effekte touristischer Ausgaben. Die Tragweite des Tourismus ist international wie national nicht unerheblich: Weltweit werden die Besuche in Schutzgebieten derzeit auf rund acht Mrd. Menschen jährlich geschätzt, was direkte Besucherausgaben von 600 Mrd. US-$ generiert (vgl. Balmford et al. 2015: 3). Deutschlands Nationalparke erreichen ein Aufkommen von 53,09 Mio. Besuchstagen jährlich, welches einen Bruttoumsatz in Höhe von 2,78 Mrd. € und eine Wertschöpfung von 1,45 Mrd. € erwirtschaftet. Weitere 65,3 Mio. Besuchstage registrieren die deutschen Biosphärenreservate pro Jahr, woraus ein Bruttoumsatz in Höhe von 2,94 Mrd. € resultiert. Insgesamt beziehen knapp 172.000 Menschen in Deutschland direkt oder indirekt ein Einkommen aus dem Tourismus in Nationalparken und Biosphärenreservaten (vgl. Job et al. 2013a: 95; 2016: 23f.). Dass die hier vorgestellten Zahlen zum Besucheraufkommen in Deutschland miteinander vergleichbar sind, ist der Standardisierung der Erhebungs- und Berechnungsmethodik der jahrelangen Arbeit von Job et al. (2003; 2005a; 2006a; 2009; 2013a; 2016; 2020a; 2020b; 2021a) zu verdanken. Inwieweit die weltweite Modellierung von Besucherzahl und ökonomischem Beitrag von Balmford et al. (2015) belastbar ist, ist aufgrund der nur knappen Skizzierung der methodischen Schritte nicht zu rekonstruieren. Es ist jedoch aufgrund der weltweit unvollständigen Datenlage davon auszugehen, dass es sich nur um grobe Schätzwerte handelt, die im Grunde auf der Summenbildung aggregierter Besucherzahlen basieren, welche – mit Multiplikatoren aus Sekundärdaten multipliziert – einen ökonomischen Stellenwert ausdrücken. Sicherlich handelt es sich um die Angabe des *economic contribution* als grobe Einordnung (vgl. auch Schägner et al. 2017, die die internationalen Besuchsstatistiken von Schutzgebieten als lückenhaft und nicht miteinander vergleichbar einschätzen).

Die vorliegende Arbeit fokussiert die Ökonomie von Schutzgebieten und im Speziellen die regionalökonomischen Wirkungen touristischen Geldes, deren Erfassung mit der Publikation von Spenceley et al. (2021a) einen substanziellen Schritt in Richtung einer internationalen Standardisierung erfahren haben. Dass belastbare und vergleichbare Zahlen für die Gesamtbewertung und – darauf berufend – für den gesamten Argumentationsstrang „pro Natur- und Biodiversitätsschutz" elementar sind, hat die Wissenschaft erkannt. An der rechnerischen Umsetzung scheitert es noch an vielen Stellen, was zumeist der mangelhaften Datenlage, insbesondere in Bezug auf ländlich-periphere Regionalökonomien, geschuldet ist. Das betrifft vor allem die Länder der Südhalbkugel der Erde, für deren jeweiliges Schutzgebietssystem in der Vergangenheit Studien zur Regionalökonomie des Tourismus durchgeführt wurden. Medeiros et al. (2011: 20f.) übertragen in ihrer Untersuchung über den Beitrag der brasilianischen Schutzgebietseinheiten zur nationalen Ökonomie US-amerikanische Größenangaben regionalökonomischer Multiplikatoren (wie beispielsweise von STYNES et al. 2000) und nehmen als grobe Schätzwerte für die brasilianische Ökonomie zwei Szenarien an: Das konservative Szenario geht von Multiplikatoren zwischen 1,3 in ländlichen und 1,6 in urbanen Regionen aus. Das optimistische Szenario rechnet mit Multiplikatoren zwischen 1,5 und 1,8. In diesen Schätzwerten wurden regionsspezifische Wirtschaftsstrukturen sowie Flächenausdehnungen nicht berücksichtigt.

Einzelne Werte für Regionen sind grundsätzlich nicht transferierbar, sondern stets regionsspezifisch herzuleiten (vgl. ARMSTRONG/TAYLOR 2000: 10), was für das brasilianische Beispiel bedeutet, dass keine regionsspezifischen Aussagen getroffen werden können. SAAYMAN/SAAYMAN (2010: 1043f.) problematisieren ebendiesen Umstand der unzureichenden Datenlage für südafrikanische National Parks, die sich in der Regel in ländlichen Regionen befinden. Für ihre ökonomischen Berechnungen behelfen sie sich mit iterativen Multiplikatorherleitungen und zum Teil stark aggregierten und unvollständigen Input-Output-Tabellen zur groben Einordnung von intermediären Verflechtungen. Als weiteres Negativbeispiel ist Australien anzuführen, wo die Datenlage womöglich weniger spärlich ausfällt (man denke hierbei auch an die ambitionierte CGE-Modellierung von u. a. DWYER et al. 2016), die unsystematische Anwendung verschiedener Methoden zur Wirkungsanalyse des Tourismus allerdings zu kritisieren ist. Unabhängig davon geht die australische Forschung einen Sonderweg, wo in den letzten Jahren für nationale Tourismusanalysen die CGE- und im Speziellen für Schutzgebiete die TSA-Modellierung vorangetrieben wurde (vgl. DRIML 2010; DRIML et al. 2020). Auch Deutschland ging in der Methodenentwicklung zur regionalökonomischen Wirkungsanalyse des Tourismus einen eigenen Weg als das von der internationalen Forschungsgemeinschaft vorgegebene Standardprozedere der Input-Output-Analyse (vgl. SPENCELEY et al. 2021a: 52ff.). Hierzulande wurde mit der ersten Studie von JOB et al. (2003) das Verfahren der touristischen Wertschöpfungsanalyse etabliert und bis heute standardmäßig angewandt, wodurch – wie bereits erwähnt – die Ergebnisse der deutschen Schutzgebiete bundesweit vergleichbar sind. Nichtsdestotrotz ist die Input-Output-Analyse als der vergleichsweise verlässlichere und umfassendere Ansatz bezüglich der Datenverwertung sowie des Berechnungsspektrums touristischer Kenngrößen und Wirkungsebenen zu bewerten.

Zur Einordnung der vorliegenden empirischen Untersuchungen in den internationalen Forschungskontext werden im Folgenden die wichtigsten Erkenntnisse der in Kapitel 1.3 aufgestellten Forschungsfragen wiedergegeben.

Wie lassen sich regionalökonomische Wertschöpfungsquoten möglichst kosten-, zeit- und dateneffizient quantifizieren?

Aus der Frage ist sogleich die Problemstellung der Quantifizierung regionalökonomischer Wertschöpfungsquoten abzulesen, die den Anteil der in der Region verbleibenden Wertschöpfung an den gesamten Besucherausgaben angeben. Denn die bisherige Forschung in Deutschland konzentrierte sich auf die Verwendung nationaler Durchschnittswerte für alle Maßstabsebenen. In ihrem Sinne als regionalökonomische Verbleiberaten touristischen Geldes verwendet die Wirkungsanalyse zwei Kenngrößen: die *capture rate*, bei der es sich um eine Handelsmarge im weiteren Sinne insofern handelt, als regionale Transportprozesse als regionaler Wertzuwachs zu verbuchen sind, und die Wertschöpfungsquote, die den reinen „Mehrwert" als Anteil des touristischen Produktionswertes (Output) bestimmt. Dass zur Quantifizierung solcher Kenngrößen Unternehmensbefragungen durchzuführen seien, konstatierte WOLTERING (2012: 131). Da das methodische Hauptaugenmerk der vorliegenden Arbeit nicht auf einem derartigen Ansatz, sondern vielmehr auf der vollumfänglichen Wirkungsanalyse des Tourismus in Schutzgebieten lag, lautet die pragmatische Antwort auf die Forschungsfrage, sich mit den rechnerischen Grundlagen und Daten der amtlichen Statistik zu behelfen. Die touristischen Kenngrößen der regionalökonomischen Analyse finden ihre definitorische Verankerung in der VGR. Die Ausgangsgröße ist der Produktionswert, der sich als um die Bestandsveränderungen bereinigten Umsatz definiert. Zu diesen Bestandsveränderungen zählen Einkäufe von Waren zum Wiederverkauf, was dem Verständnis der *capture rate* entspricht. Nach Abzug der Vorleistungen vom Produktionswert verbleibt die touristische Wertschöpfung, respektive Bruttowertschöpfung als Kenngröße der VGR. Von diesen Größenzusammenhängen ausgehend können die Kennzahlen der amtlichen Statistik entnommen werden. Die größte Hürde liegt dabei nichtsdestotrotz in der Verfügbarkeit von regionalen Daten, weshalb regionale Schätzwerte mithilfe von regional verfügbaren Daten unter Annahme gleicher Arbeitsproduktivität disaggregiert werden können.

Wie wird die (multiregionale) Input-Output-Analyse genutzt, um regionalökonomische Effekte des Tourismus in Schutzgebieten zu berechnen?

Die Input-Output-Analyse ist eine von mehreren möglichen Methoden, welche zur Analyse regionalökonomischer Effekte des Tourismus verwendet werden können. Die Auswahl der Methode ist vor dem Hintergrund der jeweiligen Fragstellung zu treffen, welche wiederum die Unterscheidung nach *economic contribution* oder *economic impact* vorgibt. Während es sich bei ersterer Dimension um eine makroökonomische Einordnung der ökonomischen Tragweite des Tourismus handelt (beispielsweise der Beitrag des Tourismus zum BIP, welcher mithilfe eines TSA zu bestimmen ist), bemisst der *economic impact* neue Einnahmen für eine Ökonomie, welche durch die Differenzierung touristischer (Kern-)Gruppen identifiziert werden. Sowohl bei Touristen (in Abgrenzung zu Einheimischen) als auch bei Schutzgebietsbesuchern im engeren Sinne (in Abgrenzung zu sonstigen Schutzgebietsbesuchern) handelt es sich um neue Einnahmen – bei letzterer Gruppe aufgrund der Existenz des Schutzgebietes als touristischer Attraktor – für eine Region.

Die Grundlage der Input-Output-Analyse ist eine Input-Output-Tabelle, welche mithilfe von technischen Koeffizienten in ein Input-Output-Modell transformiert wird. Die Input-Output-Tabellen des Statistischen Bundesamtes decken die Bundesebene ab. Zur Konstruktion regionaler Tabellen müssen komplizierte Regionalisierungsverfahren durchgeführt werden. Wenn die Input-Output-Tabelle zusätzlich interregionale Wirtschaftsverflechtungen zwischen Teilregionen aufzeigen soll, sind Modellierungen interregionaler Handelsströme durchzuführen. Mittlerweile eröffnete sich ein Markt für in dieser Arbeit als „ready-made" bezeichneten Input-Output-Modelle, vor allem aus den USA heraus. Diese Modelle basieren auf der Multiplikatorherleitung über Matrix-Inversen nach LEONTIEF (1936).

Die ursprüngliche Input-Output-Tabelle wird in ein Input-Output-Modell umgewandelt, anschließend wird eine Kehrmatrix (Matrix-Inverse) berechnet. Diese Kehrmatrix zeigt die sogenannten Output-Multiplikatoren der touristischen Vorleistungsverflechtungen. Die zuvor definierten touristischen Wirtschaftszweige werden den kompatiblen Wirtschaftszweigen des Input-Output-Modells zugeordnet. Die Spaltensummen der touristischen Wirtschaftszweige der Kehrmatrix zeigen den zu verwendenden *Typ I*-Output-Multiplikator, der die direkten und indirekten Effekte einer Nachfrageänderung bemisst. Von diesem ausgehend können durch die Separation von den im Output implizierten weiteren Kenngrößen (in der Definition als Produktionswert nach der VGR, z. B. Wertschöpfung oder Erwerbstätige) derivative Wertschöpfungs- oder Beschäftigungsmultiplikatoren abgeleitet werden. Die Berechnung der regionalökonomischen Effekte des Tourismus erfolgt durch die Multiplikation des Multiplikanden, welcher als die direkten Effekte als Ergebnis des Quotenansatzes der regionalökonomischen Verbleiberaten definiert ist, mit dem Multiplikator. Dadurch ergeben sich die gesamten Effekte als Summe der direkten und der sekundären Effekte. Wenn private Haushalte der Vorleistungsmatrix inkludiert und daraufhin die Matrix-Inversen gebildet werden, zeigt der berechnete *Typ II*-Multiplikator die Summe aus direkten, indirekten und induzierten Effekten.

Welche Multiplikatorwirkung geht vom Tourismus in der Region des Biosphärengebiets Schwarzwald sowie interregional zu seinem Umland aus? Wie hoch sind die daraus resultierenden regionalökonomischen Effekte?

Die 4.030.000 Besuchstage im Biosphärengebiet Schwarzwald im Erhebungsjahr 2018/19 erwirtschaften einen Bruttoumsatz von 210.316.600 €. Biosphärenreservatsbesucher im engeren Sinne sind für 0,5 % des Bruttoumsatzes verantwortlich. Nach Abzug der Mehrwertsteuer verbleibt ein Nettoumsatz von 189.155.417 €.

Die intraregionalen *Typ I*-Output-Multiplikatoren des Biosphärengebiets Schwarzwald variieren je nach Wirtschaftszweig zwischen 1,2553 und 1,4058. Im multiregionalen Modell der interregionalen Verflechtungen zum Umland, welches als Naturparkregion Schwarzwald Mitte/Nord und Südschwarzwald definiert ist, liegt die Spannbreite der *Typ I*-Output-Multiplikatoren zwischen 1,3182 und 1,5176. Die intraregionale *Typ II*-Output-Multiplikatorwirkung beträgt zwischen 1,6137 und 2,0475. Die interregionale *Typ II*-Output-Multiplikatorwirkung kommt auf 1,7861 im Minimum und 2,2337 im Maximum.

Die *capture rate* für den Lebensmitteleinzelhandel beträgt 28,1 % und für den Non-Food-Einzelhandel 39,5 %. Dadurch ergibt sich ein direkter Output von

176.618.364 €. Die indirekten Output-Effekte belaufen sich auf 59.844.284 € und die induzierten auf 103.450.988 €. Sekundäre Output-Effekte zum Umland kommen auf 30.090.986 €.

Die intraregionalen *Typ I*-Wertschöpfungsmultiplikatoren des Biosphärengebiets Schwarzwald variieren je nach Wirtschaftszweig zwischen 1,2243 und 1,4022. Im multiregionalen Modell liegt die Spannbreite zwischen 1,2748 und 1,5120. Die intraregionalen *Typ II*-Wertschöpfungsmultiplikatoren liegen zwischen 1,3176 und 1,5595 und interregionale *Typ II*-Wertschöpfungsmultiplikatoren zwischen 1,4038 und 1,7169.

Die touristischen Wertschöpfungseffekte kommen im Biosphärengebiet Schwarzwald auf 78.889.112 € auf der direkten, 29.875.207 € auf der indirekten und 13.032.451 € auf der induzierten Wirkungsebene. Im Umland der Naturparkregion werden weitere 12.094.238 € durch sekundäre Vorleistung- und Konsumeffekte erwirtschaftet.

Schließlich liegen die intraregionalen *Typ I*-Beschäftigungsmultiplikatoren je touristischem Wirtschaftszweig zwischen 1,1030 und 1,3362. Im multiregionalen Modell erhöhen sich die Werte auf 1,1262 bis 1,4193. Die *Typ II*-Beschäftigungsmultiplikatoren betragen zwischen 1,1623 und 1,4541 bzw. 1,2084 und 1,5816 im multiregionalen Modell.

Zur Bestimmung der Beschäftigungseffekte können entweder Multiplikatoren der Erwerbstätigen oder Einkommensäquivalente verwendet werden. Vor dem Hintergrund der methodischen Vergleichbarkeit ist die Berechnung von Einkommensäquivalenten sinnvoll. Diese betragen auf direkter Wirkungsebene der touristischen Ausgaben im Biosphärengebiet Schwarzwald 2.499 Personen, auf der indirekten 947 Personen und auf der induzierten 413 Personen, die ein Einkommen aus den touristischen Ausgaben im Biosphärengebiet Schwarzwald beziehen.

Welche raumstrukturellen Faktoren bedingen die Höhe der Multiplikatoren?

Die Höhe der regionalökonomischen Multiplikatoren ist eine Funktion der regionalen Konsum- und Importneigung. Je höher die daraus resultierende Grenzkonsumneigung für regionale Vorleistungsgüter, desto höher der regionalökonomische Multiplikator. Eine diversifizierte Wirtschaftsstruktur kann mehr regionale Vorleistungen bereitstellen. Je mehr Vorleistungen von regionalen Betrieben bezogen werden können, desto geringere Sickerverluste treten auf und desto höher ist der regionalökonomische Multiplikator. Die Analyse regionaler Wirtschaftsdaten zeigt für den Nationalpark Schwarzwald eine geringere Ausprägung regionaler Vorleistungsverflechtungen bei einer gleichzeitig höheren Importneigung als in der Region des Biosphärengebiets Schwarzwald. Deshalb fallen die *Typ I*-Output-Multiplikatoren im Nationalpark Schwarzwald kleiner aus als im Biosphärengebiet Schwarzwald.

Je größer außerdem die Flächenausdehnung der Untersuchungsregion, desto geringere Sickerverluste treten auf und desto höher ist der regionalökonomische Multiplikator. Deshalb sind *Typ I*-Output-Multiplikatoren für das Biosphärengebiet Schwarzwald kleiner als für Deutschland.

Welche Vor- und welche Nachteile bietet die Input-Output-Analyse für die Tourismusanalyse? Welche methodischen Restriktionen bestehen?

Die Input-Output-Analyse steht und fällt mit der Verfügbarkeit von entsprechenden Modellen auf regionaler Ebene, was auch die Beispiele aus Brasilien oder Südafrika in diesem Kapitel zeigen. Mittlerweile existieren jedoch vereinzelt Modelle, die Daten auf unterschiedlichen Maßstabsebenen produzieren und bereitstellen können. Das Angebot auf regionaler Ebene fällt nach wie vor spärlicher aus, jedoch ist auch hier beispielsweise durch das Angebot von IMPLAN eine positive Entwicklung zu verzeichnen.

Ein Input-Output-Modell unterliegt restriktiven Annahmen, wie z. B. die Linearität in Produktions- und Konsumfunktion. Daraus resultiert die statische Eigenschaft der Modelle, woraus sich aber auch die Möglichkeit ergibt, technische und inverse Koeffizienten abzuleiten. Dabei ist zu beachten, dass sich die Vorleistungen in immer gleichbleibendem Verhältnis zur Produktion erhöhen, sobald von einer erhöhten Nachfrage, z. B. in Form von touristischen Ausgaben, ausgegangen wird. Es ist daher nicht möglich, negative Effekte wie z. B. Hotelschließungen aufgrund der Covid-19-Pandemie als kurzzeitiges Ereignis zu modellieren. Für Privathaushalte wird eine immer gleiche Konsumstruktur angenommen. Gleichzeitig wird von einer uneingeschränkten Ressourcenverfügbarkeit ausgegangen, sodass Vorleistungseffekte in unveränderlichem Umfang stets zu verzeichnen sind. Auch Zeitverzögerungen im Multiplikatorprozess können nicht berücksichtigt werden, sondern das Input-Output-Modell deckt in aller Regel ein Basisjahr nach der VGR der amtlichen Statistik ab. Schließlich können Preisänderungen aufgrund eines veränderten Angebots- und Nachfragegleichgewichts nicht berücksichtigt werden, was im Tourismus durch *„imported inflation"* (BULL 1991: 135) von einkommensstarken Quell- in einkommensschwache Zielregionen durchaus relevant sein könnte.

Trotz dieser theoretischen Vorbehalte ist die Input-Output-Analyse als vergleichsweise detailgenauer und konsistenter Ansatz zur Tourismusanalyse einzuordnen. Alle Wirkungsebenen werden durch den Fokus auf interindustrielle und konsumtive Verflechtungen in der Vorleistungsmatrix sinnvoll abgebildet.

Welche methodischen Gemeinsamkeiten und Unterschiede bestehen zwischen Wertschöpfungs- und Input-Output-Analyse? Wie wirken sich die Unterschiede auf die Analyseergebnisse aus? Ist die pauschal angesetzte 30 %-Wertschöpfungsquote zur Berechnung der Vorleistungseffekte mithilfe der Wertschöpfungsanalyse valide?

Sowohl die Wertschöpfungsanalyse als auch die Input-Output-Analyse arbeiten mit einem Drei-Parameter-Ansatz: (1) die Zahl der Besucher, (2) die durchschnittlichen Ausgaben der Besucher und (3) ein regionalökonomisches Modell zur Bestimmung der touristischen Multiplikatorwirkung. Mithilfe beider Methoden ist eine Differenzierung nach regionalökonomisch relevanten Besuchersegmenten, d. h. nach Tages- und Übernachtungsgästen sowie nach Schutzgebietsbesuchern im engeren Sinne und sonstigen Schutzgebietsbesuchern, möglich. Im Analysevorgang ist zwischen der direkten und der sekundären Wirkungsebene touristischer Ausgaben zu unterscheiden. Explizit herauszustellen ist, dass sich die eigentliche Debatte ausschließlich um die sekundäre Wirkungsebene dreht, denn Multiplikatoren repräsentieren in ihrem Sinne die Vorleistungs- und Konsumverflechtungen über die Vervielfältigung ursprünglicher Ausgaben, was im Input-Output-Modell ausgedrückt wird. Die in der Wertschöpfungsanalyse angenommene sekundäre Wertschöpfungsquote von 30 % versteht sich prinzipiell ebenso als Multiplikator der indirekten Effekte. Damit ist herauszustellen, dass die direkte Wirkungsebene nur den Multiplikanden als verbleibende Wertschöpfung definiert und mithilfe des Quotenansatzes zu berechnen ist – und das vorgelagert zur eigentlichen Multiplikatoranalyse.

Der bedeutende Unterschied liegt – wie nun schon erwähnt – in der zugrundeliegenden Multiplikatortheorie. Während Input-Output-Modelle ein Abbild realer Wirtschaftsverflechtungen darstellen, geht die Wertschöpfungsanalyse, deren Grundprinzip auf der Keynesianischen Multiplikatortheorie basiert, von einer pauschalen Vorleistungswirkung von 30 % für alle Wirtschaftsbereiche und auf jeder Maßstabsebene aus. Demzufolge ändert sich der Anteil der indirekten Wertschöpfung an den Vorleistungen durch Anwendung der Input-Output-Analyse. Während also zuvor von 30 % ausgegangen wurde, wurde für das Biosphärengebiet Schwarzwald mithilfe der Input-Output-Analyse ein Anteilswert von 30,6 % ermittelt. Regionale Unterschiede können ebenso festgestellt werden, denn aufgrund der minimalen Unterlegenheit des Nationalparks Schwarzwald bei der Bereitstellung regionaler Vorleistungen im Vergleich zum Biosphärengebiet Schwarzwald beträgt der Anteilswert für die Nationalparkregion 29,6 %.

Resümierend ist festzuhalten, dass die konzeptionelle Grundlage beider Verfahren dieselbe ist, die Unterschiede demzufolge akzeptabel sind, was eine Etablierung als „neue" Standardmethode in Deutschland verteidigt. Die sekundären Wirkungen von etwa 30 % sind auf Basis der gegenseitigen Validierung als plausibel einzuschätzen. Nichtsdestotrotz sind weitere Plausibilitätskontrollen in weiteren Schutzgebieten durchzuführen.

Wie ist die Input-Output-Analyse für die deutsche Schutzgebietsforschung zu etablieren?

Ein langfristiges und standardisiertes regionalökonomisches Monitoring in Schutzgebieten hat folgende Anforderungen zu bewältigen:

- internationale Vergleichbarkeit und regionale Anpassungsfähigkeit an verschiedene Raumbezüge und Zeiträume;

- Glaubwürdigkeit des Modells für die auftraggebende Schutzgebietsinstitution;

- Kosten-, Zeit- und Dateneffizienz;

- Praktikabilität und Nachvollziehbarkeit der Resultate.

Zur Etablierung der Input-Output-Analyse als Standardmethode für das Besuchermonitoring in deutschen Schutzgebieten wird ein mehrstufiger Prozess vorgeschlagen. Nach der Ausarbeitung der empirischen Analysen für das Biosphärengebiet Schwarzwald als erste Pilotuntersuchung, sind in einem ersten Schritt Nachbesserungen für die Vergleichsregion des Nationalparks Schwarzwald anzustellen. Das betrifft die Berechnung der direkten Effekte, wo für den Nationalpark Schwarzwald durchschnittliche Verbleiberaten für das Land Baden-Württemberg zunächst als landesweite Einordnung hergeleitet wurden. In einem zweiten Schritt ist eine weitere Schutzgebietsregion zu untersuchen, um Multiplikatoren von sodann drei Fallbeispielen harmonisieren zu können. Im besten Falle wird hierfür eine Region aus einer anderen Großlandschaft Deutschlands ausgewählt. Vorgeschlagen wird die Nationalparkregion am Wattenmeer mit den drei Nationalparken in Schleswig-Holstein, Hamburg und Niedersachsen. Als Zwischenschritt ist eine Clusteranalyse der deutschen Schutzgebiete nach wirtschaftlichen Strukturmerkmalen der Schutzgebietsregionen durchzuführen, um die heterogenen Räume in homogene Einheiten zu gruppieren. Für eine Auswahl von vier Clustern beispielsweise sollten Multiplikatoren aus entsprechend regionalisierten Input-Output-Modellen abgeleitet werden. Darauf aufbauend ist es möglich, die IMPLAN-Datensätze zu validieren, um so langfristig von diesen „ready-made" Input-Output-Modellen unabhängig zu werden. Dazu müsste ein eigenes, wirtschaftswissenschaftliches Forschungsprojekt realisiert werden. In der Weiterentwicklung sollten Multiplikatoren für einzelne Schutzgebiete erzielt werden. Ein Besuchermonitoring mit Weitblick erfasst den Indikator der Wertschöpfung aus dem Tourismus langfristig und permanent.

Die vorliegende Arbeit versteht sich als wissenschaftliche Ausarbeitung der internationalen Guidelines von SPENCELEY et al. (2021a), die den konstitutiven Antrieb einer internationalen Standardmethode zur Bewertung der ökonomischen Auswirkungen des Tourismus in Schutzgebieten vorgeben. Die Arbeit ordnet sich damit in eine Reihe internationaler Beiträge ein, die auf die Vereinheitlichung der Analysemethoden hinarbeiten. Die internationale Vorreiterrolle nimmt das US-amerikanische Besuchermonitoring des NPS ein, in welchem die Statistiken seit den ersten systemweiten Hochrechnungen von Stynes/Sun (2003) konsequent fortgeschrieben werden. Demzufolge ist es heute möglich, Zeitreihenanalysen der seit 1904 erfassten Besucherzahlen und des seit 2006 jährlich berechneten ökonomischen Beitrags des Tourismus in National Parks zur nationalen Ökonomie, sowohl für einzelne Gebiete als auch in der Gesamtschau, durchzuführen. An diesen Anspruch knüpfte Finnland an, wo seit Ende der 1990er Jahre mit einer standardisierten Methodik gearbeitet wird. Nur wenige Jahre später startete die Erfolgsgeschichte Finnlands hinsichtlich der Input-Output-Rechnung mit der Entscheidung, ein Analysemodell nach der Vorlage des US-amerikanischen MGM2- (heute VSE-)Modells zu konstruieren. Heute liegt eine zweite Aktualisierung der Input-Output-Daten vor, die gruppierte Regionscluster der finnischen Ökonomie abbilden (vgl. Huhtala et al. 2010: 9; Vatanen/Kajala 2019). An nächster Stelle in der internationalen Standardisierungskette könnte nun Deutschland folgen und die Input-Output-Analyse als „neues" Verfahren etablieren. Die Kritik, das Input-Output-Verfahren sei zu komplex und ineffizient für eine Umsetzung in der deutschen Schutzgebietsforschung konnte mit den Ausführungen in dieser Arbeit ein Stück weit revidiert werden – künftig möge dieses Verfahren auf seine Praxistauglichkeit hin getestet werden.

Unbestritten würde ohne das regionalökonomische Monitoring eine objektive Bewertungsgrundlage für das Besuchermanagement der Schutzgebiete, ein Argument für den Naturschutz in der rationalen Entscheidungsfindung (regional-)politischer Akteure und eine Informationsgrundlage zur Sensibilisierung des menschlichen Umgangs mit natürlichen Ressourcen fehlen. Außerdem würde die Akzeptanz für Schutzgebiete bei der lokalen Bevölkerung geschmälert. Ohne deshalb dessen Relevanz relativieren zu wollen, wird zum Schluss dieser Arbeit als Ausblick ein kleiner Denkanstoß gegeben: Es ist ein Dilemma, denn es stellt sich die berechtigte Frage, inwieweit die Natur als profitables Gut für das menschliche Wohlergehen genutzt wird. Denn das, was der Mensch für seinen Seelenfrieden sucht, findet er offensichtlich während des Aufenthalts in der Natur. Sicherlich ist es nicht die generelle Intention des Menschen, die Natur auszubeuten. Ihr Schutz und Erhalt wurde auch vertraglich von der internationalen Staatengemeinschaft festgehalten. Aber ist es nicht ein Konstrukt eines neuen „Anthropozäns", in welchem der Mensch als ungleichgewichtige Komponente des Systems Erde agiert? *„Living in harmony with nature"* (CBD 2010, Decision X/2, II, 11) sollte keine anthropogen konstruierte Vision, sondern naturgesetzlich bestimmt sein.

Literaturverzeichnis

ADAMS, P. D., PARMENTER, B. R. (1995): „An applied general equilibrium analysis of the economic effects of tourism in a quite small, quite open economy". In: *Applied Economics* 27 (10), S. 985-994.

AGUIAR, A., CHEPELIEV, M., CORONG, E., McDOUGALL, R., VAN DER MENSBRUGGHE, D. (2019): „The GTAP Data Base: Version 10". In: *Journal of Global Economic Analysis* 4, S. 1-27.

AHLERT, G. (2003): *Einführung eines Tourismussatellitensystems in Deutschland* (= GWS Discussion Paper 2003/4). Osnabrück.

AHLERT, G. (2005): *Die volkswirtschaftliche Bedeutung des Tourismus: Ergebnisse des TSA für Deutschland* (= GWS Discussion Paper 2005/7). Osnabrück.

AHLERT, G. (2008): „Estimating the Economic Impact of an Increase in Inbound Tourism on the German Economy Using TSA Results". In: *Journal of Travel Research* 47 (2), S. 225-234.

AK VGRdL – ARBEITSKREIS VOLKSWIRTSCHAFTLICHE GESAMTRECHNUNGEN DER LÄNDER IM AUFTRAG DER STATISTISCHEN ÄMTER DER 16 BUNDESLÄNDER, DES STATISTISCHEN BUNDESAMTES UND DES BÜRGERAMTES, STATISTIK UND WAHLEN, FRANKFURT A. M. (2020a): *Volkswirtschaftliche Gesamtrechnungen der Länder. Reihe 1, Länderergebnisse Band 1: Bruttoinlandsprodukt, Bruttowertschöpfung in den Ländern der Bundesrepublik Deutschland 1991 bis 2019*. Berechnungsstand 2019/Februar 2020, Revision 2019 (= Excel-Tabelle). Stuttgart.

AK VGRdL – ARBEITSKREIS VOLKSWIRTSCHAFTLICHE GESAMTRECHNUNGEN DER LÄNDER IM AUFTRAG DER STATISTISCHEN ÄMTER DER 16 BUNDESLÄNDER, DES STATISTISCHEN BUNDESAMTES UND DES BÜRGERAMTES, STATISTIK UND WAHLEN, FRANKFURT A. M. (2020b): *Volkswirtschaftliche Gesamtrechnungen der Länder. Reihe 2, Kreisergebnisse Band 1: Bruttoinlandsprodukt, Bruttowertschöpfung in den kreisfreien Städten und Landkreisen der Bundesrepublik Deutschland 1992 und 1994 bis 2018*. Berechnungsstand 2019, Revision 2019 (= Excel-Tabelle). Stuttgart.

ALMON, C. (1991): „The Inforum Approach to Interindustry Modeling". In: *Economic Systems Research* 3 (1), S. 1-8.

ALMON, C. (2000): „Product-to-Product Tables via Product-Technology with no Negative Flows". In: *Economic Systems Research* 12 (1), S. 27-43.

ÁLVAREZ-MARTÍNEZ, M. T., LÓPEZ-COBO, M. (2016): *Social Accounting Matrices for the EU-27 in 2010. Building a new database for RHOMCLO* (= JRC Technical Reports). URL: https://ec.europa.eu/jrc/sites/jrcsh/files/JRC_01673.pdf (Abrufdatum: 02.07.2021).

ÁLVAREZ-MARTÍNEZ, M. T., LÓPEZ-COBO, M. (2018): „WIOD SAMs adjusted with Eurostat data for the EU-27". In: *Economic Systems Research* 30 (4), S. 512-544.

ALWARD, G., OLSON, D., LINDALL, S. (1998): *Using a Double-Constrained Gravity Model to Derive Regional Purchase Coefficients* (= Paper presented at the 45th Annual Meeting of the Regional Science Association International). Santa Fe.

ANDREWS, R. B. (1953): „Mechanics of the Urban Economic Base: Historical Development of the Base Concept". In: *Land Economics* 29 (2), S. 161-167.

Ap, J., Crompton, J. (1998): „Developing and Testing a Tourism Impact Scale". In: *Journal of Travel Research* 37 (2), S. 120-130.

Archer, B. H. (1973): *The Impact of Domestic Tourism*. Bangor.

Archer, B. H. (1977): *Tourism Multipliers: The State of the Art* (= Bangor Occasional Papers in Economics 11). Bangor.

Archer, B. H. (1982): „The value of multipliers and their policy implications". In: *Tourism Management* 3 (4), S. 236-241.

Archer, B. H. (1984): „Economic Impact: Misleading Multiplier". In: *Annals of Tourism Research* 11 (3), S. 517-518.

Archer, B. H. (1996): „Economic Impact Analysis". In: *Annals of Tourism Research* 23 (3), S. 704-707.

Archer, B. H., Owen, C. B. (1972): „Towards a Tourist Regional Multiplier". In: *Journal of Travel Research* 10 (1), S. 9-13.

Archer, B. H., Fletcher, J. (1990): *Multiplier Analysis in Tourism* (= Cahiers du Tourisme C 103). Aix-en-Provence.

ARL – Akademie für Raumentwicklung in der Leibnitz-Gemeinschaft (2018): *Handwörterbuch der Stadt- und Raumentwicklung*. Hannover.

Armstrong, H., Taylor, J. (2000): *Regional Economics and Policy*. 3. Auflage. Oxford.

Arnberger, A., Mann, C. (2008): „Crowding in European forests: a review of recent research and implications for forest management and policy". In: *Forestry* 81 (4), S. 599-571.

Arnberger, A., Eder, R., Allex, B., Sterl, P., Burns, R. C. (2012): „Relationships between national-park affinity and attitudes towards protected area management of visitors to the Gesaeuse National Park, Austria". In: *Forest Policy and Economics* 19, S. 48-55.

Arnberger, A., Eder, R., Allex, B., Preisel, H., Husslein, M. (2019): „National park affinity segments of overnight tourists differ in satisfaction with, attitudes towards, and specialization in, national parks: Results from the Bavarian Forest National Park". In: *Journal for Nature Conservation* 47, S. 93-102.

Arnegger, J. (2014): *Protected Areas, the Tourist Bubble and Regional Economic Development. Two Case Studies from Mexico and Marocco* (= Würzburger Geographische Arbeiten, Band 110). Würzburg.

Arnegger, J., Woltering, M., Job, H. (2010): „Toward a product-based typology for nature-based tourism: a conceptual framework". In: *Journal of Sustainable Tourism* 18 (7), S. 915-928.

Arrow, K. J., Fisher, A. C. (1974): „Environmental Preservation, Uncertainty, and Irreversibility". In: *The Quarterly Journal of Economics* 88 (2), S. 312-319.

Backhaus, N., Buser, C., Butticaz, M., Jorio, D., Speich, M. (2013): *Wirtschaftliche Auswirkungen des Sommertourismus im UNESCO Biosphärenreservat Val Müstair Parc Naziunal* (= Schriftenreihe der Humangeographie, Band 27). Zürich.

Ballantyne, R., Brown, R., Pegg, S., Scott, N. (2008): *Valuing tourism spend arising from visitation to Queensland national parks*. Gold Coast.

Balmford, A., Green, J. M. H., Anderson, M., Beresford, J., Huang, C., Naidoo, R., Walpole, M., Manica, A. (2015): „Walk on the Wild Side: Estimating the Global Magnitude of Visits to Protected Areas". In: *PLoS Biology* 13 (2), S. 1-6.

Bandara, J. S. (1991): „Computable General Equilibrium Models for Development Policy Analysis in LDCs". In: *Journal of Economic Surveys* 5 (1), S. 3-69.

Barbier, E. B. (2019): „Economics for the wilds". In: Swanson, T. M., Barbier, E. B. (Hrsg.): *Economics for the wilds. Wildlife, Diversity, and Development.* Reprinted. Washington D.C., S. 15–33.

Barbier, E. B., Acreman, M., Knowler, D. (1997): *Economic valuation of wetlands. A Guide for Policy Makers and Planners.* Gland.

Barbier, E. B., Baumgärtner, S., Chopra, K., Costello, C., Duraiappah, A., Hassan, R., Kinzig, A. P., Lehman, M., Pascual, U., Polasky, S., Perrings, C. A. (2009): „The valuation of ecosystem services". In: Naeem, S., Bunker, D. E., Hector, A., Loreau, M., Perrings, C. A. (Hrsg.): *Biodiversity, ecosystem functioning, and human wellbeing. An ecological and economic perspective.* Oxford, S. 248-262.

Barcellan, R. (2005): *The use of benchmarking techniques in the compilation of the European quarterly national accounts: situation and perspectives* (= Working Papers and Studies, European Communities). Luxemburg.

Bätzing, W., Erdmann, U. (2001): „Was bleibt in der ‚Region'? Analyse der regionalen Wirtschaftskreisläufe landwirtschaftlicher Erzeugnisse am Beispiel des Landkreises Neumarkt in der Oberpfalz". In: *Zeitschrift für Wirtschaftsgeographie* 45 (2), S. 117-133.

BEA – Bureau of Economic Analysis of the U.S. Department of Commerce (2013): *RIMS II. An essential tool for regional developers and planners.* URL: https://www.bea.gov/sites/default/files/methodologies/RIMSII_User_Guide.pdf (Abrufdatum: 14.10.2021).

Becken, S., Job, H. (2014): „Protected Areas in an era of global-local change". In: *Journal of Sustainable Tourism* 22 (4), S. 507-527.

Becker, C., Job, H., Witzel, A. (1996): *Tourismus und nachhaltige Entwicklung. Grundlagen und praktische Ansätze für den mitteleuropäischen Raum.* Darmstadt.

Becker, L. S., Mattes, A., Reif, J., Krüger, M, Eisenstein, B., Ziener, M., Harrer, B., Sporer, M. (2018): *Regionales Tourismus-Satellitenkonto Brandenburg 2015. Die ökonomische Bedeutung der Tourismuswirtschaft in Brandenburg.* Heide.

Becker, L. S., Eisenstein, B., Reif, J., Krüger, M., Ziener, M., Sporer, M. (2019): *Wirtschaftsfaktor Tourismus in NRW. Die ökonomische Bedeutung der Tourismuswirtschaft in Nordrhein-Westfalen. Studie im Auftrag des Tourismus NRW e.V.* Berlin.

Berghäll, J. (2005): *Saaristomeren kansallispuiston luontomatkailun aluetaloudel liset vaikutukset.* Vantaa.

Beyer, D. (2017): „Soziale und kulturelle Herausforderungen im Tourismus". In: Rein, H., Strasdas, W. (Hrsg.): *Nachhaltiger Tourismus.* 2. Auflage. Konstanz/München, S. 205-239.

BfN – Bundesamt für Naturschutz (2021a): *Nationalparke.* URL: https://www.bfn.de/nationalparke (Abrufdatum: 17.11.2021).

BfN – Bundesamt für Naturschutz (2021b): *Biosphärenreservate.* URL: https://www.bfn.de/biosphaerenreservate (Abrufdatum: 17.11.2021).

BfN – Bundesamt für Naturschutz (2021c): *Naturparke.* URL: https://www.bfn.de/naturparke (Abrufdatum: 17.11.2021).

BfN – Bundesamt für Naturschutz (2021d): *Naturschutzgebiete*. URL: https://www.bfn.de/naturschutzgebiete (Abrufdatum: 17.11.2021).

Bibelriether, H. (2007): „Natur Natur sein lassen in Nationalparken: Warum fällt das so schwer?". In: *Nationalpark* 135, S. 8-13.

Bieger, T. (2001): „Wirtschaftliche Nachhaltigkeit von Sportevents am Beispiel der Ski-WM 2003". In: *Tourismus Journal* 5 (1), S. 77-95.

Bieger, T. (2005): *Management von Destinationen*. 6. Auflage. München.

Bieger, T., Beritelli, P. (2017): *Management von Destinationen*. 8. Auflage. Oldenburg.

Biosphärengebiet Schwarzwald (2016): *Antrag auf Anerkennung als UNESCO-Biosphärenreservat*. Schönau im Schwarzwald.

Biosphärengebiet Schwarzwald (2021): *Rahmenkonzept für das Biosphärengebiet Schwarzwald. Band 1 – Bestandsanalyse*. Auftraggeber: Regierungspräsidium Freiburg, Geschäftsstelle Biosphärengebiet Schwarzwald. Schönau im Schwarzwald.

Bjarnason, J.-B., Günther, W., Revier, H. (2017): „Tourism". In: Kloepper, S., Baptist, M. J., Bostelmann, A., Busch, J. A., Buschbaum, C., Gutow, L., Janssen, G., Jensen, K., Jørgensen, H. P., de Jong, F., Lüerßen, G., Schwarzer, K., Strempel, R., Thieltges, D. (Hrsg.): *Wadden Sea Quality Status Report 2017*. Wilhelmshaven. URL: https://qsr.waddensea-worldheritage.org/ (Abrufdatum: 24.09.2021).

Blake, A., Sinclair, M. T. (2003): „Tourism Crisis Management. US Response to September 11". In: *Annals of Tourism Research* 30 (4), S. 813-832.

Blake, A., Gillham, J., Sinclair, M. T. (2006): „CGE tourism analysis and policy". In: Dwyer, L., Forsyth, P. (Hrsg.): *International Handbook on the Economics of Tourism*. Cheltenham/Northampton, S. 301-315.

BMUB – Bundesministerium für Umwelt, Naturschutz, Bau und Reaktorsicherheit (2007): *Nationale Strategie zur biologischen Vielfalt. Kabinettsbeschluss vom 7. November 2007*. Berlin.

BMWi – Bundesministerium für Wirtschaft und Energie (2017): *Wirtschaftsfaktor Tourismus in Deutschland. Kennzahlen einer umsatzstarken Querschnittsbranche. Ergebnisbericht*. Berlin.

BNatSchG – Gesetz über Naturschutz und Landschaftspflege (Bundesnaturschutzgesetz) vom 29. Juli 2009.

Bonfiglio, A. (2005): *Can non-survey methods substitute for survey-based models? A performance analysis of indirect techniques of estimating I-O coefficients and multipliers* (= Università Politecnica delle Marche, Dipartimento di economia. Quaderno di ricerca Nr 230). Ancona.

Bonfiglio, A., Chelli, F. (2008): „Assessing the Behaviour of Non-Survey Methods for Constructing Regional Input-Output Tables through a Monte Carlo Simulation". In: *Economic Systems Research* 20 (3), S. 243-258.

Bonn, M. A., Harrington, J. (2008): „A comparison of three economic impact models for applied hospitality and tourism research". In: *Tourism Economics* 14 (4), S. 769-789.

Borgen, H., Cooke, S. C. (1990): *The Comparison of IMPLAN and RIMSII Output Multipliers for the State of Idaho* (= A. E. Research Series, No. 91-7). University of Idaho.

Brand, S. (1997): „On the Appropriate Use of Location Quotients in Generating Regional Input-Output Tables: A Comment". In: *Regional Studies* 31 (8), S. 791-794.

BRIASSOULIS, H. (1991): „Methodological Issues: Tourism Input-Output Analysis". In: *Annals of Tourism Research* 18, S. 485-495.

BSG-VO SCHWARZWALD – VERORDNUNG DES MINISTERIUMS FÜR LÄNDLICHEN RAUM UND VERBRAUCHERSCHUTZ ÜBER DAS BIOSPHÄRENGEBIET SCHWARZWALD vom 04. Januar 2016.

BUER, D., SOLBRIG, F., STOLL-KLEEMANN, S. (2013): „Sozioökonomisches Monitoring in Großschutzgebieten". In: Buer, D., Solbrig, F., Stoll-Kleemann, S. (Hrsg.): *Sozioökonomisches Monitoring in deutschen UNESCO-Biosphärenreservaten und anderen Großschutzgebieten* (= BfN-Skripten 329). Bonn-Bad Godesberg.

BULL, A. (1991): *The Economics of Travel and Tourism.* Melbourne/New York.

BUNDESAGENTUR FÜR ARBEIT (2018): *Beschäftigte nach Wirtschaftszweigen (WZ 2008) (Quartalszahlen).* Ausgewählte Regionen. Stichtag: 30. September 2016 (= Excel-Tabelle). Frankfurt a. M.

BUNDESAGENTUR FÜR ARBEIT (2019): *Sozialversicherungspflichtig Beschäftigte (SvB) am Arbeitsort (AO) nach ausgewählten Wirtschaftsgruppen der Klassifikation der Wirtschaftszweige 2008 (WZ 2008).* Ausgewählte Regionen. Jahresdurchschnitte 2016 (= unveröffentlichte Excel-Tabelle). Frankfurt a. M.

BUNDESAGENTUR FÜR ARBEIT (2021): *Klassifikation der Wirtschaftszweige 2008* (= Excel-Tabelle). URL: https://statistik.arbeitsagentur.de/DE/Navigation/Grundlagen/Klassifikationen/Klassifikation-der-Wirtschaftszweige/Klassifikation-der-Wirtschaftszweige-Nav.html (Abrufdatum: 20.10.2021).

BURFISHER, M. E. (2021): *Introduction to Computable General Equilibrium Models.* 3. Auflage. Cambridge.

BUTLER, R. W. (1980): „The Concept of a Tourist Area Cycle of Evolution: Implications for Management of Resources". In: *The Canadian Geographer* 24 (1), S. 5-12.

BUTTLER, F., GERLACH, K., LIEPMANN, P. (1977): *Grundlagen der Regionalökonomie* (= rororo-studium 102). Reinbek b. Hamburg.

BUTZMANN, E. (2017): *Natur- und Ökotourismus im Nationalpark Berchtesgaden. Eine segment- und produktspezifische Analyse unter Anwendung der Product-based Typology for Nature-based Tourism* (= Würzburger Geographische Arbeiten, Band 116). Würzburg.

BUTZMANN, E., JOB, H. (2017): „Developing a typology of sustainable protected area tourism products". In: *Journal of Sustainable Tourism* 25 (12), 1736-1755.

CARIUS, F., JOB, H. (2019): „Community involvement and tourism revenue sharing as contributing factors to the UN Sustainable Development Goals in Jozani-Chwaka Bay National Park and Biosphere Reserve, Zanzibar". In: *Journal of Sustainable Tourism* 27 (6), S. 826-846.

CARLSEN, J., WOOD, D. (2004): *Assessment of the Economic Value of Recreation and Tourism in Western Australia's National Parks, Marine Parks and Forests* (= Technical Report, CRC Sustainable Tourism). Gold Coast.

CAUSAPÉ, A. J. M., BOULANGER, P., DUDU, H., FERRARI, E., McDONALD, S. (2018): *Social Accounting Matrix of Kenya 2014* (= JRC Technical Reports, European union). Luxemburg.

CBD – Convention on Biological Diversity (2004): *Meeting Documents: Seventh Ordinary Meeting of the Conference of the Parties to the Convention on Biological Diversity. Protected Areas.* Kuala Lumpur.

CBD – Convention on Biological Diversity (2010): *Decision adopted by the Conference of the Parties to the Convention on Biological Diversity at its Tenth Meeting. The Strategic Plan for Biodiversity 2011-2020 and the Aichi Biodiversity Targets.* Decision X/2. 10th Meeting. Nagoya.

CBD – Convention on Biological Diversity (2012): *Decision adopted by the Conference of the Parties to the Convention on Biological Diversity.* Decision XII/11. 12th Meeting. Pyeongchang.

CBD – Convention on Biological Diversity (2018): *Report of the Conference of the Parties to the Convention on Biological Diversity on its Fourteenth Meeting.* Decision 14/8. 14th Meeting. Sharm El-Sheikh.

CBD – Convention on Biological Diversity (2021): *First Draft of the Post-2020 Global Biodiversity Framework.* 3rd Online Meeting.

Centre of Policy Studies (2021): *The ORANI-G Page.* URL: https://www.copsmodels.com/oranig.htm (Abrufdatum: 16.10.2021).

Cessford, G., Muhar, A. (2003): „Monitoring Options for Visitors Numbers in National Parks and Natural Areas". In: *Journal of Nature Conservation* 11 (4), S. 240-250.

Chang, W.-H. (2001): *Variations in Multipliers and Related Economic Ratios for Recreation and Tourism Impact Analysis* (= Dissertation submitted to Michigan State University). Michigan State University.

Chenery, H. B. (1953): „Regional Analysis". In: Chenery, H.B., Clark, P.G., Pinna, V.C. (Hrsg.): *The Structure and Growth of the Italian Economy.* Rome, S. 97-129.

Chow, G. C., Lin, A. (1971): „Best linear unbiased interpolation, distribution and extrapolation of time series by related series". In: *The Review of Economics and Statistics* 53 (4), S. 372-375.

Connell, J., Page, S. J. (2005): „Evaluating the Economic and Spatial Effects of an Event: The Case of the World Medical and Health Games". In: *Tourism Geographies* 7 (1), S. 63-85.

Crompton, J. L. (2006): „Economic Impact Studies: Instruments for Political Shenanigans?". In: *Journal of Travel Research* 45 (1), S. 67-82.

Crompton, J. L. (2010): *Measuring the Economic Impact of Park and Recreation Services* (= Research Series 2010, National Recreation and Park Association). Ashburn.

Crompton, J. L., Seokho, L., Shuster T. J. (2001): „A Guide for Undertaking Economic Impact Studies: The Springfest Example". In: *Journal of Travel Research* 40 (1), S. 79-87.

Crompton, J. L., Jeong, J. Y., Dudensing, R. M. (2016): „Sources of Variation in Economic Impact Multipliers". In: *Journal of Travel Research* 55 (8), S. 1051-1064.

Cui, Y., Mahoney, E., Herbowicz, T. (2013): *Economic Benefits to Local Communities from National Park Visitation, 2011.* Fort Collins.

Cullinane Thomas, C., Koontz, L. (2016): *2015 National Park Visitor Spending Effects. Economic Contributions to Local Communities, States, and the Nation.* Fort Collins.

Cullinane Thomas, C., Koontz, L. (2017): *2016 National Park Visitor Spending Effects. Economic Contributions to Local Communities, States, and the Nation*. Fort Collins.

Cullinane Thomas, C., Koontz, L. (2020): *2019 National Park Visitor Spending Effects. Economic Contributions to Local Communities, States, and the Nation*. Fort Collins.

Cullinane Thomas, C., Koontz, L. (2021): *2020 National Park Visitor Spending Effects. Economic Contributions to Local Communities, States, and the Nation*. Fort Collins.

Cullinane Thomas, C., Huber, C., Koontz, L. (2014a): *2012 National Park Visitor Spending Effects. Economic Contributions to Local Communities, States, and the Nation*. Fort Collins.

Cullinane Thomas, C., Huber, C., Koontz, L. (2014b): *2013 National Park Visitor Spending Effects. Economic Contributions to Local Communities, States, and the Nation*. Fort Collins.

Cullinane Thomas, C., Huber, C., Koontz, L. (2015): *2014 National Park Visitor Spending Effects. Economic Contributions to Local Communities, States, and the Nation*. Fort Collins.

Cullinane Thomas, C., Koontz, L., Cornachione, E. (2018): *2017 National Park Visitor Spending Effects. Economic Contributions to Local Communities, States, and the Nation*. Fort Collins.

Cullinane Thomas, C., Koontz, L., Cornachione, E. (2019a): *2018 National Park Visitor Spending Effects. Economic Contributions to Local Communities, States, and the Nation*. Fort Collins.

Cullinane Thomas, C., Cornachione, E., Koontz, L., Keyes, C. (2019b): *National Park Service Socioeconomic Monitoring Pilot Survey. Visitor Spending Analysis* (= Natural Resource Report NPS/NRSS/EQD/NRR—2019/1924). Fort Collins.

de Groot, R. S. (1992): *Functions of Nature. Evaluation of Nature in Environmental Planning, Management and Decision Making*. Groningen.

de Groot, R. S., Wilson, M. A., Boumans, R. M. J. (2002): „A Typology for the Classification, Description and Valuation of Ecosystem Functions, Goods and Services". In: *Ecological Economics* 41 (3), S. 393-408.

Dettmer, B., Sauer, T. (2014): „Regionalökonomische Auswirkungen eines geplanten Pumpspeicherkraftwerks: Eine Input-Output-Analyse für den Freistaat Thüringen". In: *Zeitschrift für Energiewirtschaft* 38 (4), S. 255-268.

Deutsche UNESCO-Kommission e.V. (2021): *Biosphärenreservate*. URL: https://www.unesco.de/kultur-und-natur/biosphaerenreservate (Abrufdatum: 15.10.2021).

Deutsches MAB-Nationalkomitee (2007): *Kriterien für die Anerkennung und Überprüfung von Biosphärenreservaten der UNESCO in Deutschland*. Bonn.

Dewhurst, J. H. Ll., West, G. R. (1990): „Closing interregional input-output models with econometrically determined relationships". In: Anselin, L., Madden, M. (Hrsg.): *New Directions in Regional Analysis*. London, S. 171-186.

Dietzenbacher, E., Los, B., Stehrer, R., Timmer, M., de Vries, G. (2013): „The Construction of World Input-Output Tables in the WIOD Project". In: *Economic Systems Research* 25 (1), S. 71-98.

Dixon, J. A., Sherman, P. B. (1990): *Economics of protected areas A new look at benefits and costs*. Washington D.C.

Dixon, J. A., Sherman, P. B. (1991): „Economics of Protected Areas". In: *Ambio* 20 (2), S. 68-74.

Dixon, P. B., Parmenter, B. R. (1996): „Computable General Equilibrium Modelling for Policy Analysis and Forecasting". In: Amman, H.M., Kendrick, D.A., Rust, J. (Hrsg.): *Handbook of Computational Economics.* Melbourne, S. 4-85.

Dixon, P. B., Parmenter, B. R., Sutton, J., Vincent, D. (1982): *ORANI: A multisectoral model of the Australian economy.* Amsterdam.

Driml, S. (2010): *The Economic Value of Tourism to National Parks and Protected Areas in Australia.* Gold Coast.

Driml, S., McLennan, C. (2010): *Handbook on Measuring the Economic Value of Tourism to National Parks.* Gold Coast.

Driml, S., Brown, R., Moreno Silva, C. (2020): *Estimating the Value of National Parks to the Queensland Economy* (= School of Economics Discussion Paper Series 636). Brisbane.

Dudley, N. (2008): *Guidelines for Applying Protected Area Management Categories* (= Best Practice Protected Area Guidelines, Series No. 21, IUCN). Gland.

Duesenberry, J. S. (1950): „Some Aspects of the Theory of Economic Development". In: *Explorations in Entrepreneurial History* 3 (2), S. 63-102.

Dwyer, L. (2015a): „Computable General Equilibrium Modelling: An Important Tool for Tourism Policy Analysis". In: *Tourism Hospitality Management* 21 (2), S. 111-126.

Dwyer, L. (2015b): *Computable General Equilibrium Modelling for Tourism Policy – Inputs and Outputs* (= UNWTO Statistics and TSA Issues Paper Series). Madrid.

Dwyer, L., Forsyth, P. (1998): „Estimating the Employment Impacts of Tourism to a Nation". In: *Tourism Recreation Research* 23 (2), S. 3-12.

Dwyer, L., Forsyth, P., Madden, J., Spurr, R. (2000): „Economic Impacts of Inbound Tourism under Different Assumptions Regarding the Macroeconomy". In: *Current Issues in Tourism* 3 (4), S. 325-363.

Dwyer, L., Forsyth, P., Spurr, R. (2003a): „Inter-industry effects of tourism growth: implications for destination managers". In: *Tourism Economics* 9 (2), S. 117-132.

Dwyer, L., Forsyth, P., Spurr, R., VanHo, T. (2003b): „Tourism's contribution to a state economy: a multi-regional general equilibrium analysis". In: *Tourism Economics* 9 (4), S. 431-448.

Dwyer, L., Forsyth, P., Spurr, R. (2004): „Evaluating tourism's economic effects: new and old approaches". In: *Tourism Management* 25 (3), S. 307-317.

Dwyer, L., Forsyth, P., Spurr, R. (2005): „Estimating the Impacts of Special Events on an Economy". In: *Journal of Travel Research* 43 (4), S. 351-359.

Dwyer, L., Forsyth, P., Spurr, R. (2006a): „Assessing the Economic Impacts of Events: A Computable General Equilibrium Approach". In: *Journal of Travel Research* 45 (1), S. 59-66.

Dwyer, L., Forsyth, P., Spurr, R. (2006b): „Economic evaluation of special events". In: Dwyer, L., Forsyth, P. (Hrsg.): *International Handbook on the Economics of Tourism.* Cheltenham/Northampton, S. 316-355.

Dwyer, L., Forsyth, P., Spurr, R. (2007): „Contrasting the uses of TSAs and CGE models: measuring tourism yield and productivity". In: *Tourism Economics* 13 (4), S. 537-551.

Dwyer, L., Forsyth, P., Dwyer, W. (2009): „Tourism and Economic Development. Three Tools of Analysis". In: *Tourism Recreation Research* 34 (3), S. 307-318.

Dwyer, L., Forsyth, P., Dwyer, W. (2010): *Tourism Economics and Policy*. Bristol/Buffalo/Toronto.

Dwyer, L., Forsyth, P., Spurr, R. (2016): „Tourism economics and policy analysis: Contributions and legacy of the Sustainable Tourism Cooperative Research Centre". In: *Journal of Hospitality and Tourism Management* 26, S. 91-99.

Eagles, P. F. J., McLean, D., Stables, M. J. (2000): „Estimating the Tourism Volume and Value in Parks and Protected Areas in Canada and the USA". In: *The George Wright Forum* 17 (3), S. 62-76.

Eckey, H.-F. (2008): *Regionalökonomie*. Wiesbaden.

Eisenstein, B. (2014): *Grundlagen des Destinationsmanagements*. 2. Auflage. Oldenburg.

Emonts-Holley, T., Ross, A., Swales, K. (2021): „Estimating induced effects in IO impact analysis: variation in the methods for calculating the Type II Leontief multipliers". In: *Economic Systems Research* 33 (4), S. 429-445.

Estrades, C., Campoy, D. (2018): *Computable General Equilibrium Modeling of Afghanistan Growth Opportunities* (= World Bank Working Paper). URL: http://hdl.handle.net/10986/30039 (Abrufdatum: 14.10.2021).

EU – Europäische Union (2014): *Europäisches System Volkswirtschaftlicher Gesamtrechnungen. ESVG 2010* (= Deutsche Fassung des European System of Accounts, ESA 2010). Luxemburg.

EG – Europäische Gemeinschaften (2008): *NACE Rev. 2. Statistische Systematik der Wirtschaftszweige in der Europäischen Gemeinschaft*. Luxemburg.

Europäische Kommission (2021): *Eurostat*. URL: https://ec.europa.eu/eurostat/de/home (Abrufdatum: 04.11.2021).

European Commission (2003): *Handbook on Social Accounting Matrices and Labour Accounts*. Luxemburg.

European Commission, International Monetary Fund, Organisation for Economic Co-operation and Development, United Nations, World Bank (2009): *System of National Accounts 2008*. New York.

European Communities (2008): *Eurostat Manual of Supply, Use and Input-Output-Tables*. Luxemburg.

Flaute, M., Lutz, C., Distelkamp, M. (2017): *Der Einsatz von MRIO zur Berechnung der Fußabdrücke von Nationen. Eine Anwendung der EXIOBASE-Datenbank* (= GWS Discussion Paper 2017/07). Osnabrück.

Flegg, A. T., Tohmo, T. (2012): „A Comment on Tobias Kronenberg's ‚Construction of Regional Input-Output Tables Using Nonsurvey Methods: The Role of Cross-Hauling'". In: *International Regional Science Review* 36 (2), S. 235-257.

Flegg, A. T., Tohmo, T. (2013): „Regional Input-Output Tables and the FLQ Formula: A Case Study of Finland". In: *Regional Studies* 47 (5), S. 703-721.

FLEGG, A. T., TOHMO, T. (2016): *Refining the application of the FLQ Formula for estimating regional input coefficients: an empirical study for South Korean regions* (= Economics Working Paper Series, 1605). Bristol.

FLEGG, A. T., WEBBER, C. D. (1997): „On the Appropriate Use of Location Quotients in Generating Regional Input-Output Tables: Reply". In: *Regional Studies* 31 (8), S. 795-805.

FLEGG, A. T., WEBBER, C. D. (2000): „Regional Size, Regional Specialization and the FLQ Fomula". In: *Regional Studies* 34 (6), S. 563-569.

FLEGG, A. T., WEBBER, C. D., ELLIOT, M. V. (1995): „On the Appropriate Use of Location Quotients in Generating Regional Input-Output Tables". In: *Regional Studies* 29 (6), S. 547-561.

FLEISSNER, P., BÖHME, W., BRAUTZSCH, H.-U., HÖHNE, J., SIASSI, J., STARK, K. (1993): *Input-Output-Analyse. Eine Einführung in Theorie und Anwendungen.* Wien.

FLETCHER, J. E. (1989): „Input-Output-Analysis and Tourism Impact Studies". In: *Annals of Tourism Research* 16 (4), S. 514-529.

FLETCHER, J. E., ARCHER, B. H. (1991): „The development and application of multiplier analysis". In: Cooper, C. P. (Hrsg.): *Progress in Tourism, Recreation and Hospitality Management.* London/New York, S. 28-47.

FLÜCKIGER, V. (2000): *Öffentliche Güter – Offene Fragen: Die Theorie der öffentlichen Güter in aktuellen Diskussionen der Raumordnungspolitik* (= Werkstattberichte der Professur für Raumordnung an der Eidgenössischen Technischen Hochschule Zürich 5). Zürich.

FOURNIER GABELA, J. G. (2020): „On the accuracy of gravity-RAS approaches used for inter-regional trade estimation: evidence using the 2005 inter-regional input-output table of Japan". In: *Economic Systems Research* 32 (2), S. 1-19.

FRECHTLING, D. C. (1994): „Assessing the Economic Impacts of Travel and Tourism – Measuring Economic Benefits". In: Ritchie, J. R. B., Goeldner, C. R. (Hrsg.): *Travel, Tourism, and Hospitality Research: A Handbook for Managers and Researchers.* 2. Auflage. New York/Chichester/Brisbane/Toronto/Singapore, S. 367-391.

FRECHTLING, D. C. (2008): *Measurement and analysis of tourism economic contributions for subnational regions through the Tourism Satellite Account* (= Central Paper, Session 3: Measurement and analysis of tourism economic contributions, presented to the International Tourism Conference on Knowledge as a Value Advantage for Tourism Destinations, Malaga, Spain, 2008). Malaga.

FRECHTLING, D. C., HORVÁTH, E. (1999): „Estimating the Multiplier Effects of Tourism Expenditures on a Local Economy through a Regional Input-Output-Model". In: *Journal of Travel Research* 37 (4), S. 324-332.

FREDMAN, P. (2008): „Determinants of visitor expenditures in mountain tourism". In: *Tourism Economics* 14 (2), S. 297-311.

FREDMAN, P., HÖRNSTEN FRIBERG, L., EMMELIN, L. (2007): „Increased Visitation from National Park Designation". In: *Current Issues in Tourism* 10 (1), S. 87-95.

FREEMAN, A. M., HERRIGES, J.A., KLING, C. L. (2014): *The Measurement of Environmental and Resource Values: Theory and Methods.* 3. Auflage. Abingdon/New York.

FREYER, W. (2015): *Tourismus. Einführung in die Fremdenverkehrsökonomie.* 11. Auflage. Berlin/München/Boston.

FRIESER, A., BITTLINGMAIER, S., PIANA, T., MAJEWSKI, L. (2023): „Ökonomische Bewertung des nachhaltigen Tourismus in deutschen Naturparken". In: Kühne, O., Sedelmeier, T. Jenal, C., Freytag, T. (Hrsg.): *Landschaft und Tourismus* (= RaumFragen: Stadt – Region – Landschaft). Wiesbaden.

GEHRLEIN, U., SÜSS, P., BARANEK, E., SCHUBERT, S. (2014): *Anwendbarkeit des integrativen Monitoringprogramms für Großschutzgebiete* (= BfN-Skripten 374). Bonn-Bad Godesberg.

GOELDNER, C. R., RITCHIE, J. R. B. (2006): *Tourism: Principles, Practices, Philosophies*. 10. Auflage. Hoboken.

HAAB, T., MCCONNELL, K.E. (2003): *Valuing Environmental and Natural Resources. The Economics of Non-Market Valuation.* Cheltenham/Northampton.

HAEFELE, M., LOOMIS, J., BILMES, L. J. (2016): *Total Economic Valuation of the National Park Service Lands and Programs: Results of a Survey of the American Public.* Fort Collins.

HAHNE, U., VON STACKELBERG, K. (1994): *Regionale Entwicklungstheorien: Konkurrierende Ansätze zur Erklärung der wirtschaftlichen Entwicklung in Regionen – Ein Überblick* (= EURES discussion paper 39). Freiburg im Breisgau.

HALL, C. M., PAGE, S. J. (2007): *The Geography of Tourism and Recreation. Environment, place and space.* 3. Auflage. London.

HAMMER, T. (2003): „Grossschutzgebiete neu interpretiert als Instrumente nachhaltiger Regionalentwicklung". In: Hammer, T. (Hrsg.): *Großschutzgebiete – Instrumente nachhaltiger Entwicklung.* München, S. 9-24.

HAMMER, T. (2007): „Protected Areas and Regional Development: Conflicts and Opportunities". In: Mose, I. (Hrsg.): *Protected Areas and Regional Development in Europe. Towards an New Model for the 21st Century.* Hampshire/Burlington, S. 21-36.

HAMPICKE, U. (1991): *Naturschutz-Ökonomie.* Stuttgart.

HANLEY, N., BARBIER, E. B. (2009): *Pricing Nature: Cost-Benefit Analysis and Environmental Policy.* Cheltenham/Northampton.

HANNEMANN, T., JOB, H. (2003): „Destination ,Deutsche Nationalparke' als touristische Marke". In: *Tourism Review* 58 (2), S. 6-17.

HARDES, H.-D., SCHMITZ, F. (2000): *Grundzüge der Volkswirtschaftslehre.* 7. Auflage. München/Wien/Oldenburg.

HARRER, B., SCHERR, S. (2002): *Ausgaben der Übernachtungsgäste in Deutschland* (= Schriftenreihe des dwif, 49). München.

HARRER, B., SCHERR, S. (2013): *Tagesreisen der Deutschen* (= Schriftenreihe des dwif, 55). München.

HARRIS, R. I. D., LIU A. (1998): „Input-Output Modelling of the Urban and Regional Economy: The Importance of External Trade". In: *Regional Studies* 32 (9), S. 851-862.

HARTWICK, J. M. (1970): *Notes on the Isard and Chenery-Moses Interregional Input-Output Models* (= Queen's Economics Department Working Paper No. 16). Kingston.

HASPEL, A. E., JOHNSON, F. R. (1982): „Multiple Destination Trip Bias in Recreation Benefit Estimation". In: *Land Economics* 58 (3), S. 364-372.

HE, G., CHEN, X., LIU, W., BEARER, S., ZHOU, S., CHENG, L. Y., ZHANG, H., OUYANG, Z., LIU, J. (2008): „Distribution of Economic Benefits from Ecotourism: A Case Study of Wolong Nature Reserve for Giant Pandas in China". In: *Environmental Management* 42, S. 1017-1025.

HENG, T. M., LOW, L. (1990): „Economic Impact of Tourism in Singapore". In: *Annals of Tourism Research* 17, S. 246-269.

HERGET, Y., SCHAMEL, J., SCHEDER, N., JOB, H. (2016): „Birding und sein Beitrag zur Regionalökonomie. Kranichrast im Nationalpark Vorpommersche Boddenlandschaft". In: *Natur und Landschaft* 48 (5), S. 153-160.

HEWINGS, G. J. D. (2020): *Regional Input-Output-Analysis* (= The Web Book of Regional Science). West Virginia University.

HEWINGS, G. J. D., JENSEN, R. C. (1986): „Regional, Interregional and Multiregional Input-Output Analysis". In: Nijkamp, P. (Hrsg.): *Handbook of Regional and Urban Economics*. Amsterdam, S. 295-355.

HIGHFILL, T., SMITH-NELSON, C. (2018): *Outdoor Recreation Satellite Account Methodology*. Washington.

HIGHFILL, T., FRANKS, C., GEORGI, P. S., HOWELLS, T. F. (2018): „Introducing the Outdoor Recreation Satellite Account". In: *The Journal of the U.S. Bureau of Economic Analysis* 98 (3), o.S.

HIRSCHMAN, A. O. (1965): *The Strategy of Economic Development*. 9. Auflage. New Haven/London.

HJERPE, E. E., KIM, Y.-S. (2007): „Regional Economic Impacts of Grand Canyon River Runners". In: *Journal of Environmental Management* 85 (1), S. 137-149.

HOLUB, H.-W., SCHNABL, H. (1985): *Input-Output-Rechnung: Input-Output-Tabellen*. 2. Auflage. München/Wien.

HOLUB, H.-W., SCHNABL, H. (1994): *Input-Output-Rechnung: Input-Output-Analyse*. München/Wien.

HOPFINGER, H. (2007): „Die Geographie der Freizeit und des Tourismus: Versuch einer Standortbestimmung". In: Becker, C., Hopfinger, H., Steinecke, A. (Hrsg.): *Geographie der Freizeit und des Tourismus. Bilanz und Ausblick*. 3. Auflage. München.

HORNBACK, K. E., EAGLES, P. F. J. (1999): *Guidelines for Public Use Measurement and Reporting at Parks and Protected Areas*. Gland/Cambridge.

HOROWITZ, K., PLANTING, M. A. (2009): *Concepts and Methods of the U.S. Input-Output Accounts*. URL: https://apps.bea.gov/papers/pdf/IOmanual_092906.pdf (Abrufdatum: 20.09.2021).

HORRIDGE, J. M., PARMENTER, B. R., PEARSON, K. R. (1998): *Orani-G: A General Equilibrium Model of the Australian Economy*. Monash.

HUGHES, H. L. (1994): „Tourism multiplier studies: a more judicious approach". In: *Tourism Management* 15 (6), S. 403-406.

HUHTALA, M. (2007): „Assessment of the local economic impacts of national park tourism: the case of Pallas-Ounastunturi National Park". In: *Forest Snow and Landscape Research* 81 (1), S. 223-238.

HUHTALA, M., VATANEN, E., BERGHÄLL, J. (2009): „Kansallispuistomatkailun paikallistaloudelliset vaikutukset – menetelmien vertailu". In: *Terra* 121 (4), S. 285-299.

Huhtala, M., Kajala, L., Vatanen, E. (2010): *Local economic impacts of national park visitors' spending: The development process of an estimation method* (= Working Papers of the Finnish Forest Research Institute 149). Vantaa.

IMPLAN (2020): *Data Description Notes* (= unveröffentlichtes Arbeitsblatt).

IMPLAN (2021a): *Where it all started*. URL: https://www.implan.com/history/ (Abrufdatum: 04.10.2021).

IMPLAN (2021b): *IMPLAN Data: Overview & Sources*. URL: https://implan.com/wp-content/uploads/IMPLAN-Data-Overview-and-Sources.pdf (Abrufdatum: 01.10.2021).

IMPLAN (2021c): *IMPLAN Sectoring & NAICS Correspondences*. URL: https://implan-help.zendesk.com/hc/en-us/articles/115009674428-IMPLAN-Sectoring-NAICS-Correspondences (Abrufdatum: 01.10.2021).

IMPLAN (2021d): *MRIO: Introduction to Multi-Regional Input-Output Analysis*. URL: https://implanhelp.zendesk.com/hc/en-us/articles/115009713448-MRIO-Introduction-to-Multi-Regional-Input-Output-Analysis (Abrufdatum: 01.10.2021).

Isard, W. (1951): „Interregional and Regional Input-Output Analysis: A Model of a Space-Economy". In: *The Review of Economics and Statistics* 33 (4), S. 318-328.

Isard, W. (1953): „Regional Commodity Balances and Interregional Commodity Flows". In: *The American Economic Review* 43 (2), S. 167-180.

Isard, W. (1960): *Methods of Regional Analysis: an Introduction to Regional Science*. Cambridge.

Isbary, G. (1959): „Naturparke als neues Ordnungselement der Landschaft". In: *Allgemeine Forstzeitschrift* 14 (50), S. 870-871.

IUCN – International Union for Conservation of Nature and Natural Resources (2019): *Recognising and reporting other effective area-based conservation measures* (= Protected Area Technical Report Series No. 3). Gland.

Ivanov, S., Webster, C. (2007): „Measuring the impact of tourism on economic growth". In: *Tourism Economics* 13 (3), S. 379-388.

Jackson, R. W. (1998): „Regionalizing National Commodity-by-Industry Accounts". In: *Economic Systems Research* 10 (3), S. 223-238.

Jackson, R. W. (2014): *Cross-Hauling in Input-Output Tables: Comments on CHARM* (= Regional Research Institute Publications and Working Papers, 17). West Virginia University.

Jackson, R. W., Schwarm, W. R., Okuyama, Y., Islam, S. (2006): „A method for constructing commodity by industry flow matrices". In: *Annals of Regional Science* 40 (4), S. 909-920.

Jedicke, E., Liesen, J. (2017): „Naturparke und Naturschutz – Leistungen, Potenziale und Perspektiven". In: Bundesverband Beruflicher Naturschutz e.V. (Hrsg.): *Naturschutz und Landnutzung – Analysen, Diskussionen, zeitgemäße Lösungen Interessen* (= Jahrbuch für Naturschutz und Landschaftspflege, Band 61), S. 28-37.

Job, H. (1993): „Braucht Deutschland die Naturparke noch? Eine Stellungnahme zur Diskussion um Großschutzgebiete". In: *Naturschutz und Landschaftsplanung* 25 (4), S. 126-132.

JOB, H. (1995): „Besucherlenkung in Großschutzgebieten". In: Moll, P. (Hrsg.): *Umweltschonender Tourismus: Eine Entwicklungsperspektive für den ländlichen Raum* (= Material zur Angewandten Geographie, Band 24). Bonn, S. 153-160.

JOB, H. (2000): „Naturparke – Erholungsvorsorge und Naturschutz". In: Leibniz-Institut für Länderkunde, Becker, C., Job, H. (Hrsg.): *Freizeit und Tourismus. Nationalatlas Bundesrepublik Deutschland* 10, Leipzig, S. 34-37.

JOB, H. (2003): „‚Reisestile': Modell des raumzeitlichen Verhaltens von Reisenden: Ein raumwissenschaftlicher Diskussionsbeitrag zum Wandel der Gestalt touristischer Destinationen". In: *Tourismus Journal* 7 (3), S. 355-376.

JOB, H. (2010): „Welche Nationalparke braucht Deutschland?". In: *Raumforschung und Raumordnung* 68, S. 75-89.

JOB, H., METZLER, D. (2005): „Regionalökonomische Effekte von Großschutzgebieten". In: *Natur und Landschaft* 80 (11), S. 465-471.

JOB, H., METZLER, D. (2006): „Naturparks + Tourismus = Regionalentwicklung?". In: *Natur und Landschaft* 81 (7), S. 355-361.

JOB, H., WEIZENEGGER, S. (2007): „Tourismus in Entwicklungsländern". In: Becker, C., Hopfinger, H., Steinecke, A. (Hrsg.): *Geographie der Freizeit und des Tourismus: Bilanz und Ausblick*. 3. Auflage. Oldenburg, S. 629-640.

JOB, H., MAYER, M. (2012): „Forstwirtschaft versus Waldnaturschutz: Regionalwirtschaftliche Opportunitätskosten des Nationalparks Bayerischer Wald". In: *Allgemeine Forst- und Jagdzeitschrift* 183 (7/8), S. 129-144.

JOB, H., METZLER, D., VOGT, L. (2003): *Inwertsetzung alpiner Nationalparke. Eine regionalwirtschaftliche Analyse des Tourismus im Alpenpark Berchtesgaden* (= Münchener Studien zur Sozial- und Wirtschaftsgeographie 43). Kallmünz/Regensburg.

JOB, H., HARRER, B., METZLER, D., HAJIZADEH-ALAMDARY, D. (2005a): *Ökonomische Effekte von Großschutzgebieten. Untersuchung der Bedeutung von Großschutzgebieten für den Tourismus und die wirtschaftliche Entwicklung der Region* (= BfN-Skripten 135). Bonn-Bad Godesberg.

JOB, H., PAESLER, R., VOGT, L. (2005b): „Geographie des Tourismus". In: Schenk, W., Schliephake, K. (Hrsg.): *Allgemeine Anthropogeographie*. Gotha/Stuttgart, S. 581-628.

JOB, H., HARRER, B., METZLER, D., HAJIZADEH-ALAMDARY, D. (2006a): *Ökonomische Effekte von Großschutzgebieten. Leitfaden zur Erfassung der regionalwirtschaftlichen Wirkungen des Tourismus in Großschutzgebieten* (= BfN-Skripten 151). Bonn-Bad Godesberg.

JOB, H., METZLER, D., WOLTERING, M. (2006b): „Large Scale Protected Areas + Tourism = Regional Development?". In: Siegrist, D., Clivaz, C., Hunziker, M., Iten, S. (Hrsg.): *Exploring the Nature of Management* (= Proceedings of the Third International Conference on Monitoring and Management of Visitor Flows in Recreational and Protected Areas). Rapperswil, S. 140-144.

JOB, H., MAYER, M., WOLTERING, M. (2008): „Nationalparke und Regionalentwicklung". In: Job, H. (Hrsg.): *Die Destination Nationalpark Bayerischer Wald als regionaler Wirtschaftsfaktor*. Grafenau, S. 5-20.

406

JOB, H., WOLTERING, M., HARRER, B. (2009): *Regionalökonomische Effekte des Tourismus in deutschen Nationalparken* (= Naturschutz und Biologische Vielfalt 76). Bonn-Bad Godesberg.

JOB, H., KRAUS, F., MERLIN, C., WOLTERING, M. (2013a): *Wirtschaftliche Effekte des Tourismus in Biosphärenreservaten Deutschlands* (= Naturschutz und Biologische Vielfalt, Band 134). Bonn-Bad Godesberg.

JOB, H., BECKEN, S., SACHER, P. (2013b): „Wie viel Natur darf sein? Schutzgebietskonzepte im Wandel der Zeit". In: *Standort* 37, S. 204-210.

JOB, H., MERLIN, C., METZLER, D., SCHAMEL, J., WOLTERING, M. (2016): *Regionalwirtschaftliche Effekte durch Naturtourismus in deutschen Nationalparken als Beitrag zum integrativen Monitoring-Programm für Großschutzgebiete* (= BfN-Skripten 431). Bonn-Bad Godesberg.

JOB, H., BECKEN, S., LANE, B. (2017): „Protected Areas in a neoliberal world and the role of tourism in supporting conservation and sustainable development: an assessment of strategic planning, zoning, impact monitoring, and tourism management at natural World Heritage Sites". In: *Journal of Sustainable Tourism* 25 (12), S. 1697-1718.

JOB, H., ENGELBAUER, M., WOLTERING, M. (2018): *Aktuelle und potenzielle regionalökonomische Effekte durch Naturtourismus in den Naturparken Kyffhäuser und Südharz* (= unveröffentlichter Endbericht). Würzburg.

JOB, H., FLIESSBACH-SCHENDZIELORZ, M., BITTLINGMAIER, S., HERLING, A., WOLTERING, M. (2019a): *Akzeptanz der bayerischen Nationalparks* (= Würzburger Geographische Arbeiten, Band 122). Würzburg.

JOB, H., ENGELBAUER, M., ENGELS, B. (2019b): „Das Portfolio deutscher Biosphärenreservate im Lichte der Sustainable Development Goals". In: *Raumforschung und Raumordnung* 77 (1), S. 57-79.

JOE, H., ENGELBAUER, M., BITTLINGMAIER, S., KRAUS, F., MAJEWSKI, L., MERLIN, C., WOLTERING, M. (2020a): *Manual zur Bestimmung der regionalökonomischen Effekte des Tourismus in deutschen Biosphärenreservaten* (= unveröffentlichtes Manuskript). Würzburg.

JOB, H., MAJEWSKI, L., BITTLINGMAIER, S., MAYER, M., MERLIN, C., METZLER, D., SCHAMEL, J., WOLTERING, M. (2020b): *Manual zur Bestimmung der regionalökonomischen Effekte des Tourismus in deutschen Nationalparken* (= unveröffentlichtes Manuskript). Würzburg.

JOB, H., ENGELBAUER, M., MAJEWSKI, L., WOLTERING, M. (2020c): *Potenzialanalyse des Naturtourismus im Biosphärengebiet Schwarzwald* (= Endbericht). Würzburg.

JOB, H., MAJEWSKI, L., ENGELBAUER, M., BITTLINGMAIER, S., WOLTERING, M. (2021a): „Establishing a standard for park visitation analyses: Insights from Germany". In: *Journal of Outdoor Recreation and Tourism* 35, S. 1-19.

JOB, H., BITTLINGMAIER, S., WOLTERING, M. (2021b): *Regionalökonomische Effekte des Tourismus im Nationalpark Niedersächsisches Wattenmeer* (= unveröffentlichter Endbericht). Würzburg.

JOHNSON, R. L., MOORE, E. (1993): „Tourism Impact Estimation". In: *Annals of Tourism Research* 20 (2), S. 279-288.

JOHNSON, T. G. (1993): „The Dynamics of Input-Output. Introduction". In: Otto, D. M., Johnson, T. G. (Hrsg.): *Microcomputer-Based Input-Output Modeling*. Boulder/San Francisco/Oxford, S. 216-228.

JONES, C., MUNDAY, M. (2010): „Tourism Satellite Accounts for Regions? A Review of Development Issues and an Alternative". In: *Economic Systems Research* 22 (4), S. 241-358.

JONES, C., MUNDAY, M., ROBERTS, A. (2003): „Regional Tourism Satellite Accounts: A Useful Policy Tool?". In: *Urban Studies* 40 (13), S. 2777-2794.

KAGERMEIER, A. (2020): *Tourismus in Wirtschaft, Gesellschaft, Raum und Umwelt*. 2. Auflage. Tübingen.

KAGERMEIER, A., GRONAU, W. (2016): „Umweltverträgliche ÖPNV-Angebote in Großschutzgebieten: Schlüsselfaktoren und Voraussetzungen". In: Mayer, M., Job, H. (Hrsg.): *Naturtourismus – Chancen und Herausforderungen* (= Studien zur Freizeit- und Tourismusforschung, Band 12). Mannheim, S. 207-220.

KAHN, R. F. (1931): „The Relation of Home Investment to Unemployment". In: *The Economic Journal* 41 (162), S. 173-198.

KAJALA, L., ALMIK, A., DAHL, R., DIKŠAITĖ, L., ERKKONEN, J., FREDMAN, P., JENSEN, F., SØNDERGAARD, F., KAROLES, K., SIEVÄNEN, T., SKOV-PETERSEN, H., VISTAD, O., WALLSTEN, P. (2007): *Visitor Monitoring in Nature Areas. A Manual Based on Experiences from the Nordic and Baltic Countries*. Stockholm.

KALVELAGE, L., REVILLA DIEZ, J., BOLLIG, M. (2022): „How much remains? Local value capture from tourism in Zambezi, Namibia". In: *Tourism Geographies* 24 (4-5), S. 759-780.

KASPAR, C. (1991): *Die Tourismuslehre im Grundriss*. 4. Auflage. Bern/Stuttgart.

KEYNES, J. M. (1933): „The Multiplier". In: *The New Statesman and Nation*. Ausgabe vom 01.04.1933, S. 405-407.

KEYNES, J. M. (2009 [1936]): *Allgemeine Theorie der Beschäftigung, des Zinses und des Geldes* (= deutsche Übersetzung von Waeger, F., verbessert und um eine Erläuterung des Aufbaus ergänzt von Kromphardt, J., Schneider, S.; Originaltitel: *The General Theory of Employment, Interest, and Money*). 11. Auflage. Berlin.

KILKENNY, M. (1995): „Operationalising a rural-urban general equilibrium model using a bi-regional SAM". In: Hewings, G.J.D., Madden, M. (Hrsg.): *Social and Demographic Accounting*. Cambridge, S. 164-179.

KILKENNY, M., ROSE, A. (1995): „Interregional SAMs and capital accounts". In: Hewings, G. J. D., Madden, M. (Hrsg.): *Social and Demographic Accounting*. Cambridge, S. 41-59.

KIMARIO, F. F., BOTHA, N., KISINGO, A., JOB, H. (2020): „Theory and Practice of Conservancies: Evidence from Wildlife Management Areas in Tanzania". In: *Erdkunde* 74 (2), S. 117-141.

KING, B. B. (1985): „What is a SAM?". In: Pyatt, G., Round, J. I. (Hrsg.): *Social Accounting Matrices. A Basis for Planning*. Washington D.C., S. 17-51.

KISSINGER, M., REES, W. E. (2010): „An interregional ecological approach for modelling sustainability in a globalizing world – Reviewing existing approaches and emerging directions". In: *Ecological Modelling* 221 (21), S. 2615-2623.

KLIJS, J., HEIJMAN, W., MARIS, D. K., BRYON, J. (2012): „Criteria for comparing economic impact models of tourism". In: *Tourism Economics* 18 (6), S. 1175-1202.

KNAUS, F. (2012): *Bedeutung, Charakteristiken und wirtschaftliche Auswirkungen des Sommertourismus in der UNESCO Biosphäre Entlebuch. Resultate einer umfassenden Gästebefragung* (= Interner Bericht, ETH Zürich und Biosphärenmanagement UBE). Schüpfheim.

KNAUS, F. (2018): *Charakteristiken von Gästen in vier Schweizer Naturpärken und deren touristisch induzierte Wertschöpfung. Untersuchungen anhand des Parc Jura vaudois, Parc Ela, Naturpark Gantrisch und Landschaftspark Binntal*. Bern/Zürich.

KNAUS, F., BACKHAUS, N. (2014): „Touristische Wertschöpfung in Schweizer Pärken". In: *Swiss Academies Factsheets* 9 (3), S. 1-6.

KNAUS, F., KETTERER BONNELAME, L., SIEGRIST, D. (2017): „The Economic Impact of Labeled Regional Products: The Experience of the UNESCO Biosphere Reserve Entlebuch". In: *Mountain Research and Development* 37 (1), S. 121-130.

KOONTZ, L., CULLINANE THOMAS, C. (2020): „Estimating visitor use and economic contributions of National Park visitor spending". In: Bilmes, L.J., Loomis, J.B. (Hrsg.): *Valuing U.S. National Parks and Programms. America's Best Investment.* Abingdon/New York, S. 45-57.

KOONTZ, L., CULLINANE THOMAS, C., ZIESLER, P., OLSON, J., MELDRUM, B. (2017): „Visitor spending effects: assessing and showcasing America's investment in national parks". In: *Journal of Sustainable Tourism* 25 (12), S. 1865-1876.

KOWATSCH, A., HAMPICKE, A., KRUSE-GRAUMANN, L., PLACHTER, H. (2011): *Indikatoren für ein integratives Monitoring in deutschen Großschutzgebieten* (= BfN-Skripten 302). Bonn-Bad Godesberg.

KRATENA, K. (2017): „General equilibrium analysis". In: ten Raa, T. (Hrsg.): *Handbook of Input-Output-Analysis*. Cheltenham, S. 355-371.

KRAUS, F. (2015): *Nachhaltige Regionalentwicklung im Biosphärenreservat Rhön. Regionale Wertschöpfungsketten diskutiert am Beispiel der Dachmarke Rhön* (= Würzburger Geographische Arbeiten, Band 114). Würzburg.

KRAUS, F., JOB, H. (2015): *Regionalökonomische Effekte des Tourismus im Nationalpark Schwarzwald* (= unveröffentlichter Endbericht). München.

KRAUS, F., MERLIN, C., JOB, H. (2014): „Biosphere Reserves and their contribution to sustainable development – A value-chain analysis in the Rhön Biosphere Reserve, Germany". In: *Zeitschrift für Wirtschaftsgeographie* 58 (2-3), S. 164-180.

KRAYBILL, D. S. (1993): „Computable General Equilibrium Analysis at the Regional Level". In: Otto, D. M., Johnson, T. G. (Hrsg.): *Microcomputer-Based Input-Output Modeling*. Boulder/San Francisco/Oxford, S. 198-215.

KRIKELAS, A. C. (1992): „Why Regions Grow: A Review of Research on the Economic Base Model". In: *Federal Reserve Bank of Atlanta Economic Review* 77, S. 16-29.

KRONENBERG, T. (2007): *Derivative Construction of Regional Input-Output Tables under Limited Data Availability* (= online Preprint-Veröffentlichung). URL: https://econpapers.repec.org/paper/ekd002841/284100026.htm (Abrufdatum: 15.07.2021).

KRONENBERG, T. (2009): „Construction of Regional Input-Output Tables Using Non-survey Methods: The Role of Cross-Hauling". In: *International Regional Science Review* 32 (1), S. 40-64.

Kronenberg, T. (2010): „Erstellung einer Input-Output-Tabelle für Mecklenburg-Vorpommern“. In: *AStA Wirtschafts- und Sozialstatistisches Archiv* 4, S. 223-248.

Kronenberg, T. (2012): „Regional input-output models and the treatment of imports in the European System of Accounts (ESA)“. In: *Jahrbuch für Regionalwissenschaft (Review of Regional Research)* 32 (2), S. 175-191.

Kronenberg, T., Többen, J. (2011): *Regional input-output modelling in Germany: The case of North Rhine-Westphalia* (= MPRA Paper No. 35494). Jülich.

Kronenberg, T., Többen, J. (2013): „Über die Erstellung regionaler Input-Output-Tabellen und die Verbuchung von Importen“. In: IWH (Hrsg.): *Neuere Anwendungsfelder der Input-Output-Analyse. Tagungsband. Beiträge zum Halleschen Input-Output-Workshop 2012* (= IWH-Sonderheft 1/2013). Halle (Saale), S. 201-222.

Kronenberg, T., Wolter, M. I. (2017): *Harmonization of regional and national input-output models: the case of Germany* (= Paper for the 25th IIOA Conference). Atlantic City.

Krutilla, J. V. (1967): „Conservation reconsidered“. In: *American Economic Review* 57 (4), S. 777-786.

Kühne, O. (2013): *Landschaftstheorie und Landschaftspraxis*. Wiesbaden.

Küpfer, I. (2000): *Die regionalwirtschaftliche Bedeutung des Nationalparktourismus – untersucht am Beispiel des Schweizerischen Nationalparks* (= Nationalpark-Forschung in der Schweiz 90). Zernez.

Lahr, M. L. (1993): „A review of the literature supporting the hybrid approach to constructing regional input–output models“. In: *Economic Systems Research* 5 (3), S. 277-293.

Lahr, M. L. (2001a): „A strategy for producing hybrid regional input-output tables“. In: Lahr, M. L., Dietzenbacher, E. (Hrsg.): *Input-output analysis: frontiers and extensions*. Palgrave/ London, S. 1-31.

Lahr, M. L. (2001b): „Reconciling Domestication Techniques, the Notion of Re-exports and Some Comments on Regional Accounting“. In: *Economic Systems Research* 13 (2), S. 165-179.

Laimer, P., Ehn-Fragner, S., Smeral, E. (2014): *Ein Tourismus-Satellitenkonto für Österreich: Methodik, Ergebnisse und Prognosen für die Jahre 2000 bis 2015*. Wien.

Lehr, T., Albrecht, R., Schirrmacher, M., Winkler, B. (2013): *Wirtschaftsfaktor sächsische Landwirtschaft* (= Schriftenreihe des LfULG Heft 29/2013). Dresden.

Leiper, N. (1979): „The Framework of Tourism: Towards a Definition of Tourism, Tourist, and the Tourist Industry“. In: *Annals of Tourism Research* 6 (4), S. 390-407.

Leiper, N. (1990): „Tourist Attraction Systems“. In: *Annals of Tourism Research* 17 (3), S. 367-384.

Lenzen, M., Pade, L.-L., Munksgaard, J. (2004): „CO_2 Multipliers in Multi-region Input-Output Models“. In: *Economic Systems Research* 16 (4), S. 391-412.

Lenzen, M., Kanemoto, K., Moran, D., Geschke, A. (2012): „Mapping the Structure of the World Economy“. In: *Environmental Science & Technology* 46 (15), S. 8374-8381.

Lenzen, M., Moran, D., Kanemoto, K., Geschke, A. (2013): „Building EORA: A Global Multi-Region Input–Output Database at High Country and Sector Resolution“. In: *Economic Systems Research* 25 (1), S. 20-49.

LEONTIEF, W. (1936): „Quantitative Input and Output Relations in the Economic Systems of the United States". In: *The Review of Economics and Statistics* 18 (3), S. 105-125.

LEONTIEF, W. (1974): „Structure of the World Economy: Outline of a Simple Input-Output Formulation". In: *The American Economic Review* 64 (6), S. 823-834.

LEONTIEF, W. (1986): *Input-Output Economics.* New York/Oxford.

LEONTIEF, W., STROUT, A. (1963): „Multiregional Input-Output Analysis". In: Barna, T. (Hrsg.): *Structural Interdependence and Economic Development.* London, S. 119-149.

LEONTIEF, W., CHENERY, H. B., CLARK, P. G., DUESENBERRY, J. S., FERGUSON, A. R., GROSSE, A. P., GROSSE, R. H., HOLZMAN, M., ISARD, W., KISTIN, H. (1976 [1953]): *Studies in the Structure of the American Economy.* Theoretical and Empirical Explorations in Input-Output Analysis. New York.

LETZNER, V. (2014): *Tourismusökonomie. Volkswirtschaftliche Aspekte rund ums Reisen.* 2. Auflage. Oldenburg.

LEUNG, Y.-F., SPENCELEY, A., HVENEGAARD, G., BUCKLEY, R. (2018): *Tourism and visitor management in protected areas: Guidelines for sustainability* (= Best Practice Protected Area Guidelines, Series No. 27, IUCN). Gland.

LI, J., LIAN, C. (2010): „An empirical study on relative income determination of tourism industries with social accounting matrix of Jiangsu Province, China in 2002". In: *Tourism and Hospitality Research* 10 (3), S. 219-233.

LIEFNER, I., SCHÄTZL, L. (2017): *Theorien der Wirtschaftsgeographie.* 11. Auflage. Paderborn.

LIESEN, J. (2015): „Naturparke stärken nachhaltige Entwicklung in ländlichen Räumen". In: Bundesverband Beruflicher Naturschutz e.V. (Hrsg.): *Verantwortung für die Zukunft – Naturschutz im Spannungsfeld gesellschaftlicher Interessen* (= Jahrbuch für Naturschutz und Landschaftspflege, Band 60), S. 116-123.

LIESEN, J. (2016): „Strategien zum Erhalt der Kulturlandschaft und zur Sicherung der Daseinsvorsorge am Beispiel der Naturparke im Schwarzwald". In: Gehrlein, U., von Kutzleben, N., Düsterhaus, B., Niclas, G. (Hrsg.): *Der demografische Wandel und seine Wirkung auf Großschutzgebiete* (= BfN-Skripten 429), S. 59-69.

LIESEN, J., COCH, T. (2015): „Finanzielle Unterstützung des Landschaftserhalts durch die Kurtaxe. Erfahrungen aus der Ferienregion Münstertal-Staufen (Naturpark Südschwarzwald)". In: *Naturschutz und Landschaftsplanung* 47 (3), S. 69-76.

LIESEN, J., WEBER, F. (2018): „Regionalentwicklung im Spannungsfeld von Naturpark Saar-Hunsrück und Nationalpark Hunsrück-Hochwald". In: Weber, F., Weber, F., Jenal, C. (Hrsg.): *Wohin des Weges? Regionalentwicklung in Großschutzgebieten* (= Arbeitsberichte der ARL 21). Hannover, S. 122-150.

LIESEN, J., KÖSTER, U., PORZELT, M. (2008): „50 Jahre Naturparke in Deutschland. Das Petersberger Programm der Naturparke setzt internationale Ziele zum Erhalt der biologischen Vielfalt". In: *Naturschutz und Landschaftsplanung* 40 (1), S. 26-32.

LINDALL, S., OLSON, D., ALWARD, G. (2006): „Deriving Multi-Regional Models Using the IMPLAN National Trade Flows Model". In: *The Journal of Regional Analysis & Policy* 36 (1), S. 76-83.

Lissner, I., Mayer, M. (2020): „Tourists' willingness to pay for Blue Flag's new ecolabel for sustainable boating: the case of whale-watching in Iceland". In: *Scandinavian Journal of Hospitality and Tourism* 20 (4), S. 352-375.

Lohmann, M. (1993): „Methoden der Gästebefragung". In: Haedrich, G., Kaspar, C., Klemm, K., Kreilkamp, E. (Hrsg.): *Tourismus-Management: Tourismus-Marketing und Fremdenverkehrsplanung*. Berlin/New York, S. 177-187.

Loomis, J., Caughlan, L. (2006): „The Importance of Adjusting for Trip Purpose in Regional Economic Analyses of Tourist Destinations". In: *Tourism Economics* 12 (1), S. 33-43.

Loomis, J., Richardson, L., Huber, C., Skibins, J., Sharp, R. (2018): „A method to value nature-related webcam viewing: the value of virtual use with application to brown bear webcam viewing". In: *Journal of Environmental Economics and Policy* 7 (4), S. 452-462.

Loveridge, S. (2004): „A Typology and Assessment of Multi-sector Regional Economic Impact Models". In: *Regional Studies* 38 (3), S. 305-317.

Mackintosh, B. (1999): *The National Park Service: A Brief History*. URL: http://npshistory.com/publications/brief_history/index.htm (Abrufdatum: 01.10.2021).

Madsen, B., Jensen-Butler, C. (1999): „Make and Use Approaches to Regional and Interregional Accounts and Models". In: *Economic Systems Research* 11 (3), S. 277-300.

Madsen, B., Jensen-Butler, C. (2005): „Spatial Accounting Methods and the Construction of Spatial Social Accounting Matrices". In: *Economic Systems Research* 17 (2), S. 187-210.

Magnan, N., Seidl, A. (2004): *Community Economic Considerations of Tourism Development* (= Economic Development Report for Colorado State University Department of Agriculture and Resource Economics). Fort Collins.

Majewski, L. (2017): *Touristische Finanzierungsmodelle als Beitrag zur nachhaltigen Regionalentwicklung im Biosphärenreservat Rhön* (= unveröffentlichte Masterarbeit am Lehrstuhl für Geographie und Regionalforschung der Julius-Maximilians-Universität Würzburg). Würzburg.

Majewski, L., Job, H. (2019): „Tourismusfinanzierte Regionalentwicklung in deutschen Biosphärenreservaten: das Beispiel Rhön". In: *Natur und Landschaft* 94 (5), S. 196-201.

Majewski, L., Koontz, L. (2022): „Die ökonomische Rolle des Naturtourismus in U.S. National Parks". In: *Geographische Rundschau* 3, S. 22-26.

Majewski, L., Engelbauer, M., Job, H. (2019): „Tourismus und nachhaltige Entwicklung in deutschen Naturparken". In: *Natur und Landschaft* 94 (9-10), S. 422-426.

Maschke, J. (2005): *Tagesreisen der Deutschen* (= Schriftenreihe des dwif 50). München.

Masucci, A.P., Serras, J., Johansson, A., Batty, M. (2013): „Gravity vs radiation model: on the importance of scale and heterogeneity in commuting flows". In: *Physical Review* 88 (2), S. 1-8.

Mayer, M. (2013): *Kosten und Nutzen des Nationalparks Bayerischer Wald. Eine ökonomische Bewertung unter Berücksichtigung von Tourismus und Forstwirtschaft*. München.

Mayer, M. (2014): „Can nature-based tourism benefits compensate for the costs of national parks? A study of the Bavarian Forest National Park, Germany". In: *Journal of Sustainable Tourism* 22 (4), S. 561-583.

Mayer, M. (2016): „Die Kosten und Nutzen von Nationalparks auf unterschiedlichen räumlichen Ebenen. Empirische Evidenz für den Nationalpark Bayerischer Wald". In: Vorstand der Fränkischen Geographischen Gesellschaft (Hrsg.): *Mitteilungen der Fränkischen Geographischen Gesellschaft*, Band 61/62, Erlangen, S. 11-22.

Mayer, M., Job, H. (2014): „The economics of protected areas – a European perspective". In: *Zeitschrift für Wirtschaftsgeographie* 58 (2-3), S. 73-97.

Mayer, M., Vogt, L. (2016): „Economic effects of tourism and its influencing factors". In: *Zeitschrift für Tourismuswissenschaft* 8 (2), S. 169-193.

Mayer, M., Woltering, M. (2018): „Assessing and valuing the recreational ecosystem services of Germany's national parks using travel cost models". In: *Ecosystem Services* 31 (Part C), S. 371-386.

Mayer, M., Müller, M., Woltering, M., Arnegger, J., Job, H. (2010): „The economic impact of tourism in six German national parks". In: *Landscape and Urban Planning* 97 (2), S. 73-82.

McCann, P. (2013): *Urban and Regional Economics*. 2. Auflage. Oxford.

McCann, P., Dewhurst, J. H. Ll. (1998): „Regional Size, Industrial Location and Input-Output Expenditure Coefficients". In: *Regional Studies* 32 (5), S. 435-444.

Medeiros, R., Young, C. E. F., Pavese, H. B., Araújo, F. F. S. (2011): *The contribution of Brazilian conservation units to the national economy*. UNEP-WCMC. Brasília.

Mehnen, N., Kabelitz, S., Liesen, J. (2018): „Akteure und Akteurskonstellationen in Naturparken: Wer agiert und kooperiert?". In: Weber, F., Weber, F., Jenal, C. (Hrsg.): *Wohin des Weges? Regionalentwicklung in Großschutzgebieten* (= Arbeitsberichte der ARL 21). Hannover, S. 96-121.

Meng, B., Zhang, Y., Inomata, S. (2013): „Compilation and Applications of IDE-JETRO's International Input–Output Tables". In: *Economic Systems Research* 25, S. 122-142.

Mercenier, J., Álvarez-Martínez, M. T., Brandsma, A., Di Comite, F., Diukanova, O., Kancs, d'A, Lecca, P., López-Cobo, M., Montfort, P., Persyn, D., Rillaers, A., Thissen, M., Torfs, W. (2016): *RHOMOLO-v2 Model Description. A spatial computable general equilibrium model for EU regions and sectors* (= JRC Technical reports, JRC100011). Luxemburg.

Merlin, C. (2017): *Tourismus und nachhaltige Regionalentwicklung in deutschen Biosphärenreservaten. Regionalwirtschaftliche Effekte touristischer Nachfrage und Handlungsspielräume der Destinationsentwicklung durch Biosphärenreservats-Verwaltungen untersucht in sechs Biosphärenreservaten* (= Würzburger Geographische Arbeiten, Band 118). Würzburg.

Metsähallitus (2021a): *Visitor Monitoring*. URL: https://www.metsa.fi/en/outdoors/visitor-monitoring-and-impacts/ (Abrufdatum: 06.10.2021).

Metsähallitus (2021b): *Economic Benefits from National Parks*. URL: https://www.metsa.fi/en/economic-benefits-of-national-parks/ (Abrufdatum: 06.10.2021).

METZLER, D. (2007): *Regionalwirtschaftliche Effekte von Freizeitgroßeinrichtungen: Eine methodische und inhaltliche Analyse* (= Münchener Studien zur Sozial- und Wirtschaftsgeographie 46). Kallmünz/Regensburg.

METZLER, D., WOLTERING, M., SCHEDER, N. (2016): „Naturtourismus in Deutschlands Nationalparks". In: *Natur und Landschaft* 91 (1), S. 8-14.

MEYER, D. (2007): „Pro-Poor Tourism: From Leakages to Linkages. A Conceptual Framework for Creating Linkages between the Accommodation Sector and ‚Poor' Neighbouring Communities". In: *Current Issues in Tourism* 10 (6), S. 558-583.

MILLENIUM ECOSYSTEM ASSESSMENT (2003): *Ecosystems and Human Well-Being*. URL: https://www.millenniumassessment.org/en/Framework.html (Abrufdatum: 01.10.2021).

MILLER, R. E. (1969): „Interregional Feedbacks in Input-Output-Models: Some Experimental Results". In: *Western Economic Journal* 7 (1), S. 41-50.

MILLER, R. E., BLAIR, P. D. (2009): *Input-Output Analysis. Foundations and Extensions*. 2. Auflage. Cambridge/New York/Melbourne/Madrid/Kapstadt/Singapur/São Paulo/Delhi/Dubai/Tokio.

MILLER, W. P. (2010): *Economic Multipliers: How Communities Can Use Them for Planning*. URL: https://www.uaex.edu/business-communities/economic-development/FSCED6.pdf (Abrufdatum: 13.10.2021).

MOCZEK, N., DWORSCHAK, U., KLAR, C. (2020): „Besucherverhalten im Nationalpark Berchtesgaden – Auswirkungen von Social Media". In: *Natur und Landschaft* 95 (11), S. 492-499.

MOISEY, R. N. (2002): „The Economics of Tourism in National Parks and Protected Areas". In: Eagles, P. F. J., McCool, S. F. (Hrsg.): *Tourism in National Parks and Protected Areas. Planning and Management*. Wallingford/New York, S. 235-253.

MORRISON, W. I., SMITH, P. (1974): „Nonsurvey Input-Output Techniques at the Small Area Level: An Evaluation". In: *Journal of Regional Science* 14 (1), S. 1-14.

MOSE, I. (1993): *Eigenständige Regionalentwicklung – neue Chancen für die ländliche Peripherie* (= Vechtaer Studien zur Angewandten Geographie und Regionalwissenschaft 8). Vechta.

MOSE, I., WEIXLBAUMER, N. (2003): „Grossschutzgebiete als Motoren einer nachhaltigen Regionalentwicklung? – Erfahrungen mit ausgewählten Schutzgebieten in Europa". In: Hammer, T. (Hrsg.): *Großschutzgebiete – Instrumente nachhaltiger Entwicklung*. München, S. 35-95.

MOSES, L. N. (1955): „The Stability of Interregional Trading Patterns and Input-Output Analysis". In: *The American Economic Review* 45 (5), S. 803-826.

MUCHAPONDWA, E., STAGE, J. (2013): „The economic impacts of tourism in Botswana, Namibia and South Africa: Is poverty subsiding?". In: *Natural Resources Forum* 37 (2013), S. 80-89.

MUHAR, A., ARNBERGER, A., BRANDENBURG, C. (2002): „Methods for Visitor Monitoring in Recreational and Protected Areas: An Overview". In: Muhar, A., Arnberger, A., Brandenburg, C. (Hrsg.): *Monitoring and Management of Visitor Flows in Recreational and Protected Areas. Proceedings of the Conference held at Bodenkultur University Vienna, Austria, January 30 – February 02, 2002*. Wien, S. 1-6.

MÜLLER, D. K. (2002): „Reinventing the Countryside: German Second-home Owners in Southern Sweden". In: *Current Issues in Tourism* 5 (5), S. 426-446.

MÜLLER, D. K. (2004): „Mobility, Tourism, and Second Homes". In: Lew, A. A., Hall, C. M., Williams, A. M. (Hrsg.): *A Companion to Tourism*. Malden/Oxford/Carlton, S. 387-398.

MÜLLER, D. K., HALL, C. M., KEEN, D. (2004): „Second Home Tourism Impact, Planning and Management". In: Hall, C. M., Müller, D. K. (Hrsg.): *Tourism, Mobility and Second Homes. Between Elite Landscape and Common Ground*. Clevedon/Buffalo/Toronto, S. 15-32.

MÜLLER, M., JOB, H. (2009): „Managing natural disturbance in protected areas: Tourist's attitude towards the bark beetle in a German national park". In: *Biological Conservation* 142, S. 375-383.

MUNDT, J. W. (2006): *Tourismus*. 3. Auflage. München/Wien.

NATIONALPARKVERWALTUNG BAYERISCHER WALD, NATIONALPARKVERWALTUNG ŠUMAVA (2020): *Grenzüberschreitendes sozioökonomisches Monitoring in den Nationalparken Bayerischer Wald und Šumava in den Jahren 2017-2019*. Grafenau/Vimperk.

NATIONALPARK-VERWALTUNG HAINICH (2019): *Bedeutung des Nationalparks für die touristische Entwicklung der Welterberegion Wartburg Hainich* (= Erforschen, Band 7). Bad Langensalza.

NATURPARK SCHWARZWALD MITTE/NORD E.V. (2020): *Naturpark-Plan 2030. Zukunft gemeinsam gestalten*. Bühlertal.

NIERHAUS, W. (2007): „Vierteljährliche Volkswirtschaftliche Gesamtrechnungen für Sachsen mit Hilfe temporaler Disaggregation". In: *ifo Dresden berichtet* 14 (4), S. 24-36.

NORCLIFFE, G. B. (1983): „Using location quotients to estimate the economic base and trade flows". In: *Regional Studies* 17(3), S. 161-168.

NORTH, D. C. (1955): „Location Theory and Regional Economic Growth". In: *Journal of Political Economy* 63 (3), S. 243-258.

NPS – NATIONAL PARK SERVICE (1990): *The Money Generation Model*. Denver.

NPS – NATIONAL PARK SERVICE (2021a): *NPS Stats. National Park Service Visitor Use Statistics*. URL: https://irma.nps.gov/STATS/ (Abrufdatum: 05.10.2021).

NPS – NATIONAL PARK SERVICE (2021b): *Social Science. Visitor Spending Effects – Economic Contributions of National Park Visitor Spending*. URL: https://www.nps.gov/subjects/socialscience/vse.htm (Abrufdatum: 18.08.2021).

O'REILLY, A. M. (1986): „Tourism carrying capacity: Concepts and issues". In: *Tourism Management* 7 (4), S. 254-258.

OBERHOLZER, S., SAAYMAN, M., SAAYMAN, A., SLABBERT, E. (2010): „The socio-economic impact of Africa's oldest marine park". In: *Koedoe* 52 (1), S. 1-9.

OECD – ORGANISATION FOR ECONOMIC CO-OPERATION AND DEVELOPMENT (2021): *Input-Output Tables (IOTs)*. URL: https://www.oecd.org/sti/ind/input-outputtables.htm (Abrufdatum: 02.08.2021).

OECD – ORGANISATION FOR ECONOMIC CO-OPERATION AND DEVELOPMENT, WTO – WORLD TRADE ORGANIZATION (2021): *Trade in Value-Added: Concepts, Methodologies and Challenges (Joint OECD-WTO Note)*. URL: http://www.oecd.org/sti/ind/49894138.pdf (Abrufdatum: 02.08.2021).

OECD – Organisation for Economic Co-operation and Development, CEC – Commission of the European Communities, UN – United Nations, UNWTO – World Tourism Organization (2001): *Tourism Satellite Account: Recommended Methodological Framework*. Luxemburg/Brüssel/New York/Madrid.

Oosterhaven, J. (2005): „Spatial interpolation and disaggregation of multipliers". In: *Geographical Analysis* 37 (1), S. 69-84.

Oosterhaven, J., Polenske, K. R. (2009): „Modern regional input-output and impact analyses". In: Capello, R., Nijkamp, P. (Hrsg.): *Handbook of Regional Growth and Development Theories*. Cheltenham/Northhampton, S. 423-439.

Parks Canada (2021): *Parks Canada attendance 2019-20*. URL: https://www.pc.gc.ca/en/docs/pc/attend (Abrufdatum: 01.10.2021).

Parmenter, B.R. (1988): *ORANI-F Users Manual* (= Institute of Applied Economics and Social Research Working Paper, No. 7). Melbourne.

Pascual, U., Muradian, R., Brander, L., Gómez-Baggethun, E., Martín-López, B., Verma, M., Armsworth, P., Christie, M., Cornelissen, H., Eppink, F., Farley, J., Loomis, J., Pearson, L., Perrings, C., Polasky, S. (2010): „Chapter 5: The economics of valuing ecosystem services and biodiversity". In: Kumar, P. (Hrsg.): *The economics of ecosystems and biodiversity: Ecological and Economic Foundation*. Bonn, S. 183-256.

Pearce, D., Moran, D. (1995): *The Economic Value of Biodiversity*. Reprinted. London.

Pearce, D. W., Turner, R. K. (1990): *Economics of Natural Resources and the Environment*. Baltimore.

Peters, G. P. (2007): *Opportunities and challenges for environmental MRIO modelling: Illustrations with the GTAP database* (= IIOA Conference Paper Istanbul 2007). Istanbul.

Peters, G. P., Hertwich, E. G. (2009): „The Application of Multi-regional Input-Output Analysis to Industrial Ecology. Evaluating Trans-Boundary Environmental Impacts". In: Suh, S. (Hrsg.): *Handbook of Input-Output Economics in Industrial Ecology*. Saint Paul, S. 847-863.

Pettebone, D., Meldrum, B. (2018): „The Need for a Comprehensive Socioeconomic Research Program for the National Park Service". In: *The George Wright Forum* 35 (1), S. 22-31.

Phillips, A. (1955): „The tableau économique as a simple Leontief model". In: *Quarterly Journal of Economics* 69, S. 137-144.

Piermartini, R., Teh, R. (2005): *Demystifying Modelling Methods for Trade Polity* (= WTO Discussion Paper No. 10). Genf.

Polenske, K. R. (1970): *A Multiregional Input-Output Model for the United States* (= Report No. 21, Harvard Economic Research Project, U.S. Economic Development Administration). Washington D.C.

Polenske, K. R. (1972): „The implementation of a multiregional input-output model for the United States". In: Carter, A. P., Brody, A. (Hrsg.): *Contributions to Input-Output Analysis*. Amsterdam, S. 171-189.

Polenske, K. R. (1980): *The U.S. Multiregional Input-Output Accounts and Model*. Lexington.

Polenske, K. R. (1995): „Leontief's spatial and economic analyses". In: *Structural Change and Economic Dynamics* 6 (3), S. 309-318.

Polo, C., Ramos, V., Rey-Maquieira, J., Tugores, M., Valle, E. (2008): „The potential effects of a change in the distribution of tourism expenditure on employment". In: *Tourism Economics* 14 (4), S. 709-725.

Pröbstl-Haider, U., Haider, W. (2014): „The role of protected areas in destination choice in the European Alps". In: *Zeitschrift für Wirtschaftsgeographie* 58 (2-3), S. 144-163.

Prognos (2007): *Regionalökonomische Auswirkungen des Steinkohlenbergbaus in Nordrhein-Westfalen* (= Studie im Auftrag des GVSt. Endbericht). Berlin/Bremen.

Propst, D. B., Stynes, D. J., Chang, W.-H. (1998): *Estimating the Local Economic Impacts of Recreation at Corps of Engineers Projects – 1996* (= Natural Resources Technical Report). East Lansing.

Pyatt, G. (1991a): „SAMs, the SNA and National Accounting Capabilities". In: *The Review of Income and Wealth* 37 (2), S. 177-198.

Pyatt, G. (1991b): „Fundamentals of Social Accounting". In: *Economic Systems Research* 3 (3), S. 315-341.

Pyatt, G. (1994a): „Modelling Commodity Balances: A Derivation of the Stone Model. The Richard Stone Memorial Lecture, Part I". In: *Economic Systems Research* 6 (1), S. 5-20.

Pyatt, G. (1994b): „Modelling Commodity Balances in a Computable General Equilibrium Context. The Richard Stone Memorial Lecture, Part II". In: *Economic Systems Research* 6 (2), S. 123-134.

Pyatt, G. (1999): „Some Relationships between T-Accounts, Input-Output Tables and Social Accounting Matrices". In: *Economic Systems Research* 11 (4), S. 365-387.

Pyatt, G., Round, J. I. (1977): „Social Accounting Matrices for Development Planning". In: *The Review of Income and Wealth* 23 (4), S. 339-364.

Pyatt, G., Round, J. I. (1979): „Accounting and Fixed Price Multipliers in a Social Accounting Matrix Framework". In: *The Economic Journal* 89 (356), S. 850-873.

Pyatt, G., Round, J. I. (1984): *Improving the Macroeconomic Data Base: A SAM for Malaysia, 1970* (= World Bank Staff Working Papers No. 646). Washington D.C.

Pyatt, G., Round, J. I. (1985): „Social Accounting Matrices for Development Planning". In: Pyatt, G., Round, J. I. (Hrsg.): *Social Accounting Matrices. A Basis for Planning*. Washington D.C., S. 52-69.

Pyatt, G., Thorbecke, E. (1976): *Planning Techniques for a Better Future*. Genf.

Rein, H., Baláš, M. (2015): *Die Wertschöpfung des Tourismus im Nationalpark Unteres Odertal: Vergleichsstudie 2007/08 – 2013/14*. Schwedt.

Rein, H., Baláš, M. (2017): „Nachhaltiges Destinationsmanagement". In: Rein, H., Strasdas, W. (Hrsg.): *Nachhaltiger Tourismus*. 2. Auflage. Konstanz/München, S. 287-333.

Rein, H., Schneider, N., Harrer, B., Woltering, M. (2008): *Die Wertschöpfung des Tourismus im Nationalpark Unteres Odertal*. Eberswalde.

Reinhardt, U. (2020): *Freizeit-Monitor der Stiftung für Zukunftsfragen*. URL: http://www.freizeitmonitor.de/fileadmin/user_upload/freizeitmonitor/2020/Stiftung-fuer-Zukunftsfragen_Freizeit-Monitor-2020.pdf (Abrufdatum: 08.02.2021).

REMOND-TIEDREZ, I., RUEDA-CANTUCHE, J. M. (2019): *EU inter-country supply, use and input-output tables – Full international and global accounts for research in input-output analysis (FIGARO)* (= Manuscript, Publications Office of the European Union, 2019). Luxemburg.

RESOURCE SYSTEMS GROUP (2019): *Implementation Plan for a Socioeconomic Monitoring Program in the National Park System*. White River Junction.

REVERMANN, C., PETERMANN, T. (2003): *Tourismus in Großschutzgebieten: Impulse für eine nachhaltige Regionalentwicklung* (= Studien des Büros für Technikfolgen-Abschätzung beim Deutschen Bundestag, Band 13). Berlin.

REY, S. J. (2000): „Integrated regional econometric+input-output modeling: Issues and opportunities". In: *Papers in Regional Science* 79, S. 271-292.

RICHARDSON, H. W. (1973): *Regional Growth Theory*. London.

RICHARDSON, H. W. (1985): „Input-output and economic base multipliers: looking backward and forward". In: *Journal of Regional Science* 25 (4), S. 607-661.

RICKMAN, D. S., SCHWER, R. K. (1993): „A systematic comparison of the REMI and IMPLAN models: the case of Southern Nevada". In: *The Review of Regional Studies* 23, S. 143-161.

RICKMAN, D. S., SCHWER, R. K. (1995a): „A comparison of the multipliers of IMPLAN, REMI, and RIMS II: Benchmarking ready-made models for comparison". In: *The Annals of Regional Science* 29, S. 363-374.

RICKMAN, D. S., SCHWER, R. K. (1995b): „Multiplier comparisons of the IMPLAN and REMI models across versions: illuminating black boxes". In: *Environment and Planning* 27, S. 143-151.

ROBINSON, M. H., MILLER, J. R. (1988): „Cross-hauling and nonsurvey input-output models: some lessons from small-area timber economies". In: *Environment and Planning A* 20, S. 1523-1530.

ROE, A. R. (1985): „The Flow of Funds as a Tool of Analysis in Developing Countries". In: Pyatt, G., Round, J. I. (Hrsg.): *Social Accounting Matrices. A Basis for Planning*. Washington D.C., S. 70-83.

ROUND, J. I. (1972): „Regional input-output models in the U.K.: A re-appraisal of some techniques". In: *Regional Studies* 6 (1), S. 1-9.

ROUND, J. I. (1978): „An Interregional Input-Output Approach to the Evaluation of Nonsurvey Methods". In: *Journal of Regional Science* 18 (2), S. 179-194.

ROUND, J. I. (1985): „Decomposing Multipliers for Economic Systems Involving Regional and World Trade". In: *The Economic Journal* 95 (378), S. 383-399.

ROUND, J. I. (1988): „Incorporating the International, Regional, and Spatial Dimension into a SAM: Some Methods and Applications". In: F. Harrigan, F., McGregor, P. G. (Hrsg.): *Recent Advances in Regional Economic Modelling* (= London Papers in Regional Science No. 19), London, S. 24-45.

ROUND, J. I. (1991): „A SAM for Europe: Problems and Perspectives". In: *Economic Systems Research* 3 (3), S. 249-268.

ROUND, J. I. (1995): „A SAM for Europe: social accounts at the regional level revisited". In: Hewings, G. J. D., Madden, M. (Hrsg.): *Social and Demographic Accounting*. Cambridge, S. 15-40.

Rueda-Cantuche, J. M. (2017): „The construction of input-output coefficients". In: ten Raa, T. (Hrsg.): *Handbook of Input-Output-Analysis*. Cheltenham, S. 133-174.

Rueda-Cantuche, J. M., Amores, A. F., Remond-Tiedrez, I. (2020): „Can supply, use and input-output tables be converted to a different classification with aggregate information?". In: *Economic Systems Research* 32 (1), S. 145-165.

Rütter, H., Guhl, D., Müller, H. (1996): *Wertschöpfer Tourismus: Ein Leitfaden zur Berechnung der touristischen Gesamtnachfrage, Wertschöpfung und Beschäftigung in 13 pragmatischen Schritten*. Rüschlikon/Bern.

Rylance, A., Spenceley, A. (2017): „Reducing economic leakages from tourism: A value chain assessment of the tourism industry in Kasane, Botswana". In: *Development Southern Africa* 34 (3), S. 295-313.

Saayman, M., Saayman, A. (2006a): „Creating a framework to determine the socio-economic impact of national parks in South Africa: a case study of the Addo Elephant National Park". In: *Tourism Economics* 12 (4), S. 619-633.

Saayman, M., Saayman, A. (2006b): „Estimating the Economic Contribution of Visitor Spending in the Kruger National Park to the Regional Economy". In: *Journal of Sustainable Tourism* 14 (1), S. 67-81.

Saayman, M., Saayman, A. (2010): „Regional development and national parks in South Africa: lessons learned". In: *Tourism Economics* 16 (4), S. 1037-1064.

Saayman, M., Saayman, A., Ferreira, M. (2009): „The socio-economic impact of the Karoo National Park". In: *Koedoe* 51 (1), S. 1-10.

Saayman, M., Saayman, A., Rossouw, R. (2013): „The socio-economic impact of the Table Mountain National Park". In: *Journal of Economic and Financial Sciences* 6 (2), S. 439-458.

Sacher, P., Mayer, M. (2019): „Regionalökonomische Effekte als Argument in gesellschaftlichen Aushandlungsprozessen über Großschutzgebiete – Eine diskursanalytische Betrachtung der Nationalpark-Debatte im Steigerwald". In: Berr, K., Jenal, C. (Hrsg.): *Landschaftskonflikte* (= RaumFragen: Stadt – Region – Landschaft). Tübingen, S. 331-356.

Sargento, A. L. M., Nogueira Ramos, P., Hewing, G. J. D. (2012): „Inter-regional Trade Flow Estimation through Non-survey Models: An Empirical Assessment". In: *Economic Systems Reseach* 24 (2), S. 173-193.

Schaffer, W. A., Chu, K. (1969): „Nonsurvey Techniques for Constructing Regional Interindustry Models". In: *Papers of the Regional Science Association* 23 (1), S. 83-101.

Schägner, J. P., Maes, J., Brander, L., Paracchini, M.-L., Hartje, V., Dubois, G. (2017): „Monitoring recreation across European nature areas: A geo-database of visitor counts, a review of literature and a call for a visitor counting reporting standard". In: *Journal of Outdoor Recreation and Tourism* 18, S. 44-55.

Schamel, J. (2016): *Raumzeitliches Verhalten bei der Ausübung landschaftsbezogener Erholungsaktivitäten vor dem Hintergrund des demographischen Wandels. Eine Analyse am Fallbeispiel des Nationalparks Berchtesgaden* (= Würzburger Geographische Arbeiten, Band 117). Würzburg.

Schamel, J., Job, H. (2013): „Crowding in Germany's national parks: the case of the low mountain range Saxon Switzerland National Park". In: *eco.mont* 5 (1), S. 27-34.

SCHAMEL, J., JOB, H. (2017): „National Parks and demographic change – Modelling the effects of ageing hikers on mountain landscape intra-area accessibility". In: *Landscpae and Urban Planning* 163, 32-43.

SCHEIDEGGER, E. (2009): „Tourismus im naturnahen Raum – die wirtschaftliche Sicht". In: Siegrist, D., Stremlow, M. (Hrsg.): *Landschaft Erlebnis Reisen. Naturnaher Tourismus in Pärken und UNESCO-Gebieten.* Zürich, S. 41-53.

SCHLUMPRECHT, H., KNUFF, A., SCHERFOSE, V. (2015): *Vorschläge zur Gliederung und zu Inhalten von Nationalpark-Plänen. Leitfaden des BfN* (= BfN-Skripten 425). Bonn/Bad-Godesberg.

SCHÖNBÄCK, W., KOSZ, M., MADREITER, T. (1997): *Nationalpark Donauauen: Kosten-Nutzen-Analyse.* Wien/New York.

SCHRÖDER, T. (2012): *Beschäftigungseffekte der Offshore-Windenergie in Niedersachsen: Eine regionale Input-Output-Analyse* (= STE Preprint 04/2012). Jülich.

SCHUMACHER, H., JOB, H. (2013): „Nationalparks in Deutschland – Analyse und Prognose". In: *Natur und Landschaft* 88 (7), S. 309-314.

SEILER, C., BACKHAUS, N. (2014): „Tourismus im UNESCO Weltnaturerbe". In: *Zeitschrift für Tourismuswissenschaft* 6 (2), S. 213-218.

SEUNG, C. K., WATERS, E. C. (2006): „A Review of Regional Economic Models for Fisheries Management in the U.S.". In: *Marine Resource Economics* 21, S. 101-124.

SIMINI, F., GONZÁLEZ, M. C., MARITAN, A., BARABÁSI, A. L. (2012): „A universal model for mobility and migration patterns". In: *Nature* 484, S. 96-100.

SIMINI, F., MARITAN, A., NÉDA, Z. (2013): „Human Mobility in a Continuum Approach". In: *PLOS One* 8 (3), S. 1-8.

SINCLAIR, M., GHERMANDI, A., SHEELA, A. M. (2018): „A crowdsourced valuation of recreational ecosystem services using social media data: An application to a tropical wetland in India". In: *Science of the Total Environment* 642, S. 356-365.

SINCLAIR, M., MAYER, M., WOLTERING, M., GHERMANDI, A. (2020): „Valuing nature-based recreation using a crowdsourced travel travel cost method: A comparison to onsite survey data and value transfer". In: *Ecosystem Services* 45, S. 1-9.

SINCLAIR, M. T., SUTCLIFFE, C. M. S. (1978): „The First Round of the Keynesian Regional Income Multiplier". In: *Scottish Journal of Political Economy* 25 (2), S. 177-186.

SINCLAIR, M. T., SUTCLIFFE, C. M. S. (1984): „Keynesian Income Multipliers and First and Second Round Effects: An Application to Tourist Expenditure". In: *Oxford Bulletin of Economics and Statistics* 44 (4), S. 321-338.

SMERAL, E. (2006): „Tourism Satellite Accounts: A Critical Assessment". In: *Journal of Travel Research* 45, S. 92-98.

SOUZA, T. V. S. B., THAPA, B., GONÇALVES DE OLIVEIRA RODRIGUES, C., IMORI, D. (2019): „Economic impacts of tourism in protected areas of Brazil". In: *Journal of Sustainable Tourism* 27 (6), S. 735-749.

SOUZA, T. V. S. B., CHIDAKEL, A., CHILD, B., CHANG, W.-H., GORSEVSKI, V. (2020): „Economic Effects Assessment Approaches: Tourism Economic Model for Protected Areas (TEMPA) for Developing Countries". In: Spenceley, A. (Hrsg.): *Handbook for sustainable tourism practitioners: The essential toolbox.* Cheltenham.

SPENCELEY, A., MEYER, D. (2012): „Tourism and poverty reduction: theory and practice in less economically developed countries". In: *Journal of Sustainable Tourism* 20 (3), S. 297-317.

SPENCELEY, A., SNYMAN, S., EAGLES, P. (2017): *Guidelines for tourism partnerships and concessions for protected areas: Generating sustainable revenues for conservation and development* (= Report to the Secretariat of the Convention on Biological Diversity and IUCN.).

SPENCELEY, A., SNYMAN, S., RYLANCE, A. (2019): „Revenue sharing from tourism in terrestrial African protected areas". In: *Journal of Sustainable Tourism* 27 (6), S. 720-734.

SPENCELEY, A., SCHÄGNER, J. P., ENGELS, B., CULLINANE THOMAS, C., ENGELBAUER, M., ERKKONEN, J., JOB, H., KAJALA, L., MAJEWSKI, L., MAYER, M., METZLER, D., RYLANCE, A., SCHEDER, N., SMITH-CHRISTENSEN, C., SOUZA, T. B., WOLTERING, M. (2021a): *Visitors count! Guidance for protected areas on the economic analysis of visitation*. UNESCO/BfN. Paris/Bonn.

SPENCELEY, A., MCCOOL, S., NEWSOME, D., BÁEZ, A., BARBORAK, J. R., BLYE, C.-J., BRICKER, K., SIGIT CAHYADI, H., CORRIGAN, K., HALPENNY, E., HVENEGAARD, G., MALLERET KING, D., LEUNG, Y.-F., MANDIĆ, A., NAIDOO, R., RÜEDE, D., SANO, J., SARHAN, M., SANTAMARIA, V., BERALDO SOUSA, T., ZSCHIEGNER, A.-K. (2021b): „Tourism in protected and conserved areas amid the COVID-19 pandemic". In: *Parks* 27 (Special Issue), S. 103-118.

SPURR, R. (2006): „Tourism Satellite Accounts". In: Dwyer, L., Forsyth, P. (Hrsg.): *International Handbook on the Economics of Tourism*. Cheltenham/Northampton, S. 283-300.

STAAB, J., UDAS, E., MAYER, M., TAUBENBÖCK, H., JOB, H. (2021): „Comparing established visitor monitoring approaches with triggered trail cameras images and machine learning based computer vision". In: *Journal of Outdoor Recreation and Tourism* (35), S. 1-15.

STATISTISCHE ÄMTER DES BUNDES UND DER LÄNDER (2021a): *Regionaldatenbank Deutschland*. URL: https://www.regionalstatistik.de/genesis/online/ (Abrufdatum: 22.10.2021).

STATISTISCHE ÄMTER DES BUNDES UND DER LÄNDER (2021b): *Methoden und Informationen: Glossar*. URL: https://www.statistikportal.de/de/vgrdl/methoden-und-informationen#glossar (Abrufdatum: 22.10.2021).

STATISTISCHES BUNDESAMT (2008): *Klassifikation der Wirtschaftszweige. Mit Erläuterungen*. Wiesbaden.

STATISTISCHES BUNDESAMT (2010): *Input-Output-Rechnung im Überblick*. Wiesbaden.

STATISTISCHES BUNDESAMT (2012): *Erwerbstätigenrechnung im Rahmen der Volkswirtschaftlichen Gesamtrechnungen (nationale Ergebnisse)*. Wiesbaden.

STATISTISCHES BUNDESAMT (2016): *Volkswirtschaftliche Gesamtrechnungen. Inlandsprodukt und Nationaleinkommen nach ESVG 2010. Methoden und Grundlagen*. Wiesbaden.

STATISTISCHES BUNDESAMT (2019): *Statistisches Jahrbuch. Deutschland und Internationales 2019*. Wiesbaden.

Statistisches Bundesamt (2021a): *Fachserie 18 – Volkswirtschaftliche Gesamtrechnungen. Input-Output-Rechnung.* 2016 (Revision 2019, Stand: August 2019) (= Excel-Tabelle). URL: https://www.destatis.de/DE/Service/Bibliothek/_publikationen-fachserienliste-18.html (Abrufdatum: 24.08.2021).

Statistisches Bundesamt (2021b): *Genesis-Online.* URL: https://www-genesis.destatis.de/genesis/online (Abrufdatum: 02.11.2021).

Statistisches Landesamt Baden-Württemberg (2021): *statistik-bw.de.* URL: https://www.statistik-bw.de/ (Abrufdatum: 02.11.2021).

Statistisches Landesamt Baden-Württemberg im Auftrag des AK VGRdL (Arbeitskreises Volkswirtschaftliche Gesamtrechnungen der Länder) (2020): *Produktionswert in jeweiligen Preisen in den Ländern der Bundesrepublik Deutschland 2016.* Berechnungsstand 2019, Revision 2019 (= unveröffentlichte Excel-Tabelle). Stuttgart.

Steinecke, A., Herntrei, M. (2017): *Destinationsmanagement.* 2. Auflage. Konstanz/München.

Steiner, S. (2009): „Globalisierung und Tourismus: Paradiese unter Palmen auf Kosten der Armen?". In: Kessler, J., Steiner, C. (Hrsg.): *Facetten der Globalisierung. Zwischen Ökonomie, Politik und Kultur.* Wiesbaden, S. 141-159.

Steingrube, W., Jeschke, P. (2011): *Besuchermonitoring 2010 im Müritz-Nationalpark: Analyse der Besucherstruktur und der regionalökonomischen Effekte des Tourismus.* Greifswald.

Stevens, B. H., Lahr, M. L. (1988): „Regional Economic Multipliers: Definition, Measurement, and Application". In: *Economic Development Quarterly* 2 (1), S. 88-96.

Stevens, B. H., Treyz, G. I., Ehrlich, D. J., Bower, J. R. (1983): „A New Technique for the Construction of Non-Survey Regional Input-Output Models". In: *International Regional Science Review* 8 (3), S. 271-286.

Stoll-Kleemann, S., O'Riordan, T. (2017): „The Challenges of the Anthropocene for Biosphere Reserves". In: *Parks* 23 (1), S. 89-100.

Stolton, S., Timmins, H., Dudley, N. (2021): *Making Money Local: Can Protected Areas Deliver Both Economic Benefits and Conservation Objectives?* (= Technical Series 97, Secretariat of the Convention on Biological Diversity). Montreal.

Stone, R. (1961): *Input-Output and National Accounts.* Paris.

Stouffer, S. A. (1940): „Intervening Opportunities: A Theory Relating Mobility and Distance". In: *American Sociological Review* 5 (6), S. 845-867.

Stynes, D. J. (1997): *Economic Impacts of Tourism: A Handbook for Tourism Professionals.* Urbana.

Stynes, D. J. (1998): *State and Regional Economic Impacts of Michigan State Park Visitors* (= Report to Public Policy Associates and Parks and Recreation Division). Michigan.

Stynes, D. J. (1999a): *Economic Impacts of Tourism.* East Lansing.

Stynes, D. J. (1999b): *Guidelines for Measuring Visitor Spending.* East Lansing.

Stynes, D. J. (1999c): *Approaches to Estimating the Economic Impacts of Tourism; Some Examples.* East Lansing.

Stynes, D. J. (2005): „Economic Significance of Recreational Uses of National Parks and Other Public Lands". In: *Social Science Research Review* 5 (1), S. 1-36.

Stynes, D. J. (2006a): *National Park Visitor Spending and Payroll Impacts. Fiscal Year 2005.* East Lansing.

Stynes, D. J. (2006b): *Impacts of Visitor Spending on the Local Economy: Joshua Tree National Park, 2004.* East Lansing.

Stynes, D. J. (2007): *National Park Visitor Spending and Payroll Impacts, 2006.* East Lansing.

Stynes, D. J. (2008a): *National Park Visitor Spending and Payroll Impacts, 2007.* East Lansing.

Stynes, D. J. (2008b): *Impacts of Visitor Spending on the Local Economy: Zion National Park, 2006.* East Lansing.

Stynes, D. J. (2009a): *National Park Visitor Spending and Payroll Impacts, 2008.* East Lansing.

Stynes, D. J. (2009b): *Impacts of Visitor Spending on the Local Economy: Yosemite National Park, 2007.* East Lansing.

Stynes, D. J. (2011a): *Economic Benefits to Local Communities from National Park Visitation and Payroll, 2009.* East Lansing.

Stynes, D. J. (2011b): *Economic Benefits to Local Communities from National Park Visitation and Payroll, 2010.* East Lansing.

Stynes, D. J., Sun, Y.-Y. (2003): *Economic Impacts of National Park Visitor Spending on Gateway Communities. Systemwide Estimates for 2001.* East Lansing.

Stynes, D. J., White, E. M. (2006): „Reflections on measuring recreation and travel spending". In: *Journal of Travel Research* 45 (1), S. 8-16.

Stynes, D. J., Propst, D. B., Chang, W.-H., Sun, Y.-Y. (2000): *Estimating National Park Visitor Spending and Economic Impacts; The MGM2 Model.* East Lansing.

Succow, M. (2000): „Der Weg der Großschutzgebiete in den neuen Bundesländern: Die Weiterentwicklung des Nationalparkprogramms von 1990". In: *Naturschutz und Landschaftsplanung* 32 (2-3), S. 63-70.

Sugiyarto, G., Blake, A., Sinclair, M. T. (2003): „Tourism and Globalization. Economic Impact in Indonesia". In: *Annals of Tourism Research* 30 (3), S. 683-701.

Sun, Y.-Y., Stynes, D. J. (2006): „A note on estimating visitor spending on a per-day/night basis". In: *Tourism Management* 27, S. 721-725.

Sun, Y.-Y., Wong, K.-F., Lai, H.-C. (2010): „Statistical properties and survey design of visitor spending using segmentation". In: *Tourism Economics* 16 (4), S. 807-832.

Sutton, P. C., Duncan, S. L., Anderson, S. J. (2019): „Valuing Our National Parks: An Ecological Economics Perspective". In: *Land* (4), S. 3-17.

Swanson, E. W. (1969): *Travel and the National Parks. An Economic Study.* Washington.

Swanson, M. J., Morse, G. W., Westeren, K. I. (1999): „Regional Purchase Coefficients Estimates from Value-Added Tax Data". In: *Journal of Regional Analysis & Policy* 29 (2), S. 31-50.

Taylor, D. T., Fletcher, R. R. (1993): „Tree Comparisons of Regional Purchase Coefficients Used in Estimating the Economic Impacts of Tourism and Outdoor Recreation". In: *Regional Science Perspectives* 23 (1), S. 18-32.

ten Raa, T. (2005): *The Economics of Input-Output Analysis.* New York.

THAGE, B. (2005): „Symmetric Input-Output Tables: Compilation Issues". In: International Input-Output Association (Hrsg.): *Fifteenth International Input-Output Conference of the International Input-Output Association (IIOA)*. Istanbul.

THE OUTSPAN GROUP INC. (2005): *The Economic Impact of Canada's National, Provincial Territorial Parks in 2000*. Amherst Island.

THE OUTSPAN GROUP INC. (2011): *Economic Impact of Parks Canada*. Amherst Island.

THORVALDSON, J. (2021): *IMPLAN's Gravity Model and Trade Flow RPCs*. URL: https://blog.implan.com/estimating-region-specific-foreign-trade-rates (Abrufdatum: 24.09.2020).

TIMMER, M. P., DIETZENBACHER, E., LOS, B., STEHRER, R., DE VRIES, G. J. (2015): „An Illustrated User Guide to the World Input-Output Database: the Case of Global Automotive Production". In: *Review of International Economics* 23 (3), S. 575-605.

TIMMER, M. P., LOS, B., STEHRER, R., DE VRIES, G. J. (2016): *An Anatomy of the Global Trade Slowdown based on the WIOD 2016 Release* (= GGDC Research Memorandum 162). Groningen.

TÖBBEN, J. R. (2017): *Effects of energy- and climate policy in Germany: A multiregional analysis* (= PhD thesis. University of Groningen). Groningen.

TÖBBEN, J. R., KRONENBERG, T. H. (2015): „Construction of multi-regional Input-Output tables using the CHARM method". In: *Economic Systems Research* 27 (4), S. 487-507.

TOEPFER, A. (1956): „Naturschutzparke – eine Forderung unserer Zeit". In: *Mitteilungen des Vereins Naturschutzparke* 7, S. 172-174.

TOHMO, T. (2004): „New Developments in the Use of Location Quotients to Estimate Regional Input-Output Coefficients and Multipliers". In: *Regional Studies* 38 (1), S. 43-54.

TSCHURTSCHENTHALER, P. (1993): „Methoden zur Berechnung der Wertschöpfung im Tourismus". In: Haedrich, G., Kaspar, C., Klemm, K., Kreilkamp, E. (Hrsg.): *Tourismus-Management: Tourismus-Marketing und Fremdenverkehrsplanung*. 2. Auflage. Berlin/New York, S. 213-241.

TUKKER, A., DIETZENBACHER, E. (2013): „Global Multiregional Input-Output Frameworks: An Introduction and Outlook". In: *Economic Systems Research* 25 (1), S. 1-19.

TUKKER, A., POLIAKOV, E., HEIJUNGS, R., HAWKINS, T., NEUWAHL, F., RUEDA-CANTUCHE J. M., GILJUM, S., MOLL, S., OOSTERHAVEN, J., BOUWMEESTER, M. (2009): „Towards a global multi-regional environmentally extended input-output database". In: *Ecological Economics* 68, S. 1928-1937.

TUKKER, A., DE KONING, A., WOOD, R., HAWKINS, T., LUTTER, S., ACOSTA, J., RUEDA-CANTUCHE, J. M., BOUWMEESTER, M., OOSTERHAVEN, J., DROSDOWSKI, T., KUENEN, J. (2013): „EXIOPOL – Development and Illustrative Analysis of a Detailed Global MR EE SUT/IOT". In: *Economic Systems Research* 25 (1), S. 50-70.

TURPIE, J., LANGE, G.-M., MARTIN, R., DAVIES, R., BARNES, J. (2004): *Strengthening Namibia's System of National Protected Areas: Subproject 1: Economic Analysis and Feasibility Study for Financing*. Kapstadt.

TURPIE, J., BARNES, J., LANGE, G.-M., MARTIN, R. (2010): *The Economic Value of Namibia's Protected Area System: A Case for Increased Investment*. Windhoek.

UN – United Nations (1968): *A System of National Accounts* (= Studies in Methods, Series F, No. 2, Rev. 3). New York.

UN – United Nations (1992): *Convention on Biological Diversity.* Rio de Janeiro.

UN – United Nations (1999): *Handbook of Input-Output Table Compilation and Analysis* (= Studies in Methods, Series F, No. 74). New York.

UN – United Nations (2008): *International Standard Industrial classification of All Economic Activities (ISIC), Rev. 4.* New York.

UN – United Nations (2015a): *Transforming out World: The 2030 Agenda for Sustainable Development.* New York.

UN – United Nations (2015b): *Central Product Classification (CPC). Version 2.1* (= Statistical Papers, Series 77, Version 2.1). New York.

UN – United Nations (2018a): *Handbook on Supply, Use and Input-Output Tables with Extensions and Applications* (= Studies in Methods, Series F, No. 74, Rev. 1). New York.

UN – United Nations (2018b): *Classification of Individual Consumption According to Purpose (COICOP) 2018* (= Statistical Papers, Series M, No. 99). New York.

UN – United Nations (2020): *National Accounts Statistics: Main Aggregates and Detailed Tables, 2019.* New York.

UN – United Nations, UNWTO – World Tourism Organization (1994): *Recommendations on Tourism Statistics* (= Statistical Papers, No. 83). New York.

UN – United Nations, UNWTO – World Tourism Organization (2010): *International Recommendations for Tourism Statistics* (= Statistical Papers, No. 83, Rev. 1). New York.

UN – United Nations, CEC – Commission of the European Communities, UNWTO – World Tourism Organization, OECD – Organisation for Economic Co-operation and Development (2010): *Tourism Satellite Account: Recommended Methodological Framework 2008* (= Studies in Methods, Series F, No. 80, Rev. 1). Luxemburg.

UNEP-WCMC – United Nations Environment Programme World Conservation Monitoring Centre, IUCN – International Union for Conservation of Nature (2021): *Protected Planet Live Report 2021.* URL: https://livereport.protectedplanet.net/ (Abrufdatum: 01.10.2021).

UNESCO – United Nations Educational, Scientific and Cultural Organization (1974): *Programme on Man and the Biosphere (MaB). Task Force on: Criteria and guidelines for the choice and establishment of biosphere reserves* (= MaB report series 22). Paris.

UNESCO – United Nations Educational, Scientific and Cultural Organization (1996): *Biosphere reserves: The Seville Strategy and the Statutory Framework of the World Network.* Paris.

UNESCO – United Nations Educational, Scientific and Cultural Organization (2008): *Madrid Action Plan for Biosphere Reserves (2008-2013).* Paris.

UNESCO – United Nations Educational, Scientific and Cultural Organization (2015): *MAB Strategy 2015-2025.* Paris.

UNESCO – United Nations Educational, Scientific and Cultural Organization (2016): *Lima Action Plan for UNESCO's Man and the Biosphere (MAB) Programme and its World Network of Biosphere Reserves (2016-2025)*. Lima.

United States (2017): *North American Industry Classification System*. URL: https://www.census.gov/naics/reference_files_tools/2017_NAICS_Manual.pdf (Abrufdatum: 15.10.2021).

UNWTO – World Tourism Organization (2020): *Methodological Notes to the Tourism Statistics Database*. 2020 Edition. Madrid.

van Leeuwen, E. S., Nijkamp, P., Rietveld, P. (2009): „A Meta-analytic Comparison of Regional Output Multipliers at Different Spatial Levels: Economic Impacts of Tourism". In: Matias, Á., Nijkamp, P., Sarmento, M. (Hrsg.): *Advances in Tourism Economics. New Developments*. Heidelberg, S. 13-33.

Vatanen, E., Kajala, L. (2015): *Kansallispuistojen, retkeilyalueiden ja muiden luontomatkailullisesti arvokkaiden suojelukohteiden paikallistaloudellisten vaikutusten arviointimenetelmän kertoimien päivitys 2014*. Vantaa.

Vatanen, E., Kajala, L. (2019): *Kansallispuistojen, retkeilyalueiden ja muiden luontomatkailullisesti arvokkaiden suojelukohteiden paikallistaloudellisten vaikutusten arviointimenetelmän kertoimien päivitys 2019*. Vantaa.

Vaughan, D. R., Farr, H., Slee, R. W. (2000): „Estimating and interpreting the local economic benefits of visitor spending: an explanation". In: *Leisure Studies* 19, S. 95-118.

VDN – Verband Deutscher Naturparke e.V. (2018): *Naturparke 2030 – Wartburger Programm der Naturparke in Deutschland*. Bonn.

VDN – Verband Deutscher Naturparke e.V. (2019): *Teilhabe Naturparke. Wir leben Vielfalt! Handlungsleitfaden*. Bonn.

VDN – Verband Deutscher Naturparke e.V. (2020): *Qualitätsoffensive Naturparke. 4. Phase 2021-2025*. Bonn.

VDN – Verband Deutscher Naturparke e.V. (2021): *Naturpark finden*. URL: https://www.naturparke.de/naturparke/naturparke-finden.html (Abrufdatum: 22.09.2021).

Verordnung (EG) Nr. 1893/2006 des Europäischen Parlaments und des Rates vom 20. Dezember 2006 zur Aufstellung der statistischen Systematik der Wirtschaftszweige NACE Revision 2 und zur Änderung der Verordnung (EWG) Nr. 3037/90 des Rates sowie einiger Verordnungen der EG über bestimmte Bereiche der Statistik.

Verordnung (EG) Nr. 451/2008 des Europäischen Parlaments und des Rates vom 23. April 2008 zur Schaffung einer neuen statistischen Güterklassifikation in Verbindung mit den Wirtschaftszweigen (CPA) und zur Aufhebung der Verordnung (EWG) Nr. 3696/93 des Rates.

Verordnung des Europäischen Parlaments und des Rates vom 21. Mai 2013 zum Europäischen System Volkswirtschaftlicher Gesamtrechnungen auf nationaler und regionaler Ebene in der Europäischen Union.

Vorlaufer, K. (1995): „Regionale Disparitäten, Tourismus und Regionalentwicklung in Thailand". In: *Petermanns Geographische Mitteilungen* 139 (5-6), S. 353-381.

VORLAUFER, K. (2003): „Tourismus in Entwicklungsländern". In: *Geographische Rundschau* 55 (3), S. 4-13.

WAGNER, J. E. (1997): „Estimating the Economic Impacts of Tourism". In: *Annals of Tourism Research* 24 (3), S. 592-608.

WALDEN-SCHREINER, C., LEUNG, Y.-F., TATEOSIAN, L. (2018): „Digital footprints: Incorporating crowdsourced geographic information for protected area management". In: *Applied Geography* 90, S. 44-54.

WALL REINIUS, S., FREDMAN, P. (2007): „Protected Areas as Attractions". In: *Annals of Tourism Research* 34 (4), S. 839-854.

WALL, G. (1997): „Scale Effects on Tourism Multipliers". In: *Annals of Tourism Research* 24 (2), S. 446-450.

WATSON, A. E., COLE, D. N., TURNER, D. L., REYNOLDS, P. S. (2000): *Wilderness Recreation Use Estimation: A Handbook of Methods and Systems* (= General Technical Report RMRS-GTR-56). Ogden.

WATSON, P., WILSON, J., THILMANY, D., WINTER, S. (2007): „Determining Economic Contributions and Impacts. What is the difference and why do we care?". In: *Journal of Regional Analysis and Policy* 37 (2), S. 140-146.

WATSON, P., DAVIES, S., THILMANY, D. (2008): „Determining Economic Contributions in a Recreational Industry. An Application to Colorado's Golf Industry". In: *Journal of Sports Economics* 9 (6), S. 571-591.

WCPA – WORLD COMMISSION ON PROTECTED AREAS (1998): *Economic values of protected areas. Guidelines for protected area managers*. Gland.

WEBER, F. (2013): *Naturparke als Manager einer nachhaltigen Regionalentwicklung. Probleme, Potenziale und Lösungsansätze*. Wiesbaden.

WEBER, F., WEBER, F. (2015): „Naturparke und die Aufgabe der nachhaltigen Regionalentwicklung. Jenseits von Wanderwegemarkierern und Parkbankaufstellern". In: *Naturschutz und Landschaftsplanung* 47(5), S. 149-156.

WEBER, F., WEBER, F., JENAL, C. (2018): „Wohin des Weges? Regionalentwicklung in Großschutzgebieten". In: Weber, F., Weber, F., Jenal, C. (Hrsg.): *Wohin des Weges? Regionalentwicklung in Großschutzgebieten* (= Arbeitsberichte der ARL 21). Hannover, S. 3-24.

WEILER, S., SEIDL, A. (2004): „What's in a Name? Extracting Econometric Drivers to Assess the Impact of National Park Designation". In: *Journal of Regional Science* 44 (2), S. 245-262.

WEISBROD, B. A. (1964): „Collective-consumption services of individual-consumption goods". In: *The Quarterly Journal of Economics* 78 (3), S. 471-477.

WEST, G. R. (1995): „Comparison of Input-Output, Input-Output + Econometric and Computable General Equilibrium Impact Models at the Regional Level". In: *Economic Systems Research* 7 (2), S. 209-227.

WHITE, E. M. (2017): *Spending patterns of outdoor recreation visitors to national forests* (= General Technical Report, U.S. Department of Agriculture, Forest Service). Portland.

WHITE, E. M., STYNES, D. J. (2008): „National forest visitor spending averages and the influence of trip type and recreation activity". In: *Journal of Forestry* 116 (1), S. 17-24.

Wiechmann, T. (2000): „‚Die Region ist tot – es lebe die Region!' – Anmerkungen zur Diskurskonjunktur und Relativierung des Begriffes". In: *Raumforschung und Raumordnung* 58 (2-3), S. 173-184.

Wiedmann, T., Lenzen, M., Turner, K., Barrett, J. (2007): „Examining the global environmental impact of regional consumption activities – Part 2: Review of input-output models for the assessment of environmental impacts embodied in trade". In: *Ecological Economics* 61, S. 15-26.

Wiedmann, T., Wilting, H. C., Lenzen, M., Lutter, S., Palm, V. (2011): „Quo Vadis MRIO? Methodological, data and institutional requirements for multi-region input-output analysis". In: *Ecological Economics* 70, S. 1937-1945.

Wildmann, L. (2014): *Einführung in die Volkswirtschaftslehre, Mikroökonomie und Wettbewerbspolitik* (= Module der Volkswirtschaftslehre, Band 1). 3. Auflage. München.

Wilson, A. (1970): *Entropy in Urban and Regional Modelling.* Abingdon.

Wilson, A. (2010): „Entropy in Urban and Regional Modelling: Retrospect and Prospect". In: *Geographical Analysis* 42, S. 364-394.

Wölfle, F., Preisel, H., Heinlein, C., Türk, S., Arnberger, A. (2016): *Abschlussbericht zum Sozioökonomischen Monitoring 2014-2015. Besuchermonitoring und regionalwirtschaftliche Effekte im Nationalpark Eifel* (= Abschlussbericht des Instituts für Natursport und Ökologie der Deutschen Sporthochschule Köln und des Instituts für Landschaftsentwicklung, Erholung und Naturschutzplanung der Universität für Bodenkultur Wien im Auftrag der Nationalparkverwaltung Eifel). Köln/Wien.

Woltering, M. (2012): *Tourismus und Regionalentwicklung in deutschen Nationalparken. Regionalwirtschaftliche Wirkungsanalyse des Tourismus als Schwerpunkt eines sozioökonomischen Monitoringsystems* (= Würzburger Geographische Arbeiten, Band 108). Würzburg.

Wood, S. A., Winder, S. G., Lia, E. H., White, E. M., Crowley, C. S. L., Milnor, A. A. (2020): „Next-generation visitation models using social media to estimate recreation on public lands". In: *Scientific Reports* 10 (15419), S. 1-12.

Zhang, J., Madsen, B., Jensen-Butler, C. (2007): „Regional Economic Impacts of Tourism: The Case of Denmark". In: *Regional Studies* 41 (6), S. 839-854.

Zhao, X., Squibb, J. G. (2020): *Modelling Inter-Regional Trade Flows: A new method based on Radiation Model and Multi-Regional GRAS Technique* (= unveröffentlichtes Manuskript). Huntersville.

Zhou, D., Yanagida, J. F., Chakravorty, U., Leung, P. S. (1997): „Estimating Economic Impacts from Tourism". In: *Annals of Tourism Research* 24 (1), S. 76-89.

Ziesler, P. S., Pettebone, D. (2018): „Counting on Visitors: A Review of Methods and Applications for the National Park Service's Visitor Use Statistics Program". In: *Journal of Park and Recreation Administration* 36, S. 39-55.

Zipf, G. K. (1946): „The P1 P2/D Hypothesis: On the Intercity Movement of Persons". In: *American Sociological Review* 11 (6), S. 667-686.

Anhang

Anhang 1: *A*64-Klassifikation der Wirtschaftszweige nach WZ 2008 und Güter nach CPA

Abschnitt	Abteilung	Bezeichnung	
		nach Wirtschaftszweigklassifikation, WZ 2008	nach Güterklassifikation, CPA
A	01	Landwirtschaft, Jagd und damit verbundene Tätigkeiten	Erzeugnisse der Landwirtschaft und Jagd sowie damit verbundene Dienstleistungen
	02	Forstwirtschaft und Holzeinschlag	Forstwirtschaftliche Erzeugnisse und Dienstleistungen
	03	Fischerei und Aquakultur	Fische und Fischereierzeugnisse; Aquakulturerzeugnisse; Dienstleistungen für die Fischerei
B	05-09	Bergbau und Gewinnung von Steinen und Erden	Bergbauende Erzeugnisse; Steine und Erden
C	10-12	Herstellung von Nahrungs- und Futtermitteln; Getränkeherstellung; Tabakverarbeitung	Nahrungs- und Futtermittel; Getränke; Tabakerzeugnisse
	13-15	Herstellung von Textilien, Bekleidung, Leder, Lederwaren und Schuhen	Textilien; Bekleidung; Leder und Lederwaren
	16	Herstellung von Holz-, Flecht-, Korb- und Korkwaren (ohne Möbel)	Holz sowie Holz- und Korkwaren (ohne Möbel); Flecht- und Korbwaren
	17	Herstellung von Papier, Pappe und Waren daraus	Papier, Pappe und Waren daraus
	18	Herstellung von Druckerzeugnissen; Vervielfältigung von bespielten Ton-, Bild- und Datenträgern	Dienstleistungen der Vervielfältigung von bespielten Ton-, Bild- und Datenträgern, Druckereileistungen
	19	Kokerei und Mineralölverarbeitung	Kokereierzeugnisse und Mineralölerzeugnisse
	20	Herstellung von chemischen Erzeugnissen	Chemische Erzeugnisse
	21	Herstellung von pharmazeutischen Erzeugnissen	Pharmazeutische Erzeugnisse
	22	Herstellung von Gummi- und Kunststoffwaren	Gummi- und Kunststoffwaren
	23	Herstellung von Glas und Glaswaren, Keramik, Verarbeitung von Steinen und Erden	Glas- und Glaswaren, Keramik, verarbeitete Steine und Erde
	24	Metallerzeugung und -bearbeitung	Metalle
	25	Herstellung von Metallerzeugnissen	Metallerzeugnisse
	26	Herstellung von Datenverarbeitungsgeräten, elektronischen und optischen Erzeugnissen	Datenverarbeitungsgeräte, elektronische und optische Erzeugnisse
	27	Herstellung von elektrischen Ausrüstungen	Elektrische Ausrüstungen
	28	Maschinenbau	Maschinen
	29	Herstellung von Kraftwagen und Kraftwagenteilen	Kraftwagen und Kraftwagenteile
	30	Sonstiger Fahrzeugbau	Sonstige Fahrzeuge
	31-32	Herstellung von Möbeln; Herstellung von sonstigen Waren	Möbel; Waren, a.n.g
	33	Reparatur u. Installation von Maschinen und Ausrüstungen	Reparatur- und Installationsarbeiten an Maschinen und Ausrüstungen
D	35	Energieversorgung	Energie und Dienstleistungen der Energieversorgung

E	36	Wasserversorgung	Wasser; Dienstleistungen der Wasserversorgung sowie des Wasserhandels durch Rohrleitungen
	37-39	Abwasserentsorgung; Sammlung, Behandlung und Beseitigung von Abfällen; Rückgewinnung; Beseitigung von Umweltverschmutzungen und sonstige Entsorgung	Abwasserentsorgungsdienstleistungen; Dienstleistungen der Sammlung, Behandlung und Beseitigung von Abfällen sowie zur Rückgewinnung von Wertstoffen; Dienstleistungen der Beseitigung von Umweltverschmutzungen und sonstigen Entsorgung
F	41-43	Baugewerbe	Gebäude und Bauarbeiten
G	45	Handel; Instandhaltung und Reparatur von Kraftfahrzeugen	Handelsleistungen mit Kraftfahrzeugen; Instandhaltungs- und Reparaturarbeiten an Kraftfahrzeugen
	46	Großhandel (ohne Handel mit Kraftfahrzeugen)	Großhandelsleistungen (ohne Handelsleistungen mit Kraftfahrzeugen)
	47	Einzelhandel (ohne Handel mit Kraftfahrzeugen)	Einzelhandelsleistungen (ohne Handelsleistungen mit Kraftfahrzeugen)
H	49	Landverkehr und Transport in Rohrfernleitungen	Landverkehrsleistungen und Transportleistungen in Rohrfernleitungen
	50	Schifffahrt	Schifffahrtsleistungen
	51	Luftfahrt	Luftfahrtleistungen
	52	Lagerei sowie Erbringung von sonstigen Dienstleistungen für den Verkehr	Lagereileistungen sowie sonstige Unterstützungsdienstleistungen für den Verkehr
	53	Post-, Kurier- und Expressdienste	Postdienstleistungen und Dienstleistungen privater Kurier- und Expressdienste
I	55-56	Gastgewerbe	Beherbergungsdienstleistungen; Gastronomiedienstleistungen
J	58	Verlagswesen	Dienstleistungen des Verlagswesens
	59-60	Herstellung, Verleih und Vertrieb von Filmen und Fernsehprogrammen; Kinos; Tonstudios und Verlegen von Musik; Rundfunkveranstalter	Dienstleistungen der Herstellung, des Verleihs und Vertriebs von Filmen und Fernsehprogrammen, von Kinos und Tonstudios; Verlagsleistungen bezüglich Musik; Rundfunkveranstaltungsleistungen
	61	Telekommunikation	Telekommunikationsdienstleistungen
	62-63	Informationstechnologische Dienstleistungen; Informationsdienstleistungen	Dienstleistungen der EDV-Programmierung und -Beratung und damit verbundene Dienstleistungen; Informationsdienstleistungen
K	64	Erbringung von Finanzdienstleistungen	Finanzdienstleistungen, außer Versicherungen und Pensionen
	65	Versicherungen, Rückversicherungen und Pensionskassen (ohne Sozialversicherung)	Dienstleistungen von Versicherungen, Rückversicherungen und Pensionskassen (ohne Sozialversicherung)
	66	Mit Finanz- und Versicherungsdienstleistungen verbundene Tätigkeiten	Mit den Finanz- und Versicherungsdienstleistungen verbundene Dienstleistungen
L	68	Grundstücks- und Wohnungswesen	Dienstleistungen des Grundstücks- und Wohnungswesens
M	69-70	Rechts- und Steuerberatung, Wirtschaftsprüfung; Verwaltung und Führung von Unternehmen und Betrieben; Unternehmensberatung	Rechts-, Steuerberatungs- und Wirtschaftsprüfungsleistungen; Dienstleistungen der Verwaltung und Führung von Unternehmen und Betrieben; Unternehmensberatungsleistungen
	71	Architektur- und Ingenieurbüros; technische, physikalische und chemische Untersuchung	Dienstleistungen von Architektur- und Ingenieurbüros und der technischen, physikalischen und chemischen Untersuchung
	72	Forschung und Entwicklung	Forschungs- und Entwicklungsleistungen
	73	Werbung und Marktforschung	Werbe- und Marktforschungsleistungen
	74-75	Sonstige freiberufliche, wissenschaftliche und technische Tätigkeiten; Veterinärwesen	Sonstige freiberufliche, wissenschaftliche und technische Dienstleistungen; Dienstleistungen des Veterinärwesens

N	77	Vermietung von beweglichen Sachen	Dienstleistungen der Vermietung von beweglichen Sachen
	78	Vermittlung und Überlassung von Arbeitskräften	Dienstleistungen der Vermittlung und Überlassung von Arbeitskräften und des Personalmanagements
	79	Reisebüros, Reiseveranstalter und Erbringung sonstiger Reservierungsdienstleistungen	Dienstleistungen von Reisebüros und Reiseveranstaltern und sonstige Reservierungsdienstleistungen
	80-82	Wach- und Sicherheitsdienste sowie Detekteien; Gebäudebetreuung; Garten- und Landschaftsbau; Erbringung von wirtschaftlichen Dienstleistungen für Unternehmen und Privatpersonen a. n. g.	Wach-, Sicherheits- und Detekteileistungen; Dienstleistungen der Gebäudebetreuung und des Garten- und Landschaftsbaus; Wirtschaftliche Dienstleistungen für Unternehmen und Privatpersonen, a.n.g.
O	84	Öffentliche Verwaltung, Verteidigung; Sozialversicherung	Dienstleistungen der öffentlichen Verwaltung, der Verteidigung und der Sozialversicherung
P	85	Erziehung und Unterricht	Erziehungs- und Unterrichtsdienstleistungen
Q	86	Gesundheitswesen	Dienstleistungen des Gesundheitswesens
	87-88	Heime und Sozialwesen	Dienstleistungen von Heimen (ohne Erholungs- und Ferienheime); Dienstleistungen des Sozialwesens (ohne Heime), a.n.g.
R	90-92	Kreative, künstlerische und unterhaltende Tätigkeiten; Bibliotheken, Archive, Museen, botanische und zoologische Gärten; Spiel-, Wett- und Lotteriewesen	Kreative, künstlerische und unterhaltende Dienstleistungen; Dienstleistungen von Bibliotheken, Archiven und Museen, botanischen und zoologischen Gärten; Dienstleistungen des Spiel-, Wett- und Lotteriewesens
	93	Erbringung von Dienstleistungen des Sports, der Unterhaltung und der Erholung	Dienstleistungen des Sports, der Unterhaltung und der Erholung
S	94	Interessenvertretungen sowie kirchliche und sonstige religiöse Vereinigungen (ohne Sozialwesen und Sport)	Dienstleistungen von Interessenvertretungen sowie kirchlichen und sonstiger religiösen Vereinigungen (ohne Sozialwesen und Sport)
	95	Reparatur von Datenverarbeitungsgeräten und Gebrauchsgütern	Reparaturarbeiten an Datenverarbeitungsgeräten und Gebrauchsgütern
	96	Erbringung von sonstigen überwiegend persönlichen Dienstleistungen	Sonstige überwiegend persönliche Dienstleistungen
T	97-98	Private Haushalte mit Hauspersonal; Herstellung von Waren und Dienstleistungen durch private Haushalte für den Eigenbedarf ohne ausgeprägten Schwerpunkt	Dienstleistungen privater Haushalte, die Hauspersonal beschäftigten; von privaten Haushalten produzierte Waren und Dienstleistungen für den Eigenbedarf ohne ausgeprägten Schwerpunkt
U	99	Exterritoriale Organisationen und Körperschaften	Dienstleistungen exterritorialer Organisationen und Körperschaften

Quelle: eigene Zusammenstellung nach EU 2014: 608ff. STATISTISCHES BUNDESAMT 2008: 73ff.; VERORDNUNG (EG) NR. 451/2008 DES EUROPÄISCHEN PARLAMENTS UND DES RATES, Anhang

Anhang 2: Gemeinden mit Flächenanteil am Biosphärengebiet Schwarzwald und korrigierte Bevölkerungszahl

Land-/Stadt-kreis	Gemeinde	Flächenanteil am Bio-sphärengebiet [%]	Bevölkerungszahl (Stichtag: 31.12.2018)	Korrigierte Bevölke-rungszahl (Stichtag: 31.12.2018)
Freiburg im Breisgau	Freiburg im Breisgau	14,1	230.241	32.369
Breisgau-Hoch-schwarzwald	Hinterzarten	2,8	2.583	73
	Horben	100,0	1.178	1.178
	Oberried	100,0	2.873	2.873
	Schluchsee	41,0	2.518	1.033
Lörrach	Aitern	100,0	534	534
	Böllen	100,0	100	100
	Fröhnd	100,0	477	477
	Hausen im Wiesental	100,0	2.393	2.393
	Häg-Ehrsberg	100,0	851	851
	Kleines Wiesental	100,0	2.869	2.869
	Schönau im Schwarzwald	100,0	2.420	2.420
	Schönenberg	100,0	345	345
	Schopfheim	61,9	19.645	19.645
	Todtnau	100,0	4.894	4.894
	Tunau	100,0	189	189
	Utzenfeld	100,0	622	622
	Wembach	100,0	337	337
	Wieden	100,0	541	541
	Zell im Wiesental	100,0	6.325	6.325
Waldshut	Albbruck	7,4	7.335	544
	Bernau im Schwarzwald	100,0	1.982	1.982
	Dachsberg (Südschwarzwald)	100,0	1.421	1.421
	Häusern	100,0	1.316	1.316
	Höchenschwand	17,3	2.669	461
	Ibach	100,0	354	354
	St. Blasien	100,0	4.009	4.009
	Ühlingen-Birkendorf	2,3	5.286	121
	Wehr	9,2	13.098	1.208
Summe	**Biosphärengebiet Schwarzwald**		**322.551**	**91.484**

Quelle: eigene Erhebungen auf Datengrundlage von STATISTISCHE ÄMTER DES BUNDES UND DER LÄNDER 2021a

Anhang 3: Zähl-/Blitzinterviewbogen im Biosphärengebiet Schwarzwald (Sommer)

Zählbogen Südschwarzwald (Sommer)

Beobachter/Interviewer: _____   Datum: _____   Standort: _____

Uhrzeit Zähl-/Blitzinterview-Beginn: _____   **Uhrzeit Zähl-/Blitzinterview-Ende:** _____   (je Zählintervall einen neuen Bogen verwenden!)

Anzahl Übernachtungen/Kategorie/Postleitzahl (Tagestouristen bitte mit „0" Übernachtungen eintragen!)

Frequenz	Anzahl				
Spaziergänger					
1 2 3 4 5					
10 15 20 25					
Wanderer					
1 2 3 4 5					
10 15 20 25					
Radfahrer/MTB					
1 2 3 4 5					
10 15 20 25					
Motorradfahrer					
1 2 3 4 5 10					
Badegast					
1 2 3					

433

LEHRSTUHL FÜR GEOGRAPHIE UND REGIONALFORSCHUNG
JULIUS-MAXIMILIANS-UNIVERSITÄT WÜRZBURG
TEL.: 0931-31-85553

Liebe Gäste,
wir sind Studierende der Universität Würzburg und führen im Rahmen eines Forschungsprojekts eine Befragung zum Tourismus im SÜDSCHWARZWALD durch. Bitte nehmen Sie sich kurz Zeit, um die folgenden Fragen zu beantworten. Natürlich werden Ihre Angaben absolut vertraulich behandelt.

Nr.: ....   Datum: ....   Uhrzeit: ....

Interviewer: ....   Standort: ....   Ablehnung: ....

Witterung: □¹ wolkenlos   □² heiter   □³ bewölkt   □⁴ bedeckt   □⁵ Niederschläge

Aktivität: □¹ Spaziergänger □² Wanderer □³ Radfahrer   □⁵ Motorradfahrer   □⁶ Badegast   □⁷ Ski Alpin □⁸ Ski Nordisch □⁹ Sonstige

Bemerkungen: ....

1) Was ist der Ausgangsort Ihres heutigen Besuchs?
□¹ Hauptwohnsitz oder   □² Ferienort/Übernachtungsort: ....

1a) In welchem Ort übernachten Sie heute? *(Tagestouristen weiter bei Frage 2)*
□¹ Hauptwohnsitz oder   □² Ferienort/Übernachtungsort: ....

1b) Wie viele Nächte sind Sie insgesamt in diesem Ort?
.... Nächte

1c) Gesamte Übernachtungszahl während dieser Reise:
.... Nächte

1d) In welcher Art von Unterkunft übernachten Sie?
□¹ Hotel (garni)	□¹ bis 30€ □² bis 50€ □³ bis 75€ □⁴ über 75€		*pro Person/Übernachtung*
□² Gasthof	□⁵ Kurklinik		□⁸ Bekannte/Verwandte
□³ Pension	□⁶ Jugendherberge		□⁹ Sonstiges: ....
□⁴ Ferienwohnung	□⁷ Camping		□⁹⁹ keine Angabe

1e) Welches Verpflegungsarrangement haben Sie gebucht?
□¹ keine Mahlzeit   □² Frühstück   □³ Halbpension   □⁴ Vollpension   □⁹⁹ keine Angabe

1f) Ist die Reise
□¹ pauschal gebucht oder   □² selbst organisiert *(Weiter bei Frage 2)*   □³ Kur *(Weiter bei Frage 2)*

1f)i) Bei Pauschalbuchung: **1f)ii) Welche Leistungen sind im Preis inbegriffen?**
Gesamtpreis: .... €   ....
für .... Personen   ....

2) Bitte nennen Sie die zwei wichtigsten Gründe, warum Sie in die Region gekommen sind! *(Kategorisierung nicht vorlesen)*
□¹ Gastronomie   □² Natur / Landschaft   □³ Gesundheit / Erholung
□⁴ Aktivität (Wandern, Radfahren…)   □⁵ Veranstaltungsbesuch   □⁶ Stadtbesuch
□⁷ Freunde/Verwandte treffen   □⁸ Nähe zum Wohnort   □⁹ Heimatbesuch
□¹⁰ Sonstiges: _____   □¹¹ Sonstiges: _____

3) Wissen Sie, ob die Region unter einem besonderen Schutz steht? Ist die Region… *(Rotation der Items)*
□¹ Naturschutzgebiet   □² Landschaftsschutzgebiet   □³ Biosphärenreservat
□⁴ Naturpark   □⁵ Nationalpark   □⁶ kenne ich nicht

4a) Aus welchem Grund sind Sie jetzt in der Region?
□¹ Urlaub/Freizeit   □² geschäftliche Gründe   □³ Kur   □⁴ Sonstiges: ....
4b) Welchen Aktivitäten gehen Sie in der Region nach?
....

5a) Mit welchem Verkehrsmittel sind Sie in die Region (Südschwarzwald) gekommen?
□¹ Pkw   □² Bahn/ÖPNV   □³ Reisebus   □⁴ Fahrrad   □⁵ Motorrad   □⁶ Sonstiges:.............................

5b) Mit welchem Verkehrsmittel sind Sie heute an den Befragungsstandort gekommen?
□¹ Pkw   □² Bahn/ÖPNV   □³ Reisebus   □⁴ Fahrrad   □⁵ Motorrad   □⁶ Sonstiges:.............................

6) Kennen Sie die Bezeichnung „Nationale Naturlandschaften"?
□¹ ja   Wenn ja, bitte nennen Sie Beispiele von „Nationalen Naturlandschaften":   i)...
□² nein   ii)..

7a) Wissen Sie, ob es in der Region ein Biosphärenreservat gibt?
□¹ ja   □² nein *(Weiter bei Frage 8)*

7b) Welche Rolle spielte das Biosphärenreservat bei Ihrer Entscheidung die Region zu besuchen?
□¹ ja, spielte eine sehr große Rolle   □² ja, spielte eine große Rolle   □³ spielte kaum eine Rolle   □⁴ nein, spielte keine Rolle

7c) Wären Sie heute auch hier, wenn es das Biosphärenreservat nicht gäbe?
□¹ ja   □² nein   □³ eventuell

(Nur für Übernachtungsgäste)
8) Besuchen Sie die Region das erste Mal?
□¹ ja   □² nein, zum 2.-5. Mal   □³ nein, zum 6.-10. Mal   □⁴ nein, ich war schon über 10 Mal hier

9) Wie viel haben Sie für sich und Ihre Mitreisenden ausgegeben bzw. planen Sie auszugeben?

	W.N.	k.A.	Ø Ausgaben pro Tag bezogen auf die Aufenthaltstage pro Person (0 = nichts)	Betrag	Anz. Tage	Anz. Pers.
a) Unterkunft *(nicht für Tagestouristen)*	□⁹	□⁹⁹	€ ....**pro UN**			
b) Verpflegung in Gastronomie	□⁹	□⁹⁹	€			
c)i) Lebensmittel	□⁹	□⁹⁹	€			
c)iii) Einkäufe mit Einzelposten unter 50 € (Sonst.)	□⁹	□⁹⁹	€			
c)iv) Einkäufe Einzelbeträge über 50 € (separat)	□⁹	□⁹⁹	€ .... € .... €			
d) Sport/Freizeit/Unterhaltung/Kultur (inkl. Eintritte)	□⁹	□⁹⁹	€			
e) Verkehrsmittelnutzung während des Aufenthaltes - ÖPNV (Linienbusse, S-Bahn) /Taxi etc. - Ausflugsbus/-schiff, Bergbahn, Skilift etc. - Parkgebühren	□⁹	□⁹⁹	€ .... € .... €			
f) Kurtaxe/Fremdenverkehrsbeitrag/Gästekarte	□⁹	□⁹⁹	€			
g) Kurmittel (Bäder/Massagen etc.)/Arztkosten	□⁹	□⁹⁹	€			
h) Kongress-/Tagungs-/Seminargebühren etc.	□⁹	□⁹⁹	€			
i) Biosphärenreservatsspezifische Dienstleistungen	□⁹	□⁹⁹	€			
j) Sonstiges	□⁹	□⁹⁹	€			

Biosphärenreservate haben u.a. das Ziel, die regionale Wertschöpfung zu stärken.

10a) Haben Sie während Ihres Aufenthaltes bewusst Lebensmittel aus regionaler Herstellung gekauft? □¹ ja □² nein *(weiter mit Frage 11)*	**10b) Wie viel haben Sie bisher für Lebensmittel aus regionaler Herstellung ausgegeben?** **Gesamtpreis:** .... €
11a) Haben Sie während Ihres Aufenthaltes bewusst sonstige regionale Produkte gekauft? □¹ ja □² nein *(weiter mit Frage 12)*	**11b) Wie viel haben Sie bisher für regionale Produkte ausgegeben?** i) .... € .... ii) .... € .... iii) .... € ....

Zum Schluss bitten wir Sie noch um ein paar Angaben für die Statistik:

12) Wo wohnen Sie (Hauptwohnsitz):   PLZ: ....   Land: ....

13a) Bitte geben Sie Ihr Alter sowie das Alter Ihrer Mitreisenden an! .... □¹w □²m .... □¹w □²m .... □¹w □²m .... □¹w □²m .... □¹w □²m .... □¹w □²m	**13b) Wie groß ist Ihre Reisegruppe insgesamt?** i) Anzahl Personen: .... ii) davon Kinder: ....

14a) Welchen höchsten allgemeinen Schulabschluss haben Sie?
□¹ Noch in   □² kein   □³ Hauptschul-   □⁴ Mittlere Reife   □⁵ Abitur /Fachhoch-   □⁹⁹ keine Angabe
Schulausbildung   Schulabschluss   /Volksschul-Abschluss   /POS   schulreife /EOS

14b) Haben Sie ein abgeschlossenes Studium?
□¹ ja   □² nein   □⁹⁹ keine Angabe

14c) Welchen der folgenden Berufsgruppen ordnen Sie sich zu?
□¹ Selbstständig   □² Höherer Beamter/leitender Angestellter   □³ Arbeiter/Facharbeiter   □⁴ Hausfrau/-mann
□⁵ Rentner/Pensionär   □⁶ sonstiger Beamter/Angestellter   □⁷ Schüler/Student/Auszubildender   □⁸ nicht berufstätig

14d) Darf ich Sie abschließend nach Ihrem Haushaltseinkommen (netto) fragen?
□¹ < 2000 €   □² 2000 bis < 3000 €   □³ 3000 bis < 4000 €   □⁴ 4000 bis < 5000 €   □⁵ > 5000 €   □⁹⁹ k. A.

Vielen Dank für Ihre Mitarbeit!

Anhang 5: Blitz- und lange Interviews nach Standort im Biosphärengebiet Schwarzwald

Standort	Besetzung des Standortes	Blitzinterview	Langes Interview
Belchenbahn Talstation	ganzjährig	2.740	404
Nonnenmattweiher	ganzjährig	1.115	233
Wiesentäler Textilmuseum	Sommer	90	21
Literaturmuseum Hebelhaus Hausen	Sommer	61	32
Holzschnefler- und Bauernmuseum Resenhof	Sommer	223	53
Zauberwaldpfad	Sommer	650	190
Domplatz St. Blasien	ganzjährig	3.307	275
Windbergschlucht	Sommer	206	114
Unterkrummenhof	ganzjährig	2.343	310
Bikepark/Rodelbahn Todtnau	Sommer	2.497	252
Bergstation Schauinsland	ganzjährig	3.595	480
Todtnauer Wasserfälle	Zusatz	916	110
Rothaus-Bahn Fahl	Ski	225	59
Skilift Wasen	Ski	350	51
Menzenschwand	Ski	0	10
Skilift Haldenköpfle	Ski	0	73
Notschrei	Ski	0	81
Summe		**18.318**	**2.748**

Quelle: eigene Erhebungen

Anhang 6: Zuordnung der touristischen Ausgabenkategorien zur COICOP

Kategorie	Code	Verwendungszwecke des Individualkonsums
Unterkunft	CC112	Übernachtungen
Gastronomie	CC1111	Restaurants, Cafes, Straßenverkauf und Ähnliches
Lebensmittel	CC01	Nahrungsmittel und alkoholfreie Getränke
	CC02	Alkoholische Getränke und Tabakwaren
Nor-Food-Produkte	CC03	Bekleidung und Schuhe
	CC0722	Kraft- und Schmierstoffe für Fahrzeuge
	CC091	Audio-, Foto-, IT-Geräte und Zubehör
	CC092	Andere Gebrauchsgüter für Freizeit und Kultur
	CC093	Andere Güter für Freizeit und Garten, Haustiere
	CC095	Druckerzeugnisse, Schreib- und Zeichenwaren
	CC123	Persönliche Gebrauchsgegenstände, a.n.g.
Fre zeit	CC094	Freizeit- und Kulturdienstleistungen
Transport	CC07242	Straßenbenutzungsgebühren und Parkgebühren
	CC0731	Personenbeförderung im Schienenverkehr
	CC0732	Personenbeförderung im Straßenverkehr
	CC0734	Personenbeförderung im Schiffsverkehr
	CC0735	Kombinierte Personenbeförderungsleistungen
Kurmittel	CC06	Gesundheit
Kongress	CC	Insgesamt
Sonstiges	CC096	Pauschalreisen
	CC1211	Friseurleistungen u. a. Dienstl. für Körperpflege

Quelle: eigene Zusammenstellung auf Datengrundlage von STATISTISCHES BUNDESAMT 2020b; UN 2018b: 31ff

Anhang 7: Zuordnung der Ausgabenkategorien in die WZ 2008 (5-Steller „Unterklasse")

Unterkunft

Abschnitt		Abteilung		Gruppen		Klassen		Unterklassen	
I	Gastgewerbe	55	Beherbergung	551	Hotels, Gasthöfe und Pensionen	5510	Hotels, Gasthöfe und Pensionen	55101	Hotels (ohne Hotels garnis)
								55102	Hotels garnis
								55103	Gasthöfe
								55104	Pensionen
				552	Ferienunterkünfte und ähnliche Beherbergungsstätten	5520	Ferienunterkünfte und ähnliche Beherbergungsstätten	55201	Erholungs- und Ferienheime
								55202	Ferienzentren
								55203	Ferienhäuser und Ferienwohnungen
								55204	Jugendherbergen und Hütten
				553	Campingplätze	5530	Campingplätze	55300	Campingplätze
				559	Sonstige Beherbergungsstätten	5590	Sonstige Beherbergungsstätten	55901	Privatquartiere
								55909	Sonstige Beherbergungsstätten a. n. g.

Gastronomie

Abschnitt		Abteilung		Gruppen		Klassen		Unterklassen	
I	Gastgewerbe	56	Gastronomie	561	Restaurants, Gaststätten, Imbissstuben, Cafés, Eissalons u. Ä.	5610	Restaurants, Gaststätten, Imbissstuben, Cafés, Eissalons u. Ä.	56101	Restaurants mit herkömmlicher Bedienung
								56102	Restaurants mit Selbstbedienung
								56103	Imbissstuben u. Ä.
								56104	Cafés
								56105	Eissalons
				562	Caterer und Erbringung sonstiger Verpflegungsdienstleistungen	5621	Event-Caterer	56210	Event-Caterer
						5629	Erbringung sonstiger Verpflegungsdienstleistungen	56290	Erbringung sonstiger Verpflegungsdienstleistungen
				563	Ausschank von Getränken	5630	Ausschank von Getränken	56301	Schankwirtschaften
								56302	Diskotheken und Tanzlokale
								56303	Bars
								56304	Vergnügungslokale
								56309	Sonstige getränkegeprägte Gastronomie

Lebensmittel

Abschnitt	Abteilung	Gruppen	Klassen	Unterklassen
G Handel; Instandhaltung und Reparatur von Kraftfahrzeugen	47 Einzelhandel (ohne Handel mit Kraftfahrzeugen)	471 Einzelhandel mit Waren verschiedener Art (in Verkaufsräumen)	4711 Einzelhandel mit Waren verschiedener Art, Hauptrichtung Nahrungs- und Genussmittel, Getränke und Tabakwaren	47111 Einzelhandel mit Nahrungs- und Genussmitteln, Getränken und Tabakwaren, ohne ausgeprägten Schwerpunkt
				47112 Sonstiger Einzelhandel mit Waren verschiedener Art, Hauptrichtung Nahrungs- und Genussmittel, Getränke und Tabakwaren
		472 Einzelhandel mit Nahrungs- und Genussmitteln, Getränken und Tabakwaren (in Verkaufsräumen)	4721 Einzelhandel mit Obst, Gemüse und Kartoffeln	47210 Einzelhandel mit Obst, Gemüse und Kartoffeln
			4722 Einzelhandel mit Fleisch und Fleischwaren	47220 Einzelhandel mit Fleisch und Fleischwaren
			4723 Einzelhandel mit Fisch, Meeresfrüchten und Fischerzeugnissen	47230 Einzelhandel mit Fisch, Meeresfrüchten und Fischerzeugnissen
			4724 Einzelhandel mit Back- und Süßwaren	47240 Einzelhandel mit Back- und Süßwaren
			4725 Einzelhandel mit Getränken	47250 Einzelhandel mit Getränken
			4726 Einzelhandel mit Tabakwaren	47260 Einzelhandel mit Tabakwaren
			4729 Sonstiger Einzelhandel mit Nahrungs- und Genussmitteln	47290 Sonstiger Einzelhandel mit Nahrungs- und Genussmitteln
		478 Einzelhandel an Verkaufsständen und auf Märkten	4781 Einzelhandel mit Nahrungs- und Genussmitteln, Getränken und Tabakwaren an Verkaufsständen und auf Märkten	47810 Einzelhandel mit Nahrungs- und Genussmitteln, Getränken und Tabakwaren an Verkaufsständen und auf Märkten

Non-Food

Abschnitte	Abteilungen	Gruppen	Klassen	Unterklassen
G Handel; Instandhaltung und Reparatur von Kraftfahrzeugen	47 Einzelhandel (ohne Handel mit Kraftfahrzeugen)	473 Einzelhandel mit Motorenkraftstoffen (Tankstellen)	4730 Einzelhandel mit Motorenkraftstoffen (Tankstellen)	47301 Einzelhandel in fremdem Namen mit Motorenkraftstoffen (Agenturtankstellen)
				47302 Einzelhandel in eigenem Namen mit Motorenkraftstoffen (Freie Tankstellen)
		474 Einzelhandel mit Geräten der Informations- und Kommunikationstechnik (in Verkaufsräumen)	4741 Einzelhandel mit Datenverarbeitungsgeräten, peripheren Geräten und Software	47410 Einzelhandel mit Datenverarbeitungsgeräten, peripheren Geräten und Software
			4742 Einzelhandel mit Telekommunikationsgeräten	47420 Einzelhandel mit Telekommunikationsgeräten
			4743 Einzelhandel mit Geräten der Unterhaltungselektronik	47430 Einzelhandel mit Geräten der Unterhaltungselektronik
		475 Einzelhandel mit sonstigen Haushaltsgeräten, Textilien, Heimwerker- und Einrichtungsbedarf (in Verkaufsräumen)	4751 Einzelhandel mit Textilien	47510 Einzelhandel mit Textilien

			Code	Bezeichnung
	4752	Einzelhandel mit Metallwaren, Anstrichmitteln, Bau- und Heimwerkerbedarf	47521	Einzelhandel mit Metall- und Kunststoffwaren a. n. g.
			47523	Einzelhandel mit Anstrichmitteln, Bau- und Heimwerkerbedarf
	4753	Einzelhandel mit Vorhängen, Teppichen, Fußbodenbelägen und Tapeten	47530	Einzelhandel mit Vorhängen, Teppichen, Fußbodenbelägen und Tapeten
	4754	Einzelhandel mit elektrischen Haushaltsgeräten	47540	Einzelhandel mit elektrischen Haushaltsgeräten
	4759	Einzelhandel mit Möbeln, Einrichtungsgegenständen und sonstigem Hausrat	47591	Einzelhandel mit Wohnmöbeln
			47592	Einzelhandel mit keramischen Erzeugnissen und Glaswaren
			47593	Einzelhandel mit Musikinstrumenten und Musikalien
			47599	Einzelhandel mit Haushaltsgegenständen a. n. g.
476 Einzelhandel mit Verlagsprodukten, Sportausrüstungen und Spielwaren (in Verkaufsräumen)	4761	Einzelhandel mit Büchern	47610	Einzelhandel mit Büchern
	4762	Einzelhandel mit Zeitschriften, Zeitungen, Schreibwaren und Bürobedarf	47621	Einzelhandel mit Zeitschriften und Zeitungen
			47622	Einzelhandel mit Schreib- und Papierwaren, Schul- und Büroartikeln
	4763	Einzelhandel mit bespielten Ton- und Bildträgern	47630	Einzelhandel mit bespielten Ton- und Bildträgern
	4764	Einzelhandel mit Fahrrädern, Sport- und Campingartikeln	47641	Einzelhandel mit Fahrrädern, Fahrradteilen und -zubehör
			47642	Einzelhandel mit Sport- und Campingartikeln (ohne Campingmöbel)
	4765	Einzelhandel mit Spielwaren	47650	Einzelhandel mit Spielwaren
477 Einzelhandel mit sonstigen Gütern (in Verkaufsräumen)	4771	Einzelhandel mit Bekleidung	47710	Einzelhandel mit Bekleidung
	4772	Einzelhandel mit Schuhen und Lederwaren	47721	Einzelhandel mit Schuhen
			47722	Einzelhandel mit Lederwaren und Reisegepäck
	4776	Einzelhandel mit Blumen, Pflanzen, Sämereien, Düngemitteln, zoologischem Bedarf und lebenden Tieren	47761	Einzelhandel mit Blumen, Pflanzen, Sämereien und Düngemitteln
			47762	Einzelhandel mit zoologischem Bedarf und lebenden Tieren
	4777	Einzelhandel mit Uhren und Schmuck	47770	Einzelhandel mit Uhren und Schmuck
	4778	Sonstiger Einzelhandel in Verkaufsräumen (ohne Antiquitäten und Gebrauchtwaren)	47781	Augenoptiker
			47782	Einzelhandel mit Foto- und optischen Erzeugnissen (ohne Augenoptiker)
			47783	Einzelhandel mit Kunstgegenständen, Bildern, kunstgewerblichen Erzeugnissen, Briefmarken, Münzen und Geschenkartikeln
			47789	Sonstiger Einzelhandel a. n. g. (in Verkaufsräumen)
	4779	Einzelhandel mit Antiquitäten und Gebrauchtwaren	47791	Einzelhandel mit Antiquitäten und antiken Teppichen
			47792	Antiquariate
			47799	Einzelhandel mit sonstigen Gebrauchtwaren

Freizeit

Abschnitte		Abteilungen		Gruppen		Klassen		Unterklassen	
					478	Einzelhandel an Verkaufsständen und auf Märkten	4782	Einzelhandel mit Textilien, Bekleidung und Schuhen an Verkaufsständen und auf Märkten	47820	Einzelhandel mit Textilien, Bekleidung und Schuhen an Verkaufsständen und auf Märkten
R	Kunst, Unterhaltung, Erholung	90	Kreative, künstlerische und unterhaltende Tätigkeiten	900	Kreative, künstlerische und unterhaltende Tätigkeiten	9001	Darstellende Kunst	90011	Theaterensembles
								90012	Ballettgruppen, Orchester, Kapellen und Chöre
								90013	Selbstständige Artistinnen und Artisten, Zirkusgruppen
								90014	Selbstständige Bühnen-, Film-, Hörfunk- und Fernsehkünstlerinnen und -künstler sowie sonstige darstellende Kunst
						9002	Erbringung von Dienstleistungen für die darstellende Kunst	90020	Erbringung von Dienstleistungen für die darstellende Kunst
						9003	Künstlerisches und schriftstellerisches Schaffen	90031	Selbstständige Komponistinnen, Komponisten, Musikbearbeiterinnen und Musikbearbeiter
								90032	Selbstständige Schriftstellerinnen und Schriftsteller
								90033	Selbstständige bildende Künstlerinnen und Künstler
								90034	Selbstständige Restauratorinnen und Restauratoren
								90035	Selbstständige Journalistinnen und Journalisten, Pressefotografinnen und Pressefotografen
						9004	Betrieb von Kultur- und Unterhaltungseinrichtungen	90041	Theater- und Konzertveranstalter
								90042	Opern- und Schauspielhäuser, Konzerthallen und ähnliche Einrichtungen
								90043	Varietés und Kleinkunstbühnen
		91	Bibliotheken, Archive, Museen, botanische und zoologische Gärten	910	Bibliotheken, Archive, Museen, botanische und zoologische Gärten	9101	Bibliotheken und Archive	91010	Bibliotheken und Archive
						9102	Museen	91020	Museen
						9103	Betrieb von historischen Stätten und Gebäuden und ähnlichen Attraktionen	91030	Betrieb von historischen Stätten und Gebäuden und ähnlichen Attraktionen
						9104	Botanische und zoologische Gärten sowie Naturparks	91040	Botanische und zoologische Gärten sowie Naturparks
		92	Spiel-, Wett- und Lotteriewesen	920	Spiel-, Wett- und Lotteriewesen	9200	Spiel-, Wett- und Lotteriewesen	92001	Spielhallen und Betrieb von Spielautomaten
								92002	Spielbanken und Spielklubs
								92003	Wett-, Toto- und Lotteriewesen

Abschnitte	Abteilungen	Gruppen	Klassen	Unterklassen	
	93 Erbringung von Dienstleistungen des Sports, der Unterhaltung und der Erholung	931 Erbringung von Dienstleistungen des Sports	9311 Erbringung von Dienstleistungen des Sports	93110	Betrieb von Sportanlagen
				93120	Sportvereine
				93130	Fitnesszentren
			9319 Erbringung von sonstigen Dienstleistungen des Sports	93190	Erbringung von sonstigen Dienstleistungen des Sports
		932 Erbringung von sonstigen Dienstleistungen der Unterhaltung und der Erholung	9321 Vergnügungs- und Themenparks	93210	Vergnügungs- und Themenparks
			9329 Erbringung von sonstigen Dienstleistungen der Unterhaltung und der Erholung a. n. g.	93290	Erbringung von Dienstleistungen der Unterhaltung und der Erholung a. n. g.

Transport

Abschnitte	Abteilungen	Gruppen	Klassen	Unterklassen	
H Verkehr und Lagerei	49 Landverkehr und Transport in Rohrfernleitungen	491 Personenbeförderung im Eisenbahnfernverkehr	4910 Personenbeförderung im Eisenbahnfernverkehr	49100	Personenbeförderung im Eisenbahnfernverkehr
		493 Sonstige Personenbeförderung im Landverkehr	4931 Personenbeförderung im Nahverkehr zu Lande (ohne Taxis)	49310	Personenbeförderung im Nahverkehr zu Lande (ohne Taxis)
			4932 Betrieb von Taxis	49320	Betrieb von Taxis
			4939 Sonstige Personenbeförderung im Landverkehr a. n. g.	49391	Personenbeförderung im Omnibus-Linienfernverkehr
				49392	Personenbeförderung im Omnibus-Gelegenheitsverkehr
				49399	Personenbeförderung im Landverkehr a. n. g.
	50 Schifffahrt	501 Personenbeförderung in der See- und Küstenschifffahrt	5010 Personenbeförderung in der See- und Küstenschifffahrt	50100	Personenbeförderung in der See- und Küstenschifffahrt
		503 Personenbeförderung in der Binnenschifffahrt	5030 Personenbeförderung in der Binnenschifffahrt	50300	Personenbeförderung in der Binnenschifffahrt

Kurmittel

Abschnitte	Abteilungen	Gruppen	Klassen	Unterklassen	
G Handel; Instandhaltung und Reparatur von Kraftfahrzeugen	47 Einzelhandel (ohne Handel mit Kraftfahrzeugen)	477 Einzelhandel mit sonstigen Gütern (in Verkaufsräumen)	4773 Apotheken	47730	Apotheken
			4774 Einzelhandel mit medizinischen und orthopädischen Artikeln	47740	Einzelhandel mit medizinischen und orthopädischen Artikeln
			4775 Einzelhandel mit kosmetischen Erzeugnissen und Körperpflegemitteln	47750	Einzelhandel mit kosmetischen Erzeugnissen und Körperpflegemitteln

Abschnitte		Abteilungen		Gruppen		Klassen		Unterklassen	
Q	Gesundheits- und Sozialwesen	86	Gesundheitswesen	861	Krankenhäuser	8610	Krankenhäuser	86101	Krankenhäuser (ohne Hochschulkliniken, Vorsorge- und Rehabilitationskliniken)
								86102	Hochschulkliniken
								86103	Vorsorge- und Rehabilitationskliniken
				862	Arzt- und Zahnarztpraxen	8621	Arztpraxen für Allgemeinmedizin	86210	Arztpraxen für Allgemeinmedizin
						8622	Facharztpraxen	86220	Facharztpraxen
						8623	Zahnarztpraxen	86230	Zahnarztpraxen
				869	Gesundheitswesen a. n. g.	8690	Gesundheitswesen a. n. g.	86901	Praxen von psychologischen Psychotherapeutinnen und -therapeuten
								86902	Massagepraxen, Krankengymnastikpraxen, Praxen von medizinischen Bademeisterinnen und Bademeistern, Hebammen und Entbindungspflegern sowie von verwandten Berufen
								86903	Heilpraktikerpraxen
								86909	Sonstige selbstständige Tätigkeiten im Gesundheitswesen

Kongress

Abschnitte		Abteilungen		Gruppen		Klassen		Unterklassen	
N	Erbringung von sonstigen wirtschaftlichen Dienstleistungen	82	Erbringung von wirtschaftlichen Dienstleistungen für Unternehmen und Privatpersonen a. n. g.	823	Messe-, Ausstellungs- und Kongressveranstalter	8230	Messe-, Ausstellungs- und Kongressveranstalter	82300	Messe-, Ausstellungs- und Kongressveranstalter

Sonstiges

Abschnitte		Abteilungen		Gruppen		Klassen		Unterklassen	
N	Erbringung von sonstigen wirtschaftlichen Dienstleistungen	77	Vermietung von beweglichen Sachen	771	Vermietung von Kraftwagen	7711	Vermietung von Kraftwagen mit einem Gesamtgewicht von 3,5 t oder weniger	77110	Vermietung von Kraftwagen mit einem Gesamtgewicht von 3,5 t oder weniger
						7712	Vermietung von Kraftwagen mit einem Gesamtgewicht von mehr als 3,5 t	77120	Vermietung von Kraftwagen mit einem Gesamtgewicht von mehr als 3,5 t

		772	Vermietung von Gebrauchsgütern	7721	Vermietung von Sport- und Freizeitgeräten	77210	Vermietung von Sport- und Freizeitgeräten
				7722	Videotheken	77220	Videotheken
				7729	Vermietung von sonstigen Gebrauchsgütern	77290	Vermietung von sonstigen Gebrauchsgütern
	79 Reisebüros, Reiseveranstalter und Erbringung sonstiger Reservierungsdienstleistungen	791	Reisebüros und Reiseveranstalter	7911	Reisebüros	79110	Reisebüros
S Erbringung von sonstigen Dienstleistungen	96 Erbringung von sonstigen überwiegend persönlichen Dienstleistungen	960	Erbringung von sonstigen überwiegend persönlichen Dienstleistungen	9601	Wäscherei und chemische Reinigung	96010	Wäscherei und chemische Reinigung
				9602	Frisör- und Kosmetiksalons	96021	Frisörsalons
						96022	Kosmetiksalons
				9604	Saunas, Solarien, Bäder u. Ä.	96040	Saunas, Solarien, Bäder u. Ä.
				9609	Erbringung von sonstigen Dienstleistungen a. n. g.	96090	Erbringung von sonstigen Dienstleistungen a. n. g.

Quelle: eigene Zusammenstellung auf Grundlage von Statistisches Bundesamt 2008: 73ff.